〔清〕王夫之 著

讀通鑑論

上册

中華書局

圖書在版編目(CIP)數據

讀通鑑論/(清)王夫之著;舒士彦點校.—2版.—北京:中華書局,2013.5(2025.5重印)
(王夫之著作)
ISBN 978-7-101-09163-2

Ⅰ.讀…　Ⅱ.①王…②舒…　Ⅲ.①中國歷史-古代史-編年體②《資治通鑑》-研究　Ⅳ.K204.3

中國版本圖書館CIP數據核字(2013)第013394號

本版責編：孟慶媛
封面設計：周　玉
責任印製：陳麗娜

王夫之著作
讀 通 鑑 論
(全三册)
〔清〕王夫之 著
舒士彦 點校

*

中 華 書 局 出 版 發 行
(北京市豐臺區太平橋西里38號　100073)
http://www.zhbc.com.cn
E-mail:zhbc@zhbc.com.cn
三河市宏盛印務有限公司印刷

*

850×1168毫米 1/32 · 31印張 · 6插頁 · 645千字
1975年7月第1版　2013年5月第2版
2025年5月第20次印刷
印數:147001-148000册　定價:120.00元

ISBN 978-7-101-09163-2

校點例言

王船山讀通鑑論與宋論，爲船山遺書史類中之兩種。遺書舊刻衹有零種單行，不成部帙，其板早絶。清道光時，船山裔孫名世全者，始謀彙刻各種，新化鄧氏實主其事，然亦衹經類十八種，板復旋毀。至同治初，湘鄉曾氏重刻於金陵，則於遺書搜訪較備，經史子集四類皆有。由劉毓崧張文虎等參與校讎。惟書中凡觸及當時忌諱者，或加改竄，或留空格。而史論兩種，因誦習者衆，流傳頗廣，坊間多有翻刻，石印排印，不一而足，要皆自金陵刻本出。今茲校點，即用金陵刻本爲底本。二十年前，馬宗霍先生嘗先後獲見衡陽劉氏、邵陽曾氏所藏船山遺書抄本若干種，史論兩種適在其内。因借抄本就刻本對讎，則空格之字皆全，改竄之跡亦顯。比遂寫爲校記，初未示人，士彦此次承中華書局之約，從事整理，實得力於此校記。遇刻本有空格而抄本不空者，即據以補之；遇刻本有改竄，而審其文義抄本確勝於刻本者，即據以訂之。略舉數例，如：

讀通鑑論卷三漢武帝第十五論末段，刻本有云「冀州堯、舜之餘民，□爲□□，即奉□□歸一統，而□□□□□□□□，以亂天下，非天也，人喪之也，將孰□焉以廓風沙霾曀之宇，使□□若□□哉！」空格相間，計十有八。抄本作「冀州堯、舜之餘民，化爲禽俗，即奉冠帶歸一統，而黨邪醜正，與宮奄比，以亂天下，非天也，人喪之也，將孰俟焉以廓風沙霾曀之宇，使清明若南國哉！」一字不缺。卷七後漢安帝第三論刻本篇首空四格，抄本作「母后臨朝」四字。

宋論卷七哲宗第三論中段，刻本有云「□□□□□，帝一日不得□□」。空格凡七。抄本上五空格作「后一日不亡」五字，下二空格作「親政」二字。卷十四理宗第六論結處，刻本空十八格。抄本作「虔劉已亟，更投命於異類，有王者起，其尚念之哉！」十九字。

凡若此等，皆所當補者也。又如：

讀通鑑論卷十八陳宣帝第二論篇末小注引崇禎時童謡，刻本作「殺了王洽，敵人容易殺。殺了李邦華，走破敵人韃」。抄本兩「敵人」皆作「韃子」。卷二十唐太宗第十七論首段刻本有云「邊外之法，嚴於中國，中國安能不爲邊外屈」。抄本兩「邊外」皆作「夷狄」。

宋論卷一太祖第八論首段刻本有云「其視瀛、莫、河朔之曠野千里可恣騎兵之馳突者奚若？」抄本「騎兵」作「胡騎」。卷八徽宗第一論首段刻本有云「舉國而授之它人，無足怪者」。抄本「它人」作「非類」。

凡若此等，皆所當訂者也。今於當補者，去其空格，照抄本所有者録入，於校記中説明之。（惟讀通鑑論卷四漢元帝第一論篇中空格十三，卷八後漢靈帝第十六論篇末空格二十二，抄本亦缺。茲仍留其空格，以待異時發現原稿本或其他抄本不缺者補之。）當訂者，則於原有之字外加圓括弧，排爲六號字，校改之字外加方括弧，以示區别，並附校記説明。若非依抄本，而别據他書，及以意校改者亦同。

尚有宋論卷四仁宗第十四論，刻本錯簡，前後互混，詞氣隔閡，殆不可通，使不得抄本校之，竟無以下讀。今全依抄本改正。

至若刻本抄本雖文有同異，而義可兩通者，或抄本字句偶多於刻本，而於通篇大義無出入，可有可無者，則仍刻本之舊。惟宋論卷三真宗第六論後段刻本有云「於是而八口無宿舂，而民多窮瘠」。抄本「窮瘠」作「捐瘠」。案「捐瘠」二字連文，見漢書食貨志上，彼注云：「孟康曰，肉腐爲瘠。捐，骨不埋者。或曰，捐，謂民有飢相棄捐者。或謂貧乞者爲捐。師古曰，瘠，瘦病也，言無相棄捐而瘦病者耳。」據此，是船山正用漢書成語，則「窮瘠」義雖可説，不若作「捐瘠」之爲有本。又卷十四理宗第八論刻本有云「賈似道之罪不可勝誅，非但其納款拖雷而背之以召寇也」。劉氏校勘記謂「拖雷當作忽必烈」。案以宋史、元史及各書考之，則劉校是也。刻本仍誤，今亦據以改正。

其有抄刻兩本均同，而尋檢資治通鑑原文略有出入者，此由臨文之際，引用通鑑，或節取之，或隱括之，故與原書未能盡符，斯蓋前人引書恆例，不足爲異。惟讀通鑑論卷七後漢安帝第二論篇首引延平之詔有云「不媿於天，不畏於人」。案通鑑本作「不畏于天，不愧于人」，與後漢書孝殤帝紀合。詔文蓋用詩小雅何人斯篇語，則論中「媿」「畏」二字當互易。疑此傳寫偶疏，未必原稿如是也。

金陵刻本於清帝諸名，俱爲避諱，借用他字替代，每字外加方框，以示區別。如「玄」作「元」，「曄」作「煜」，「胤」作「允」，「禛」作「正」，「弘」作「宏」，「曆」作「厤」，「顒」作「禺」，「琰」作「炎」，「旻」作「旻」，「賓」貳「甯」，「淳」作「湻」等皆是。今仍復其本字。惟後魏拓拔氏獻文帝名弘，孝文帝名宏，父子相承，書中涉及孝文帝者頗多，皆稱拓拔宏，則「宏」字是其本名，刻本亦於「宏」外加方框作「宏」，與避諱字無殊，非也。如讀通鑑論卷十五宋明帝第六論首段刻本有云：「故宏年甫二十，急欲樹宏於大位。」此即敍後魏獻文帝授位於孝文帝事，上「宏」字指獻文，本是「弘」字之諱，外加方框可也；下「宏」字指孝文，又加方框，則父子名混矣。故今改回本字，遇後魏二帝之名，特爲分別。太平洋書店船山遺書鉛印本，凡「宏」字均改作「弘」，殊誤。

讀通鑑論刻本分卷三十，抄本分卷二十，案王敔先子薑齋公行述稱「末年作讀通鑑論三十卷、宋論十五卷」。則知刻本所據者爲定本，抄本所據者非定本也。惟抄本漢景帝時多一論，漢宣帝時多一論，後漢明帝時多一論，順帝時多一論，靈帝時多一論，共五篇，皆刻本所無，宜若可補。但抄本後漢明帝第七論（自「史有溢詞流俗羨焉」起，至「謀國者失其道也」止。）篇末有注云：「此同宣帝論，去其一可耳。」則知今刻本宣帝少一論，蓋據此注而去之。以此推之，疑抄本多出之五篇，或定本已先删去，亦未可知，不必金陵刻本所佚。但爲便於讀者參考計，此五篇未刊稿，仍分別插入各卷相當處，並加注説明。

兩書刻本抄本皆僅有卷第，而無篇目。讀通鑑論每卷之中，以朝代爲別，每代之中，以帝王之號爲別；宋論則祇別以帝號，讀者頗感不便。今於各帝所繫諸論，每篇之前，依次標以一二三四等字，藉代篇目。

船山史論兩種，成於最晚之歲，蓋讀史有感，隨事觸發，初無意於爲文，故每篇皆不立題目；而於上下古今興亡得失之故，制作輕重之原，均有論列。又自以身丁末運，明幟已易，禹甸爲墟，故國之痛，字裏行間，尤三致意焉。然刻本懲於時忌，對原書猶託詞日久漫漶，有所刓落，令面目不可盡覩。今者欣值王船山逝世二百七十週年，士彦因整理之役，藉手抄本校記，得以訂其竄易而補其奪缺，使久晦之真，一朝披露，度亦讀此書者所當引爲快事也。顧惟學識淺薄，而船山行文，或跌宕從衡，或逶迤奥折，往往勢似斷而脈猶聯，意若止而氣仍貫。標點分段未能盡當，（初於各篇祇分大段，書局編輯部爲便利讀者起見，又重加分析。）尚望讀者有以正之，幸甚。

舒士彦識於北京　一九六二年六月

讀通鑑論、宋論兩書經舒士彦整理後，我們請王孝魚、童第德看過。王孝魚在舒士彦原來分段的基礎上，又作了一些分析。王、童兩同志在校勘上提出了一些意見，我們研究了他們的意見，在書中加了幾條編者按語。另外，我們就抄本和刻本義可兩通的文字異同給兩書加了校記。在校勘工作中並曾參看過周調陽依嘉愷抄本所作的校勘記。劉毓崧的校勘記也移附於各篇相當處，以便讀者參看。

中華書局哲學編輯組　一九六二年十一月

目錄

讀通鑑論卷一

秦始皇

一

兩端争勝，而徒爲無益之論者，辨封建者是也。郡縣之制，垂二千年而弗能改矣，合古今上下皆安之，勢之所趨，豈非理而能然哉？天之使人必有君也，莫之爲而爲之。故其始也，各推其德之長人、功之及人者而奉之，因而尤有所推以爲天子。人非不欲自貴，而必有奉以爲尊，人之公也。安於其位者習於其道，因而有世及之理，雖愚且暴，猶賢於草野之罔據者。如是者數千年而安之矣。彊弱相噬而盡失其故，至於戰國，僅存者無幾，豈能役九州而聽命於此數諸侯王哉？於是分國而爲郡縣，擇人以尹之。郡縣之法，已在秦先。秦之所滅者（七）〔六〕㊀國耳，非盡滅三代之所封也。則分之爲郡，分之爲縣，俾才可長民者皆居民上以盡其才，而治民之紀，亦何爲而非天下之公乎？

古者諸侯世國，而後大夫緣之以世官，勢所必濫也。士之子恆爲士，農之子恆爲農，而天之生才也

㊀據馬宗霍先生依所見抄本與曾刻本互校所作之校記（以下簡稱校記）改。

無擇，則士有頑而農有秀；秀不能終屈於頑，而相乘以興，又勢所必激也。封建毁而選舉行，守令席諸侯之權，刺史牧督司方伯之任，雖有元德顯功，而無所庇其不令之子孫。勢相激而理隨以易，意者其天乎！陰陽不能偏用，而仁義相資以爲亨利，雖聖人其能違哉！選舉之不慎而守令殘民，世德之不終而諸侯亂紀，兩俱有害，而民於守令之貪殘，有所藉於黜陟以蘇其困。故秦、漢以降，天子孤立無輔，祚不永於商、周；而若東遷以後，交兵毒民，異政殊俗，横斂繁刑，艾削其民，迄之數百年而不息者亦革焉，則後世生民之禍亦輕矣。郡縣者，非天子之利也，國祚所以不長也；而爲天下計（利）〔則〕㊀害不如封建之滋也多矣。嗚呼！秦以私天下之心而罷侯置守，而天假其私以行其大公，存乎神者之不測，有如是夫！

世其位者習其道，法所便也；習其道者任其事，理所宜也。法備於三王，道著於孔子，人得而習之。賢而秀者，皆可以奬之以君子之位而長民。聖人之心，於今爲烈。選舉不慎，而賊民之吏代作，天地不能任咎，而況聖人！未可爲郡縣咎也。若夫國祚之不長，爲一姓言也，非公義也。秦之所以獲罪於萬世者，私己而已矣。斥秦之私，而欲私其子孫以長存，又豈天下之大公哉！

二

孔鮒藏書，陳餘危之。鮒曰：「吾爲無用之學，知吾者爲友。秦非吾友，吾何危哉？」嗚呼！能爲

㊀ 據校記改。

無用之學，以廣其心而遊於亂世，非聖人之徒而能若是乎？

詩曰：「握粟出卜，自何能穀。」穀者，在我而已，何用卜爲？屈其道而與天下靡，利在而害亦伏；以其道而與天下亢，身危而道亦不競。君子之道，儲天下之用，而不求用於天下。知者知之，不知者以爲無用而已矣。故曰「其愚不可及也」。秉道以自安，慎交以遠物，存黄、農、虞、夏於盜賊禽獸之中，奚不可穀，而安用卜爲！莊周懲亂世而欲爲散木，言無用矣，而無以儲天下之大用。握粟憂深而逃羿彀，其有細人之情乎！知進退存亡而不失其正，易簡以消天下之險阻，非聖人之徒，其孰與歸？

三

商始興而太甲放，周始興而成王危，秦并天下而扶蘇自殺，漢有天下而惠帝弗嗣，唐則建成死於刃，宋則德昭不令其終，汔乎建文之變而憯尤烈。天下初定，人心未靖，則天命以之不康，湯、武且不能弭，後代勿論已。然而胡亥殺兄，旋以死亡；太甲、成王，終安其位；則伊尹、周公之與趙高，相去不但若霄壤也。

秦始皇之宜短祚也不一，而莫甚於不知人。非其不察也，惟其好諛也。託國於趙高之手，雖中主不足以存，況胡亥哉！漢高之知周勃也，宋太祖之任趙普也，未能已亂而足以不亡。建文立而無託孤之舊臣，則兵連禍結而尤爲人倫之大變。徐達、劉基有一存焉，奚至此哉？雖然，國祚之所以不傾者，無諛臣也。

二世

一

陳嬰之不自立也，周市之不王魏也，其情均也，而周市賢矣。市曰：「天下昏亂，忠臣乃見。」義之所不敢出，害不敢㊀自之而遠。居尊以爲天下不義之魁，「負且乘，致寇至」，灼然易見，而人不能知。非不知也，無志義以持其心，流俗之蠱之者進矣。陳嬰非幸而有其母，亦殆矣哉！市之一言，所謂「大浸稽天而不溺，疾雷破山而不震」者乎！陳餘自矜儒者，而不能守義以自王。周市雖死而如生。陳餘碌碌以死，又何稱焉？

二

李斯之對二世曰：「明主滅仁義之塗，絶諫争之辯，犖然行恣睢之心。」盡古今概賢不肖，無有忍言此者，而昌言之不忌。嗚呼！亦何至此哉！斯亦嘗學於荀卿氏矣，亦嘗與始皇謀天下而天下并矣。豈其飛廉、惡來之所不忍言者而言之不忌，斯之心其固以爲然乎？苟非二世之愚，即始皇之驕悖，能受此言而不譴乎？斯抑謂天下後世之不以己爲戎首而無所恤乎？無他，畏死患失之心迫而有所不避耳。夫死亦何不可畏也。失不可患，而亦何必於失也。前所以自進者非其道，繼所以自效者非其功，

㊀ 校記「不敢」兩字作「亦」字。

後所以自保者非其術，退所以自置者無其方，則失果可患而死果可畏。欲無畏無患以不言其所不忍言，又奚得乎！天下無必死之塗，而亦無可幾幸之得。正志於早而後無所迫，則不忍不敢之心以全。早不能圖度於正，迨其後失有形、死有機，雖欲不爲此言而不得。不待上蔡東門之歎，肺肝先已自裂。斯豈果無人之心哉？易曰：「履霜，堅冰至。」辨人於早，不若自辨於早也。

三

人皆有不忍人之心，而衆怒之不可犯，衆怨之不可任，亦易喻矣。申、商之言，何爲至今而不絶邪？志正義明如諸葛孔明而效其法，學博志廣如王介甫而師其意，無他，申、商者，乍勞長逸之術也。無其心而用其術者，孔明也；用其實而諱其名者，介甫也；乃若其不容掩之藏，則李斯發之矣。李斯曰：「行督責之術，然後絶諫争之路。」申不害曰：「有天下而不恣睢，命之曰以天下爲桎梏。」（諍）〔諫〕㊀争絶，桎梏脱，則雖日勞於刑名文籍之中，而耽酒嗜色、佚游驕樂，可晏享而不輟。苟未忘逸豫之情者，惡能不以此爲兩得之術哉！

任法，則人主安而天下困；任道，則天下逸而人主勞。無一切之術以自恣睢，雖非求治之主，不能高居洸瀁於萬民之上，固矣。以孔明之淡泊而盡瘁也，以介甫之土木其形而好學深思也，然且樂奉名法者，何也？儉以耳目，勤以耳目，而心思從其康逸也。賢者且然，況令狐綯、張居正之挾權勢者哉！

㊀ 據校記改。

使讀李斯之言，知其爲導諛勸淫之術也，能勿覥然而汗下與？

四

懷王之立，非項氏之意也，范增之説，以爲從民望而已。臣主之名立，而其心不相釋，項氏成而懷王固不能有楚。懷王念此至悉，故一乘項梁之敗而奪上將軍之權以授宋義；義適遇其際而獲懷王之心，故與計事而大悦。非悦其滅秦之計，悦其奪項之計也。宋義壁於安陽而項羽斬之，非憤其救趙之遲，憤其奪己之速〔也〕㊀。義之壁安陽而不進也，非欲乘秦、趙之敝，欲得當以收項羽之兵也；其遣子相齊而送之無鹽也，非不恤士卒之飢寒以自侈，爲懷王樹外援於齊而因以自固也。

宋義死，諸將慴然曰：「首立楚者，將軍家也。」羽之情見矣，義之情亦見矣，懷王之不能終安於項氏，情亦見矣。救趙則命宋義，入關則命沛公，梁死羽孤，爲偏裨於宋義旌牙之下，爲懷王謀項者之計得矣，而抑無以服楚人之心。幸而秦之君二世也，其相趙高也，其將章邯、王離也，無有能乘臣主之隙以閒楚耳。不然，雖沛公且無以自持，況義之淺謀、羽之徒勇者乎！

於是而知君臣之非獨以名爲義也，天之所秩，性之所安，情之所順，非是則不能以終日。范增立楚之説，董公縞素之謀，不足與於興亡久矣。

㊀ 據校記增。

五

秦之所殄滅而降辱者，六王之後也；戍之徒之而寡其妻孤其子者，郡縣之民也；而剸二世之首，欲滅宗室，約楚降而分王關中者，趙高也。故怨在敵國，而敵國或有所不能；怨在百姓，而百姓或有所不忍；狎及小人，而禍必發於小人。故曰「唯女子與小人爲難養也」。聖人且難之，況中主以降乎！

小人之心，智者弗能測也，剛者弗能制也。料其必不能，而或能之矣；料其必不欲，而或欲之矣。項羽之暴也，沛公之明也，章邯之怨方新也，盡天下欲食高之肉而寢處其皮也。使高滅嬴氏之宗，開關以講於諸侯，豈能免於刀俎，而況受納地之封乎？則以智者料高，而固知其與秦相終始；以愚者料高，而亦決其與秦同齏粉也。然而必弑胡亥以徼幸於一得，豈徒胡亥之愚，矢人幄而不覺哉？明而熟於計者，未有謂爲且然者矣。禍福之外，有無藉之欲焉；死生之外，有無方之譎焉；俄頃之閒，有忽變之情焉。利亦有所不喻，而無所不逞，而後君子莫能爲之防。故聖人且猶難之，誠哉其難之也！「濡有衣袽，終日戒。」終日者，無竟之辭也。舍禔躬慎微而求馭之之術，不墮其阱中者鮮矣。

六

孰謂秦之法密，能勝天下也？項梁有櫟陽逮，蘄獄掾曹咎書抵司馬欣而事得免。其他請託公行、貨賄相屬而不見於史者，不知凡幾也。項梁，楚大將軍之子，秦之所尤忌者，欣一獄掾，馳書而難解。則其他位尊而權重者，抑孰與禦之？法愈密，吏權愈重；死刑愈繁，賄賂愈章；塗飾以免罪罟，而天子之權，倒持於掾史。南陽諸劉屢殺人而王莽不能問，皆法密吏重有以蔽之也。

設大辟於此，設薄刑於彼，細極於牛毛，而東西可以相竄。見知故縱，蔓延相逮，而上下相倚以匿姦。閏位之主，竊非分而寢寢不安，藉是以箝天下，而爲天下之所箝，固其宜也。受天命，正萬邦，德足以威而無疚媿者，勿效爾爲也。寬斯嚴，簡斯定。吞舟漏網而不敢再觸梁笱，何也？法定於一王，而獄吏無能移也。

讀通鑑論卷二

漢高帝

一

有天下者而有私財，㊀業業然守之以爲固，而官天地、府萬物之大用，皆若與己不相親，而任其盈虛。鹿橋、鉅臺之愚，後世開刱之英君，皆席㊁以爲常，而貽謀不靖，非僅生長深宮、習奄人汙陋者之過也。滅人之國，入其都，彼之帑皆我帑也，則據之以爲天子之私。唐克西京，而隋氏之有在唐；宋入周宮，而五代之積在宋；蒙古遁，而大都之藏輦而之於南畿。嗚呼！奢者因之以侈其嗜欲，儉者因之以卑其志趣，赫然若上天之寶命、祖宗之世守，在此懷握之金貲而已矣。禍切剥牀，而求民不已，以自保其私，垂至其亡而爲盜資，夫亦何樂有此哉！

漢王之入秦宮而有驕心，見不及此。樊噲曰：「將欲爲富家翁邪？」英達之君而見不及噲者多矣。范增曰：「此其志不在小。」豈徒一時取天下之雄略乎！以垂訓後嗣，而文、景之治，至於盡免天

㊀ 校記首句下有「則國患貧以迄於敗亡，錮其心，延及其子孫」十七字。

㊁ 校記「席」作「習」。

下田租而國不憂貧，數百年君民交裕之略，定於此矣。

天子而斤斤然以積聚貽子孫，則貧必在國；士大夫斤斤〔然〕㊀以積聚貽子孫，則敗必在家；庶人斤斤然以積聚貽子孫，則後世必飢寒以死。周有大賚，散之唯恐不速，故延及三十世，而亡之日，上無覆宗之慘，民亦無凍餒（流）〔攘〕㊁奪之傷。後之王者，聞樊噲富翁之誚，尚知懲乎！

二

韓信數項羽之失曰：「有功當封爵者，印刓敝，忍不能予。」繇斯言也，信之所以徒任爲將而不與聞天下之略，且以不保其終者，胥在是矣。封爵者，因乎天之所予而隆之，非人主所以市天下也。且爵賞亦豈必其足榮哉？榮以其難得而已。人主輕之，天下獵之；人主重之，天下榮之。宋藝祖許曹彬下江南授使相。彬早知不得而安焉，故封爵不侈而彬服。非然，則更始之侯林立，而不救其亡，期於必得之不足歆也。羽不惜屈己以下人，而靳天爵，何遽非道而必亡乎？漢高天下既定之後，侈於封矣，反者數起，武帝奪之而六寓始安。承六王之敝，人思爲君，而亟予之土地人民以恣其所欲爲，管、蔡之親不相保，而況他人乎！以天下市天下而已乃爲天子，君臣相貿，而期報已速，固不足以一朝居矣。

抑信之爲此言也，欲以脅高帝而市之也。故齊地甫定，即請王齊，信之懷來見矣。挾市心以市主，主且窺見其心，貨已讎而有餘怨。雲夢之俘，未央之斬，伏於請王齊之日，而幾動於登壇之數語。刀

㊀ 編者按：據上下文，「斤斤」下應補「然」字。　㊁ 據校記改。

械發於志欲之妄動，未有爽焉者也。信之言曰：「以天下城邑封功臣，何所不服。」爲人主者㊀可有是心，而臣子且不可有是語。況乎人主之固不可以是心市天下乎！言不必信，行不必果。宋祖之慎，曹彬之明，保泰居盈之道得之矣。奚必踐姑許之言而褻天之景命哉！

若夫項羽之所以失者，非吝封爵之故。信之説，不如陳平之言之允也。陳平曰：「項王所任愛，非諸項、即妻之昆弟，雖有奇士不能用。」故羽非盡不知人，有蔽之者也。瑣瑣姻亞，踞膴仕，持大權，而士惡得不蔽？雖然，亦有繇爾。羽，以詐興者也；事懷王而弑之，屬宋義而戕之，漢高入關而抑之，田榮之衆來附而斬艾掠奪之。積忮害者，以己度人而疑人之忮己。輕殘殺者，大怨在側而怨不可狎。左顧右盼，亦唯是兄弟姻黨之足恃爲援。則使輕予人以權，己且爲懷王，己且爲宋義。惴惴慄慄，戈戟交於夢寐，抑惡能不厚疑天下哉？然而其疑無救也。爲漢王之腹心者項伯也，其兄弟也；追而迫之到者吕馬童也，其故人也。從之於大敗之餘者三十餘騎，而兄弟姻亞不與焉。懷慝求援，而終以孤立。非刓印不與者甚己而賊之，其親戚之叛已久矣。

不疚於天，則天無不祐；不媿於人，則人皆可馭。正義以行乎坦道，而居天下之廣居；無所偏黨，而賞罰可以致慎而無所徇；得失之幾，在此而不在彼，明矣。不然，舍親賢，行誘餌，賤名器，以徇游士貪夫之競躁，固項羽之所不屑爲者也。

㊀ 校記「者」下有「即」字。

名義云者，因名以立義，爲可繇不可知之民言也。不知義矣，爲之名以使之顧而思，抑且欲其顧而思而不但名也，況君子之以立民極而大白於天下者哉！謂董公說高帝爲義帝發喪爲漢之所以興者，率天下後世而趨於僞，必此言夫！

忠孝非人所得而勸也。如其勸之，動其不敢不忍之心而已。心生而後有事，事立而後有禮，禮行而後有名。名者，三累之下。天下爲之名，而忠孝者不欲自居。高帝無哀義帝之心，天可欺乎？人可愚乎？彭城之敗，幾死幾亡，而縞素之名，不能爲之救；則塗飾耳目以故主復讎之名，無當於漢之興，明矣。

雖然，以此正項籍之罪，使天下恥戴之爲君長也則有餘。何也？籍者，芈氏之世臣也。援立義帝者，項梁之以令諸侯者也。劉氏世不臣於楚，其屈而君懷王也，項氏制之耳。高帝初無君懷王之心，則可不哀懷王之死。爲天下而討弑君之賊，非人弑己君而有守官之責者也。故發喪之後，高帝亦終不挾此以令天下；而數羽之罪，不嫌以背約不王己於秦爲首。則董公之說，亦權用之一時，而高帝亦終不以信諸心。嗚呼！貌爲君子者，日言心而以名爲心，日言義而以名爲義，告子惡得不以義爲外而欲戕賊之乎？

秦滅六國，互相噬而彊者勝耳。若其罪，莫甚於殄周。楚幸不亡於秦，而楚且爲秦。非其世臣，非其遺胄，抑何必戴楚以爲君。戴楚者，項氏之私義也。漢亦何用引項氏之義以爲己義乎！此義不明，但有名而即附諸義焉。李嗣源，夷裔也，名爲唐而唐之；李昪，不知其爲誰氏之子也，名爲唐而又唐之。有名而無義，名爲義而義不生於心，論史者之亂義久矣。中國立極之主，祖考世戴之君，明明赫赫在人心而不昧；臣子自有獨喻之忱，行其不敢不忍者，而豈但以名哉！

四

毒天下而以自毒者，其唯貪功之人乎！酈生説下齊，齊已受命，而漢東北之慮紓，項羽右臂之援絶矣。黥布盜也，一從漢背楚而終不可叛。況諸田之耿介，可以保其安枕於漢也亡疑。乃韓信一啓貪功之心，從蒯徹之説，疾擊已降，而酈生烹，歷下之軍，喋血盈野，諸田卒以殄其宗。慘矣哉！貪功之念發於隱微，而血已漂鹵也。

龍且亦猶是也，軍於高密，客説以深壁勿戰，令齊王招散民，反漢而歸己，漢客兵不容於久留而必潰敗，以全三軍奠楚勢而保齊，豈不賢於浪戰以死亡乎？且則曰：「救齊，不戰而降之，吾何功？」雖其後勝敗不同，而且之心亦信之心也。信以其毒毒齊，而齊民騈死，田氏以亡；且以其毒自毒，而濰水涌流，楚軍大覆，田氏不救。舉人之宗社人民存亡生死之大，而不滿忮人之谿壑，毒螫人而蠭蠆亦死。信幸破齊以自請王齊，而未央之誅已伏於此，且亦以其身斃於濰水之上。然則貪功而毒人，亦自齮其項領而速之斲也。悲哉！愚不可瘳已。

李左車下全燕而燕不叛，隨何收九江而黥布無疑。善用人者，亦何利有貪功之人，以賊天下而多其釁哉！漢雖有齊而力已疲，楚覆救齊之兵而項王大懼，忮人不黜而能定天下，未之有也。

五

韓信下魏破代而漢王收其兵，與張耳破趙而漢王又奪其兵，何以使信帖然聽命而抑不解體以颺去哉？此漢王之所以不可及也。制之者氣也，非徒氣也，其措置予奪之審有以大服之也。結之者情也，非徒情也，無所偏任，無所聽熒，可使信坦然見其心也。吾之所爲，無不可使信知之矣。信固知己之終爲漢王倚任而不在軍之去留也，故其視軍之屬漢也無以異於己。無疑無怨，何所蘄而生其忮甚乎？假使奪信軍而授之他人，假使疑信之反而奪其軍以防之，項王一印之刓而信叛，三軍之重，豈徒一印之予奪乎！

六

心不可使人知者，以柔用之而敗，以剛用之而速亡。有所偏聽、怙黨而疑人者，不能制之而死於其人，能制之而其人速叛以去。武王曰：「予有亂臣十人，同心同德。」十人之同乎武王，武王同之也。

漢王甫破項羽，還至定陶，即馳奪韓信軍，天下自此寧矣。大敵已平，信且擁彊兵也何爲？故無所挾以爲名而抗不聽命，既奪之後，弗能怨也。如姑緩之，使四方卒有不虞之事，有名可據，信兵不可奪矣。奪之速而安，以奠宗社，以息父老子弟，以斂天地之殺機，而持征伐之權於一王，乃以順天休命，而人得以生。

且信始不從蒯徹之言與漢爲難者，項未亡也。參分天下，鼎足而立，蒯徹狂惑之計耳。昔者韓嘗以此持天下之縱横，然吞於秦而不救，其覆軌矣。信反於齊，則張耳扼其西，彭越控其南，鼎足先折而徒爲天下蝨賊。信知其不可而拒徹，計之深也。項王滅，漢王倦歸於關中，信起而乘之，乃可以得志。徹之説，信豈須臾忘哉？卞莊子小死大斃一舉而兩得之術，俟時而發，發不旋踵矣。其曰「不忍背漢」者，姑以謝徹耳。削王而侯，國小而無兵，尚欲因陳豨以發難；擁三齊之勁旅，西嚮而虎視，尚誰忌哉？

或曰宋太祖之奪藩鎮也類此。而又非也。信者，非石守信、高懷德之儔也。割地而王，據屢勝之兵，非陳橋擁戴之主也。故宋祖懲羹吹齏而自弱，漢高拔本塞源以已亂，迹同而事異。其權㊀不在形迹之閒也。

七

漢王初即皇帝位，未封子弟功臣，而首以長沙王吳芮、閩粵王無諸，此之謂「大略」。二子者，非有功於滅項者也，追原破秦之功而封之。以天下之功爲功，而不功其功，此之謂「大公」。楚、漢爭於北，而南方無事，久於安則亂易起，立王以鎮撫之，此之謂「制治於未亂」。以項羽宰天下不公爲罪而討之，反其道而首録不顯之績，此之謂「不遐遺，得尚于中行」。若此者，內斷之心，非留侯所得與，況蕭何、陳平之小智乎！量周天下者，事出於人所不慮，若迂遠而實協於人心，此之謂「不測」。

八

秦、項已滅，兵罷歸家，何其罷歸之易而歸以即乎安？古者兵皆出於農，無無家者也，罷斯歸矣。

㊀ 校記「其權」上有「審輕重者惟」五字。

漢起巴蜀、三秦之卒，用九江、齊、趙之師，不戰其地，不擾其人，無閭井之怨，歸斯安矣。後世召募失業之民，欲歸而無所歸，則戰爭初息而遣歸之也難。善師古者，旁通而善用之。則漢抑有「民相聚山澤不書名數者，復其故爵田宅，教訓而優恤之」之詔，是可爲後世師者也。無所侵傷於民，而禁其仇殺；非有官爵田里，而爲之授以隙地，寬假以徭役，而命爲稍食之胥卒。以此散有餘之卒，熟計而安存之，奚患亡術哉？高帝甫一天下，而早爲之所。國不糜，農不困，兵有所歸。下令於流水之源，而條委就理，不謂之有「大略」也得乎！

九

以大義服天下者，以誠而已矣，未聞其以術也；奉義爲術而義始賊。義者，心之制也，非天下之名也。心所勿安而忍爲之，以標其名，天下乃以義爲拂人之心而不和順於理。夫高帝當窘迫之時，豈果以丁公爲可殺而必殺之哉？當誅丁公之日，又豈果能忘丁公之免己而不以爲德哉？欲懲人臣之叛其主，而先叛其生我之恩，且囂然曰是天下之公義也。則借義以爲利，而吾心之惻隱亡矣。

夫義，有天下之大義焉，有吾心之精義焉。精者，純用其天良之喜怒恩怨以爲德威刑賞，而不雜以利者也。使天下知爲臣不忠者之必誅而畏即於刑，乃使吾心違其恩怨之本懷，矯焉自誣以收其利。然則義爲賊仁之斧而利之囮也乎？故赦季布而用之，善矣，足以勸臣子之忠矣。若丁公者，廢而勿用可也；斬之，則導天下以忘恩矣。恩可忘也，苟非刑戮以隨其後，則君父罔極之恩，孰不可忘也？嗚呼！此三代以下，以義爲名爲利而悖其天良之大慝也。

一〇

留侯欲從赤松子遊，司馬温公曰：「明哲保身，子房有焉。」未足以盡子房也。子房之言曰：「家世相韓，爲韓報讎。」身方事漢，而暴白其終始爲韓之心，無疑於高帝之妒。其忘身以伸志也，光明磊落，坦然直剖心臆於雄猜天子之前。且曰：「願棄人間事，從赤松子遊。」視漢之爵禄爲鴻毛，而非其所志。忠臣孝子青天皎日之心，不知有榮辱，不知有利害，豈嘗逆億信之必夷、越之必醢，而僅以全身哉！抑惟其然，而高帝固已喻其志之貞而心之潔矣，是以舉太子以託之，而始終不忮。

嗚呼！惟其誠也，是以履虎尾而不疢。即不幸而見疑，有死而已矣，弗能内懷忠而外姑爲佞也。曹操之惎毒也，徐庶懷先主之知，終始不與謀議，而操無能害，況高帝之可以理感者乎！若夫未忘故主，而匿情委曲以避患，謝靈運之所以身死而名辱。「本自江海人，忠義感君子」，孰聽之哉？

一一

中國夷狄㊀之禍，自冒頓始。冒頓之闌入句注、保太原，自韓王信之叛降始。信失韓之故封而徙於太原，其欲甘心於漢久矣。請都馬邑，近塞而易與胡通；數使之胡求和，陽爲漢和而陰自爲降地；畜不遑以假手於冒頓，不待往降之日，而早知其志在胡矣。

非韓信則冒頓不逞，非石敬瑭則邪律氏不横，求如郭子儀與吐蕃、回紇有香火緣而無貳心者，今古

㊀ 校記「夷狄」兩字作「有北胡」三字。

無兩人。然則以狡焉不逞之彊帥置之邊徼，未有不決隄焚林以殘劉内地者也㊀。飢鷹猘犬，不畜之樊圈，而軼之颺飛奰走之地，冀免禍於目前，而首禍於千古。甚哉高帝之偷也！

一二

魯兩生責叔孫通興禮樂於死者未葬、傷者未起之時，非也。將以爲休息生養而後興禮樂焉，則抑管子「衣食足而後禮義興」之邪説也。子曰：「自古皆有死，民無信不立。」信者，禮之幹也；禮者，信之資也。有一日之生，立一日之國，唯此大禮之序、大樂之和不容息而已。死者何以必葬？傷者何以必恤？此敬愛之心不容昧焉耳。敬焉而序有必順，愛焉而和有必浹，動之於無形聲之微，而發起其莊肅樂易之情，則民知非苟於得生者之可以生，苟於得利者之可以利，相恤相親，不相背棄，而後生養以遂。故晏子曰：「唯禮可以已亂。」然則立國之始，所以順民之氣而勸之休養者，非禮樂何以哉？譬之樹然，生養休息者，枝葉之榮也；有序而和者，根本之潤也。今使種樹者曰待枝葉之榮而後培其本根，豈有能榮枝葉之一日哉？故武王克殷，駕甫脱而息貫革之射，修禋祀之典，成象武之樂。受命已末，制作未備，而周公成其德，不曰我姑且休息之而以待百年也。

秦之苛嚴，漢初之簡略，相激相反，而天下且成乎鄙倍。舉其大綱，以風起於崩壞之餘，亦何遽不可？而非直無不可也；非是，則生人之心、生人之理日頹靡而之於泯亡矣。唯叔孫通之事十主而面諛

㊀ 校記「内地」作「我中夏」。此句下有「此非古今之大痛，相沿而昧焉者乎！」十四字。

者，未可語此耳。則苟且以背於禮樂之大原，遂終古而不與於三王之盛。使兩生者出，而以先王安上治民、移風易俗之精意，舉大綱以與高帝相更始，如其不用而後退，未晚也。乃必期以百年，而聽目前之滅裂，將百年以内，人心不靖，風化未起，汲汲於生養死葬之圖，則德色父而誶語姑，亦誰與震動容與其天良，而使無背死不葬、捐傷不恤也哉？

衛輒之立，亂已極矣。子曰：「禮樂不興，則刑罰不中，民無所措手足。」務本教也。漢初亂雖始定，高帝非輒比也。輒可興而謂高帝不可，兩生者，非聖人之徒與？何其與孔子之言相刺謬也！於是而兩生之所謂禮樂者可知矣：謂其文也，非其實也。大序至和之實，不可一日絶於天壤。而天地之産，中和之應，以瑞相祐答者，則有待以備乎文章聲容之盛，未㈠之逮耳。然草創者不爽其大綱，而後起者可藉，又奚必人之嫺於習而物之給於用邪！故兩生者，非不知權也，不知本也。

一三

蕭何曰：「天子以四海爲家，非壯麗無以示威。」其言鄙矣，而亦未嘗非人情也。游士之屨，集於公卿之門，非(其)必〔其〕㈡能貴之也；蔬果之饋，集於千金之室，非必其能富之也。釋、老之宫，飾金碧而奏笙鐘，媚者匍伏以請命，非必服膺於其教也，莊麗動之耳。愚愚民以其榮觀，心折魂熒而戢其異志，抑何爲而不然哉！特古帝王用之之懷異耳。

㈠ 校記「未」上有「或」字。

㈡ 校者按：「必其」二字依下文乙轉。

古之帝王，昭德威以柔天下，亦既灼見民情之所自戢，而納之於信順已。奏九成於圜丘，因以使之知天；崇宗廟於七世，因以使之知孝；建兩觀以縣法，因以使之知治；營靈臺以候氣，因以使之知時；立兩階於九級，因以使之知讓。即其歆動之心，迪之於至德之域，視之有以燿其目，聽之有以盈其耳，登之、降之、進之、退之有以詒其安。然後人知大美之集，集於仁義禮樂之中，退而有以自愜。非權以誘天下也。至德之榮觀，本有如是之洋溢也。賢者得其精意，愚不肖者矜其聲容。壯麗之威至矣哉！而特不如何者徒以宮室相誇而已。

不責何之弗修禮樂以崇德威，而責其弗儉。徒以儉也，儉於欲亦儉於德。蕭道成之鄙吝，遂可與大禹並稱乎？

一四

國無貴人，民不足以興；國無富人，民不足以殖。任子貴於國，而國愈偷；賈人富於國，而國愈貧。任子不能使之弗貴，而制其貴之擅；賈人不能使之弗富，而奪其富之驕。高帝初定天下，禁賈人衣錦綺、操兵、乘馬，可謂知政本矣。

嗚呼！賈人者，暴君汙吏所亟進而寵之者也。暴君非賈人無以供其聲色之玩，汙吏非賈人無以供其不急之求，假之以顏色而聽其煇煌，復何忌哉！賈人之富也，貧人以自富者也。牟利易則用財也輕，志小而不知裁，智昏而不恤其安，欺貧懦以矜夸，而國安得不貧、民安得而不靡？高帝生長民閒而習其利害，重挫之而民氣蘇。然且至孝文之世，后服帝飾如賈生所譏，則抑末崇本之未易言久矣。

一五

婁敬之小智足以動人主，而其禍天下也烈矣！遷六國後及豪傑名家居關中，以爲彊本而弱末，似也。遣女嫁匈奴，生子必爲太子，諭以禮節，無敢抗禮，而漸以稱臣，以爲用夏而變夷，似也。眩於一時之利害者，無不動也。乃姑弗與言違生民之性㈠，就其説以折之，敬之説惡足以逞哉！

富豪大族之所以彊者，因其地也。諸田非勃海魚、鹽之利，不足以彊；屈、昭、景非雲夢澤藪之資，不足以彊；世家非姻亞之盛、朋友之合、小民之相比而相屬，不足以彊。棄其田里，違其宗黨，奪其所便，拂其所習，羈旅寓食於關中土著之閒，不十年而生事已落，氣餒沮喪。曹子桓云：「客子常畏人。」諒矣哉！畏人者尚能自彊以爲國彊邪？固不如休息餘民而生聚之也。故貧民尚可徙也，舍其瘠土而移其窳俗，可使彊也。豪傑大族，摧折凋殘而日以衰。聚失業怨咨之民於輦轂之下，弱則靡而悍則懟，豈有幸乎？而當時之爲虐甚矣。

匈奴㈡之有餘者，猛悍也；其不足者，智巧也。非但其天性然，其習然也。性受於所生之氣，習成於幼弱之時。天子以女配夷，臣民狃而不以爲辱，夷且往來於内地㈢，而内地之女子婦於胡者多矣。胡雛雜母之氣，而狎其言語，駤戾如其父，慧巧如其母，益其所不足以佐其所有餘。故劉淵、石勒、高歡、宇文黑獺之流，其狡獪乃淩操、懿而駕其上。則禮節者，徒以長其文姦之具，因以屈中國而臣之也

㈠ 校記「性」下有「姑弗與言裂人道之防」九字。　㈡ 校記「匈奴」作「夷狄」。　㈢ 校記上下句「内地」兩字均作「中國」。

有餘，而遑臣中國哉！

凡斯二者，皆敬之邪佞，以此破之，將孰置喙？而徙民之不仁，和親之無恥，又不待辨而折者也。

一六

陳豨之反，常山郡亡其二十城。周昌請誅其守尉，高帝曰：「是力不足，亡罪。」守尉視屬城之亡而不效其死力，昌之請誅，正也。雖然，有辨。寇自内發，激之以反，反而不覺，覺而匿不以聞，不爲之備，不亟求援，則其誅勿赦也無疑。寇自外發，非其所激，非所及覺，覺而兵已壓境，備而不給，待援不至，其宥也無疑。故立法者，無一成之法，而斟酌以盡理，斯不損於國而無憾於人。陳豨之反，非常山之所能制而能早覺者也。故周昌之按法，不如高帝之原情。雖然，止於勿誅而已矣，其人不可復用也。所謂「近死之心不可復陽也」。

一七

叔孫通之諫易太子也，曰：「臣願伏誅以頸血汙地。」烈矣哉！夫抑有以使之然者：高帝之明，可以理喻也；呂后之權足恃也；留侯、四皓之屬爲之羽翼，而詭隨者憚高帝而不敢競也。通知必不死，即死而猶有功，何憚而不爭？嗚呼！以面諛事十餘主之通，而犯顔骨骾也可使如此。上有明君，下有賢士大夫，佞者可忠，柔者可彊，天下豈患無人材哉！匪上知與下愚，未有不待獎而成者也。

惠帝

一

曹參因蕭何之法而治，非必其治也，唯其時之不得不因也。高帝初崩，母后持權於上，惠帝孱弱而不自振，非因也，抑將何爲哉？魯兩生曰：「禮樂百年而後興。」唯惠帝之時言此爲宜爾。周公之定禮也，流言未靖，東郊未定，商、奄未殄，不遑及也。參非周公之德而值其時，乃欲矯草創之失以改易一代之典，則人心不寧而亂即於此起。易於益之初曰：「利用爲大作，元吉，无咎。」元吉而後无咎，利者非其利也。風淫於上而雷迅於下，其吉難矣。

夫飭大法、正大經、安上治民、移風易俗，有本焉，有末焉，有質焉，有文焉。立綱修紀，撥亂反正，使人知有上下之辨、吉凶之則者，其本也。緣飾以備其文章，歸於允協者，其末也。末者，非一日之積也。文者，非一端之飾也。豫立而不可一日緩者，其本質也。俟時而相因以益者，其末文也。高帝之時，不可待也，而兩生之說非矣。無以植其本，則後起者無藉也㊀，而錮人心風俗於簡略慢易之中，待之百年而民俗益偷。雖有其志而無其徵，雖有其主而無其臣。故迄乎武帝，僅得董仲舒之疏漏；而曲學阿世之公孫弘者且進也，不足以有爲矣。此高帝不夙、兩生不出之過也。

㊀ 校記「也」作「以興」。

惠帝、曹參之時，不可不因也。有周之遺文，六國之遺老，雖有存者，可與釐定蕭何之法、叔孫通之禮，以折衷三代，昭示來茲；而母后悍，權姦張，內難且作，更張未幾，而禍發於中，勢將指創制顯庸爲釁端，天下抑且以修明制作爲戒。其弊也，詩書道圮，俗學苟容，人心趨靡，彝倫日斁，漸漬以益流爲偷薄，所以然矣。

嗚呼！方正學死，而讀書之種絕於天下，則漢之猶有賈、董、臧、綰以存古道於百一者，非曹參有以養之乎？故唯曹參者，可以因也，時也。前此而爲高帝，當敦其質，後此而爲文、景，必致其文，時也。兩生傲而不出，文、景讓而不遑，違乎時，違乎道矣。

二

語曰：「明王有道，守在四夷。」制治保邦之道至矣。書曰：「迪惟有夏，乃有室大競。」競以德也，非競以兵也。詩曰：「邦畿千里，惟民所止。」民所止也，非兵所聚也。易萃之象曰：「除戎器，戒不虞。」萃聚二陽於四五，而分四陰於上下。陽，文德也；陰，武功也。近九五者陽，而屏陰於外，內文（教）〔外武〕而（後）㊀不虞以戒矣。

漢聚勁兵於南北軍，而兵積彊於天子之肘腋，以是爲競王室、鞏邦畿、戒不虞之計焉。然天子豈能自將之哉？必委之人。而人不易信，則委之外戚，委之中官，以爲暱我而可無虞者。乃呂祿掌北軍，呂

㊀ 據校記刪改。

産掌南軍，呂后死，且令據兵衛宮以遂其狂逞，而劉氏幾移於呂。其後竇、梁、何進與中官迭相握符，而恣誅殺以脅天子者，蹀血相仍。即其未亂也，人主之廢立，國事之措置，一聽命於大將軍，而丞相若其府史。使利器不操於其手，則三公九卿持清議於法宮之上，而孰敢恣睢以逞乎？天下散處而可以指臂使者也。兵者，衛四夷而聽命於帥者也，近在肘腋而或掣之矣。周勃倚得而成，竇武倚失而敗，人主贅立於上，而莫必其操縱，則亦危矣。

唐當天寶之前，無握禁兵於輦轂者，故撲二張、諸武如縛雛之易。借曰不競，然且安、史犯闕而旋踵以平。貞元以後，魚朝恩、吐突承璀、王守澄、劉季述所挾以驕，而廢主弑君如吹枯而振槁，其所恃者，豈非天子所欲聚以自競之兵乎？垂及五代，郭氏攘於前，趙氏奪於後，不出郊關而天下以移。究所以禦夷（裔）〔狄〕〔一〕而除盜賊者，又不藉此也。則天子未能有兵，聚兵以授人之亂而已。

邊徼之備不修，州郡之儲不宿，耀武於法宮明堂之側，舍德而欲以覿兵，棄略而欲以衒勇，天子之服天下，豈以左矛右戟、遥震遐方而使讋乎！唯兵在外而守在夷也，則（內）〔外〕〔二〕戚奄宦遼遠而不相及，利不足以相啖，威不足以相灼，怵然畏天下之議其後而無挾以争。即有逆臣猝起以犯順，亦互相牽曳而終以潰敗。推而大之，舜、禹之舞干而三苗效順，亦惟不與天下競勇而德威自震，胥此道焉耳矣。嗚呼！聚兵於王室以糜天下於轉輸，祇以召亂而弗能救亡，豈非有天下者之炯戒哉！

〔一〕〔二〕據校記改。

文帝

一

誠以安君之謂忠，直以正友之謂信，忠信爲周。君子周而上下睦，天下寧矣。周勃平諸吕，迎立文帝，而有德色；非有罔上行私之慝也，不學無術而忘其驕耳。袁盎與俱北面事君，尊卑雖殊，固有同寅之義；規而正之，勃豈遽怙而不改。藉其不改而後廷折之，勃過不揜而文帝之情亦釋矣。乃弗規弗折而告文帝曰：「丞相驕，陛下謙讓，臣主失德。」斯言出而釁忌生，勃之禍早伏而不可解，險矣哉！

帝之謙，非失德也，尊有功而禮大臣，亦何非太甲、成王之盛心？而導之以猜刻，此之謂不忠。諒其心之無他，弗與規正，而行其讒閒，此之謂不信。盎之險詖，推刃鼂錯而奪之權，於勃先之矣。小人之可畏如此夫！

乃抑有姦不如盎者，淺而躁，褊迫而不知大體，擊於目即騰於口，貽禍臣主，追悔而弗及，非盎類而害與盎等。故人主之宜遠躁人，猶其遠姦人也。則親親尊賢之道，其全矣乎！

二

易曰：「謙：亨。君子有終。」君子而後有終，非君子而謙，未有能終者也。故「撝」也、「鳴」也、「勞」也，而終之以「侵伐」。雖吉无不利，而固非以君子之道終矣。君子之謙，誠也。雖帝王不能不下邱民以守位，雖聖人不能不下芻蕘以取善。理之誠然者，殫心於此，而誠致之天下。見爲謙而非有謙也，而後可以有終。故讓，誠也；任，亦誠也。堯爲天下求賢，授之舜而不私丹朱，與禹之授啓、湯之授太甲、武王之授成王一也，皆誠也。舜受於堯，啓受於禹，與泰伯之去句吴、伯夷之逃孤竹一也，皆誠也。若夫據謙爲柄，而「撝」之，而「鳴」之，而「勞」之；則姑以此謝天下而不自居於盈，則早已有填壓天下之心，而禍機伏而必發，故他日侵伐而无不利。黄、老之術，離誠而用僞久矣。取其「鳴謙」之辭，驗其「侵伐」之事，心跡違，初終貿，抑將何以自解哉！故非君子，未有能終其謙者也。

有司請建太子，文帝詔曰：「楚王，季父也；吴王，兄也；淮南王，弟也。」諸父昆弟之懿親，宜無所施其僞者。而以觀其後，吴濞、楚戊、淮南長無一全其軀命者。尺布斗粟之謡，取疚於天下而不救。然則詔之所云，以欲翕固張之術，處於謙以利用其忍，亦險矣哉！

且夫言者，機之所自動也。吴、楚、淮南聞斯語而歆動其妄心，則雖欲撲之而不得。故曰「火生於木而焚生火之木」㊀，自生而自剋也。文帝亦何利焉？至於侵伐，而天下亦殆矣。君子立誠以修辭，言其所可行，行焉而無所避，使天下洞見其心，而鬼神孚之。兵革之萌銷於心，而機不復作，則或任焉而無所用謙，或讓焉而固誠也，非有僞而託於「鳴」者也。何侵伐之利哉！

㊀ 校記「而焚生火之木」作「禍發必剋，言」五字。

三

漢興，至文帝而天下大定。賈誼請改正朔、易服色、定官名、興禮樂，斯其時矣。魯兩生百年而後興之説謬矣。雖然，抑豈如誼之請遽興之而遂足以興邪？武帝固興之矣，唐玄宗欲興之矣，拓拔氏、宇文氏及宋之蔡京亦皆欲興之矣㊀。文帝從誼之請，而一旦有事於制作，不保其無以異於彼也。於是而興與不興交錯，以凋喪禮樂，而先王中和之極遂斬於中夏。

夫誼而誠欲興也。當文帝之世，用文帝之賢，導之以中和之德，正之於非僻之萌，養之以學問之功，廣之以仁義之化，使涵泳於義理之深，則天時之不可逆，而正朔必改；人事之不可簡，而服色官名之必定；至德之不可斁，而禮樂之必興。怵惕而不安於其心，若倦於遊而思返其故。抑且有大美之容，至和之音，髣髴於耳目之閒，而迫欲遇之。則以文從質，以事從心，審律吕於銖絫之閒，考登降於周旋之際，一出其性之所安，學之所裕，以革故而鼎新，不待歷歲年而燦然明備矣。誼之不勸以學而勸以事，則亦詔相工瞽之末節，方且行焉而跛倚，聞焉而倦臥，情文不相生，焉足以興？故文帝之謙讓，誠有歉於此也，固帝反求而不容自誣者也。禮樂不待興於百年，抑不可遽興於一日，無他，惟其學而已矣。

或曰：成王幼沖，德未成而周公亟定宗禮，何也？曰：周公之自定之也，非成王之能也。迨其後成王日就月將而緝熙於光明，乃以用周公之所制而不慚。誼固非周公，藉令其能如周公，而帝以黃、

㊀ 校記後半句作「拓拔宇文之羶，蔡京之佞，亦竊欲興之矣」。

老之心行中和之矩範，自顧其不類而思去之，又奚能以終日乎？

四

文帝罷衛將軍軍，不欲使兵之冗集於京師也；罷太尉官屬丞相，不欲兵柄輕有屬也；合將與相而一之，故匈奴侵上郡而灌嬰以丞相出將。以是爲三代文武同塗之遺制與！抑論之：罷衛軍，罷太尉，未嘗不宜也。天子者，不待擁兵以爲威；假待之以爲威，則固不可更授其制於一人。乃若合將相於一，而即相以將，則固不可。灌嬰者，可將者也，非可相者也；其可相者，則又非可將者也。故三代之制，不可行於後世者有二：農不可兵，兵不可農；相不可將，將不可相也。

且夫古之將相合一者，列國之事爾。楚之令尹，楚之帥也；晉之將中軍，晉之相也。所以然者，何也？列國無議禮、制度、考文之事，無百揆、四門、大麓之典。其執政者，不必有燮陰陽、興教化、敘刑賞之任。而其爲帥也，亦鄰國之不輯，相遇於中原，以一矢相加遺，而猶有禮焉；非如後世之有天下者，與夷狄盜賊爭社稷之存亡也。其謂之將相者，今一郡之倅判而已；又其小者，一縣之簿尉而已。若天子，則吉甫、山甫、方叔、南仲各任其任而不相攝。然則三代且不然，而況後世統萬方之治亂，司邊徼之安危者乎！

蓋相可使之御將，而不可使爲將；將可與相並衡，而不可與六卿並設。宋之以樞密司兵而聽於相，庶幾近之矣。以樞密總天下之戎務，而兵有專治；以宰相司樞密之得失，而不委以專征。斟酌以倣三代之遺意，而因時爲節宣，斯得之與！閹臣督師，而天下速斃。嗚呼！殆矣夫！

五

審食其之死，文帝傷淮南王長之志，赦而弗治，亦未爲失也。漢廷之大臣，無有敢請治之者，國無人矣。張釋之爲廷尉，雖在食其已死之後，而追請正邢侯、雎子之刑，抑非事遠而不可問，姑市其直於太子、梁王之行馳道，而緘口於淮南？則其直也，蓋「見可」「知難」之直，畏彊禦而行於所可伸者也。天子詘於情，而廷臣挫於勢，故其後王安欲反，而謂漢廷諸臣如吹枯振落之易。其啓侮於諸侯久矣，張釋之其尤乎！

六

以一人之譽而召季布，以一人之毀而遣季布，天下將窺其淺深。雖然，何病？人主威福之大權，豈以天下莫能窺爲不測哉！布之悻悻於罷去，而仰詰人主以取快，其不足以爲御史大夫，明矣。使酒難近之實，自露而不可掩矣。文帝之失，輕於召布也，非輕於罷布也。愼用大臣而不吝於改過，聞人之言，遲之一月，而察其非誣，默然良久，而曰：「河東吾股肱郡，故特召君。」所以養臣子之恥也，非慚也。如其慚邪，抑以輕於召布而媿其知人之不夙也。

七

賈誼、陸贄、蘇軾，之三子者，迹相類也。贄與軾，自以爲（類）〔誼〕㊀也；人之稱之者，亦以爲類

㊀ 據校記改。

也。贊蓋希誼矣，而不能爲誼，然有愈於誼者矣。軾且希贊矣，而不能爲贊，况乎其猶欲希誼也。

奚以明其然邪？誼之說：豫教太子以端本，獎廉隅以善俗，贊弗逮焉。而不但此，傅梁懷王，王墮馬斃，誼不食死，贊弗能也。所以知其不能者，與竇參爲難之情，勝於憂國也。顧誼之爲學，犆而不純，幾與贊等。而任智任法，思以制匈奴、削諸侯，其三表五餌之術，〔是〕㈠嬰稚之巧也；其削吳、楚而益齊，私所親而不慮貽他日莫㈡大之憂，是僕妾之智也；贊之所勿道也。故輔少主、嬰孤城、仗節守義，以不喪其貞者，贊不如誼；而出入紛錯之中，調御輕重之勢，斟酌張弛以出險而經遠也，誼不如贊。是何也？誼年少，憤盈之氣，未履艱屯，而性之貞者略恆疏，則本有餘而末不足，斯誼與贊輕重之衡，有相低昂者矣。

若夫軾者，惡足以頡頏二子乎！酒肉也，佚遊也，情奪其性者久矣。寵禄也，禍福也，利勝其命者深矣。志役於雕蟲之技，以聳天下而矜其慧。學不出於揣摩之術，以熒天下而讎其能。習於其父儀、秦、鞅、斯之邪說，遂欲以攬天下而生事於平康之世。文飾以經術，而自曰吾誼矣；詭測夫利害，而自曰吾贊矣；迷失其心而聽其徒之推戴，且曰吾孟子矣。俄而取道於異端，抑曰吾老聃矣，吾瞿曇矣。若此者，誼之所不屑，抑贊之所不屑也。絳、灌之非誼曰：「擅權紛亂。」於誼爲誣，於軾允當之矣。藉授以幼主危邦，惡足以知其所終哉！乃欲推而上之，列於誼與贊之閒，宋玉所云「相者舉肥」也。

㈠ 據校記增。　㈡ 校記「莫」作「尾」。

王安石之於誼，似矣，而誼正。誼之於方正學，似矣，而正學醇。正學凌誼而上之，且不能以戢禍亂，而幾爲咎首。然則世無所求於己，己未豫圖其變，端居臆度，而欲取四海而經營之，未有能濟者也。充誼之志，當正學之世，盡抒其所藴，見諸施行，殆可與齊、黄並驅乎！贄且不能，而軾之淫邪也勿論已。故抗言天下者，人主弗用而不足惜。惟贄也，能因事納忠，則明君所銜勒而使馳驅者也。

八

文帝除盜鑄錢令，使民得自鑄，固自以爲利民也。夫能鑄者之非貧民，貧民之不能鑄，明矣。姦富者益以富，樸貧者益以貧，多其錢以斂布帛、菽粟、紵漆、魚鹽、果蓏，居贏以持貧民之緩急，而貧者何弗日以貧邪！耕而食，桑苧而衣，洿池而魚鼈，圈牢而牛豕，伐木藝竹而材㈠，貧者力以致之，而獲無幾；富者雖多其隸傭，而什取其六七焉。以視鑄錢之利，相千萬而無算。即或貸力於貧民，而雇值之資亦僅耳，抑且仰求而後可分其波潤焉。是驅人聽豪右之役也。

故先王以虞衡司山澤之産而節之，使不敢溢於取盈，非吝天地之産，限人巧而使爲上私利㈡也。利者，公之在下而制之在上，非制之於豪强而可云公也。推此義也，鹽之聽民自煑，茶之聽民自採，而上勿問焉，亦名美而實大爲蔑稗於天下。

或曰：鹽可詭得者也。茶之利，猶夫耕之粟，而奚爲不可？曰：古之耕也以助，今之耕也以貢。

㈠ 校記「材」下有「用」字。

㈡ 校記「爲上私利」作「無能自爲」。

助以百畝爲經，貢以户口爲率。法圮於兼并，而仍存其故。茶之於民也，非賴以生如粟也。制於粟而不制於茶，即有斸山之勞，而亦均於逐末。故漆林之税，二十而五，先王不以爲苛。惡在一王之土，食地之力，可任狡民之舍稼穡以多所營，而不爲之裁制邪？抑末以勸耕，獎樸而禁姦，煑海種山之不可聽民自擅，而況錢之利，坐收逸獲，以長豪黠而奔走貧民，爲國姦蠹者乎！

金、銀、鉛、錫之礦，其利倍蓰於鑄錢，而爲争奪之釁端。乃或爲之説曰：聽民之自採以利民。弄兵戕殺而不爲禁，人亦何樂乎有君？

九

鑄錢輕重之準，以何爲利？曰：此利也，不可以利言也，而利莫有外焉矣。如以利，則榆莢綫綅尚矣，殺雜鉛錫者尚矣，然而行未久而日賤，速敝壞而不可以藏。故曰此利也，不可以利言也。

且夫五穀、絲苧、材木、魚鹽、蔬果之可爲利，以利於人之生而貴之也。金玉珠寶之僅見而受美於天也，故先王取之以權萬物之聚散。然亦曰以是爲質，可以致厚生之利而通之，非果以爲寶，而人弗得不寶也。然既僅有僅見，而因天地自然之質也。銅者，天地之産繁有，而人習賤之者也；自人制之範以爲錢，遂與金玉珠寶争貴，而制粟帛材蔬之生死；然且不精不重，則何弗速敝壞而爲天下之所輕。其唯重以精乎！則天物不替而人功不偷，猶可以久其利於天下。

故長國家者，知天人輕重之故，而勿務一時詭得之獲。一錢之費，以八九之物力人功成之，利亦未有既也。即使一錢之費如一錢焉，而無用之銅化爲有用，通計初終，而多其貨於人閒，以饒益生民而利國，國之利亦溥矣。一錢之費用十之八九，則盜鑄無利而止。錢一出於上，而財聽命於上之發斂，與萬物互相通以出入，而有國者終享其利。故曰不以利言，而利莫有外也。則「五銖」之輕，不如「開元」之重；殽雜鉛錫，不如金背漆背之精。通計之而登耗盈虛之數見，非淺人所易知也。以苟且偷俗㊀之情，與天地之德產爭美利，未有能勝者也。

一〇

淮南王長反形已具，丞相、御史奏當棄市，正也。所謂「人臣無將，將則必誅」者也。文帝赦而徙之，與蔡叔、郭鄰之罰等，臣子法伸而天子之恩紀不斬。長憤恚不食而死，「怙終賊刑」，免於討，足矣。袁盎請斬丞相、御史，憸人之心，不可窮詰，有如此者！或者其欲以恩私外市諸侯而背天子，挾莊助外交之心，以冀非望，未可知也。抑或憎妒大臣之軋己，而欲因事驅逐，以立威於廷，而攘人㊁位，未可知也。文帝避殺弟之名，置盎不譴而參用其說。盎之無憚以逞，面欺景帝，迫鼂錯而陷之死，終執兩端，與吳、漢交市，而言之不衷也顯矣。盎，故俠也；俠者之心，故不可致詰者也。有天下而聽任俠人，其能不亂者鮮矣！

一一

嗚呼！自漢以後，治之不古也有自矣。太甲、高宗、成王之姿，非必其軼文帝而上之；然而伊尹

㊀ 校記「俗」作「僞」。　㊁ 校記「人」作「大」。

之訓，傅説之命，周公之告，曰「無安厥位惟危」，曰「不惟逸豫，惟以亂民」，曰「所其無逸」，未嘗貶道以誘之易從也。豈其如賈生之言曰：「使爲治，勞志慮，苦身體，乏鐘鼓之樂，勿爲可也。樂與今同，而欲立經陳紀，爲萬世法。」斯其爲言，去李斯之言也無幾。何也？以法術制天下，而怙以恬嬉，則其法雖異於秦之法，而無本以立威於末，勞天下而以自豫，〔其〕㊀能以是一朝居乎！使天下而可徒以法治而術制焉，裁其（衣）〔車〕㊁服而風俗即壹，修其文辭而廉恥即敦，削奪諸侯而政即咸統於上，則夏、商法在，而桀、紂又何以亡？

夫文帝而幸非縱欲偷樂之主也，其未免於田獵鐘鼓之好而姑以自逸，未有以易之耳。得醇儒以沃乃心，浸灌以道義之腴，建中和而興王道，諸侯奚而不服，風俗奚而不移，廉恥奚而不崇？而先導諛以冀讎其説，文帝幸不爲胡亥耳，文帝而胡亥，誼雖欲自異於李斯也不能。乃後世或猶稱之曰「善誘其君以興治」。下惡得有臣，上惡得有君哉！

一二

賈生之論教太子，本論也。雖然，尤有本焉。士庶之子，杯酒之耽，博弈之好，奪其欲而教之，且反脣曰「夫子未出於正」矣。況天子之子，淫聲曼色交於前，婦人宦寺羅於側，欲有與導，淫有與宣。爲君父者，忘志慮之勞，憚身體之苦，逐鐘鼓馳驅之樂，徒設嚴師以閑之於步履拜揖之閒，使其聽也，一偶

㊀ 據校記增。　㊁ 據校記改。

人之威儀耳。成帝穆穆皇皇，而淫荒以滋亂。況其聞風志蕩，徒怨君父之我奪，而思快於一旦乎！成王幼而武王崩，無所取儀型也，則周公詠豳風，陳王業之艱難；作無逸，舉前王之乾惕；遙立一文、武以爲之鵠。亦惟文、武之果可以爲鵠，而後周公非徒設以冀其觀感。如其以逸樂爲德，以法術爲治，以聲音笑貌爲道，以師保傅之諄諄爲教，此俗儒之徒以苦人，而父子師友之閒，相蒙以僞，曾不如文帝之身治黃、老術，而以授其子之足使信從也。故賈生之論，非立教之本論也。

一三

等賢而上之，則有聖人；等貴而上之，則有天子。故師一善者，希聖之積也；敬公卿大夫者，尊王之積也。此陛尊、廉遠、堂高之説也。郡縣之天下，夷五等，而天子孤高於上，舉羣臣而等夷之，賈生所以有戮辱太迫、大臣無恥之歎焉。嗚呼！秦政變法，而天下之士廉恥泯喪者五六矣。漢僅存之，唐、宋僅延之而訖不能延之㊀；洪武興，思以復之，而終不可復。誠如是其笞辱而不怍矣，奚望其上憂君國之休戚，下畏小民之怨讟乎！身爲士大夫，俄加諸膝，俄墜諸淵，習於訶斥，歷於桎梏，褫衣以受隸校之淩踐，既使之隱忍而幸於得生，則清議之譏，非在没世而非即唾其面，詛呪之作，在窮簷而不敢至乎其前，又奚不可之有哉？

雖然，爲士（夫）〔大〕㊁夫亦有以致之矣。蕭何出獄而仍相，周勃出獄而仍侯，不能禁上之不以囚

㊀ 校記「而訖不能延之」作「女真蒙古主中國而盡喪之」。

㊁ 校者按：「夫」當作「大」。

隸加己，而何不可禁己之無侯以相也？北寺之獄，廷杖之辱，死諍之臣弗避焉，忠也。免於獄，不死於杖，沾沾然自以爲榮，而他日復端笏垂紳於堂陛，是亦不可以已乎？如鄒爾瞻之復爲九卿也，於虧體辱親之罪奚避焉？人主曰：是嘗與囚隸同撻繫而不以爲恥者也，是惡足改容而禮乎！上弗獎之，下安受之；下既安之，上愈賤之。仁宗之寬厚，李祭酒之剛直，且荷校而不能引退㊀，斯則賈生所宜痛哭者也。

一四

子之於父母，可寵、可辱，而不可殺。身者，父母之身也。故寵辱聽命而不慚。至於殺，則父母之自戕其生，父不可以爲父；子不能免焉，子不可以爲子也。臣之於君，可貴、可賤、可生、可殺，而不可辱。刑賞者，天之所以命人主也，貴賤生死，君即逆而吾固順乎天。至於辱，則君自處於非禮，君不可以爲君；臣不知媿而順承之，臣不可以爲臣也。故有盤水加劍，聞命自弛，而不可捽。抑臣之異於子，天之秩也。人性之順者不可逆，健者不可屈也。

賈生之言以動文帝，而當時之大臣，抑有聞而媿焉者乎？微直當時，後世之詔獄廷杖而尚被章服以立人之朝者，抑有媿焉者乎？使詔獄廷杖而有人自裁者，人君之辱士大夫，尚可懲也。高忠憲曰：「辱大臣，是辱國也。」大哉言乎！故沈水而逮問之禍息。魏忠賢且革其凶威，況人主哉？

㊀劉毓崧校勘記云：李時勉官祭酒而荷校國學門在英宗時。此言寬厚，則是仁宗，非英宗矣。然仁宗朝時勉雖嘗下獄，且爲金瓜撲折脅骨而無荷校之事。且彼時以翰林改御史，尚未爲大司成也。

一五

漢初封諸侯王之大也，去三代未遠，民之視聽，猶習於封建之舊，而怨秦之孤，故勢有所不得遽革也。秦政、李斯以破封建爲萬世罪，而賈誼以諸侯王之大爲漢痛哭，亦何以異於孤秦。而論者若將黜刖秦而揖進賈生以坐論，數十年之閒，是非之易如水火。甚矣夫論史者之惛惛也！

誼之言曰：「衆建諸侯而少其力。」以爲是殆三代之遺制也與？三代之衆建而儉於百里，非先王故儉之也，故有之國不可奪，有涯之宇不可擴也。且齊、魯之封，徵之詩與春秋傳，皆踰五百里，亦未嘗狹其地而爲之防也。割諸王之地而衆建之，富貴驕淫之子，童心未改，皆使之南面君人，坐待其陷於非辟，以易爲褫爵㊀。此陽予陰奪之術，於骨肉若仇讎之相逼，而相縻以術㊁，誼之志亦奚以異於嬴政、李斯？而秦，陽也；誼，陰也，而誼憯矣！漢之剖地以王諸侯，承三代之餘，不容驟易。然而終不能復者，七國亂於前，秦革於後，將滅之鐙餘一燄，其勢終窮，可以無煩賈生之痛哭。即爲漢謀，亦唯是鞏固王室，修文德以靜待其自定，無事怵然以驚也。乍見封建之廢而怵然驚，乍見諸侯之大而怵然驚，庸人之情，不參古今之理勢，而唯目前之駭，未有不賊仁害義而啓禍者。言何容易哉！

至其論淮南之封侯，而憂白公、子胥、鱄諸、荆軻之事，則周公之封蔡仲也，曰：「爾尚蓋前人之愆。」將亦憂蔡仲剸刃以衝成王之胸乎？於是而誼之刻薄寡恩，不可揜矣。淮南之終叛也，皆以爲誼

㊀ 校記「爵」作「削」。

㊁ 校記「縻」作「制」；「術」作「機」。

言之中也。誼昌言於廷曰：「安且爲白公、子胥。」而安能無以白公、子胥爲志哉！然則淮南之叛，誼導之矣。淮南王長之廢，國法也；其子受封，親親之仁也。淮南終得國，而長猶然文帝之弟，安猶然文帝之從子，白公、子胥也乎哉！不引而親之，顧推爲讎而慮之，以殺機往者以殺機報，爲天子司天下之生殺，日取天下而慮其讎，蔑不讎矣。甚哉，誼之不聞道而祗爲術也！

一六

賈誼畏諸侯之禍，議益梁與淮陽二國之封，亙江、河之界，以制東方，何其言之自相背盭也！誼曰：「秦日夜苦心勞力以除六國，今高拱以成六國之勢。」則其師秦之智以混一天下，不可揜矣。乃欲增益梁、淮陽而使橫亙於江、河之閒。今日之梁、淮陽，即他日之吴、楚也。吴、楚制而梁、淮陽益驕，而使橫亙於江、河之閒以塞漢東鄉之户，孰能禦之哉？己之昆弟，則親之、信之；父之昆弟，則疑之、制之；逆於天理者，其報必速，吾之子孫，能弗以梁、淮陽爲蘧蒢而讎之乎？

夫封建之不可復也，勢也。雖然，習久而變者，必以其漸。秦惟暴裂之一朝，而怨滿天下。漢略師三代以建侯王，而其勢必不能久延，無亦徐俟天之不可回、人之不思返，而後因之。七國之變未形，遽起而翦之，則亦一秦也。封建之在漢初，鐙炬之光欲滅，而姑一耀其燄。智者因天，仁者安土，俟之而已。誼操之已蹙，而所爲謀者，抑不出封建之殘局，特一異其迹以緩目前爾。繇此言之，則誼亦知事之必不可以百年，而姑以憂貽子孫也。封建之盡革，天地之大變也，非仁智不足以與於斯，而誼何爲焉！

一七

鼂錯徙民實邊之策偉矣！（寓）〔寓〕㊀兵於農之法，後世不可行於腹裏，而可行於塞徼。天氣殊而生質異，地氣殊而習尚異。故滇、黔、西粵之民，自足以捍蠻、苗，而無踰嶺以窺内地之患。非果蠻、苗弱而北狄彊也，土著者制其吭，則深入而畏邊民之搗其虚也。

雖然，有未易者焉。沿邊之地，肥磽不齊，徙而授以瘠壤，不逃且死者寡。吏失其人，綏撫無術，必反而爲北狄用。此二患者，輕於言徙，必逢其咎，而實邊之議，遂爲永戒。錯之言曰：「相其陰陽之和，嘗其水泉之味。」始事之不可不密也。地誠磽矣，雖有山谿之險，且置之爲甌脱，而移塞於内，無憂也。我所不得居，亦彼所不能據也。若夫吏人之得失，在人而不在法。然法善以待人，則人之失者鮮矣。後世之吏於邊者，非羸貧無援之乙科，則有過遷補之茸吏，未有能入而爲臺諫郎官者，未有擢而爲監司郡守者。以日暮塗窮衰颯之心，而僅延簪紱之氣，能望其憂民體國而固吾圉哉？若擇甲科之選，移守令課最之賢者以爲之吏，寬其法制，俾盡其材，以拊循而激勸之，輕徭賦以安之，通商賈、教樹畜以富之，廣學宫之選以榮之，寵智能豪雋之士以勵之，則其必不爲北狄用以乘中國之釁者，可以保之百年，邊日以彊，而坐待狄之自斃。故曰：錯之言偉矣。

特其曰：「絶匈奴不與和親，其冬來南，壹大治則終身創矣。」此則未易言也。非經營於數十年之

㊀ 校者按：「寓」當作「寓」。

久，未能效也。羈縻以和親，而徐修實邊之策，或不待大治而自不敢南犯。其不悔禍而冒昧以逞與，大治之，無慮其不克矣。

一八

入粟而拜爵免罪，鼂錯之計，亦未失也。其未爲失計也，非謂爵可輕而罪得以貲免也，謂其可以奪金錢之貴而授之粟也。輕齎折色，有三易焉：官易收，吏易守，民易輸。三易以趨苟簡之利便，而金奪其粟之貴，則寧使民勞於輸，官勞於收，吏勞於守，而勿徇其便。此參數十世而能純成其利，非俗吏之所知也。

雖然，入粟六百石而拜爵上造，一家之主伯亞旅，力耕而得六百石之贏餘者幾何？無亦彊豪挾利以多占，役人以佃而收其半也；無亦富商大賈以金錢籠致而得者也。如是，則重農而農益輕，貴粟而金益貴。處三代以下，欲抑彊豪富賈也難，而限田又不可猝行，則莫若分別自種與佃耕，而差等以爲賦役之制。人所自占爲自耕者，有力不得過三百畝，審其子姓丁夫之數，以爲自耕之實，過是者皆佃耕之科。輕自耕之賦，而佃耕者倍之，以互相損益，而協於什一之數。水旱則盡蠲自耕之税，而佃耕者非極荒不得輒減。若其果能躬親勤力，分任丁壯，多墾厚收，饒有贏餘，乃聽輸粟入邊，拜爵免罪。而富商大賈居金錢以斂粟，及彊豪濫占、佃耕厚斂多畜者不得與。如此，則奪金之貴而還之粟，可十年而得也。充錯之説，補錯之未逮，任牧民於良吏，嚴拜爵免罪之制於畫一，乃不窒礙而行遠。不然，輸粟之令且變而爲輕齎折色，天下益汲汲於金錢，徒以亂刑賞之大經，爲敗亡之政而已矣。

一九

肉刑之不可復，易知也。如必曰古先聖王之大法，以止天下之惡，未可泯也，則亦君果至仁，吏果至恕，井田復，封建定，學校興，禮三王而樂六代，然後復肉刑之辟未晏也。不然，徒取愚賤之小民，折割殘毁，以唯吾制是行，而曰古先聖王之大法也，則自欺以誣天下，憯孰甚焉。

抑使教養道盡，禮樂復興，一如帝王之世，而肉刑猶未可復也。何也？民之仁也，期以百年必世，而猶必三代遺風未斬之日也。風未移，俗未易，犯者繁有，而毁支折體之人積焉，天之所不祐也。且也，古未有笞杖，而肉刑不見重；今既行笞杖，而肉刑駭矣。故以曹操之忍，而不敢嘗試，況不爲操者乎！張蒼之律曰：「大辟論減等，已論而復有笞罪，皆棄市。」嚴矣。雖然，固書所謂「怙終賊刑」者也。故詳刑者，師文帝之詔、張蒼之令，可也。

二〇

漢有殺人自告而得減免之律，其將導人以無欺也與！所惡於欺者，終不覺而讎其慝也。夫既已殺人矣，則所殺者之父兄子弟能訟之，所司能捕獲之，其惡必露，勢不可得而終匿也，而惡用自告爲？小人爲惡而揜蔽於君子之前，與昌言於大廷而無怍赧也，孰爲猶有恥乎？自度律許減免而覬覦漏網者，從而減之，則明張其殺人之膽，而惡乃滔天。匿而不告者鼠也；告而無諱者虎也。教鼠爲虎，欲使天下無欺，而成其無忌憚之心，將何以懲？故許自告者，所以開過誤自新之路，而非可以待凶人。凶人而自匿，民彝其猶有未斁，不較瘥乎？

二

什一之賦，三代之制也。孟子曰：「重之則小桀，輕之則小貉。」言三代之制也。天子之畿千里；諸侯之大者，或曰百里，或曰五百里，其小者不能五十里。有疆場之守，有甲兵之役，有幣帛饔飧牢餼之禮，有宗廟社稷牲幣之典，有百官有司府史胥徒祿食之衆，其制不可勝舉。聘義所云：「古之用財者不能均。」如此是已。故二十取一而不足。然而有上地、中地、下地之差，有一易、再易、萊田之等，則名什一，而折衷其率，亦二十而取一也。

自秦而降，罷侯置守矣。漢初封建，其提封之廣，蓋有倍蓰於古王畿者，而其官屬典禮又極簡略，率天下以守邊，而中邦無會盟侵伐之事。若郡有守，縣有令，非其伯叔甥舅之交，而饋問各以其私。社稷粗立，而祀典不繁。一郡之地，廣於公侯之國，而掾史郵徼，曾不足以當一鄉一遂之長。合天下以贍九卿羣司之内臣，而不逮周禮六官之半。是古取之一圻而用豐，今取之九州而用儉，其（他國家）〔視三代〕[一]之經費，百不得一也。什一而征，將以厚藏而導人主之宣欲乎？不然，亦奚用此厚斂爲也！文帝十三年，除田租稅；景帝元年，復收半租，三十而稅一；施及光武之世，兵革既解，復損十一之稅，如景帝之制；誠有餘而可以裕民也。封建不可復行於後世，民力之所不堪，而勢在必革也。

[一] 據校記改。

二三

漢文短喪，而孝道衰於天下，乃其繇來有漸也；先王權衡恩義之精意，相沿以晦，而若强天下以難從也。禮曰：「事親致喪三年，事君方喪三年。」方也者，言乎其非致也。嗣君之喪，致喪也。外而諸侯，内而公卿大夫，方喪也。苟其爲方喪，則郊可攝，社稷五祀可祭，會盟征伐可從事，於臣也奚病？弟子之喪師也，羣居則絰，出則否；以意通之，然則臣爲君喪，有事焉而攝吉以行，可矣。昏禮之辭曰：「三族之不虞。」君不與焉，則冠昏且得行矣。天地社稷，越紼而行事，則祭固不廢矣。文帝之詔曰：「損其飲食，絶鬼神之祭祀，以重吾不德。」蓋秦有天下，尊君已侈，禁天下以嚴，制天下之飲食，絶其祭祀，失先王之精義，而溢分以爲物情之難堪，非三代之舊也。

抑文帝之詔，統吏民而壹之，則無差等也。禮有之：「諸侯爲天子斬衰。」惟諸侯也。「公士大夫之衆臣爲其君斬衰，布帶繩屨。」傳曰：「近臣，君服斯服矣。」是從服也，非近臣則殺矣。「庶人爲國君齊衰三月。」國君云者，對在國之民而言，於天子則畿内之民也，不施及天下明矣。統天下之臣民，禁其嫁娶、祠社、飲酒、食肉，皆秦之苛法也。秦統而重之，文帝統而輕之，皆昧分殊之等，而禮遂以亡。

唯夫嗣君者，雖天子，固子也。達於庶人，性之無可斁，一也。同姓之諸侯王，爵則古諸侯也，自漢以下，無民事焉，無兵事焉，尤其可伸者也。宰輔以下，至於外吏之卑者，一也，皆臣也。吉凶雜用，推布帶繩屨之禮而通焉。特非涖祀，則降采而素焉可矣。郡縣之天下，無内外之殊，通庶人三月之制，施及天下可矣。

唯是「諒闇」之禮，舉兵戎刑賞之大政，皆總己以聽於冢宰，抑有難行於今者。非但冢宰之難其人而僭亂爲憂也。古之天子所治者，千里之畿爾。四夷之守，藩衛任之。彊臣内擅，諸侯得而問罪焉。外内相制，而諸侯之生死予奪，非朝廷所得意爲恩威，則冢宰亦不得以意亂之。郡縣之天下，統四海之治，總萬方之賦，兼四裔之守。監司守令，刑賞聽命，而莫有恆經。是非交錯，恩威互致，冢宰孰敢以一身任之？非但無伊、周之德也，與百僚同拔於貢舉資格之中，望自不足以相涖也。故欲行商、周之制，伸孝子之情，定天下之志，體先王之精意而無有弊，非窮理盡性以適時措之宜者，未易言也。沿三代之遺文於殘闕之後，矯嬴政之過，而不内反諸心、外揆之時，達於事之無不可遂，則文帝之短喪，遂以施行於萬世。而有志者莫挽，不亦悲乎！

夫文帝猶有古之遺意也。已下棺，服大功十五日、小功十四日、纖七日，未葬以前，固皆斬衰也。禮：「天子七月而葬。」虞祔卒哭，將已期矣，期而小祥，古有受服焉。大功小功者，受服之變也；纖，禫服也；雖短之，猶未失古之意，而促已甚。文帝以己亥崩，乙巳葬，合而計之，四十三日耳。景帝速葬而速除，不懷甚矣。以日易月，非文帝之制也，愈趨而愈下也。

一三

文帝崩年四十有六，閱三年而吴王濞反。濞之令曰：「寡人年六十有二。」則其長於文帝也十有三年。當文帝崩，濞年五十有九，亦幾老矣。詐病不覲，反形已著。賈誼、鼂錯日畫策而憂之，文帝豈不知濞之不可銷弭哉？賜以几杖而啓釁無端，更十年而濞即不死，亦以衰矣。趙、楚、四齊，庸劣無大志，濞不先舉，弗能自動。故文帝籌之已熟，而持之已定。文帝幸不即崩，坐待七國之瓦解，而折箠以收之。是誼與錯之憂，文帝已憂之。而文帝之所持，非誼與錯所能測也。

吉凶之消長在天，動静之得失在人。天者人之所可待，而人者天之所必應也。物長而窮則必消，人静而審則可動。故天常有遞消遞長之機，以平天下之險阻，而恆苦人之不相待。智者知天之消長以爲動静，而恆苦於躁者之不測其中之所持。若文帝者，可與知時矣。可與知時，殆乎知天矣。知天者，知天之幾也。夫天有貞一之理焉，有相乘之幾焉。知天之理者，善動以化物；知天之幾者，居静以不傷物，而物亦不能傷之。以理司化者，君子之德也；以幾遠害者，黄、老之道也；降此無道矣。庸人不測，恃其一鏬之知，物方未動，激之以動。激之以動，而自詫爲先覺。動不可止，毒遂中於天下，而流血成渠。國幸存，而害亦憯矣。嗚呼！謀人家國者，可不慎哉！自非桀、紂，必有懷來，有一鏬之知者，慎密以俟之，毋輕於言，而天下之禍可以息。

讀通鑑論卷三

景帝

一

甚哉名義之重也，生乎人之心，而爲鍼鋌劍刃以刺人於隱者也。故名以生實，而義不在外。苟違乎此，疑在肘腋而先戰乎心。夫欲有所爲，而無可信之人，必危；有可信之人，而固不敢信，必敗。吴太子之諫王濞曰：「王以反爲名，此兵難以借人，人亦且反王。」以此疑田禄伯，不遣循江、淮入武關，而坐困於下邑。其不信禄伯而因以敗也，則太子任其失。藉令假禄伯以兵，而禄伯且反也，亦未可知。是兩窮之術，而姑保其可疑。太子固曰「王以反爲名，兵難以借人」。名不正，義不直，浮鼓其忿欲以逞，其中之鋌刃，常不去於肺肝。是以無名無義而欲有爲於天下，即以〔之〕㈠攻無道而不克，況以之犯順哉？故自疑者必疑人，信人者必自信也。自不可信，人不可保，疑之而隳功，信之而禍亦起。苻堅以不疑而亡於慕容垂，安慶緒以不疑而亡於史思明。吴太子之言，固天理顯露之一幾，以震小人而褫

㈠ 據校記增。

之，惡能強哉！惡能強哉！

二

文帝且崩，戒景帝曰：「即有緩急，周亞夫可任將兵。」則文帝未嘗須臾忘制吳也。故几杖之賜，欲以銷其雄心而待其自斃，非玩也。中有所恃，則可静以待動，而不爲禍先，無已，則固有以勝之矣。柔而不陷於弱，本立焉耳。鼂錯者，焉知此！迫而無以應，則請上自將而身居守，有亞夫之可恃而不知任也，身之不保，宜矣哉！故柔而玩、競而不知自強之術，兩者異出而同歸於敗。

三

周亞夫請以梁委吳，絶其食道，景帝許之。梁求救而亞夫不聽，上詔亞夫救梁，而亞夫不奉詔。於是而亞夫之情可見，景帝之情亦可見矣。委梁於吳以斃吳，而即以斃梁。梁之存亡，於漢無大損益；而今日之梁爲他日之吳、楚，則斃梁於吳而恃以永安。亞夫以是獲景帝之心，不奉詔而不疑。景帝之使救也，亦聊以謝梁而緩太后之責也，故可弗奉詔而不疑也。

嗚呼！景帝之心忍矣，而要所以致之者，太后之私成之也。帝初立，年三十有二，太子榮已長，而太后欲傳位於梁王。景帝曰：「千秋萬歲後傳於王。」探太后之旨而姑爲之言也。竇嬰正辭而太后怒，則景帝之惎梁久矣。亞夫委之斃而弗救，與帝有密約矣。不然，兄弟垂危，詔人往援，不應而不罪，景帝能審固持重如此其定哉？后愈私之，帝愈惎之，梁其不爲叔段、公子偃者，幸也。

故兄弟之際，非父母所得而與。親者自親，愛者自愛，信者自信，猜者自猜。全中人於不相激，而使賢者得自伸其恩義，則以養子孫於和平坦易之中，而無隱情以相傾。太后婦人，不足以知此，爲君子者，尚其鑒諸！

四

國無人而不可與立，彝倫斁也。韓安國泣請於梁王，而羊勝、公孫詭伏誅；田叔悉燒獄辭，而梁王之罪解。以誠信行於家國骨肉之閒，彝倫危而得安。漢之人才，所以卓越乎後世也。鄒陽見王信而讎其説，策士之小慧耳。假天性合離之權於閨房，陽之智與勝、詭等；自詑其巧，而不知適成乎亂。安國也，叔也，守貞以全仁孝之大者也，非佞人之得有功也。

五㊀

法嚴而任寬仁之吏，則民重犯法，而多所矜全。法寬而任鷙擊之吏，則民輕犯法，而無辜者卒罹而不可活。景帝詔有司讞不能決，移讞廷尉，讞而後讞不當，讞者不爲失，立法寬矣。乃郅都、甯成相繼爲中尉，則假法於殘忍之小人，姑寬爲之法，以使愚民輕於蹈阱，而幸其能出而終不免也。且也讞不當而不爲罪，無論失入之憯也，即數失出而弗譴，亦以導賕吏之鬻獄，而淫威之逞，冤民且無如之何也。於是而高帝寬大之意斬，武帝嚴酷之風起矣。嚴之於法而無可移，則民知懷刑；寬之以其人而不相尚以殺，則民無濫死。故先王樂進長者以司刑獄，而使守畫一之法。雷電章於上，雨露潤於下，斯以合天

㊀ 校者按：此論係未刊稿，據抄本補入。

理而容保天下與！

六

算資十而得官，景帝減而爲四，爭之於銖兩之閒，亦惡足以善風俗乎！應劭曰：「古者疾吏之貪，衣食足，知榮辱，貲盈十萬，乃得爲吏。」劭所云古者何古也，殆秦人之法也。舉富人子而官之，以謂其家足而可無貪，畏刑罰而自保，然則畏人之酗飲，而延醉者以當筵乎？富而可爲吏，吏而益富，富而可貽其吏於子孫。毁廉恥，奔貨賄，薄親戚，獵貧弱，幸而有貲，遂居人上，民之不相率以攘奪者無幾也。自非嬴氏爲君、商鞅爲政，未有念及此以爲得計者也。

嗚呼！亦有自來矣。世之亂也，一策行而取卿相，一戰勝而有封邑。故草野貧寒之子，忘軀命，遊於刀鋸鼎鑊之下，以弋獲官邑。於是而如餒者之得食焉，快貪饕而忘哽噎。於是天下苦之，人主厭之，而矯之以任富人之子，以是爲愈於彼也。雖然，豈必無以養天下之廉恥而需此哉？矯枉者之枉甚於所矯，而天下之枉不可復伸。爲君子者，清品類，慎交遊，遠挾策趨風之賤士，以使人主知所重輕焉。何至貽朝廷以菲薄賢智、輕側陋之心，問居嬴而揖進之哉？

七

班固敍漢初之富庶詳矣。蓋承六國之後，天下合而爲一，兵革息，官吏省，饋享略，置郵簡，合天下而僅奉一人，以一王而府天下，粟帛貨賄流通，關徼弛而不滯，上下之有餘宜矣。嗚呼！後之天下猶漢也，而何爲憂貧孔棘，而上下交征之無已也！班固推本所由，富庶原於節儉。而曰：「高帝令賈人不得衣絲乘車，重租税以困辱之。孝惠、高后雖弛其禁，然市井之子孫，不得仕宦爲吏。量吏禄、度官用，以賦於民。山川園池市井租税，自天子至於封君，皆取其入爲私奉養，不領於經費。」知言也夫！

尤要者，則自困辱商賈始。商賈之驕侈以罔民而奪之也，自七國始也。七國者，各君其國，各有其士，有餘不足，各産其鄉，遷其地而弗能爲良。戰争頻，而戈甲旌旄之用繁；賂遺豐，而珠璣象貝之用亟；養游士，務聲華，而游宴珍錯之味侈。益之以驕奢之主、後宫之飾、狗馬鴈鹿袨服殊玩之日新，而非其國之所有。於是而賈人者越國度險，羅致以給其所需。人主大臣且屈意下之，以遂其所欲得，而賈人遂以無忌憚於天下。故窮耳目之玩、遂旦暮之求者，莫若獎借賈人之利；而貧寒之士，亦資之以霑濡。賈人日以尊榮，而其罔利以削人之衣食，陽與而陰取者，天下之利，天子之權，倒柄授之，而天下奚恃以不貧？且其富也不勞，則其用也不恤，相競以奢，而殄天物以歸靡爛。弗困弗辱，而愚民榮之，師師相效，乃至家無斗筲，而衣絲食粲，極於道殣而不悔。故生民者農，而戕民者賈。無道之世，淪胥而不救，上下交棘而兵戎起焉。非此之懲，國固未足以立也。高帝之令，班固之言，洵乎其知本計也。

人主移於賈而國本凋，士大夫移於賈而廉恥喪。許衡自以爲儒者也，而謂「士大夫欲無貪也，無如賈也」。楊維楨、顧瑛遂以豪逞而敗三吴之俗。濠、泗之遷，受興王之罰，而後天下寧。移風易俗，古今一也。

武帝

一

董仲舒請使列侯郡守歲貢士二人，賢者賞，所貢不肖者有罰，以是爲三代鄉舉里選之遺法也，若無遺議焉。夫㊀爲政之患，聞古人之效而悦之，不察其精意，不揆其時會，欲姑試之，而不合，則又爲之法以制之，於是法亂弊滋，而古道遂終絶於天下。

郡縣之與封建殊，猶裘與葛之不相沿矣。古之鄉三年而賓興，貢士唯鄉大夫之所擇，封建之時會然也。成周之制，六卿之長，非諸侯入相，則周、召、畢、榮、毛、劉、尹、單也。所貢之士，位止於下大夫，則雖賓興，而側陋顯庸者亡有。且王畿千里，侯國抑愈狹矣。地邇勢親，鄉黨之得失是非，旦夕而與朝右相聞。以易知易見之人才，供庶事庶官之冗職，臧否顯而功罪微。賓興者，聊以示王者之無棄材耳，非舉社稷生民之安危生死而責之賓興之士也。

郡縣之天下，統中夏於一王。郡國之遠者，去京師數千里。郡守之治郡，三載而遷。地遠，則賄賂行而無所憚。數遷，則雖賢者亦僅採流俗之論，識晋謁之士，而孤幽卓越者不能遽進於其前。且國無世卿，廷無定位，士苟聞名於天下，日陟日遷，而股肱心膂之任屬焉。希一薦以徼非望之福，矯僞之士，

㊀ 校記「夫」作「蓋嘗論之」。

何憚不百欺百讎以迎郡守一日之知，其誠僞淆雜甚矣。於是而懸賞罰之法以督之使慎，何易言慎哉！

知人則哲，堯所難也。故鯀殛，而僉曰試可者勿罪。生不與同鄉，學不與同師，文行之華實，孝友之真僞，不與從事相覺察㊀，偶然一日之知，舉刑賞以隨其後，賞之濫而罰者冤㊁，以帝堯之難責之中材，庸詎可哉？其弊也，必樂得脂韋括囊之士，容身畏尾，持禄以幸無尤。又其甚者，舉主且爲交託營護，而擿發者且有投鼠忌器之嫌。則庸駑競乘，而大姦營窟，所必至矣。

聞一鄉之有月旦矣，未聞天下之有公論也。一鄉之稱，且有鄉原；四海之譽，先集僞士。故封建選舉之法，不可行於郡縣。易曰：「變通者時也。」三代之王者，其能逆知六國彊秦以後之朝野，而豫建萬年之制哉？且其後漢固行之矣，而背公死黨之害成，至唐、宋而不容不變。故任大臣以薦賢，因以開諸科目可矣；限之以必薦，而以賞罰隨其後，一切之法，必敝者也。

封建也，學校也，鄉舉里選也，三者相扶以行，孤行則躓矣。用今日之才，任今日之事，所損益，可知已。而仲舒曰：「三王之盛易爲，堯、舜之名可及。」談何容易哉！

二

鄉舉之法，與太學相爲經緯，鄉所賓興，皆鄉校之所教也。學校之教，行之數十年，而鄉舉行焉。所舉不當者罰之，罰其不教也，非罰其不知人也。仲舒之策，首重太學，庶知本矣。不推太學以建庠

㊀ 校記「從事相覺察」作「從容而觀察」。
㊁ 校記「罰者冤」作「刑之苛」。

序於郡國，而責貢士於不教之餘，是以失也。

經天下而歸於一正，必同條而共貫，雜則雖矩範先王之步趨而迷其真。惟同條而共貫，統天下而經之，則必乘時以精義，而大業以成。仲舒之策曰：「不在六藝之科、孔子之術者，皆絶其道。」此非三代之法也。然而三代之精義存矣，何也？六藝之科，孔子之術，合三代之粹而闡其藏者也。故王安石以經義取士，踵仲舒而見諸行事，可以行之千年而不易。安石之經學不醇矣，然不能禁後世之醇，而能禁後世之非經。元祐改安石之法，而並此革之，不知通也。温體仁行保薦以亂之，重武科以亢之，楊嗣昌設社塾以淆之，於是乎士氣偷、姦民逞，而生民之禍遂極。皆仲舒之罪人也，况孔子乎！若夫割裂聲悅而無實也，司教者之過也。雖然，以視放言綺語、市心惡習，睨徑竇以徼詭遇者，不猶愈乎！習其讀，粗知其義，雖甚小人，且以是爲夜氣之雨露，教亦深矣。

三

淮南王安之諫伐南越，不問而知其情也。讀其所上書，訐天子之過以摇人心，背漢而德己，豈有憂國恤民仁義之心哉！越之不可不收爲中國也，天地固然之形勢，即有天下者固然之理也。天地之情，形見於山川，而情㊀寓焉。水之所繞，山之所蟠，合爲一區，民氣即能以相感。中國之形，北阻沙漠，西北界河、湟，西隔大（川）〔山〕㊁，南窮炎海，自合浦而北至於碣石，皆海之所環也。形勢合，則風氣相爲

㊀ 校記「情」作「理」。 ㊁ 據校記改。

噓吸；風氣相爲噓吸，則人之生質相爲儔類；生質相爲儔類，則性情相屬而感以必通。南越固海内之壤也。五嶺者，培塿高下之恆也，未能踰夫大行、殽函、劍閣、黽阨之險也。若夫東甌之接吴、會，閩、越之連餘干，尤股掌之相屬也。其民雞犬相聞，田疇相入，市買相易，昏姻相通，而畫之以爲化外，則生類之性睽，而天地之氣閡矣。孟子曰：「吾聞用夏變夷者。」帝王之至仁大義存乎變，而安曰：「天地所以隔内外。」不亦傎乎！顧其所著書，侈言窮荒八殥九州之大，乃今又欲分割天地於山海圍聚之中，「將叛之人其辭慚」，當亦内媿於心矣。

夫窮内而務外，有國之大戒，謂夫東越大海、西絶流沙也。書曰：「宅南交。」則交阯且爲堯封，而越居其内。越者，大禹之苗裔，先王所以封懿親者也，非荒遠之謂也。新造之土，賦不可均，如安所云：「貢酎不輸大内，一卒不給上事。」誠有之矣。且城郭、兵防、建官、立學之費，仰資於縣官，以利計之，不無小損。然使盜我邊鄙，害我穡事，置兵屯戍，甚則興師禦之，通計百年之利，小慭而大傷，明王之所賤，而抑豈仁人之所忍乎？

君子之於禽獸也，以犬馬之近人，則勒之、鞫之、馴之、撫之而登其用。顧使山圍海遶、天合地屬之人民，先王聲教所及者，悍然於彝倫之外，弗能格焉，代天子民者，其容恝棄之哉！武帝平甌、閩，開南越，於今爲文教之郡邑。而宋置河朔、燕、雲之民，畫塘水三關以絶之，使漸染夷風㊀，於是天地文明之

㊀ 校記「風」下有「而彝倫汨喪」五字。

氣日移而南，天且歆漢之功而厭宋之偷矣。安挾私以訐武帝，言雖辯，明者所弗聽也。

四

言有迹近而實異者，不可不察。申公曰：「爲治不在多言，顧力行何如耳。」汲黯曰：「陛下内多欲而外施仁義，奈何欲效唐、虞之治乎！」於以責武帝之崇儒以虚名而亡實，相似也。然而異焉者，申公之言，儒者立誠之辭也；汲黯之言，異端賊道之説也。

黯之自爲治也，一以黄、老爲師，託病卧閨閤而任丞史，曹參之餘智耳，而抑佐以傲忽之氣。其曰「奈何欲效唐、虞」，則是直以唐、虞爲不必效，而廢禮樂文章，苟且與民相安而已。内多欲，則仁義不能行，固也。乃匹夫欲窒其欲，而無仁義以爲之主，則愈窒而發愈驟，況萬乘之主導其欲者之無方乎？故患仁義之不行，而無禮以養躬，無樂以養心耳。如其日漸月摩，涵濡於仁義之腴，以莊敬束其筋骸，益以彊固；以忻豫滌其志氣，益以清和。則其於欲也，如月受日光，明日生而不見魄之闇也，何憂乎欲之敗度而不可制與！故救多欲之失者，唯仁義之行。而黄、老之道，以滅裂仁義，秕糠堯、舜，偷休息於守雌之不擾，是欲救火者不以水，而豫撤其屋，宿曠野以自詫無災也。黯挾其左道，非侮堯、舜，脅其君以從己，而毁先王僅存之懿典，曰：「仁義者，乃唐、虞、三代已衰之德。」孟子曰：「言則非先王之道。」又曰：「吾君不能謂之賊。」黯之謂與！武帝之不終於崇儒以敷治，而終惑於方士以求僊，黯實有以啓之也。

莊助稱「黯輔少主，賁、育不能奪」，恃其氣而已。劉安憚黯而輕公孫弘，安固黄、老之徒，畏其所崇尚而輕儒耳，非果有以信黯之大節而察弘之陋也。主少國疑，唯行仁義者可以已亂。周公几几於有踐之籩豆，沖人安焉。充黃、老之操，「汎兮其可左右」，亦何所不至哉！黯其何堪此任也！

五

太史公言：「匈奴畏李廣之略，士卒亦樂從廣而苦程不識。」司馬温公則曰：「傚不識，雖無功猶不敗；傚李廣，鮮不覆亡。」二者皆一偏之論也。以武定天下者，有將兵，有將將。爲將者，有攻有守，有將衆，有將寡。不識之正行伍，擊刁斗，治軍簿，守兵之將也。廣之簡易，人人自便，攻兵之將也。束伍嚴整，斥堠詳密，將衆之道也。刁斗不警，文書省約，將寡之道也。嚴謹以攻，則敵窺見其進止而無功。簡易以守，則敵乘其罅隙而相薄。將衆以簡易，則指臂不相使而易潰。將寡以嚴謹，則拘牽自困而取敗。故廣與不識，各得其一長，而存乎將將者爾。將兵者不一術，將將者兼用之，非可一律論也。人主，將將者也。大將者，將兵而兼將將者也。

三代而下，農不可爲兵，則所將之兵，類非孝子順孫，抑非簡以馭之，使之樂從，固無以制其死命。則治軍雖嚴，而心簡易以爲之本，非春秋、列國馳驟不出於畛軌，追奔不踰於疆域，賦農以充卒，夕解甲而旦相往來，可以準繩相糾，而但無疏漏即可固圉之比也。故嚴於守而簡於攻，閑其縱而去其苦，有微權焉，此豈可奉一法以爲衡而固執之哉？

班超以簡，而制三十六國之命，子勇用之而威亦立。諸葛孔明以嚴，而司馬懿不敢攻，姜維師之而終以敗。古今異術，攻守異勢，鄰國與夷狄盜賊異敵。太史公之右廣而左不識，爲漢之出塞擊匈奴言也。温公之論，其猶坐堂皇、持文墨以遥制閫外之見與！

六

王恢言：「全代之時，北有彊胡之敵，内連中國之兵，尚得養老長幼，種樹以時，匈奴不敢輕侵。」夫恢抑知代之所以安而漢之所以困乎？恢言以不恐之故，非也。漢窮海内之力，與匈奴争，而勝敗相貿。夷狄貪鷙而不恥敗，何易言恐也！全代之安者，代弗繫天下之重輕也。匈奴即有代，而南有趙，東有燕，不能震動使之瓦解。燕、趙起而爲敵方新，勢且孤立而不能安枕於代，而覬覦之情以沮。天下既一於漢，則一方受兵而天下摇。率天下之力以與競，匈奴坐以致天下之兵，一不勝而知中國兵力止此也，惡得如全代之時，曾莫測七國之淺深〔哉〕㊀？西漢都關中，而匈奴迫甘泉；東漢都雒陽，而上谷、雲中被其患；唐復都長安，而突厥、回紇、吐蕃乘西墉以入；宋都汴，契丹攻澶、魏，卒使女直舉河北以入汴，元昊雖屢勝而請和。天子之所在，鄭重以守之，彼即睨是爲中國全力之所注，因殫其全力以一（遇）〔逞〕㊁，幸覆敗之㊂，〔則〕㊃天下若棟折而榱自崩。且京師者，金帛子女之所輳也，其朵頤而甘心者，非旦夕矣。繇此推之，代之所以捍匈奴而有餘者，唯無可欲而不繫中國之安危，故不争也。

南蠻之悍，雖不及控弦介馬之猛，然其凶頑㬥發而不畏死，亦何憚而不爲。乃閒嘗竊發，終不出於其域。非其欲有所厭也，得滇、黔、邕、桂而於中國無損，天子遥制於數千里之外，養不測之威，則據非

㊀ 據校記增。　㊁ 據校記改。　㊂ 校記「覆敗之」作「而勝」。　㊃ 據校記增。

所安，而夢魂早爲之震疊。中國之人心亦恬然，俟其懈以制之，而不告勞，亦不失守以土崩。滇、粵可以制南，燕、代可以制北，其理一也。

女直、蒙古之都燕，所以遠南方也。中國之全力在於南，天子孤守於北，何爲者乎？代以一國制匈奴則有餘，秦以天下則不足，漢、唐任之邊臣而苟全。天子都燕，一失而不復收，其效大可睹矣。威以養而重，事以静而豫，如是者之謂大略。

七

主父偃、徐樂、嚴安，皆天下之憸人也。而其初上書以徼武帝之知，皆切利害而不悖於道。然則言固不足以取人矣乎？夫人未有樂爲不道之言者也，則夫人亦未有樂爲不道之行者也。士之未遇，與民相邇，與天下之公論相習。習而欲當於人心，則其言善矣。言之善也，而人主不得不爲之動。迨其已得當於人主，而人主之所好而爲者不在是；上而朝廷，下而郡邑，士大夫之所求合於當世者，又不在是，遂與人主之私好，士大夫懷禄結主之風尚相習。習而欲合乎時之所趨，則其行邪而言亦隨之。故不患天下之無善言也，患夫天下之爲善言者行之不顧也。不患言之善而人主不動也，患夫下之動上也，以諤諤於俄頃；而下之動於上也，目熒耳易，心傾神往，而不能自守也。

中人者，情生其性，而性不制其情。移其情者，在上之所好、俗之所尚而已。使天下而有道，徐樂、嚴安、主父偃亦奚不可與後先而疏附哉！故文之有四友，惟文王有之也。若夫窮居而以天下爲心，不求當於天下之論；遇主而以所言爲守，不數變以求遂其私。此龍德也，非可輕責之天下者也。

八

徐樂土崩瓦解之説，非古今成敗之通軌也。土崩瓦解，其亡也均，而勢以異。瓦解者，無與施其補葺，而坐視其盡。土崩者，或欲支之而不能也。秦非土崩也，一夫呼而天下蠭起，不數年而社稷夷、宗枝斬。亡不以漸，蓋瓦解也。棟本不固，榱本不安，東西南北分裂以墜，俄頃分潰而更無餘瓦，天下視其亡而無有爲之救者。蓋當其瓦合之時，已無有相浹而相維之勢矣。隋、元亦猶是也。

周之日削，而三川之地始入於秦；漢之屢危，而後受簒於魏；唐之京師三陷，天子四出，而後見奪於梁；宋之一汴、二杭、三閩、四廣，而後終沈於海。此則土崩也。或支庶猶起於遐方，或孤臣猶守其邱壟，城陷而野有可避之寧宇，社移而下有逃禄之遺忠。蓋所以立固結之基者雖極深厚，而齧蝕亦歷日月而深，無可如何也。土崩者，必數㈠百年而繼以瓦解，瓦解已盡而天下始寧。際瓦解之時，天之害氣，人之死亡，彝倫之戕賊，於是而極。其圮壞而㈡更造之，君相甚重矣，固有志者所不容不以敍倫撥亂自責也。

九

主父偃之初上書曰：「蒙恬攻胡，辟地千里，以河爲境，暴兵露師，死者不可勝計，蜚芻輓粟，百姓靡敝，天下始畔秦。」立論嚴矣。迨其爲郎中，被親幸，乃言「河南地肥饒，外阻河，蒙恬城之以逐匈奴，

㈠ 校記「者，必數」作「之後，不」。　㈡ 校記「圮壞而」作「所待於」。

廣中國，滅胡之本。」遂力請於武帝，排衆議，繕蒙恬所爲塞，因河爲固，漕運山東，民勞國虛。同此一人，同此一事，不數年，而蒙恬之功罪，河南之興廢，自相攻背如此其甚。由是言之，辨姦者豈難知哉？聽之勿驟，參酌之勿忘，而已曙矣。武帝兩聽而不疑，其爲江充所惑以戕父子之恩，宜矣哉！

一〇

分藩國推恩封王之子弟爲列侯，決於主父偃，而始於賈誼。誼之説至是而始讎，時爲之也。當誼之時，侯王彊，天下初定，吳、楚皆深鷙驕悍而不聽天子之裁制，未能遽行也。武帝承七國敗亡之餘，諸侯之氣已熸，僅單車臨齊而齊王自殺，則諸王救過不遑，而以分封子弟爲安榮，偃之説乃以乘時而有功。因此而知封建之必革而不可復也，勢已積而俟之一朝也。

高帝之大封同姓，成周之餘波也。武帝之衆建王侯而小之，唐、宋之先聲也。一主父偃安能爲哉！天假之，人習之，浸衰浸微以盡泯。治天下者，以天下之禄位公天下之賢者，何遽非先王之遺意乎？司馬氏懲曹魏之孤，欲反古而召五胡之亂，豈其智不如偃哉？不明於時故也。

一一

公孫弘請誅郭解，而游俠之害不滋於天下，偉矣哉！游俠之興也，上不能養民，而游俠養之也。秦滅王侯，獎貨殖，民乍失侯王之主而無歸，富而豪者起而邀之，而俠遂横於天下。雖然，逆彌甚者失彌速。微公孫弘，其能久哉？

若夫荀悦三游之説，等學問志節之士於儀、秦、劇、郭之流，誣民啓亂，師申、商之小智，而沿漢末嫉害黨錮諸賢之餘習爾。曹操師之以殺孔融、奪漢室；朱温師之以殲清流、移唐祚。流波曼衍，小人以之亂國是而禍延宗社。韓侂胄之禁僞學，張居正、沈一貫之毀書院，皆承其支流餘裔以横行者也。

雖然，郭解族而游俠不復然㊀於後世。若夫學問志節之士，上失教，君㊁子起而教之，人之不淪胥於禽獸者賴此也。前禍雖烈，後起復盛，天視㊂之在人心，豈悦輩小人所能終揜之乎！游行之譏，祇見其不知量而已矣。

一二

汲黯責公孫弘布被爲詐，弘之詐豈在布被乎？黯不斥其大而擿其小，細矣。黯非翹細過以訐人者。黯之學術，專於黄、老。甘其食，美其衣，老氏之教也。以曾、史爲桎梏，以名教爲蹄衡羈絡，爲善而不欲近名，大白而欲不辱。故黯之言曰：「柰何欲效唐、虞之治。」弘位三公，禄甚多，布被爲詐。堯、舜富有四海而茅茨土階，黯固以爲詐而不足效也。弘起諸生，四十而貧賤，安於布被，則布被已耳，弘之詐豈在此乎？黯沈酣於黄、老，欲任情以遠名，而見以爲詐焉耳。

一三

淮南王安著書二十篇，稱引天人之際，亦云博矣。而所謀興兵者，率兒戲之策；所與偕者，又童昏之衡山王賜及太子遷爾。叛謀不成，兵不得舉，自剄於宮庭，其愚可哂，其狂不可瘳矣。

㊀ 校記「然」作「盛」。　㊁ 校記「君」上有「而」字。　㊂ 校記「視」作「理」。

成皋之口何易塞，三川之險何易據。知無能與衛青敵，而欲徼幸於刺客，安即反，其能當青乎？即刺青，其能當霍去病乎？公孫弘雖不任爲柱石臣，而豈易説者？起貧賤爲漢三公，何求於淮南，而敢以九族試雄主大將之歐刀邪？內所恃者，徒巧亡實之嚴助；外所挾者，輕僄亡賴之左吳、趙賢、朱驕；首鼠兩端之伍被，懷異志於肘腋而不知。安之愚至於如此，固高煦、宸濠之所不屑爲，而安以文詞得後世之名。由此言之，文不足以辨人之智愚若此乎！

而非然也。取安之書而讀之，原本老氏之言，而雜之以辯士之游辭。老氏者，挾術以制陰陽之命，而不知其無如陰陽何也。所挾者術，則可以窺見氣機盈虛之釁罅，而乘之以逞志。乃既已逆動靜之大經，而無如陰陽何矣；則其自以爲竊造化而盜其藏，而天下無不可爲者，一如嬰兒之以莛擊賁、育，且自雄也。率其道，使人誕而喪所守，狂逞而不思其居。安是之學，其自殺也，不亦宜乎！夫老氏者，教人以出於吉凶生死之外，而不知其與凶爲徒也。讀劉安之書，可以鑒矣。

一四

張湯治獄爲酷吏魁，而其決於誅伍被也，則非酷也，法之允也。被者，反覆傾危之姦人，持兩端以貿禍者也。不誅之，又且詭遇於漢廷。主父偃、江充之姦，被任之有餘矣。被之始諫安也，非果禁安使勿反，稱引漢德，爲他日免脱計耳。已而爲安畫反謀矣，俄而又以謀反蹤跡告矣。「宮中荆棘」之諫，「侯無異心、民無怨氣」之語，蓋亦事後自陳、規救其死之游辭，而誰與聽之哉！與人謀逆而又首告，縱舍勿誅，則讒賊相踵，亂不可得而弭矣。故湯之持法非過，而被之誅死允宜也。

嗚呼！爲伍被者不足道，君子不幸陷於逆亂之廷，可去也，則亟去之耳。不然，佯狂痼疾以避之；又不然，直詞以折之；弗能折，則遠引自外而不與聞。身可全則可無死；如其死也，亦義命之無可避者，安之而已；過此則無術矣。謀生愈亟，則逢禍愈烈；兩端不寧，則一途靡據。故曰「有道則知，無道則愚」。誠於愚者，有全生，無用術以求生；有義死，無與亂以偕死者也。

一五

遐荒之地，有可收爲冠帶之倫，則以廣天地之德而立人極也；非道之所可廢，且抑以紓邊民之寇攘而使之安。雖然，此天也，非人之所可強也。天欲開之，聖人成之；聖人不作，則假手於時君及智力之士以啓其漸。以一時之利害言之，則病天下；通古今而計之，則利大而聖道以弘。天者，合往古來今而成純者也。禹之治九州，東則島夷，西則因桓，南暨於交，北盡碣石，而堯、舜垂衣裳之德，訖於遐荒。禹乘治水之功，因天下之動而勞之，以是聲教暨四海，此聖人善因人以成天也。

漢武撫已平之天下，民思休息。而北討匈奴，南誅甌、越，復有事西夷，馳情宛、夏、身毒、月氏之絶域。天下靜而武帝動，則一時之害及於民而怨讟起。雖然，抑豈非天牖之乎？玉門以西水西流，而不可合於中國，天地之勢，即天地之情也。張騫恃其才力強通之，固爲亂天地之紀。而河西固雝、涼之餘矣。若夫駹也、冉也、邛僰也、越嶲也、滇也，則與我邊鄙之民犬牙相入，聲息相通，物産相資，而非有駤戾冥頑不可嚮邇者也。武帝之始，聞善馬而遠求耳，騫以此而逢其欲，亦未念及牂柯之可闢在内地也。然因是而貴筑、昆明垂及於今而爲冠帶之國，此豈武帝、張騫之意計所及哉？故曰：天牖之也。

君臣父子之倫，詩書禮樂之化，聖人豈不欲普天率土而沐浴之乎？時之未至，不能先焉。迨其氣之已動，則以不令之君臣，役難堪之百姓，而即其失也以爲得，即其罪也以爲功，誠有不可測者矣。天之所啓，人爲效之，非人之能也。聖人之所勤，人弗守之，則罪在人而不在天。江、浙、閩、楚文教日興，迄於南海之濱、滇雲之壤，理學節義文章事功之選，肩踵相望，天所佑也，漢肇之也。石敬瑭割土於契丹，宋人棄地於女直，冀州堯、舜之餘民，化爲禽俗㊀，即奉冠帶㊁歸一統，而黨邪醜正，與宫奄比㊂以亂天下，非天也，人喪之也。將孰俟焉以廓風沙霾曀之宇，使清明若南國哉㊃！

一六

武帝游宴後宫閱馬，嬪御滿側，金日磾於數十人之中獨不敢竊視，武帝以此知日磾，重用之而受託孤之命，非細行也。蓋日磾非習於君子之教，而規行矩步以閑非體者也。不期而謹於瞻視焉，不期而敦其敬畏焉，不期而非所視者勿視焉，勿曰細行也。神不守於中，則耳目移於外而心不知。讓千乘之國，而變色於簞豆；卻千金之璧，而失聲於破甑；才足以解紛，勇足以御敵，而介然之頃，莫能自制其耳目；豈細故哉！君子黈纊以養目，琇瑩以養耳，和鸞佩玉以養肢體，兢兢乎難之，而恐不勝於俄頃。貞生死、任大任，而無憂惑，此而已矣。武帝之知人卓矣哉！

㊀「化」「禽俗」三字刻本闕，據校記補。　㊁「冠帶」兩字刻本闕，據校記補。　㊂「黨邪醜正，與宫奄比」八字刻本闕，據校記補。　㊃「俟」「清明」「南國」五字刻本闕，據校記補。

諸葛公年廿七而昭烈倚爲腹心，關羽、張飛所莫測也。武帝舉日磾於降胡，左右貴戚所莫測也。知人之哲，非人所易測久矣。諸葛公之感昭烈，豈僅以三分鼎足之數語哉！神氣之閒，有不言而相喻者在也。乃既有言矣，則昭烈之知益審，而關、張之疑益迷。日磾之受知，非有言也，故武帝之知深矣。衞、霍之見知，猶衆人之常也。心持於黍米，而可以動天地，自非耳食道聽之庸流，豈待言而後相知哉？

一七

武帝之勞民甚矣，而其救飢民也爲得。虛倉廩以振之，寵富民之假貸者以救之，不給，則通其變而徙荒民於朔方、新秦者七十餘萬口，仰給縣官，給予産業，民喜於得生，而輕去其鄉以安新邑，邊因以實。此策，鼂錯嘗言之矣。錯非其時而爲民擾，武帝乘其時而爲民利。故善於因天而轉禍爲福，國雖虛，民以生，邊害以紓，可不謂術之兩利而無傷者乎！史譏其費以億計，不可勝數，然則疾視民之死亡而坐擁府庫者爲賢哉？司馬遷之史謗史也，無所不謗也。

一八

以名譽動人而取文士，且也躋潘岳於陸機，擬延年於謝客，非大利大害之司也，而軒輊失衡，公論猶絀焉，況以名譽動人而取將帥乎！將者，民之死生、國之存亡所係者也。流俗何知而爲之流涕，士大夫何知而爲之扼腕。浸授以國家存亡安危之任，而萬人之揚詡，不能救一朝之喪敗。故以李廣之不得專征與單于相當爲憾者，流俗之簧鼓，士大夫之臭味，安危不繫其心，而漫有云者也。

廣出塞而未有功，則曰「數奇」，無可如何而姑爲之辭爾。其死，而知與不知皆爲垂涕，廣之好名市惠以動人，於此見矣。三軍之事，進退之機，操之一心，事成而謀不泄，悠悠者惡足以知之？廣之得此譽也，家無餘財也，與士大夫相與而善爲慷慨之談也。嗚呼！以笑貌相得，以惠相感，士大夫流俗之褒譏僅此耳。可與試於一生一死之際，與天爭存亡，與人爭勝敗乎？衛青之令出東道避單于之鋒，非青之私也，陰受武帝之戒而慮其敗也。方其出塞，武帝欲無用，而固請以行，士大夫之口嘖嘖焉，武帝亦聊以謝之而姑勿任之，其知廣深矣。不然，有良將而不用，趙黜廉頗而亡，燕疑樂毅而僨，而武帝何以收絶幕之功？忌偏裨而掣之，陳餘以違李左車而喪趙，武侯以沮魏延而無功，而衛青何以奏寘顏之捷？則置廣於不用之地，姑以掣匈奴，將將之善術，非士大夫流俗之所測，固矣。東出而迷道，廣之爲將，概可知矣。廣死之日，寧使天下爲廣流涕，而弗使天下爲漢之社稷、百萬之生靈痛哭焉，不已愈乎！廣之爲將，弟子壯往之氣也。「輿尸」之凶，武帝戒之久矣。

岳飛之能取中原與否，非所敢知也；其獲譽於士大夫之口，感動於流俗之心，正恐其不能勝任之在此也。受命秉鉞，以軀命與勁敵爭死生，樞機之制，豈談笑慰藉、苞苴牘竿之小智，以㊀得悠悠之歡慕者所可任哉！

一九

忠佞不並立。立人之廷者，讒不必憂，譏不可避，而必爲國除蝨賊以安社稷，斯國之衛也。雖然，

㊀ 校記「以」上有「足」字。

食其禄不避其難，居其職不委其責，去而隱，屏而在外，則亦終遠小人而不與爲緣爾，非取於必勝以自快也。所惡於佞者，惡其病國而已不可浼也，非與爲仇讎而必欲得位以與勝也。汲黯之惡張湯，允矣。君任之以諷議，則攻擊之無餘，以報君之知。既無言責，而出守外郡，則抑效忠於淮陽而臣道以盡。復固請爲中郎，補過拾遺，以冀與湯争榮辱，何爲者邪？引國家之公是公非爲一己之私恨，干求持權，以幾必勝，氣矜焉耳，以言乎自靖則未也。或曰：屈原放而不忘蕭艾之怨，非乎？曰：屈原，楚之宗臣也，張儀、靳尚之用，楚國危亡之界也，而黯豈其倫哉？婞婞然屬李息以攻排，而必快其志，氣矜焉耳，非君子之道也。

二〇

張湯治囚「導官」，見魯謁居之弟，陰爲之而佯不省，姦人詭秘之術也。而謁居弟以之而怨湯，湯以之而死。詐者卒死於詐，鬼神不可欺，而人不可術御也。禍生非所能測矣，姦人挾此術以讎姦，而終以自覆也，固然。曾君子而爲之乎？

周顗弗擇而以施之王導，遂與湯同受其禍，愚矣哉！王敦之罪，不加於導，身爲大臣，何嫌何疑，不引以自任，而用姦人之詐乎！陽與陰取，欲翕固張，顗沈溺於老氏之教，而不知其蹈張湯之回遹。爲此術者，小以滅身，大以僨國，是以君子惡夫術之似智而賊智也。節之初六曰：「不出户庭，无咎。」密也。密者，愼之謂也，非隱其實、顧反用之、以示不測之謂也。秘而詭，雖無邪而犯神人之忌，可不戒哉！

二一

欒成侯丁義薦欒大，大詐窮而義棄市。小人不恥不仁，不畏不義，小懲而大誡，小人之福也；懲一人而天下誡，國家之福也。義之薦大，非武帝獎之弗薦也。弗與懲之，繼義而薦者相踵矣。義既誅，大臣弗敢薦方士者，畏誅而自不敢嘗試也。義誅，而公孫卿之寵不復如文成、五利之烜赫。其後求僊之志亦息矣，無有從臾之者也。故刑賞明而僉壬戢。武帝淫侈無度而終不亡，賴此也夫！

二二

鬼神日流行於兩閒，而以怳忽無象、搖天下之耳目而疑之。立教者不能矯謂之無，精意莫傳，淺陋者遂託焉。佛、老之教雖詖也，然其始教未嘗倚乎鬼神。乃其流裔一淫於鬼神，而並悖其虛無寂滅之初心。豈徒佛、老然哉！君子之道，流而誣者亦有之。魏、晉以下，佛、老盛，而鬼神之說託佛、老以行，非佛、老也，巫之依附於佛、老者也。東漢以前，佛未入中國，老未淫巫者，鬼神之說，依附於先王之禮樂詩書以惑天下。儒之駁者，屈君子之道以證之。故駁儒之妄，同於緇黃之末徒，天下之愚不肖者，有所憑藉於道，而妖遂繇人以興而不可息。漢之初爲符瑞，其後爲讖緯，駁儒以此誘愚不肖而使信先王之道。嗚呼！陋矣。

武帝之淫祠以求長生，方士言之，巫言之耳。兒寬，儒者也，其言王道也，琅琅乎大言之無慚矣；（巧）〔乃〕㊀附會緣飾，以贊封禪之舉，與公孫卿之流相爲表裏，武帝利賴其說，采儒術以文其淫誕，先

㊀ 據校記改。

王之道，一同於後世緇黄之徒，而滅裂極矣。沿及於讖緯，則尤與蓮教之託浮屠以鼓亂者，均出一軌。嗚呼！儒者先裂其防以啓妄，佛、老之慧者，且應笑其狂惑而賤之。漢儒之毁道徇俗以陵夷聖教，其罪復奚逭哉！

蓋鬼神者，君子不能謂其無，而不可與天下明其有。有於無之中，而非無有於無之中，而又奚能指有以爲有哉！不能謂其無，六經有微辭焉，郊廟有精意焉，故妄者可託也。天下之喻微辭、察精意以知幽明之故者，鮮矣。無已，則寧聽佛、老之徒徇愚不肖而誘之，俾淫妄者一以佛、老爲壑，而先王之道，猶卓然有其貞勝。則魏、晋以下，儒者不言鬼神，迄於宋而道復大明，佛、老之淫祀張，聖道之藩籬自固，不猶愈乎！

二三

治河之道，易知而無能行。盤庚曰：「無總於貨寶，生生自庸。」古今之通弊盡此矣。中國之形如箕，西極之山，箕之膺也；南北交夾，連山以趨於海，箕之兩脅也；其中爲汙下平衍，達於淮、泗之浦，箕之腹與舌也。近山者，土潤而黏以堅；汙下而平衍者，土燥而輕以脆。蓋墳散沙塵自高迤下，而積以虚楊，河出山而徑其中，隨所衝決而皆無滯，若有情焉，豫審其易歸於海之地，而唯便以趨耳。當堯之時，未出山而先阻，故倚北山之麓，奪濟、漯以入海，其地堅也。是以垂之千餘年，至周定王之世而始決，因其倚山也。禹乘之而分二渠，疏九河，紓豫、徐之災。河偶順而禹適乘之，有天幸焉，非禹可必之萬世者也。南岸本弱也，日蝕日薄而必決，至決而南而不可復北，神禹生於周、漢之餘，且將如之何哉！漢武之塞瓠子而可塞也，其去決也未久，北河尚浚，而可強之使從也。不百年而終不可挽矣。則梁、楚、淮、泗之野，固河所必趨之地，雖或強之，終必不從。至於宋，而王安石尚欲回使北流，其愚不可瘳矣。

徐、豫、兗南之境，是天所使受河之歸者也。河之赴海也，必有所奪以行，而後安流而不溢。所奪者必大川也，漯也、濟也、漳也，皆北方之大川也。自河陰而東，南迤於徐，北迤於汶，水皆散而無大川以專受其奪，則唯意橫流而地皆可奪矣。顧其地沙鹵磽胣，不宜於稻粱，抑無金錫楩柟竹箭桑麻之利，而其人嗜利懷姦，狡者日富而拙者日瘠，蓋中國之陋壤也。然則河既南而不可復北，而南山之麓，順汝、蔡以東，帶濦、霍而迤於江浦，抑河所必不能齕蝕之者，後世弗庸治也。棄數邑之汙壤，并州縣而遷之，減居者之賦，制遷者之産，於國家所損者無幾，而治河之勞永弛矣。然而不可行者，在廷惜田賦之虛籍，憚建置之暫費，而土著之豪，肩貨賄、戀田廬以疾呼而相撓也。

孟諸，藪也；濠、泗之野，牧豕之地也；爲萬世之利，任其爲河可也。故苟無貪水利之心，河可無治；如其大有爲也，因河之所衝，相其汙下，多爲渠以分釃之，而盡毀其隄，神禹再興，無以易此。抑必待氾濫之時，河自於徐、泗曠衍之浦，瀠滁而有大川之勢，於以施功，尤自然之獲矣。如其未也，姑捐利以釋河勿治，而徐俟之後世，其猶愈乎！瓠子宣防，數十年之塗飾，爲戲而已矣。

二四

旅之象曰：「先王以明慎用刑而不留獄。」離，明也；艮，止也；明而慎，可以止矣，而必求明於無已，則留獄經歲，動天下而其害烈矣。漢武帝任杜周爲廷尉，一章之獄，連逮證佐數百人，小者數十人，遠者數千里，奔走會獄，所逮問者幾千餘萬人。嗚呼！民之憔悴，亦至此哉！緣其始，固欲求明慎也。非同惡者，不能盡首惡之凶；非見知者，不能折彼此之辯；非被枉者，不能白實受之冤。三者具，而可以明慎自旌矣。居明慎之功，謝虚加之責，而天下絡繹於徽纆，明慎不知止而留獄，酷矣哉！

且夫證佐不具，而有失出失入之弊，不能保也。雖然，其失出也，則罪疑而可輕者也；即其失入也，亦必非矜慎自好者之無纖過而陷大刑者也。若夫賕吏豪民之殃民也，民既受其殃矣，朝廷苟有以暴明其罪，心已恔矣，奚必廷指之而後快？其所朘削於弱民者，已失而固無望其復得；安居休息，而凋殘之餘，尚可以蘇。復驅之千里之勞，延之歲月之久，迫之追呼之擾，困之旅食之艱，甚則拘之於犴獄，施之以五木；是歆堇幸生而又食之以附莿，哀我憚人，何不幸而遇此明慎之執法邪！故臺諫之任，風聞奏劾，巡察之任，訪逮豪猾，事狀明而不煩證佐，其得無留之旨與！法密而天下受其荼毒，明慎而不知止，不如其不明而不慎也。

二五

治姦以迫，則姦愈匿，而盜其尤者也。盜之初覺也，未有不駭而急竄者也。當其爲盜之日，未有不豫謀一可匿之穴以伏者也。求之愈急，則匿益固，匿之者亦恐其連坐而固匿之。則雖秦政之威，不能獲項伯於張良之家，況一有司而任數不可詰之隸卒乎？迨其漸久，而上之求之也舒，則盜不能久處橐閉之中，匿者亦倦而厭之，則有復歸田里、翱翔都市而無忌者，於是而獲之易於圈豕。夫不才之有司，豈以盜之賊民病國爲憂哉？畏以是爲罪謫耳。

武帝之發覺而捕弗滿品者，二千石以下至小吏，主者皆死，則欲吏之弗匿盜不上聞，而以禁其竊發也，必不可得矣。秦之亡於盜也，吏匿故也。故高帝三章之法，唯曰「盜者抵罪」，而責之不急。盜者，人之所衆惡者也，使人不敢惡盜，而惡逐盜之法，盜惡得而不昌？善治盜者，無限以時日，無寬以赦後，獲之爲功，而不獲無罪，人將唯盜是求而無所憚，盜乃惡得而不絶？嗚呼！上失其道而盜起，雖屢獲伏法，仁者猶爲之惻然。況憑一往之怒，立一切之法，以成乎不可弭之勢哉！漢武有喪邦之道焉，此其一矣。

二六

善者非以賞故善也。王者以賞勸善，志士蒙其賞而猶恥之，小人則懷賞以飾善，而僞滋生，而賞滋濫。乃流俗復有陰德之説，謂可勸天下以善，而挾善以求福於鬼神，俗之偷也，不可救藥矣。陰德之説，後世浮屠竊之，以誘天下之愚不肖，冀止其惡。然充其説，至於活一昆蟲、施一簞豆，而豫望無窮之利；迨其死，無可徼之幸，而又期之他生。驅愚民，脅君子，而道遂喪於人心。東漢以上，浮屠未入中國，而先爲此説者，史氏也，則王賀陰德之説是也。

賀逐盜而多所縱舍。法之平也不可枉，人臣之職也；人之無罪也不可殺，並生之情也。而賀曰：「吾所活者萬人，後世其興乎？」市沾沾之恩，而懷私利之心，王莽之詐，賀倡之矣。故王氏之族終以滅，而爲萬世亂賊之渠魁，以受春秋之鈇鉞。史氏以陰德稱之，小人懷惠，壞人心，敗風俗，流爲浮屠之淫辭，遂以終古而不息。近世有吴江袁黄者，以此惑天下，而愚者惑焉。夫亦知王賀之挾善徼天而終赤其族乎？

二七

漢發七科讁充戰士征胡，法已苛矣，乃猶有正俗重農之意焉。吏有罪，一也；使爲吏者惜官箴而重自愛也。亡命，二也；使民有罪自伏而不逃亡以詭避也。贅壻，三也；使民不舍其父母而從妻以逆陰陽之紀也。賈人，四也；故有市籍，五也；父母有市籍，六也；大父母有市籍，七也。農人力而耕之，賈人詭而獲之，以役農人而驕士大夫，壞風俗，傷貧弱，莫此甚焉。重其役者，猶周制賈出車牛乘馬之賦以抑末而崇本也。漢去古未遠，政雖苛暴，不忘賤貨利、重天倫、敦本業之道焉。至於唐，承五胡十六國之〔夷〕㊀習，始驅農民以爲兵。讀杜甫石壕吏之詩，爲之隕涕。漢即不可法，成周之遺制，甲兵之資取之於商賈，萬㊁世可行之法乎！

二八

情之所發，才之所利，皆於理有當焉。而特有所止以戒其流，則才情皆以廣道之用。止才情之流者，性之貞也。故先王之情深矣，其才大矣，以通天下之志、成天下之務，而一順乎道。武帝曰：「朕不變更制度，後世無法；不出師征伐，天下不安；爲此者不得不勞民。若後世又如朕所爲，是襲亡秦

㊀ 據校記增。　㊁ 校記「萬」上有「非」字。

之迹也。」有是心，爲是言，而豈不賢乎？戒後世以爲情，立大法、謹大防以爲才，固通志成務者所不廢也。然而終以喪德而危天下者，才利而遂無所擇，情動而因濫於他也。因是而慕神僊、營宮室、侈行遊，若將見爲游刃有餘之資，可以唯吾意而無傷；而淫侈妖巫之氣，暗引之而流。無他，才無所詘而忘其詘於道，情無所定而不知定以性也。固其得於天者，偏於長而即有所短。而方其崇儒訪道，董仲舒、兒寬之流，言道言性，抑皆性道之郛郭，而昧其精覈，無能儆所不逮，而引之深思以自樂其天也。

雖然，武帝之能及此也，故昭帝、霍光承之，可以布寬大之政，而無改道之嫌。宋神宗唯不知此，而司馬君實被三年改政之譏，爲小人假紹述以行私之口實。則武帝之爲此言也，其賢矣乎！

二九

劉屈氂之攻戾太子也，非果感於周公誅管、蔡之言而行辟也。武帝曰：「丞相無周公之風矣。」其詞緩，未有督責屈氂之意，則陳大義以責太子而徐爲解散也，豈繄無術？而必出於死戰，此其心欲爲昌邑王地耳。太子誅，而王以次受天下，路人知之矣。其要結李廣利，徇姻亞而樹庶孽，屈氂之慝，非一日之積矣。然㊀而屈氂旋誅㊁，姦人戕天性以徼非望，未有能幸免者矣。顧孰使險如屈氂而爲相也，則武帝狎寵姬、任廣利而爲之左右也。用人假耳目於私昵，而不保其子，悲夫！

㊀ 校記「然」字作「故田千秋起，武帝悟」。

㊁ 校記「旋誅」二字作「族」。

三〇

司馬遷挾私以成史，班固譏其不忠，亦允矣。李陵之降也，罪較著而不可揜。如謂其孤軍支虜而無援，則以步卒五千出塞，陵自衒其勇，而非武帝命之不獲辭也。陵之族也，則嫁其禍於李緒；迨其後李廣利征匈奴，陵將三萬餘騎追漢軍，轉戰九日，亦將委罪於緒乎？如曰陵受單于之制，不得不追奔轉戰者，匈奴豈伊無可信之人？令陵有兩袒之心，單于亦何能信陵而委以重兵，使深入而與漢將相持乎！遷之爲陵文過若不及，而抑稱道李廣於不絶，以獎其世業。遷之書，爲背公死黨之言，而惡足信哉？

爲將而降，降而爲之效死以戰，雖欲浣滌其污，而已緇之素，不可復白，大節喪，則餘無可浣也。關羽之復歸於昭烈，幸也；假令白馬之戰，不敵顏良而死，則終爲反面事讎之匹夫，而又奚辭焉？李陵曰「思一得當以報漢」，媿蘇武而爲之辭也。其背（道）〔逆〕[一]也，固非遷之所得而文焉者也。

三一

忠邪亦易辨矣，而心迹相疑，當其前者亦易惑焉。武帝所託孤者三人，而上官桀爲戎首，與霍光、金日磾若緇素之别。乃自其得當於帝者推之，其迹顯，其心見矣。光出入殿門，進止有常度；日磾在上左右，目不忤視者數十年；非以逢帝之欲而爲爾也，以自敦其行而不失爲履之貞也。桀謝馬瘦之責，而曰：「聞上不安，日夜憂懼，意不在馬。」言未卒，泣數行下。桀非與國休戚之臣，厩令之職，在馬

[一] 據校記改。

而已，其泣也，何爲而泣也？慎以自靖者，君子之徒也；佞以悦人者，小人之徒也。君子知有己，故投之天下之大，而唯見己之不可失；小人畏罪徼寵，迎人之喜怒哀樂，而自忘其躬。於此審之，忠邪之不相雜久矣。

唯我爲子故盡孝，唯我爲臣故盡忠。顧七尺之躬，耳目在體而心函於内，忠臣孝子，非以是奉君父，而但踐其身心之則。光與日磾天性近之，而特未學耳，桀烏足與齒哉？武帝以待光、日磾者待桀，不知桀也，且不知光、日磾也。知人之難，唯以己視人，而不即其人之自立其身者視之也。

讀通鑑論卷四

漢昭帝

一

金日磾，降夷也，而可爲大臣，德威勝也。武帝遺詔封日磾及霍光、上官桀爲列侯，日磾不受封，光亦不敢受。日磾病垂死，而後強以印綬加其身。日磾不死，光且憚之，況桀乎？桀之逆，日磾亡而光受其欺也。霍光妻子之驕縱，至弒后謀逆以亡其家，無日磾鎮撫之也。光之不終，於受封見之矣。日磾没，而光施施自得，拜侯封而若不及，早已食上官桀之餌，而爲其所狎。利一時之榮寵，喪其族於十年之後，「厲熏心」，鮮不亡矣。光之咎，非但不學無術也；利賴之情淺，雖有憸人與其煽妻逆子，惡得而乘之？若日磾者，又豈嘗學而有他術哉！

二

策者曰：「夷狄相攻，中國之利。」嗚呼！安所得亡國之言而稱之邪！孱君、懦將、痿痺之謀臣，所用以慫般樂怠傲而冀天幸者也。楚不滅庸、夔、羣舒，不敢問鼎；吴不取州來、破越、勝楚，不敢争盟；冒頓不滅東胡，不敢犯漢；女直不滅遼，蒙古不滅金，不敢亡宋。夷狄非能猝彊者也，其猝彊者㊀，則又其將衰而無容懼者也㊁。劉淵之鷙，不再世而即絶；元昊之凶，有寧夏而不敢踰環慶之塞。惟其驟起也，若夫若爝火在積薪之下，日呑其儔類，浸以熒熒，而中國不知。如或知之，覆以自慰曰：此吾之利也。乃地浸廣，人浸衆，戰數勝，膽已張，遂一發而不可遏。火蘊於積薪之下，燄既騰上，焦頭爛額而無所施救矣。趙充國藉藉稱夙將，而曰：「烏桓數犯塞，匈奴擊之，於漢便。」此宋人借金滅遼、借元滅金之禍本也。充國之不以此誤漢，其餘幾矣！霍光聽范明友追匈奴便擊烏桓，匈奴繇是恐，不能復出兵，韙矣哉！

三

人與人相於，信義而已矣；信義之施，人與人之相於而已矣；未聞以信義施之虎狼與蠭蠆也。楚固祝融氏之苗裔，而周先王所封建者也。宋襄公奉信義以與楚盟，秉信義以與楚戰，兵敗身傷而爲中國羞。於楚且然，況其與狄爲徒，而螫囓及人者乎！

樓蘭王陽事漢而陰爲匈奴閒，傅介子奉詔以責而服罪。夷狄不知有恥，何惜於一服，未幾而匈奴之使在其國矣。信其服而推誠以待之，必受其詐；疑其不服而興大師以討之，既勞師絶域以疲中國，且挾匈奴以相抗，兵挫於堅城之下，殆猶夫宋公之自衄於泓也。傅介子誘其主而斬之，以奪其魄，而

㊀ 校記「其猝彊者」四字作「其既已彊矣」五字。

㊁ 校記「無容懼者也」以下，有「非能猝彊，則急犯中國而必敗」十二字。

寒匈奴之膽，詎不偉哉！故曰：夷狄㊀者，殲之不爲不仁，奪之不爲不義，誘之不爲不信。何也？信義也，人與人相於之道，非以施之非人㊁者也。

四

嚴延年劾奏霍光擅廢立無人臣禮，其言甚危，其義甚正，若有敢死之氣而不畏彊禦。或曰：光行權，而延年守天下之大經，爲萬世防。延年安得此不虞之譽哉！其後霍氏鴆皇后，謀大逆，以視光所行爲何如，延年何以噤不復鳴邪？光之必有所顧忌而不怨延年，宣帝有畏於霍氏，必心利延年之説而不責延年，延年皆慮之熟矣。犯天下之至險而固非險也，則乘之以沽直作威，而庸人遂敬憚之。既熟慮誅戮之不加，而抑爲庸人之所敬憚，延年之計得矣。前乎上官桀之亂，後乎霍禹之逆，使延年一訐其姦，而刀鋸且加乎身，固延年所弗敢問也。矯詭之士，每翹君與大臣危疑不自信之過，言之無諱以立名，而早計不逢其禍，此所謂「言辟而辨，行僞而堅」者也。有所擊必有所避，觀其避以知其擊，君子豈爲其所罔哉？

宣帝

一

爵賞者，人君馭下之柄，而非但以馭下也，即以正位而凝命也。辭受者，人臣自靖之節，而非但以

㊀「夷狄」二字刻本闕，據校記補。

㊁「非人」二字刻本闕，據校記補。

自靖也，即以安上而遠咎也。故賞有所不行，爵有所不受，而國家以寧。艸昧之始，君與開國之臣，爲天下而已亂㊀。迨其中葉，外寇内姦，不逞於宗社，而殃及兆民，大臣代君行討，底定以綏之，而天下蒙安。斯二者，君爵之而非私，下受之而無慚，霍光豈其然哉！

昌邑之廢，光之不幸也。始者廢長立少，不擇而立昌邑，光之罪也。始不慎而輕以天下授不肖，已而搠非常之舉，以臣廢君，而行震世之威。若夫迎立宣帝，固以親以賢，行其所無事者，非其論功之地也。宣帝紀定策功，加封光以二萬户，侯者五人，關内侯者八人。宣帝之爲此，失君道矣。已爲武帝曾孫，遭家不造，以賢而立乎其位，所固有也。震矜以爲非望之福，德戴己者而酬之，然則覬非望者，可縣爵賞以貿天下之歸，而天位亦危矣。爵賞行，而宣帝之立亦不正矣，以爵賞貿而得之者也。光不引咎以謝嚴延年之責，晏然受之而不辭，他日且爲霍山請五等之榮，則光之廢主，乃以邀功而貿賞，又何怪其妻之鴆后而子之謀逆乎？則抑何異司馬昭、蕭道成之因以簒，苗傅、劉正彦之敢於行險以徼幸乎？

論者曰：「光不學無術。」學何爲者也？非攬古今之成敗而審趨避之術也。諸葛公有云：「非澹泊無以明志。」又云：「學須静也。」惟澹與静，以養廉恥之心，以明取舍之節，以昭忠孝之志，純一於天性，終遠於利名。故可貴、可賤、可履虎尾而不咥、可乘高墉而射隼，居震世之功，而不媿於屋漏。無他，無欲故静。皎然白其志於天下，流俗不能移，妻子不能亂。君以順天休命而無私，臣以致命遂志而

㊀ 校記「爲天下而已亂」下有「湯武即有放伐之嫌，而伊吕不任其咎」十五字。

不困。光之不學，未能學乎此也。非此之學，而學於術，以巧爲避就。曹操蓋嘗自言老而好學矣，曾不如金日磾之顓愚，暗合乎道也。

二

宣帝欲尊武帝爲世宗，薦盛樂，過矣。然其過也，所謂君子之過，失於厚也。夏侯勝訟言訐之，如將加諸鈇鉞者。子貢曰：「惡訐以爲直者。」殆是謂乎！春秋之法，「爲尊者諱，爲親者諱」。春秋以正亂臣賊子之罪，垂諸萬世者也。桓、宣弑立而微其辭，尊則君，親則祖，未有不自敬愛其尊親而可以持天下之公論者也。

宣帝者，武帝之曾孫也。假令有人數夏侯勝乃祖乃父之惡於勝前，而勝晏然樂聽之，其與禽獸奚擇哉！而勝以加諸其君而無忌，是證父攘羊之直也。而天理滅矣。苟其曰武帝之奢縱而澤不及民。萬世之公論，不可泯也。則異代以後，何患無按事迹而覈功罪者。鯀不以配帝而揜圮族之惡，吾弗從臾以效尤可爾。留直道以待後人，全恩禮以盡臣道，各有攸宜，倒行則亂。惡武帝之無恩於天㊀下，而已顧無禮於上，宣帝按不道之誅，不亦宜乎！

三

霍光死而魏相興，此後世大臣興廢，而國政變更、人材進退之始也。霍光非盡不可與言者也，嚴

㊀ 校記無「天」字。

延年廷劾之而勿罪，田延年所與共廢立者而不阿，悍妻行弒，欲自舉發，特荏苒而不能自勝耳。上書者以副封先達領尚書者而後奏，光亦懲昌邑之失而正少主之視聽，特未深知宣帝之明而持之太過耳。相當光之時，奏記於光，俾去副封可也；昌言於廷，俾宣帝敕光去之可也。爲人臣者，言苟當於紀綱之大，雖有所不避，況光之猶可與言而無挾以不相聽從者乎！待光之死而後言之，相之心不純乎忠。而後世翹故相以樹新黨者，相實爲之倡。是殆授興革之權於大臣，而人主幸大臣之死以行己意。上下睽，朋黨興，國事數變。至於宋，而宰相易，天子爲之改元。因是而權臣有感於此，則戀位以免禍，樹黨以支亡，迭虛迭盈而國爲之敝。斯其爲害，三代亡有也；高、文、景、武之世，亦亡有也。故曰：自相始也。

抑相之進也，言正而心詖，迹貞而行詭，所因者許廣漢也，聽起伏於外戚而莫能自遂也。司馬溫公奉宣仁太后改新法，而章惇、邢恕猶指宫闈以爲口實，況緣外戚以取相乎？君子之慎始進也，枉尺而直尋不爲也。春秋之世，不因大夫而立功名者，顏、曾、冉、閔而已。漢之不因外戚，後世之不因宦寺者，鮮矣。此風俗邪正、國事治亂之大辨也。

四

路溫舒之言緩刑，不如鄭昌之言定律也。宣帝下寬大之詔，而言刑者益淆，上有以召之也。律令繁，而獄吏得所緣飾以文其濫，雖天子日清問之，而民固受罔以死。律之設也多門，於彼於此而皆可坐，意爲重輕，賄爲出入，堅執其一説而固不可奪。於是吏與有司争法，有司與廷尉争法，廷尉與天子争法，辨莫能折，威莫能制也。巧而彊者持之，天子雖明，廷尉雖慎，卒無以勝一獄吏之姦，而脱無辜於阱。即令遣使歲省而欽恤之，抑惟大凶巨猾因緣請屬以逃於法，於貧弱之冤民亡益也。唯如鄭昌之說，斬然定律而不可移，則一人制之於上，而酷與賄之弊絶於四海，此昌之説所以爲萬世祥刑之經也。

夫法之立也有限，而人之犯也無方。以有限之法，盡無方之慝，是誠有所不能該矣。於是而律外有例，例外有奏準之令，皆求以盡無方之慝，而勝天下之殘。於是律之旁出也日增，而猶患其未備。夫先王以有限之法治無方之罪者，豈不審於此哉？以爲國之蠹、民之賊、風俗之蜚蜮，去其甚者，如此律焉足矣，即是可以已天下之亂矣。若意外無方之慝，世不恆有，苟不比於律，亦可姑俟其惡之已稔而後誅，固不忍取同生並育之民，逆億揣度，刻畫其不軌而豫謀操蹙也。律簡則刑清，刑清則罪允，罪允則民知畏忌，如是焉足矣。

抑先王之將納民於軌物而弭其無方之姦頑者，尤自有教化以先之，愛養以成之，而不專恃乎此。則雖欲詳備之，而有所不用，非其智慮弗及而待後起之增益也。乃後之儒者，惡惡已甚，不審而流於申、韓。無知之民，苟快洩一時之忿，稱頌其擿發之神明，而不知其行自及也。嗚呼！可悲矣夫！

五

霍光之禍，萌於驂乘。司馬温公曰：「光久專大柄，不知避去。」固也。雖然，驂乘於初謁高廟之時，非歸政之日也，而禍已伏。雖避去，且有疑其諼者。而讒賊閒起，同朝離貳，子弟不謹，竇融所以不免，而奚救於禍？夫驂乘之始，宣帝之疑畏，胡爲而使然邪？張安世亦與於廢立，而宣帝亡猜。無他，聲音笑貌之閒，神若相逼，而光不知，帝亦情奪意動而不知所以然(邪)〔也〕㈠。

子夏問孝，子曰：「色難。」豈徒子之於父母哉。上之使民，朋友之相結，賓主之相酬，言未宣，事未接，而早有以移民之情。惟神與氣，不可強制之俄頃而獲人心者也。詩云：「温温恭人，惟德之基。」德之用大矣，而温恭爲之基。温恭者，仁之榮也，仁榮内達而德資以行，豈淺鮮哉！子曰：「切切偲偲，怡怡如也，可謂士矣。」非便辟之謂也。其氣静者，貌不期而恭；其量遠者，色不期而温。善世而不伐，德博而化，寬以居之，仁以守之，學問以養之，然後和氣中涵而英華外順。嗚呼！此豈霍光之所及哉！立震世之功名，以社稷爲己任，恃其氣以行其志，志氣動而猝無以持，非必驕而神已溢，是以君子難言之也。

周公處危疑而几几，孔子事闇主而與與，則雖功覆天下，終其身以任人之社稷而固無憂。夫周、孔不可及矣，德不逮而欲庶幾焉者，其在曾子之告孟敬子乎！敬其身以遠暴慢，心御氣而道御心。有惴惴之小心，斯有温温之恭德。雖有雄猜之主、忮害之小人，亦意消而情得。故君子所自治者身也，非色莊以求合於物也。量不弘，志不持，求不爲霍光而不可得，豈易言哉！

六

流俗之毁譽，其可徇乎？趙廣漢，虔矯刻覈之吏也，懷私怨以殺榮畜而動摇宰相。國有此臣，以剥

㈠ 據校記改。

喪國脈而壞民風俗也，不可復救。乃下獄而吏民守闕號泣者數萬人。流俗趨小喜而昧大體，鼂涌相煽以羣迷，誠亂世之風哉！

小民之無知也，貧疾富，弱疾彊，忌人之盈而樂其禍，古者謂之罷民。夫富且彊者之不恤貧弱，而以氣淩之，誠有罪矣。乃驕以横，求以忮，互相妨而相怨，其惡惟均。循吏拊其弱而教其彊，勉貧者以自存，而富者之勢自戢，豈無道哉？然治定俗移而民不見德。酷吏起而樂持之以示威福，鷙擊富彊，而貧弱不自力之罷民爲之一快。廣漢得是術也，任無藉之少年，遇事鼂起，敢於殺戮，以取罷民之祝頌。於是而民且以貧弱爲安榮，而不知其幸災樂禍，偷以即於疲慵，而不救其死亡。其黠者，抑習爲陰憯，伺人之過而齕齧之，相讎相殺，不至於大亂而不止。愚民何知焉！酷吏之餌，酷吏之阱也。而鼓動競起，若恃之以爲父母。非父母也，是其嗾以噬人之猛犬而已矣。

宣帝以刻覈稱，而首誅廣漢刻覈之吏，論者猶或寃之。甚矣流俗之惑人，千年而未已，亦至此乎！包拯用而識者憂其致亂，君子之遠識，非庸人之所能測久矣。

七

蕭望之之不終也，宜哉！宣帝欲任之爲宰相，而試以吏事，出爲左馮翊，遂憤然謝病，帝使金安上諭其意，乃就。望之而有恥之心也，聞安上之諭，可媿死矣。

世之衰也，名爲君子者，外矜廉潔而内貪榮寵，位高則就之，位下則辭之。夫爵禄者，天之秩而人君制之者也。恃其經術奏議之長，擇尊榮以爲己所固得；充此志也，臨大節而不以死易生、不以賤易貴、以衛社稷也，能乎？處己卑而高視禄位，攬非所得以爲己據，誠患失之鄙夫，則亦何所不可哉！其或以伉直見也，徒畏名義以氣矜自雄耳，非心所固恥而不爲者也。人主輕之，小人持之，而終不免於禍，不亦宜乎！武帝以此薄汲黯而終不用，黯得以令終，武帝可謂善馭矣。宣帝温諭以驕望之，非望之之福也。

八

居心之厚薄，亦資識與力以相輔，識淺則利害之惑深，力弱則畏避之情甚。夫苟利害惑於無端而畏避已甚，則刻薄殘忍加於君臣父子而不恤。

張敞，非昌邑之故臣也，宣帝有忌於昌邑，使敞覘之，敞設端以誘王，俾盡其狂愚之詞，告之帝而釋其忌，復授以侯封，卒以令終，敞之厚也。徐鉉，李煜之大臣也，國破身降，宋太宗使覘煜，而以怨望之情告，煜以之死。鉉之於煜，以視敞於昌邑，誰爲當生死衛之者？而太宗之寬仁，抑不如宣帝之多猜。鉉即稍示意旨，使煜遜詞，而己藉以入告，夫豈必逢太宗之怒；則雖爲降臣，猶有人之心焉。鉉遂躬爲操刃之戎首而忍之，獨何心乎！無他，敞能知人臣事君之義，導主以忠厚，而明主必深諒之，其識勝也。且其於寵辱禍福之際，寡所畏忌，其力定也。而鉉孱且愚，險阻至而惘所擇，乃其究也，終以此見薄於太宗而不得用。小人之違心以殉物也，亦何益乎！

有見於此而持之，則雖非忠臣孝子，而名義之際，有餘地以自全。無見於此而不克自持，則君父可捐，以殉人於色笑。若鉉者，責之以張敞之爲而不能，況其進此者乎？故君之擧臣，士之交友，識闇而力柔者，絶之可也。一旦操白刃而相嚮，皆此儔也。

九

尹翁歸卒，家無餘財，宣帝賜其子黄金百斤以奉祭祀，於朱邑亦然，非徒其財也，榮莫至矣。故重禄者，非士所希望以報忠者也，而勸士者在此。刻畫人以清節，而不恤其供祭祀、養父母、畜妻子之計。幸而得廉士也，則亦刻覈寡恩、苛細以傷民氣之褊夫，而流爲酷吏，然且不能多得。而漁獵小民以求富者，藉口以無忌而不慚。唐、宋以前，詔禄賜予之豐，念此者至悉，猶先王之遺意也。

至於蒙古，私利而削禄，洪武之初，無能改焉。禄不給於終歲，賞不踰於百金，得百軒輗，而天下不足以治，況三百年而僅一軒輗乎？城垂陷，君垂危，而問飼猪，彼將曰救死而不贍。復奚恤哉！

一〇

漢人學古而不得其道，矯爲奇行而不經，適以喪志。若韋玄成避嗣父爵，詐爲狂疾，語笑昏亂，何爲者也？所貴乎道者身也，辱其身而致於狂亂，復何以載道哉！箕子之佯狂，何時也？虞仲斷髮文身，過矣，蓋逃於句吴而從其俗以安，非故爲之也。然而虧(禮)〔體〕㊀辱親，且貽後嗣以僭王猾夏之巨惡矣。且古之諸侯，非漢諸侯之比也。國人戴之，諸大夫扳之，非示以必不可君，則不可得而辭也。若夫玄成者，避兄而不受爵，以義固守，請於天子，再三辭而可不相強，奚用此穢亂辱身之爲以驚世哉！丞

㊀ 據校記改。

相史責之曰：「古之辭讓，必有文義可觀，乃能垂榮於後。」摘其垂榮之私意，而勉之以文義，玄成聞此，能勿媿乎？士守不辱之節，不幸而至於死，且嶽立海騰以昭天下之大義；從容辭讓之事，誰爲不得已者？而喪其常度，拂其恆性，亦愚矣哉！韋氏世治經術，而玄成以愚。學以啓愚也，不善學者，復以益其愚；則漢人專經保殘之學，陷之於尋丈之閒也。

一一㊀

史稱宣帝元康之世，比年豐稔，穀石五錢，而記以爲瑞，蓋史氏之溢辭，抑或偶一郡縣粟滯不行，守令不節宣而使爾也。一夫之耕，上農夫之獲，得五十石足矣。終歲勤勞而僅獲二百五十錢之貲，商賈居贏，月獲五萬錢，而即致一萬石之儲，安得有農人孳孳於南畝乎？金粟之死生，民之大命也。假令農人有婚喪之事，稍費百錢，已空二十石之囷積，一遇凶歲，其不餒死者幾何邪？故善養民者，有常平之廩，有通糴之政，以權水旱，達遠邇，而金粟交裕於民，厚生利用并行，而民乃以存。腐儒目不窺牖，將謂民苟得粟以飽而無不足焉；抑思無布帛以禦寒，無鹽酪蔬肉以侑食，無醫藥以養老疾，無械器以給耕炊，使汝當之，能勝任焉否邪？

一二

趙充國之策羌也，制狄夷初起之定算也。夷狄而初起，其鋒銛利，謀勝而不憂其敗。謀勝而不憂

㊀ 此論係未刊稿，據抄本補入。

其敗，則致死而不可攖。敗之不憂，則不足以持久而易潰。其徒寡，其積不富，其黨援不堅，而中國之吏士畏之不甚。是數者，利於守而不利於攻，不易之道也。

狡夷之初起亦微矣，而中國恆爲之敝。有震而矜之者而人心摇，有輕而蔑之者而國謀不定。彼豈足以敝我哉？嘗試與争而一不勝，則脅降我兵卒，掠奪我芻糧，闌據我險要，而彼勢日猖。黨而援之者，益信其必興而交以固。盛兵以往，潰敗以歸，而我吏士之心，遂若疾雷之洊加而喪其魄。故充國持重以臨之，使其貧寡之情形，灼然於吾吏士之心目，彼且求一戰而不可得，地促而糧日竭，兵連而勢日衰，黨與疑而心日離。能用是謀而堅持之，不十年而如堅冰之自解於春日矣。

雖然，一人謀之已定，而繼之者難也。夷無恥者㈠，困則必降，降而不難於復叛。充國未老，必且有以懲艾而解散之，而辛武賢之徒不能，故羌禍不絶於漢世。然非充國也，羌之禍漢，小則爲宋之元昊，大則爲拓拔之六鎮也，而拓拔氏以亡矣。

一三

宣帝之詔充國曰：「將軍不念中國之費，欲以數歲而勝敵，將軍，誰不樂此者？」嗚呼！此鄙陋之臣以惑庸主而激無窮之害者也。幸充國之堅持而不爲動，不然，漢其危矣！

爲國者，外患内訌，不得已而用兵。謂之不得已，則不可得而速已矣；謂之不得已，則欲已之，亦

㈠ 校記「者」字下有「也」字。

惟以不已者已之而已矣。何也？誠不可得而已也，舉四海耕三餘九之積，用之一隅，民雖勞，亦不得不勞；國雖虚，亦不得不虚。鄙陋之臣，以其稱鹽數米於炷廚之意計而爲國謀，庸主遂信以爲憂國者，而害自此生。司農怠於輓輸，忌邊帥之以軍興相迫，窳敝之有司，畏後事之責，猾胥疲民，一倡百和，鼓其欲速之辭，而害自此成。茫昧徼功之將帥，承朝廷吝惜之指，翹老成之深智沈勇以爲耗國毒民，乃進蕩平之速效，而害自此烈矣。

充國之至金城也，以神爵元年之六月，其振旅而旋，以二年之五月，持之一年而羌以瓦解，則所云欲以數歲而勝敵者，蓋老成熟慮之辭，抑恐事不必速集，而鄙陋之庸臣且執前言以相責耳，非果有數歲之費以病國勞民。顯矣甚矣，國無老臣而庸主陋臣之自誤也！憚數歲之勞，遽期事之速效，一蹶不振，數十年兵連禍結而不可解，國果虚，民果困，盜賊從中起，而遂至於亡。以田夫販豎數米量鹽之智，捐天下而陸沈之，哀哉！

一四

宣帝重二千石之任，而循吏有餘美，龔遂、黄霸、尹翁歸、趙廣漢、張敞、韓延壽，皆藉藉焉。迹其治之得失，廣漢、敞、霸皆任術而託迹於道。廣漢、敞以虔矯任刑殺，而霸多僞飾，寬嚴異，而求名太急之情一也。延壽以禮讓養民，庶幾於君子之道，而爲之已甚者亦飾也。翁歸雖察，而執法不煩；龔遂雖細，而治亂以緩；較數子之閒，其愈矣乎！要此數子者，唯廣漢專乎俗吏之爲，而得流俗之譽爲最；其餘皆緣飾以先王之禮教，而世儒以爲漢治近古，職此繇也。

夫流俗之好尚，政教相隨以濫；禮文之緣飾，精意易以相蒙；兩者各有小著之效，而後先王移風易俗、緣情定禮之令德，永息於天下。救之者其惟簡乎！故夫子言南面臨民之道，而甚重夫簡；以法術之不可任，民譽之不可干，中和涵養之化不可以旦夕求也。

如廣漢者，弗足道矣。繼廣漢而興，爲包拯、海瑞者，尤弗足道矣。至於霸、延壽、翁歸，循其迹而爲之，何遽不如三代？而或以侈敗，或以僞譏，何爲其致一時之感歆，反出廣漢下乎？雖然，亡其實而猶踐其迹，俾先王之顯道不絶於天下，以視廣漢與敞之所爲，猶荑稗與五穀，不可以熟不熟計功也。徧躁以徇流俗之好惡，效在一時，而害中於人心，數百年而不復，亦烈矣哉！

一五

蕭望之曰：「恩足以服孝子，誼足以動諸侯，故春秋大士匄之不伐喪。」遂欲輔匈奴之微弱，救其災患，使貴中國之仁義，亦奚可哉？恩足以服孝子，非可以服夷狄者也；誼足以動諸侯，非可以動夷狄者也。梁武拯侯景於窮歸，而死於臺城；宋徽結女直於初起，而囚於五國。輔其弱而彊之，彊而弗可制也；救其患而安之，安而不可復搖也。漢之於匈奴，豈晉之於齊，均爲昏姻盟會之友邦哉？望之之說春秋也，失之矣㊀。

㊀「失之矣」三字，校記作「先滅其大防也。妄人不可使窮經，經明而愈妄。王莽之周公，曹丕之舜禹，附聖以藏姦，無所不至矣。」三十八字。

一六

蘇威以五教督民而民怨，黄霸以興化條奏郡國上計而民頌之。蓋霸以賞誘吏，而威以罰督民，故恩怨殊焉，而其爲治道之蠹，一也。耕者讓畔，行者讓路，道不拾遺，傳記有言之以張大聖人之化者矣；而詩書所載，孔門所述，未嘗及焉。故稱盛治之民曰「士慤女憧」，言乎其樸誠而不詭於文也。故曰：「禮不下庶人，刑不上大夫。」禮之不可望庶人，猶大夫之不待刑也。聖人之訓，炳如日星矣。孔子没，大義乖，微言絶；諸子之言，激昂好爲已甚，殆猶佛、老之徒，侈功德於無邊，而天地日月且爲之移易也。夫聖人之化，豈期之天下哉？堯有不令之子，舜有不恭之弟，周公有不道之兄，孔子有不朽不雕之弟子，舛野無知，而從容中道於道路，有是理哉？以法制之，以刑束之，以利誘之，民且塗飾以自免；是相率爲僞，君子之所惡也。漢之儒者，辭淫而義詭，流及於在位，襲之以爲政。霸之邪也，有自來矣。君子之道，如天地之生物，各肖其質而使安其分，斯以爲盡人物之性而已矣。

一七

耿壽昌「常平」之法，利民之善術也，後世無能行之者，宋人倣之，而遂流爲「青苗」。故曰：非法之難，而人之難也。三代封建之天下，諸侯各有其國，其地狹，其民寡，其事簡，則欲行「常平」之法也易。然而未嘗行者，以生生之計，寬民於有餘，民自得節宣焉，不必上之計之也。上計之而民視以爲法；視以爲法，則憚而不樂於行，而黠者又因緣假借以讎其姦。故三代之制，裕民而使自爲計耳。雖提封萬井之國，亦不能總計數十年之豐歉而早爲之制也。郡縣之天下，財賦廣，而五方之民情各異，其能以一切之治爲治乎？

然則「常平」之制不可行與？曰：「常平」者，利民之善術，何爲而不可行也？因其地，酌其民之情，良有司制之，鄉之賢士大夫身任而固守之，可以百年而無弊，而非天子所可以齊一天下者也。壽昌行之而利，亦以通河東、上黨、太原、弘農之粟於京師而已矣。

一八

宣帝臨終，屬輔政於蕭望之，其後望之被譖以死，而天下冤之。夫望之者，固所謂可小知而不可大受者也。望之於宣帝之世，建議屢矣，要皆非人之是，是人之非，矯以與人立異，得非其果得，失非其固失也。匈奴內潰，羣臣議滅之，望之則曰：「不當乘亂而幸災。」呼韓邪入朝，丞相御史欲位之王侯之下，望之則曰：「待以不臣，謙亨之福。」韓延壽良吏也，忌其名而訐其小過以陷之死。丙吉賢相也，則倨慢無禮而以老侮之。且不但已也，出補平原太守，則自陳而請留；試之左馮翊，則謝病而不赴。迹其所爲，蓋攬權自居，翹人過以必伸，激水火於廷，而怙位以自尊者也。若此者，其懷祿不舍之情，早爲小人之所挾持；而拂衆矯名，抑爲君子所不信。身之不保，而安能保六尺之孤哉！見善若驚，見不善如讎，君子猶謂其量之有涯而不可以任大；況其所謂善者不必善，所謂不善者非不善乎！

宣帝之任之也，將以其經術與？挾經術而行其偏矯之情，以王安石之廉介而禍及天下，而望之益之以侈；抑以其議論與？則華而不實，辯而窒，固君子之所惡也。主父偃、徐樂豈無議論之近正，而望之抑奚以異？蓋宣帝之爲君也，恃才而喜自用，樂聞人過以示察者也，故於望之有臭味之合焉。以私好而託家國之大，其不傾者鮮矣。

元帝

一

朋黨之興，始於元帝之世，流風所染，千載不息，士得虛名獲實禍，而國受其敗，可哀也夫！蕭望之、周堪、張猛、劉更生，固雅意欲爲君子者也。其攻史高、弘恭、石顯，以弼主於正，固君子之道也。夫君子者，豈徒由其道而遂以勝天下之邪哉？君子所秉以匡君而靖國者，蹇蹇之躬，可生可死，可貴可賤，可行非常之事，可定衆論之歸，而不倚人以爲援。若夫進賢以衛主，而公其善於天下，則進之在己，而舉錯一歸之君。且必待之身安交定之餘，而不急試之危疑之日。然且避其名而弗居，以使賢士大夫感知遇於吾君，而勉思報禮。身已安，交已定，道已行，小人已遠，則善士之進，自拔以其彙，而不肖者不敢飾説以干。於身爲君子，於國爲大臣，恃此道也。

今蕭、周二子者，奉遺詔，秉國政，輔柔弱之主，甫期年耳。元帝浮慕之而未嘗知之。使二子果以抑羣小、清政本爲遠圖，身任之，以死繼之，其孰敢不震疊焉？乃其所爲有異是者，鄭朋欲附之，望之受之，周堪聽之，華龍聞其風而欲附焉。□□□□□□□□□□□□㊀而楊興、諸葛豐之徒，皆仰望而

㊀ 此處校記亦闕。

欲攀倚。以此思之，則此數子者，必縣朝廷之禄位以引躁進喜事之人，而望其援，訟其直以擊恭、顯。身爲大臣，國是不決，乃借資於浮薄之徒，或激或叛，以成不可解之禍。嗚呼！四子者，果捐軀以報上，獨立不懼，而奚以此聞聲附和之宵人爲哉？縣汲引以誘人，利則從，害則叛，固其常也。況乎風相煽，譌相傳，一時之氣燄，小民之視聽且駭，而況孱主孤立於羣小之閒乎！

故朋黨之興，必有敗類以相附，而貽小人之口實。使爲君子者，遠爵賞之權，泯交遊之迹，不歆便佞之推戴，不假新進以攻排，無瑕可求，孤立自任，則敗類惡得而乘之？狄仁傑且以制諸武之凶，李沆終不受梅詢、曾致堯之惑，大臣之道，當如此矣。四子而能然也，元帝雖孱，恭、顯雖横，亦孰與相激，而令宣帝之業隳於一朝乎？

申屠嘉之困鄧通，困之而已；韓魏公之逐内豎，逐之而已；何所藉於羣不逞而爲之羽翼？司馬温公任二蘇以抑王安石，而秦觀、張耒以狹邪匪人緣之，以忝清流之選，故終絀於紹述之黨。楊、左廣結臺諫以抗魏忠賢，而汪文言以無賴貲郎竊附以召禍。浮薄之徒，一得當於君子，而使酒狂歌、呼盧謔傲以嗣蕭艾蘭茝之音，其氣羶，其燄緑。爲君子者，可勿豫戒之哉！

二

元帝詔四科舉士，即以此第郎官之殿最，一曰質樸，二曰敦厚，三曰遜讓，四曰有行。蓋孱主佞臣懲蕭、周、張、劉之骨鯁，而以柔惰銷天下之氣節也。自是以後，漢無剛正之士，遂舉社稷以奉人，而自詡其敦厚樸讓之多福。宣帝曰：「亂我國家者，必太子也。」其言驗矣。

雖然，有自來矣。極重必反者，勢也。文、景、武、昭之世，賢不肖雜進，而質樸未亡，君子無赫赫之名，而小人亦無難見之惡。氣矜如汲黯，名勝如賈誼，人主甚器其材，而終不顯。至於諟風采以徼人主之知，動天下之色，如主父偃、徐樂、終軍、東方朔，以洎刑名聚斂之臣，皆旋用而旋棄。迨宣帝切於求治，以文法爲尚，而天下翕然從之。於是而沽名衒直之士，矯爲人所不能以自旌，氣燄足以淩人主，而人主厭其苛覈，非但貴戚宦寺之疾之也。魏相以之赤霍氏之族，蕭望之以之持丙吉之短，張敞以之攻黄霸之私，勢已成乎極重，則其反而相奬以詭隨也，天下且樂其易與，而況乎人主之與戚宦哉？

屈伸之理，一彼一此；情僞之遷，一虚一盈。故人主馭天下之人材，不輕示人以好惡而酌道之平，誠慎之也。畏其流而尤畏其反也。

三

趙充國持重以破羌，功莫盛矣，二十餘年而羌人復反，吾故曰：難乎其爲繼也。當充國時，求戰不得，坐而自困之羌，心灰而不敢競者閲二十年，而皆已衰老。後起之胡雛，未嘗躬受挫抑，將曰：漢但能自守，而不能有加於我，前人無能爲而受其困，我别有以制漢而漢窮矣。藉令充國未老，天子終以西事任之，抑必有鋭師以繼之於挫折之餘，而辛武賢之徒弗能也。外忌充國之功，而内實私幸之以偷安。故馮奉世曰：「守戰之備，久廢不簡，夷狄有輕邊吏之心。」於是而奉世之決於進討，功不可泯；韋玄成、鄭弘之固陋，罪抑不可揜矣。

羌之初起也，持重以困之而自敝，萬全之道也。過此而彡姐踵亂，非先零比矣。一起一敗而不能無疑畏焉。已熸之炷，狂飈一熺而膏不給，勝則前，敗則降，習先零故事，而無致死之心，是其必當勦除也明甚。故奉世決於大舉，合六萬人以擣之於初起，蓋與充國之策異術而同功。奉世不可師充國之守，充國不可用奉世之攻，因時度敵而善其操縱，其道一也。

夫羌地亙河、湟，南接秦、隴，於長安爲肘腋；力雖小而驕之則大，種雖散而使之相并則合；使其得志以逞，非但唐之回紇、宋之元昊已也。迨乎東漢，幸而都雒耳；使都長安，庸臣師玄成、鄭弘之説，茸闒以召侮，羌且逼王畿城下而莫懲，漢其亡於羌乎！奉世翦之於始，張奐、段熲夷滅之於後，羌乃不能爲中國腹心之患。其後雖姚弋仲之桀雄，不乘劉、石之餘而不敢起。垂至於今二千年，秦、隴、河、岷、階、文之閒，巖險甌脱而防閑不設，則二漢之猷遠矣。馮奉世首建大議以申天討，善體充國之意而通其變，民到于今受其賜，非玄成等偷安一時之所能知也。

四

貢禹、匡衡之言，其不醇者蓋亦鮮矣。禹曰：「天生聖人，蓋爲萬民，非自娛樂而已。」衡曰：「天人之際，精祲有以相盪，善惡有以相推，宜省靡麗、考制度、近忠正、遠巧佞，以崇至仁。」又曰：「聰明疏通者，戒於太察；寡聞少見者，戒於壅蔽；勇猛剛彊者，戒於太暴；仁愛温良者，戒於無斷；湛静安舒者，戒於後時；廣心浩大者，戒於遺忘。」又曰：「婚姻之禮正，然後品物遂而天命正，孔子論詩以關雎爲始，此綱紀之首、王教之端也。」又曰：「聖人動静游燕所親，物得其序。」又曰：「佞巧之姦，因時而動，聖人慎防其端，禁於未然，不以私恩害公義。」又曰：「正家而天下定矣。」讀其文，繹其義，想見其學，非公孫弘、兒寬之勦舊聞而無心得者所及；亦且非韋玄成、薛廣德之擇焉而不精者所可與匹儔也。

論者謂元帝柔而少斷，禹與衡不以爲言，而但就帝之長，孜孜以恭謹節儉相奬，爲禹、衡之罪，過矣。元帝所以優游不斷者，惟其心之不清，幾之不慎，而中不適有主也。則其所爲恭謹節儉，亦唯其名而無其實。天子之尊富，即省之又省，而以溺其志者尚多。燕閒游息之下，史高、石顯豈無導侈之爲？而特未甚耳。不然，何知其邪而不能去乎㊀？由是言之，使無禹、衡之正，稱詩、禮精嚴之旨以防其流，則以帝之柔而益以驕淫，安所得十六年之安，内無寇攘，而外收絶域之功乎？

君子出所學以事主，與激於時事之非而彊諫之臣異。以諫爲道者，攻時之弊，而不恤矯枉之偏。以學事主者，規之以中正之常經，則可正本以達其義類，而裁成剛柔一偏之病；主即不悟，猶可以保其大綱而不亂。故以孔子之聖，告荏弱之哀公，唯規之以人道政本之大端，而不屑取奔越之禍豫爲之防。夫豈不達於時變哉？以道豫立而變自消也。且衡之言曰：「近忠正，遠邪佞，寡聞少見者戒於壅蔽，仁愛温良者戒於無斷。」固已盡元帝之所短，而特不爲矯枉之論，導之鷙擊耳。夫可喻者，則微言而喻矣；不可喻者，則痛哭流涕以談而固不喻也。是以君子之言，有體有要，而不詭於大常；補偏救弊之術，二子有所不尚，夫亦猶行君子之道乎！

㊀ 校記「不能去乎」作「不能決去之乎」。

論者徒見蕭望之、周堪之死不以罪，咎元帝而因以咎禹、衡。乃石顯之姦惡不及於天下，而海内晏安，則儒者雍容涵養之功，亦豈可誣哉？漢之中亡也，成、哀之奢縱成之，非元帝優柔致之也。又奚可以張禹、孔光之罪罪二子也！

五

邪説之行於天下，必託於君子之道。釋氏之言心性，亦君子之言也；老氏之言道德，亦君子之言也；天下以其爲君子之雅言，遂謂其有當於治與道而信之。故六經之支説，皆以破道而有餘，焦延壽、京房之於易是已。

易乾、坤之策三百六十，當期之日，取其象之一端大略而言〔也〕㊀。屯、蒙以下之策，老少雜而非三百六十者多矣。期之日三百六十有五而有餘分，不盡如乾、坤之策也。聖人觀天地人物之變而達其會通，以爲是肖其大綱耳；亦猶二篇之策萬一千五百二十以象萬物，而物固不可以萬計也。故曰：「神无方而易无體」；「周流六虚，不可爲典要。」二子者，乃欲限六十四卦之爻以各當一日，無以處餘四卦，不得已而以震、兑、坎、離居分至之位。則不知二分二至在六十卦之外而爲之綱維邪？抑二分二至一日而二卦以異於餘卦邪？東震、西兑、南離、北坎者，位也；二分二至之日，時也。時經而位緯，二子取而錯亂之也何居？故延壽者，筮史日者之流，以小術測陰陽之迹，似不足以知天化而敍治理。房

㊀ 據校記增。

是之學，乃敢以與人宗社哉？

其爲術也，立典要以爲方體，於是而有八宮世應之説。抑自乾至剥而窮，又不得已而措晋、大有於其末。垂至於今，鬻技之卜師，相因以斷吉凶之大故，而不能明言其所以然之理，徒以惑民而徼幸。然則延壽與房，雖欲辭爲妖妄之魁也而不得。何也？非天理之自然，則皆妖也。房以是欲與石顯、五鹿充宗競貞邪於天人之際，吾未見妖之足勝邪也。邪者獲罪於人，妖者獲罪於天，妖尤烈矣。

或曰：房之按日以候氣，分卦以徵事，所言（其）〔者〕㊀亦與當時之得失禍福合，何也？曰：石顯之邪，而君德以昏，國是以亂，衆耳衆目具知之矣。事既已然，取而求其所以然者，而實固非也。勢已成，形已見，謂天之象數亦然，亦惡從而辨之？故日月之有災眚，歲時之有水旱，禽蟲艸木之有妖蠥，人民之有痾沴，山川之有崩沸，吾知其不祥；而有國者弗可不恐懼以修省耳。銖纍而分之，刻畫而求之，幸而弋獲之妖人，以是取顯名、致厚利而惑天下；王制所謂「假於鬼神時日卜筮以疑衆，殺。」其宜膺天刑久矣。房内挾此以與邪臣競，自殺其軀而邪益張，宜矣哉！何也？託君子之道，誣聖人之教，矯造化之神，三者皆獲罪於天而不可逭者也。

六

京房考課之法，迂謬而不可舉行；即使偶試而效焉，其不可也固然。何也？法者，非一時、非一

㊀ 據校記改。

人、非一地者也。房曰：「末世以毀譽取人，故功業廢而致災異。」毀譽之不當者多也，然而天下之公論存焉。雖甚拂人之性，亦不能謂堯暴而跖仁也。舍此而一以功業程之，此申、韓之陋術，而益之以拘迫，不肖者塗飾治具以文其貪庸；不逮，則鞭策下吏，桎梏民庶以副其期會，災不在天，異不在物，而民已窮、國已敝矣。

先後異時也，文質相救而互以相成，一人之身，老少異狀，況天下乎？剛柔異人也，不及者不可強，有餘者不可裁，清任各有當，而欲執其中，則交困也。南北異地也，以北之役役南人，而南人之脆者死；以南之賦賦北土，而北土之瘠也盡；以南之文責北士，則學校日勞鞭扑；以北之武任南兵，則邊疆不救危亡。其閒損乃以益，殺乃以生，簡乃以備，一視爲吏者居心之仁暴、憂國之誠僞。而唯考課其一切之功能，此王莽所以亂天下者，房爲之開先矣。塾師之教童子也有定課，而童子益愚；耕夫之馭牛也有定程，而牛以敝。梏四海九州彊智柔和於房一人之意見，截鶴脛以續鳧，其不亡也何待焉？

蓋房之爲術，以小智立一成之象數，天地之化，且受其割裂，聖人之教，且恣其削補。道無不圓也，而房無不方，大亂之道也，侮五行而椓二儀者也。鄭弘、周堪從而善之，元帝欲試行之，蓋其補綴排設之淫辭有以熒之爾。取天地人物、古今王霸、學術治功，斷其長，擢其短，令整齊瓜分如弈者之局、廚人之飣也，此愚所以聞邵子之言而疑也，而況房哉！

七

漢之亡，非元帝之咎也。帝弱而寡斷，然而無所傷於天下，石顯僅逞於異己，而惡不及於民，國之元氣未斲焉。故曰：非元帝之咎也。王氏，元后之族也，王鳳爲大將軍録尚書事，爲篡弒之階。然非元帝之寵后族而早任之，帝崩，成帝乃假鳳以大權，而帝無遺命。故曰：非元帝之咎也。雖然，其所自來，抑豈非元帝隱伏之咎肇於不測哉？帝以成帝耽燕樂爲不能勝大位，而欲立山陽王，識之早也。重易國儲，聞史丹之諫而止，亦正也。然知成帝之不克負荷，而不擇賢臣以輔正之，幸傅昭儀而遲回於山陽，遘重疾而忽忽不定，聞史丹之諫，知命之已促，而徒有善輔之言，無託孤之遺命，以聽哲婦孺子之自求親信，而王鳳進矣。

成帝之在東宫也，既爲元帝之所憎而孤危甚，摇摇於廢立之閒者將十年。匡衡、史丹亦但以大義規元帝，而非必與成帝爲腹心。所竊竊然憂、翕翕然私語而計者，徒王鳳耳。元后寵衰，而憂禍之及，所與竊竊然憂、翕翕然私語而計者，亦鳳兄弟耳。人情出危險之中而思故時之同患者，未有不深信而厚倚之。故成帝一立，而顧瞻在廷，無有如鳳之親己者，豈復憂他日之攘己乎？嗚呼！於是而知叔孫舍之不賞私勞以殺豎牛，卓乎其不可及已。

天位者，天所位也；人君者，人所歸也。爲主器之長子，膺祖宗之德澤，非竊非奪，天人所不能違；而翕訿以相保，呴沫以相憐，私憂過計，貪天功爲己力，此其人亦何足任而戴之不忘乎？唐玄宗知張説之姦，懷其潛邸之恩而不能遠，以召均、垍之逆；況楊復恭之以家奴而門生天子乎？嗚呼！自非攘功擅權之小人，孰敢以大寶之攸歸自任爲己績者？趙汝愚不欲行内禪之賞，可法也，而猶存其迹也；丙吉護宣帝於獄而終不自白，故能相天子以成中興之業。然則漢文卻周勃之私言，世廟罷新都之政柄，不得謂之刻覈而寡恩；成帝之碌碌，何足以語此哉！元帝不能顧命史丹，而使鳳得以私勞惑庸主，亦其暱愛山陽而憒然不恤之咎與！故曰：隱伏之咎，肇於不測也。

讀通鑑論卷五

成帝

一

讀杜欽進諫之章，與其奏記王鳳之書，及論王章之事，竟以王氏之篡，歸禍始於欽之黨姦，非平情之論也。成帝之無道也，足以亡國。王鳳初起，猶修飾而有類於社稷之臣；其視張放、淳于長、史育之導欲以宣淫者，不若也。五侯之專，莽之篡，豈欽之所能前知哉？士志於有爲，而際昏庸之主，思有所造於國家，不得自達於上，不獲已而見大臣之可與言者，因之以效「納約自牖」，而「遇主於巷」，所謂救失火而不暇問主人者也。故以陳蕃之剛正，而依竇武以行其志，能早知自別以遠嫌者鮮矣。至於鳳已成乎專偪，心知其誤，而卒不能自拔，欽固有無可如何者，而其情亦可愍矣。

故君子之愛身也，甚於愛天下；忘身以憂天下，則禍未發於天下而先伏於吾之所憂也。外戚也，宦寺也，女主也，〔夷狄也，〕㊀一失其身，雖有扶危定傾之雅志，不得自救其陷溺；未有身自溺而能拯

㊀ 據校記增。

人之溺者也。孔子行乎季孫而魯幾治，非孔子固弗敢也。聖人之大用，中材所不敢效也。雖然，聖人豈有不測之術哉？齊人服，郈、費墮，季斯一受女樂，而即決於行，無所凝滯，而必不與之推移。則一旦釋然忘前此之功業，而逌然以去，無他，純乎道而無私焉耳。聖人不可學而可學者，此也。鳳之專，王氏之盛，成帝之終不足與有爲，威福下移，形勢已成，欽胡爲其荏苒而不去也？能去則去，雖因季斯而不損其聖。事已不可，而尚惜其位，則欽雖持義之正，而不免於黨奸。雖然，若欽者，固未易言去也；諫鳳不聽而去之，且無名而爲其所忌，故非聖人不能去，不能去而可不早慎擇所從哉？君子度德以自處。女主也，外戚也，宦寺也，〔夷狄也，〕㈠即可與有爲，而必遠之夙，人道之大戒也。賈捐之、楊興、〔崔浩、〕㈡婁師德、張說、〔許衡〕㈢，一失其身，而後世之譏評，無爲之原情以貸者，皆欽之類也。可勿戒乎！

二

亡西漢者，元后之罪通於天矣。論者徒見其吝璽不予、流涕漢廟、用漢伏臘而憐之，婦人小不忍之仁，惡足以蓋其亡漢之大憝哉！今有殺人者，流涕袒免而撫其尸曰：吾弗忍也，而孰聽之？

漢懲呂氏之禍，不舉國柄而授之外戚久矣。霍氏之持權，武帝拔霍光於下僚，與降胡厩吏等，非緣后族也；其既也，則以廢闇立明安社稷之功也。宣帝之於史氏，元帝之於許氏，以恩澤侯而已矣。

㈠、㈡、㈢據校記增。

成帝年已二十，元帝未有屬王氏之遺命焉，王鳳起自衛尉，一旦而持天下之柄，孰爲之邪？五侯並日而封，楊興、駟勝争之而不得；苟參以異父弟強成帝以封侯，帝不聽，而猶寵以侍中；劉向諫而不聽，王章争而見殺，垂涕不食，以激成帝之誅章；劉向抗疏不已，成帝歎息悲傷，卒受制而不能決。鳳死而音代，音死而商代，商死而根代，根死而莽代，一以世及之法取漢之天下，而使相嗣以興，非后之内主於宫中，亦豈能蔓引綿延之如此哉？

且夫王氏之横，未嘗不可撲也。成帝察其奢僭不軌，而音、商、立、根藉槀負斧鑕以待罪；王立結淳于長之姦露，成帝下有司按治，而立殺其子以滅口；計其爲人，非能險鷙於吕之産、禄，武之三思、懿宗也。乃吕氏私其族而終以國事付平、勃，武氏私其姪而終以國事付狄、婁，元后則寵劉氏之宗社於其鞶帨，而以授之私親。逮乎哀帝之立，姑退莽以脅哀帝，而蠱在廷之心，縱董賢之不逞，乘其敗以進莽，使恣行其鴆主之毒，晏然處之而不一詰。攝則使之攝矣，假則使之假矣，豈徒莽之姦足以恣行無忌哉？老妖不死，日蝕月齕，以殄漢而必亡之，久矣。故曰：罪通於天也。

婦人之道，柔道也，反其德而爲剛，雖惡易折。大畜之五曰：「豶豕之牙，吉。」牙可豶也，而吕、武以之，周勃、狄仁傑豶之而吉矣。姤之初曰：「羸豕孚蹢躅。」羸云者，不壯而柔者也，以柔而結人心者也，而蹢躅之凶不可禁，元后以之，雖劉向痛哭以陳言，成帝悲傷而懼禍，而無如后之涕泣者何也！莽已篡，漢已滅，姑以一泣逃天下後世之誅，而誰信之？不然，莽之基毒，無有於其子，后果有思漢之心，莽其能戴之没世而生榮死哀以相報哉？女禍之烈，莫如王氏，而論者猶寬之，蹢躅之孚，且以孚後世而免於史氏〔之〕㊀誅，亦險矣哉！

三

成、哀之世，天地宗廟之祀倏廢倏興，以兒嬉而玩鬼神甚矣。其廢而復興也，或以天子之病，或以繼嗣之不立，小人徼福之術，固不足道。其廢也，始於貢禹而成於匡衡，所持者，三代之典禮也。宗廟遠，有毁而無立者，義也；誠所不至，不敢黷焉，義所以盡仁也。儒者之言禮，文而已矣；以文而毁，猶之乎以文而立。夫漢之嗣君，於其所不廢之祀而能以誠格之乎？執是以論，舉凡天地祖宗之祀皆可毁矣，而何但七世以上與五畤之郊也？苟非其人，道不虚行。宫室之侈，妃嬪之衆，服膳之奢，樂之淫，刑之濫，官之冗，賦之重，一能汰其所餘以合於三代，而後議郊廟之毁，未晚也。

且三代之靳祀於七世，豈徒然乎？抑創法者，自開國之君守約以待子孫之易盡其情而無僞，非祖宗立之而後王毁之也。自漢以降，百爲不師古，禮樂之精意泯焉；而獨於祧廟致嚴於祖宗之廢興，何其徇末而斲其本也？況古之祧也，於大禘而合食，則雖廢而不忘。後世無禘而徒祧，幾於忘其所自出。然則廢五畤以伸上帝之孤尊，古之可法者也。制以七世而毁廟，古之未可遽法者也。君子之言禮，非但以其文也。

㊀ 據校記增。

四

進言者極其辭，而必有所避就，非但以遠嫌而杜小人之口實也，道存焉矣。嫌已遠而小人無閒以指摘，則君之聽不熒，而言乃爲功於宗社。劉向憂王氏之勢盛而移漢，見之遠，慮之切，向死而漢亡，所繫亦大矣哉！而於進言有未得者，故成帝雖感，而終不能庸，小人之黨，且有挾以上搖主聽而下惑人心。

其言曰：「王氏、劉氏且不並立，宜援近宗室。」斯豈向所宜言者乎？以事言之，劉氏之賢，無有踰於向者，樞筦之任，不歸王氏必歸向矣，未有斥人之姦而自任者也。且劉氏、王氏豈頡頏而並論以爭衰王者。頡頏而並論，婦人勃谿之說也；且假之以頡頏之名而王氏張。彼將曰：天下非彼則我也。況乎呂氏之禍，與吳、楚、淮南、燕、廣陵互相盈虛，則外戚反脣而相譏，豈患無辭哉？以道言之，選賢任能以匡扶社稷者，天下之公也。堯之舉禹、皋，禹之任稷、契，湯之託伊尹，高宗之立傅說，文王之任閎、散，皆非懿親也。周道親親，而周、召以庸，管、蔡以誅；師尚父，邑姜之父，且以佐燮伐而位太師。王氏誠不可任，博求之天下，豈繄無賢；而必曰援近宗室，舉大義而私之一家，又豈五帝三王之道哉？

向於是而失言矣。以爲獨任，則不可有自請之情；以爲博選宗室之賢，則歆之黨逆，向且不能保之於子，而況他乎？成帝悟而不終，羣姦聞而不憚，未必非向之言有以召之也。故進言者，匪道是循，徒以致寇，而可不慎哉！

五

漢諸王之以禽獸行廢者不一，漢廷無有能據道以處此者，而谷永能言之。其曰：「帝王不窺人私，而春秋爲尊者諱。」此義行，迄乎東漢，穢德不章。永之言，其利溥矣。夫人之有恥，自恥者也；恥心蕩而刑殺不能止，故知刑殺者，非可以善風俗、已禍亂者也。漢之於此，既無家法以正之於先，而縱苛察之吏、告訐之小人，揚之於後。無他，忌侯王之彊，日思翦艾以圖安，而紈袴膏粱，卒投於阱而無從辨。嗚呼！甚知是矣，惡得不拱手而授之賊臣哉？以刑制淫而固不可制，假暗昧以鋤彊而祇以自弱。谷永者，王氏之私人也，而慮能及此，故知永者，附權臣非有移鼎之心，寵利未忘，規一時之進取而已。漢能用之，亦何遽不爲贊治之臣乎？

六

老之戒在得，至於老而所需於天下者微矣，得奚足以亂其心哉？子孫之情長，而道義之氣餒，引子孫之得爲己得，於是瀕死而不忘。張禹之初，與王根異也，猶有生人之氣也；慮及子孫，而行尸走肉，遂禍人之宗社，冒萬世之羞，朱雲欲以齒劍而不慚。夫人爲不善而貽怨於子孫，誠不可爲也；身之無過，質之鬼神而不疚，則亦奚患哉？且夫禍福亦何常之有，假令王氏早敗，而按同惡之誅，禹之子孫，又能保其富貴乎？故禍福者，天也；失得者，人也；老而憂子孫，引天之吉凶以私之沒世，其愚不可瘳矣。成帝不輯折檻以旌朱雲，則所以待禹者亦可知矣。禹且不自保，而況其子孫？

七

谷永非杜欽之比也，永雖無黨王篡漢之遠圖，而資王氏以榮寵，因爲之羽翼焉，與欽之誤合於小人、欲悔而不能也，其情異矣。顧於此得人君聽言之道焉。永，王氏之私人也，其心，王氏之心也；若其言，則固成帝膏肓之藥石，可以起漢於死而生之也。夫王氏之固結而不解，帝忌之而不能黜，豈非以躬耽淫侈，畏昌邑之罰；而内護趙、李，外庇張放、淳于長之私心，有所恧縮，而倒授以權哉？寵驕妒之妾，飲食倖臣之家，加賦重斂以縱游，而失百姓之心，是持宗社以遺人之道也。使帝感永之言，悔過自艾，正己齊家而憂社稷，賢臣進，庶務理，民情悦以戴漢而不忘；權姦之謀自日以寢，而豈必誅戮放廢以傷母氏之心乎？故曰：「君子不以人廢言。」永之諫不行，雖忘軀憂國之臣與姦賊争死生而無救於禍敗。則讀永書者，勿問其心可也。

八

何武欲分宰相之權而建三公，自成帝垂及東漢，行之二百餘年，至曹操而始革。丞相，秦官也；三公，殷、周之制也。古者合文武爲一塗，故分論道之職爲三；秦以相治吏，以尉治兵，文武分，而合三公之官於一相。漢置相，而闒政專歸於大將軍，承秦之分，而相無戎政之權，大將軍總經緯之任。故何武有戒心焉，分置三公，以大司馬參司空、司徒之閒，冀以分王氏之權。乃名乍易而實不可更，莽之終以大司馬篡也，亦其流極重而不可挽也。然而武之法行之終代而不易者，以防微杜漸之術，固人主之所樂用也。

若以古今之通勢而言之，則三代以後，文與武固不可合矣，猶田之不可復井，刑之不可復肉矣。殷、周之有天下也以戎功，其相天子者皆將帥。伊尹、周公，始皆六軍之長也。以將帥任國政，武爲尚而特緣飾之以文；是取武臣而文之，非取文臣而武之也。列國之卿，各以軍帥爲執政，敦詩書，説禮樂，文之於既武之後，秉周制也。所以必然者，三代寓兵於農，兵不悍，而治民之吏即可以治兵。其折衝而敵愾者，一彼一此，疆埸之事，甲未釋而幣玉通，非有獷夷大盜爭存亡於鋒刃之下者也。而秦、漢以下不然，則欲以三公制封疆原野之生死，孰勝其任而國不爲之敝哉？則漢初之分丞相將軍爲兩塗，事隨勢遷，而法必變。遵何武之説，不足以治郡縣之天下固矣。特漢初之專大政以大將軍，而丞相僅承其意指，如田千秋、楊敞、韋玄成、匡衡，名爲公輔，奉權臣以行法，則授天下於外戚武臣之手，而禍必滋。故武之説，可以救一時之敧重，而惜乎其言之晚也！相不可分也，將相不可合也，漢以後之天下，以漢以後之法治之，子曰：「所損益，可知也。」

九

成、哀之世，所可任爲大臣者，王嘉而已矣。師丹之視翟方進，尋丈之閒耳，皆以其身試權姦之好惡而不能出其樊籠，即有所欲言，而必資以自達也。師丹之劾董弘，何武之援王莽，屈於時之所尚，而不得不爲之羽翼。無他，王、傅二女主交相起伏，漢已無君與大臣久矣。方進之附淳于長也，欲與王氏忤，而長固王后之姊子也；長之不類，尤出諸王之上，資之以與諸王抗，而方進之欲不死也奚能？熒惑之變，駕言移禍於宰相，王氏之嫉〔也〕㊀深，雖微熒惑，方進其能免乎？武與丹浮沈於積陰之閒，一彼一此，小有所效，而俱爲女主效妒媢之功，其不被顯戮，幸爾。

嗚呼！至於成、哀之季而無可爲矣。君子慎所趨以自全，辭大位而不居，其庶幾乎！一受其事，則非如王嘉之必死以自靖，而負咎於天人也，必不可浣。莊生曰：「遊羿之彀中。」謂此時也。遊其彀中而死焉，君子之徒也；遊其彀中而免焉，小人之徒也；遊其彀中，避死而得死焉，刑戮之民也。慎之哉！

哀帝

一

人之能爲大不韙者，非其能無所懼也，唯其能無所恥也。故血氣之勇不可任，而猶可器使；唯無所恥者，國家用之而必亡。成帝欲用孔光爲丞相，刻侯印書贊而帝崩，是日光於大行前拜受丞相博山侯印綬，汲汲然惟恐緩而改圖，一如乞者之於墦閒，唯恐其餕之不餘，而遽長跽以請也。張放者，幸臣也，帝崩，且思慕哭泣而死，而光矯凶爲吉，犯天下之惡怒；然且卒無惡怒之者，光豈能不懼哉？冥然無恥，而人固容之也。

㊀ 據校記增。

始爲廷尉，則承王莽之指，鴆殺許后，若無所懼也，而實無可懼也。莽爲內主，天下無有難之者也。既則議爲傅太后築別宮，力請逐傅遷歸故郡，抗定陶王之議，奪其立廟京師，若無所懼也，而非無所懼也；內主有人，羣臣相保，故師丹獲不測之禍，而光自若也。恥心蕩然，而可清可濁，無不可爲，以得寵而避辱。王嘉瀕死，猶對獄吏曰：「賢孔光而不能進。」亦惡知光之譖其迷國罔上，陷嘉於死，機深不測也哉？而嘉云然者，其兩端詭合以誘嘉，抑可知已。

拜謁迎送、執臣主之禮於董賢者，光也；莽既乘權，去賢如敝屣者，光也；拱手以天下授之賊臣，幸早死而不與佐命之賞者，光也；莽既誅，猶無有聲言其惡以殄其世者，光也。嗚呼！人苟自盡喪其恥，則弑父與君而罪不及，亦險矣哉！有國者不辨之於早，徒忌鷙悍之彊臣，而容厚顏之鄙夫，國未有不喪者也。故管子曰：廉恥，國之維也。

二

限田之說，董仲舒言之武帝之世，尚可行也，而不可久。師丹乃欲試之哀帝垂亡之日，卒以成王莽之妖妄，而終不可行。武帝之世可行者，去三代未遠，天下怨秦之破法毒民而幸改以復古；且豪彊之兼并者猶未盛，而盤據之情尚淺；然不可久者，暫行之而弱者終不能有其田，彊者終不能禁其兼也。至於哀帝之世，積習已久，彊者怙之，而弱者亦且安之矣；必欲限之，徒以擾之而已矣。

治天下以道，未聞以法也。道也者，導之也，上導之而下遵以爲路也。封建之天下，天子僅有其千里之畿，且縣內之卿士大夫分以爲禄田也；諸侯僅有其國也，且大夫士分以爲禄田也；大夫僅有其采邑，且家臣還食其中也；士僅有代耕之禄也，則農民亦有其百畝也；皆相若也。天子不獨富，農民不獨貧，相倣相差而各守其疇。其富者必其貴者也，且非能自富，而受之天子、受之先祖者也。上以各足之道導天下，而天下安之。降及於秦，封建廢而富貴擅於一人。其擅之也，以智力屈天下也。智力屈天下而擅天下，智力屈一郡而擅一郡，智力屈一鄉而擅一鄉，莫之教而心自生、習自成；乃欲芟夷天下之智力，均之於柔愚，而獨自擅於九州之上，雖日殺戮而祗以益怨，彊豪且詭激以脅愚柔之小民而使困於田。於是限之而可行也，則天下可徒以一切之法治，而王莽之化速於堯、舜矣。

限也者，均也；均也者，公也。天子無大公之德以立於人上，獨滅裂小民而使之公，是仁義中正爲帝王桎梏天下之具，而躬行藏恕爲迂遠之過計矣。況乎賦役繁，有司酷，里胥横，後世愿樸之農民，得田而如重禍之加乎身，則彊豪之十取其五而奴隸耕者，農民且甘心焉。所謂「上失其道民散久矣」者也。輕其役，薄其賦，懲有司之貪，寬司農之考，民不畏有田，而彊豪無挾以相并，則不待限而兼并自有所止。若窳惰之民，有田而不能自業，以歸於力有餘者，則斯人之自取，雖聖人亦無如之何也。

三

成、哀之世，漢豈復有君臣哉！婦人而已矣。彭宣、何武、唐林，皆所謂錚錚者也，而所争者，僅一傅喜之去留而已。哀帝之初，傅氏與王氏争而傅氏勝；哀帝之亡，王氏與傅氏争而王氏勝。勝者乘權，而不勝者憤；二氏之榮枯，舉朝野而相激以相訟，悲夫！

當傅遷之傾邪，而推喜以抑遷，亦何異乎王根、王立之驕横而推莽邪？其言曰：「喜，傅氏賢子，議論不合而退，百寮莫不恨之。」傅氏之賢子，何當於天下之安危、劉宗之存亡，而百寮何所容其恨？又何異乎王莽、王仁之就國，而天下多冤王氏者。傅喜幸而未敗爾。莽之廢，吏民叩闕而訟冤，賢良對策而交奬，僞謙所誘，人心翕歸，而賢者不免，且較喜而彌甚。喜之賢，其孰信之？以四海之大，豈緊無人可託孤寄命者，唯區區王、傅二嫗之愛憎是争。嗚呼！率天下而奔走於閨房之嚬笑，流俗之溺流而不反如是哉！

故聖王之治，以正俗爲先，以辨男女内外之分爲本。權移於婦人，而天下沈迷而莫能自拔，孰爲爲之而至此極！元后之陰狡，成帝之昏愚，豈徒召漢室之亡哉？數十年中原無丈夫之氣，而王莽之亂，暴骨如山矣。

四

歷成、哀、平之三季，環朝野而如狂，所僅能言人之言者，一李尋而已，其他皆所謂人頭畜鳴也。尋推陰陽動静之義，昌言母后之不宜與政，豈徒以象數徵吉凶哉？天地之經，治亂之理，人道之别於禽獸者，在此也。婦人司動而陰乘陽，陽從陰，履霜而冰堅，豕孚而蹢躅。天下有之，天下必亡；國有之，國必破；家有之，家必傾。父子、君臣、兄弟、朋友之倫，以之而泯；厚生、正德、利用之道，以之而蔑。故曰：尋之言，言人之言，而别於禽獸也。婦者，所畜也；母者，所養也；失其道，則母之禍亦烈矣，豈徒婦哉？

夫國有君子，國可不亡。尋昌言之無誅，而不能救漢之亡，又何也？尋非其人也。陰之干陽，其變非一。女子之干丈夫也㊀，鬼之干人也，皆陰之干陽也。尋知乾之剛、陰之静矣，鬼亦陰也，静以聽治於人者也。顧其識不及此，聽甘忠可、夏賀良之邪説，惑上以妖，終以貶死燉煌，爲天下笑；則亦以陰干陽，等於婦人之煽處爾。載鬼一車，而欲懲負塗之豕，奚其可？故陰陽動静之理大矣，其變繁矣，其辨嚴矣。立人之道以匡扶世教，無一而可苟焉者也。

五

治河之策，賈讓爲千古之龜鑑，而平當之數言決矣。當言「經義有決河深川，而無隄防壅塞之文」。此鯀所以殛，禹所以興，而以堯、舜之聖，不能與横流之水争勝者也。讓言「古之立國者，必遺川澤之分，度水勢所不及」。殷所以世有河患，而盤庚奮然依山以避災，無他，唯無總於貨寶而已。細人之情，怙田廬之利，貪瀕河之土，動天下以從其欲，貽沈没於子孫，而偷享其利，既古今之通弊矣。而後世之謀臣，要君勞民以陻塞逆五行之敍者，其不肖之情有二焉：其所謂賢者，竭民力，積一簣以障滔天而暫遏之，瀕河之民，且歌謡而禱祀焉，遂以功顯於廷，名溢於野，故好事者踵起以嘗試而不絶。其不肖者，則公帑之出納，浩煩而無稽，易爲侵牟；民夫之賃傭，乘威以指使，而乾没任意；享其利而利其災，河濱之士大夫與其愚民及其姦胥，交起以贊之，爲危詞痛哭以動上聽。宜乎自漢以來，千五百年，奔走天下於河，言滿公車，牘滿故府，疲豫、兖、徐三州之民，供一河之谿壑，而一旦潰敗，胥爲魚鼈，而

㊀ 校記「女子之干丈夫也」下有「夷狄之干中夏也」七字。

但咎陻塞之不固也。可悲矣夫！

古今之異者，南北之殊流耳，其理勢則一也。繇讓之言而推其利病之原，非河之病民，而民之就河貪利以觸其害耳。貪退灘之壤，民有其土而國有其賦，鋒端之蜜截舌，而甘之者不恤也。使能通百年之算，念天下之廣，猶是民也，徙之而於國無傷，其愈於陻塞疲役之貧勞困斃與潰決之漂蕩淹溺也，孰爲利害哉？數千年而不出鯀之覆轍，君不明，而貪功嗜利之臣民，積習而不可破，平當之言，賈讓之策，縣亘燭於廣廷，而昧者猶擿埴以趨也，不亦悲乎！

六

谷永請諱諸侯王之獸行，以全人道之恥，議之正者也；耿育請掩趙昭儀殺皇子之惡，以隱成帝之惑，議之不正者也；二說相似而貞邪分，精義以立法，不可不辨。永之正者，凱風之不怨也；育之不正者，小弁之怨也。淫妒之嬖妾，操刃以絶祖宗之胤胄，而曲爲之覆，天子之子，不死於妖嬖者，其餘幾何哉！春秋成而亂臣賊子懼，故書「文姜遜於齊」、「哀姜遜於邾」，以昭大義，而不以逐母爲嫌。昭儀之惡，宗廟所不容，況非嫡后君母，而可縱之乎？

甚哉，育之言誖也，曰「知陛下有賢聖通明之德，廢後宮就館之漸，絶微嗣以致位」。是成帝戕父子之恩以爲未然之迂圖，其孰信之？育若曰「昭儀不殺皇子，則哀帝不得而立」，以蠱帝心而縱妖嬖。是哀帝本不與於篡弑之謀，而育陷之使入也。春秋嚴黨賊之誅，哀帝不能免，而育之罪不可逭矣。解光問罪之爰書不伸，趙氏宮官之大罰不正，宮闈肆毒於社稷而莫之問，故元后黨王莽以弑平帝、廢孺子、而無所顧忌。胡三省者，乃謂其合春秋「爲尊者諱」之義。邪說張，而賈繼春資之以讎其庇李選侍之姦。清議不明，非一時一事之臧否已也。

七

鮑宣七亡七死之章，陳漢必亡之券以儆哀帝，正本之論也。王莽之姦姦而愚，非有操、懿之才，其於國又未有劉裕之功，輕移於衽席之上而莫之禁，莽其何以得此哉？唯民心先潰於死亡，而莽以私恩市之也。藉非成帝之耽女寵，哀帝之暱頑童，縱其鷙吏賊民而蠱民以寇攘，莽亦上官桀、霍禹之續爾，而漢祚奚其亡？

張放、淳于長，王氏之先驅也；傅遷、董賢，王氏之勸駕也；曹爽、何晏，司馬懿之嚆矢也；李林甫、楊國忠，安禄山之前茅也；蔡京、童貫、史彌遠、賈似道，女直、蒙古之倀鬼也；而非君之溺於寵樂以忘民之死也不成。不然，孔光、揚雄之流，亦嘗與聞名教；而宗室羣臣以及四海之民，豈遽能以片餌誘嬰兒而輒棄其母乎？故宣陳亟救死亡之言，知探本矣，愈於劉向之欲挽橫流而堙諸其下也。

雖然，宣之言猶有病焉，後世言事之臣，增闇主之疑而授姦臣以傾妒之口實，皆此繇也。宣言：「慎選舉，大委任，以儆官邪，而免民於死亡。」是矣。勿亦姑言賢者之當任，以聽人主之自擇，待有問焉，而後可臚列傅喜、何武、孔光、彭宣、龔勝之賢以告，未晚也。今乃不然，若天子之左右一唯其所建置，而君不得以司取舍之權，衆不得以參疇咨之議，則偪上有嫌，而朋黨之謗興。且喜、武諸人皆大臣也，自不能邀人主之知而安其位，宣能以疏遠片言取必於同昏之廷乎？知不可得而故言之，授姦人以背憎之資，石介遇明主而激黨禍，況庸君佞倖權姦交亂之天下哉！進言者不知其道，徒以得後世之稱而無益於時，皆此一時之氣矜爲之也。又況宣所稱者，龔勝而外，吾未見有大臣之操焉。孔光巨姦而與於清流，宣失言矣。盈廷之士氣，漢室之孤忠，唯一王嘉，而不能詘其屈抑。然則鮑宣者，亦一時氣激之士，而未足以勝匡主庇民之任者乎！

八

易曰：「伏戎于莽，三歲不興。」不興者，慮其興之辭也。三歲而不興，逮其興而燎原之燄發於俄頃矣。哀帝崩，元后一聞之，即日駕之未央宮，馳召王莽，詔諸發兵符節、百官奏事、中黃門、期門兵、皆屬莽。此高帝馳入趙壁奪韓信、張耳軍之威權，后以一老嫗斷然行之，雷迅風烈而無疑畏；其提攜劉氏之天下授之王氏，在指顧之閒耳。非伏之三歲，爪牙具而羽翼成，安能爾哉？

甚矣，悍婦之威，英雄所不能決，帝王所不能持，而指麾輕於鴻毛，至此極也！司馬懿之殺曹爽，劉裕之克劉毅，朱溫之爭李克用，大聲疾呼、深慮陰謀、頳顏流汗、喋血以爭而僅得者，元后偃息談笑而坐收之。故莽有伏戎藏於平蕪蔓艸之中，無有險阻之形而不可測也。三歲伏而一旦興，有國者可不戒哉！

九

何武以忤王莽而死，可以爲社稷之臣乎？未也。武與公孫祿謀云：「呂、霍、上官幾危社稷，不宜外戚大臣持權。」此漢室存亡之紐也。乃當其時，內而元后爲伏莽之戎，外而孔光爲翼戴之姦，武僅以孤立之勢撲始然之火，既處於不敵之數矣。國之安危，身之生死，徒藉於一言，而言非可恃也，所恃者浩然之氣勝之耳。公孫禄豈可終保者哉？而與之更相稱説，武舉禄，禄即舉武，標榜以示私，授巨姦以朋黨之譏，則氣先餒而惡足以勝之！禄惟詭隨，乃以幸免；武不欲爲禄之詭隨矣，則足以殺其軀而已矣。心不可質鬼神，道不可服小人，出没於寵辱之中，而欲援已傾之天下，以水濺沸膏，欲息其燄而燄愈烈，非直亡身，國因以喪，悲夫！

一〇

平當、彭宣皆見稱於班固，宣未可與當並論也。當臨受侯封，臥病不起以固辭之，知世不可爲，鬱邑以死，可謂知恥矣。當之在位，丁、傅持權，而史稱帝雖寵任丁、傅，而政自己出，異於王氏；則當逡巡以死，而不忝無實之封，於自守之道未失也。若宣者，位司空爲漢室輔，王莽殺兩后，誅異己，腹心爪牙交布朝廷，而元后爲國賊之内主，此正宣肝腦塗地、激天下忠烈之氣、以救一綫之危者，而爲全軀、保妻子之謀，謝不能以引退，尚足爲人臣子乎？龔勝、邴漢且猶在梅福之下，所任異也，而況宣位三公之重哉？宣者，與董賢、孔光並居台輔而不慙者也，其生平可知矣。班固曰：「見險而止。」率天下以疾視君父之死亡而不恤，必此言夫！

平帝

一

元壽二年六月，哀帝崩，明年正月，益州貢白雉，羣臣陳莽功德，號安漢公，天下即移於莽。以全盛無缺之天下，未浹歲而遷，何其速也！上有闇主而未即亡，故桓、靈相踵而不絶；下有權姦而未即亡，故曹操終於魏王；司馬懿殺曹爽、奪魏權，歷師、昭迄炎而始簒天下者，待一人以安危，而一人又待天下以興廢者也。唯至於天下之風俗波流簧鼓而不可遏，國家之勢，乃如大隄之决，不終旦潰以無餘。故莽之簒如是其速者，合天下奉之以簒，莽且不自意其能然，而早已然也。

莽之初起，人即仰之矣；折於丁、傅，而訟之者滿公車矣；元后拔之廢置之中，而天下翕然戴之矣。固不知莽之何以得此於天下，而天下糜爛而無餘，如疫癘之中人，無能免也。環四海以狂奔，氾濫滔天，而孰從挽之哉？夫失天下之人心者，成、哀之淫悖爲之，而蠱天下之風俗者不在此。宣、元之季，士大夫以鄙夫之心，挾儒術以飾其貪頑。故莽自以爲周公，則周公矣；自以爲舜，則舜矣；周公矣，舜矣，無惑乎其相驚如狂而戴之也。

當僞之初起也，匡衡、貢禹不度德，不相時，舍本逐末，興明堂辟雍，倣周官飾學校於衰淫之世；孔光繼起爲僞之魁，而劉歆諸人鼓吹以播其淫響。而且經術之變，溢爲五行災祥之説；陽九百六之數，易姓受命之符，甘忠可雖死而言傳，天下翕然信天命而廢人事，乃至走傳王母之籌而禁不能止。故莽可以白雉、黄龍、哀章銅匱惑天下，而愚民畏天以媚莽。則劉向實爲之俑，而京房、李尋益導之以浸灌人心，使疾化於妖也。子曰：「無爲小人儒。」儒而小人，則天下無君子；故龔勝、邴漢、梅福之貞，而無能以死衛社稷，非畏禍也，畏公議之以悖道違天加己也。小人而儒，則有所緣飾以無忌憚；故孔光諸姦，施施於明堂辟雍之上而不慚。莽之將授首於漢兵，且以孔子自擬，愚昧以爲萬世笑而不疑。傳曰：「國有道，聽於人；國無道，聽於神。」古之聖人，絶地天通以立經世之大法，而後儒稱天稱鬼以疑天下，雖警世主以矯之使正，而人氣迷於恍惚有無之中以自亂。即令上無闇主，下無姦邪，人免於飢寒死亡，而大亂必起。風俗淫，則禍眚生於不測，亦孰察其所自始哉？

漢之僞儒，詭其文而昧其真，其淫於異端也，巫史也，其效亦既章章矣。近世小人之竊儒者，不淫於鬼而淫於釋，釋者，鬼之精者也。以良知爲門庭，以無忌憚爲蹊徑，以墮廉恥、捐君親爲大公無我。故上鮮失德，下無權姦，而萍散波靡，不數月而奉宗社以貽人，較漢之亡爲尤亟焉。小人無憚之儒，害風俗以陸沈天下，禍烈於蛇龍猛獸，而幸逸其誅。有心者，能勿伸斧鉞於定論乎？

二

君子之道以經世者，唯小人之不可竊者而已；即不必允協於先（生）〔王〕㊀之常道而可以經世，亦唯小人之所不可竊者而已。君子經世之道，有質有文。其文者，情之已深，自然而昭其美者也。抑忠信已浹於天下，天佑而人順之，固可以緣飾而增其華者也。是則皆質之餘，而君子不恃之以爲經世之本。於是而小人竊之，情隱而不可見，天命人心不能自顯，則竊而效之，亦遂以爲君子之道在於此而無慚。然則小人之所可竊者，非君子之尚，明矣。

封建、井田、肉刑，三代久安長治，用此三者。然而小人無能竊也，何也？三者皆因天因人，以趣時

㊀ 校者按：「生」字當作「王」。

而立本者也。千八百國各制其國，而漢之王侯僅食租稅；五刑之屬三千，而漢高約法三章；田畝之稅十一，而漢文二十稅一，復盡免之；小人無能竊也。何也？雖非君子之常道，然率其情而不恤其文，小人且惡其害己而不欲效也，非文也。七月之詩，勸農之事也，而王莽竊之，命大司農部丞十三人、人部一州，以勸農桑，似矣。養生、送死、嫁娶、宮室、器服之有制，禮之等也，而王莽竊之，定制度吏民之品，似矣。若此類，君子之道蓋有出於是者；而小人不損其欲，不勞其力，不妨其惡，持空文，立苛禁，一旦以君子之道自居而無難。則以此思之，君子經世之大猷不在此，明矣。何也？農桑者，小民所自勸也，非待法而驅也。制度者，士大夫遵焉，庶人所弗能喻，惟國無異政，家無殊俗，行之以自然耳，非一切之法限之不得而繼之以刑者也。然而竊倣之而即似，雖不效而可以自欺，遂以施施於天下曰：吾既以行君子之道矣。故文者，先王不容已，而世有損益，初不使後世效之者也㊀。承百王之敝，而仍有首出庶物之功名，乃能㊁立高明闊遠之崖宇，而小人望之如天之不可企及。無他，誠而已矣。誠則未有可竊者也。

三

天下相師於僞，不但僞以迹也，並其心亦移而誠於僞，故小人之誠，不如其無誠也。誠者，虛位也；知、仁、勇，實以行乎虛者也。故善言誠者，必曰誠仁、誠知、誠勇，而不但言誠。陵陽嚴詡，當王

㊀ 校記此下有「仁義有同情，則張弛有異用」十一字。　㊁ 校記無「乃能」二字。

莽之世，以孝行爲官，任潁川守，謂掾史爲師友，有過不責，郡事大亂。王莽徵爲美俗使者，詡去郡時，據地而哭，謂己以柔徵，必代以剛吏，哀潁川之士類㊀必罹於法。此其呴沫之仁，蓋亦非僞託其迹也。始於欲得人之歡心，而與人相暱，爲之熟，習之久，流於輭媚者浸淫已深而不自覺。蓋習於莽之僞俗，日蒸月變，其羞惡是非之心，迷復而不返。乃試思其泣也，涕淚何從而隕？則詰之以僞，而詡不服；欲謂之非僞，而詡其能自信乎？

嗚呼！僞以迹，而公論自伸於迹露之日；僞以誠，而舉天下以如狂，莫有能自信其哀樂喜怒者，於是而天理、民彝澌滅盡矣。故天下數萬蚩蚩之衆，奔走以訟莽稱莽而翕然不異，夫豈盡無其情而俱爲利誘威脅哉？僞中於心腎肺腸，則且有前刀鋸、後鼎鑊而不恤者。蔡邕之歎董卓，姚崇㊁之泣武曌，發於中而不能自已。甚哉，誠於僞之害人心，膏肓之病，非藥石之所能攻也。

四

陳涉、吴廣敗死而後胡亥亡；劉崇、翟義、劉快敗死而後王莽亡；楊玄感敗死而後楊廣亡；徐壽輝、韓山童敗死而後蒙古亡；犯天下之險以首事，未有不先自敗者也。亂（士）〔人〕㊂不恤其死亡，貞

㊀ 校記「之士類」三字作「豪俠驕橫者」五字。 ㊁ 姚崇、船山原文作張説。刻本已據劉毓崧校勘記改正。按劉氏周易外傳校勘記云：「以新、舊唐書及通鑑攷之，中宗復辟後，武后遷居上陽宫，羣臣中嗚咽流涕者，乃姚崇，非張説。是時崇正知政事，説流於欽州，尚未還京也。」又宋論校勘記云：「卷二十一『唐中宗』條内云武氏遷於上宫，姚元之涕泗嗚咽。元之即崇之改名。可證船山偶然誤記。」 ㊂ 據校記改。

士知死亡而不畏，其死亡也，乃暴君篡主相滅之先徵也，先死以殉之可矣。勝、廣、玄感、壽輝、山童，皆挾徼幸之心以求逞其志，非其能犯難以死爭天下者也；天將亡秦、隋、蒙古而適承其動機也。二劉、翟義不忍國讎，而奮不顧身，以與逆賊爭存亡之命，非天也，其志然也；而義尤烈矣。義知事不成而忘其死，智不逮子房而勇倍之矣。

當莽之篡，天下如狂而奔赴之，孔光、劉歆之徒，援經術以導諛，上天之神，虞舜之聖，周公之忠，且爲羣不逞所誣而不能白。義正名其賊，以號召天下於魘魅之中，故南陽諸劉一起，而莽之首早隕於漸臺。然則勝、廣、玄感、山童、壽輝者，天貿其死以亡秦、隋；而義也、崇也、快也，自輸其肝腦以拯天之衰而伸莽之誅者也。不走而死，義尤烈哉！

王莽

一

王莽未滅，而劉歆先殺，歆未死而族先滅，哀哉！劉向之澤不保其子孫，而從學之門人與俱燼也。甄豐也，王舜也，皆推戴莽以分膏潤者也。鬼奪其魄，而豐以亂誅，舜以悸死，於是而知鬼神之道焉。推戴已成而心不自寧，此心之動，鬼神動之也，二氣之良能所見幾而不可揜也；故皆不得其死，而歆之罰爲尤酷焉。易曰：「小人而乘君子之器，盜思奪之矣。」歆小人也，蒙父向之餘烈，自命於儒林，以竊先王之道，君子之器，其可乘乎？貌君子而實依匪類者，罰必重於小人。聖人之學，天子之位，天之所臨，皆不可竊者也。使天下以竊者爲君子，而王道斬、聖教夷，〔姚樞許衡之倖免焉，幸而已〕㊀矣。

二

嚴尤之諫伐匈奴，爲王莽謀之則得爾，而後世亟稱之爲定論，非也。莽之召亂，自伐匈奴始，欺天罔人，而疲敝中國，禍必於此而發。尤不敢言莽不可伐匈奴，而言匈奴不可伐，避莽之忌而諱之，豈果如蟲蝨之幸不至前，無事求諸水艸之藪以撲之哉。

秦之毒天下而亡，阿房也，驪山也，行遊無度而誅殺不懲也；非築城治障斥遠匈奴之害也。漢武之疲敝天下，建章也，柏梁也，禱祠祈僊而馳驅海嶽也，貪一馬而興萬里之師也；非埽幕南之王庭以翦艾匈奴之害也。秦得天下於力戰，民未休息，而築戍之役暴興，則民怨起。漢承文、景休息之餘，中國無事，而乘之以除外偪之巨猾，故武帝之功，至宣、元而收，垂及哀、平，而單于之臣服不貳。莽之得天下更悖於秦，而亟用其不知兵之赤子，是其爲秦之續也，必劇於秦，尤心知之而不敢訟言耳。豈可以爲定論而廢漢武之功哉？

兵者，毒天下者也，聖王所不忍用也。自非鱗介爪牙與我殊類，而干我藩垣，絶我人極，不容已於用也，則天下可以無兵。故莽之聚兵轉饟以困匈奴，爲久遠計者，未嘗非策。而嚴尤之欲深入霆擊也，

㊀ 據校記增。

亦轉計之謬焉者。莽非其人，莽之世非其時，故用莽之術而召天下之亂。自非莽也，尤之策，與趙普之棄燕、雲也均，偷安一時，而禍在奕世矣。

三

西漢之亡也，龔勝、薛方、郭欽、蔣詡、陳咸，皎然不辱，行迹相侔，而未可等也。薛方詭辭以免，何以處夫嚴光、周黨際盛世而隱者乎？君子名之必可言也，言可孫而不可誣。謂王莽爲唐、虞，則唐、虞矣，謀諸心，出諸口，方亦何以自安乎？莽之逆以僞，而不足以延，苟有識者，無不知也，知之則必避之矣。避臣莽之誅於他日，抑避忤莽之禍於當時，方之工於術也，其得與龔勝齒哉？視紀逡、兩唐而慧焉者爾。欽、詡則可謂自好矣。咸謝病不應，辭亦孫矣，而悉收漢之律令書文壁藏之，豈徒以俟漢氏中興之求哉？誠有不忍者矣。子之慕親也，愛其手澤；臣之戀主也，閔其典章；典章者，即先王神爽之所在也，故以知咸有不忍之心也。嗚呼！勝以死自靖，咸以生存漢，惻怛之生心一也。微二子，吾孰與歸？

四

天下相習於怪，無不怪也。郅惲引天文曆數，上書王莽，令就臣位，復立漢室，可不謂怪乎？以莽之慘，無不可殺者，而惲免於死；莽誣天而以天誣人，故忌天而不加刑，惲故持之盈而發之無憚耳。惲以此故智，閉門不納光武而蒙賞，世皆驚其奇而偉其志操，而不知爲君子所必斥爲怪而不欲語者也。怪士不懲，天下不平。使明主戮之，而天下猶惜之。大經不正，庶民習於邪慝，流俗之論，以怪爲奇，若此類者衆矣。

讀通鑑論卷六

後漢更始

一

爲名而有所推奉者，其志不堅；人爲名而尊己者，其立不固；項梁之立懷王，新市、平林之立更始是已。天下憤楚之亡而望劉氏之再興，人之同情也，而非項梁與張卬、王鳳、朱鮪之情也。懷王、更始不思其反，受其推戴而尸乎其位，名豈足以終繫天下而戢桀驁者私利之心乎？懷王任宋義、抑項羽，而禍發於項氏；更始終恃諸將，而無與捍赤眉之鋒。徇不堅之志，立不固之基，疑之信之，無往而非召禍之門。

嗚呼！其危也，非一旦一夕之故也。而士之處斯世也難矣！彼以名而立君，而我弗事焉，則世且責我以名義；順而與之，則今日之輸忱，且爲他日黨賊之地。荀彧所以退不保其身，進不全其節也。嬴氏之暴，楚之亡，莽之篡，漢之中絶，苟有心者，孰不憤焉？而斟酌於從違，在閒不容髮之頃，一往之志，義未審而仆其生平。無他，不揣其實而爲名所動也。慎之哉！

二

力均則度義，義均則度德；力可恃也，義可恃也，至於德而非可以自恃矣。伯升果有天下之志，與更始力相上下而義相匹，則以德相勝，而天下惡能去己？諸將之欲立更始，無亦姑聽之而待其自斃。如其不斃，則天且授之，人且歸之，而惡能與爭？如其斃，則姑順諸將之欲，自全於禍福之外，遵養以待時。故高帝受巴、蜀、漢中之封，而待三秦之怨、三齊之反以屈項羽，而羽終屈。伯升不知出此，婞婞然與張卬、朱鮪争，夫天下之大寶，豈有可自争而自得者乎？其見害於諸將也，不揆而犯難也。李軼且扼腕而思害焉，況他人乎？

三

王莽既誅，更始定都雒陽，赤眉帥樊崇將渠帥二十餘人入見，安危存亡之大機也；於此失之，而更始之亡決矣。定天下之紛亂者，規模有可素定而未可全定也。莽之未誅，漢之力全注於莽；莽平，羣盜方興而未戢，固其所不豫謀者。一旦而莽誅矣，釋其重憂而相慶以大定，猝然授以赤眉而不容其躊躕以審處，豫謀所不及矣。莽未誅，赤眉者，莽之赤眉也；莽已誅，赤眉者，漢之赤眉也。以新造之邦，代莽而受赤眉之巨難，周章失措而不知所裁；及其算失事敗，而後知前此之疏。當其時，氣乍盈而易弛，機至速而難留，善已亂者，俄頃定之而永靖，將謂其有不測之智勇，而不知非然也。神不偏注於所重，而固有餘力以待變也。故攖大敵，舉大事，謀大功，斂精專氣以求成者之非難；而大敵已滅，大事已決，大功已就，正天人交相責，而艱難萃於一人之身，此則中材以下者所不及謀，而大有爲者立不拔之基，以應萬變之遷流，權不可設而道則不窮也。

更始君臣，惡足以及此哉！其遣使諭降赤眉也，亦憂其不降耳；不知不降之不足憂，而降之之憂更大。然則無前定之道，無抑姑置赤眉而急自治；未能如聖哲之坐制於俄頃也，則無如緩之以俟其定。將天自有不測之吉凶，人自有猝然之離合，可降也而後降之，可討也而後討之，夫亦可謂因天乘時而順俟天命矣。其始也，無餘力以待之；其繼也，又弗能姑置焉；更始之亡，所以決於樊崇之入見也。

四

光武之拒更始，與昭烈之逐劉璋，一也；論者苛求昭烈，而舍光武，失其平矣。劉焉之於昭烈，分不相臨，光武則固受更始大司馬之命矣。更始起於漢室已亡之後，人戴之以嗣漢之宗社；劉焉當獻帝之世，坐視宗邦之陵夷，方且據土而自尊。則焉父子有可逐之罪，而更始無之。如曰更始不能安位而存漢，則璋之弱，又豈足以保三巴而不授之曹操乎？然則以忠信堅貞之義相責，而昭烈有辭，光武無辭矣。

乃光武之不與篡逆同罰也，則固有說。更始之立，非光武兄弟之志也；張卬、朱鮪動摇人心而不能遏，則奉更始而君之，受其鈇鉞之賜，皆出於弗獲已，而姑以自全。君臣之義，生於人心者也。天下方亂，君臣未定，無適主之分義，同興討賊之師，勢均德齊而志不屬。故更始不任爲光武之君，拒之而心固不疚。義非外也，信諸心者，無大疚焉斯可矣。唯然，則光武可逸不忠之罰，昭烈可釋不信之咎，皆非可執一切之信義以相糾者也，而於昭烈乎何誅？

五

更始不足以有爲，史極言之，抑有溢惡之辭。欲矜光武之盛而揜其自立之非，故不窮更始之惡，則疑光武之有慚德也。乃若更始之亡也，則舍雒陽而西都長安也。當是時，赤眉在濮陽，城頭子路、力子都在河、濟閒，力子都，後漢書任光傳作刁子都。通鑑注云：姓譜：力，黄帝佐力牧，漢有力子都。今從之。銅馬、大彤等賊在燕、趙，李憲在淮南，天下所岌岌未定者東方也。而遽避勞趨逸，欲擁關以自固，則天下深見其不可恃，而競扼其虚。顧欲長保故宫之富貴以自封殖，是猶狐兔倚窟以安，而韓盧騰躑於外，甫一出而必不免於獲也。王莽誅，關中無事，隗囂委宗族而從己；於斯時也，得一重臣如寇恂者，鎮撫長安而安集之，爲雒陽之根本，而都雒以彈壓山東，光武即解體於河北，其能遽收河内、下河東而無所顧畏邪？赤眉已降之餘，不能馳騁任志如踐無人之境，必矣。

蓋更始所任爲大臣者，類皆羣盜之長，貪長安之富盛，而藉口於復高帝之舊業以爲廓清；其錚錚小異如朱鮪、劉嘉、鮑永之流，亦不勝盈廷諂諛之論；則塞顛當之户，耽燕雀之嬉，固其宜也。光武得士於崛起之中而任之，既無盜賊之習氣；及天下甫定，復不以任三公，而别用深識之士；虚建西都，而定宅雒陽，以靖東方之寇；皆懲更始之失而反其道。老子曰：「不善人，善人之資。」更始之失，光武之資也。

六

匈奴之禍，至元、成之世而大息矣。東漢之初，因盧芳而大爲中國害，非徒王莽之激之，抑更始挑之也。更始尸位於關中，赤眉横行於曹、濮，蕭王異志於河北，公孫述割據於巴、蜀，斯時也，豈有德有威足以及匈奴；而輕以一介之使，循故事以求匈奴之順己，召其侮而授之以嫚詞，自取之矣。故嚴尤之諫，爲王莽言也。伐之不可，和之不能，夷狄焉知仁義，勢而已矣。更始之勢，曾莽之不若，而欲匈奴修呼韓邪之已事，不度德，不量力，貽數十年邊關之禍。陳遵者，洵妄人也。易世而後，微竇憲、耿秉之矯矯，漢其危矣。

光武

一

昆陽之戰，光武威震天下，王業之興肇此矣。王邑、王尋之師，號稱百萬，以臨瓦合之漢兵，存亡生死之界也。諸將欲散歸諸城，光武決迎敵之志，諸將不從，臨敵而撓，傾覆隨之。光武心喻其吉凶，而難以曉譬於羣劣，則固慨慷以争、痛哭以求必聽之時也。乃微笑而起，俟其請而弗迫與之言，萬一諸將不再問而遽焉駭散，能弗與之俱糜爛乎？嗚呼！此大有爲者所以異於一往之氣矜者也。尋、邑之衆，且壓其項背，諸將欲散而弗及，光武知之矣。知其欲散而弗及，而又迫與之争，以引其喧囂之口，相長而益餒其氣，則不争而得，争之而必不得者也。而且不僅然也。藉令敵兵不即壓境以相迫，諸將驚潰而敵躡之，王邑無謀，嚴尤不決，兵雖衆而無紀，外盛而中枵，則諸將潰敗之餘，敵兵驕懈，我乃從中起以乘之，夫豈無術以處此？而特不如今此之易耳。諸將自亡，而光武固不可亡，項梁死而高帝自興，其明驗已。一笑之下，綽有餘地，而何暇與碌碌者争短長邪？

而尤不僅然也。得失者，人也；存亡者，天也；業以其身任漢室之興廢，則尋、邑果可以長驅，諸將無能以再振，事之成敗，身之生死，委之於天，而非人之所能強。苟無其存其亡一笑而聽諸時會之量，則情先靡於軀命，雖慷慨痛哭與諸將競，亦居然一諸將之情也。以偶然億中之一策，懷憤而求逞，尤取敗之道，而何愈於諸將之紛紜乎？

天下之大，死生之故，興廢之幾，非曠然超於其外者，不能入其中而轉其軸。故武王之詩曰：「勿貳爾心。」慎謀於未舉事之前，坦然忘機於已舉事之後，天錫帝王以智，而必錫之以勇。勇者，非氣矜也，泊然於生死存亡而不失其度者也。光武之笑起而不與諸將争前卻，大有爲者之過人遠也，尤在此矣。

二

懷王遣高帝入關，而高帝之王業定；更始遣光武徇河北，而光武之王業定。大有爲者之初起，不欲躬爲戎首，抑必藉人以興；迨其威名已著，而追隨於行隊之閒，則得失興喪之樞，不任己而因人；稍欲持權，而禍已發於肘腋，宋義之所以死於項羽，伯升之所以死於李軼、朱鮪也。

然則項羽禁高帝不令入關，更始聽朱鮪而拒劉賜之請，不委河北於光武，羽與更始，可以終保大位而無與爭乎？曰：不能也。禽之相制以氣，人之相役以道，項羽有韓信、陳平而不能禁其不去，更始有隗囂而不能服，無以役之也。藉令置高帝、光武於股掌之上，用之不能，殺之不可，羽與更始且自困於無術。三齊甫受封而旋叛，彭越、陳餘、英布翺翔桀驁以需時，王郎蠭起於河北，赤眉反戈而西嚮，羽與更始終無以固其位，而徒召亂於無已。爾朱兆且不能得之於高歡，況二帝之涵育者深乎！故以范增、朱鮪爲忠謀者，愚也，無救於敗而徒亂天下也。無御豪傑定四海之道，而操疑忌以困人，其亡愈速矣。

三

王者代天而行賞罰，參之以權謀，則逆天而天下不服，非但論功行賞、按罪制刑於臣民也。武王封武庚於東國，不得不封也，天也；周公相成王誅武庚，不得不誅也，天也。三代以上，諸侯有道，天下歸之，則爲天子；天子無道，天下叛之，退爲諸侯。武庚宜侯者也，不得不封；武庚宜安侯服，而欲復干天命，不得不誅。既代天以賞罰，則洞然與四海公其衮鉞，而無所委曲於操縱以爲駕馭之術。蘇洵氏唯不知此，故以權術測王者之舉動，而成乎小人之邪説。

王郎遣杜威納降，威爲郎請萬户侯封，光武曰：「顧得全身可矣。」劉恭爲盆子乞降，恭問所以待盆子者，帝曰：「待以不死耳。」大哉王言！奉天以行賞罰，而意智不與焉，斯乃允以繼天而爲之子。王郎者，妖人也。妖人倡亂，不可不誅；以其降而姑貰之，終拒其降而斬之，以懲天下之妖妄，而天下定。盆子者，愚而爲人立者也。愚且賤，而欲干天位也，可誅；非其志而聽命於人也，可宥；待以不死，而授之散秩以養之，義正而仁亦裕矣。所尤難者，光武決於一言，而更無委曲之辭以誘之，明白洞達，與天下昭刑賞之正，故曰：大哉王言，體天無私而爲之子也。

爲權術之説者則不然，心惡之而姑許之，謂可以輯羣雄之心，使劉永之儔，相仍而革面。獨不見唐高祖之待李密，其後竟如之何也？狙詐興而天下相長以僞，故終唐之世，藩鎮倏叛倏服，以與上相市，而兵不可戢。然則權者非權也，僞以長亂而已矣。湯誥曰：「有罪不敢赦，帝臣不蔽，簡在帝心。」誠帝心也，豈憂天下之有不服哉？何所葸畏而與人相爲駔儈乎！故言權術以籠天下者，妾婦之智而已矣。

四

馮異招李軼於雒陽，軼報曰：「千載一會，思成斷金。」異斬武勃，軼閉門不救，是宜受其款而雒陽可速下也。光武則宣露其書，使朱鮪殺軼。軼本與伯升俱起，諂事諸將，忌伯升而譖殺之，光武欲得而甘心久矣。軼死，而雒陽之圍經年始拔，事有寧勞而不貪近功以申大義者，此是也。乃殺伯升者，朱鮪之本志，軼特徇鮪而從之者爾。帝之於鮪也，使岑彭説之曰：「舉大事者，不忌小怨，鮪降，官爵可保，河水在，吾不食言。」鮪降而拜將軍，封列侯，傳封累世。同怨而異報，達於理者之制恩怨，非常情之所可測也如此。

雖然，亦惡有不可測哉？伯升初起，始發於李軼，迎光武而與建謀，則軼固光武兄弟所倚爲腹心也。更始立，朱鮪、張卬暴貴，軼遽背而即於彼。因勢而遷者，小人之恒也，亦何至反戈推刃而無餘情哉？及光武初定河北，始有入關之志。更始委三十萬之重兵於軼守雒陽，而李松甫敗於赤眉，軼又窺長安之不固而思附光武，靦然納斷金之言而不慚。光武曰：「季文多詐，不能得其要領。」特假手於鮪以殺之，而討猶未伸，非可以鮪例之也。

鮪起於平林，先光武以舉事，與伯升未有交也；奉更始而爲更始謀殺伯升者，亦范增之愚忠耳。更始之諸將，類皆賊也，而鮪獨異。殺伯升，留光武而不遣，知有更始而不恤其他；諸將挾功而欲自王，更始弗能違也，鮪獨守高帝之約，辭膠東之封；受命守雒，百戰以與寇恂、馮異爭死生之命；及長安破，更始降於赤眉，雒陽孤立無援，且堅壁固守，以殺伯升爲慚而不降。故通更始之廷所可與有爲者，唯鮪一人而已。於事君之義，立身之恥，殆庶幾焉。藉令光武以怨軼者怨鮪而拒戮之，則以私怨而廢天下之公，且將獎人臣之操異志以介從違，而何以勸忠乎？子曰：「以直報怨。」直者，理而已矣，於軼何可忘，而於鮪何容芥蔕也。

五

效卓茂之爲，可以化今之人乎？曰：何爲其不可也。效卓茂之爲，遂可以化人乎？曰：何爲其可也。所以然者何也？素履无咎，居心無僞，而抑於大節不失焉，則行之也，和順而無矯物之情，篤實而不期功名之立，動之以天而物弗能違矣。非然，則嚴詡之以亂潁川者，所謂「鄉原德之賊也」。王莽之當國，上下相率以僞，效茂之迹以誇德化者，非直一嚴詡也；莽皆樂推之以誘天下，彼亦樂附莽而成其利達。莽居攝而茂以病免，名不照㊀於當時，而莽無求焉。自拔於流俗，而居約以自汙，敦實行而遠虛名，茂自此遠矣。

且其諭部民之言曰：「人所以羣居不亂異於禽獸者，以有仁愛禮義，知相敬事也。」擴愚賤之昏瞀，而示以天理流行之實，夫豈託迹寬仁以干譽者之所能及此乎？茂唯有此，雖無皦皦之名，而志終不降；雖違物情之順，而不爽天性之貞。自非然者，恭而諂，寬而弛，樸而鄙，無得於心，不全其大，徒飾爲從容平易之容，石建以之獵顯名厚實，而不保其子之令終。天不可罔，人固不可重欺也。故欲學茂者，無但求之事爲之迹也。

六

鮑永、馮衍審知更始之亡而後降，正也。然既已事主不終，納款以免戰争攻守之禍，豈更有无妄之福可容其覬望乎？鮑永以立功而受封，雖可受之而無疚，要亦聽新主之自爲予奪耳。馮衍曰：「天命難知，人道易守，守道之臣，何患死亡。」苟知此矣，在貧如富，在賤如貴，悠游卒歲，俟命而無求，豈不成乎大丈夫哉！而怏怏失志，移怒忿於妻子，抒怨懟於文辭；然則昔之阻孤城、抗大敵而不降者，正留一不挑之節，爲夫死更嫁之地，衍之生平，敗於此矣。光武終廢而不用，不亦宜乎！

㊀ 校記「照」字作「炫」字。

七

光武之處彭寵，不謂之刻薄而寡恩，不得矣。王郎之亂，微耿況與寵之力不及此。天下粗定，置寵若忘，而以年少驕躁之朱浮位於其上，寵惡能不怨邪？泄浮之奏以激寵，使速反而殪之，誠不知光武之何心？意者寵之初發突騎助光武討王郎，寵無固志，特爲吴漢、王梁所脅誘，而耿況、寇恂從臾之，以此有隙焉，而雖功亦罪乎？夫天下競起，疑王疑帝，豈易測之於風塵之下；既有功於己而拯其急，則固未可忘也。光武能忍於反側子而不能忍於寵也何邪？

乃寵之不得其終也，亦有以自取矣。耿況之始歸光武，亦寇恂決之也；乃既決於聽恂矣，則遣其子弇親將而來，稱帝之議，弇無所避而密陳之，故寇恂雖見委任，而不能揜況父子之輸忠。寵弗然也，從漢與梁之策，即遣漢與梁任之，資以兵衆，而成漢與梁之豐功，寵無與焉。漢與梁馳驅於中原，而已晏坐於漁陽，何其不自樹立，倒柄以授人邪？寵之愚不應至是，則寵有猶豫之情可知矣。光武而興，則漢與梁爲己效功；光武而敗，則漢與梁任其咎，而己猶擁郡以處於事外。嗚呼！處亂世，擁重兵，勢不可以無事，非儒生策士徘回顧慮之時也。慮未可以委身，則竇融雖後至而無猜；審可以託迹，則得喪死生決於一念；若其姑與之而留餘地以自處，犯英主之大忌，受羣言之交擿，未有能免者也。易曰：「需于泥，致寇至。」敬慎且危，而况悍妻羣小之交煽乎？亂世之去就，決之以義而已；義定而守之以信，則凶而可以无咎。需者事之賊，非欲其躁也，無兩端以窺伺之謂也。寵之不免，非旦夕之故矣。雖然，略其心，紀其績，以不忘患難之初心，則物自順焉。光武之刻薄寡恩也，不得以寵之詐愚而謝其咎也。

八

光武之得天下，較高帝而尤難矣。建武二年，已定都於雒陽，而天下之亂方興。帝所得資以有爲者，獨河北耳。而彭寵抑叛於幽州，五校尚横於内黄。關以西，鄧禹雖入長安，赤眉環繞其外，禹弗能制焉。酈、宛、堵鄉、新野、弘農，近在咽頰之閒，寇叛接跡而相爲牽制，不異更始之在長安時也。劉永、張步、董憲、蘇茂，横亙東方，爲陳、汝眉睫之患；隗囂、公孫述姑置而可徐定者勿論焉。其視高帝出關以後，僅一項羽，夷滅之而天下即定，難易之差，豈不遠哉？

或曰：項羽，勁敵也，赤眉、五校、劉永、張步、董憲、蘇茂、董訢、蘇況、隗囂，皆非羽倫，則光武易。夫寇豈有常哉？項羽之彊也而可使弱，弱者亦何不可使彊也。曹操慮袁紹之難平，而卒與爭衡者周瑜之一隅；苻堅蕩慕容、姚氏之積寇，而一敗不支於謝玄之一旅。時之所興，勢之所湊，人爲之效其羽翼，天爲之長其聰明，燎原之火，一爝未滅，而猝已焚林，詎可量邪？且合力而與爭者一塗，精專志定，無旁撓焉，而惡得不易！分勢而四應者雜起，左伏右起，無寧日焉，而惡得不難！使以高帝滎陽之相持，而遇光武叢生之敵，乘閒擣虚而掣其後，羽不待約，而人爲之犄角，高帝不能支矣。則甚矣光武之難，而光武之神武不可測也。

乃微窺其所以制勝而蕩平之者，豈有他哉？以静制動，以道制權，以謀制力，以緩制猝，以寬制猛而已。帝之言曰：「吾治天下以柔道行之。」非徒治天下也，其取天下也，亦是而已矣。柔者非弱之謂也，反本自治，順人心以不犯陰陽之忌也。孟子曰：「行法以俟命。」光武其庶幾乎！高帝之興，羣天下而起亡秦，競智競力，名義無所伉，人心無所惑也。光武則乘思漢之民心以興，而玄也、盆子也、孺子嬰也、永也、嘉也，俱爲漢室之胄，未見其分之有所定也。苟有分義以相搖，則智力不足以相屈，故更始亡而故將猶挾以逞志。然則光武所以屈羣策羣力而獨伸焉者，舍道其何以哉？天下方割裂而聚鬭，而光武以道勝焉。即位未久，修郊廟，享宗祖，定制度，行爵賞，舉伏湛，徵卓茂，勉寇恂以綏河内，命馮異使撫關中，一以從容鎮静結已服之人心，而不迫於争戰。然而桀驁彊梁之徒，皆自困而瓦解。是則使高帝當之，未必其能耆定如此也。而光武之規模弘遠矣。

嗚呼！使得天下者皆如高帝之興，而無光武之大猷承之於後，則天下後世且疑湯、武之誓誥爲虚文，而唯智力之可以起收四海。曹操何所憚而不爲天子，石虎、朱温亦何能寒海内之心而不永戴之哉？三代而下，取天下者，唯光武獨焉，而宋太祖其次也。不無小疵，而大已醇矣。

九

赤眉之棄長安、西走安定，非鄧禹之力能驅之也，食盡而旁掠，固不以安定爲終焉之計，而必返乎長安。鄧禹不乘其有可潰之勢，躡其後以蹙之，而入長安晏坐以待其歸，河決癕潰，容可禦乎？於是退之雲陽，士氣已餒，而還攻之於堅城之下，其敗宜矣。故善用兵者，知時而已。赤眉食盡，引兵東歸，時異乎昔，則唯扼之於險而可制其死命。禹乃違光武之令，就關内而與争，何昔之怯而今之忿也！

然光武終能遏之於宜陽而盡降之，曾不恤歸師勿揜之戒，塞決河而斂潰癕，則又何也？嚴陳以待，求戰不得，求走不能，弗犯其鋒，稍遲之而氣即餒矣。帝以持重而挫其方決之勢，禹以持重而失之方潰之初，相時之變，定幾於頃刻，非智之所能知、勇之所能勝。岳鵬舉曰：「運用之妙，存乎一心。」心不忘而時自應於其會，此未可以一成之論論之也。

所貴乎史者，述往以爲來者師也。爲史者，記載徒繁，而經世之大略不著，後人欲得其得失之樞機以效法之無繇也，則惡用史爲？

一〇

光武之始徇河北，銅馬諸賊幾數百萬；及破之也，潰散者有矣，而受其降者數十萬人。斯時也，光武之衆未集，猶資之以爲用也。已而劉茂集衆十餘萬而降之於京、密；朱鮪之衆且三十萬而降之於雒陽；吴漢、王梁擊檀鄉於漳水，降其衆十餘萬於鄴東；五校之衆五萬人降之於羛陽；餘賊之擁立孫登者五萬人，降之於河北；赤眉先後降者無算，其東歸之餘尚十餘萬人，降之於宜陽；吴漢降青犢，馮異降延岑、張邯之衆，蓋延降劉永之餘，王常降青犢四萬餘人，耿弇降張步之卒十餘萬；蓋先後所受降者，指窮於數。戰勝矣，威立矣，乃幾千萬不逞之徒聽我羈絡，又將何以處之邪？高帝之興也，恆患寡而亟奪人之軍，光武則兵有餘而撫之也不易，此光武之定天下所以難於高帝也。

夫民易動而難静，而亂世之民爲甚。當其捨耒而操戈，或亦有不得已之情焉，而要皆游惰驕桀者也。迨乎相習於戎馬之閒，掠食而飽，掠婦而妻，馳驟喧呶，行歌坐傲，則雖有不得已之情而亦忘之矣。盡編之於伍，而耕夫之粟不給於養也，織婦之布不給於衣也，縣官宵夜以持籌、不給於饋餉也。盡勒之歸農，而田疇已蕪矣，四肢已惰矣，恣睢狂蕩、不能受屈於父兄鄉黨之前矣。故一聚一散，傾耳以聽四方之動而隨風以起，誠無如此已動而不復静之民氣何矣！而光武處之也，不十年而天下晏然，此必有大用存焉。史不詳其所以安輯而鎮撫之者何若，則班固、荀悦徒爲藻帨之文，而無意於天下之略也，後起者其何徵焉？

無已，而求之遺文以髣髴其大端，則徵伏湛、擢卓茂，獎重厚之吏，以調御其囂張之氣，使惰歸而自得其安全；民無懷怨怒以擯之不齒，吏不吝教導以納之矩矱，日漸月摩而消其形迹，數百萬人之浮情害氣，以一念斂之而有餘矣。蓋其覯文匿武之意，早昭著於戰争未息之日，潛移默易，相喻於不言，當其從戎之日，已早有歸休之志，而授以田疇廬墓之樂，（惡）亦〔惡〕㊀有不帖然也？自三代而下，唯光武允冠百王矣。何也？前而高帝，後而唐、宋，皆未有如光武之世，胥天下以稱兵，數盈千萬者也。通其意，思其變，函之以量，貞之以理，豈易言哉！豈易言哉！

一一

光武報隗囂書，稱字以與頡頏，用敵國禮，失御囂之道矣，是以失囂。囂者，異於狂狡之徒，猶知名義者也。始起西州，歃血告於漢祖之神靈，知漢未絶於天，願爲中興之元功耳。更始疑欲殺之，亦奔歸秦、隴，而恥與張卬、謝禄同逆。達其情，獎之以義，正名之爲君臣，而成其初志，囂將以爲得知己而願委身焉。名義者，囂所素奉之名也，待以敵國，而置之名義之外以相籠絡，囂且謂更始之始尊我而

㊀ 據校記改。

終忌我，今猶是也，奚以委身而相信哉？文帝之下尉佗也，佗本無戴漢之心，下之而驕氣以平，非可與囂比者也。懷疑未決，而又重授以疑，雖慷慨論列如馬援，無能觸其猜忮矣。

一二

上下相親，天下之勢乃固。故三代之王者，不與諸侯爭臣民，立國數百年；其亡也，猶修天子之事守而不殄其宗社。漢承秦而罷侯置守，守非世守，而臣民亦迭易矣。然郡吏之於守，引君臣之義，效其忠貞，死則服之，免官而代爲之恥，曲全其名，重恤其孤幼，乃至變起兵戎而以死衛之。如楚郡劉平遇龐萌之亂，伏太守孫萌身上，號泣請代，身被七創，傾血以飲萌，如此類者，盡東漢之世，不一而足。蓋吏之於守，其相親而不貳也，天子不以沽恩附勢爲疑，廷臣不以固結朋黨爲非，是以上下親而迭相維繫以統於天子。故盜賊興而不能如黃巢、方臘之僭，夷狄競而不能成永嘉、靖康之禍，三代封建之遺意，施於郡縣者未斁也。

延及後世，黨議興而惟恐人之不離，告訐起而惟恐部民之不犯其上，將以解散臣民而使專尊天子，而不知一離而不可復合，惡能以一人爲羈絡於清宮，而偏縻九州之風馬牛哉？導民以義，而民猶趨利以忘恩；導民以親，而民猶背公以瓦解；如之何更獎以刻薄犯順之爲也！三代以下，唯漢絶而復興，後世弗及焉，有以夫！

一三

言一發而不可收，習相沿而不能革，無聖人出，則須其自已而後已。班彪之説隗囂，竇融之決志以從光武，皆以符命爲懲；彪與融處亂世而身名以全，皆所謂豪傑之士也，然而所據者在此，況其他之瑣瑣者乎？

仲尼没，七十子之徒，流風日遠，舍理言天，而窺天以數，賢者不能自拔，而疑信參焉。劉楊造癭楊之讖以惑衆，張豐寶肘石之璽以自迷，皆緣之以釀亂而亡其身。光武之明，且恐非此而無以動天下，刻畫五行，割裂六藝者二百餘年，迨魏、晋而始衰，害固如是之烈也！

孔子贊周易以前民用，道而已矣，陰陽柔剛仁義之外無道也。至於漢，乃有道外之數以亂道；更千年而濂、雒闡其微以距邪説，邵康節猶以其授於陳摶、穆修者，冒三聖之顯道，以測皇王之升降，非君子之所知也。其殆京房、夏賀良之餘燼，乘風而一煽者乎！

一四

疑信相參之際，人有隱情而我亦與之隱，則疑終不釋；豁然發其所疑而示之以信，豈有不測之明威哉？無不可共見之心而已。竇融在河西，懷疑不決，好事者且以尉佗之説進，此融所秘而不敢以告者也。光武賜書，開兩端以擿發之，而河西震服。凡光武之詘羣雄者，胥此道也。

蓋有所隱而不敢宣者，畏人之知。抑料人雖知我而無能禁我也，更相與隱之，則彼且畏我之含殺機以暗相制；不則謂其疑已而無如己何矣。曉然曰：予既已知汝必有之情矣，而終不以爲罪；且亦不禁汝之勿然，而吾固無所懼也。則相諒以明恩，而無姑相隱忍之情以示懦。此非權術之爲也，恃在己而不幸人之弗相害，洞然知合離得失之數，仰聽之天，俯任之人，術也而道在其中。此光武之奇而不詭於正者與！

一五

起於學士大夫、習經術、終陟大位者三：光武也，昭烈也，梁武帝也。故其設施與英雄之起於艸澤者有異，而光武遠矣。

昭烈習於儒而淫於申、韓，歷事變而權術蕩其心，武侯年少而急於勳業，是以刑名亂之。梁武篡，而反念所學，名義無以自容，不獲已，而聞浮屠之法有「心亡罪滅」之旨，可以自覆，故託以自飾其惡，愚矣。然而士大夫釋服入見者，面無毁容，則終身不録，終不忍使大倫絶滅於天下，人道猶藉以僅存，固愈於蕭道成之唯利是尚也。光武則可謂勿忘其能矣。天下未定，戰争方亟，汲汲然式古典，修禮樂，寬以居，仁以行，而緣飾學問以充其美，見龍之德，在飛不舍，三代以下稱盛治，莫有過焉。故曰：光武遠矣。

嗚呼！古無不學之天子，後世乃有不學之相臣。以不學之相臣輔艸澤之天子，治之不古，自高帝始，非但秦也。秦以亡而漢以興，亡者爲後戒，而興者且爲後法，人紀之存，不亦難乎！

一六

王元説隗囂據隘自守，以待四方之變，其亡也宜矣。天下方亂，士思立功名，而民思息肩於鋒刃，能爲之主者，衆所待也，人方待我而我待人乎？待者，害之府也。無已，則儒生懷道術以需時而行者，待求治之主；不則武夫以方剛之膂力欲有所效者，待有爲之君；是兩者可待也。若夫欲創非常之業，目不營乎四海，心不周乎萬民，力不足以屈羣策羣力而御之，謀不能先天下而建廓清之首功，乃端坐苟安，待人之起而投其隙。所待者而賢於我，則我且俛首而受制；所待者與己齊力而或不己若，則幸雖制彼而無以服天下之心。鷸蚌漁人之術，其猶鼠之俟夜乎！而何以爲天下雄也？擁重兵，據險地，謀臣武士亦足以用，但立一待人之心，而即已自處於坐困之塗；延頸企之，仰窺天，俯視地，四顧海内而幸其蠭起，亂人而已。亂人者，未有不亡者也。

一七

嚴光之不事光武，以視沮、溺、丈人而尤隘矣。沮、溺、丈人知道不行，弗獲已而廢君臣之義者也，故子曰：「隱者也。」隱之爲言，藏道自居，而非無可藏者也。光武定王莽之亂，繼漢正統，修禮樂，式古典，其或未醇，亦待賢者以道贊襄之，而光何視爲滔滔之天下而亟違之？倘以曾與帝同學而不屑爲之臣邪？禹、皋陶何爲胥北面事堯而安於臣舜邪？

若周黨者，則愈僻矣。召而至三，徵而就車，偃蹇伏而不拜，忿鷙之氣，施於君臣禮法之下，范升劾其不敬，罪奚辭焉？黨聞春秋報讎之説，非君非父之慘，稱兵以與人相仇殺，黨其北宫黝之徒與！黝固無嚴諸侯，黨亦無嚴天子也。賜帛而罷之，恥孰甚焉！帝覆載以容之，而黨藐乎小矣。

王良應召而受禄，雖無殊猷，而恭儉以居大位，於君子之道尚不遠矣。故君子者，以仕爲道者也，非夷狄㊀盜賊，未有以匹夫而抗天子者也。范希文曰：「蠱之上九，子陵有焉。」非其時而憑高以爲尚，

㊀「夷狄」二字刻本闕，據校記補。

則「比之无首」而已矣，惡足法哉？

一八

來歙使隗囂，憤然爲危激之辭質責囂，欲刺之，而囂不能加害。史稱歙有信義，言行不違，往來游説，皆可覆按，故西州士大夫敬愛而免之。信義之於人大矣哉！

士處紛争之世，往來傳命而失信義者有二，而亂人不與焉。習於説術者，以爲蔫樸誠於雄猜狙詐之前，則且視爲迂拙而見詘；以巧馭巧，以辯馭辯，機發於不測，而易以動人；而不知有盡之慧敵多方之詐，固不勝而適逢其怒也。又或胸無主而眩於物者，兩雄相猜，其中未易測也，而所争所欲，和與戰、合與離，兩端而已，欲翕固張，薄爲望而厚爲責，有溢美溢惡之辭焉。乃無定情而驚其誇説，因而信之，遂與傳之，而固不可覆按也；則未有欺而欺者多矣，欺已露而追悔無及也。是兩者，失信失義而抑取憎於人者多矣。

故莊周非知道者，而其言游説則盡矣，勿傳其溢詞，而信義可以不失，歙其明於此而持之固乎！履虎尾而不咥，素以往而已矣。

一九

建官之法，與選舉用異而體合，難言之矣。省官將以息民，而士之待用者，滯於進而無以勸人於善。不省，則一行之士，可自試以交獎於才能；然而役多民勞，苦於不給，且也議論滋多，文法滋繁，責分而權不一，任事者難而事多牽制以疑沮。吏省而法簡，則墨吏暴人，擁權自恣，無以相察；而胥史豪彊，易避就以讎其姦。故一興一廢一繁一簡之際，難言之也。

天下有定理而無定法。定理者，知人而已矣，安民而已矣，進賢遠姦而已矣；無定法者，一興一廢一繁一簡之閒，因乎時而不可執也。

亂之初息，不患士之不勸於功名也，而患其競。一夫有技擊之能，一士有口舌刀筆之長，嘗以試之紛糾之際而幸讎，效者接踵焉；而又多與以進取之塗，蕩其心志，則捐父母、棄墳墓、舍田疇以冒進者不息。唯官省而難容，乃退安於静處，而爵禄貴、廉恥興焉。且也民當墊隘之餘，偷安以自免之情勝。其有犯不軌者，類皆暴横恣睢，惡顯而易見；不則疲敝亡賴而不知避就者；未容有深姦奇巧，詭於法而難於覺察者焉。則網疏吏寡，而治之也有餘。抑百務艸創，而姑與天下以休息，雖有不舉，且可俟之生遂之餘，則郡縣闊遠而事爲不詳，正以綏不寧而使之大定，此則省官之法善矣。

若夫天下已定，人席於安矣，政教弛而待張矣；於斯時也，士無詭出歧塗以倖功名之路，温飽安居而遂忘於進，則衣冠之胄，俊秀之子，亦且隳志於庠序，而自限於農圃。非多爲之員、廣爲之科，以引掖之於君子之塗，則樸率之風，流爲鄙倍，而詩書禮樂不足以興方起之才。且彊暴不足以逞，而匿爲巧詐；豪民日以磐固，而玩法自便；則百里一亭，千里一邑，長吏疏，掾督缺，而耳目易窮。乃官習於簡略，而事日以積，教化之詳，衣袽之備，官不給而無以齊民，事不夙而無以待變。是則并官以慎選，而不能盡天下之才；省吏以息民，而無以理萬民之治；吝爵吝權之害，豈淺於濫冗哉？故曰：理有定而法無定，因乎其時而已。

光武建武六年，河北初定，江、淮初平，關中初靖，承王莽割裂郡縣、改置百官、苛細之後，抑當四海紛紜、蛇龍競起之餘，徼幸功名之情，中於人心而未易滌，并省四百餘縣，吏職減損，十置其一，斯其時乎！斯其時乎！要之非不易之法也。

二〇

竇融之責隗囂曰：「兵起以來，城郭皆爲邱墟，生民轉於溝壑，天運少還，而將軍復重其難，孤幼將復流離，言之可爲酸鼻。」仁人之言，其利溥如此哉！

說人罷兵歸附而以彊弱論，我居彊而孰甘其弱？激之已耳。以天命論，天視聽自民視聽，置民不言，而託之杳茫之符瑞，妄人不難僞作以惑衆，而亂益滋。唯融之爲言也如此，囂雖不能聽，而已愴於心，心愴而氣奪矣。秦、隴之民聞之，固將怨囂而不樂爲之死；漢之荷戈以趨、負糧以餽者，亦知上之非忍毒我，而禍自彼發，不容已也。其利溥矣。

然而融之爲此言也，則非以是爲制囂之柄，而離秦、隴之心使去囂也。何以知其然也？使融而操此以爲術，則言之不能如是之深切；而融全河西以歸命，實踐此言，以免民於死，非徒言也。竇氏之裔，與漢終始，一念之永，百年之澤矣。

二一

治之敝也，任法而不任人。夫法者，豈天子一人能持之以徧察臣工乎？勢且仍委之人而使之操法。於是舍大臣而任小臣，舍舊臣而任新進，舍敦厚寬恕之士而任徼幸樂禍之小人。其言非無徵也，其於法不患不相傅致也，於是而國事大亂。江馮請令司隸校尉督察三公，陳元争之，光武聽元而黜馮之邪説，可謂知治矣。臣下之相容，弊所自生也；臣下之相訐，害所自極也。如馮之言，陪隸告其君長，子弟訟其父兄，洵然三綱淪、五典斁，其不亡也幾何哉！

大臣者，日坐論於天子之側者也；用人行政之得失，天子日與酬辨，而奚患不知？然而疑之也有故，則天子不親政而疏遠大臣，使不得日進乎前，於是大臣不能復待天子之命而自行其意。天子既疏遠而有不及知，猶畏鬼魅者之畏暗也，且無以保大臣之必不爲姦，而督察遂不容已。娟疾苛覈之小人，乃以撓國政而離上下之心。其所訐者未嘗不中也，勢遂下移而不可止。藉令天子修坐論之禮，勤内朝外朝之問，互相諮訪，以析大政之疑，大臣日侍黼扆，無隙以下比而固黨；則臺諫之設，上以糾君德之愆，下以達萬方之隱，初不委以毛鷙攻擊之爲，然而面欺擅命之慝，大臣固有所不敢逞，又焉用督察爲哉？

況大臣者，非一旦而加諸上位也。天子親政，則其爲侍從者日與之親，其任方面者，以其實試之功能，驗之於殿最而延訪之，則擇之已夙，而豈待既登公輔之後乎？唯怠以廢政，驕以傲人，則大臣之得失不審，於是恃糾虔之法，以爲不勞而治也。於是法密而心離，小人進而君子危，不可挽矣。

二三

乘亂以起兵者，類不得其死，而隗囂獨保首領以終。囂之所爲，蓋非犯陰陽之忌而深天下之怨者，不亦宜乎！藉其子純弗叛以逃，雖世其家可也。囂之所以不終事漢者，懲於更始之敗而葸以失之也。

以身託人，而何容易哉，則固不容不慎；慎而過焉，遂成乎葸，於是而毁家存漢之心，不能固守而成乎逆。然而兵不越隴，而毒未及於天下，鄭興、馬援、申屠剛去之而不留，來歙刺之而不殺，隱然有名義在其心而不忘，其異於公孫述、張步、董憲之流遠矣。惜哉，其不奉教於竇融耳。卑屈而臣於公孫述，則勢蹙而無聊之爲也。其怙終而不聽光武之招，則媿於馬、竇而恐笑其不夙也。葸而成乎愚，而固不安於戕忍詭隨之爲，乃以善其死而免於顯戮。天維顯思，自求自取之謂也。

二三

任爲將帥而明於治道者，古今鮮矣，而光武獨多得之。來歙刺傷，口占遺表，不及軍事，而亟薦段襄，曰：「理國以得賢爲本。」此豈武臣之所及哉？歙也、祭遵也、寇恂也、吴漢也，皆出可爲能吏、入可爲大臣者也。然而光武終不任將帥以宰輔，諸將亦各安於韎韐而不欲與於鼎鉉。嗚呼！意深遠矣。故三代以下，君臣交盡其美，唯東漢爲盛焉。

二四

苟爲欲治之君，樂其臣之敢言者有矣。而敢言之士不數進，非徒上無能容之也。言出而君怒，怒旋踵而可息矣，左右大臣得爲居閒而解之；藉其終怒不釋，乃以直臣而觸暴君，貶竄誅死，而義可以自安且自伸也。唯上之怒有已時，而在旁之怨不息，乘閒進毁，且翹小過以敗人名節，則身與名俱喪，逮及子孫族黨交遊而皆受其禍，則雖有骨鯁之臣，亦遲回而惔於一言。故能容敢言者非難，而能安敢言者爲難也。

光武以支庶之餘，起於南陽，與其人士周旋辛苦、百戰以定天下，其專用南陽人而失天下之賢儁，雖私而抑不忘故舊之道也。且南陽將吏，功成爵定，亦未聞驕倨侈汰以亂大法，夫豈必斥遠而防制之。乃郭伋以疏遠之臣，外任州郡，慷慨而談，無所避忌。曰：「當簡天下賢俊，不宜專用南陽故舊。」孤立不懼赫奕之閥閱，以昌言於廷，然而帝不怒也。且自鄧禹以降，勛貴盈廷，未有忿疾之者，伋固早知其不足畏而言之無尤。誠若是，士惡有不言，言惡有不敢哉？諸將之賢也，帝有以鎮撫之也；獎遠臣以忠鯁，而化近臣於公坦，帝之恩威，於是而不可及矣。宋祖懷不平於趙普，而雷德驤猶以鼎鐺見責，曲折以全直臣，而天子不能行其意。伋言之也適然，帝聽之也適然，南陽勛舊聞之也適然。嗚呼！是可望之三代以下哉？

二五

建武十二年，天下已定，所未下者，公孫述耳。三方競進，蹙之於成都，述糧日匱，氣日衰，人心日離，王元且負述而歸我，此其勿庸勞師亟戰而可坐收也較然矣。觸其致死之心，徼幸而猶圖一逞，未易當也。吴漢逼成都而取敗，必然之勢矣。光武料之於千里之外而不爽，非有不測之智也，知其大者而已。

故善審勢者，取彼與我而置之心目之外，然後籠舉而規恢之，則細微之變必察；耳目騖於可見之形，而内生其心，則智役於事中，而變生於意外。詩云：「不出于熲。」出于熲者，其明哲無以加焉。昆陽之拒尋、邑，邯鄲之蹙王郎，光武固嘗以亟戰得之矣，彼一時也。吴漢效之而惡得不敗！

二六

公孫述之廷不可仕也；雖然，述非王莽比矣，不得已而姑與周旋以待時，不亦可乎？李業、王皓、王嘉遽以死殉之，過矣。述之初據蜀也，猶未稱帝，威亦未淫也；察其割據之雄心，慮相汚陷，夫豈無自全之術哉？乃因循於田里家室之中，事至而無餘地，居危亂之邦，無道以遠害，畏溺而先自投於淵，介于石而見幾者若此乎？

譙玄薦賄以免，則尤可醜矣。處亂世而多財，辱人賤行以祈生，殆所謂「負且乘致寇至」者與！哀、平之季，廉恥道喪，一變而激爲弔詭，蜀人尤甚焉。匹夫匹婦之諒，惡足與龔勝絜其孤芳哉！

二七

晉平公喜其臣之競，而師曠譏其不君。爲人君者，欲其臣之競，無以異於爲人父者利其子之爭也。光武之詔任延曰：「善事上官，勿失名譽。」其言若失君人之道，而意自深。延曰：「忠臣不和，和臣不忠，上下雷同，非陛下之福。」考異曰：延傳作「忠臣不私，私臣不忠」。按高峻小史作「忠臣不和，和臣不忠」，意思爲長，又與上語相應，今從之。然則尊卑陵夷，相矯相訐，以興訟獄而沮成事，抑豈天子之福乎？

夫欲使上官之履正而奉公也，但擇其人而任之。夫既使居上位矣，天子無能納諸道而制其進退，乃恃下吏之駤戾以翹其過而爲異同，於是乎相勸以傲，而事之廢興，民之利病，法之輕重，人得操之以行其意。其究也，下吏抗上官而庶民抗下吏，怨讟生，飛語興，毁譽無恆，訟獄蠭起，天子亦何恃以齊天下，使網在綱，有條而不紊乎？陰陽之氣不和，則災沴生；臣民之心不和，則兵戎起。共、驩不和於舜、禹、管、蔡不和於周、召，如是而可以爲忠臣乎？

光武歎息曰：「卿言是也。」爲延之説所摇與？抑姑以取其一節之亢直而善成其和衷與？以爲治理之定論，則非矣。

二八

道非直器也，而非器則道無所麗以行。故能守先王之道者，君子所效法而師焉者也；能守道之器者，君子所登進而資焉者也。王莽之亂，法物凋喪，公孫述賓賓然亟修之。其平也，益州傳送其瞽師、樂器、葆車、輿輦，漢廷始復西京之盛。於此言之，述未可盡貶也。

述之起也非亂賊，其於漢也，抑非若隗囂之已北面而又叛也。於一隅之地，存禮樂於殘缺，備法物以昭等威，李業、費貽、王皓、王嘉，何爲視若戎狄亂賊而拒以死邪？自述而言，無定天下之略，無安天下之功，飾其器，惘其道，徇其末，忘其本，坐以待亡，則誠愚矣。自天下而言，羣競於智名勇功，幾與負爪戴角者同其競爂，則述存什一於千百，俾後王有所考而資以成一代之治理，不可謂無功焉。馬援，倜儻之士也，斥述爲井蛙，後世因援之鄙述，而幾令與孟知祥、王建齒，不亦誣乎？

漢道中圮，而述儲文物以待光武，五代塗炭，而李氏儲文藝以待宋太宗，功俱未可没也。宋失汴梁而鐘律遂亡，乃者南都陷而渾儀遂毁，使當世而有公孫述也，可勿執李、費二王之硜硜以拒之也。

二九

高帝初入關，約法三章，「殺人者死」，無待察其情，而壹之以上刑。蓋天下方亂，民狎於鋒刃，挾讎争利以相殺者不可卒弭，壹之以死而無容覆勘，約法寬而獨於此必嚴焉，以止殺也。

王嘉當元、哀之世，輕殊死刑百一十五事，其四十二事，手殺人者減死一等。建武中，梁統惡其輕，請如舊章。甚矣，刑之難言也。殺人一也，而所繇殺之者異。有積忿深毒，懷貪競勢，乘便利而殺之者；有兩相爲敵，一彼一此，非我殺彼，則彼殺我，偶勝而殺之者；有一朝之忿，雖無殺心，拳勇有餘，要害偶中，而遂成乎殺者。斯三者，原情定罪，豈可概之而無殊乎？然而爲之法曰：察其所自殺而輕重之。則猾民伏其巧辯，訟魁曲爲證佐，賕吏援以游移，而法大亂㊀。甚矣，法之難言也。

夫法一而已矣，一故不可干也，以齊天下而使欽畏者也。故殺人者死，斷乎不可詞費而啓姦也；乃若所以欽恤民情而使死無餘憾者，則存乎用法之人耳。清問下民者，莫要乎擇刑官而任之以求情之道。書曰：「刑故無小，赦過無大。」故與過之分，豈徒幕外彎弓不知幕中有人而死於射之謂乎？橫逆相加，操殺己之心以來，而幸勝以免於推刃，究其所以激成而迫於勢者，亦過之類也；猝然之忿怒，彊弱殊於形體，要害不知規避，不幸而成乎殺者，亦過之類也。一王懸法於上，而不開以減死之科；刑官消息於心，而盡其情理之別。則果於殺人者，從刑故之條；而不幸殺人者，慎赦過之典。法不骫而刑以祥，存乎其人，而非可豫爲制也。

夫法既一矣，而任用刑者之矜恕，則法其不行矣乎？而抑有道焉。凡斷刑於死者，必決於天子之

㊀ 校記「而法大亂」下有「故王嘉、梁統之論各得其一，而皆有未允」。

廷，於是而有失出失入之罰，以儆有司之廢法。既任吏之寬恤，而又嚴失出以議其後，則自非仁人輕位禄而全惻隱者，不能無惕於中而輕貸人以破法。夫有司者，豈無故而縱有罪以自罹於罰乎？非其請託，則其薦賄，廷議持衡而二患懲，則法外之仁，可以聽賢有司之求瘼，而何忍一人死復繼之以一人乎？若曰殺人而可不死也，人將相戕而不已也，而亡慮也。雖減死而五木加之，犴狴拘之，流放徒隸以終其身，自非積忿深毒、懷貪競勢之凶人，亦孰樂有此而昧於一逞也乎？

三〇

治盜之法，莫善於緩；急者，未有不終之以緩者也。且盜之方發而畏捕也，彊則相拒，弱則驚竄伏匿而莫測其所在。緩之而拒之氣餒矣，不能久匿而復往來於其邑里族黨矣，一夫之力擒之而有餘矣，吏不畏其難獲而被罪也。人孰無惡盜之情，而奚縱之？惟求之已急也，迫之以拒，駭之以匿，吏畏不獲而被罪，而不敢發覺，夫然後展轉浸淫而大盜以起，民以之死，而國因以亡。

光武之法，吏雖逗留、回避、故縱者皆勿問，聽以禽討爲效。牧守令長畏愞選怯不敢捕者，皆不以爲罪，祇取獲賊多少爲殿最。唯匿蔽者乃罪之。此不易之良法，而愚者弗能行久矣。

三一

張純、朱浮議宗廟之制，謂禮爲人子事大宗降其私親，請除舂陵節侯以下四親廟，以先帝四廟代之。光武抑情從議，以昭穆禰元帝，而祠其親於章陵，異於後世之苟私其親者，而要未合於禮之中也。

爲人子者，必有所受命而後出爲人後，內則受命於父以往，外則受命於所後之父母而來，若哀帝之於成帝是已。故尊定陶爲皇，而自絶於成帝，非也。若内無所稟，外無所承，唯己之意與人之扳己而繼人之統，此唯天子之族子，以宗社爲重，可以不辭，而要不得與受命出後者均。何也？父子之恩義，非可以己之利與臣民之推戴而薄其所生，誣所後者以無命爲有命也。況乎光武之興，自以武功討篡逆而復宗祊，其生也與元帝之崩不相逮，而可厚誣乎哉？成、哀、平不成乎君者也，廢焉可也。元帝於昭穆爲諸父，而未有失德，匆毁而列於世，得矣；以爲己所後而禰之，不可也。光武之功德，足以顯親，南頓令而上，雖非積累之澤，而原本身之所自來，則視組紺以上而尤親。尊者自尊也，親者自親也，人子不敢以非所得而加諸親。故組紺之祀，得用天子之禮樂，而特不追王。則南頓以上四世之廟不可除，而但無容加以皇稱而已。後世之禮，勢殊道異，難執先代之相似者以爲法，而貴通其意。光武之事，三代所未有也，七廟之制，不必刻畫以求肖成周，節侯以下與元帝以上並祀，而溢於七廟之數，亦奚不可？所難者唯祫祭耳。然使各以其昭穆，君先臣後，從太祖而合食，禮原義起，豈與哀帝之厚定陶、歐陽修之崇濮王、張孚敬之帝興獻，同其紊大分而傷彝倫乎？

若純與浮之言大宗，則尤謬矣。大宗者，非天子之謂也。禮曰：「别子爲祖，繼别爲宗。」宗者，百世不遷；而天子之位，父死子繼，兄終弟及，乃至本支絶而旁親立，國中斬而支庶興，初非世次相承而不可越。故天子始興，而母弟爲大宗。尊者嗣位，親者嗣宗。宗者，一姓之獨尊也，位者，天下之同尊也，天子之非大宗明矣。大宗無後，就大宗之支子以次而嗣，遞相衍以百世，而昭穆不亂，故以宗爲重而絶其私親。天子不與於宗子之中者也，嗣位也，非嗣宗也，不拘於昭穆之次，孫可以嗣祖，叔父可以嗣從子者也。使漢而立大宗焉，抑唯高帝之支子相承不絶，天下雖亡而宗不圮，非王莽所得篡，而光武亦弗能嗣焉。純與浮不考於周禮，合宗與位而一之，於周且悖，而況漢乎？疏漏寡聞，任氣以矯時王之制，其與歐陽修、張孚敬之説，異失而同歸矣。

三二

王氏之禍烈矣！光武承之，百戰而劉宗始延，懲往以貽後，顧命太子而垂家法，夫豈無社稷之臣？而唯陰識、陰興之是求。識雖賢，何知其不爲莽之恭？識雖不僞，能保後之外戚皆如識乎？飲堇而幸生，復飲以冶葛，卒使竇、梁、鄧、何相踵以亡漢。光武之明，而昏於往鑒如是者，何也？

帝之易太子也，意所偏私而不能自克，盈廷不敢争，而從臾之者，自郅惲之佞外無人焉。若張湛者，且潔身引退以寓其不滿之意矣。東海雖賢，郭況雖富而自逸，光武不能以自信，周旋東海而優郭氏，皆曲意以求安，非果有鳲鳩之仁也。於是日慮明帝之不固，而倚陰氏以爲之援，故他日疾作，而使陰興受顧命領侍中，且欲以爲大司馬而舉國授之。

嗚呼！人苟於天倫之際有私愛而任私恩，則自天子以至於庶人，鮮不違道而開敗國亡家之隙，可不慎哉！卒之帝崩而山陽王荆果假郭況以稱亂，則帝之託陰氏以固太子之黨，亦非過慮也。雖然，慮亦過，不慮亦過；慮以免一時之患，而貽數世之危，固不如其弗慮也。

三三

漢之通西域也，曰「斷匈奴右臂」。君諱其貪利喜功之心，臣匿其徼功幸賞之實，而爲之辭爾。夫西域豈足以爲匈奴右臂哉？班固曰：「西域諸國，各有君長，兵衆分弱，無所統一，雖屬匈奴，不相親附，匈奴能得其馬畜旃罽，而不能與之進退。」此當時實徵理勢之言也。

抑考張騫、傅介子、班超之伏西域也，所將不過數十人，屯田之卒不過數百人，而殺其王、破其國，翱翔寢處其地而莫之敢讎。若是者，曾可以爲漢而制匈奴乎？可以黨匈奴而病漢乎？且匈奴之犯漢也，自遼左以至朔方，横亙數千里，皆可闌入，抑何事南繞玉門萬里而窺河西？則武帝、張騫之誣也較著。光武閉關而絶之，曰：「東西南北自在也。」灼見其不足爲有無而決之矣。

夷狄而爲中國害，其防之也，勞可不恤，而慮不可不周。如無能害而徼其利，則雖無勞焉而禍且伏，雖無患焉而勞已不堪，明者審此而已矣。宋一亡於金，再亡於元，皆此物也。用夷攻夷，適足以爲黠夷笑，王化貞㊀之愚，其流毒慘矣哉！

三四

光武之於功臣，恩至渥也，位以崇，身以安，名以不損，而獨於馬援寡恩焉，抑援自取之乎！

宣力以造人之國家，而卒逢罪譴者，或忌其彊，或惡其不孫，而援非也，爲光武所厭而已矣。老氏非知道者，而身世之際有見焉。其言曰：「功成名遂身退。」蓋亦察於陰陽屈伸之數以善進退之言也。平隴下蜀，北禦匈奴，南定交阯，援未可以已乎？武谿之亂，帝愍其老而不聽其請往，援固請而行。天

㊀「化貞」二字刻本闕，據校記補。

下已定，功名已著，全體膚以報親，安禄位以戴君，奚必馬革裹尸而後爲愉快哉！光武於是而知其不自貴也；不自貴者，明主之所厭也。夫亦曰：苟非貪俘獲之利，何爲老於戎馬而不知戒乎？明珠之謗，有自來矣。老而無厭，役人之甲兵以逞其志，誠足厭也。故身死名辱，家世幾爲不保，違四時衰王之數，拂寒暑進退之經，好戰樂殺而忘其正命，是謂「逆天之道」。老氏之言，豈欺我哉？

易之爲教，立本矣，抑必趣時。趣之爲義精矣，有進而趣，時未往而先倦，非趣也；有退而趣，時已過而猶勞，非趣也。「日昃之離，不鼓缶而歌，則大耋之嗟，凶。」援之謂與！

三五

事難而易處之則敗，事易而難圖之亦敗。易其難者，敗而知其難，將改圖而可有功；難其易者，非急悔而姑置焉，易者將成乎難，而禍不息矣。

武陵蠻之叛也，劉尚之全軍僨焉，馬成繼往而無功焉，馬援持之於壺頭，而兵之死者大半，援亦殞焉。及乎援已死，兵已疲，戰不可，退不能，若有旦夕殲潰之勢；而宗均以邑長折簡而收之，羣蠻帖服，振旅以還，何其易也！其易也，豈待今日而始易哉？當劉尚、馬援之日，早已無難懾伏，而貪功嗜殺者不知耳。使非均也，以疲勞之衆與蠻固争，蠻冒死以再覆我軍，雖飢困而勢已十倍矣。

嗚呼！一隅之亂，坐困而收之，不勞而徐定。庸臣張皇其勢以摇朝廷之耳目，冒焉與不逞之虜争命，一潰再潰，助其燄以燎原，而遂成乎大亂。社稷邱墟，生民左衽㊀，厲階之人，死不償責矣。

三六

漢詔南單于徙居西河美稷，人㊁極之毁，自此始矣。非但其挾戎心以乘我也，狎與之居而漸與之安，風俗以蠱，婚姻以亂，服食以淫，五帝、三王之天下流泆解散，而元后父母之大寶移於非㊂類，習焉而不見其可恥也，閒有所利而不見其可畏也。技擊詐謀，有時不逮，呴沫狎媟，或以示恩，而且見其足以臨我；愚民玩之，黠民資之，乃至一時之賢豪，委順而趨新焉。迤及於千歲以後，而忘其爲誰氏之族矣。臧宮、馬武請北伐，光武曰：「吾恐季孫之憂不在顓臾。」柰之何延之於蕭牆之內也！

三七

明帝英敏有餘，而蘊藉不足，光武選師儒而養以六經之教，得其理矣，然而張佚、桓榮未足以稱此。豈當時無閒起之豪傑，守先王之道以待學者，可以爲王者師乎？抑有其人而光武未之能庸也。奚以知佚、榮之不稱也？帝欲使陰識傅太子，張佚正色而争之，是矣。帝遂移太傅之命以授佚，自非聖人以天自處而無疑，與夫身爲懿親、休戚與俱而無容辭，未有可受命者也。佚乃自博士超擢居之而不讓，惡可以爲帝王師！桓榮受少傅之車馬印綬，陳之以詫諸生，施施然曰：「今日所蒙，稽古之力也，可不勉哉！」抱君子謀道之憂者，聞斯言也，有不汗面者乎？而足以爲帝王師乎？

㊀「左衽」二字刻本闕，據校記補。

㊁「人」字刻本闕，據校記補。

㊂「非」字刻本闕，據校記補。

嗚呼！師道之難也，於蒙之象見之。人心之險，莫險於利禄之得失；惟以艮止之德，遏欲以靜正，不獲其身，不見其人，而後夏楚收威，行於胄子。身教立，誠心喻，德威著，塞蒙心之貪戾，而相沐以仁讓。故曰：「蒙以養正，聖功也。」身之不正，何以養人哉？榮與佚區區抱一經以自潤，欲以動太子之敬信，俾忘勢讓善而宜人，詎可得乎？賴明帝之不爲成帝也，非然，榮與佚之情，亦奚以愈於張禹邪？故曰：「能自得師者王。」光武之豫教，太子之尊師，而所得僅若此，王道之所以不興與！

三八

以祖妣配地祇於北郊，漢之亂典也。光武以呂后幾危劉氏，改配薄后，亂之亂者也。呂氏之德，不足以配地矣，薄后遂勝任而無歉乎？開國之君，配天而無歉者，非以其能取天下貽子孫也。宇內大亂，庶民不康，三綱淪，五典斁，天莫能復其性；暴政奪人居食，兵戎絶其生齒，地莫能遂其養；王者首出，誅惡削僭，以兵治而期於無兵，以刑治而期於無刑；飢者食，寒者衣，散之四方者逸以居，於是而得有其父子、兄弟、夫婦、朋友，以相親而相遜；代天以奠兆民，而相天地之不足，則臣子推崇之以配天，以是爲與天通理也。母后，一姓之妣也，配祖於宗廟而私恩伸矣。位非其位也，君授之也；德非其德也，元后爲民父母，母道亦君所任，非后所任也。呂后不足以配地，薄后其能堪此乎？故曰亂也。

象之不仁，舜不得不以爲弟，丹朱之不肖，堯不得不以爲子，天倫者受之於天，非人所得而予奪者也。夫婦之道，受命於父母，而大昏行焉；出以其道，而自夫制焉。爲人子孫而逆操其進退，己不道而奚以治幽明哉？文姜之逆也，而春秋書曰「夫人」。僖公致成風以抑哀姜，而春秋書曰「用致」。呂后之罪，聽後世之公論，非子孫所得黜也；薄后非高帝之伉儷，非子孫所得命也。告祠高廟，退呂進薄，幸先君之無知，唯己意以取必焉。舜不能使瞽瞍之不子象，而光武能使高帝之不妻呂后哉？慕容垂追廢可足渾氏㊀，崔鴻譏其以子廢母，致其子寶弑母而無忌。人君垂家法以貽子孫，順天理而人情自順，大義自正。如謂光武借此以儆宫闈，乃東漢之禍，卒成於后族，徒爲逆亂，而又奚裨邪？故曰亂之亂者也。

㊀ 校記：「可足渾氏」下有「夷狄忿戾之恆也」七字。

讀通鑑論卷七

明帝

一

明帝即位之元年，率百官朝於先帝之陵，上食奏樂，郡國計吏以次占其穀價[一]及民疾苦，遂爲定制。迨後靈帝時，蔡邕從駕上陵，見其威儀，察其本意，歎明帝至孝惻隱之不易奪，而古不墓祭之未盡也，邕於是乎知通矣。

夫云古不墓祭，所謂古者，自周而言之，蓋殷禮也。孔子於防墓之崩，泫然流涕曰：「古不修墓。」殷其云古者，亦殷禮也。孔子殷人也，而用殷禮，示不忘故也。然而泫然流涕，則聖人之情亦見矣。殷道尚鬼，貴神而賤形，禮魂而藏魄，故求神以聲，坐尸以獻，是亦一道也。而其弊也，流於墨氏之薄葬。若通幽明一致而言之，過墓而生哀，豈非夫人不自已之情哉！

且夫謂神[二]既離形而形非神，墓可無求，亦曰魂氣無不之也。夫既無不之矣，則亦何獨墓之非其

[一]「占其穀價」，校記作「陳其郡穀價」。　[二] 校記「神」下有「之不可以方所求」七字。

所之也？朝踐於堂，事尸於室，祝祭於祊，於彼乎，於此乎，孝子之求親也無定在，則墓亦何非其所在。始死之設重也，瓦缶也；既虞而作主也，桑栗也；土木之與人，異類而不親，而孝子事之如父母焉，以爲神必依有形者以麗而不舍也；豈繄形之所藏，曾瓦缶桑栗之不若哉？墓者，委形之藏也；孫者，委形之化也。以爲非其靈爽之故，則皆非故矣；以爲形之所委，則皆其體之遺矣；事尸之禮㊀，以孫爲形之遺而事之如生，乃於其形之藏而棄之於朽壞乎？夫物各依於其類，不得其真，則以類求之。形之與神，魂之與魄，相依不舍以没世，則神如有依，不違此也審矣。

孝者，生於人子之心者也；神之來格者，思之所成也；過墓而有哀愴之情，孝生於心，而神即於此成焉。且也，是形也，爲人子者寒而温之，暑而清之，疾痛疴癢而抑搔之，事之生平，一旦而朽壞置之，曰有尊形者在焉，其情恝，其道過高而亡實。莊也、墨也，皆嘗以此爲教，而賊人惻隱之良；雖爲殷道，自匪殷人，何爲效之哉？子曰：「其或繼周者，雖百世可知也。」損益於禮之中，而不傷仁義，百世之後，王者有作，前聖不得而限之矣。故曰：「喪，與其易也寧戚。」執古禮以求合，抑情以就之，易之屬也；情有所不忍，雖古所未有而必伸，戚之屬也；守章句以師古者，又何譏焉！

二㊁

養老之典，有本有標，文其標也；文抑以動天下之心而生其質，則本以生標，標以蔭本，枝葉榮而

㊀ 校記「事尸之禮」下有「生死異塗」四字。

㊁ 此論係未刊稿，據抄本補入。

本益固矣。養老于庠，袒而割牲，執醬而饋，執爵而酳，標也。制民田里，教之樹畜，免其從政，不饑不寒，而使得養其老，本也。王者既厚民之生，使有黍稷、酒醴、絲絮、雞豚可以養其老矣，然恐民之怙其安飽，而孝弟之心不生也，於是修其禮于太學，躬親執勞，惇憲乞言，以示天子之必有尊，而齒爲天下之所重，乃以興起斯民之心而不敢憑壯以遺老，則標以蔭本而道益榮。明帝修三老五更之禮，養李躬、桓榮盡敬養之文，於時之天下，果使家給户饒遂其衣帛食肉以奉其父母乎？抑尚未也？民未給養而徒修其文，則固無以興起孝弟而虛設此不情之儀節矣。雖然，文與質相輔以成者也，本與標相扶以茂者也。以天下之未給而不遑修其禮焉，俟之俟之，而終于廢墜矣。修其文以感天下之心，抑可即此以自感其心，俯仰磬折之下，顧文而思之，必有以踐之，而仁澤之下流，亦將次第而舉矣。明帝之時，內寇靖，邊陲無警，承光武之餘澤，猶挹水於江、承火於燧也。則文以滋質，標以蔭本，亦不得曰虛致此不情之儀節也。乃若其不可者，記曰：「敬老爲其近於父也。」以近父故敬，則敬老以父而推爾。光武崩，曾未期年，而雍容于冠冕笙磬之下，不已急乎！躬與榮憑几受饋，而寢門之視膳，天奪吾歡。則固有憯怛而不寧者，明帝、東平王蒼皆慚焉。銜恤之子也，王亟請之，帝輒行之，无已泰乎！是則斲本而務其末也。

三

明帝永平三年，以左馮翊郭丹爲司徒，郡守入爲三公，循西漢之制也，而尤不待內遷而速拔之以升。其後邢穆、鮑昱皆以太守踐三公之位，其重吏事也甚矣。是道也，以奬郡守，使勸進於治理，重其權而使安於其職則得也；若以善三公之選，則有不貴於此者，何也？道者，事之綱也，天下者，郡之積也。即事而治之，目與綱並舉而不可有遺；即道而統之，舉其綱而不得復察其目；此郡守三公詳簡之殊也。以郡守纖悉必察之能，贊君道而攝大綱，則瑣細而虧其大者多矣。

五方之政，剛柔之性異於天，磽瘠之產異於地，一郡之利病，施於百里以外，則利其病而病其利。郡守之得民也，去其郡之病以興其利，而民心悦矣。遂以概之於天下，是强山國以舟、澤國以車，徒爲病而或足以斃也。然則郡守果賢，固未可坐論清宫，而平章四海。況乎名之所自成，實之所自損，黄霸之賢，且以鴟雀之欺爲鼎足羞，況不能如霸者，而遽以宗社託之乎？是則旦郡守而夕三公，廟堂無廣大從容之化，其弊也，飾文崇法以傷和平正直之福，非細故也。明帝勤吏事，而不足與於治道，未可爲後世擇相法也。

四

宗均去檻穽，而九江之虎患息，其故易知也。人與虎争，而人固不勝矣。檻穽者，人所與虎争之具也，有所恃而輕與虎遇，蹈危而不覺，虎與人兩斃之術也。均之令曰：「江、淮之有猛獸，猶北土之有雞豚。」謂其繁有而不可使無也。常存一多虎於心目，而無恃以不恐，則自遠其害。推此道也，以治民之姦可矣。

故其論治，謂文法廉吏不足以止姦，亦以雞豚視姦而姦者詘，與天下息機而天下之機息也。文法之吏，恃文法以與姦競而固不勝；廉吏恃廉以弗懼於姦，而姦巧以傷之；惟其有恃也，而遂謂姦之不足防也。挈大綱，略細法，訟魁猾胥不得至於公廷矣，奚以病吾民哉？均之所挾持者弘遠矣。劉先主、諸葛武侯尚申、韓，而蜀終不競，包拯、海瑞之悁疾，尤其不足論者已。

五

楚王英始事浮屠，而以反自殺；笮融課民盛飾以事浮屠，而以劫掠死於鋒刃；梁武帝捨身事浮屠，而以挑禍樂殺亡其國；邪說暗移人心，召禍至烈如此哉！

浮屠之教，以慈愍爲用，以寂静爲體，以貪、嗔、癡爲大戒。而英、融、梁武好動嗜殺，含怒不息，迷乎成敗以召禍，若與其教相反，而禍發不爽，何也？夫人之心，不移於迹，而移於其情量之本也。情量一移，反而激之，制於此者，大潰於彼，潰而不可復收矣。浮屠之説，窮大失居，謂可旋天轉地而在其意量之中，則惟意所規，無不可以得志，習其術者，侈其心而無名義之可守。且其爲教也，名爲慈而實忍也；髮膚可忍也，妻子可忍也，君父可忍也，情所不容已而急絶之，則憤然一決而無所恤矣。

又其爲説也，禁人之欲而無所擇；於是謂一飲、一食、一衣、一宿，但耽著而無非貪染也。至於窮極無厭，毒流天下，而其爲貪染，亦與寸絲粒米之貪同其罪報而無差別。則既不能不衣食以爲物累，又何憚於窮極之貪饕而不可爲乎？迫持之，則舉手揚目而皆桎梏；寬假之，則成毁一同，而理事皆可無礙，心亡罪滅而大惡冰釋，暴逆凶悖無非夢幻泡影，一悟而悉歸於空。故學其學者，未有不騃戾以快於一逞者也。

桎梏一脱，任翱翔於劍鋒虎吻以自如一真法界，放屠刀、出淫坊，而即獲法身。操之極而繼以縱，必然之勢也。英何憚而不反，融何恤而不掠，衍何忌而不納叛怒鄰以驅民於鋒刃哉？趙閱道、張子韶、陸子静之不終於惡，幸也；王欽若、張商英、黄潛善，則已禍人家國矣。

六

讓國之義，伯夷、泰伯爲昭矣，子臧、季札循是以爲節，而漢人多效之。丁鴻逃爵，鮑駿責之曰：「春秋之義，不以家事廢王事。」允矣，而猶未盡也。漢之列侯，非商、周之諸侯也。古之諸侯，有其國，君其民，制其治，蓋與天子迭爲進退者也，君道也。漢之列侯，食租衣税，而無宗社人民之守，臣道也。君制義，臣從義，從天子之義，非己所得制也。古之諸侯，受之始祖，天子易位，而國自如。漢之列侯，受之天子，天子失天下，則不得復有其封。國非己所得私也，何敢以天子之爵禄唯己意而讓之也。

且君子之讓國，非徒讓其禄也。叔齊之賢，王季、文王之德，故伯夷、泰伯以保國康民興王制治之道德勳名讓之。若禄，則己所不屑，而可以非分之得汚弟爲愛弟乎？鴻弟盛而賢也，不必侯而可以功名自見也；如其不能，則亦温飽以終身而已矣。禄食者，簞食豆羹之類也，讓者小而受者媿，商、周之義，惡可效之後世乎？讀古人書，欲學之，而不因時以立義，鮮不失矣。子曰：「以與爾鄰里鄉黨乎！」受列侯之封，分禄以與弟，斯得矣，侯豈鴻所得讓者哉？

七

史有溢詞，流俗羡焉，君子之所不取。紀明帝之世，百姓殷富，曰「粟斛三十錢」。使果然也，謀國者失其道，而民且有餒死之憂矣。

一夫之耕，中歲之獲，得五十斛止矣。古之斛，今之石也。終歲勤勞，而僅得千五百錢之利，口分租稅徭役出於此，婦子食於此，養老養疾死葬婚嫁給於此，鹽酪耕具取於此，固不足以自活，民猶肯竭力以耕乎？所謂米斛三十錢者，盡天下而皆然乎？抑偶一郡國之然而詫傳之也？使盡天下而皆然，尚當平糴收之，以實邊徼，以禦水旱，而不聽民之狼戾。然而必非天下之盡然也，則此極其賤，而彼猶踴貴，當國者宜以次輸移而平之，詎使粟死金生，成兩匱之苦乎？

故善爲國者，粟常使不多餘於民，以啟其輕粟之心，而使農日賤；農日賤，則游民商賈日驕；故曰：「粟貴傷末，粟賤傷農。」傷末之與傷農，得失何擇焉？太賤之後，必有餓殍。明帝之世，不聞民有餒死之害，是以知史之爲溢詞也。雖然，亦必有郡國若此者矣，故曰謀國者失其道也。

八

廣陵王荆、楚王英、淮陽王延，以逆謀或誅或削。夫三王者誠狂悖矣；乃觀北海王睦遣中大夫入覲，大夫欲稱其賢，而歎曰：「子危我哉！太夫其對以孤聲色狗馬是娱是好，乃爲相愛。」則明帝之疑忌殘忍，夫亦有以致之也。

且三王者，未有如濞、興居之弄兵狂逞也，綏之無德，教之無道，愚昧無以自安，而姦人乘之以告訐，則亦惡知當日之獄辭，非附會而增益之哉？楚獄興而虞延以死，延以舜之待象者望帝，意至深厚也，而不保其生。寒朗曰：「公卿口雖不言，而仰屋竊歎。」則臣民之爲寒心者多矣。作圖讖，事淫祀，豈不可教，而必極無將之辟以加之，則諸王之寢棘履冰如睦所云者，善不敢爲，而天性之恩幾於絶矣。

西京之亡，非諸劉亡之也；漢之復興，諸劉興之也。乃獨於兄弟之閒，致其猜毒而不相舍，聞睦之言，亦可爲之流涕矣。身没而外戚復張，有以也矣！

九

班超之於西域，戲焉耳矣；以三十六人横行諸國，取其君，欲殺則殺，欲禽則禽，古今未有奇智神勇而能此者。蓋此諸國者，地狹而兵弱，主愚而民散，不必智且勇而制之有餘也。萬里之外，孱弱之夷，苟且自王，實不能踰中國一亭長。其叛也，不足以益匈奴之勢；其服也，不足以立中夏之威；而欺弱凌寡，撓亂其喙息，以詫奇功，超不復有人之心，而今古豔稱之，不益動妄人以爲妄乎？發穴而攻螻蛄，入沼而捕鰍鯈，曰：「智之奇勇之神也。」有識者笑之久矣。

光武閉玉門，絶西域，班固贊其盛德。超，固之弟也。嘗讀固之遺文，其往來報超於西域之書，述竇憲殷勤之意，而羨其遠略，則超與固非意異而不相謀也。其立言也如彼，其兄弟相奬、誣上徼幸以取功名也如此，弄文墨趨危險者之無定情，亦至此乎！班氏之傾危，自叔皮而已然，流及婦人而辯有餘，其才也，不如其無才也。

章帝

一

陳湯幸郅支之捷，傅介子徼樓蘭之功，漢廷議者欲絀而勿録，可矣；介子、湯無所受命，私行以徼幸，既已遂其所圖，而又奬之，則妄徼生事之風長，而邊釁日開。若第五倫之欲棄耿恭也，則無謂矣。恭之屯車師也，竇憲奏遣之，明帝命之。金蒲城者，漢所授恭使守者也；車師叛，匈奴驕，圍之經年，誘以重利，脅以必死，而恭不降。車師之屯，其當與否，非事後所可歸咎於恭也；恭所守者，先帝之命，所持者漢廷之節，死而不易其心，斯不亦忠臣之操乎！車師可勿屯，而恭必不可棄，明矣。倫獨非人臣子與？而視忠於君者，如芒刺之欲去體，何也？鮑昱之議是已，然猶未及於先帝之命也。山陵無宿草，忿疾而委其銜命之臣於原野，怨懟君父以寄其惡怒於孤臣，倫之心，路人知之矣。倫之操行矯異，無孝友和順之天良，自其薄待從兄以立名而已然，是詎足爲天子之大臣乎？

二

「三年無改於父之道」，道者，剛柔質文之謂也。剛柔質文，皆道之用也，相資以相成，而相勝以相節。則極重而必改，相制而抑以相生，消息之用存乎其閒；非即有安危存亡之大，則俟之三年而非需滯，於是而孝子之心遂，國事亦不以相激而又墮於偏。明帝之明察，誠有過者；而天下初定，民不知法，則其嚴也，乃使後人可得而寬者也。章帝初立，鮑昱、陳寵急撟先君之過，第五倫起而持之，視明帝若胡亥之慘，而已爲漢高，章帝聽而速改焉，將不得復爲人子矣。

人君當嗣位之初，其聽言也，尤不容不慎也。臣下各懷其志於先君之世，而或不得逞，先君没，積憤懣以求伸，遂若魚之脱於鉤，而唯其洋洋以自得。斯情也，名爲謀國，而實挾怨懟君父之心，幸其死以鳴豫者也。爲人子者，奈何其殉之！且君而尚寬弛與，則人臣未有不悦矣；君而尚嚴察與，則人臣未有不怨矣。故察吏治、精考覈、修刑典，皆臣下之所大不利焉者；幸先君之没，屬望於新君，解散法紀以遂其優游，嘖有煩言，無所顧忌；立心若此，而殉之以干臣民之譽，過聽之病，成乎忘親，而可不慎哉！

明帝之過於明察也，非法外而加虔劉，如胡亥之爲也，盡法而無欽恤之心耳。其法是，其情則過；其情過，其法固是也。即令大獄之興，罹於囚隸者，有迫待矜釋者焉；章帝自得以意爲節宣，姑即事而貸之，漸使向寬，以待他日；則先帝之失不章，嗣君之孝不損，而臣民之禁忌樂育，亦從容調燮以適於中，無或驟釋其銜勒，以趨於痿痺，俾姦宄探朝廷之意旨，以罔戒於吞舟。今陳寵之言曰：「蕩滌煩苛之法。」帝之詔曰：「進柔良，理冤獄。」皆唯亟反明帝以表異。君若臣相勸於縱弛，一激一反，國事幾何而不亂哉！

故剛柔文質，道原並建，而大中即寓其閒。因其剛而柔存焉，因其文而質立焉，有道者之所尚也。懷忿懟而遽更張之，如攻仇讎，如救暴亂，大快於一時，求逞而不忌，其弊也，又相反而流以爲天下蠹。爲此説者佞人也，明主之所放流者也。此道不明，唐、宋以降，爲君子者，矯先君之枉以爲忠孝，他日人更矯之，一激一隨，法紀亂，朋黨興，國因以敝。然後知三年無改之論，聖人以示子道也，而君道亦莫過焉矣。

三

稱母后之賢，至明德馬后而古今無異詞，讀其詔，若將使人涕下者，后蓋好名而巧於言者也。建初二年大旱，言者以爲不封外戚之故，姦人邪説，言之而罔所媿忌，亦至此哉！

夫人不從上之言，而窺上之心以爲從，久矣；言者之無媿忌，有致之者也。章帝屢欲封諸舅，后屢卻之，受封已定，復有萬年長恨之語，人皆以謂封諸馬者章帝強爲之，非后意也。乃后没未幾，奏馬防兄弟奢侈踰僭，悉免就國，且有死於考掠者，同此有司，而與大旱請封之奏邈不相蒙也。姦人反覆以窺上意，則昔之請封，爲后之所欲；後之劾治，爲章帝之所積憤而欲逞，明矣。是以知帝之強封諸舅，陽違后旨，而實不獲已以徇母之私也。

車騎之盛，丁寧戒責，而操國之兵柄，討羌以爲封侯地，第五倫争之而不克；兵柄在握，大功既建，復飾恭儉以要譽；此王莽之故智，后所屬望於諸馬者將在是乎！東京外戚之害，遂終漢世，而國繇以亡，自馬氏始，后爲之也。故言不足以懲心，譽不足以考實。馬后好名而名成，工於言而言傳，允矣其爲「哲婦」矣。哲婦之尤，當時不覺，後世且不知焉，以欺世而有餘，可不畏哉！

四

論守令之賢，曰清、慎、勤，三者修，而守令之道盡矣乎？夫三者，報政以優，令名以立，求守令之賢，未有能置焉者也。雖然，持之以爲標準，而矜之以爲風裁，則民之傷者多而俗以詭，國亦以不康。矜其清，則待物也必刻；矜其慎，則察物也必細；矜其勤，則求物也必煩。夫君子之清、清以和，君子之慎、慎以簡，君子之勤、勤以敬其事，而無位外之圖。於己不浼，非盡天下而使嚴於簞豆也；於令不妄，非拘文法而求盡於一切也；於心不逸，非顛倒雞鳴之衣裳，以使人從我而不息也。君子修此三者，以宜民而善俗，用宰天下可矣。然而課政或有所不逮，而譽望減焉，名實之相詭久矣。第五倫言「陳留令劉豫、冠軍令駟協務爲嚴苦，吏民愁怨，議者反以爲能」，謂此也。使豫與協不衒其曲廉小謹勤勞之跡，豈有予之以能名者？欲矯行以立官坊而不學，則三者之蔽，民愁而俗詭。故曰：「君子學道則愛人。」弦歌興而允爲民父母，豈僅恃三者哉！

五

納諫之道，亦不易矣。君無爵賞以勸之，則言者不進；以爵賞勸之，言者抑不擇而進；故納諫難也。抑有道於此，士之有見於道而思以匡君者，非以言讎爵賞也，期於行而已矣。故明君行士之言，即所以報士，而爵賞不與焉。子曰：「君子不以言舉人。」此之謂與！

且夫進言者，繩君之愆而匡之，則言雖未工而知其爲忠直之士。心識其人，而以爵賞繼其後，其失焉者鮮矣。若夫所言者，求羣臣之得失而抑揚之，取政事之沿革而敷陳之，其言允，洵可行矣，而人之賢不肖未可知也。此而以爵賞酬焉，則佞人雜進而奚保其終哉？

抑其言是矣，其人非不肖矣，因其言之不諱，而置之左右，使旦夕納誨焉。上既唯言是取，人且引言爲己任而欲終其敢言之名，於是吹求在位者無已，而毛舉庶務之廢興以爲言資。將有事止於此，而言且引之以無窮，非姦而斥之姦，非賢而獎之賢；事不可廢而欲已之，事不可興而欲行之；荒唐苛細之論，皆以塞言之責，而國是亂。故言者可使言也，未可使盡言也；可使盡言也，不可使引伸爲無已之言也。斟酌之權，在乎主心，樂聞諫而不導人以口給，爵賞之酬，其可輕乎哉！

章帝於直言極諫之士，補外吏而試其爲，非無以酬之，而不引之以無涯之辯，官守在而賢不肖抑可徵焉，庶幾得之。

六

與賢者在於得人，與子者定於立嫡，立嫡者，家天下一定之法也。雖然，嫡子不必賢，則無以君天下而保其宗祏，故必有豫教之道，以維持而不即於咎。太甲顛覆典刑，而終遷仁義，以伊尹也。乃夫人氣質之不齊，則固有左伊尹右周公而不能革其惡者。和嶠困於晋惠帝之愚，而教且窮，故漢元、晋武守立適之法，卒以亡國。則知適子之不可教，而易之以安宗社，亦詎不可？古之人何弗慮而守一成之例以不通其變乎？君子所垂法以與萬世同守者，大經而已。天下雖危，宗社雖亡，亦可聽之天命而安之。何也？擇子之説行，則後世暱寵嬖而易元良，爲亡國敗家之本，皆託之以濟其私。君子不敢以一時之利害，啓無窮之亂萌，道盡而固可無憂也。

光武以郭后失寵而廢太子彊，羣臣莫敢争者。幸而明帝之賢，得以揜光武之過。而法之不臧，禍發於異世，故章帝廢慶立肇，而羣臣亦無敢争焉。嗚呼！肇之賢不肖且勿論也，章帝崩，肇甫十歲，而嗣大位，欲不倒太阿以授之婦人而不能。終漢之世，沖、質、蠡吾、解瀆皆以童昏嗣立，權臣哲婦貪幼少之尸位，以唯其所爲，而東漢無一日之治。此其禍章帝始之，而實光武貽之也。故立適與豫教並行，而君父之道盡。過此以往，天也，非人之所能爲也，而又奚容億計哉！

七

不測之恩威無常經，謀略之士所務也，謂足以震人於非所期而莫敢不服。雖然，豈足恃哉？張紆守隴西，羌人反，其酋號吾首亂入寇，追而生得之，紆釋之遣歸；已而迷吾寇金城塞，紆與戰，敗之，迷吾將人衆詣臨羌納降，紆以毒酒殺之。紆以是爲不測之恩威也。於是而羌禍之延於秦、隴者幾百年而後定。一生一殺，不可測者如是也，彼將何據以爲順逆之從哉？

戰而禽，禽而釋，何憚乎不戰；勝可以逞，敗猶可以生也。降而來，來而殺，何利乎降；降而必死，不如戰而得生，其不決計相尋於死鬭者鮮矣。故恩威者，必有準者也，在己可白，而在物可信也。感其恩者不渝，畏其威者不可犯，乃以服天下而莫敢不服。尚勿輕言不測哉！

八

西漢之衰自元帝始，未盡然也；東漢之衰自章帝始，人莫之察也。元帝之失以柔，而章帝滋甚。王氏之禍，非元帝啓之，帝崩而王氏始張；竇憲之横，章帝實使之然矣。第五倫言之而不聽；貴主訟之，怒形於言，不須臾而解；周紆忤竇篤而送詔獄；鄭弘以死諫，知其忠，問其疾，而終不能用。若此者，與元帝之處蕭、張、弘、石者無以異。而元帝之柔，柔以己也，章帝之柔，柔以宫闈外戚也，章帝滋甚矣。託仁厚而溺於牀第，終漢之世，顛越於婦家，以進姦雄而隕大命，帝惡能辭其咎哉？

曹子桓曰：「明帝察察，章帝長者。」爲長者於婦人姻婭之閒，脂韋嚅唲以解乾綱，惡在其爲長者哉！范曄稱帝之承馬后也，盡心孝道。乃合初終以觀之，帝亦惡能孝邪！馬后崩未幾，而馬氏被譴，有考擊以死者矣。是其始之欲封諸舅、后辭而不得也，非厚舅氏也，面柔於馬后之前，而曲順其不言之隱也。其終之廢馬氏於一旦也，非忘母恩也，竇氏欲奪其權，面柔於哲婦之前，而替母黨以崇妻黨也。於母氏，柔也；於諸父昆弟，柔也；於牀闥，柔也；於戚里，柔也；於臣民，柔也；於罪罟，柔也；雖於忠直之士，柔也；亦無異於以柔待頑讒者也。柄下移而外戚宦寺怙恩以逞，和、安二帝無成帝之淫昏，而漢終不振，章帝之失，豈在元帝下哉？

九

明帝車駕屢出，歷兗、并、冀、豫、徐、荆之域，章帝踵之，天下不聞以病告，然天下亦惡能不病哉！供億有禁，窺探有禁，踐蹂有禁；能禁者乘輿也，不能盡禁者從官也，不可必禁者軍旅也、臺隸也，天下惡能不病也！天子時出巡游，則吏畏覺察而飾治，治可舉矣。乃使果有循吏於此，舉大綱而緩細目，從容以綦乎治，而廢者未能卒興，且無以酬天子之省視；於是巧宦以逃責者，抑將緣飾其末而置其本，以徒擾吏民；天下惡能不病也！

光武之明以立法，二帝之賢以繼治，豈緊不念此，而樂爲馳驅以病民者，何也？光武承亂而興，天下盜賊蠭起，已亦繇之以成大業，故重有疑焉，冀以躬親閱歷，補罅整紛，而銷姦桀之心，以是爲建威銷萌之大計焉耳。乃國用耗於芻粻，小民狎其舉動，羌禍一起，軍興不給，張伯路一呼於草澤，數年而不解，蔓延相踵，垂及黄巾之起，而漢遂亡。盜賊横行，以喪天下，前此未有而自漢始之。然則厚疑天下，而恃目擊足履以釋憂，徒爲召憂之媒，亦何益乎？

有虞氏五載一巡守，歲不給於道途，所謂「盡信書則不如無書」也。周制：十有二年，王乃時巡。歷三傳而昭王以死，四傳而穆王以荒。封建之世，天子之治，止千里之畿，則有暇以及遠。五服之君，各專刑賞之柄，則遥制而不能。然且非虞舜、成王而利不償害。況以一人統天下而耳目易窮，自非廓然大公、推誠以聽監司郡縣之治，未有能消天下之險阻者也。又況樂酒從禽、遊觀無度，如順、桓二帝之資以爲口實哉！

和帝

一

議者曰：「夷狄相攻，中國之利。」誰爲此言者，以貽禍於無窮矣。鄧訓力破浮議，保護諸胡，免於羌難，羣胡悦從，訓乃專力以攻迷唐，而迷唐遠竄，智矣哉！楚莊吞舒、蓼，而後滅陳、破鄭，敗晉於邲；夫差棲越於會稽，而後大敗齊師，脅晉於黄池；冒頓破東胡，而後困高帝於平城；苻堅吞慕容、捲河西，而後大舉以寇晉；蒙古滅金、滅夏，西收欽察畏吾兒，南收六詔，而後舉襄、樊以亡宋。夷狄之起也，恒先并其醜類，而後及於中國。中國偷庸之士，猶且曰：夷狄相攻，吾利也。地益廣，人益衆，合衆小而成一大，猶疥癬之毒聚爲一癰也。屢勝之氣益壯，習於攻擊之術益熟，得利而其願益奢，我且斛觫自得，以爲虎鬭於穴而不暇及於牧廄也，禍一發而不可收矣。

善制夷者，力足以相及，則撫其弱、抑其彊，以恩樹援，以威制暴，計之上也。力不足以相及，聞其相攻也而憂之，修城堡，繕甲兵，積芻糧，任將訓卒，以防其突出，策之次也。聽其蹄齧以增其彊，幸不我及以緩旦夕之禍，坐斃之術也。其尤烈者，激之、獎之、助之，以收兼弱拾殘之餘利，不知戎心之熟視我吭而思扼之也。悲夫！庸人一言而禍千古㊀，有如是夫！

二

南單于降漢，光武置之西河塞内，迨和帝之世，竇憲出塞五千里，大破北匈奴，北單于逃亡，其餘種於除鞬請立，袁安、任隗欲乘朔漠之定，令南單于反北庭，驅逐於除鞬，而安其故廬，此萬世之長策也。於除鞬不得立，而漢亡一敵。送南匈奴反北庭，統一匈奴，而南單于抑且以爲恩。乃若陽以施大德於南虜，而陰以除中國腹心之蠹，戎心不啓，戎氣不驕，夷風不淫於諸夏，判然内外之防，無改於頭曼以前之舊，劉淵、石勒之禍，惡從而起哉？

夷狄闌居塞内，狎玩中國，而窺閒乘弱以恣寇攘，必矣。其寇攘也，抑必資中國之姦宄以爲羽翼，而後足以逞，使與民雜居，而禍烈矣。尤不但此也，民之易動於獷悍慆淫、苟簡喙息，而畏禮法之檢束，亦大化之流所易決而難防也。古之聖王憂之切，故正其氏族，别其婚姻，域其都鄙，制其風俗，維持之使若其性。而民之愚也，未能安於嚮化而利行之也。廉恥存，風俗正，雖有不利，而固不忍於禽行以不

㊀「禍」「古」二字刻本闕，據校記補。

容於鄉黨。夷狄㊀入而雜處焉，必且與之相市易矣，必將與之相交遊矣，浸乃與之結昏姻矣；其衣、其食、其寢處、其男女，蓋有與愚不肖之民甘醉飽、便馳逐而相得者矣。彼惡知五帝、三王之前，民之蹄齧棄捐與禽獸伍，而莫保其存亡之命者，固若此也？則且詫爲新奇，大利於人情，而非毁五帝、三王之爲贅疣。然而彊力不若也，安忍儇利不若也，則君之、宗之、樂奉而率從之，而不知元后父母之必就吾同類而戴以德乘時之一人矣。

女奚之釀也，必擇其酸醅而去之，惡其引旨酒而酸之也；慈父之教也，必禁其淫朋而絶之，惡其引樸子而胥淫也。禍莫重於相引，而相害者爲輕；害知禦，引不知避也。於是而知袁安、任隗之識遠矣。其言曰：「光武招懷南單于，非謂可永安内地，正以權計之算，扞禦北狄。」夫光武豈可謂之權哉？倒置重輕，而滅五帝、三王之大經也。

三

孝和之世，袁安、任隗、丁鴻爲三公，何敞、韓稜爲尚書，皆智勇深沈，可與安國家者也。竇憲之黨，謀危社稷，帝陰知而欲除之，莫能接大臣與謀，不得已而委之鄭衆，宦寺之亡漢自此始。非和帝寵刑人、疏賢士大夫之咎也，微鄭衆，帝其危矣。揆所自始，其開自光武乎！崇三公之位，而削其權，大臣不相親也；授尚書以政，而卑其秩，近臣不自固也。故竇憲緣之制和帝不得與内外臣僚相親，而唯與

㊀「夷狄」二字刻本闕，據校記補。

閹宦居。非憲能創錮蔽之法以鉗天子與大臣也，其家法有舊矣。三公堅持匈奴之議，而不能違憲之討虜，權輕則固莫能主也。尚書郅壽抗竇憲而自殺，則誅賞待命於權臣也。西漢之亡也，張禹、孔光懸命於王氏之手而宗社移矣。光武弗知懲焉，厚其疑於非所疑者，使沖人孤立於上，而權臣制之，不委心膂於刑人，將誰委乎？明主一懷疑而亂以十世，疑之滅德甚矣哉！

創業之主而委任大臣，非僅爲己計也。英敏有餘，攬大政於一心，而濟之以勤，可獨任矣。大臣或有一二端之欺己，而遂厚致其疑；然其疑君子也，必不信小人；君子且疑，而小人愈懼；此豈可以望深宮頤養中材以下之子孫乎？公輔無權，中主不勝其勞，而代言之臣重；代言之臣秩卑，不得與坐論而親扆坐，則秉筆之宦寺持權；禍亂之興，莫挽其流矣。天下皆可疑，胡獨不疑吾子孫之智不逮，而暱於宴安也乎？

當其始也，大臣與宦寺猶相與爲二也，朝綱立而士節未墮，則習尚猶端，而邪正不相爲借。若袁安、任隗、丁鴻者，雖憂時莫能自效，而必不攀鄭衆以有爲。事不求可，功不求成，自靖以聽天，而不假枉尋以直尺，故鄭衆雖有成勞，而尚存撿柙。迨及君臣道隔，宦寺勢成，大臣之欲匡君而衛國者，且紹介之以行其志，而後宦寺益張而無所忌。楊一清因張永以誅劉瑾，楊漣且不得不左袒王安以抑魏忠賢，則忠端之大臣不能絕內援以有爲，又惡能禁小人之媚奄腐哉？高拱、張居正之廢興，一操於馮保之榮落。上失其道，下莫能自主，禍始於東漢，而流毒萬年，不亦憯乎！

四

朋黨之興，其始於竇憲之誅乎！霍氏之敗也，止其族類之同惡者，而不及其餘；王莽篡而伏誅，王閎其族子而免，他勿論已。竇憲之即法也，竇篤、竇景、郭璜、鄧疊之同惡，誅之可也；宋繇以大臣而與比，罷之可也；班固之怙勢而横，竄之可也；盡舉其宗族賓客名之以黨，收捕考治之，黨之名立，而黨禍遂延於後世。君子以之窮治小人，小人即以之反噬君子，一廢一興，刑賞聽人情之報復，而人主莫能尸焉，漢、唐以還，危亡不救，皆此之繇也，可不悲乎！

子曰：「唯上知與下愚不移。」然則中材之可移者多矣。無所慕而好善，無所懲而惡不善，中心安仁者，天下之一人也。出而欲仕，仕而欲速，非能擇惡而遠之，抑非必擇善而忌之也。人主不能正於上，大臣不能持於下，授姦邪以奔走天下之柄，使陷於惡，無抑内媿於心乎？捐廉恥，迷禍敗，徼一旦之利禄，以蹈於水火，仁人所哀矜而不以得情爲喜者也。錮之以黨，而蹙之以窮年，實繁有徒，亦且聚族延頸待國事之非而乘之復起。迨其後也，憤毒積，而善類之死生縣於其手，而唯其斬艾。國亡人而人亡國，自臣子之迭相衰王釀之，而君亦且無如之何，此抑可爲痛哭者矣！

邪黨之依附者，戚里也、宦寺也、宫闈也。乃陳蕃之死以竇武，亦戚里也；司馬、吕、范之貶以宣仁，亦宫闈也；楊、左之殺以王安，亦宦寺也。彼小人者，亦何不可借戚里、宫闈、宦寺之名以加君子哉？子曰：「舉直錯諸枉，能使枉者直。」枉者直，則直用之，奚黨之有乎？舜之所誅者共、驩耳，而告司徒曰：「敬敷五教，在寬。」中材之士，不絶其利禄之徑，而又滌除其僉佞之名，亦何爲不濯磨以自新邪？

張酺曰：「憲等寵貴，羣臣阿附唯恐不及，言憲懷伊、吕之忠，比鄧夫人於文母。嚴威既行，皆言當死，不顧其前後。」以此思之，君失道於上，大臣失制於前，使人心摇摇靡定，行不顧言，言不顧心，如飲之狂藥而責其狂，狂可惡，而飲之藥者能勿疚乎？君子當思有以處之矣。定國者一人，非天下之自能定也。憤姦邪之馳騁，快誅殛於一朝，博流俗之踊躍，其反也，還以自戕而戕國。捶鐵者戒其反覆，任人之宗社，曾愛鐵之不若，而亟反亟覆以折之也！

五

章帝命曹褒制漢禮，不參羣議，斷自上裁，而褒雜引五經、旁及讖緯以成之。和帝之加元服，亦既用之矣，張酺奏褒擅制、破亂聖術而廢之，褒所定禮遂不傳於世，亦可惜矣！褒之引讖緯以定彝典，其説今閒見於鄭玄，如號上帝以耀寶魄之類，誠陋矣；若其雜引五經以參同異者，初未嘗失。而酺以專家保殘之學，屈公義以伸其私説，其不能通於吉凶哀樂之大用也庸愈乎？

秦廢三代之彝典，制氏、戴氏、后氏僅傳其一曲，而不可通之於他，未可執也。且即其存者而猶有不可執者焉。子曰：「殷因於夏禮，所損益可知也。」因者，仁義之藴、中和之藏、彝倫之敍耳。夏、殷、周治法相仍，而猶隨時以損益，况郡縣之天下迥異於三代者哉？

即以彝倫之不易者言之：父子，均也；而漢、唐無自出之帝，不可强立，王侯無社稷之守，長子之喪，不當上視君父。君臣，均也；而令之於守，掾屬之於守令，國相長史之於侯王，生殺廢置統於天子，令共之誼，自異於三代侯國之臣。兄弟，均也；侯王無國，公卿不世，孝秀登朝，士農迭爲興廢，宗子不得獨尊，支庶不得終賤。夫婦，均也；同姓而婚姻不通，乃同一姓而所出者異，周、齊、楚、鄭之各有王氏，非本支也；周宗之支，周、魯、滕、邢、孟、仲、臧、南，固同姓也；禁異出而不禁同祖，非其本矣。秦獎節婦，而出妻再適，不齒於人倫；舅姑視父母，以正家綱，而答拜之儀，且適驕其悍婦。然則彝倫之損益，得五經之精意，而無嫌於損益，多矣。他如覿聘之禮，田獵之制，相見之儀，饋贈之節，郡縣行之，而情固不浹，事固不治。是必通變以審天則，窮理以察物宜，曲體乎幽明之故，斟酌乎哀樂之原，使賢者可就，不肖可及，以防淫辟，以辨禽獸㊀，而建中和之極，用錫萬民，固必參五經之大義微言，以出入會通，而善其損益；雖或有過焉，可俟後之作者，繼起而改之，可勿慮也。若夫專家之學，守其故常，執聞見而迷其精意，亦惡足尚哉？

褒之禮，吾知其必有疵也；雖然，吾知其必有得也。應劭、蔡邕之所傳，語而不詳，永嘉之後，夷禮雜附，而天道人事終於昏翳，惜哉！使褒之禮而傳也，辨其失，存其得，考其異，驗其同，後之人猶有徵焉。張酺以迂執之說致其湮沒，是亦古今之大缺陷矣。自宋以後，律呂毁而九宮之淫樂興，冠冕廢而袍鞾之胡㊁服濫，九獻亡而酹酒之野祭行。乃至郭守敬以介然之顯明，廢曆元而棄天紀，徑以爲直，便以爲利，人之且淪於禽獸㊂也，悲夫！

㊀ 校記「獸」作「狄」。

㊁ 「胡」字刻本闕，據校記補。

㊂ 「禽獸」二字刻本闕，據校記補。

六

東漢不任三公，三公因不足任，上失御而下遂偷也。劉方、張奮亦有名譽，自致大位矣，乃於和帝之世，因仍章帝之柔緩，弗能有補。所詑爲敢言者，爲梁氏報怨，吹求竇氏以迎帝之私情而已。亂先帝夫婦之倫，逢嗣君寡恩之惡，舍舊趨新，犯神人之怨恫，而樹援於后族，是尚足爲天子之大臣乎？帝手詔曰：「恩不忍離，義不忍虧。」三公讀此而不媿以死，非人也。夫當竇后生存之日，竇景横逆，何弗一言匡救，而必待后之死，乃踐蹂之如斯其酷邪？竇替梁興，而東漢遂大亂，三公爲宫闈妒争之吠犬，而廉耻埽地，固其人之不肖，抑漢以論道之職爲養尊處優之餘食贅形，休戚不相共，而無以勸之也？則光武作法之涼，不能謝咎矣。

七

班超之告任尚曰：「塞外吏士，本非孝子順孫，皆以罪過徙補邊屯，宜蕩佚簡易，寬小過，總大綱。」此後世將兵之善術也，然繇此而言兵者難矣。嚴之，則兵心離而無與效死；寬之，則恣其驕暴而以病民；故曰難也。

三代即民即兵，井甸之賦，師還而仍爲鄉鄰，將雖寬而兵自不爲民害。故師之象曰「容民畜衆」，寬而無損也。後世之兵出於召募，類皆貪酒嗜色樗蒱淫酗之民，容者所不能容，畜者所不易畜也，其不禁而兵爲民害久矣。然而三代之兵，不敢暴於其國，而諸侯相競於侵伐，則出疆而斬木堙井、俘虜掠奪，有所不禁。後世所與出塞之士，彌望而皆茅葦逐盗之兵，所克皆爲内地，守法而不内侵，則飢渴暴露，生之不保，而況有所利乎？然則三代兵不毒民，但不毒乎國中，而自有餘逞。故後世之言兵者，倍爲難也。無已，則唯達其貪饕淫蕩之情，重其饟犒，椎牛酤酒，優裕有餘，而後可持法而嚴以馭之，而民其不病矣乎！

乃將之嚴也，尤惡其矜名而邀士大夫之譽也。有恤民之心，而矜惠民之名，法浮於情，而足以召怨。無恤民之實，而徒衒清市德，斬刈壯士以要盈廷之薦剡，求兵之以軀命報斗筲之粟，欲其弗鳥獸散也，其可得乎？故獲市井小民之歌頌者，必潰之將也；得學士大夫之稱説者，必敗之將也；多其兵而寡其食，必亡之國也；以名求將而不以功，授將帥殿最之權於清議者，必亂之政也。厚以養之，簡以御之，弗與民雜處而殊之，屯聚之於邊陲，而與民相忘以安之，庶幾乎民無所施其恩怨，士大夫無所容其毁譽，爲將者坦然任意以斟酌其恩威，而後兵可得而用也。故曰難也。

八

闢異端者，學者之任，治道之本也。乃所謂異端者，詭天地之經，叛先王之憲，離析六經之微言，以誣心性而毁大義者也。非文辭章句度數沿革之小有合離，偏見小聞所未逮而見爲異者也。六經當秦火之餘，非漢儒則愈亡逸，不可謂無功；而專家以相競，不可謂無罪。善求益者，樂取其所不及以徵所已及，麗澤並行競流以相度越而匯於大川，朋友講習之功，所爲取諸兑也；見善而遷，如風之下流，如雷之相應，而十朋之龜弗克違，所爲取諸益也。漢之諸儒，各有師傳，所傳者皆聖人之道所散見也。而習氣相沿，保其專家以相攻擊，非其所授受者謂之異端，天子聽其説而爲之禁，不已陋與！

徐防位三公，天子所與論道者也。道論定而爲天下則。乃首所建白，禁博士弟子之意説，坐以不修家法之罪，離析聖道，錮蔽後起之聰明，精義隱而浮文昌，道之不亡也幾何哉？宋承其弊，蘇、王二氏之學迭爲廢興，而詖淫以逞。延及於今，經義取士，各有師承。塾師腐士，拾殘瀋以爲密藏，曾不知心爲何用，性爲何體，三王起於何族，五霸興於何世。畫地爲獄，徽纆不解，非是者謂之破裂文體。因而狂迷之士，請以雌黄帖括沈埋烟霧之老生從祀先師。世教衰，正學毁，求斯人之弗化爲異[一]物也，惡可得哉？

九

善言天者驗於人，未聞善言人者之驗於天也。宜於事之謂理，順於物之謂化。理化，天也；事物，人也；無以知天，於事物知之爾。知事物者，心也；心者，性之靈、天之則也。漢儒言治理之得失，一取驗於七政五行之災祥順逆，合者偶合也，不合者，挾私意以相附會，而邪妄違天，無所不至矣。

和帝之世，正陽之月，日有食之，有司無以塞咎，舉而歸之兄弟諸王留京師之應。嗚呼！天其欲使人主絶毛裏之恩，蔑鞠子之哀，忍忮以逞陽剛之威燄乎？亡周者六國、彊秦，魯、衛終安其分；亡漢者前有王莽，後有袁、曹、孫氏，而先主猶延其祀；亡魏者司馬，亡晋者劉裕，亡唐者朱温，又降而孤立無援，異[二]類乘而滅之，兄弟何尤焉。當和帝時，宗支削，外戚張，此正所謂陰逼天位、離火下熸、明夷之

[一]「異」字刻本闕，據校記補。

[二]「異」字刻本闕，據校記補。

世也。而顧責之天子僅有之兄弟。讀和帝之詔，有人之心者，不禁其潸然泣下矣！妄人逞妖誣之辭，援天以制人主，賊仁戕義而削社稷之衛，乃至此哉！

夫日食有常度，而值其下者蒙其咎。抑惟懲愆思過以避陰陽之沴，反諸心，徵諸事，察諸物，無往而不用其修省，惡可以一端測哉！雖億中，不足取也，況其妄焉者乎！

安帝 殤帝附

一

司馬遷有言：「伯夷雖賢，得孔子而名益著。」吾於泰伯亦云。三代以下不乏賢者，而無與著，賢不著而民不興行，世無有師聖人樂善之心者也。漢清河王慶其賢矣。夫慶之廢，章帝之私也。慶廢而安於廢，母以誣死而不怨，怡然與和帝相友愛而篤其敬，竇后没，和帝崇梁氏之禮，慶垂涕念母，欲求作祠堂而守禮不敢言，和帝崩，立襁褓之子於民閒，而無所窺望，庶幾乎知命而安土以敦仁者乎！當東漢時，兄弟以相讓爲誼，劉愷、丁鴻皆聞東海王彊之風以起，然而逃匿顛沛，效伯夷、泰伯而徇其迹，則謂之好名非苟也。慶從容於章、和之世悍后之旁，優游輦轂，徐就藩封，執臣禮而處之若忘，德彌隱，志彌深，禮彌謹，行彌庸，其不膺至德之稱，天下後世無有師聖人樂善之心爲心者也。慶之所爲，亦可謂「民無得而稱」矣。

東海王之安於廢也，母氏固存而不失其尊養也，然且山陽王荆假之以稱亂，無抑彊有可乘之閒，而荆乘之。安帝以赤子臥天下之上，而無有擁慶以起者，慶有以弭之也，非彊之所能逮也。唐宋王成器委順於玄宗之世，其近之矣。乃玄宗以戡亂之大功，雖嗣睿宗而若其自致，成器固不敢干，非若慶之以私愛相妨而坐廢。成器雖不争，豈能望慶之項背乎？三代以下未嘗無賢也，人不知也。殤帝夭，慶子祐終嗣天位，人所不知，天佑之矣。

二

延平之詔曰：「郡縣欲獲豐穰之譽，多張墾田，競增户口，不（媿）〔畏〕於天，不（畏）〔媿〕於人㊀，自今以後，將糾其罪。」庶幾乎仁者之怒矣。

墾田之不足爲守令功，不待再思而知也。田蕪而思墾之，民之不能一夕安寢而忘焉者，而特力不足耳。其能墾與，吏雖窳，不能奪也；其不能墾矣，吏雖勤，不能勸也。病而不甘食者，慈父不能得之於子，無亦防其强食而噎焉耳。必欲勸之墾也，則無如任其墾而姑不以聞之縣官也。張墾田而民愈不敢墾，欺天罔人，毒流原野而田終以蕪，國終以貧，此孝宣之世，竊循吏之名者，禍之所延，而貪君利之，糾以罰而害其弭乎！

若夫户口之增，其爲欺謾也尤甚。春秋、戰國之世，列國争民以相傾，則以小惠誘鄰國之民而歸

㊀ 校者案：通鑑原文作「不畏於天，不愧於人」，蓋用詩小雅何人斯之辭。此處「媿」「畏」二字當互易。

己，國遂以彊，非四海平康之道也。郡縣之天下，生齒止於其數，人非茂草灌木，蹶然而生，實於此者虚於彼，飛鴻偶有所集，哀鳴更苦，非可藉爲土著也。曷抑問所從來而知增者之爲耗乎？不然，抑將析人父子兄弟而賦及老稚，虐莫甚焉。貪君以爲利，酷吏以爲名，讀延平之詔，知章、和之世，守令之賊民以邀賞者多矣。張伯路之援棘矜而起，非一朝一夕之故也。

三

母后臨朝㈠，未有不亂者也。鄧后之視馬后也爲尤賢，馬后賢以名，鄧后較有實矣。厚清河王慶而立其子，詔有司撿敕鄧氏家門非過，遣鄧騭兄弟還第，皆實也，宜乎其賢無以愈也。然而聽政十年，國用不足，至於鬻爵，張伯路起於内，羌叛於外，三輔流亡，天下大困，非后致之而孰使然邪？

蓋后之得賢名者，小物之儉約、小節之退讓而已，此里婦之炫其修謹者也。所見所聞，不出閨闥。其擇賢辨不肖，審是非，度利害，一唯瑣瑣姻亞之是庸。故任尚屢敗而不黜，一得罪於鄧氏而死不旋踵，徙民蹙地，唯鄧騭之意而人不能争。其尤忮害者，杜根、成翊世進歸政之諫，而撲殺於廷。則擅國暱私，糜國於無名之費以空國計，人不得而知者多矣。張禹、尹勤、梁鮪、徐防、張敏、李脩、司馬苞、馬英，皆以庸劣之才，取容鄧氏，而致三公，袁敞錚錚而早不能容，則崇佞替忠，上下相蒙以釀亂而不自覺者多矣。嗚呼！后之始立以賢名，后之終總大政以賢著，干愚賤之譽，而蠹隱於中，蝕木不覺，陰始凝

㈠「母后臨朝」四字刻本闕，據校記補。

而履霜，亦孰知堅冰之至哉？

故獎婦㈠賢者，非良史之辭也；事女主者，非丈夫㈡之節也。司馬温公歷鑒於漢、唐，而戴宣仁后㈢以行其志，佞者爲之説曰：毋改子道。豈非過乎？

四

利之所在，害之所興，抑之已極，其縱必甚。故屈伸相感而利生，情僞相感而害起，屈伸利害之相爲往復，而防之於早，以無不利。智者知之明也，而庸愚不知。知者則立法以遠害，不知則徇利以致凶，利害之樞機在此矣。

永元之後，降羌布在郡縣，爲吏民豪右所徭役，積以愁怨，及迎段禧之役，徵發羌騎，諸羌犇潰，因結聚入寇，而隴右、三輔、并、益皆殘殺破敗，内亂乘之，漢因以衰。制之不早，火鬱極而燎原，屈伸必然之數也。

中國之智，以小慧制戎狄；戎狄之智，以大險覆中國。中國之得勢而驕，則巧以漁其財力；戎狄之得勢而逞，則很以恣其殺掠；此小勝而大不勝之固然也。役其力，聽役矣；侵其財，聽侵矣；債帥、墨吏、猾胥、豪民，施施自得，而不知腰領妻孥之早已在其鋒刃羈絡閒矣。

制吏民而使勿虐之者，下策也。貪猾者幸快其須臾之意欲，刑罰非所畏也。或且獻其佞説，曰

㈠「婦」字刻本闕，據校記補。 ㈡「女主」「丈夫」四字刻本闕，據校記補。 ㈢「宣仁后」三字刻本闕，據校記補。

「何事苦吾民以奬異類」，如汲黯之言矣。力可役，財可侵，大險之伏，不敵小慧，貪猾者何知，近取股掌而弗利之邪？迨及鬱極而熺，蒙其利者死骨已朽，而後生食報於毒，亦痛矣哉！

故王者之於戎狄，暴利懲之，順則遠之，各安其所，我不爾侵，而後爾不我虐。旅獒之戒，白雉之卻，聖人之慮，非中主具臣所測也。

五

賞以春夏，刑以秋冬。賞者，封國受爵之錫命也；刑者，五刑大辟之即市也。天有恆經，王有恆政，順天以不違其溫肅之氣，王道之精微也。而夷狄盜賊之主，逞喜怒而不爲之節，則干天而傷民。然其爲義，止此而已。進忠賢者，引之若不及；賞軍功者，勸之使復効；秋冬不舉，萬一溘先朝露，王者之心惻矣，賢者功臣之心亦沮矣。若夫聽訟斷獄，易固曰「明慎用刑而不留獄」。留獄者，法之所爲大擾也。留以俟秋冬，而枉者直者交困於心而不能釋，怨且繇是而深，而變計滋起矣。

且其留而待時也，將拘禁之與？徽纆叢棘之苦，劇於笞杖，逮連證佐，浸以賄而游移其初心。若縱之與？自知不免，幾何而不逋也！故夫子取子路之無宿諾，諾不宿，獄不留矣。唯大辟抵罪已定，囚之以待秋冬，緩死而不拂天之和氣；肉刑未除，劓、刖、宮、墨，有事刀鋸，不可戾溫和之化；王者之慎，慎以此爾。夫豈流刑使即三居，扑刑旋施教誡，縱證佐於南畝，省簿書於掾史之謂哉？

月令非三代之書，然其曰「孟夏斷薄刑」。孟夏，正陽之月也，可以斷刑，則春夏之餘月可知矣。魯恭之言，有得有失，言治理者不可不辨。若呴呴之仁，緩之乃以賊之，以是爲順天而愛民，豈理也哉？哀矜清問，則四時皆春，不徒以其文也。

六

和、安之世，漢所任將者，任尚也，軍安得不覆，亂安得不極也！尚嚴急而不知兵，見於班超之說。而猶不僅此。章帝以來，歷三世而國事屢變，竇憲盛，尚則爲憲之爪牙；鄧騭興，尚則爲騭之心膂；憲敗，賓客皆坐，而尚自若；西域叛亂，北邊喪師，漢法嚴矣，而尚自若；尚者，一後世之債帥也。平襄之敗，死者八千餘人，羌遂大盛而不可制；尚翱翔漢陽者三載，坐視羌人之暴，罰謫弗及，復以侍御史將兵於上黨，遷中郎將，屯於三輔，保祿位，怙兵權而不懼。尚何以得此哉？其輂金帛以曲媚宮闈戚里者可知矣。然則其嚴急也，乃以漁獵吏士而爲結納之資也。三輔殘，國帑空，并、涼、益士死不收，徙不復，羌人力盡而瓦解，尚乃起而與鄧遵爭功以死，天殛之也。尚之誅也，賕贓千萬以上，憲與騭所爲護尚以稔其惡者在此矣。債帥之興，其始於東漢乎！而鄧騭之爲漢蟊賊可知矣。母后㈠聽政而內外交寇，其所繇來亦可知矣。

七

盜賊之興，始於王莽之世。莽篡，天下相師以寇攘，而抑劉崇、翟義以草澤起義先之，未足開盜賊窺天之徑也。張伯路一起而濱海九郡陷沒，孫恩、竇建德、黃巢、方臘、李自成踵興，而四海鼓動，張伯

㈠「母后」二字刻本闕，據校記補。

路實爲之嚆矢焉。

三代之盛，大權在天子也。已而在諸侯矣，已而在大夫矣，已而在陪臣矣，浸以下移而在庶人矣。郡縣之天下，諸侯無土，大夫不世，天子與庶人密邇；自宰執以至守令，所爲尊者，榮富而已，其他未有尊也。十姓百家相雄長而莫能制，豐凶不能必之於天，貪廉不能必之於吏，風會移之，怨毒乘之，欻然狂起，抑將何法以弭之哉！

易曰：「天險不可升也。」謂上下之分相絕，而無能陵也。易國而郡縣，易侯而守令矣；安守令也有體，嚴守令也有道。守令之仁暴，天子之所操也；其次，廷臣之所衡也；其次，省方之使所糾也；非百姓之所可與持也。賕吏興，上下蔽，天子大臣弗能廉察，激民之重怨，而假民以告訐之權，制守令之黜陟誅賞，是進庶人而分天子之魁柄。不肖之吏，弱者偷合於民，彊者相仇而競，豪民視守令如雞豚，可豢也、可圈也、可許也、斯可殺也，而何弗可稱兵以脅天子也？盜之所以死此而又興彼也。

易曰：「上天下澤，履，君子以辨上下、定民志。」又曰：「小人而乘君子之器，盜思奪之矣。」上下不辨，民志不定，乘君子之器者，無大別於小人。侯王豈有種哉？人可繤岸以制守令之榮辱生死，則人可侯王，而抑可天子矣。察吏不嚴於上，而聽民之訟上，摇動人心而猶謂能達庶人之情，非審於天綱人紀者，莫知其弊也。陵夷天險而授之升，立國者尚知所懲乎！

八

國帑屢空，軍興不足，不獲已而加賦於民，病民矣，而猶未甚也；以官鬻錢穀而減其俸，民病乃篤。

鄧后婦人米鹽銖絫之計也，後人師之，視爲兩利之術，狂愚不可瘳矣。

萬不獲已而加賦也，抑必有則。吏方苦其不易徵，未有能因而溢者也。獺不飢，不可使捕；鷹不飢，不可使逐；誘取其錢穀於前，而聽其取償於民，吝予之以生計，而委之以自掠，雖欲懲貪，詗先訥澀矣。不能使徒步布衣草屨糲食凍老餒幼以爲國效功也，則烏能禁飢鷹餒獺之攫而無厭哉！乃人主且曰：吾未嘗加賦以病民，民如之何而不急公。上下交怨而國必亡矣。

三代之世，方百里之國，君卿大夫士世食其祿，下逮於胥史者數百人，饔飧幣帛車乘芻糧奔走於四方而有餘。一郡之大，或兼數圻，祿於朝者幾何人？官於其地者幾何人？守衛繕修公私交際所資於民者幾何事？今之天下，其薄取也，視古而什之二三耳。而古之民足，今之民貧；古之國有餘，今之國不足。下不在民，上不在君，居其閒者爲獺爲鷹，又使飢而教之攫；金死於一門，而粟賤於四海，則終歲耕耘，幸無水旱，而道殣相望必矣。

「無野人莫養君子。」上節宣野人之餘以養賢，而使觀人朵頤，以惟攫取之巧拙爲貧富哉！鬻官爵以賤之，減俸以貧之，吏既賤而終不肯貧，廉恥墮，貧寠相迫，避加賦之名，蹈朘削之實，愚者之虐，虐於暴君，曾不自知其殃民，民亦不知也。怨不知所自起而益亟矣。

九

漢之彊也，北卻匈奴，西收三十六國。未數十年，羌人一梗於河湟，其志止於掠奪，未有窺覦漢鼎之心也。而轉徙五郡，流離其民，僵仆載道，如孤豚之避猛虎。悲哉！誰爲謀國者，而彊弱相貿至此極也！任尚僨帥也，鄧隲紈袴也，鄧后婦人㈠也；婦人㈡尸於上，紈袴擅於廷，僨帥老於邊，三者合而亡國之道備焉。幸而不亡，民之死也，誰恤之哉？天下未有婦人㈢制命，而紈袴僨帥不興者也。未有陰氣㈣凝於上，而干戈之慘不流於天下者也。故曰：「鶴鳴于九皋，聲聞于野。」氣相召，禍相應，而龐參之邪説始乘之，以愞縮消生人之氣，可不戒哉！

一〇

鄧后爲鄧氏近親開邸第教學，而躬自試之，史稱之以爲美談。漢武開博望苑，而太子弄兵；唐高開天策府選文士，而宮門蹀血；天子之子且以召難，況后族乎？諺有之曰：「婦人識字則誨淫㈤，俗子通文則健訟。」詩書者，君子所以調性情而忠孝，小人所以啓小慧而悖逆者也。故曰：「民可使繇之，不可使知之。」不然，三代王者豈以仁義禮樂吝予斯人，而内不及於宮闈，外不私於姻黨，何爲也哉？

鄧后之約飭子弟也屢矣，其辭若足觀者。乃豫章唐檀告其太守曰：「方今外戚豪盛，君道微弱」，則后之寵私親以紊朝綱可知矣。假之兵權，復假之以文教，先王經緯天下之大用，一授之匪人，國尚孰與立也！言治者，知兵權之不可旁落，而不知文教之不可下移，未知治道之綱也。一道德，同風俗，教

㈠「鄧后婦人」四字刻本闕，據校記補。　㈡、㈢「婦人」二字刻本闕，據校記補。　㈣「陰氣」二字刻本闕，據校記補。
㈤「婦人識字則誨淫」七字刻本闕，據校記補。

出於上之謂也。

二

有其始之，則已之也難，是以君子愼乎其始之也。西域通塞，初無當於中國與匈奴之彊弱。乃自張騫始之，班超繼之，中國震而矜之曰：吾以斷匈奴之右臂。於是匈奴亦因而曰：是可以爲吾右臂也。迨安帝之世，羌寇起，隴西隔絶，涼州幾棄，匈奴於是因車師攻殺後部司馬，又殺燉煌長史索班，蓋至是而西域不可棄矣。公卿乃始欲閉玉門、絶西域，置河西、隴右剥牀及膚之禍於不恤，班勇力争其不可，勇之策賢於其父超矣。非勇之果賢也，時異而勢不容已也。乃超之出，無撓之者，而重撓勇。勇策不用，漢師不出，匈奴寇抄不息，沈（氏）〔氐〕㊀因之而亂。害極於鄧騭之庸懦，而禍始於張騫之挑引。故曰有其始之，則已之也難也。

鄭於晉、楚，非果繫重輕。而楚争之，晉因争之；晉争之，楚益争之；疲天下之兵力百餘年，而兩皆無據。高歡、宇文泰之玉璧，朱友貞、李存勗之楊劉，一旦而以存亡繫之；非其存亡之果繫也，力盡於此，而餘地皆虚，徒使其士之民人蹂躪而殆無遺種，皆始之者貽之，孰有能包舉興亡勝敗之大而游心於餘地者乎？易曰：「非所據而據焉，身必危。」凡見可據者，皆非據也，游士炫其謀，武人張其功，後欲已之而不能，故君子必愼乎其始之也。

㊀ 校者按：「沈氏」當作「沈氐」，即「羌」號也。「羌」在上郡西河者，號沈氐。各本皆誤作「沈氏」。

一二

潁川杜根上書鄧后歸政安帝，后怒，撲殺之，得蘇，逃宜城山中爲酒家保，積十五年，后死乃出。或問以何不投知故而自苦，根言：「發露，禍及親故。」智哉根乎！何也？親故之能託生死者不易得也。非謂夫叛而執之也，爲根之知交者應不至此也。好義之心苟不敵其私利之情，則其氣先餒；好義之心與私利之情相半，即不相半而不能忘，其神必亂；氣餒神亂，耳目不能自主，周旋卻顧，示人以可疑，則愈密而愈疏，故義利交戰於胸者，必交受其禍。今有人於此，而人或投之，鄰里鄉黨不問焉者，以適然聽之也。唯大勇者，爲能以適然處變；不然，則如酒家之本不覺而固適然者也。非此而必不能矣。

嗚呼！士不幸而處亂世，不屈於邪，而抑未可以死，緩急固時有矣，而可不慎所依乎！好苛禮而不簡者，恤小利而形於色者，多疑而好謀者，貌愿謹而勤小物者，弔死問疾而多爲容者，皆不可依者也，可弗慎邪？

一三

處士之徵而不受命者多矣：或志過亢而不知時者也；或名高而藏其拙者也；或覬公孤師保之尊而躐級以不屑小官者也。吾於薛包獨有取焉。包以至行聞，盡孝友、飭門內之修而已；自盡以求仁，而無矯異驚人之節，初未嘗規畫天人，謂己有以利天下也。漢徵之而拜侍中，非其事也，固非其志也。包曰：吾以盡吾門內之修，天子知我徵我以風示天下，而德不孤矣；吾未嘗有匡濟之心，而何用仕爲！

奚以知其然也？以包之所爲，皆循循乎父子兄弟之閒，非襄楷、郎顗、樊英窺測天人，舍己而求諸人者比也。而漢之授以侍中，抑非其道。侍中者，出入諷議之臣也。當安帝之世，外羌戎，内盜賊，外戚、阿母、宦寺，交相煽搆，此大人摶捥斡運見功之地，而包之志略固不及此。非天下有不可爲之時，而非包敦篤修能所堪之任也，則漢任之固不以其道矣。善處包者，使分司徒之教職，而任之庠序，則得矣。不則使治一郡，以興教化、撫貧弱，敷其潔己愛物之德，治績懋焉。如之何以侍中任之邪！包之以死乞免，度己量時之道允協矣；豈志亢名高薄小位而覬公孤者類哉？

龍有潛也，有見也，有亢也。孔子知不可而爲，聖人之亢也；伊吕之興，大人之見也；包之終隱，君子之潛也。潛者，非必他日之見也，道在潛，終身潛焉可矣。

一四

安帝之不德，豈至如昌邑王賀之荒悖哉！立十五年矣，鄧后寵平原王翼，欲廢帝而立之；杜根請帝親政，而撲殺之；視天位如置棊，任其喜怒，后之惡烈於吕、武矣。伊尹之放太甲，未嘗他有援立，示必反之也。昌邑王之不可一日爲君，霍光之不幸，而又幸得宣帝之賢也。且昌邑既廢，始求宣帝於民閒，未嘗豫扳宣帝而後廢昌邑也。鄧后以婦人而輔以碌碌之鄧騭，予奪在手，唯意所授，瀆大倫，玩神器，君子所必誅勿赦也。鄧后死，王聖、李閏乘權而亂政，繇安帝之不君，可謂后之先識而志安社稷乎？

乃抑稽聖、閏之得以蠱帝而逞者，誰使然也？十五載見郊見廟之天子，不能自保，大臣弗能救也，小臣越位孤鳴而置之死也，舍保母宦寺而誰依邪？易位之僇辱，與死接踵，自非上哲反己自彊以潛消內釁，則免己於死而固其位，奚暇擇阿母宦寺之非，而不以爲恩哉！宦寺之終亡漢，李閏、江京始之也，而實鄧后之反激以延進之也。

一五

建元中，守相坐贓，禁錮二世。劉愷以謂「惡惡止其身，春秋之義，請除其禁」，持平之論也。抑書曰：「刑亂國、用重典。」從重以挽極重之勢，施之亂國，亦詎不可哉？

人之貪墨無厭、罷罟不恤者，豈其性然？抑其習之浸淫者不能自拔也。身爲王臣，已離飢寒之苦，而漁獵不已，愚之不瘳，何至於是！斥田廬，藏珠玉，飾第宅，侈婚嫁，潤及子孫，姻亞族黨豔稱弗絕，則相尚以迷，雖身受歐刀而忘之矣。妻妾子女環嚮以相索，始於獻笑，中於垂泣，終則怨讟交加而無一日得安於其室：；則自非卓然自立者，且求徽纆叢棘之不加於身，匆寧他日之繫項伏鑕以偷免於旦夕也。一行爲吏，身爲子孫之僕隸，驅使死辱而莫能逃，乃伏法以還，彼且握爵銜憲，施施自得，不復憶祖父之慘傷。嗚呼！孱柔者內偪於淫威，甚於國憲，亦大可矜也已！

故貪墨者，其人也；所以貪墨者，其子孫也；拔本塞源，施以禁錮之罰，俾得謝入室之徧讁，亦詎不可哉？爲子孫者，雖擁肥奡立，而士類弗齒；即甚不肖，忘情仕進，然世胄恥與爲婚姻，人士羞與爲朋侶，守令可持法以相按治，仇怨可抗顏以相報復。則子孫先怵，妻妾內憂，庸謹之夫，亦可藉手以寡怨於百姓。則非但弭生民之蟊賊，且以旌別善類，曲全中材，而風俗亦繇之易矣。

惡惡止其身，非此之謂也。三代世禄，士不憂貧，雖貪而無爲子孫計者，先世之澤，不可自一人而斬也。

一六

治天下之綱紀，非徒以其名也。其實在，其名雖易，綱紀存焉。其實（在）〔亡〕㊀，其名存，獨爭其名，奚益哉！

宰相之任，唐、虞之百揆合於一，周之三公分於三；其致治者，非分合之爲之，君正於上，而任得其人也。其合也，位次於天子；其分也，職別於專司。然而雖分，必有統之者以合其分。要因乎上所重，而天下之權歸之。天子乎以一心，而躬親重任，唯待贊襄則一也。自漢以後，名數易而權數移，移之有得有失，論者舉而歸功過於名；夫豈其名哉？操之者之失其實，則末繇以治也。

西漢置丞相而無實，權移於大將軍；故昌邑之廢，楊敞委隨，而生死莫能自必。東漢立三公而無實，權移於尚書；故陳忠因災異策免三公，上書力争，言選舉誅賞不當一繇尚書。兩漢之異，丞相合而三公分，然其權之上移於將軍、下移於尚書同也。晉之中書監，猶尚書也。唐之三省，猶三公也。宋以參知分宰相之權，南宋立左右相，而移權於平章。永樂以降，名爲分任九卿，而權歸内閣。或分或合，或置或罷，互相爲監，而互相爲因。

若其所以或治或亂者，非此也；人不擇則望輕，心不孚則事礙，天子不躬親，而旁撓之者，非外戚

㊀ 據校記改。

則宧寺也。使大將軍而以德選，則任大將軍可矣。使尚書中書而以德進，則任兩省可矣。丞相三公其名也，唐、虞、殷、周不相師也。懲權姦而分任於參知，下移於內閣，惡在參知內閣之不足以擅權而懷姦也？上移於大將軍，而僅以寵外戚；下移於內閣，而實以授宧寺；豈其名之去之哉？實去之耳。天子不躬親，而日與居者，婢妾之與奄腐；不此之防，徒以虛名爭崇卑分合之得失，亦末矣。

爲公輔爭名不如爭實；其爭實也，爭權不如爭道；非勵精親政而慎選有德，皆末也。熒惑守心而翟方進賜死，地震而陳褒策免，其時獨無天子乎？

一七

周之進士也，雖云鄉舉里選，而必貢自諸侯與卿大夫；非諸侯與卿大夫，未有能達於天子者也。已而大夫執政，士之仕也，必於大夫；非大夫，未有能達於諸侯者也。漢之辟召自州郡，（公府）㊀非州郡，未有能達於三公者也；非三公，未有能達於天子者也。魏、晉之選舉，中正司九品之升降；非中正，未有能達於吏部者也。隋設進士科，而唐以下因之，益以明經、學究、童子諸科，與太學上舍之選，學校歲貢之士；逮及任子掾吏，皆特達而登仕籍；士無不可自達於天子。而猶有依附權門、失身匪類、墮其名節者，此尚何所委咎哉！

周末之政在大夫也，聖門之賢，亢志陋巷，顏、閔而已；冉有之失身季氏，子路之失身孔悝，夫豈有

㊀ 據校記刪。

康衢之可繇而趨邪徑哉！士之仕也，猶農夫之耕也；無畇畇之隰，則阪田雖確，而不能已於藨蓘。故自隋以上，清直端潔之士，限以地，迫以時，失身於薦辟之匪人，而不免於公論之彈射，士之不幸也，古之不今若也。

楊伯起之剛方，而譖之者以鄧氏故吏爲其罪；鄧騭辟震，而震不能辭，時使然也。崔瑗之持正，欲説閻顯立濟陰王，不能見顯，因陳禪以進説，禪不代達，猶以顯累，終身被斥；瑗受顯之辟召，而不能辭，時使然也。夫二子皆有求、路不可奪之節，而浮雲之翳，白日滅輝。自非蟄龍屈蠖，學顔、閔而終潛德，遭世末流，亦將如之何哉！

後世貢舉法行，舉主門生雖有不相忘之雅，而一峯之於南陽，念菴之於江陵，抗疏劾之，而不以爲嫌。然且有别託蹊徑以呈身邪黨者，使當晋、漢以上，其不爲郗慮、賈充之躬任弒逆者幾何也？覽伯起、子玉之始終，爲之深悼，而士可以不恤其身哉？

一八

人之至不仁而欲賴以爲寵，人之至不祥而欲附以爲援，天下之至愚，成天下之大惡，終陷天下之大刑，其能免乎？

人主即至愚且忍，未有不欲其子爲天子者也。其或有所廢者，必有所立，類皆私嬖妾、寵庶孽，而要亦授於其子。安帝僅一子爾，旁無嬖庶，年甫十歲，性猶婉順，而惑於宦寺，忍棄之鐘下，而不恤己之無苗裔，此誠古今之至不仁者矣。奄人之祟惡也，毒螫善類，攻異己以行私爾。即至傷及元良，如伊戾、趙高之爲，亦陰有攀附，仍不舍其君之子，而但逞於一時。王聖、江京、樊豐之瑣瑣懷忿於王男、邴吉，而怨及國本，吾君僅有一子，而敢摧折以瀕於死亡，此誠天下之至不祥者矣。而耿寶無知，喪心失志，徇至不祥之人，行至不仁之事，惑古今至愚至忍之安帝，賴其寵禄，而附險毒之奄妾以爲援；帝死未寒，寶先死於閻顯之手，與聖、豐而俱燼。嗚呼！不可與爲父子者，必不可與爲君臣。不可與爲君臣者，必不可與爲朋友。寶也、顯也、京也、豐也，歧首之蛇，還自相噬，而閻后亦因以斃。按順帝雖納周舉之諫，復朝閻后，而數日後閻后輒崩，其死於見迫可知，史諱言之耳。不仁之尤，不祥之甚，未有能終日者也㊀。劉授、劉熹、馮石之爲三公，緘默不言，辱人賤行，身逸鈇鉞，而恥心蕩然矣。

㊀ 校記「未有能終日者也」下有「來歷雖諫，而尸九卿之位，不能久去，比匪之傷，幸而免耳」。

讀通鑑論卷八

順帝

一

惜天下之不治者，曰有君無臣。誠有不世出之君矣，豈患無臣哉！所謂有君者，君在中材以〔下〕〔上〕㊀，可與爲善，而庸讒之臣，無能成其美而遏其惡也，則順帝是已。帝之廢居西鐘下也，順以全生，羣姦不忌，非不智也。安帝崩，不得上殿親臨，悲號不食，非不仁也。孫程等拯之危亡之中而登天位，一上殿爭功，而免官就封，不使終持國政，非不斷也。諒虞詡之諫逐張防，聽李固之言出阿母，任左雄之策清吏治，非不明也。樊英、黄瓊、郎顗公車接軫，納翟酺之説，廣拓學宮，非不知務也。使得丙吉之量，宋璟、張九齡之節，韓琦之忠，姚崇、杜黄裳之才，清本源，振綱紀，以納之於高明弘遠之途，漢其復振矣乎！而桓焉、朱寵、朱倀之流，皆衰病瓦全，無生人之氣，塗飾小康，自寡其過，不能取百年治亂之大端謹持其幾。而左雄、虞詡因事納忠之小器，遂爲當時之傑。區區一龐參，爲時望所歸，乃悍妻殺

㊀ 據校記改。

子於室而不能禁，本已先缺，而求物之正，必不能者；盈庭物望，遽爾歸之，則其時在位之人才，概可知已。帝德不終，而漢衰不復，良有以也。

夫豈天於季漢之世吝於生才哉！才焉而不適於用，用焉而不盡其才者多矣。而其故有二：摧之，激之，成於女謁、宦豎、僉人之持權者則一也。女謁、宦豎、僉人互相起伏，此敗彼興，而要不出於其局。其摧焉而不克振者，仰雖憂國，俯抑恤己，清謹自持，苟祈免於清議，天下方倚之爲重，而不知其不足有爲也，則桓焉、朱倀之流是已。近世葉福清賀江夏以之。其激焉而爲已甚者，又有二焉：一則憤嫉積於中，而抑采艸野怨讟之聲以求快於愚賤，事本易而難之，禍未至大而張之，有聞則起，有言必諍，授中主以沽直之譏，而小人反挾大體以相難，則李固、陳球之徒是也。近世諫臣大抵如是。一則傷宿蠹之未消，恥新猷之未展，謂中主必不可與有爲，季世必不可以復挽，傲岸物表，清孤自獎，而坐失可爲之機，則黃憲、徐穉、陳寔、袁閎之徒是也。唐宋以下無其人矣。激而争者，詳於小而略於大，怒湍之水，不可以行巨舟。激而去者，決於棄世而忍於憂天，環堵之光，不可以照廣野。嗚呼！若是者，皆非不可康濟之才，而不終其用，繇來久矣，豈一旦一夕之故哉！故雖有可與爲善之君，而終無與弘獎而利成之也。

悲夫！大權移於女謁、宦豎、僉人，則主雖明、臣雖直，相摧相激以貽宗社生民之禍，不可謂無君，抑不可謂無臣，而終不可謂有臣也。此今古敗亡之所以不救也。

二㊀

左雄限年四十乃舉孝廉，論者皆譏其已隘，就孝廉而言之，非隘也。孝廉者，嘗爲郡國之吏，以資

㊀ 此論係未刊稿，據抄本補入。

滿無過而舉，亦中材之表見者爾；至于四十矣，所事非一，守相既無偏好之私，而練習民俗，淹通經律，兢兢焉寡過以无隕其名，超郡職而登王廷，豈患其晚哉！非然者，始試于掾曹，旋登于王國，倖途百啟，獵進无厭，官常毁而狂狡者撓風化之原，是惡可不爲之制乎！天子能舉人而后可拔非常之士，天子能養士而后可登英少之人。孝廉之舉，至于順帝之世而已極乎陋矣，士之欲致貴顯者，知有郡縣而不知有朝廷也，知有請託扳附而不知有學術事功也，故黄憲之流，恥之如浼焉。塞其倖獵之捷徑，尚多得之自好之中人，諸葛孔明、周公瑾英年早見，而知己者得之象外，豈孝廉之謂哉？

三

言有似是而實非者，馬融之對策是已。行其說，不足以救弊；而導其說，則足以蠱人心、毁仁義而壞風俗。融憂民之不足，而言曰：「嫁娶之禮儉，則婚者以時矣。喪祭之禮約，則終者掩藏矣。」漢之季世，豔后尸政，寺人阿母，窮奢極侈以蠹國；私人墨吏，横行郡國以吮民；民之貧也，豈婚葬之縻之哉？融避不言，而嫁其罪於小民區區未殄滅之孝慈，邪説誣民，充塞仁義，其他日附權門而獻頌，擁絳帳而縱慾，皆此念爲之也。

婚葬者，人事始終之大故，記言曰：「先王重用民財，而重用之於禮。」其以獎仁厚、崇廉恥之精意，豈褊夫陋人之所知哉？昔者殷之且亡也，昏姻之禮廢，浮僻之行逞，茅束死麕可以誘女，而文王憂之；關雎之詩曰：「琴瑟友之，鐘鼓樂之。」盛禮樂以宜淑女也。肅雍之車，穠如桃李，豈不節而樂以淫乎？崇閨門之廉隅，防野合之濫觴，故雖梅摽盈筐，而不憂其失時。以失時者無損於歸妹之愆期，而黴封羊無血、承筐無實之無攸利也。若夫喪祭，則豈君之忍禁其民、民之忍背死以求財之足者乎？家貧而厚葬，非禮也。喻賢者以俯就，使無以不備物爲哀而傷其生也。士之禄入亦薄矣，而士喪禮之所記，衣衾紟絞翣茵抗席殷奠三虞之盛，不以貧而殺焉。唯夫嬴政之後，窮天下以役驪山，故漢文裁之以儉，以紓生人之急。然天子之儉也，自不至於土親膚而傷人子之心，若士民則固弗禁也。墨氏無父，而桐棺之制，戕仁寡恩以牖民於利，孟子斥之爲禽獸矣。罔極之恩，終天之一日，此而不用吾情，何所用吾情者？融不生於空桑，而欲蔽錮人子之惻隱，吝餘財以畜妻子；融也，其能免於梟獍之誅乎？嗚呼！此説行，而禽獸食人，人將相食，其伊於胡底也！

昏及時而棄禮，則贅壻不知恥，而年未及期者，且配非其類，以啓淫亂。葬欲速而趨簡，則旦在堂而夕在野，委骼荒崖，而野火狐狸灼齧其未冷之骨。其極也，競相索而鬻色以自肥；惑術士之言，而焚割枯骸以邀富貴；利心一逞，何有終極！不知先王斟酌質文而輕財賄以全天性之至教爲不可及也。融也，固名教之罪魁，無足數於人類者也，其何誅焉！

四

善用天下者，恒畜有餘以待天下，而國有餘威，民有餘情，府有餘財，兵有餘力，叛者有餘畏，順者有餘安。不善用之，小警而大震之，以天下之力，争一隅之勝負，雖其勝也，以天下而僅勝一隅，非武也；疲天下而摇之，民怨其上，非情也；民狎於兵而玩兵，非所以安之也。區(隣)〔憐〕㊀之亂，九真、交阯之小釁，而在廷者欲發荆、揚、兗、豫四萬人赴討，廷無人矣。微李固之深識，任祝良、張喬以單車而收萬里之功，漢其危哉！

唯遣吏循撫而不加之兵，將使九真、交阯之人曰：吾之於中國，猶蟁蚋之嘬也，置我於不足較，而姑使賢二千石以綏我也，不軌不順，而僅與二單車之使抗，吾其如中國何哉！將使中國之人，坦然亡疑而私相語曰：九真、交阯猶蟁蝱之嘬也，一使者單車折之而已款服矣。天下固自定也，無有能摇之者也。使桀驁思逞之人，無所施其技擊之勇，無所施其機變之巧，知弄兵而矜智勇，曾不如單車一使之從容而折萬里之衝也。將使單車一使之威伸於萬里，則浸假大臣殫謀於廷，大將奮揚於外，抑不知其蕩滌之功何若；而天子之德威赫赫如是，則即有權姦，亦無敢生其心以嘗試。故九真、交阯戢耳以聽命，而天下晏然。

嗚呼！梟雄之初起，未必即敢小視天下而睥睨之也；殫天下之力與争勝敗於一旦，而梟雄之膽乃張，中國之情日茶。天寶之亂，始於雲南之喪師；宋盡心力於西夏，而女真測其荏弱。一良吏制之有餘者，合天下震驚以不足；以瓦注者以金注，未有不自亂者也。播州之巢穴初空，奢藺之連兵遽起，朝鮮之救兵甫旋，遼瀋之嚴關早失；廷無人而貪功者撓之，無餘威無餘祚矣。悲哉！

㊀ 校者按：「區隣」之「隣」通鑑本文作「憐」。當據改。

五

梁商之策匈奴曰：「良騎夜合，交鋒決勝，夷狄所長，中國所短。乘城固守，以待其衰，中國之長，夷狄之短。」馬續從其教令，而右賢王力屈而降，此萬世之訏謨也。佛貍之彊，而不能拔盱眙；完顏亮之衆，而不能渡采石；其衰可待，躁者不能待而自敗耳。故楊鎬王化貞㈠之罪，死不償責也。

若夫驅除之於盛極將衰之際，則又有異焉。守位者人也，聚人者財也，金粟足以相贍，而後守可以繼。彼雖衰而猶承極盛之餘，則彼且倚金粟之餘以困我，與之相守而固不敵，則潰敗也必矣。主者利於守，客者利於攻，主客無定，在因其時而遷。負蕩平天下之大略者，尚其審此哉！

六

張綱單騎詣賊壘，諭張嬰而降之，言弭盜者侈爲美談。楊鶴、陳奇瑜、熊文燦遥慕其風，而禍及宗社。嗚呼！孰知綱之爲此，爲梁冀驅之死地，迫於弗獲已，而姑以謝一時之責者乎！綱卒未幾，而嬰復據郡以反，滕撫斬之而後絶，綱何嘗能弭東南之盜哉！且嬰降而馬勉、華孟相繼以蠭起，滕撫追勦淨盡，而江湖始寧，則撫盜之爲盜囮，審矣。

胥吾民也，小不忍於守令之不若，稱兵以抗君父，又從而撫之，勝則自帝自王而唯其意，敗則卑詞薦賄而且冒爵賞之加，一勝一敗，皆有餘地以自居，而不失其尊富，桀猾者何所忌而不盜也？南宋之諺

㈠「鎬」「化貞」三字刻本闕，據校記補。

曰：「欲得官，殺人放火受招安。」且逆計他日之官爵而冒以逞，勸之盜而孰能弗盜邪？

夫失業之民，隨桀猾所誘脅，盡俘殺之也，誠有所不忍；殲其渠魁，而籍其黨與，以爲邊關之戍卒，則矜全其死命，已不傷吾仁矣。而使仍居其故地，則豈徒渠帥哉？失業之民，一染指於潢池，而鄉黨不齒，田廬不保，欲使之負耒而爲戢順之民，亦終不可得，是寧以撫求其永綏哉？改紀暴政，慎擇良吏，而飭之以寬恤，以安未亂之民，而已亂者非可旦夕使順也，弭盜者慎勿輕言撫哉！

均之撫也，祝良、張喬用之交阯而定，張綱用之廣陵而盜益猖。其術同而效異者，則又有說。蠻夷之寇邊鄙，進爲寇而退自有其田廬之可居，姻亞鄉閭之可與處，則斂戢以退，而固不失其所，撫之斯順矣。生中土爲編氓，一行爲盜，反而無以自容，使游泳於非逆非順之交，翺翔而終思矯翮；抑且弭之豢之，寵而榮之，望其悔過自懲而不萌異志，豈能得哉？張綱者，以緩梁冀一時之禍，而不暇爲國謀也，何足效哉！

桓帝

一

順帝崩，沖帝殤，質帝弒，李固兩欲立清河王蒜而不克，終與蒜而俱斃。夫固而安能必立蒜也！伊尹、周公相湯、武以取天下，位極尊，任極重，而所藏以立者太甲、成王，皆適冢宜立而無容異議者；是以不順之徒，毀室之黨，撓之而不敗。若非此而俾天子之立決於一人之意旨，則此一人者，伊尹、周公所不敢任，而李固安能必也！天子之立，決於一人之意旨，以爲擇賢而戴之。忠者曰：吾所擇者賢也。姦者亦曰：吾所擇者賢也。賢無定名，隨毀譽而移焉。忠姦互角，視權之輕重爲憑藉，而姦者常勝。固之言曰：「以天下與人易，爲天下得人難。」唯天子有天下可以與人，而後人唯其所擇而授之以天下；身爲人臣，而可云爲天下得人乎？固之言不順矣。

漢之亡也，母后、外戚、宦豎操立主之權，以持國柄而亂之；其所立者，感立己者之德而捐社稷以徇之；夫其漸積使然，豈一朝一夕之故哉？諸呂誅，惠帝子廢，舍齊王而迎立代王者，周勃也。昭帝無後，昌邑廢，迎立宣帝於民閒者，霍光也。夫二子所擇者賢，而二子無姦心，則得矣，然此豈可以爲後世法哉？且勃立文帝，而帝目送之曰：「鞅鞅非少主臣。」光立宣帝，而驂乘之日，帝若芒刺。則二子危而漢以安。非然者，跋扈之言出諸口，而鴆毒已入其咽。故爲人臣而以爲天下得人爲己任，雖伊尹、周公弗敢任焉，而況李固乎？

自禹以後，傳子之法定。無子而以次相繼，爲母后者不敢擇也，爲大臣者不敢擇也。庶支無覬覦之心，外戚奄人無扳援之望，則雖得之不令，而亦唯天所授，非臣子所敢以意爲從違。故劉子業之凶淫，而沈慶之有死而不敢廢。忠者無所容其忠，姦者無所容其姦，然後權臣不能操天位之取舍以與人主市。宋仁宗之立英宗，高宗之立孝宗，人主自擇之，此則可謂爲天下得人爾。先君無前定之命，嗣子無豫建之實，則如楊廷和之迎興邸，順次而無敢擇焉可也。廷和行其所無事，而世宗曰：「以門生天子待朕。」亦鞅鞅芒刺之謂矣。然廷和危而天下安。固欲爲天下得人，而有擇焉，惡足以敵梁冀之結奄人、挾母后，以讎其邪心哉？漢法不善，而固無能自審於人臣之義；固争愈力，則桓帝之感冀愈深，而冀之惡愈稔。卒與蒜而俱斃也，哀哉！

二

讀崔寔之政論，而世變可知矣。譬德教除殘爲粱肉治疾，申韓之緒論，仁義之蟊賊也。其後荀悦、鍾繇申言之，而曹孟德、諸葛武侯、劉先主決行之於上，君子之道詘，刑名之術進，激於一時之詭隨，而啓百年嚴酷之政，亦烈矣哉！

司馬温公曰：「慢則糾之以猛，殘則施之以寬，寬以濟猛，猛以濟寬，斯不易之常道。」是言也，出於左氏，疑非夫子之言也。夫嚴猶可也，未聞猛之可以無傷者。相時而爲寬猛，則矯枉過正，行之不利而傷物者多矣。能審時而利用之者，其唯聖人乎！非激於俗而毗於好惡者之所得與也。若夫不易之常道，而豈若此哉！

寬之爲失，非民之害，馭吏以寬，而民之殘也乃甚。漢之季世，馭委其轡，馬駘其銜，四牡横奔，皇路傾險者，豈民之遽敢爾哉？外戚奄人作威福以鉗天下，而任貪人於郡邑，使虔劉赤子，而民日在繁霜積雪之下，哀我憚人，而何忍言猛乎！嚴者，治吏之經也；寬者，養民之緯也；並行不悖，而非以時爲進退者也。今欲矯衰世之寬，益之以猛，瑣瑣之姻亞，仳仳蔌蔌之富人，且日假威以蹙其貧弱，然而不激爲盜賊也不能。猶且追咎之曰：未嘗束民以猛也。憔悴之餘，摧折無幾矣。故嚴以治吏，寬以養民，無擇於時而並行焉，庶得之矣。而猶未也。

以漢季言之，外戚奄人之族黨肆行無憚，是信刑罰之所不赦也；乃誅殛以快一時之衆志，陽球用之矣，范滂、張儉嘗用之矣，卒以激乎大亂而不可止。然則德教不興，而刑罰過峻，即以施之殃民病國之姦而勢且中潰。寔乃曰：「德教除殘，猶以粱肉治疾。」豈知道者之言乎？上之自爲正也無德，其導民也無教；寬則國敝而禍緩，猛則國競而禍急；言治者不反諸本而治其末，言出而害氣中於百年，申、韓與王道爭衡而尤勝。鄙哉寔也，其以戕賊天下無窮矣。

且夫治病者而恃藥石，爲壯而有餘、偶中乎外邪者言也。然且中病而止，心資粱肉以繼其後。若夫衰老羸弱而病在府藏者，禁其粱肉而攻以藥石，未有不死者也。當世之季葉，元氣已滲洩而無幾，是衰老羸弱之比也。而寔尚欲操砭石、擣五毒以攻其標病乎？智如孟德，賢如武侯，而此之不審，天其欲以此時刈孑遺之餘民乎！夫崔寔者，殆百草欲衰而鶗鴂爲之先鳴乎！

三

張奐卻羌豪之金馬，而羌人畏服。爲將者，能不受賊餌以受斃於賊者，鮮矣。豈特中國之盜賊哉？敵國之相攻，彊夷之相偪，而未嘗不薦賄以餌邊將。故或以孤軍懸處危地而磐固自安，朝廷誇其堅悍有制寇之勞，乃不知香火之誓，饋問之往還，日相酬酢，而人莫之覺也。其事甚祕，其文飾甚密，迨其後知受其餌，欲求自拔而莫之能免。夫爲將者，類非潔清自好獨行之士，其能如奐之卓立以建大功者無幾也，而朝廷何以制之哉？中樞不受賄以論功，司農不後時以吝饟，天子不吝賞以酬勞，庶有瘥乎！唐高祖不與突厥通，則師不可興；石敬瑭不與契丹爲緣，則反不能速。即不爾者，鬻國而貪盜賊夷狄之苞苴，爲武人相傳之衣盋，能無敗亡乎？

四

子曰：「不可與言而與言，失言。」謂夫疑可與言而固不可者也。故其咎也，失言而已，未足以裁及其身。若夫虎方咥而持其爪，蛇方螫而禁其齒，非至愚者不爲。然而崔琦獻箴于梁冀之怒，乃曰：「將軍欲使馬鹿易形乎？」其自貽死也，更誰咎哉！

夫冀仰不知有天，上不知有君，旁不知有四海之人，內不知有己，弑君專殺，鳶肩虎視而亡賴，是可箴也，是虎可持之無咥，蛇可禁之無螫也。琦果有忠憤之心，暴揚於庭，而與之俱碎，漢廷猶有人焉。而以責備賢者之微詞，施之狂狡，何爲者也！冀之爲冀，如此而已矣。藉其爲王莽與，則延琦而進之，與溫言而誘使忠己，琦且爲揚雄、劉歆，身全而陷惡益深矣。故若冀輩者，弗能誅之，望望然而去之可爾。以身殉言，而無益於救，且不足以爲忠直也，則謂之至愚也奚辭？

五

恒帝之誅梁冀也，一具瑗制之，而如擒鼠於甕。冀，亡賴子耳，誅之也其易如此；然而舉國無人，帝不得已，就唐衡而問中人。李固、杜喬死，君孤立於上，以聽狂童之驕橫。若胡廣之儔，固不足道，乃舉國而無深識定力之士，亦至此哉！

嗚呼！劉瑾之誅也，非張永不能；魏忠賢之誅也，發其惡者一國子生而已。豈盡其威劫之乎？懸利以熏士大夫之心，而如霜原之艸，藉藉佗佗而無生氣，國不亡也何恃哉！易曰：「藏器於身，待時而動。」故乘高墉以射隼，而無不獲。誠篤其忠貞乎，奚待單超等之鋤冀，而後揚王庭以呼號也！能勿媿焉否也？

六

徐稺、姜肱、袁閎、韋著、李曇、魏桓，徵而不至，非忘世也，知亂之未訖也。桓之言曰：「後宫千數，其可損乎？廐馬萬匹，其可減乎？左右權豪，其可去乎？」此知本之論也。

梁冀之横也，人知病冀而已矣，冀誅而天下遂若沈疴之去體。黄瓊爲太尉，陳蕃爲尚書令，范滂按察冀州，無知者想望新政。嗚呼！冀之生死，烏足繫漢之存亡哉！冀之誅，殆痎瘧之得汗而解也。伏邪在桓帝之膏肓，而内豎之以鴆而攻砒也，天下無能知者。瓊與蕃且不知，而況蚩蚩之望影以對語者乎！以桓帝爲君，而漢無可復爲之理勢，其本撓，其末乍正而傾愈疾。故權姦之殛，非必國之福也。況乎帝之誅冀，爲鄧香之妻報其登屋之怒，而非以其貪濁枉殺之凶於而國哉！

然則陳蕃之薦五處士爲不知時而妄動乎？曰：此未可以責蕃也。蕃既立乎其位矣，苟可以爲焉，則庶幾於一當，植正人於君側，君其有悛心乎！亦臣子不容已之情也。然而固不能也。故五子者，愛道以全身，斯可尚也。

七

亂政不一，至於賣官而未有不亡者也，國紀盡，民之生理亦盡也。古之天子雖極尊也，而與公侯卿大夫士受秩於天者均。故車服禮秩有所增加，而無所殊異。天子之獨備者，大裘、玉輅、八佾、宮縣而已；其餘且下而與大夫士同，昭其爲一體也。故貴士大夫以自貴，尊士大夫以自尊，統士大夫而上有同於天子，重天之秩，而國紀以昭。秦、漢以下，卿士大夫車服禮秩絶於天子矣，而猶不使之絶也。舉之以行，進之以言，敍之以功，時復有束帛安車之徵，訪之以道。上下有其大辨，君子小人有其大閑，以爲居此位者，非其人而不可覬，抑且使天下儌幸之徒望崖而返。卿大夫士且有巍然不可扳躋之等，臨其上以爲天子者，其峻如天而莫之敢陵。賣官之令行，則富者探囊而得，狡者稱貸以營，旦市井而夕廟堂。然則天子者，亦何不可以意計營求於天而倖獲之也？而立國之紀，埽地而無餘。

古之詔禄，下逮於府史胥徒而皆浹，(日)〔曰〕㊀以代耕。民耕以養吏，而上制之。上斂民以養吏，而民不怨：吏知己之養一出於民，而不敢復漁獵於民。且士唯其不謀利而貧也，是以貴；而既得所養矣，抑謀其喪祭冠昏之資，而士以安。故以天子而養士，不以士養天子；天子制民之財以養士，而士不求養於民。彼之揭金粟以奉一人之欲，非其義也。且非徒邀其榮也，失之於天子，而得之於民，賈道行而希三倍之利，上弗能禁焉。且貪人之取償於倍利者，禁之殺之而終不厭。縱千百賈於郡邑，以取償於貧弱，民之生理不盡者，亡有也。國無紀，民無生，黠者踰垣而冀非望，弱者泣隅而幸災禍，故曰國未有不亡者也。

㊀ 據校記改。

禍始於桓、靈，毒潰於獻帝，日甚日滋，求如前漢之末，王莽篡而人思漢，不可復得矣。石虎、高洋之國貧而用汰，不屑也；唐僖宗之猥賤，宋徽宗之驕奢，皇甫鎛、裴垍之牟利，蔡京、賈似道之觖法，不屑也；孰其繼桓、靈而自亡者也！

八

中人監軍，自馮緄之請始也。夫緄亦惡知蟻穴之決而氾濫迄於千載乎？緄之請也，以將帥出師，宦官多陷以折耗軍資，而誣抵乎罪；使與焉，則以箝其口，而無辭以相傾。然未幾而緄竟以軍還盜復起免官。則其爲此也，何救於禍？而徒決裂防閑，使内豎操閫外之權，魚朝恩、童貫、盧受、張彝憲，小以敗而大以亡，緄之貽害烈矣哉！

漢至此已無可爲矣，無往而非宦官之挾持也。南北軍之唯其頤指，所僅存者疆埸之軍政，皇甫規、張奂幾伸幾詘於宦官之手，而猶自行其權藉於師中，緄更引而受之以利器；蹇碩之爲八校尉魁也，熟嘗其肯綮，而取必於人主以威中外，循故事以行之而逌然矣。

夫漢事不可爲矣，諒其忠貞，繼之以死，亦何懼於謗譖。不然，引身而退耳。防之愈密，縱之愈甚，業已假監軍之權，而生死成敗且唯其意旨，他日者，忠臣元老欲去之而不得。緄胡弗思，而懼禍之情長，以倒行至是乎！推禍原而定罪首，緄不得辭矣。

九

漢之末造，必亡之勢也，而兵彊天下。張奂、皇甫規、段熲皆奮起自命爲虎臣，北虜、西羌斬馘至百萬級，窮山搜谷，殄滅幾無遺種，彊莫尚矣。乃以習於戰而人有憤盈之志，不數十年，矢石交集於中原，其幾先動於此乎！

桓、靈之世，士大夫而欲有爲，不能也。君必不可匡者也；朝廷之法紀，必不可正者也；郡縣之貪虐，必不可問者也。士大夫而欲有爲，唯擁兵以戮力於邊徼；其次則驅芟盜賊於中原；名以振，功以不可揜，人情以歸往，闇主權閹抑資之以安居而肆志。故雖或忌之，或譖之，而終不能陷之於重辟。於是天下知唯此爲功名之徑而禍之所及者鮮也，士大夫樂習之，凡民亦競尚之，於是而盜日起，兵日興，究且瓜分鼎峙，以成乎袁、曹、孫、劉之世。故國恆以弱喪，而漢以彊亡。

夫羌、虜之於漢末，其害已淺矣，驅之迫之，蹙而殺之，而生類幾絕。非以紓邊疆之急，拯生民之危，扶社稷於不傾，而薙艾之若此其酷。人長樂殺之氣，無虜可殺而自相爲殺。自相殺，則自相敝矣；自相敝，則僅存之醜類，徐起而乘之；故垂百年，三國兵息，而五胡之禍起。佳兵不祥，遂舉曠古以來富彊卓立之中夏趨於弱，而日畏犬羊之噬搏。漢末之彊，彊之婁尾而姑一快焉者，論世者之所深悲也。

一〇

仇香不致陳元不孝之罰，感而化之，香蓋知元之可化而不驟加之罰也；非盡人之不孝者皆可以化元之道化之也。天下有道，生養遂，風俗醇，無不順之子弟。非其惻隱之性篤而羞惡之心不可泯也，人率其子弟之常，而已獨逆焉，則無以自容於鄉閭。乃天下而無道矣，羞惡之心不泯以亡者不數數矣。仇香曰：「吾過元舍，廬落整頓，耕耘以時，此非惡人。」元不孝，而於此奚取焉？取其欲自錚錚於鄉間，而羞惡之心有存焉者也。

夫孝者，人之性也，仁之所繇發也。舍其不忍之真，而求之於羞惡，亦已末矣。雖然，苟其有羞惡之心，則戢其狂愚，徐偃天良之復，而惻隱亦旋以生。惰四支，暱妻子，侵以自媮，於是而生人之氣乃絶。故易曰：「小人不恥不仁。」仁不仁，豈恥不恥之能辨存亡者哉！苶然而甘於猥賤，憒然而生其悍戾，不見不仁之可恥，而後天性終迷以不復。故人之無良，莫甚於有胸無心而不自攝者也，而後教化之道窮。仇香知此矣，以其無惰心也，知其有恥；以其有恆度也，知其不迷；急取其羞惡之心而重用之，以徐俟惻隱之生焉，故元終以孝聞。雖有聖人，不能如無恥心者何也。弑父與君，皆介然蹶起，忘亂賊之名爲可惡者也。惰四支，暱妻子，勢窮而逆施。故先王之德教，非不如香，而設不孝之誅，無如此無恥者何也。殺之而已矣。

一二

巨姦之蠹國殃民而自伏其法，不足以爲大快，於國之存亡無當也。左悺自殺，具瑗貶，侯覽黜，非桓帝之能誅之，非楊秉之能取必於桓帝而誅之，罪已踰涯，自滅焉耳矣。三凶去而宦官之勢益張，黨錮之獄且起，曾何救於漢之危亡哉！

外戚滅，宦官興，大臣無事焉，天子欲行其意以誅僭偪，而大臣不與，宦官除君側之姦，事已顯著，而後擿其罪以請誅，未有傾心而聽者。故曰：「人不足與適也，唯大人爲能格君心之非。」能之者，有以能之者也。無堅識定力爲天子除患，則雖日陳堯、舜之道，而固視之如夢囈。漢之大臣道不足，而與宦豎争存亡，亦晚矣。快一時之人情，去三凶而若拔牛之一毛，不救其亡，固矣。

一二

桓、靈之世，君道澌滅，而臣之諫之也亟，探本以立論者，唯荀爽乎！當其時，荼毒生民而椓杙正氣者，無如宦官之甚。乃宦官之於人主，亦何親而過信之？且其聲音笑貌之無可悦者，夫人而知厭惡之矣，而人主暱之，若乳子之依母也，何故？非豔妻哲婦之居閒，則宦官之不敵士大夫久矣。内寵盛而後宦官興，密邇於宫闈，而相倚以重；溺君於晏寢，而視聽以衰。付詔令刑賞之權於宦官，而牀笫之歡始得晏閒於娱樂。非然，則聲音、采色、肥甘、輕煖，人主自可給其欲，而何藉此嚬笑可憎之刑人爲邪？爽之對策，直斥而切言之，女謁遠，奄權自失矣。故曰探本立論也。

一三

黨錮諸賢，或曰忠以忘身，大節也；或曰激以召禍，畸行也。言畸行者，獎容容之福以墮士氣。言大節者，較爲長矣，而猶非定論也。

人臣捐身以事主，苟有裨於社稷，死之無可辟矣。闇主不庸，讒臣交搆，無所裨於社稷，而捐身以犯難，亦自靖之忱也。雖然，太上者，直糾君心之非而拂之以正；其次視大權之所倒持，巨姦之爲禍本，而不與之俱生，猶忠臣之效也。然一姦去而一姦興，莫之勝擊也。若夫瑣瑣之小人，憑藉權姦而售其惡者，不勝誅也，不足誅也。君志移，權姦去，則屏息以潛伏而蕭條竄匿，亦惡用多殺以傷和哉！然其流毒於天下，取惡於士大夫，則瑣瑣者易激人怒而使不平；賢者知之，則以爲不勝誅、不足誅者也。

乃諸賢之無所擇而怒，無所恤而過用其刑殺，但與此曹争勝負，不已細乎！

李膺、杜密，天子之大臣也，匡君之邪而不屈其節也。膺嘗輸作左校矣，非以擊大姦而刑，所擊者一無藉之羊元羣而已。既已詘於時而被罔，則悔向之攻末而忘本，以争皇極之安傾，夫豈無道焉？所與伉直之流搏殺以快斯須者，一野王令張朔耳，富賈張汎耳，小黄門趙津耳，下邳令徐宣耳，妄人張成耳，是何足預社稷之安危，而憤盈以與讐殺者邪！侯覽也，張讓也，蟠踞於桓帝之肘腋，而無能一言相及也。殺人者死，而誅及全家；大辟有時，而隨案即殺；赦自上頒，而殺人赦後；若此之爲，倒授巨姦以反噬之名，而卒莫能以片語隻詞揚王庭以袪禍本。然則諸君子與姦人争興廢，而非爲君與社稷捐軀命以争存亡乎！擊姦之力弱，而一鼓之氣易衰，其不敵凶慾而身與國俱斃，無他，舍本攻末而細已甚也。

直擊嚴嵩，而椒山之死以正；專劾魏閹，而應山之死以光；黨錮諸賢，其不得與二君子頡頏焉，無他㊀，岑晊、張儉之流有以累之也與！

靈帝

一

桓帝淫於色，而繼嗣不立，漢之大事，孰有切於此者！竇武任社稷之重，陳蕃以番番元老佐之，而

㊀「他」字校記作「亦」字。

不謀及此。桓帝崩，大位未定，乃就劉儵而問宗室之賢者，何其晚也！況天位之重，元后之德，豈區區一劉儵寡昧之識片言可決邪？持建置天子之大權，唯其意以爲取舍，得則爲霍光，失則爲梁冀矣。武以光之不學、冀之不軌者爲道，社稷幾何而不危，欲自免於赤族之禍，詎將能乎哉！

武也，一城門校尉也，非受託孤之命如霍光之於武〔帝〕㊀也。所憑藉以唯意而立君者太后耳。宮闈外戚之禍，梁氏之覆車不遠，宦官安得不挾以爲名哉？夫武也，既不能及桓帝之時諫帝以立儲之大義；抑不於帝崩之後，集廷臣於朝堂，辨昭穆、別親疏、序長幼、審賢否，以與大臣公聽上天之命。儵以爲賢而賢之，武謂可立而立之，天子之尊，若其分田圃以授亞旅而使治。則立之唯己，廢之唯己，朱瑀惡得不大呼曰：「武將廢帝爲大逆。」而靈帝能弗信哉？漢之亡也，亡於置君，而置君者先族，武不蚤死，吾不保其終也。獲誅奄之名，以使天下冤之，猶武之幸也夫！

二

忠直有識之言，亦無難聽也；庸主具臣不能聽，毀而家亡而國也，誰其哀之？竇武以椒房之親，任立君之事，踵梁冀之所爲，雖心行之無邪與梁冀異，而所爲者亦與冀奚別？録定策功，封聞喜侯，靈帝亦按冀之故事而以施之武。盧植說之曰：「同宗相後，披圖按牒，以次建之，何勳之有？宜辭大賞以全身名。」斯亦皎然如白日之光，昆蟲皆喻於昏旦；而武不能用，悲夫，其自取覆亡也！

㊀ 編者按：「武」當作「武帝」，方與上「武」不淆。

夫欲秉國均、匡社稷、誅宦豎、肅官常也，豈不侯而不足以立功？即庸臣之私利計之，榮其身、澤其子孫，抑豈今日不侯，而終掩抑其大勳，貽子孫以貧賤哉？則盧植之説，引而上之，可以躋善世不伐之龍德；推而下之，亦計功謀利者之勿迫求於一旦而致傾仆之善術也。而武不能，且欲引陳蕃以受無名之賞。蕃固知其不可受也，惜乎不知武之不足與共爲社稷之臣也！

三

竇武、陳蕃殺，而漢之亡必不可支矣。陳蕃老矣，而誅權豎、安社稷、扶進君子之心，不爲少衰，惜乎不知擇而託於竇氏也！然則竇武其非賢乎？曰：武非必不賢，而所爲者抑賢者之道。雖然，武即賢而固不可託，且吾不能保武之以賢終也，故重爲蕃惜也。

武之可信爲賢者，以其欲抑宦寺以奬王室，且引李膺、杜密、尹勳、劉瑜而登進之。然此豈可決其必賢哉？單超之殺梁冀也，尊黄瓊矣，用陳蕃矣，徵徐穉、姜肱、袁閎、李曇、韋著矣，天下固嘗想望其風采而屬望以澄清。然則有所誅逐，有所登進，矯時弊以服人，姦人用之俄頃，而固不可信。蕃已老，竇武方内倚太后、外受定策之賞，而蕃又惡能保其終乎！

漢之將亡也，天子之廢立，操於宫闈，外戚宦寺，迭相爭勝，孫程廢而梁氏興，梁冀誅而單超起，漢安得有天子哉！而蕃所託者猶然外戚也，則授宦者以梁冀復起之名，既無以正天誅而服受戮者之心，且天下亦疑外戚宦寺之互相起滅而不適有正。故張奐亦爲王甫、曹節所惑，欲自祓濯而終不免。蕃之託武，非所託也明甚。然且以老成之識，昧焉而不察者，時之所趨，舍是而無能爲也。

嗚呼！以三族之膏血，争賢姦之興廢、社稷之存亡者，豈易言哉？不幸而無如砥之周道，率繇之以行志，則亦埋怨於江潭山谷之閒，齎恨以没焉耳。毫釐之辨不審，而事以大潰，賢人君子駢首以死，社稷旋踵而傾，若以膏沃火，欲滅之而益增其燄。蕃之志可哀，而其所爲亦左矣。是以君子重惜之也。

四

夫人情亦惟其不相欺耳，苟其相欺，無往而不欺；法之密也，尤欺之所藉也。漢靈之世，以州郡相黨，制婚姻之家及兩州人士不得對相監臨，立三互之禁，選用艱難，而州郡之貪暴益無所忌。司馬温公述叔向之言，「國將亡，必多制。」若夫開國之始，立密法以防欺，未即亡焉，而天下之害積矣。

今之爲制，非教官及倉巡驛遞不親民者，皆有同省之禁，此漢靈之遺法也。司馬温公曰：「適足爲笑。」誠然有可笑者。名爲一省，而相去千里者多矣；名爲異省，而雞犬相聞者多矣；同省而聲聞不接，異省而婚媾相連，豈天限地絶，一分省而遂不相及哉？此適足爲笑者也。或爲婚姻，或相對治，情相狎，過相匿，所必慮也，而又奚必婚姻對治之相臨乎！展轉以請託，更相匿而互相報，夫豈無私語密緘之足任。已非婚姻、已非對治矣，藉手以告曰：吾無私也。而交通請屬之無所憚，此又適足爲笑者也。

夫防之嚴，而適以長欺，既良然矣。若夫捐禁而鄉郡可守，尤有利焉。自賢者而言之，南北之殊風，澤國土國之殊壤，民異利，士異教，遥相治而見爲利者或害，教以正者或偏，審土之宜以益民，視習之趨以正士，則利果利而教果教矣。自不肖者而言之，酷以墨者之無忌也，突爲其寇讐，而翩然拚飛於千里之外，無能如何也；即罷斥以歸休，而身得安、子孫得免，無餘慮矣。居其土，與其人俱，當官則吏也，歸里則鄉曲也，刑罰科斂之加，非以其正，而鄉人可報之於數十年之後，則惴惴焉一夫勝予，不肖之情戢焉，害亦有所懲矣。

夫王者合天下以爲一家，揭猜疑以求民之莫而行士之志，法愈疏，閑愈正，不可欺者，一王之法，天理之公，人心之良也，而恃區區之禁制也乎？三代之隆也，士各仕於其國，而民益親。亡漢之稗政，柰之何其效之！

五

嗚呼！世愈移而士趨日異，亦惡知其所歸哉！靈帝好文學之士，能爲文賦者，待制鴻都門下，樂松等以顯，而蔡邕露章謂其「游意篇章，聊代博弈」，甚賤之也。自隋煬帝以迄於宋，千年而以此取士，貴重崇高，若天下之賢者，無踰於文賦之一途。漢所賤而隋、唐、宋所貴，士不得不貴焉；世之趨而日下，亦至此乎！

夫文賦亦非必爲道之所賤也，其源始於楚騷，忠愛積而悱惻生，以摇蕩性情而伸其隱志，君子所樂尚焉。流及於司馬相如、揚雄，而諷諫亦行乎其閒。六代之衰，操觚者始取青妃白，移宫换羽，而爲不實之華；然而雅鄭相雜，其不詭於貞者，亦不絕於世。夫蔡邕者，亦嘗從事矣，而斥之爲優俳，將無過乎！要而論之，樂而不淫，誹而不傷，麗而不蕩；則涵泳性情而蕩滌志氣者，成德成材以後，滿於中而鬯於外者之所爲。而以之取士於始進，導幼學以浮華，内遺德行，外略經術，則以導天下之淫而有餘。故邕可自爲也，而不樂松等之輒爲之，且以戒靈帝之以拔人才於不次也。

繇是言之，士趨亦何嘗有異哉？上之用之也別耳。於是而王安石之經義，雖亦末耳，而不傷其本，庶幾乎華實兼茂之道也。元祐革新法，而並此革之，過矣。若王鏊、錢福之淺陋，陶望齡、湯賓尹之卑陋，則末流波靡，而非作者之凉也。經義者，非徒干祿之器也，士之所研精以極道者也。文賦者，非幼學之習也，志正學充，傷今思古，以待人之微喻者也。而志士崇業以單心，亦可於此而審所從矣。

六

論爲子爲臣之變，至於趙苞而無可言矣。何也？若苞者，無可爲計，雖君子亦不能爲之計也，無往而非通天之罪矣。以苞之死戰，爲能死於官守，苞與手刃其親者均也。爲此論者，無人之心。以苞當求所以生母之方，不得已而降於鮮卑；分符爲天子守邑，而北面臣虜，終身陷焉，亦不可謂有人之心也。故至於苞，而求不喪其心之道窮矣。此誰使之然哉？苞自處於窮以必喪其心。故曰無往而非通天之罪也。

爲人子者，豈以口腹事親乎？抑豈敢以己之榮施及其母爲愉快乎？故子曰：「老者安之。」求所以安之之方，雖勞不辟，雖死不輟，而況於苞之安其母者甚易乎！苞，東武城人也，所守則遼西也。母所居者，中國之樂土，苞所守者，鮮卑憑陵蹂踐之郊也；胡爲乎甫到官而即迎母以居柳城之絕塞哉？苞於此已不復有人之心矣。以口腹與，禽蟲之愛也；以榮寵與，市井之得金錢而借親以侈華美者之情也。彊寇在肘腋之閒，孤城處斗絕之地，奉衰老婦人以徼幸於鋒鏑之下，苞之罪通於天，奚待破賊以致母死之日邪？故曰：「正其本，萬事理。」一念之不若，而成乎昏昧，母子併命於危城，苞雖死，其可以誼中心之刑辟哉？

或者其愚也，則君子弗獲已而姑爲之計，當羯賊出母示苞之日，自悔其迎母之咎，早伏劍以死，委戰守之事於僚吏，母之存亡城之安危不計也，則猶可無餘惡也。雖然，晚矣！苞死而母必不可得生，城必不可得存也。

七

蔡邕意氣之士也，始而以危言召禍，終而以黨賊逢誅，皆意氣之爲也。何言之？曰：合刑賞之大權於一人者，天子也；兼進賢退不肖之道，以密贊於坐論者，大臣也；而羣工異是。姦人之在君側，弗容不擊矣。擊之而吾言用，姦人退，賢者之道自伸焉。吾言不用，姦人且反噬於我，我躬不閱，而無容以累君子，使猶安焉，其猶有人乎君側也。君子用而不任，弗容不爲白其忠矣。白之而吾言用，君子進，姦人之勢且沮焉。吾言不用，姦人不得以奪此與彼之名加之於我，而猶有所憚焉。邕苟疾夫張顥、偉璋、趙玹、蓋升之爲國蠹也，則專其力以擊之可耳。若以郭禧、橋玄、劉寵之忠而勸之以延訪也，則抑述其德以贊君之敬禮已耳。而一章之中，抑彼伸此，若將取在廷之多士而惟其所更張者。爲國謀邪？爲君子謀邪？則抑其一往之意氣以排異己而伸交好者之言耳，庸有聽之者哉！

漢之末造，士論操命討之權，口筆司榮枯之令，汝南、甘陵太學之風波一起，而成乎大亂。非姦人之陷之，實有以自致焉。同於我者爲懿親，異於我者爲仇讐，唯意所持衡而氣爲之凌轢，則邕他日者幸董卓之殺奄人，而忘其專横，亦此意氣爲之矣。橋玄、劉寵之不爲邕所累，幸也；而君子以相形而永廢，朝廷以偏擊而一空，漢亦惡得不亡哉！

八

鮮卑持趙苞之母以脅苞，苞不顧而戰，以殺其母，無人之心也。賊劫橋玄之幼子登樓求貨，玄促令攻賊，以殺其子，亦無人之心也。母之與子若是其均重乎？非也。使苞之子爲鮮卑所持以脅苞，苞不顧而擊鮮卑，則忠臣之效矣，不以私愛忘君父之託也。而苞則其母也。賊所脅玄以求者貨耳，貨與子孰親，而吝貨以殺其子乎？

或曰：「玄非以貨也，賊劫質以脅人，法之所不可容也。」夫一區區登樓之賊，殺之不足爲國安，縱之不足爲國危。法者，司隸河南尹之法，非玄之法也，而玄何怙法以忘其天性之恩邪？史氏之言曰：「玄上言凡有劫質者皆並殺之，不得贖以財貨，由是劫質遂絶。」史之誣也。樂道之以爲溢美之言，以覆玄絶恩之咎也。友兄、恭弟、慈父、順妻，苟有劫其親以求貨者，法雖立，孰忍恝置之而不恤？雖嚴刑禁之而必不從。則謂劫質永絶者，非果有之，爲誣而已矣。充橋玄之操，藉其爲趙苞也，又奚不可也哉？

九

封建廢而權下移，天子之下至於庶人，無堂陛之差也，於是乎庶人可淩躐乎天子，而盜賊起。嬴政之暴，王莽之逆，盜始橫焉，然未嘗敢與久安長治之天子抗也。至漢之季，公孫舉、張嬰、許生始稱兵僭號而無所憚，積以成乎張角之亂，盜賊輒起於承平之代者，數千年而不息。秦之盜曰悲六國之亡；

莽之盜曰思漢室之舊；盜者必有託也，然後可假爲之名以聳天下而翕然以從。至於角而無所託矣，宦寺之毒，郡縣之虐，未可以爲名也，於是而詭託之於道。角曰：吾之道，黄帝、老子之道也。乃至韓山童、徐壽輝曰：吾之道，瞿曇之道也。微二氏之支流，亦未足以惑天下而趨之若流。甚哉二氏之殃民，亦豈其初念哉？而下流必至於此。故孟子曰：「率獸食人，人將相食。」豈過計哉？

雖然，二氏之邪淫而終以亂也，非徒二氏倡之也，爲儒者之言先之以狂惑，而二氏之徒效之也。君子之言人倫物理也，則人倫物理而已矣；二氏之言虚無寂滅也，則虚無寂滅而已矣；無所爲機祥瑞應劫運往來之説也。何休、鄭玄之治經術，京房、襄楷、郎顗、張衡之論治道，始以鬼魅妖孽之影響亂六籍。而上動天子，下鼓學士，曰此聖人之本天以治人也。於是二氏之徒歆其利，而後曰吾師老子亦言之矣，吾師瞿曇亦言之矣；羣然興爲怪誕之語以誘人之信從，而後盜賊藉之以起。儒者倡之，二氏和之，妖人挾之，罪魁戎首將誰歸哉？

齊桓、晉文挾天子以令諸侯，而盜賊挾聖人以惑百姓。天子之權下移於庶人，所挾者亦移焉。而盜賊氾濫乎數千年而不息，禍亦烈矣！端本之治，治佛、老而猶非本也。儒而言災祥言運會，妖之始也。三代之聖人殺而勿赦者，而後之君子從而尊之，以加一倍之小術測興亡，使與通書、正蒙相雜以立教，闢邪者容勿辯乎？

一〇[一]

士可殺不可辱，訶斥之、鞭笞之之爲辱矣，未甚也，加以不道之名，而辱乃莫甚焉。子見南子，子路不悦，于聖人何傷焉，而援天以矢之，懼夫以辱名加君子，而天下后世謂君子之无妨于辱也。黨人者，君子之徒也。黄巾起，吕強曰：「黨錮積久，人情怨憤，若不赦宥，將與合謀。」吕強，奄人之矯矯者耳，言无足深責；皇甫嵩，士大夫而亦爲此言也，黨人之辱，不如死之久矣！以君子始，以賊終，則向者王甫、曹節謀危社稷之譖，非誣也。嗚呼！李膺、杜密、范滂諸君子者死，而黨人之能卓然自立於死生者無幾，張儉之徒，方將以賊起得赦爲幸，而孰知其辱甚于死哉？皇甫嵩之淩蔑善類也，逾于奄人矣。

一一

用兵之道，服而舍之，自三代之王者以迄五霸，皆以此而綏天下。唯其爲友邦也，王者以理相治，霸者以威相制，理伸威勝而志得；滅之不義，屠之不仁，舍其服而天下自不敢復競。封建圮，以庶人而稱兵抗天子，豈此謂哉？朱儁曰：「秦項之際，民無定主，賞附以勸來者。」此後世之權術，不可與三代並論。故以曹操之猜，而關羽之降非其誠款，操猶聽其來去而不加害。或者乃欲於盜賊敗困之餘，乞降而受之，其不然審矣。

敗而誅之，不可勝誅，而姑予以生，使知懼而感我之不殺，或猶知悔也，且非可施於渠帥者也。殲

[一] 此論係未刊稿，據抄本補入。

其魁，赦其餘黨，自我貸之，固不可予以降之名也。予以降之名，抑將授以降之賞，猶然尊高於衆人之上，而人胡不盜？以黄巾之徧天下也，不數年而定，漢雖亡，不亡於黄巾之手，則朱儁之所持者定矣。不可以三代之法處秦、項之際，況可以處逆民之弄兵以抗國而毒民者乎？庸臣懦將釀無窮之禍，有識者勿爲所亂也。

一二

孫堅之欲誅董卓也，張廷珪之欲殺安禄山也，論者惜其不果而終以長亂。張讓等爲蟊賊於中，李林甫、楊國忠相繼朘削於國，微卓而漢必亡，微禄山而唐必亂，夫豈二豎之果足以移天而沸海乎？何進不召卓而卓何逞？玄宗不寵禄山而禄山何藉？逆未著而以疑殺人，且不勝其殺矣。是故後事之論，懲其末而弗戒其本，智者所弗尚也。

先主勸曹操殺吕布，而爲操勁敵者，先主也。孫堅之沈鷙而懷遠圖，夫豈出卓下哉？張温弗假以威福，而使卓相制，非無意計焉。不幸而卓惡成，未可以咎温之不豫矣。

一三

漢之將亡，有可爲社稷臣者乎？朱儁、盧植、王允未足以當之，唯傅燮乎！討黄巾而有功，趙忠欲致之而予以侯封，燮不受也。當其時，有軍功而拒宦寺，非直賞不及焉，還以受罪。故盧植辱於檻車，王允幾於論死，皇甫嵩奪其印綬。燮拒忠而忠弗能挫，憚其名而弗敢害，燮之德威讋權奄而制之也，大矣。

爕之拒忠也，曰：「遇不遇，命也；有功不論，時也。」守正而不競，安命而不爲已甚之辭，坦夷以任天，而但盡其在己，自以雅量沖懷適然於寵辱之交，而小人莫能窺其際。其在漢陽也，曰：「吾遭世亂，不能養浩然之志，食人之禄，又欲避其難乎？」方且自遜以引身之不早，而不待引亢爽之氣以自激其必死之心。夫如是，豈小人之所可屈，又豈小人之所可傷哉！若爕者，託以六尺之孤，正色從容而鎮危亂，植也、儁也、允也，智勇形而中藏淺，固不足以測爕之涯量矣。故知爕非徒節義之士也，允矣其可爲社稷之臣矣。

一四

王芬欲乘靈帝北巡，以兵誅諸常侍，廢帝立合肥侯。使其成也，亦董卓也，天下且亟起而誅之，其亡且速於董卓。卓擁彊兵專征討，有何進之召爲内主，廢辯立協，在大位未定之初，協慧而欲立之者，又靈帝之志也，然且不旋踵而關東興問罪之師矣。芬以斗筲文吏，猝起一旦，劫二十二年安位之天子，廢之而立疏族，力弱於卓，名逆於卓，人之問罪也，豈徒如卓而已乎？況其輕躁狂動而必不能成也乎？曹操料其敗，以止其廢立之妄，非其智之過人也，皎然是非禍福之殊途，有心有目無不能辨也。

夫芬之狂，何以迷而不覺也哉？陳蕃之子逸從臾之，而襄楷以其術惑之也。故有積憤者，不可與圖萬全之術；挾技術者，不可與謀休咎之常。陳逸有不戴天之恨，身與俱碎而不恤，閔其志可也，而不可從也。若襄楷者，昂首窺天而生覬覦，君子之遠之也夙矣。此擇交定謀者之不可不知也。

一五

何進輔政，而引袁隗同録尚書事，隗之望重矣，位尊矣，權盛矣。紹及術與進同謀誅宦官，而隗不能任；進召董卓，曹操、陳琳、鄭泰、盧植皆知必亂，而隗不能止；董卓廢弘農立陳留，以議示隗，而隗報如議；猶然尸位而爲大臣，廉恥之心蕩然矣。然且終死於卓之手而滅其家。故夫有恥者，非以智也，而智莫智於知恥。知恥而後知有己；知有己而後知物之輕；知物之輕，而後知人之不可與居，而事之不可以不斷。故利有所不專，位有所不受，功有所不分，禍有所不避。不知恥而避禍，是夜行見水而謂之石，不濡其足不止也。以疲老茌弱之情，内不能知子弟之桀驁，外不知姦賊之雄猜，自倚族望之隆，優游而圖免，而可謂有生人之氣乎？東漢之有袁氏與有楊氏也，皆德望之巨室，世爲公輔，而隗與彪終以貪位而捐其恥心。叔孫豹曰：「世禄也，非不朽也。」信夫！不朽有三，唯有恥者能之；隗與彪，其朽久矣。

一六

輕重之勢，若不可返，返之幾正在是也，而人弗能知也。宦寺之禍，彌延於東漢，至於靈帝而蔑以加矣。黨人力抗之而死，竇武欲誅之而死，陽球力擊之而死，後孰敢以身蹈水火而姑爲嘗試者！然天下之盜蠭起，指數之而挾以爲名。四海窮民，受其子弟賓黨濫大官大邑以朘削無餘者，皆詛呪而望其速亡。誅殺禁錮之子孫宗族，不與共戴天日而願與並命者，日含憤以求一旦之報。士大夫苟非其黨，不獲已而俯出其下者，畜惡怒以俟天誅之期。桀、紂、幽、厲以聖帝明王之冢裔，正位爲天下君，而卒至隕滅，況此無賴之刑人，其能長此而無患乎？故極重而必返，夫人而可與知也。

夫既夫人而可與知，則一旦撲之，如烈風吹將盡之鐙，甚速而易，必矣。陳琳曰：「此猶鼓洪鑪燎毛髮。」曹操曰：「誅其元惡，一獄吏足矣。」而何進若持方寸之刃以擬猛虎，其呼將助也不擇人，其撓敗也無決志。袁紹以豪傑自命，爲進謀主，且憂危展轉而無能爲計；而遣鮑信募泰山之甲，丁原舉孟津之火，甚且召董卓以犯宮闕。進之心膽失據，而紹無能輔也。曹操笑而袁紹憂，其智計之優劣，於斯見矣。

所以然者，進以外戚攻宦官，人懲竇氏之禍，無爲傾心，一也。進之所恃者何后，舉動待后而後敢行，以婦人而敵宦官，智計不及，而多爲之蠱，二也。袁隗身爲大臣，而疲庸尸位，無能以社稷自任，三也。鄭泰、盧植初起於田閒，任淺望輕，弗能爲益，楊彪、黃琬，無以大殊於袁隗，四也。袁紹兄弟，包藏禍心，乘時搆亂，而無戮力王室之誠，五也。曹操識之明、持之定，而志懷叵測，聽王室之亂，居靜以待動，視何進之迷，而但以一笑當之，六也。皇甫嵩、蓋勳顧名義而不欲狂逞，進躁迫而不倚以爲腹心，七也。具此七敗之形勢以誅宦者，而固非其所堪，雖欲禍之不中於宗社，其將能乎？

夫內懷奪柄之心，外無正人之助，若何進者，不足論已。已往之覆轍，爲將來鑒。凡皇天之所弗予，志士仁人之所弗予，天下之民受制於威，受餌於利，人心所不戴以爲尊親，而苛暴淫虐，日削月靡，孤人子，寡人妻，積以歲月而淫逞不收，若此者，其滅其亡皆旦夕之閒，河決魚爛而不勞餘力。智者靜以俟天，勇者決以自任，勿爲張皇迫遽而驚爲回天轉日之難也。存乎其人而已矣。彼曹操者，固亦㊀嘗晏坐而笑之矣，況其秉道以匡夫不爲操者乎！□□□□□□□□□□□□□□□㊁。

一七

史紀董卓之辟蔡邕，邕稱疾不就，卓怒曰：「我能族人。」邕懼而應命。此殆惜邕之才，爲之辭以文其過，非果然也。

卓之始執國柄，亟於名而借賢者以動天下，蓋汲汲焉。除公卿子弟爲郎，以代宦官，弔祭陳、竇，復黨人爵位，徵申屠蟠，推進黄琬、楊彪、荀爽爲三公，分任韓馥、劉岱、孔伷、張邈爲州郡，力返桓、靈宦豎之政，竊譽以動天下。蔡邕首被徵，豈其禮辭不就而遽欲族之哉？故以知卓之未必有此言也。且使卓而言此矣，亦其粗獷不擇、一時曓發之詞，而亦何足懼哉！申屠蟠不至，晏然而以壽終矣。袁紹橫刀揖出，挂節上東門，而弗能迫殺之矣。盧植力沮弘農王之廢，而止於免官，逌然以去矣。鄭泰沮用兵之議，巽辭而解矣。朱儁、黄琬不欲遷都，而皆全身以退矣。邕以疾辭，未至如數子之決裂，而何爲其族邪？狂夫之言，一怒而無餘，卓之暴，市井亡賴之讕言也，而何足懼邪？

邕之始爲議郎也，程璜之毒，陽球之酷，可以指顧殺人，而邕不懼；累及叔質，幾同駢首以死，而不

㊀「亦」字刻本闕，據校記補。
㊁按此處闕文校記亦無。

懼；何其壯也！至是而餒矣。亡命江海者十二年，固貞人志士義命自居之安土也。宦官之怨憤積，而快志於一朝；髡鉗之危辱深，而圖安於晚歲；非懼禍也，誠以卓能矯宦官之惡，而庶幾於知己也。於是而其氣餒矣。以身殉卓，貽玷千古，氣一餒而即於死亡，復誰與恤其當年之壯志哉？

君子之立身，期於潔己；其出而事君也，期於靖國；恩怨去就，非有定也。禍在宮闈，則宮闈吾所亟違也；禍在閹宦，則閹宦吾所亟違也；禍在權姦，則權姦吾所亟違也。推而至於僭竊之盜賊、攘奪之夷狄，皆冰炭之乍投而沸、薰蕕之逆風而辨也。所疾惡者在此，而又在彼矣。氣運移而貞邪忽易，違之於此，而即之於彼，是逃虎而抱蛇、舍砒而含鴆也。能終始數易而不染者，其唯執志如一而大明於義之無方者乎！而邕不能也。始終之怨毒，宦豎而已，此外而篡弒之巨慝不辨矣。非不辨也，己私未忘，而寵辱之情移於衰老也。則一往之勁直，烏足以定人之生平哉？易曰：「介于石，不終日。」介於石，貞之至也；不終日，見幾而無執一之從違，乃以保其貞也。邕勿論矣。欲養浩然之氣，日新其義而研之以幾，其尚以邕爲戒乎！

一八

申屠蟠徵而不至，論者謂之知幾。幾者，事之（徵）〔微〕㊀，吉凶之先見者也。漢之亡，天下之亂，董卓之不可與一日居，有目者皆見，有耳者皆聞，自非蔡邕之衰老惽迷，孰不知者，而何謂之幾邪？乃

㊀ 據校記改。

若蟠之不可及也，則持志定而安土之仁不失也。卓之徵名賢也，蔡邕畏之矣，荀爽畏之矣。人勸蟠以行，蟠笑而不荅，人不可與語也，志不自白也。夷然坦然而險阻消，蟠豈中無主而能然哉？故知其志定而安土之仁不失也。

士苟貞志砥行以自尚，於物無徇焉，於物無侮焉，則虎狼失其暴，蝮蛇失其毒。天下之穰穰而計禍福者，皆足付一笑而已。故莊子曰：「大浸稽天而不溺，大旱金石流而不熱。」豈有神變不測者存乎？貧而安，犯而不校，子孫不累其心，避就不容其巧；當世之安危，生民之疾苦，心念之而不嘗試與謀；文章譽望，聽之後世而不亟於自旌；其止如山，其涵如水，通古今、參萬變以自純，則物所不得而辱矣。此安土之仁，所謂即體以爲用者也，蟠庶幾矣。何以知之？以其笑而不荅知之也。而淺人猶謂之曰知幾，若邕與爽，其僅謂之不知幾也與？

讀通鑑論卷九

獻帝

一

有詭譎鷙悍之才，在下位而速覬非望者，其滅亡必速。故王莽、董卓、李密、朱泚俱不旋踵而殄。又其下者，則爲張角、黄巢、方臘之妄，以自殲而已矣。其得大位，雖奪雖僭，而猶可以爲數十年人民之君長，傳之子孫，無道而後亡，則必其始起也，未嘗有窺竊神器之心，而奮志戮力以天下之禍亂爲己任；至於功立威震，上無駕馭之主，然後萌不軌之心，以不終其臣節而獵大寶，得天下而不可以一日居，未有或爽者也。

關東之起兵以誅董卓也，自袁紹始。紹之抗卓也，曰：「天下健者，豈惟董公？」其志可知已。及其集山東之兵，聲震天下，董卓畏縮而劫帝西遷以避之，使乘其播遷易潰之勢，速進而撲之，卓其能稽天討乎？乃諸州郡之長，連屯於河内、酸棗，躊躇而不進。其巽懦無略者勿論也；袁紹與術，始志鋭不可當，而猶然棲遲若此，無他，早懷覬覦之志，内顧卓而外疑羣公，且幸漢之亡於卓而己得以逞也。

於斯時也，蹶起以與卓争死生，曹操、孫堅而已。操曰：「董卓未亡之時，一戰而天下定。」使一戰而天下定，操其能獨有天下乎？既敗於滎陽，且勸張邈等勿得遲疑不進，失天下望，而邈等不用，操乃還軍。當斯時，操固未有擅天下之心可知也。以操爲早有擅天下之心者，因後事而歸惡焉爾。孫堅之始起，斬許生而功已著，參張温之軍事，討邊章而名已立，非不可傑立而稱雄也；奮起誅卓，先羣帥而進屯陽人，卓憚之而與和親，乃曰：「不夷汝三族懸示四海，吾死不瞑目。」獨以孤軍進至雒陽，埽除宗廟，修塞諸陵，不自居功，而還軍魯陽。當斯時也，可不謂皎然於青天白日之下而無慚乎？故天下皆舉兵向卓，而能以軀命與卓争生死者，堅而已矣。其次則操而已矣。豈袁紹等之力不逮操與堅哉？操與堅知有討賊而不知有他，非紹、術挾姦心以養寇，而冀收刺虎持蚌之情者所可匹也。故他日者，三分天下，而操得其一，堅得其一，堅之子孫且後操而亡；堅之正，猶愈於操之速易其心者多矣。

故天下非可以一念興而疾思弋獲者也。漢高之入關中，思亡秦而王關中耳，項羽弑義帝，而後有一天下之心。剏業之永，天所佑也。董卓死，李、郭亂，袁紹擅河北而忘帝室，袁術竊，劉表僭，獻帝莫能馭，而後曹操之篡志生。曹操挾天子，夷袁紹，降劉琮，而後孫權之割據定。是操之攘漢，袁紹貽之；堅之子孫僭號於江南，曹操貽之也。謂操與堅懷代漢之心於起兵誅卓之日，論者已甚之説，豈諒人情、揆天理、知興廢成敗之定數者乎？以詭譎之智、鷙悍之勇，乘閒抵巇，崛起一朝而即思天位，妄人之尤者爾，而何足以臨臣民、貽子孫邪？

孟子曰：「五霸，假之也。」假之云者，非己所誠有，假借古人之名義、信以爲道之謂，非心不然而故竊其迹也。無其學，無其德，則假矣。名與義生於乍然之心者，固非僞也。王莽之於周公，張角之於老耼，不可謂之假也。當曹操不受驍騎校尉之職，東歸合衆，進戰滎陽，而孫堅起兵長沙，進屯魯陽，拒卓和親之日，而坐以窺竊神器之罪，則張角、黄巢、方臘可以刱業貽子孫，而安禄山、朱泚、苗傅、劉正彦尤優爲之矣。誅非其罪而徒以長姦，深文之害世教，烈矣哉！

二

蔡邕之愚，不亡身而不止。愚而寡所言動者，困窮而止；愚而欲與人家國神人之大，則人怒神恫而必殺其軀。邕之應董卓召而歷三臺，此何時也？帝后弒，天子廢，大臣誅夷，劫帝而遷，宗廟燒，陵寢發，人民駢死於原野，邕乃建議奪孝和以後四帝之廟號，舉三代興革之典禮於國危如綫之日，從容而自衒其學術，何其愚也！

而不但愚也。漢之宗社岌岌矣，諸廟之血食將斬矣。夫苟痛其血食之將斬，諱先祖之惡而揚其美，以昭積功累仁之允爲元后也，猶恐虚名之無補。乃亟取和帝之涼德不足稱宗者而播揚之，是使姦雄得據名以追咎曰：是皆不可以君天下者，而漢亡宜矣。此則人怨神恫，陷大惡而不逭者也。

以情理推之，邕豈但愚而已哉？邕之髡鉗而亡命，靈帝使之然也。四帝可宗，則靈帝亦可宗矣。邕蓋欲修怨於靈帝，而豫窒其稱宗之路，邕於是而無君之心均於董卓，王允誅之，不亦宜乎。董卓曰：「爲當且爾，劉氏種不足復遺。」邕固曰：「劉氏之祖考不足復尊。」其情一也。故曰：邕非但愚也。雖然，神其可欺、神其可恫乎？則亦愚而已矣。

三

韓馥、袁紹奉劉虞爲主，是項羽立懷王心、唐高祖立越王侑之術也；虞秉正而明於計，豈徇之哉？王芬欲立合肥侯而廢靈帝，合肥侯愚而曹操拒之，合肥以免。劉虞之賢必不受，操知之矣。故但自伸西向之志，而不待爲虞計。於是而知操之視紹，其優劣相去之遠也。操非果忠於主者，而名義所在，昭然繫天下之從違，固不敢犯也。未有犯天下之公義，而可以屈羣雄動衆庶者也。

或曰：馥、紹之議，亦惡乎非義哉？春秋之法，君弑而爲弑君者所立，則正其爲簒。梁冀弑質帝而桓立，董卓弑弘農王而獻立，獻不正乎其爲君，則關東諸將欲不奉獻爲主而立虞，惡乎不可？

曰：執春秋之法以議桓帝之不正其始，得矣。帝方以列侯求婚於梁氏，趨國門而承其隙，未嘗無覬覦之心焉，則與聞乎弑者同乎賊；使有仗大義以誅冀者，桓帝服罪而廢焉，宜也。且順、桓之際，漢方無事，而不亟於求君也。若獻帝之立，年方九歲，何進之難，徒步郊野，漢不可一日而無君，帝自以明了動卓之欽仰，弘農廢，扳己以立，未能誓死以固辭，幼而不審，無大臣以匡之，而卓之凶燄，且固曰：「劉氏種不復留。」則舍己以延一綫之祀，是亦義也，而況其在幼沖乎！袁紹遷董卓之怨以怒帝，其爲悖逆也明甚。操知之審，而曰：「我自西向。」知帝之可以繫人心，劉虞雖賢，無能遥起而奪之也。桓帝之誅冀，以嬖寵之怨，而不忌其弑主之逆；董卓之誅，則已正名之爲賊矣，以賊討卓，則弘農之大讐已復，獻帝可無慚於踐阼矣。視晋景、魯定而尤正焉，而何容苛責之也。

四

所謂雄桀者，雖懷不測之情，而固可以名義馭也。明主起而馭之，功業立，而其人之大節亦終賴以全。惟貪利樂禍不恤名義者爲不可馭之使調良，明主興，爲彭越、盧芳以自罹於誅而已。不然，則亂天下以爲人先驅，身殪家亡而國與俱斃。曹操可馭者也，袁紹不可馭者也。

起兵誅卓之時，操與孫堅戮力以與卓争生死，而紹晏坐於河内；孫堅收復雒陽，乘勝以攻卓，在旦晚之閒也，而紹若罔聞；關東諸將連屯以偕處，未有釁也，而紹首禍而奪韓馥之冀州；先諸將而内訌者，無賴之公孫瓚也，而紹誘之以首難；然則昔之從臾何進以誅宦官，知進之無能爲而欲乘之以傴漢爾，進不死，紹固不容之，而陳留又豈得終有天下乎？鮑信曰：「袁紹自生亂，是復有一卓也。」孫堅曰：「同舉義兵，將救社稷，逆賊垂破而各若此，吾將誰與戮力？」雖有漢高、光武，欲收紹而使效奔走，必不得也。李密之所以終死於叛賊也。

自其後事而觀之，則曹操之篡成，罪烈於紹，而操豈紹比哉？諸將方争據地以相噬，操所用力以攻者，黑山白繞也，兖州黄巾也，未嘗一矢加於同事之諸侯。其據兖州自稱刺史，雖無殊於紹，而得州於黄巾，非得州於劉岱也；擊走金尚者，王允之賞罰無經有以召之也；然則獻帝而能中興，操固可以北面受賞，而不獲罪於朝廷，而不軌之志戢矣。

紹擁兵河北以與操争天下，而操乃據兖州以成争天下之勢。紹導之，操乃應之；紹先之，操乃乘之；微紹之逆，操不先動。雖操之雄桀智計長於紹哉！抑操猶知名義之不可自我而干，而紹不知也。

然則雖遇高、光之主，紹亦爲彭越、盧芳而終不可馭，身死家滅而徒爲人先驅。貪利樂禍，習與性成，非一朝一夕之故矣。

五

孫堅之因袁術也，猶先主之因公孫瓚也，固未可深責者也。漢高帝嘗因項梁矣，唐高祖下李密而推之矣，以項氏世爲楚將，而密以蒲山公之後，爲天下所矜也。天下之初亂也，人猶重虚名以爲所歸，故种師道衰老無能爲，而金人猶憚之。袁氏四世五公之名，烜赫宇内，孫堅崛起，不能不藉焉。彼公孫瓚之區區，徒擁衆梟張耳，昭烈且爲之下，而況術乎？

夫堅豈有術於心中者哉？賊未討，功未成，以長沙疏遠之守，爲客將於中原，始繇術以立大勳，而速背之，則術必懷惎毒以撓堅之爲；進與卓爲敵，而退受術之掣，劉虞懷忠義而死於公孫瓚，職此繇也。使堅不死，得自達於長安，肯從術以逆終而爲亂賊之爪牙乎？劉表之收荆州也，卓之命也，衆皆討卓而表不從，表有可討之罪焉；因袁術之隙而爲之討表，實自討也。若堅者，雖不保其終之戴漢，而固未有瑕也，與術比而姑從之，惡足以病堅哉！

六

管寧在遼東，專講詩書，習俎豆，非學者勿見，或以寧爲全身之善術，豈知寧者哉？王烈爲商賈以自穢，而逃公孫度長史之辟命，斯則全身之術，而寧不爲也。天下不可一日廢者，道也；天下廢之，而存之者在我。故君子一日不可廢者，學也；舜、禹不以三苗爲憂，而急於傳精一；周公不以商、奄爲憂，而愼於踐籩豆。見之功業者，雖廣而短；存之人心風俗者，雖狹而長。一日行之習之，而天地之心，昭垂於一日；一人聞之信之，而人禽之辨，立達於一人。其用之也隱，而摶捖清剛粹美之氣於兩間，陰以爲功於造化。君子自竭其才以盡人道之極致者，唯此爲務焉。有明王起，而因之敷其大用。即其不然，而天下分崩、人心晦否之日，獨握天樞以争剥復，功亦大矣。

繇此言之，則漢末三國之天下，非劉、孫、曹氏之所能持，亦非荀悦、諸葛孔明之所能持，而寧持之也。寧之自命大矣，豈僅以此爲禍福所不及而利用乎！邴原持清議，而寧戒之曰：「潛龍以不見成德。」不見而德成，有密用也；區區當世之得失，其所矜而不忍責、略而不足論者也。白日之耀，非鐙燭之光也。寧誠潛而有龍德矣，豈僅曰全身而已乎？

七

王允誅董卓，而無以處關東諸將，雖微李傕、郭汜，漢其能存乎？首謀誅卓者袁紹，是固有異志焉，而不可任者也。曹操獨進滎陽，雖敗而志可旌；孫堅首破卓而復東都，糞除宗廟，修治陵園，雖死而其子策可用也；急召而録其功以相輔於内，傕、汜失主而氣奪，安敢側目以視允乎？區區一宋翼、王弘，傕、汜且憚之，而不敢加害於允，而況操與策也。允之倚翼與弘，皆其所私者也，操與策非其所能用者也，而又以驕氣乘之，不亡何待焉！

或曰：操非可倚以安者，允而召操，則與何進之召卓也何以異？此又非也。進不能誅宦官而倚卓，進客而卓主矣。允之誅卓，無假於操，而威大振；操雖姦，賞之以功，旌之以能，綏之以德，束之以法，操且熟計天下而思自處。故王芬之謀，劉虞之議，必規避之，而不敢以身爲逆。當此之時，衆未盛，威未張，允以談笑滅賊之功臨其上而駕御之，操抑豈敢蹈卓之覆軌乎？策方少，英鋭之氣，誘掖之以建忠勳也尤易，而奚患召之爲後害哉？允非其人也，智盡於密謀，而量不足以包英雄而馴擾之，加以驕逸，而忘無窮之隱禍，其周章失紀而死於逆臣，不能免矣。

東召孫、曹而西屬涼州之兵於皇甫嵩，則二袁、劉表、公孫瓚不足以逞；二袁、劉表、公孫瓚不逞，而曹操亦無藉以啓跋扈之心。天下可定也，況李傕、郭汜之區區者乎？

八

馬日磾、趙岐之和解關東也誰遣之？於時李傕、郭汜引兵向闕，种拂戰死，天子步出宣平門，王允、宋翼、王弘駢死闕下，宫門之外皆仇敵也，而暇念及於袁、劉、公孫不輯於千里之外邪？故知非獻帝遣之，傕、汜遣之也。關東諸將之起，以誅卓起。傕、汜，卓之部曲也，其引兵犯闕，以報卓之讐爲辭，呂布東走，而傕、汜安能不憂誅卓之師浸加於己哉？欲求款於關東而恐其見拒，則姑以天子之詔爲和解之迂説，亦其雖爲卓報仇，而於關東則均爲王臣，無異志也，此不款和而妙爲款和者也。劉表則自刺史而牧矣，曹操上書而優而使之歸矣，徵朱儁爲太僕矣，皆傕、汜以求免於關東之善術也。嗚呼！日磾、岐爲漢之大臣，而受賊之羈絡以聽其頤指，其頑鄙而不知恥，亦至是哉！

夫與賊同立於朝，所難者不能自拔耳。二子者，幸而得銜命以出，是温嶠假手以圖王敦之機會也。紹、術、瓚、表雖懷異志，而朱儁、曹操、劉虞、孫策，夫豈不可激厲入援以解天子之困厄？而命之曰和解，則以和解畢事，曾不知有問及中朝者，二子將何辭以答也？故遣日磾、岐者，傕、汜也；奔走於諸將之閒，靦顔以嚅囁者，爲傕、汜效也；爲天下賤，不亦宜乎！

九

曹操父見殺而興兵報之，是也；阬殺男女數十萬人於泗水，偏屠城邑，則慘毒不仁，惡滔天矣。雖然，陶謙實有以致之也。謙別將掩襲曹嵩而殺之，謙可謝過曰不知，然使執殺嵩者歸之於操，使臠割而甘心焉，則操亦無名以逞。乃視嵩之死，若獵人之射麋麃，分食其肉而不問所從來，亦何以已暴人之怒哉？

且操之擊謙也，以報私讐，而未嘗無可託之公義也。李傕、郭汜稱兵向闕，殺大臣，脅天子，人得而誅者也。謙首唱誅逆之謀，奉朱儁以伐逆而戴主，傕、汜以太僕餌儁，以牧餌謙，其力弱而畏我也可見矣。知其弱，懼其餌，儁雖志義不終，而謙自可奮興以致討；乃聽王朗之謀，邀寵於賊臣，而受州牧之命，則欲辭黨逆之誅而無所逭；操執此以告天下，而天下孰爲謙援者乎？蓋謙之爲謙也，貪利賴寵，規眉睫而迷禍福者也。然則曹嵩之輜重，謙固垂涎而假手於別將耳。吮鋒端之蜜，禍及生靈者數十萬人，貪人之毒，可畏也夫！

一〇

國家積敗亡之道以底於亂，狡焉懷不軌之志，思獵得之者衆矣，而尚有所忌也。天子不成乎其爲君，大臣不成乎其爲(臣)〔相〕㊀，授天下以必不可支之形，而後不軌者公然軋奪而無所忌。

關東起兵以誅卓，而無效死以衛社稷之心，然固未敢逞其攘奪也。至於卓既伏誅，王允有專功之心，而不與關東共功名，可收以爲用者勿能用，可制之不爲賊者弗能制，而關東之心解矣。允以無輔而亡，李傕、郭汜以無憚而訌，允死，而天下之心遂爲之裂盡。李、郭殺大臣，脅人主，關東疾視而不問，馬日磾、趙岐之庸鄙，受二凶之意旨以和解行，而實爲逆賊結連衡之好，然後關東始堅信漢之必亡。於是而曹操上書之情，非復滎陽之志矣。孫堅即不死，而不保其終，策以孤立之少年，走劉繇，逐王朗，殺許貢，跳躑於江東矣。張邈、陶謙、呂布、劉備互相攻而不戢矣。二袁之思移漢鼎以歸己，又顯著其跡矣。環視一獻帝而置之若存若亡之閒，以無難紾其臂而奪之。嗚呼！遲之十餘年，而分崩之勢始成。天下何嘗亡漢，而漢自亡，尚孰與憐之，而興下泉苞稂之思者乎？

王允非定亂之人也，馬日磾、趙岐，則手授天下於羣雄者也，漢之終亡，終於此也。

一二

亂天下者，託於名以逞其志；故君子立誠以居正，而不競以名，則託於名者之僞露以敗，而君子伸。亂天下者，並其名而去之不忌，則能顧名以立事者，雖非其誠而志欲伸，無可爲名者，莫能勝也。管、蔡内挾孺子、外挾武庚以爲名，非無名也，自不可敵周公之誠也。項羽立義帝而弑之，並其名而去

㊀ 據校記改。

之矣；漢高爲帝發喪，名而已矣，而天下戴之以誅羽之不義。使義帝而存，漢高之能終事之也，吾不敢信，然而以討項羽則有餘。故胡氏曰：「與其名存而實亡，愈於名實之俱亡。」此三代以下之天下，名爲之維持也大矣。

袁紹不用沮授之策，聽淳于瓊而不迎天子於危困之中，授曰：「必有先之者。」而曹操果聽荀彧迎帝以制諸侯。夫無君之心，操非殊於紹也，而名在操，故操可以制紹，而紹不能勝操；操之勝也，名而已矣。

雖然，名未易言也。名而可以徒假與，則紹亦何憚而不假？淳于瓊曰：「今迎天子，動則表聞，從之則權輕，違之則拒命。」故曹操遷許以後，外而袁紹恥太尉之命，内而孔融陳王畿之制，董承、劉備、伏完、金禕交起而思誅夷之；入見殿中，汗流浹背，以幾幸於免；與紹之恣睢河北唯意欲爲而莫制者，難易之勢，相懸絶也。苟不恤其名，而唯利是圖，則淳于瓊之言，安知其不長於荀彧哉？假令衣帶詔行，曹操授首於董承、伏完、金禕之手，則授、彧之謀，豈不適爲瓊笑？而非然也，出天子於棘籬飢困之中，猶得奉宗廟者二十餘年，不但以折羣雄之僭，即忠義之士，懷憤欲起，而人情之去就，尚且疑且信而不決於從也。瓊之情唯利是圖，受天下之惡名而不恤，紹是之從，欲不亡也，得乎？

名與利，相違者也；實與名，未相違而始相合也。舉世騖於名，而忠孝之誠薄；舉世趨於利以舍名，而君臣父子之秩敍，遂永絶於人心。故名者，延夫人未絶之秉彝於三代之下者也。夫子於衛輒父子之際，他務未遑，而必先正名，蓋有不得已焉耳。

一二

劉先主之刺豫州，因陶謙也；其兼領徐州，亦因陶謙也。二袁、曹操，皆受命於靈帝之末，呂布、劉表，亦拜爵王廷而出者，唯先主未受命也，而不得不因人以興。始因公孫瓚，繼因陶謙，周旋於兩不足有爲者之左右，而名不登於天府，是以屢出而屢敗。孔北海知之已夙，而何爲不颺於王廷？北海之疏也。敗於呂布而歸許，然後受命而作牧，望乃著於天下。以義揆之，則受陶謙之命兼領二州，其始不正，故終不足以動天下而興漢，亦始謀之不臧哉！

及其爲左將軍，受詔誅操而出奔，乃北奔於袁紹，託非其人矣，而非過也。何也？既已受命誅操，則許都之命制自操者，義不得而受也。結孫權而分荆，奪劉璋以收益，可以不受命矣；可不受命而制自己，故雖不足以興漢，而終奄有益州，以成鼎足之形。

使其於陶謙授徐之日，早歸命宗邦，誅傕、汜以安獻帝，紹與操其孰能禦之？而計不及此，孔北海亦莫之贊焉，徒與袁術、呂布一彼一此，爭衡於徐、豫之閒，惜哉！

一三

張巡守睢陽，食盡而食人，爲天子守以抗逆賊，卒全江、淮千里之命，君子猶或非之。臧洪怨袁紹之不救張超，困守孤城，殺愛妾以食將士，陷其民男女相枕而死者七八千人，何爲者哉？張邈兄弟黨呂布以奪曹操之兗州，於其時，天子方蒙塵而寄命於賊手，超無能恤，彼其於袁、曹均耳。洪以私恩爲一曲之義，奮不顧身，而一郡之生齒爲之併命，殆所謂任俠者與！於義未也，而食人之罪不可逭矣。

天下至不仁之事，其始爲之者，未必不託於義以生其安忍之心。洪爲之㊀，巡效之而保其㊁忠，於是而朱粲之徒相因以起。浸及末世，凶歲之頑民，至父子、兄弟、夫妻相噬而心不戚，而人之視蛇蛙也無以異，又何有於君臣之分義哉？

若巡者，知不可守，自刎以徇城可也。若洪，則姑降紹焉，而未至喪其大節；憤興而憯毒，至不仁而何義之足云？孟子曰：「仁義充塞，人將相食。」夫楊、墨固皆於道有所執者，孟子慮其將食人而亟拒之，臧洪之義，不足與於楊、墨，而禍烈焉。君子正其罪而誅之，豈或貸哉！

一四

董承潛召曹操入朝，操至而廷奏韓暹、楊奉之罪，誅罪賞功，矜褒死節，而漢粗安。惜哉，承之行此也晚，而王允失之於先也。

當斯時也，漢之大臣，死亡已殆盡矣；天子徒步以奔，而威已殫矣；從官采梠餓死，而士大夫之氣已奪矣；故董昭謀遷帝於許，尚懼衆心之不厭，而卒無有一言相抗者。若當董卓初誅之日，廷猶有老成之臣，人猶堅戴漢之心，劉虞懷忠於北陲，孫堅立功於雒陽，相制相持，而允之忠勳非董承從亂之比，操亦何敢遽睥睨神器、效董卓之狂愚乎？

王允坐失之，董承不得已而試爲之；爲之已晚，而無救於漢之亡，然而天下亦自此而粗定。觀於

㊀ 校記「之」下有「而死於俠」四字。　㊁ 校記「保其」作「死於」。

此而益爲允惜，誠可惜而已矣。

一五

范增之欲殺沛公，孫堅之欲殺董卓，爲曹操謀者之欲殺劉豫州，王衍之欲殺石勒，張九齡之欲殺安禄山，自事後而觀之，其言驗矣。乃更始殺伯升而國終亡，司馬氏殺牛金而家終易。故郭嘉之説曹操，勿徒受害賢之名，而曹操笑曰：「君得之矣。」有識者之言，非凡情可測也。

人之欲大有爲也，在己而已矣，未有幸天下之不肖，而己可攘賢而自大者也。苟可以大有爲，則雖有英雄，無能爲我難也；苟未可以有爲，則何知天之生豪傑者不再生也？待獺以敺魚，待鸇以敺雀，此封建之天下爲然爾。起於紛亂之世而欲成大業，非能屈天下之英雄，不足以建非常之業。忌英雄而殺之，偷勝天下之庸流以爲之雄長，則氣先茶；而忽有閒起之英豪乘之於意外，則神沮志亂而無以自持。若此者，曹操之所不屑爲，而況明主之以道勝而容保無疆者乎！盡己而不憂天下之我勝，君子之道，而英雄繇之；不能髣髴於君子之道而足爲英雄者，未之有也。

一六

劉表無戡亂之才，所固然也，然謂曹操方挾天子、擅威福，將奪漢室，而表不能興勤王問罪之師，徒立學校、修禮樂，爲不急之務，則又非可以責表也。

表雖有荆州，而隔冥阸之塞，未能北向以争權，其約之以共滅曹氏者，袁紹也，紹亦何愈於操哉？紹與操自靈帝以來，皆有兵戎之任，而表出自黨錮，固雍容諷議之士爾。荆土雖安，人不習戰，紹之倚表而表不能爲紹用，表非戡亂之才，何待杜襲而知之？表亦自知之矣。躊躇四顧於袁、曹之閒，義無適從也，勢無適勝也，以詩書禮樂之虛文，示閒暇無爭而消人之忌，表之爲表，如此而已矣。中人以下自全之策也。不爲禍先而僅保其境，無袁、曹顯著之逆，無公孫瓚樂殺之愚，故天下紛紜，而荊州自若。迨乎身死，而子（孫）〔琮〕㊀舉土以降操，表非不慮此，而亦無如之何者也。

杜襲之語繁欽曰：「全身以待時。」襲所待者曹操耳，欽與王粲則邀官爵醼樂之歡於曹丕者也，夫豈能鄙表而不屑與居者哉？諸葛公僑居其土，而云「此中足士大夫遨遊」。亦唯表之足以安之也。天下無主，而徒以責之表乎！

一七

呂布不死，天下無可定亂之機，昭烈勸曹操速殺之，此操所以心折於昭烈也。

當時之競起者衆矣。孫堅，以戡亂爲志者也；劉焉妄人也，而偷以自容；劉表文士也，而無能自立；袁紹雖疏而有略，其規恢較大矣；狂愚而逞者袁術，而猶飾僞以自尊；頑悍而樂殺者公孫瓚，而猶據土以自全；若夫倏彼倏此，唯其意之可興發，旦暮狂馳而不能自信，唯呂布獨也。而有驍勁之力以助其惡，嗾之斯前矣，激之斯起矣，觸之斯鬭矣，蹂躪於中夏而靡所厎止，天下未寧而布先殪，其自取之必然也。呂布殪，而天下之亂始有乍息之時，亂人不亡，亂靡有定，必矣。

㊀ 據校記改。

嗚呼！布之惡無他，無恆而已。人至於無恆而止矣。不自信而人孰信之？不自度而安能度人？不思自全，則視天下之糜爛皆無足恤也。故君子於無恆之人，遠之唯恐不速，絶之唯恐不早，可誅之，則勿恤其小惠、小勇、小信、小忠之區區而必誅之，而後可以名不辱而身不危。與無恆者處，有家而家毁，有身而身危，乃至父子、兄弟、夫婦之不能相保。論交者通此義以知擇，三人行，亦必慎之哉！

一八

漢武、昭之世，鹽鐵論興，文學賢良競欲割鹽利以歸民爲寬大之政，言有似是而非仁義之實者，此類是也。夫割利以與民，爲窮民言也；即在瀕海瀕池之民，苟其貧弱，亦惡能食利於鹽以自潤？所利者豪民大賈而已。未聞割利以授之豪民大賈而可云仁義也。鹽猶粟也，人不可一日無者，而有異。粟則徧海内而生，勤者獲之，惰者匱之；鹽則或懸絶於千里之外，而必待命於商賈。上司其輕重，則雖苛而猶有制；一聽之豪民大賈，居贏乘虚，其以厚取於民者無制，而民不得不償，故割利以與豪民大賈而民益困。王者官山府海以利天下之用而有制，以不重困於民，上下交利之善術也，而奚爲徇寬大之名以交困國民邪？與其重征於力農之民，何如取給於天地之産。鹽政移於下，農民困於郊，國計虚於上，財不理，民非不禁，動浮言以談仁義者，亦可廢然返矣。

衛覬曰：「鹽，國之大寶也。」置鹽官賣鹽，以其直市犂牛給民，勸耕積粟，行之關中而民以綏，彊敵以折。施及後世，司馬懿拒守於秦、蜀之交，諸葛屢匱而懿常裕，皆此爲之本也。覬之爲功於曹氏，與棗祗均，而覬尤大矣。

一九

韓嵩，智而狡者也。劉表舊與袁紹通，而曹操方挾天子以爲雄長，紹之不敵操也，人皆知之，故杜襲、繁欽、王粲之徒，日夕思歸操以取功名。嵩亦猶是而已矣。嵩之勸表以歸操，明言袁、曹之勝敗，而論者謂其奉戴漢室，過矣。

嵩之欲詣許也迫，而固持之以緩，其與表約曰：「守天子之命，義不得爲將軍死。」先爲自免之計，以玩弄表於股掌之上，堅辭不行，而待表之相强，得志以歸，面折表而表不能殺，亦陳珪之故智，而嵩持之也尤堅。表愚而人去之，操巧而人歸之，以中二千石廣陵守遂珪之志，以侍中零陵守遂嵩之志，珪與嵩之計得，而吕布、劉表之危亡繫之矣。二子者，險人之尤也，豈得以歸漢爲忠而予之！

二〇

董承受衣帶詔，與先主謀誅曹操，乘操屯官渡拒袁紹之日，先主起兵徐州，勢孤而連和於袁紹。勿論待人者不足以興，即令乘閒而誅操，紹方進而奪漢之權，先主、董承其能制紹使無效操之尤而彌甚乎？不能也。然則此舉也，亦輕發而不思其反矣。董承者，與亂相終始，無定慮而好逞其意計者也。前之召操，與今之連紹，出一軌而不懲，弗責矣；先主亦慮不及此，而輕爲去就，何以爲英雄哉？

夫先主之於此，則固有其情矣。其初起也，因公孫瓚，因陶謙，雖爲州牧，而權藉已微，固不能與袁、曹之典兵於靈帝之世，與於誅賊之舉者齒；故旋起旋躓，而姑託於操。及其受左將軍之命，躬膺天子之寵任，而又承密詔以首事，先主於是乎始得乘權而正告天下以興師。曹操之必篡，心知之矣；袁紹之爲逆，亦心知之矣。脱於操之股掌，東臨徐、豫，孤倡義問以鼓人心，乘機而興，不能更待，紹不可連而連之，姑使與操相持，己因得以收兵略地爲東向之舉，而有餘以制羣雄，先主之志，如此而已。初未嘗倚紹以破操，而幸紹之能戴漢以復興也。董承、种輯亦惡足以知其懷來哉？

故許先主以純臣，而先主不受也。其於獻帝，特不如光武之於更始，而豈信其可終輔之以盪羣凶乎？故連和於紹而不終，未嘗恃紹也。操即滅，紹即勝，先主亦且出於事外而不屑爲紹用。先主之東，操心悔之而不懼，紹遥應之而不堅，亦已知之矣。他日稱尊於益州，此爲權輿；特其待操之篡而後自立焉，故不得罪於名教，而後世以正統加之，亦可勿媿焉。

二

曹操東攻先主，田豐説紹乘閒舉兵以襲其後，紹以子疾辭豐而不行，紹雖年老智衰，禽犢愛重，豈至以嬰兒病失大計者？且身即不行，命大將統重兵以躡之，亦詎不可？而紹不爾者，紹之情非豐所知也。操東與先主相距而紹乘之，操軍必驚駭潰歸，而先主追躡之，操且授首；先主誅操入許而擁帝，紹之逆不足以逞，而遽與先主争權；故今日弗進，亦猶昔者擁兵冀州，視王允之誅卓而不爲之援，其謀一也。

豈徒紹哉！先主亦固有此情矣。紹之興兵而南，衆未集，兵未進，雖承密詔與董承約，抑可姑藏少待也；待紹之進黎陽、圍白馬，操戰屢北，軍糧且匱，土山地道交攻而不容退，乃徐起徐、豫之兵，亟向許以拒曹之歸，操且必爲紹禽。而先主遽發以先紹者，亦慮操爲紹禽，而已擁天子之空質，則紹且梟張於外而逼我，孤危將爲王允之續矣。惟先紹而舉，則大功自己以建，而紹之威不張。紹以此制先主，先主亦以此制紹，其機一也。

夫先主豈徒思誅操而縱紹以横者乎？兩相制，兩相持，而曹操之計得矣。急攻先主而緩應紹，知其陽相用而陰相忌，可無俟其合而迫應其分。先主惡得而不敗？紹惡得而不亡？此其機〔先主〕㊀與紹緘之於心，非董承之所察，而田豐欲以口舌争之，不亦愚乎！

二二

張魯妖矣，而卒以免於死亡，非其德之堪也；聽閻圃之諫，拒羣下之請，不稱漢寧王，衛身之智，足以保身，宜矣。嗚呼！亂世之王公，輕於平世之守令；亂世之將相，賤於平世之尉丞；顧影而自笑，夢覺而自驚，人指之而嗤其項背，鬼瞰之而奪其精魂，然而汲汲焉上下相蒙以相尊，愚矣哉！

陳嬰、周市之所弗爲，張魯能弗爲，張魯之所不爲，而吕光、杜伏威、劉豫、明玉珍汲汲焉相尊以益其驕，駢首就戮而悔之無及，以死亡易一日之虚尊，且自矜也，人之愚未有如是之甚者也。

二三

袁紹之自言曰：「吾南據河，北阻燕、代，兼戎狄之衆，南向以争天下。」起兵之初，其志早定，是以董卓死，長安大亂，中州鼎沸，而席冀州也自若，紹之亡決於此矣。

㊀ 據校記增。

夫欲有事於天下者，莫患乎其有恃也。己恃之矣，謀臣將帥恃之矣，兵卒亦恃之矣，所恃者險也，而離乎險，則喪其恃而智力窮。坎之象曰：「王公設險以守其國。」險不可久據，而上六出乎險矣。智非所施，力非所便，徽纆之繫，叢棘之置，非人困之矣。山國之人，出乎山而窮於原；澤國之人，離乎澤而窮於陸；失所恃而非所習，則如蝸牛之失其廬而死於蟻。故袁紹終其身未嘗敢跬步而涉河，非徒紹之不敢，其將帥士卒睨平原廣野川陸相錯，而目眩心熒，莫知所措也。

曹操曰：「任天下之智力，以道御之，無所不可。」在山而用山之智力，在澤而用澤之智力，己無固恃，人亦且無恃心，而無不可恃，此爭天下者之善術，而操猶未能也。西至於赤壁，東至於濡須，臨長江之浩瀁而氣奪矣。則猶山陸之材，而非無不可者也。何也？操之所以任天下之智力，術也，非道也。術者，有所可，有所不可；可者契合，而不可者弗能納，則天下之智力，其不爲所用者多矣。其終彊而奪漢者，居四戰之地，恃智恃力，而無河山之可恃以生其驕怠也。

然則諸葛勸先主據益州天府之國，亦恃險矣，而得以存，又何也？先主之時，豫、兗、雍、徐已全爲操之所有，而荆、揚又孫氏三世之所綏定，舍益州而無託焉，非果以夔門、劍閣之險，肥沃鹽米之藪，爲可恃而恃之也。李特睨劍閣而歎曰：「劉禪有此而不知自存。」夫特亦介晋之亂耳，使其非然，則亦趙韙、李順而已。董璋、王建皆乘亂也，豈三巴巖險之足以偷安兩世哉！

一四

荀悦、仲長統立言於紛亂之世，以測治理，皆矯末漢之失也，而統爲愈。悦之言專以繩下，而操之已亟，申、韓之術也，曹操終用之以成乎嚴迫之政，而國隨亡。統則專責之上，而戒慆淫以清政教之原，故曰統爲愈也。

悦之言曰：「教化之廢，推中人而墜於小人之域，教化之行，引中人而納於君子之途。」是也。顧其所云正俗者，聽言責事，舉名察實，則固防天下之胥爲小人而督之也。故曰申、韓之術也。統切切焉以犇私嗜、騁邪慾、宣淫同惡爲戒，誠戒此矣，越軌改制之俗，上無與倡，而下惡淫蕩哉？漢之亡也，積順、桓、靈帝三君之不道，而天下相效以相怨，非法制督責之所可救，而悦何僅責之於末也！

雖然，統知懲當時之弊而歸責於君，亦不待深識而知其然者也；而推論存亡迭代，治亂周復，舉而歸之天道，則將使曹氏思篡之情，亦援天以自信而長其逆。故當紛亂之世，未易立言也。憤前事之失，矯之易偏；避當時之忌，徇之不覺；非超然自拔於危亂之廷，其言未有不失者也。悦爲侍中矣，統爲尚書郎矣，而且得有言乎哉？

二五

諸葛公之始告先主也，曰：「天下有變，命一上將將荆州之軍以向宛、雒，將軍身率益州之衆出於秦川。」其後先主命關羽出襄、樊而自入蜀，先主没，公自出祁山以圖關中，其略定於此矣。是其所爲謀者，皆資形勢以爲制勝之略也。蜀漢之保有宗社者數十年在此，而卒不能與曹氏爭中原者亦在此矣。

以形勢言，出宛、雒者正兵也，出秦川者奇兵也，欲昭烈自率大衆出秦川，而命將向宛、雒，失輕重矣。關羽之覆於呂蒙，固意外之變也；然使無呂蒙之中撓，羽即前而與操相當，羽其〔能〕㈠制操之死命乎？以制曹仁而有餘，以敵操而固不足矣。宛、雒之師挫，則秦川之氣枵，而惡能應天下之變乎？

乃公之言此也，以宛、雒爲疑兵，使彼拒我於宛、雒，而乘閒以取關中，此又用兵者偶然制勝之一策，聲東擊西，搖惑之以相牽制，乘倉猝相當之頃，一用之而得志耳。未可守此以爲長策，規之於數年之前，而恃以行之於數年之後者也。敵一測之而事敗矣。謀天下之大，而僅恃一奇以求必得，其容可哉？善取天下者，規模定乎大全，而奇正因乎時勢。故曹操曰：「任天下之智力，以道馭之，無所不可。」操之所以自許爲英雄，而公乃執一可以求必可，非操之敵矣。

且形勢者，不可恃者也。荆州之兵利於水，一踰楚塞出宛、雒而氣餒於平陸；益州之兵利於山，一踰劍閣出秦川而情搖於廣野。恃形勢，而形勢之外無恃焉，得則僅保其疆域，失則祇成乎坐困。以有恃而應無方，姜維之敗，所必然也。當先主飄零屢挫、託足無地之日，據益州以爲資，可也；從此而畫宛、雒、秦川之兩策，不可也。陳壽曰：「將略非其所長。」豈盡誣乎？

二六

身任天下之重，舍惇信而趨事會，君子之所賤，抑英雄之所恥也，功隳名辱而身以死亡，必矣。欲合孫氏於昭烈以共圖中原者，魯肅也；欲合昭烈於孫氏以共拒曹操者，諸葛孔明也；二子者守之終身

㈠據校記增。

而不易。子敬以借荆資先主，被仲謀之責而不辭；諸葛欲諫先主之東伐，難於盡諫，而歎法正之死。蓋吴則周瑜、吕蒙亂子敬之謀，蜀則關羽、張飛破諸葛之策，使相信之主未免相疑。然二子者，終守西弔劉表東乞援兵之片言，以爲金石之固於心而不能自白，變故繁興之日，微二子而人道圮矣。

且以大計言之，周瑜、關羽競一時之利，或得或喪，而要適以益曹操之凶；魯、葛之謀，長慮遠顧，非瑜與羽徼利之淺圖所可測，久矣。兵之初起也，羣雄互角，而操挾天子四面應之而皆碎。此無異故，吕布倏彼倏此而爲衆所同嫉，袁術則與袁紹離矣，袁紹則與公孫瓚競矣，袁譚、袁尚則兄弟相讎殺矣，韓遂則與馬超相疑矣，劉表雖通袁紹，視紹之敗而不恤矣，皆自相滅以授曹氏之滅之也。今所僅存者孫、劉，而又相尋於干戈，其不内潰以折入於曹操也不能。則魯、葛定交合力以與操争存亡，一時之大計無有出於此者。晉文合宋、齊以敗楚，樂毅結趙、魏以破齊，漢高連韓、彭、英布而摧項，已事之師，二子者籌之熟而執之固。瑜與羽交起而亂之，不亦悲乎！

二七

仲謀之聽子敬，不如其信瑜、蒙，先主之任孔明，而終不違關、張之客氣，天下之終歸於曹氏也，誰使之然也？

或曰：操漢賊也，權亦漢賊也，拒操而睦權，非義也。夫苟充類至盡以言義，則紛争之世，無一人之不可誅矣。權逆未成，視操之握死獻帝於其掌中，則有閒矣。韓信請王齊之日，竇融操遲疑之志，亦奚必其皎皎忠貞如張睢陽、文信國而後可與共事。使覈其隱微以求冰霜之操，則昭烈不與孔北海同死，而北奔袁紹，抑豈以純忠至孝立大節者乎？

故孫、劉之不可不合，二子之見義爲已審也。其信也，近於義而可終身守者也。先主没，諸葛遽修好於吴，所惜者，肅先亡耳，不然，尚其有濟也。乃其無濟矣，二子之惇信，固以存人道於變故繁興之世者也。

二八

赤壁之戰，操之必敗，瑜之必勝，非一端也。舍騎而舟，既棄長而争短矣。操之兵衆，衆則驕；瑜之兵寡，寡則奮；故韓信以能多將自詫，而謂漢高之不已若也，此其一也。操乘破袁紹之勢以下荆、吴，操之破紹，非戰而勝也，固守以老紹之師而乘其敝也，以此施之於吴則左矣；吴憑江而守，矢石不及，舉全吴以饋一軍，而糧運於無慮之地，愈守則兵愈增、糧愈足，而人氣愈壯，欲老吴而先自老，又其一也。北來之軍二十萬，劉表新降之衆幾半之，而恃之以爲水軍之用，新附之志不堅，而懷土思散以各歸其故地者近而易，表之衆又素未有遠征之志者也，重以戴先主之德，懷劉琦之恩，故黄蓋之火一爇而人皆駭散，荆土思歸之士先之矣，此又其一也。積此數敗，而瑜之明足以見之；即微火攻，持之數月，而操亦爲官渡之紹矣。知此，而兵之所忌與敵之足畏與否也，皆可預料而定也。

二九

黄權、王累、嚴顔、劉巴之欲拒先主也，智在一曲而不可謂智，忠在一曲而不可謂忠。奚以明其然也？

張松曰：「曹公兵無敵於天下，因張魯以取蜀，誰能禦之？」諸欲拒先主者，曾有能保蜀而不爲操所奪乎？亡有術也。鍾繇之兵已向張魯，危在旦夕，而璋以柔懦待之，奪於曹必矣。與其奪於曹，無如奪於先主，則四子者，料先主之必見奪以爲智，知其一曲而不知其大全也，非智也。

四子之於劉焉，豢屬耳，非君臣也。焉雖受命作牧，而漢之危亡，風波百沸，焉勿問焉。割土自擅，志士之所不屑事者也。先主雖不保爲漢室之忠輔，而猶勤勤於定亂，視焉而愈也多矣。戴非其主而怙之，相依爲逆而失名義之大，非忠也。

然則張松、法正其賢乎？而愈非也。璋初迎昭烈，二子者遽欲於會襲之，忍矣哉！君子於此，勸璋以州授先主而保全之，則得矣，其他皆不忠不智之徒也。

三〇

論治者言得言失，古今所共也；而得不言其所自得，失（不）㊀不言其所自失，故牘滿册府，而聽之者無能以取益。張紘將死，遺牋吴主曰：「人情憚難而趨易，好同而惡異，故與治道相反。」斯言抉得失之機於居心用情之際，聞之者而能悟焉，反求之寸心，而聽言用人立政之失焉者鮮矣。

夫人之情，不耽逸豫，天下無不可進之善；不喜諛悦，天下無不可納之忠。然而中人之於此，恆諱之也。樂逸豫矣，而曰圖難者之迂遠而無益也；喜諛悦矣，而曰責善者之失理而非法也；反諸其心而

㊀ 原衍一「不」字。

果然乎哉？偷安喜諛，一婦人孺子之愚，而遠大之猷去之。諱其偷安喜諛之情，則利害迫於身而不知避。其迹剛愎者，其情荏苒；急取其柔情而砭之於隱，然後振起其生人之氣。而（國）〔圖〕[一]治有本，非汎言得失者，令人迷其受病之源，而聽之若忘也。奮恥自彊，而矯其情之所流，雖聖王之修身立政，又何以加焉！

三一

荀彧拒董昭九錫之議，爲曹操所恨，飲藥而卒，司馬温公許之以忠，過矣。乃論者譏其爲操謀篡，而以正論自詭，又豈持平之論哉？彧之智，算無遺策，而其知操也，尤習之已熟而深悉之；違其九錫之議，必爲操所不容矣，姑託於正論以自解，冒虚名，蹈實禍，智者不爲，愚者亦不爲也，而彧何若是？夫九錫之議興，而劉氏之宗社已淪。當斯時也，苟非良心之牿亡已盡者，未有不惻然者也。彧亦天良之未泯，發之不禁耳，故雖知死亡之在眉睫，而不能自已。於此亦可以徵人性之善，雖牿亡而不喪，如之何深求而重抑之！

彧之失，在委身於操而多爲之謀耳。雖然，初起而即委身於操，與華歆、王朗之爲漢臣而改面戴操者，抑有異矣。楊彪世爲公輔，而不能亡身以憂國；邴原以名節自命，而不能辭召以潔身。蜀漢之臣，惟武侯不可苟求焉，其他則皆幸先主爲劉氏之胤，而非其果能與漢存亡者也。然則彧所媿者管寧耳。

[一] 據校記改。

當紛紜之世，舍寧而無以自全，乃彧固以才智見，而非寧之流亞久矣。季路、冉有，聚斂則從，伐顓臾則爲之謀，旅泰山則不救，而子曰：「弒父與君，亦不從也。」至於大惡當前，而後天良之存者不昧，禍未成而荏苒以爲之謀，聖人且信其不與於篡弒，善惡固有不相揜矣。

且彧之爲操謀也，莫著於滅袁紹。紹之爲漢賊也，不下於操，爲操謀紹，猶爲紹而謀操也。漢之賊，滅其一而未嘗不快，則彧爲操謀，功與罪正相埒矣。若其稱霸王之圖以歆操，則懷才亟見，恐非是而不爲操所用也，則彧之爲操謀也，亦未可深辠也。試平情以論之，則彧者，操之謀臣也，操之謀臣，至於篡逆而心怵焉其不寧，左掣右曳以亡其身，其天良之不昧者也。并此而以爲詭焉，則誣矣。

三二

春秋之法，諸侯失國則名之，賤之也；失國而又降焉，賤甚矣。此三代封建之侯國則然，受之先王，傳之先祖，天子且不得而輕滅焉，爲臣子者，有死而無降，義存焉耳。劉焉之牧益州，漢命之；命之以牧，未嘗命之以世。焉死，璋偷立乎其位，益州豈焉所可傳子，而璋有宗社之責哉？

先主圍成都，璋曰：「父子在州二十餘年，無恩德以加百姓，攻戰三年，肌膏草野，以璋故也，何心能安。」猶長者之言也。論者曰：「劉璋暗弱。」弱者弱於彊爭，暗者暗於變詐，而豈果昏孱之甚乎？其不斷者，不能早授州於先主，而多此戰爭耳。韓馥之於袁紹，璋之於先主，自知不逮而引退以避之，皆可謂保身之智矣。其屬吏悻悻以爭氣矜之雄，以毒天下，何足尚哉！

三三

吳、蜀之好不終，關羽以死，荆州以失，曹操以乘二國之離，無忌而急於篡，關羽安能逃其責哉？羽守江陵，數與魯肅生疑貳，於是而諸葛之志不宣，而肅亦苦矣。肅以歡好撫羽，豈私羽而畏昭烈乎？其欲並力以抗操，匪舌是出，而羽不諒，故以知肅心之獨苦也。

羽爭三郡，貪忿之兵也，肅猶與相見，而秉義以正告之，羽無辭以答，而婞婞不忘，豈盡不知肅之志氣與其苦心乎？昭烈之敗於長坂，羽軍獨全，曹操臨江，不能以一矢相加遺。而諸葛公東使，魯肅西結，遂定兩國之交，資孫氏以破曹，羽不能有功，而功出於亮。劉錡曰：「朝廷養兵三十年，而大功出一儒生。」羽於是以忌諸葛者忌肅，因之忌吳；而葛、魯之成謀，遂爲之滅裂而不可復收。

然而肅之心未遽忿羽而墮其始志也，以義折羽，以從容平孫權之怒，尚冀吳、蜀之可合，而與諸葛相孚以制操耳。身遽死而授之呂蒙，權之忮無與平之，羽之忿無與制之，諸葛不能力爭之隱，無與體之，而成謀盡毀矣。肅之死也，羽之敗也。操之幸，先主之孤也。悲夫！

三四

金禕、耿紀、韋晃欲挾天子伐魏，使其克焉，足以存漢乎？不能也。幸而不敗，又幸而殺操，爾朱兆之死，拓拔氏乃以奔竄而見奪於宇文，非但如董卓之誅，獻帝一日不能安於長安已也。故董承之計非計，而伏完爲甚，至於金禕而尤甚矣。雖然，至於金禕、耿紀、韋晃之時，更無可以全漢之策，而忠臣志士捐三族以與國俱碎，雖必不成，義憤之不容已，亦烈矣哉！

於是而孫權之罪不容誅也，懷憤嫉於先主，而請降於操，操無忌矣。關羽出襄、鄧，向宛、雒，而懷忿以與孫氏爭，操知之而坐待其敗。普天之下，爲漢臣者，唯三子之不恤死而誓與獻帝俱殉社稷耳，其他皆貪忿以逞者。忠臣志士無可俟之機，而又何擇焉？

三五

關羽，可用之材也，失其可用而卒至於敗亡，昭烈之驕之也，私之也，非將將之道也。故韓信之稱高帝曰：「陛下能將將。」能將將而取天下有餘矣。先主之入蜀也，率武侯、張、趙以行，而留羽守江陵，以羽之可信㈠而有勇。夫與吳在離合之閒，而恃篤信乎我以矜勇者，可使居二國之閒乎？定孫、劉之交者武侯也，有事於曹，而不得復開釁於吳。爲先主計，莫如留武侯率雲與飛以守江陵，而北攻襄、鄧；取蜀之事，先主以自任有餘，而不必武侯也。然而終用羽者，以同起之恩私，矜其勇而見可任，而不知其忮吳怒吳，激孫權之降操，而魯肅之計不伸也。

然則先主豈特不能將羽哉？且信武侯而終無能用也。疑武侯之交固於吳，而不足以快己之志也。故高帝自言能用子房者，以曹參之故舊，百戰之功，而帷幄之籌，唯子房得與焉。不私其舊，不驕其勇，韓、彭且折，況參輩乎？先主之信武侯也，不如其信羽，明矣。諸葛子瑜奉使而不敢盡兄弟之私，臨崩而有「君自取之」之言，是有武侯而不能用，徒以信羽者驕羽，而遂絕問罪曹氏之津，失豈在羽哉？先主自貽之矣。

㈠ 校記「信」下有「也」字。

讀通鑑論卷十

三國

一

國之亡，有自以亡也，至於亡，而所自亡之失昭然衆見之矣。後起者，因鑒之、懲之，而立法以弭之；然所戒在此，而所失在彼，前之覆轍雖不復蹈，要不足以自存。漢亡於宦官外戚之交横，曹氏初立，即制宦者官不得過諸署令，黄初三年，又制后家不得輔政，皆鑒漢所自亡而懲之也。然不再世，而國又奪於權臣。立國無深仁厚澤之基，而豫教不修，子孫昏暴，撲火於原，而燄發於烓竈，雖厚戒之無救也。

自其亡而言之，漢之亡也，中絶復興，暴君相繼，久而後失之；魏之亡也不五世，無桀、紂之主而速滅；以國祚計之，漢爲永矣。乃自順帝以後，數十年閒，毒流天下，賢士駢首以就死，窮民空國以胥溺，盜賊接跡而蔓延；魏之亡也，禍不加於士，毒不流於民，盜不騁於郊；以民生計之，魏之民爲幸矣。故嚴椒房之禁，削埽除之權，國即亡而害及士民者淺，仁人之澤，不易之良法也。

乃昏主則曰：外戚宦官，内侍禁闥，未嘗與民相接，惡從而朘削之？且其侈靡不節，閒行小惠，以下施於貧乏，何至激而爲盜？其剥民以致盜者，士大夫之貪暴爲之也。夫惡知監司守令之毒民有所自哉？紈袴之子，刑餘之人，知諛而已，知賄而已；非諛弗官也，非賄弗諛也，非剥民之膚弗賄也，則毒流四海，填委溝壑，而困窮之民無所控告。猶栩栩然曰：吾未嘗有損於民，士大夫吮之以爲利，而嫁禍於我以爲名。相激相詆，挾上以誅逐清流，而天下箝口結舌，視其敗而無敢言。漢、唐、宋之浸敗而浸亡，皆此繇也。其能禁此矣，則雖有奪攘之禍，而民不被其災。故司馬簒曹，潛移於上而天下不知。勿曰防之於此，失之於彼，魏之立法無裨於敗亡也。

二

魏從陳羣之議，置州郡中正，以九品進退人才，行之百年，至隋而始易，其於選舉之道，所失亦多矣。人之得以其姓名與於中正之品藻者鮮也，非名譽弗聞也，非華族弗與延譽也。故晋宋以後，雖有英才勤勞於國，而非華族之有名譽者，謂之寒人，不得與於薦紳之選。其於公天爵於天下，而獎斯人以同善之道，殊相背戾，而帝王公天下之心泯矣。

然且行之六代而未嘗不收人才之用，則抑有道焉。人之皆可爲善者，性也；其有必不可使爲善者，習也。習之於人大矣，耳限於所聞，則奪其天聰；目限於所見，則奪其天明；父兄熏之於能言能動之始，鄉黨姻亞導之於知好知惡之年，一移其耳目心思，而泰山不見，雷霆不聞；非不欲見與聞也，投以所未見未聞，則驚爲不可至，而忽爲不足容心也。故曰：「習與性成。」成性而嚴師益友不能勸勉，醲賞重罰不能匡正矣。

是以古之爲法，士之子恆爲士，農之子恆爲農，非絶農人之子於天性之外也，雖欲引之於善，而曀霾久蔽，不信上之有日，且必以白晝秉燭爲取明之具，聖人亦無如此習焉何也。故曰：「民可使由之，不可使知之。」不可使知矣，欲滌除而拂拭之，違人之習，殆於拂人之性，而惡能哉？則斬取之華胄之子、清流之士，以品隲而進退之，亦未甚爲過也。父母者，乾坤也，即以命人之性者也；師友交遊者，臭味也，即以發人之情者也；見聞行習者，造化也，即以移人之氣體者也。知此，則於是以求材焉，有所溢，有所漏，然而鮮矣。

唐之舉進士也，不以一日之詩賦，而以名望之吹噓，雖改九品中正之制，猶其遺意焉。宋以後，糊名易書，以求之於聲寂影絶之内，而此意殆絶。然而學校之造士也夙，而倡優隸卒之子弟必禁錮之，則固天之所限，而人莫能或亂者。伊尹之耕，傅説之築，膠鬲之賈，託以隱耳。豈草野倨侮、市井錐刀之中，德色父而誶母者，有令人哉？

三

以先主紹漢而繫之正統者，爲漢惜也；存高帝誅暴秦、光武討逆莽之功德，君臨已久，而不忍其亡也。若先主，則惡足以當此哉？

光武之始起也，即正討莽之義，而誓死以挫王邑、王尋百萬之衆於昆陽，及更始之必不可爲君而後自立，正大而無慚於祖考也。而先主異是。其始起也，依公孫瓚、依陶謙，以與人爭戰，既不與於誅卓之謀，抑未嘗念袁紹、曹操之且篡，而思撲之以存劉氏；董承受衣帶之詔，奉之起兵，乃分荆得益而忘之矣。曹操王魏，己亦王漢中矣；曹丕稱帝，己亦帝矣；獻帝未死而發其喪，蓋亦利曹丕之弒而已可爲名矣；費詩陳大義以諫而左遷矣；是豈誓不與賊俱生而力爲高帝争血食者哉？

承統以後，爲人子孫，則亡吾國者，吾不共戴天之讎也。以苻登之孤弱，猶足以一逞，而先主無一矢之加於曹氏。即位三月，急舉伐吴之師，孫權一驃騎將軍荆州牧耳，未敢代漢以王，而急修關羽之怨，淫兵以逞，豈祖宗百世之讎，不敵一將之私忿乎？先主之志見矣，乘時以自王而已矣。

故爲漢而存先主者，史氏之厚也。若先主，則固不可以當此也。羿篡四十載而夏復興，莽篡十五年而漢復續，先主而能枕戈寢塊以與曹丕争生死，統雖中絶，其又何傷？尸大號於一隅，既殂而後諸葛有祁山之舉，非先主之能急此也。司馬温公曰：「不能紀其世數。」非也。世數雖足以紀，先主其能爲漢帝之子孫乎？

四

談君臣之交者，競曰先主之於諸葛。伐吴之舉，諸葛公曰：「孝直若在，必能制主上東行。」公之志能盡行於先主乎？悲哉！公之大節苦心，不見諒於當時，而徒以志決身殲遺恨終古，宗澤咏杜甫之詩而悲惋以死，有以也夫！

公之心，必欲存漢者也，必欲滅曹者也。不交吴，則内掣於吴而北伐不振。此心也，獨子敬知之耳。孫權尚可相諒，而先主之志異也。夫先主亦始欲自彊，終欲自王，雄心不戢，與關羽相得耳。故其信公也，不如信羽，而且不如孫權之信子瑜也。疑公交吴之深，而並疑其與子瑜之合；使公果與子瑜合而有裨於漢之社稷，固可勿疑也，而況其用吴之深心，勿容妄揣也哉！先主不死，吴禍不息，祁山之軍不得而出也。迨猇亭敗矣，先主殂矣，國之精鋭盡於夷陵，老將如趙雲與公志合者亡矣；公收疲敝之餘民，承愚暗之沖主，以向北方，而事無可爲矣。公故曰：「鞠躬盡瘁，死而後已。」唯忘身以遂志，而成敗固不能自必也。

嚮令先主以篤信羽者信公，聽趙雲之言，輟東征之駕，乘曹丕初篡、人心未固之時，連吴好以問中原，力尚全，氣尚鋭，雖漢運已衰，何至使英雄之血不灑於許、雒，而徒流於猇亭乎？公曰：「漢、賊不兩立。」悲哉其言之也！若先主，則固非有宗社存亡之戚也，強之哭者不涕，公其如先主何哉？張良遇高帝而志伸，宗澤遇高宗而志沮；公也，子房也，汝霖也，懷深情而不易以告人，一也，而成敗異。公懷心而不能言，誠千秋之遺憾與！

五

楊顒之諫諸葛公曰：「爲治有體，上下不可相侵。」大哉言矣！公謝之，其没也哀之，而不能從，亦必有故矣。公之言曰：「寧静可以致遠。」則非好爲煩苛以競長而自敝者也。

先主之初微矣，雖有英雄之姿，而無袁、曹之權藉，屢挫屢奔，而客處於荆州，望不隆而士之歸之也寡。及其分荆據益，曹氏之勢已盛，曹操又能用人而盡其才，人争歸之，蜀所得收羅以爲己用者，江、湘、巴、蜀之士耳。楚之士輕，蜀之士躁，雖若費禕、蔣琬之譽動當時，而能如鍾繇、杜畿、崔琰、陳羣、高柔、賈逵、陳矯者，亡有也。軍不治而唯公治之，民不理而唯公理之，政不平而唯公平之，財不足而唯公足之；任李嚴而嚴亂其紀，任馬謖而謖敗其功；公不得已，而察察於纖微，以爲訏謨大猷之累，豈得已乎？

夫大有爲於天下者，必下有人而上有君。而公之託身先主也，非信先主之可爲少康、光武也，恥與荀彧、郭嘉見役於曹氏，以先主方授衣帶之詔，義所可從而依之也。上非再造之君，下無分猷之士，孤行其志焉耳。向令龐統、法正不即於溘亡，徐庶、崔州平未成乖散，先主推心置腹，使關羽之傲、李嚴之險，無得閒焉，領袖羣才，各效其用，公亦何用此營營爲也？公之泣楊顒也，蓋自悼也。

六

漢、魏、吴之各自帝也，在三年之中，蓋天下之稱兵者已盡，而三國相爭之氣已衰也。曹操知其子之不能混一天下，丕亦自知一篡漢而父子之鋒鋩盡矣。先主固念曹氏之不可摇，而退息乎巖險。孫權覩望曹、劉之勝敗，既知其情之各自帝，而息相吞之心，交不足懼，則亦何弗擁江東以自帝邪？權所難者，先主之扼其肘腋耳。先主殂於永安，權乃拒魏而自尊，樂得鄧芝通好以安處於江東。繇此觀之，此三君者，皆非有好戰樂殺之情，而所求未得，所處未安，弗獲已而相爲扞格也。

曹氏之戰亟矣，處中原而挾其主，其敵多，其安危之勢迫，故孫氏之降，知其非誠而受之。敵且盡，勢且安，甘苦自知，而殺戮爲慘，亦深念之矣。孫氏則赤壁之外無大戰也。先主則收蜀争荆而姑且息也。是以三君者，猶可傳之後裔，而不與公孫、袁、吕同殄其血胤。上天之大命集於有德，雖無其德，而抑無樂殺之心，則亦予之以安全。天地之心，以仁爲復，豈不信哉？

丕之逆也，權之狡也，先主之愎也，皆保固爾後而不降天罰，以其知止而能息民也。逆與狡，違道甚矣，而惟愎尤甚。先主甫即位而興伐吳之師，毒民以逞，傷天地之心，故以漢之宗支而不敵篡逆之二國。先主殂，武侯秉政，務農殖穀，釋吳怨以息民，然後天下粗安。蜀漢之祚，武侯延之也，非先主之所克勝也。

七

蜀漢之義正，魏之勢彊，吳介其閒，皆不敵也，而角立不相下，吳有人焉，足與諸葛頡頏。魏得士雖多，無有及之者也。立國之始，宰相爲安危之大司，而吳之舍張昭而用顧雍，雍者，允爲天子之大臣者也，屈於時而相偏安之國爾。

曹氏始用崔琰、毛玠，以操切治臣民，而法粗立。王道息，申、韓進，人心不固，而國祚不長，有自來也。諸葛之相先主也，淡泊寧靜，尚矣。而與先主皆染申、韓之習，則且與曹氏德齊而莫能相尚。三代以下之材，求有如顧雍者鮮矣。寡言慎動，用人惟其能而無適莫；恤民之利病，密言於上而不衒其恩威；黜小利小功，罷邊將便宜之策，以圖其遠大。有曹參之簡靖而不弛其度，有宋璟之靜正而不燿其廉。求其德之相若者，曠世而下，唯李沆爲近之，而雍以處兵争之世，事雄猜之主，雍爲愈矣。故曰：允爲天子之大臣也。

雍既秉國，陸遜益濟之以寬仁，自漢末以來，數十年無屠掠之慘，抑無苛繁之政，生養休息，唯江東也獨。惜乎吴無漢之正、魏之彊,而終於一隅耳。不然,以平定天下而有餘矣。

八

魏之亡,自曹丕遺詔命司馬懿輔政始。懿之初起爲文學掾,豈夙有奪魏之心哉?魏無人,延懿而授之耳。懿之視操,弗能若也。操之威力,割二袁,俘吕布,下劉表,北埽烏桓,而懿無其功;操迎天子於危亂之中,復立漢之社稷,而懿無其名;魏有人,懿不能奪也。

魏之無人,曹丕自失之也。而非但丕之失也,丕之詔曹真、陳羣與懿同輔政者,甚無謂也。子叡已長,羣下想望其風采,大臣各守其職司,而何用輔政者爲?其命羣與懿也,以防曹真而相禁制也。然則雖非曹爽之狂愚,真亦不能爲魏藩衛久矣。以羣、懿防真,合真與懿、羣而防者,曹植兄弟也。故魏之亡,亡於孟德偏愛植而植思奪適之日。兄弟相猜,拱手以授之他人,非一旦一夕之故矣。

漢高意移於趙王,唐高情貳於建成,宋祖受母命而亂與子之法,開國之初所恆有也。而曹氏獨以貽覆宗之禍。天不佑僭人,而使並峙於時以生猜制,天之道也。藉其不然,釁雖開於骨肉,必不假秉政握兵之異姓,持權以箝束懿親。漢、唐、宋争於室而姦邪不興於外,豈有患哉?魏之自取滅亡,天邪?人邪?人之不臧者,天也。

九

兩敵相持,而有起兵於腹裏者以遥相應,見爲可恃,恃以夾攻内應者必敗;勿問其爲義也、爲賊也,皆不可恃以冒進者也。其爲義也,忠臣志士,孤憤蹶起,而成敗非其所謀,且其果懷忠憤者,一二人耳，其他皆徼利無恆、相聚而不相攝者也。若其爲賊也，則妄人非分之圖，假我以惑衆而亡實者耳，如之何其恃邪？

彭綺，亂人也，借爲魏討吴以爲名，而實賊也。其心恃我之援，而已欻然而興，虐民罔利，而欲恃以爲應援，彼敗而我之鋒亦挫矣。彼可恃也，奚用我爲？彼不可恃矣，而抑安能爲我之恃乎？侯景不足以難魏，適以亡梁，擁大衆、扼爭地者且然，況烏合之一旅哉！岳侯恃兩河忠義以伐金，使無金牌之撤，亦莫保其不與俱潰也。孫資諫曹叡之應彭綺，明於料敵矣。

一〇

諸葛公出師北伐，表上後主，以親賢遠小人爲戒，一篇之中，三致意焉。後主失國之繇，早見於數十年之前，公於此無可如何，而唯以死謝寸心耳。

賢臣之進，大臣之責也，非徒以言，而必有進之之實。公於郭攸之、費褘、董允、向寵亦既進之無遺力矣。然能進而不能必庸主之親之。庸主見賢而目欲垂，猶賢主見小人而喉欲噦也，無可如何也。雖然，尚可使之在列也。至於小人之親，而愈無可如何矣。卑其秩，削其權，不得有爲焉止矣。愈抑之，庸主愈狎之；愈禁之，庸主愈私之；斂迹於禮法之下，而噂沓於帷帟之中；庸主曰：此不容於執政，而固可哀矜者也。綢繆不舍，信其無疵可摘，而蠱毒潛中於肸蠁之微。嗚呼！其將如之何哉！

故賢臣不能使親而猶可進，小人可使弗進而不能使弗親。非有伊尹放桐非常之舉，周公且困於流言，況當篡奪相仍之世，而先主抑有「君自取之」之亂命，形格勢禁，公其如小人何哉！歷舉興亡之繇，著其大端而已。何者爲小人，不能如郭、費、董、向之歷指其人而無諱也。指其名而不得，而況能制之使勿親哉？以一死謝寸心於未死之閒，姑無決裂焉足矣。公之遺憾，豈徒在漢、賊之兩立也乎？

一一

曹孟德推心以待智謀之士，而士之長於略者，相踵而興。孟德智有所窮，則荀彧、郭嘉、荀攸、高柔之徒左右之，以算無遺策。迨於子桓之世，賈詡、辛毗、劉曄、孫資皆坐照千里之外，而持之也定。故以子桓之鄙，叡之汰，抗仲謀、孔明之智勇，而克保其磐固。

孔明之北伐也，屢出而無功，以爲司馬懿之力能拒之，而早決大計於一言者，則孫資也。漢兵初出，三輔震驚，大發兵以迎擊於漢中，庸詎非應敵之道？乃使其果然，而魏事去矣。漢以初出之全力，求敵以戰，其氣銳；魏空關中之守，即險以争，其勢危；皆敗道也。一敗潰而漢乘之，長安不守，漢且出關以搗宛、雒，是高帝破項之故轍也，魏惡得而不危？資籌之審矣，即見兵據要害，敵即盛而險不可踰，據秦川沃野之粟，坐食而制之，雖孔明之志銳而謀深，無如此漠然不應者何也。資片言定之於前，而拒諸葛、挫姜維，收效於數十年之後，司馬懿終始所守者此謀也。

魏足智謀之士，昏主用之而不危。故能用人者，可以無敵於天下。

一二

魏延請從子午谷直搗長安，正兵也；諸葛繞山而西出祁山，趨秦、隴，奇兵也。高帝舍棧道而出陳倉，以奇取三秦，三秦之勢散，拊其背而震驚之。而魏異是：非堂堂之陣直前而攻其堅，則雖得秦、隴，而長安之守自有餘。魏所必守者長安耳，長安不拔，漢固無如魏何。而迂回西出，攻之於散地，魏且以爲是乘閒攻瑕，有畏而不敢直前，敗敵氣愈壯，而我且疲於屢戰矣。夏侯楙可乘矣，魏見漢兵累歲不出而志懈，卒然相臨，救援未及，小得志焉；彌旬淹月，援益集，守益固，即欲拔一名都也且不可得，而況魏之全勢哉？故陳壽謂應變將略非武侯所長，誠有謂已。

而公謀之數年，奮起一朝，豈其不審於此哉？果畏其危也，則何如無出而免於疲民邪？夫公固有全局於胸中，知魏之不可旦夕亡，而後主之不可起一隅以光復也。其出師以北伐，攻也，特以爲守焉耳。以攻爲守，而不可示其意於人，故無以服魏延之心而貽之怨怒。

秦、隴者，非長安之要地，乃西蜀之門户也。天水、南安、安定，地險而民彊，誠收之以爲外蔽，則武都、陰平在懷抱之中，魏不能越劍閣以收蜀之北，復不能繞階、文以擣蜀之西，則蜀可鞏固以存，而待時以進，公之定算在此矣。公没蜀衰，魏果由陰平以襲漢，夫乃知公之定算，名爲攻而實爲守計也。

公之始爲先主謀曰：「天下有變，命將出宛、雒，自嚮秦川。」惟直指長安，則與宛、雒之師相應；若西出隴右，則與宛、雒相去千里之外，首尾斷絶而不相知。以是知祁山之師，非公初意，主闇而敵彊，改圖以爲保蜀之計耳。公蓋有不得已焉者，特未可一一與魏延輩語也。

一三

武侯之任人，一失於馬謖，再失於李嚴，誠哉知人之難也。闇者不足以知，而明察者即以明察爲所蔽;妄者不足以知,而端方者即以端方爲所蔽。明察則有短而必見,端方則有瑕而必不容。士之智略果毅者,短長相間,瑕瑜相雜,多不能純。察之密,待之嚴,則無以自全而或見棄,即加意收録,而固不任之矣。於是而飾其行以無過、飾其言以無尤者,周旋委曲以免摘;言果辨,行果堅,而孰知其不可大任者,正在於此。似密似慎,外飾而中枵,惡足任哉?

故先主過實之論,不能遠馬謖,而任以三軍;陳震鱗甲之言,不能退李嚴,而倚以大計;則唯武侯端嚴精密,二子即乘之以蔽而受其蔽也。於是而曹孟德之能用人見矣,以治天下則不足,以争天下則有餘。蔽於道而不蔽於才,不能燭司馬懿之姦,而荀彧、郭嘉、鍾繇、賈詡,惟所任而無不稱矣。

一四

城濮之戰,晉文不恃齊、秦也。恃齊、秦,則必令齊掠陳、蔡而南以牽之於東,秦出武關,下鄀、郢以撓之。滎陽之戰,高帝不恃彭、黥也。恃黥布,則當令布率九江之兵,沿淮而襲之;恃彭越,則越勝而進,越敗而退也。善用人者不恃人,此之謂大略。

吴人敗曹休於石亭,諸葛出陳倉之師,上言曰:「賊疲於西,又務於東,兵法乘勞,此進趨之時也。」其無功宜矣。恃吴勝而乘之,吴且退矣,失所恃而心先沮,氣先折也。蜀定吴交以制魏,此諸葛之成謀,計之善者也。雖然,吴交之必定,亦唯東顧無憂,可決於進爾。及進,而所恃者終在己也。我果奮勇以大挫魏於秦川而舉長安,吴且恃我以疾趨淮、汝,不恃吴而吴固可恃也。己未有必勝之形,而恃人以逞,交相恃,交相誤,六國之合從,所以不能動秦之毫末,其左驗已。

石亭之役，賈逵以虛聲怖吳而吳退，吳望蜀之乘之，蜀不能應也。陳倉之役，張郃以偏師拒蜀而蜀沮，蜀望吳之牽之，吳不能應也。兩國異心，謀臣異計，東西相距，聲響之利鈍不相及，聞風而馳，風定而止，恃人者，不敗足矣，未有能成者也。德必有鄰，修德者不恃鄰；學必會友，爲學者不恃友；得道多助，創業者不恃助。不恃也，乃可恃也。故曰：「一人行則得其友。」言致一也。

一五

魏制：諸侯入繼大統者，不得謂考爲皇、稱妣爲后，是也。帝后之尊，天之所秩，非天子所得擅以加諸其親，則大統正而天位定也。其曰：「纂正統而奉公義，何得復顧私親。」則襲義而戕仁矣。所後者以承統而致其尊，因以致其親，義也；所生者以嗣統而屈其尊，不能屈其親，仁也；親者，與心生以生其心，性之不可揜者也。故古之制服，爲人後者，爲所生父母期，不問與所生相去親疏，即與所後者在六世祖免之外而必期，且必正名之曰「所生父母」，未嘗概置諸伯叔之列也。抑此猶爲爲人後者言之。若宋英宗之後仁宗，孝宗之後高宗，固以爲子而子之，則所後所生父母之名各正，而所生者並屈其親。若夫前君之生也，未嘗告宗廟、詔臣民、而正其爲後；嗣子之嗣也，未嘗修寢門視膳之儀，立國儲君副之位，臣民推戴而大位歸焉，則亦如光武之於南頓，位號不可僭，而天倫不可忘，何得遽謂之私親而族人視之也哉？

天下所重者，統也；人子所不可背者，親也。爲天下而不敢干其統，則天下之義重，而己之恩輕。雖有天下，而不可沒其生我之恩，則天下敝屣，而親爲重。導諛者，獻追尊之僭；矯異者，沒父母之名;折衷以順天理之固然,豈一偏之説所可亂哉!

一六

國政之因革,一張一弛而已。風俗之變遷,一質一文而已。上欲改政而下争之,争之而固不勝;下欲改俗而上抑之,抑之而愈激以流;故節宣而得其平者,未易易也。

東漢之中葉,士以名節相尚,而交遊品題,互相持以成乎黨論,天下奔走如騖,而莫之能止。桓、靈側聽奄豎,極致其罪罟以摧折之,而天下固慕其風而不以爲忌。曹孟德心知摧折者之固爲亂政,而標榜者之亦非善俗也,於是進崔琰、毛玠、陳羣、鍾繇之徒,任法課能,矯之以趨於刑名,而漢末之風暫息者數十年。琰、玠殺,孟德殁,持之之力窮,而前之激者適以揚矣。太和之世,諸葛誕、鄧颺浸起而矯孟德綜實之習,結納互相題表,未嘗師漢末之爲,而若或師之;且刓方向圓,崇虚墮實,尤不能如李、杜、范、張之崇名節以勵俗矣。乃遂以終魏之世,迄於晋而不爲衰止。然則孟德之綜核名實也,適以壅已決之水於須臾,而助其流溢已耳。故曰抑之而愈以流也。

名之不勝實、文之不勝質也,久矣。然古先聖人,兩俱不廢以平天下之情。奬之以名者,以勸其實也。導之以文者,以全其質也。人之有情不一矣,既與物交,則樂與物而相取,名所不至,雖爲之而不樂於終。此慈父不能得之於子,嚴師不能得之於徒,明君不能得之於臣民者也。故因名以勸實,因文以全質,而天下歡忻鼓舞於敦實崇質之中,以不蕩其心。此而可杜塞之以域民於矩矱也,則古先聖人何弗囿天下之躍冶飛揚於鉗網之中也?以爲拂民之情而固不可也。情者,性之依也,拂其情,拂其性矣;性者,天之安也,拂其性,拂其天矣。志鬱而勃然以欲興,則氣亦蝹蜦屯結而待隙以外洩。迨其一激一反,再反而盡棄其質以浮蕩於虚名。利者争託焉,僞者争託焉,激之已極,無所擇而唯其所汎濫。夏侯玄、何晏以之亡魏,王衍、王戎以之亡晋,五胡起,江東僅存,且蔓引以迄於陳、隋而不息,非崇質尚實者之激而豈至此哉?

桓、靈激之矣,奄豎激之矣,死亡接踵而激猶未甚,桓、靈、奄豎不能揜其名也。孟德、琰、玠並其名而揜之,而後詭出於玄虚,横流於奔競,莫能禁也。以傅咸、卞壼、陶侃之公忠端亮,折之而不勝,董昭欲以區區之辨論,使曹叡持法以禁之,其將能乎?聖王不作,禮崩樂壞,政暴法煩,衹以增風俗之浮蕩而已矣。

一七

魏伐遼東,蜀征南中,一也,皆用兵謀國之一道也;與隋煬之伐高麗、唐玄之伐雲南,異矣。隋、唐當天下之方寧,貪功而圖遠,涉萬里以徼幸,敗亡之釁,不得而辭焉。諸葛公之慎,司馬懿之智,舍大敵而勤遠略,其所用心者未易測矣。

兩敵相持,勢相若而不相下,固未得晏然處也。而既不相爲下矣,先動而躁,則受其傷,弗容不静以俟也。静以俟,則封疆之吏習於固守,六軍之士習於休息,會計之臣習於因循。需之需之,時不可徼而兵先弛;技擊奔命、忘生趨死之情,日以翱翔作好而墮其氣;則静退之禍,必伏於不覺。一旦有事,張皇失措,驚憂朒縮,而國固不足以存,況望其起而制人,收長驅越險之功哉?魏之東征,蜀之南伐,皆所以習將士於戰而養其勇也。先主殂，蜀未可以圖中原，孟德父子繼亡，魏未可以并吴、蜀，兵不欲其久安而忘致死之心，諸葛之略，司馬之智，其密用也，非人之所能測也。

或曰：習士於戰，有訓練之法，而奚以遠伐爲？嗚呼！此坐而談兵，誤人家國之言耳。步伐也，擊刺也，束伍也，部分也，訓練而習熟者也。兩軍相當，飛矢雨集，白刃拂項，趨於死以争必勝，氣也，非徒法也。有其法不作其氣，無輕生之情，而日試於旌旗金鼓之閒，雍容以進退，戲而已矣。習之愈久而士愈無致死之心，不亡何待焉？訓練者，戰餘而教之也，非數十年之中，目不見敵，徒修其文具之謂也。

一八

武侯遺令魏延斷後，爲蔣琬、費禕地也。李福來請，公已授蜀於琬、禕。而必不可使任蜀者，魏延也。延權亞於公，而雄猜難御，琬未嘗與軍旅之任，而威望不隆，延先入而挾孱主，琬固不能與争，延居然持蜀於掌腕矣。唯大軍退而延不得孤立於外，楊儀先入而延不得爲主於中，雖憤激而成乎亂，一夫之制耳。

延之亂也，不北降魏而南攻儀，論者謂其無叛心。雖然，豈可保哉？延以偏將孤軍，主帥死而乞活於魏，則亦司馬懿之屬吏而已矣，南轅而不北駕，不欲爲懿下也。使其操全蜀之兵，制朝權而唯其意，成則攘臂以奪漢，不成將舉三巴以附魏，司馬懿不得折箠而馭之，其降其否，亦惡可諒哉？

楊儀褊小之器耳，其曰「吾若舉軍就魏，寧當落度如此」，是則即爲懿屈而不慚者。令先歸而延與姜維持其後，蔣琬談笑而廢之，非延匹也。於是而武侯之計周矣。故二將訌而於國無損。不然，將爭於內，敵必乘之，司馬懿之智，豈不能閒二亂人以捲蜀，而何爲斂兵以退也？

一九

武侯之言曰：「淡泊可以明志。」誠淡泊矣，可以質鬼神，可以信君父，可以對僚友，可以示百姓，無待建鼓以亟鳴矣。且夫持大權、建大功，爲物望所歸，而懷不軌之志者，未有不封殖以厚儲於家者也。以示豆區之恩，以收百金之士，以餌腹心之蠹，以結藩鎮之歡，胥於財而取給。季氏富於周公，而魯昭莫能制焉，曹、馬、劉、蕭，皆祖此術也。誠淡泊矣，競利名者之所不趨，而子孫亦習於儒素，不問其威望之重輕，而固知其白水盟心、衡門歸老之夙圖矣。

乃武侯且表於後主曰：「成都有桑八百株，薄田十五頃，死之日，不使內有餘帛、外有贏粟，以負陛下。」一若志晦不章，憂讒畏譏之疏遠小臣，屑屑而自明者。嗚呼！於是而知公之志苦而事難矣。後主者，未有知者也，所猶能持守以信公者，先主之遺命而已。先主曰：「子不可輔，君自取之。」斯言而入愚昧之心，公非剖心出血以示之，豈能無疑哉？身在漢，兄弟分在魏、吳，三國之重望，集於一門，關、張不審，挾故舊以妬其登庸，先主之疑，蓋終身而不釋。施及嗣子之童昏，內而百揆，外而六軍，不避嫌疑而持之固，含情不吐，誰與諒其志者？然則後主之決於任公，屈於勢而不能相信以道，明矣。公乃諄諄然取桑田粟帛、竭底蘊以告，無求於當世，其孤幽之忠貞，危疑若此，而欲北定中原、復已亡之社稷也，不亦難乎？

於是而知先主之知人而能任，不及仲謀遠矣。仲謀之於子瑜也、陸遜也、顧雍也、張昭也，委任之不如先主之於公，而信之也篤，豈不賢哉？先主習於申、韓而以教子，其操術也，與曹操同，其宅心也，亦彷彿焉。自非司馬懿之深姦，則必被掣曳而不能盡展其志略。故曰公志苦而事難也。不然，公志自明，而奚假以言明邪？

二〇

得直諫之士易，得憂國之臣難。識所不及，誠所不逮，無死衛社稷之心，不足與於憂國之任久矣。若夫直諫者，主德之失，章章見矣。古之爲言也，仁慈恭儉之得，奢縱苛暴之失，亦章章見矣。習古之説而以證今之得失，不必深思熟慮，殷憂鬱勃，引休戚於躬受，而斟酌以求寧，亦可奮起有言而直聲動天下矣。

魏主叡之後，一傳而齊王芳廢，再傳而高貴鄉公死，三傳而常道鄉公奪。青龍、景初之際，禍胎已伏，蓋岌岌焉，無有慮此爲叡言者，豈魏之無直臣哉？叡之營土木、多内寵、求神僊、察細務、濫刑賞也，舊臣則有陳羣、辛毗、蔣濟，大僚則有高堂隆、高柔、楊阜、杜恕、陳矯、衛覬、王肅、孫禮、衛臻，小臣則有董尋、張茂，極言無諱，不避喪亡之謗詛，至於叩棺待死以求伸；叡雖包容勿罪，而諸臣之觸威以抒忠也，果有身首不恤之忱。漢武、唐宗不能多得於羣臣者，而魏主之廷，森森林立以相繩糾。然而阽危不救，旋踵國亡。繇是觀之，直諫之臣易得，而憂國之臣未易有也。

高堂隆因鵲巢之變，陳他姓制御之説；問陳矯以司馬公爲社稷之臣，而矯答以未知。然則魏之且移於司馬氏，禍在旦夕，魏廷之士或不知也，知而或不言也。隆與矯知之而不深也，言之而不力也。當其時，懿未有植根深固之黨，未有榮人、辱人、生人、殺人之威福，而無能盡底蘊以爲魏主告。無他，心不存乎社稷，浮沈之識因之不定，未能剖心刻骨爲曹氏徘徊四顧而求奠其宗祏也。逮乎魏主殂，劉放、孫資延大姦於肘掖之後，雖灼見魏之必亡而已無及矣。

以社稷爲憂者，如操舟於洪濤巨浸，脈察其磧岸洑渦之險易，目不旁瞬而心喻之，則折旋於數十里之外而避危以就安也，適其所泊而止。豈舟工之智若神禹哉？心壹於是而生死守之爾。若夫雒陽、崇華銅人土山之縱欲勞民，與夫暴怒刑殺、聽小臣毀大臣、躬親細務而陵下不君，此皆見之聞之，古有明訓，而依道義以長言之，則不必有體國之忠，而但有敢言之氣，固可無所畏避而唯其敷陳者也。抑豈足恃爲宗社生民之託哉？

三

陳羣上封事諫魏主，輒削其草；楊阜觸人主之威以直諫，與人言未嘗不道；袁宏贊羣之忠，而譏阜之播揚君惡。夫阜激而太過，誠然矣；以羣之削草爲忠臣之極致，又奚得哉？宏曰：「仁者愛人，施之君謂之忠，施之親謂之孝。」非知道之言也。

君父均也，而事之之道異。禮曰：「事親有隱無犯，事君有犯無隱。」隱者，知其惡而諱之也。有隱以全恩，無隱以明義，道之準也。君之有過也，諫之而速改，改過之美莫大焉。稱其前之過以表其後之改，固以揚其美之大者也。諫而不聽，君過成矣；即不言，而臣民固已知之矣。導諛之臣，方且爲之飾非爲是，弭在廷之口；而諫者更爲之揜覆，於是而導諛之臣益無所忌，而唯其欲爲。且已諫而不聽，庶幾人之繼進也。小臣疏遠，望近臣之從違以爲語默。近臣養君之慝而蔽下之知，則疏遠欲言之士，且徘徊疑沮，而以柔巽揄揚爲風尚。勸忠之道，喪於唯諾之習，孤鳴無和，雖造膝而爲痛哭，亦無如怙過之主何矣！

韓愈氏非知道者，擬文王之詩曰：「臣罪當誅兮，天王聖明。」文王而爲此言也，則飛廉、惡來且援爲口實以惑紂，而信比干之死爲當其辜矣。亦何憚而不殫其斮脛炮烙之慘乎？若羣者，以全身於暴主之側，孔光溫樹之故智也，謂之曰忠，而同君父於一致，袁宏惡知忠臣之極致哉！

二三

魏主叡之詔曰：「漢承秦亂，廢無禘禮，曹氏世系，出自有虞，以舜配天，以舜妃配地。」其亢地於天，離妣於祖，亂乾坤高卑之位，固不足道矣。妄自祖虞而以廢禘譏漢，尤不知禘者也。

自漢以下，禘之必廢也無疑也。三代而上，君天下者，數姓而已，天子之支庶，分封爲侯，各受命而有社稷。其後一族衰微，則一族之裔孫以德而復陟帝位，無有不繇諸侯祖天子而崛起者也。推創業之主而上之，始受命而有社稷者，其始祖也，商之契、周之稷是也。又推而上之，則固有天下者也，而高辛是也，是爲始祖所自出之帝也。世有社稷而爲君，代相承而譜牒具存，雖歷數十世而雲仍不絶，則所自出之帝雖遠，亦猶父子之相授，淵源不昧；而後此之有天下者，仍還其前此有天下之故業，以示帝位之尊，不越神明之胄，非是者不得而干焉。此封建未墜之天下，道固然也。

秦雖無德，而猶柏翳之裔，受封西土，可以繼三代而王，使追所自出之帝而禘焉，得矣。至於漢興，雖曰帝堯之苗裔，而不可考也。陶唐之子孫受侯封者，國久滅而宗社皆亡，帝堯之不祀，久已忽諸。高帝起田閒爲亭長，自以滅秦夷項之功而有天下，徼家世於若存若亡之餘，懸擬一古帝爲祖，將誰欺？欺天乎？自漢以下之不禘，豈不允哉！

漢曰祖堯也，王莽、曹氏曰祖舜也，唐曰祖皋陶也、老聃也，攀援不可致詰之聖賢以自張大者也。澤所已斬，道所不嗣，誠所不至，以名屬之，以文修之，漠乎其不相及久矣。當其側微，不知其有所祖也，序其譜系，不知其必爲祖也，且遠引而祖之，仁人孝子之事其先，如是而已哉。郭崇韜垂涕汾陽之墓，梁師成追訟眉山之誣，爲姍笑而已。魏主叡其何以異於是！

二三

任人任法，皆言治也，而言治者曰：任法不如任人。雖然，任人而廢法，則下以合離爲毀譽，上以好惡爲取舍，廢職業，徇虛名，逞私意，皆其弊也。於是任法者起而摘之曰：是治道之蠹也，非法而何以齊之？故申、韓之說，與王道而爭勝。乃以法言之，周官之法亦密矣，然皆使服其官者習其事，未嘗懸黜陟以擬其後。蓋擇人而授以法，使之遵焉，非立法以課人，必使與科條相應，非是者罰也。

法誠立矣，服其官，任其事，不容廢矣。而有過於法之所期者焉，有適如其法之所期者焉，有不及乎法之所期者焉。才之有偏勝也，時之有盈詘也，事之有緩急也，九州之風土各有利病也。等天下而理之，均難易而責之，齊險易豐凶而限之，可爲也而憚於爲，不可爲也而強爲塗飾以應上之所求，天下之不亂也幾何矣！上之所求於公卿百執郡邑之長者，有其綱也。安民也，裕國也，興賢而遠惡也，固本而待變也，此大綱也。大綱圮而民怨於下，事廢於官，虛譽雖騰，莫能揜也。苟有法以授之，人不得以玩而政自舉矣。故曰擇人而授以法，非立法以課人也。

論官常者曰：清也，慎也，勤也。而清其本矣。弗慎弗勤而能清也，詘於繁而可以居要，充其至可以爲社稷臣矣。弗清而不慎不勤，其罪易見，而爲惡也淺。弗清矣，而慎以勤焉，察察孳孳以規利而避害，夫乃爲天下之巨姦。考課以黜陟之，即其得而多得之於勤慎以墮其清，況其所謂勤者非勤，而慎者非慎乎？是所謂孳孳爲利，蹠之徒矣。清議者，似無益於人國者也，而國無是不足以立。恐其亡實而後以法飭之，周官、周禮、關雎、麟趾之精意所持也。京房術數之小人，何足以知此哉？盧毓、劉邵師之以惑魏主，不能行焉必也。雖不能行，而後世功利刑名之徒，猶師其說。張居正之毒，所以延及百年而不息也。

二四

魏主叡授司馬懿以輔政，而懿終篡也，宜哉！法紀立，人心固，大臣各得其人，則臥赤子於天下之上而可不亂，何庸當危病昏瞀之時，委一二人，錫以輔政之名，倒魁柄而授之邪？

周公之輔成王也，王幼而未有知識，且公之至德，曠古一人，而武王之信公也，以兩聖而相知也。然使無輔政之名，則二叔亦無釁以搆難，而冲人晏然矣。漢武之任霍、金、上官也，上官逆，霍氏不終矣；輔政之名，由此而立，而抑安足師乎？先主之任諸葛，而諸葛受命，當分争之世，而後主不足有爲也，兩俱弗獲已而各盡其心耳。先主不能舍後主而別有所立，則不能不一委之諸葛以壹後主之心。

若夫魏主叡，無子而非有適長之不可易也，宗室之子，唯其所擇以爲後。當其養芳與詢爲子之日，豈無賢而可嗣者慎簡而豫教之？迨其將殂，芳之爲子已三歲矣，可否熟知，而教訓可夙，何弗擇之於先，教之於後，令可君國而勿墜，而使劉放、孫資得乘其篤疾以晉姦雄於負扆哉？爲天下得人者，得一人爾。得其人而宰輔百執無不得焉。已既無子，唯其意而使一人以爲君，不審其勝任與否，而又別委人以輔之，則胡不竟授以天下而免於篡弑乎？漢之自旁支入繼者，皆昏庸之器，母后權姦之爲之也，非若叡之自擇而養之也。彼憒憒以死，無意於宗社而委之婦人者，無責耳矣，而魏主叡何爲者也！

宋仁宗之授英宗，高宗之授孝宗，一旦嗣立而太阿在握；有二君之慎，豈至忍死以待巨姦而付以童昏也哉？故宋二宗之立嗣，允爲後世法也。輔政者危亡之本，惡得託周公之義以召禍於永世哉！

二五

史稱何晏依勢用事，附會者升進，違忤者罷退，傅嘏譏晏外靜內躁，皆司馬氏之徒，黨邪醜正，加之不令之名耳。晏之逐異己而樹援也，所以解散私門之黨，而厚植人才於曹氏也。盧毓、傅嘏懷寵禄，慮子孫，豈可引爲社稷臣者乎？藉令曹爽不用晏言，父事司馬懿，而唯言莫違，爽可不死，且爲戴莽之劉歆。若逮其篡謀之已成，而後與立異，劉毅、司馬休之之所以或死或亡，而不亦晚乎！爽之不足與有爲也，魏主叡之不知人而輕託之也。乃業以宗臣受顧命矣，晏與畢軌、鄧颺、李勝不與爽爲徒而將誰與哉？

或曰：圖存社稷者，智深勇沈而謀之以漸。晏一旦蹶起而與相持，激懿以不相下之勢，而魏因以亡。

夫曹芳以暗弱之沖人孤立於上，叡且有「忍死待君相見無憾」之語，舉國望風而集者，無敢踰司馬氏之閫閾，救焚拯溺而可從容以待乎？懿之不可託也，且勿論其中懷之叵測也；握通國之兵，爲功於閫外，下新城，平遼東，卻諸葛，撫關中，將吏士民爭趨以效尺寸。既赫然矣，惡有舉社稷之重，付孺子於大將之手，而能保其終者哉？王敦無邊徼之功，故溫嶠得制之於衰病；桓溫有枋頭之敗，故王、謝得持之以從容。奪孤豚於猛虎之口，雅士無所容其靜鎮，智者無所用其機謀，力與相爭而不勝，天也，非人之所能爲也。

當是時，同姓猜疏而無權，一二直諒之臣如高堂隆、辛毗者，又皆喪亡，曹氏一綫之存亡，僅一何晏，而猶責之已甚，抑將責劉越石之不早附劉淵，文宋瑞之不亟降蒙古乎？嗚呼！惜名節者謂之浮華，懷遠慮者謂之銛巧，三國志成於晋代，固司馬氏之書也。後人因之掩抑孤忠，而以持禄容身、望風依附之逆黨爲良圖。公論没，人心蠹矣。

二六

蔣琬改諸葛之圖，欲以舟師乘漢、沔東下，襲魏興、上庸，愈非策矣。魏興、上庸，非魏所恃爲巖險，而其贅餘之地也。縱克之矣，能東下襄、樊北收宛、雒乎？不能也。何也？魏興、上庸，漢中東迤之餘險，士卒所憑以阻突騎之衝突，而依險自固，則出險而魂神已惘，固不能踰閫限以與人相搏也。且舟師之順流而下也，逸矣；無與遏之而戒心弛，一離乎水而衰氣不足以生，必敗之道也。先主與吴共争於水而且潰，況欲以水爲勢，而與車騎争於原陸乎？魏且履實地、資宿飽，坐而制之於丹、淯之湄，如蛾赴燄，十撲而九亡矣。

劉裕之泝河、渭以入關中，王鎮惡等以步騎馳擊，而舟師爲其繼，非恃舟師以争人於陸也。姚泓恃拓拔氏爲之守，拓拔氏不爲泓守，而泓弛其防，故獲利焉，非獨倚舟師之利攻人於千里之外也。諸葛之出祁山，以守爲攻，即以攻爲守，知習於險者之不利於夷，且自固以待時變，特不欲顯言之以怠衆志耳。琬移屯而東西防遂弛，鄧艾陰平之禍，自琬始矣。琬疾動而不能行，司馬懿方謀篡而未暇，故蜀猶以全。不然，此一舉而蜀亡不旋踵矣。

二七

曹孟德始屯田許昌，而北制袁紹，南折劉表；鄧艾再屯田陳、項、壽春，而終以吞吴；此魏、晋平定天下之本圖也。屯田之利有六，而廣儲芻糧不與焉。戰不廢耕，則耕不廢守，守不廢戰，一也；屯田之吏士，據所屯以爲己之樂土，探伺密而死守之心固，二也；兵無室家，則情不固，有室家，則爲行伍之累，以屯安其室家，出而戰，歸而息，三也；兵從事於耕，則樂與民親，而殘民之心息，即境外之民，亦不欲凌轢而噬齕之，敵境之民，且親附而爲我用，四也；兵可久屯，聚於邊徼，束伍部分，不離其素，甲胄器仗，以暇而修，卒有調發，符旦下而夕就道，敵莫能測其動静之機，五也；勝則進，不勝則退有所止，不至駭散而内訌，六也。有此六利者，而粟米芻槀之取給，以不重困編氓之輸運，屯田之利溥矣哉！諸葛公之於祁山也，亦是道也；姜維不能踵之，是以亡焉。

雖然，有其地，有其時矣。許昌之屯，乘黄巾之亂，民皆流亡，野多曠土也；兩淮之屯，魏、吴交争之地，棄爲甌脱，田皆蕪廢也；五丈原之屯，秦、隴、階、文之閒，地廣人稀，羌、胡據山澤而棄平土，數百里而皆艸萊也。非是者，可屯之地，畸零散布於民田之閒，而分兵以屯之，則一散而不可猝收矣。奪民熟壤以聚屯，民怨而敗速矣。此屯之必以其地也。

屯之於戰争之時，壓敵境而營疆埸，以守爲本，以戰爲心，而以耕爲餘力，則釋耒耜、援戈矛，兩不相妨以相廢。若在四海蕩平之後，分散士卒，雜處民閒，使食利於耕，而以戰守爲役，則雖有訓練鉗束之法，日漸月靡於全軀保室、樸鈍偷安之習，而天下於是乎無兵。故唯棗祗、鄧艾、諸葛可以行焉，而後此之祖以安插天下之兵，是弭兵養懦之術也，故陵夷衰微而無與衛國。此屯之必以其時也。法有名同而實異，事同而效異，如此者多矣。謀國者不可不審也。

二八

史稱管寧高潔而熙熙和易，因事而導人以善。善於傳君子之心矣。世之亂也，權詐興於上，偷薄染於下，君不可事，民不能使，而君子仁天下之道幾窮。窮於時，因窮於心，則將視天下無一可爲善之人，而拒絶唯恐不夙，此焦先、孫登、朱桃椎之類，所以道窮而仁亦窮也。夫君子之視天下，人猶是人也，性猶是性也，知其惡之所自熏，知其善之所自隱，其熏也非其固然，其隱也則如宿艸霜凋而根荄自潤也。無事不可因，無因不可導，無導不可善，喻其習氣之横流，即乘其天良之未喪，何不可與以同善哉？此則盎然之仁，充滿於中，時雨灌注而宿艸榮矣。惜乎時無可事之君，而寧僅以此終；非然，將與伊、傅而比隆矣。

嗚呼！不得之於君，可得之於友，而又不可得矣；不得之薦紳，可得之於鄉黨，而又不可得矣；不得之父老，可得之童蒙，而又不可得矣；此則君子之抱志以没身，而深其悲閔者也。友之不得，君錮之；鄉黨之不得，薦紳熒之；童蒙之不得，父老蔽之；故寧之仁，終不能善魏之俗。君也，薦紳也，父老也，君子之無可如何者也。吾盡吾仁焉，而道窮於時，不窮於己，亦奚忍爲焦先、孫登、朱桃椎之孤傲哉？

二九

形可以徵神乎？曰：未嘗不可也。神者，天德之函於地者也；形者，地德之成乎天者也；相函相成而不相舍，神之靈，形受之；形之靈，神傅之；非神孤盪其靈於虚而形頑處也。譬之笙竽然，器洪而聲洪，器纖而聲纖矣；譬之盂水然，器方而水方，器圜而水圜矣。造化者以其神之靈摶造形質，而氣以舒斂焉。榮，隨氣而華，隨氣而黯；衛，隨氣而理，隨氣而亂；内而藏府之精粗，外而筋骸之勁脃，動静語默各如其量，而因以發用；則明於察形者，可以徵神，固矣。管輅之評鄧颺、何晏而言皆屢中，知此而已矣。

然則神可以化形乎？曰：奚爲其不可也？其始也天化之，天之道也；其後也人化之，人之道也。

天之道，亭之毒之，用其偶然，故孅惡偏全、參差而不齊；人之道，熏之陶之，用其能然，則惡可使孅，偏可使全，變化而反淳。人莫難於御其神，而形其易焉者。昧者不知，曰：「一受其成型，而與之終古。」其不知道也久矣。孟子曰：「居移氣，養移體。」榮衛隨養以移，而内而藏府、外而筋骸，隨之以移；況動止語默，因心而縱斂，因習而率循者哉！

鄧颺之躁，徵於形之躁也，不可驟息，而息之以静者，颺可得而主也；何晏之幽，徵於形之幽也，不可驟張，而張之以明者，晏可得而主也。豈有他哉？一旦而知躁與幽之爲不善，操之縱之，懲艾於俄頃；習之制之，熏成於漸次；則二子者，金錫圭璧之章，再見而驚非其故，輅又安能測之哉？乃若二子者，終成乎幽躁，而使輅言之終驗，其蔽一也。一者何也？曰：驕也。老、莊者，驕天下而有餘者也，絶學以無憂，與天而爲徒，而後形之不善，一受其成型，而廢人道之能然，故禍至而不知其所自召也。地承天而受化，形順神而數移，故管輅之術，君子節取焉，而不怙之以爲固然。人之有道也，風雨可使從欲，元氣可使受治，況在躬之榮衛藏府筋骸，與從心之動止語默哉！

三〇

王淩可以爲魏之忠臣乎？蓋欲爲司馬懿而不得者也。爲懿不得，而懿愈張矣。齊王芳，魏主叡之所立也，懿殺曹爽而制芳於股掌，其惡在懿，其失在叡，而芳何尤焉！使霍光而有操、懿之心，漢昭亦無如之何，而可責之芳乎？淩誠忠於魏而思存其社稷，正懿閉門拒主、專殺宗臣、覬覦九錫之罪，抗表而入討，事雖不成，猶足以鼓忠義之氣，而懿不能駕禍於楚王以錮曹氏之宗支，使斂迹而坐聽其篡奪。

而淩欲廢無過之主以別立君，此其故智，梁、隋之季多效之者，而終以盜鈴。則使淩得志，楚王彪特其揜耳之資，操此心也，惡足以惑人心而使效順哉？

名義者，邪正存亡之大司也，無義不可以爲名，無名不可以爲義，忠臣效死以争之，姦雄依附而抑必挾之。以曹操之不軌也，王芬欲立合肥侯以誅宦官，而操審其必敗，勿從也；袁紹欲立劉虞以誅董卓，而操惡其徒亂，勿從也；名正而義因以立，豈特操之智遠過於淩乎？天下未解體於弱主，而已先首禍，心之所不安，烖之所必逮也。劉虞賢矣，袁紹弗能惑也；合肥侯聽曹操而安，楚王彪聽王淩而死，非獨自殺，且以啓禍於宗室，胥入司馬之阱中，亦烈矣哉！

嗚呼！亂人假義而授人以名，義乃永墮而禍生愈速，如是而許之以忠也，則沈攸之、陳霸先皆忠矣。王淩之心，路人知之，無以異於司馬氏，而益以愚者也。

三一

曹操之篡也，迎天子於危亡之中而措之安土；二袁、吕布、劉表、劉焉羣起以思移漢祚，獻帝弗能制，而操以力勝而得之。劉裕之篡，馘桓玄，夷盧循，東滅慕容超，西俘姚泓，收復中國五十餘年已覆之土宇，而修晉已墟之陵廟，安帝愚暗，不能自存也。若夫二蕭、陳霸先，功不逮操、裕而篡焉，則不成乎其爲君而不延其世。由此言之，雖篡有天下，而豈易易哉？

司馬懿之於魏，掾佐而已，拒諸葛於秦川，僅以不敗，未嘗有尺寸之功於天下也；受魏主叡登牀之託，横翦曹爽，遂制孱君、脅羣臣，獵相國九錫之命，終使其子孫繼世而登天位，成一統之業。其興也不可遏，而抑必有道焉，非天下之可妄求而得也。曹氏之毆兆民、延人而授之也久矣。

漢之延祀四百，紹三代之久長，而天下戴之不衰者，高帝之寬，光武之柔，得民而合天也。漢衰而法弛，人皆恣肆以自得。曹操以刻薄寡恩之姿懲漢失，而以申、韓之法鉗網天下；崔琰、毛玠、鍾繇、陳羣爭附之，以峻削嚴迫相尚。士困於廷，而衣冠不能自安；民困於野，而寢處不能自容。故終魏之世，兵旅亟興，而無敢爲萑葦之寇，乃蘊怒於心，思得一解網羅以優游卒歲也，其情亟矣。司馬懿執政，而用賢恤民，務從寬大，以結天下之心。於是而自搢紳以迄編甿，乃知有生人之樂。處空谷者，聞人聲而蹍然，欒盈之汰，人且歌泣以願爲之死，況懿父子之謀險而小惠已周也乎！王淩之子廣曰：「懿情雖難量，事未有逆。」可謂知言矣。故曰：「得乎邱民爲天子。」

逆若司馬，解法網以媚天下，天且假之以息民。則乘苛急傷民之後，大有爲之君起而蘇之，其爲天祐人助，有不永享福祚者乎？三國鼎立，曹、劉先亡，吴乃繼之。孫氏不師申、韓之報也；曹操不足道；諸葛公有道者也，而學於申、韓，不知其失，何也？

三二

蔣琬死，費禕刺，蜀漢之亡必也，無人故也。圖王業者，必得其地。得其地，非得其險要財賦之謂也，得其人也；得其人，非得其兵卒之謂也，得其賢也。巴蜀、漢中之地隘矣，其人寡，則其賢亦僅矣。故蔣琬死，費禕刺，而蜀漢無人。

雖然，嘗讀常璩華陽國志，其人之彬彬可稱者不乏。張魯妖盜而有閻圃，劉焉驕怠而有黃權，王累、劉巴，皆國士也。先主所用，類皆東州之産，耄老喪亡，而固不能繼。蜀非乏才，無有爲主效尺寸者，於是知先主君臣之圖此也疏矣。勤於耕戰，察於名法，而於長養人才、涵育熏陶之道，未之講也。蔣、費亡而僅一姜維，維亦北士也，舍維而國無與託。敗亡之日，諸葛氏僅以族殉，蜀士之登朝參謀議者，僅一姦佞賣國之譙周，國尚孰與立哉？

管仲用於齊，桓公死而齊無人；商鞅用於秦，始皇死而秦無人；無以養之也。寬柔温厚之德衰，人皆跼蹐以循吏之矩矱，雖有英特之士，摧其生氣以即於瓦合，尚奚恃哉？諸葛公之志操偉矣，而學則申、韓也。文王守百里之西土，作人以貽百年之用，鳶飛魚躍，各適其性以盡其能，夫豈申、韓之陋所與知哉！

三三

何晏、夏侯玄、李豐之死，皆司馬氏欲篡而殺之也。而史斂時論之譏非，以文致其可殺之罪，千秋安得有定論哉？當時人士所推而後世稱道弗絶者，傅嘏也、王昶也、王祥也、鄭小同也。數子者，以全身保家爲智，以隨時委順爲賢，以静言處錞爲道，役於亂臣而不怍，視國之亡、君之死，漠然而不動於心，將孔子所謂賊德之鄉原，殆是乎！風尚既然，禍福亦異，天下之圖安而思利者，固必褰裳而從之，禄位以全，家世以盛，而立人之道幾於息矣。嗚呼！此無道之世，所以崩風壞俗而不可挽也。

雖然，有未可以過責數子者存焉。魏之得天下也不以道，其守天下也不以仁，其進天下之士也不以禮，利啗之，法制之，奴虜使之，士生其時，不能秉耒而食，葛屨而履霜也。無管寧之操，則抑與之波流，保其家世已耳。故昶與祥皆垂裔百年而享其名位，兢兢門内之行，自求無過，不求有益於當時；士之不幸，天所弗求全也。狂狷罣於網羅，容容獲其厚福，是或一道也；不可以漢、唐、宋數百年戴天履地栽培長育之人才，忘軀捐妻子以扶綱常者責之也。施及宋、齊以降，君屢易而士大夫之族望自若也，皆此焉耳。歐陽永叔傷五代無死節之臣，而不念所事之何君也，亦過矣。王彥章之忠，匹夫之諒而已矣，況余闕乎？

三四

諸葛誕之起兵討司馬昭也，疑賢於王淩、毋丘儉，而實未見其愈也。儉與誕，皆以夏侯玄之死不自安，而徼幸以争權，使其克捷，其不爲劉裕之誅桓玄，不能保也。且誕之討昭，何爲也哉？無抑不欲魏社之移於司馬氏矣乎？魏而亡，亡於司馬，亡於吴，無以異也，吴豈爲魏惜君臣之義，誅權姦以安其宗社者哉？誕遣其子靚稱臣於吴以起兵，則昭未篡而已先叛；以叛臨篡，篡者未形而叛者已著；其志悖，其名逆，授司馬昭以討叛之名，而惡得不敗邪？使其成也，司馬昭之族甫糜，曹氏之社早屋矣。悲夫！借敵兵以討賊者之亡人家國也，快一朝之忿而流禍無窮，誕實作俑，司馬楚之、劉昶、蕭寶寅相繼以逞，而可許之爲忠乎？

三五

人知馮道之惡，而不知譙周之爲尤惡也。道，鄙夫也，國已破，君已易，貪生惜利禄，弗獲已而數易其心。而周異是，國尚可存，君尚立乎其位，爲異説以解散人心，而後終之以降，處心積慮，唯恐劉宗之不滅，憯矣哉！讀周仇國論而不恨焉者，非人臣也。

姜維之力戰，屢敗而不止，民胥怨之，然其志苦矣。民憚於勞，而不知君父之危，所賴以啓其惰心而振其生氣者，士大夫之公論耳。其論曰：「既非秦末鼎沸之時，實有六國並據之勢。」顯然以秦予魏，以韓、燕視蜀，坐待其吞噬，唯面縛輿櫬之一途耳。夫漢之不可復興，天也；蜀之不可敵魏，勢也；無可如何者也。故諸葛身殲而志決，臣子之道，食其禄，終其事，志不可奪，烈於三軍之帥。且使人心不靡於邪説，兵力不銷於荒惰，延之一日，而忠臣志士之氣永於千秋。周而無人之心哉！無亦括囊以聽，委之天而弗助其虐之爲咎尚淺乎？夫民之不息，誠不容已於閔恤矣，譬之父母積疢，僕妾勞於將養，則亦酒食以勞之，和煦以拊之，使鼓舞而忘怨已耳。若恤僕妾之疲，廢藥食而聽其酣寢，有人之心者，以是爲惻隱哉？

當周之時，黄皓、陳祗蠱庸主而不顧百姓之疾苦；誠念民也，則亦斥姦佞，勸節儉，飭守令以寬廉，使民進而戰餧，退而休息，可也。周塞目箝口，未聞一讜言之獻，徒過責姜維，以餌愚民、媚奄宦，爲司馬昭先驅以下蜀，國亡主辱，己乃全其利禄；非取悦於民也，取悦於魏也，周之罪通於天矣。服上刑者唯周，而馮道末減矣。

三六

王沈刺豫州，下教：「陳長吏得失者，給穀五百斛；言刺史寬猛者，給穀千斛。」規己寬猛之宜，而賜之穀，猶之可爾。陳長吏之得失而賜之穀，險士猾民，競起而誣訐其守令，禍可勝言哉？蓋沈者，司馬氏之私人也，司馬氏以好士恤民之虚名，收辨士而要民譽，每下不情之令，行溢賞以誘天下，而沈爲之役，故其教令如是之濫，未容深責也。陳歆、褚䂮入白沈曰：「拘介之士，憚賞而不言；貪昧之人，慕利而妄舉。」韙哉言乎！可推以盡明主用人聽言之道矣。

拒諫者，古今之所謂大惡也；亟取人言，而貪廣聽之名，其惡隱而難知。乃公孫彊因之以亡曹，主父偃因之以亂漢。宋之中葉，上書言因革者，牘滿公府，而政令數易，朋黨爭衡，熙、豐、元、紹之閒，棼如亂絲，而國隨以敝。近者民本輕達，賤士乘以希榮，姦相資之肆惡，一夫遽登省掖，而天下亟亡。嗚呼！以賞勸言之害，較拒諫而尤烈，抑如此哉！

然則瑱纊之塞，與明聰之達，聖人兼用以應天下，抑何道也？曰：善聽言者，必其善於擇人者也。人而善與？言雖未得，有善者存矣。人而不善與？言雖得，有不善者存矣。唐、虞之廷，或吁或咈，交相弼違者，唯其爲禹、皋、稷、契也。夫禹、皋、稷、契，視君之失，若疢疾之攻於心；視民之病，若水火之迫於肌；而視言入而受禄也，若穢惡之加於鼻也，何俟於賞以勸之邪？故君子之聽言，先舉其人而後采其言，必不以利禄辱賢者之操，而導不肖者以猖狂無忌也。

察吏有常法，劾吏有常職，不獲已而登斥姦訟枉之言，然非害切於國民而痛切其肌膚，則告訐之宵人耳，誅之可矣。一興一廢，一張一弛，進臣民而酌其可否。既已無疑矣，而猶爲異説焉，斥之可矣。

言雖甚當，不授以官；其效雖登，必進以禮。大臣坐論，日侍於燕閒；諫諍有官，各責以言職。非是者，雖或兼容並包，而必厚防其生事啓釁之傷。自匪僉人，惡有舍闔門子弟之職，置四民耕讀之恆，棄官守慎修之紀，旦揣夕摩，作爲皦皦炎炎之論，以動人主，而僥幸顯名之與厚實哉！舜之耕稼陶漁而取人爲善，人無所利於耕稼陶漁之夫，而言之不善者鮮矣。其爲帝也，以耕稼陶漁之聽聽天下之言，則唯禹、皋、稷、契無私利之心，如深山之野人，而後決於從也。故其戒禹曰：「無稽之言勿聽。」而豈以利祿誘嘵嘵之士，使以訐爲直乎？

囂口舌以希利賴者，小人也，塾師也，禍福唯其妄測，文義唯其割裂，得利焉而情盡矣。此求治者所必遠，爲學者所必拒也。人君正己以涖下，節嗜欲、遠宦寺、勤學問、公好惡，則小人之利病、國事之得失，觸之而自知。非不待言也，抑非恃人言而遂足以治也。賞之而政刑亂、朋黨興、廉恥喪、風俗靡，自非姦雄之媢眾以竊國，幾何事此而不亡？此治亂之樞機，不可不審也。

三七

後主失德而亡，非失險也，恃險也，恃則未有不失者也。君恃之而棄德，將恃之而棄謀，士卒恃之而棄勇。伏弩飛石，恃以卻敵；危石叢薄，恃以全身；無致死之心，一失其恃，則匍伏奔竄之恐後；扼之於蹊徑，而淩峭壁以下攻，則首尾不相顧而潰。故謂後主信巫言而失陰平之守以亡國，非也。陰平守，而亙數百里之山厓谿谷，皆可度越，陰平一旅，亦贅疣而已。李特過劍閣而歎劉禪之不能守，艸竊之智，乘晉亂以苟延爾。譙縱、王建、孟知祥、明玉珍蹶然而起，熸然而滅，恃險愈甚，其亡愈速矣。

然則諸葛公曰：「益州天府之國。」其言非乎？彼一時也，先主擁寡弱之資而無尺土，舍益州而無自立之地。乃其規畫之全局，則西出秦川，東嚮宛、雒，皆與魏爭於平原，而非倚險以固存也。迨乎關羽啓釁於吴，先主忿爭而敗，吴交不固，仲謀已老，宛、雒之師不能復出，公乃率孤旅以嚮秦川，事難而心苦矣。況蔣琬據涪城，姜維據漢樂，顛當守户，而天日莫窺，不亡奚待焉？

漢高起自漢中，旋下三秦，急出成皋，是以瀕危而終勝。光武定都雒陽，曹操中據兖州，皆以無險爲險也。周公營雒，至計存焉，而或爲之説曰：「無德易以亡。」聖人既無私天下之心，抑豈欲其子孫之速亡乎？周遷雒，而不絶之系，其亡尤難於夏、殷。亡之難易，不在險之有無，明矣。

三八

司馬昭進爵爲王，荀顗欲相率而拜，王祥曰：「王、公相去一階爾，安有天子三公可拜人者？」驟聞其言，未有不以爲嶽立屹屹，可以爲社稷臣者。馮道之勞郭威曰：「侍中此行不易。」亦猶是也。炎篡而祥爲太保於晉，威篡而道爲中書令於周，則其亢矯以立名，而取合於新主，大略可知矣。昭謂祥曰：「今日然後知君見顧之深。」祥所逆揣而知其必然也。矜大臣之節，則太保之重任，終授之己也無疑。歷數姓而終受瀛王之爵，道固遠承衣盋於祥也。不吝於篡，而吝於一拜；不難於北面爲臣，而難折節於未篡之先；天下後世不得以助逆之名相加，萬一篡奪不成如桓玄，可以避責全身，免於佐命之討，計亦狡矣。

以此推之，汲黯揖衛青，而曰：「使大將軍有揖客，豈不重乎？」黯之情亦見矣。欲以此求重於權臣，而可謂之社稷臣乎？司馬昭、郭威雖逆，而固非朱溫之暴，可以理奪者也。使汲黯而遇梁冀，王祥、馮道而遇朱溫，抑豈能爾哉？若夫社稷臣者，以死衛主，而從容以處，期不自喪其臣節，如謝安之於桓溫，狄仁傑之於武氏，亦豈矯矯自矜以要權姦之知遇乎？

〔清〕王夫之　著

讀通鑑論

中册

中華書局

讀通鑑論卷十一

晋 泰始元年起

一

魏削宗室而權臣篡，晋封同姓而骨肉殘，故法者非所以守天下也；而懷、愍陷没，琅邪復立國於江東者幾百年，則晋爲愈矣。天下者，非一姓之私也，興亡之修短有恒數，苟易姓而無原野流血之慘，則輕授他人而民不病。魏之授晋，上雖逆而下固安，無乃不可乎！然而三代王者建親賢之輔，必欲享國長久而無能奪，豈私計哉？

人之所以異於禽獸者，非其利病生死之知擇也。則君子之爲天下君以别人於禽獸者，亦非但恤其病而使之利，全其生而使無死也。原於天之仁，則不可無父子；原於天之義，則不可無君臣。均是人而戴之爲君，尊親於父，則旦易一主，夕易一主，稽首匍伏，以勢爲從違而不知恥，生人之道蔑矣。以是而利，不如其病之；以是而生，不如其死之也。先王重不忍於斯民，非姑息之仁，以全軀保妻子、導天下於魚蟲之聚者，慮此深矣！然則晋保社稷於百年，而魏速淪亡於三世，其於君天下之道，得失較然矣。

晉武之不終也，惠帝之不慧也，懷、愍之不足以圖存，元帝之不可大有爲也；然其後王敦、蘇峻、桓溫相踵以謀逆，桓玄且移天步以自踞，然而遲之又久，非安帝之不知飢飽，而劉裕功勳赫奕，莫能奪也。謂非大封同姓之有以維繫之乎？宋文帝寵任諸弟，使理國政、牧方州，慮亦及此；而明帝誅夷之以無遺，蕭道成乃乘虛而攘之。嗣是而掇天位者如拾墜葉，臣不以易主爲慚，民不以改姓爲異。垂及唐、宋，雖權臣不作，而盜賊夷狄進矣。然則以八王之禍咎晉氏之非，抑將以射肩請隧咎文昭武穆之不當裂土而封乎？法不可以守天下，而賢於無法，亦規諸至仁大義之原而已。

二

諫必有專官乎？古之明王，工瞽、庶人皆可進言於天子，故周官無諫職，以廣聽也。諫之有官，自漢設諫議大夫始。晉初立國，以傅玄、皇甫陶爲之，唐之補闕拾遺，宋之司諫，皆放此而立也。諫有專官，而人臣之得進言於君僅矣。雖然，古今之時異，而廣聽之與慎聽也，不得不殊；進言之迹同，而受益之與防邪也，亦各有道；未可以一概論也。

古之民樸矣，農、工、商、賈各世其業；士之遊於庠序者，亦各有常學，不能侈聞見、飾文詞以動當世。迨及戰國，教衰而人自爲學，揣摩當世之務者，競尚其說，縱之以言，則偏私逞而是非亂；則必擇其忠直而達治理者任之，而後無稽之言，不敢破聖道、紊綱紀，以熒主聽。則專官之任，亦未可謂盡非，時使然也。

諫官專立，職專諫矣。然非專諫於其官，而禁外此者之諫也。不淫聽於辨言，而不塞聰於偏聽；苟得忠直知治者司其是非之正，則懷忠樂進者相感以興。乃若聽之之道，羣言競奏，而忠佞相殽，存乎君之辨之，不徒在言者也。諫者以諫君也。邇聲色，殖貨利，狎宦戚，通女謁，怠政事，廢學問，崇佛老，侈宮室，私行遊，媟威儀，若此者諫官任之。大小羣臣下逮於庶人，苟有言焉，則固天子所宜側席而聽者也。即言之過，而固可無尤也。外此，人與政其亟矣。然而人之賢不肖，銓衡任之；政之因革，所司任之；雖君道之所必詳，而清諸其源，則是非著而議論一；争於其流，則議論繁而朋黨興。貞邪利害，各從其私意，辨言邪説，將自此以起，固不可不慎防之。而廣聽適以召姦，尤明主所深懼也。

以要言之，言而譏非乎我者，雖激雖迂，而不可忽也；言而褒貶於人、辨説乎事者，辨雖詳，辭雖切，而未可信也。士之受規於朋友者且然，而況君天下者乎！然則選忠直知治者任諫職於上，而主意昭宣，風尚端直，則羣言博采，而終弗使主父偃、息夫躬之流，矜文采以讎其姦邪。慎之也，即所以廣之也。又何必執周官之不設諫臣以下訪芻蕘哉？

近者分諫職於臺省，聽亦廣矣。而六科司抄發之任，十三道司督察之權，糾劾移於下，而君德非所獨任，故詭隨忿戾，迭相進退，而國是大亂，則廣之適以廢之。黨人交争，勞臣掣肘，將諫官之設，以諫下而非諫君乎？拂其立諫之經，而予以譖言之徑，乃至僉人游士獻邪説以爲用人行政之蝨賊。不專不慎，覆軌已昭，後世尚知鑒哉！

三

晋始建國，立七世之廟，除五帝之座，罷圜丘方澤之祀，合之於郊，皆宗王肅而廢鄭玄也。於是而知王肅之學，醇正於鄭玄遠矣。後世經學傳鄭氏，肅之正義，没而不傳，則賈公彦、孔穎達之怙專師而晦道也。

周之祀典，組紺以上不廢也；而限天子之廟於五世，合兩世室而始爲七，玄之託於義而賊仁也。周禮合樂於圜丘方澤者，非祭也，所以順陰陽、合律吕而正樂也；而謂郊之外有圜丘方澤之大祀，玄之淫於樂以亂禮也。其尤妖誣而不經者，爲上帝之名曰耀寶魄，又立靈威仰、赤熛怒、白招矩、叶光紀之名，爲四方之帝，有若父名而賓字之者，適足以資通人之一哂。而以之釋經，以之議禮，誣神嫚天，黷祀惑民，玄之罪不容貸矣。託之於星術，而實傳之於讖緯，夫且誣爲孔氏之書；王肅氏起而辨之，晋武因而絀之，於是禁星氣讖緯之學，以嚴邪説之防，肅之功大矣哉！惜乎世遠俗流，師承道圮，而肅學不傳也。如其傳，則程、朱興起，尚有所資以闢鄭氏之淫辭與！

四

三代以下，用兵以道，而從容以收大功者，其唯羊叔子乎！祖逖之在雍邱，宗澤之在東京，屹立一方以圖遠略，與叔子等。乃逖卒而其弟稱兵以犯順，澤卒而部衆瓦解以爲盜，皆求功已急而不圖其安，未嘗學於叔子之道以弭三軍之驕氣，驕則未有能成而不亂者也。

或曰：叔子之時，晋盛而吴衰，擁盛勢以鎮之，則敵亡可以坐待；而逖與澤抗方張之虜，未可以理折，則時異而不可相師矣。

曰：叔子之可以理服，而逖、澤不能者，遇陸抗耳。若夫敵國之氓，信其仁厚而願歸附之，則逖與澤之鄰壤，猶晉、宋之遺黎；而叔子則晉、吴異主，義不相下者也。使逖與澤以此臨之，不愈效乎！夫陸抗亦智深謀遠不與叔子争一日之利耳，使其狂逞如石勒、女直之爲，則其亡愈速；是遇陸抗者，兩碁逢敵之難，而非易制於石勒、女直也。石勒雖驍，而志不及於江、淮，且未幾而國内大亂，甚於孫皓之猶安處也。女直雖競，而斡離不、撻嬾、兀朮各懷猜忌，豕突鹿奔，無有能如陸抗之持重以相制者。使二子以道御兵，以信撫民，以緩制敵，垂之數十年，趙有冉閔之亂，金有完顔亮之變，以順臨逆，以静待動，易於反掌矣。叔子之功，亦收之身後者也，何至於子弟爲梟獍以伏誅，部曲竄萑葦而僨起哉！故曰逖與澤求之已急而未圖其安也。逖有雍邱之可據，而郭默、邵續之流，皆相倚以戴晉；澤有東京之可恃，而兩河忠義，皆相待以效功；與爲憤興，而不與爲固結，二子之志義尚矣，惜乎其不講於叔子之道也。

五

用人與行政，兩者相扶以治，舉一廢一，而害必生焉，魏、晉其驗已。雖無佞人，而亟行苛政以鉗束天下，而使亂不起；然而人心早離，樂於易主，而國速亡。政不苛而用佞人，其政之近道，足以羈縻天下使不叛，然而國是亂，朋黨交争，而國速以亂。

曹孟德懲漢末之緩弛，而以申、韓爲法，臣民皆重足以立；司馬氏乘之以寬惠收人心，君弑國亡，無有起衛之者。然而魏氏所任之人，自謀臣而外，如崔琰、毛玠、辛毗、陳羣、陳矯、高堂隆之流，雖未聞君子之道，而鯁直清嚴，不屑爲招權納賄、驕奢柔諂猥鄙之行，故綱紀粗立，垂及於篡，而女謁宵小不得流毒於朝廷，則其效也。

晉武之初立，正郊廟，行通喪，封宗室，罷禁錮，立諫官，徵廢逸，禁讖緯，增吏俸，崇寬弘雅正之治術，故民藉以安；內亂外逼，國已糜爛，而人心猶繫之。然其所用者，賈充、任愷、馮紞、荀勖、何曾、石苞、王愷、石崇、潘岳之流，皆寡廉鮮恥、貪冒驕奢之鄙夫；即以張華、陸機錚錚自見，而與邪波流，陷於亂賊而愍不畏死；雖有二傅、和嶠之亢直，而不敵羣小之翕訿；是以彊宗妒后互亂，而氐、羯乘之以猖狂。小人濁亂，國無與立，非但王衍輩清談誤之也。

是用人行政，交相扶以圖治，失其一，則一之僅存者不足以救；古今亂亡之軌，所以相尋而不舍也。

以要言之，用人其尤亟乎！人而苟爲治人也，則治法因之以建，而苛刻縱弛之患兩亡矣。魏之用人，抑苟免於邪佞爾，無有能立久長之本、建弘遠之規者也。孟德之智，所知者有涯；能別於忠佞之分，而不能虛衷以致高朗宏通之士；爭亂之餘，智術興，道德墜，名世之風邈矣。僅一管寧，而德不足以相致也。晉承魏之安處，時非無賢，而獎之不以其道，進之不以其誠，天下頹靡，而以老、莊爲藏身之固，其法雖立，文具而已。使二代之君，德修而勤於求治，天下羣趨於正，而豈患法之不立乎？宋太祖、太宗之所以垂統久長，而天下懷其德於既亡之餘，庶幾尚已！

六

杜預欲短太子之喪，而曰：「君子之於禮，存諸內而已。」安得此野人之言而稱之哉！今有人焉，心不忘乎敬父，而坐則倨以待；情不惄乎愛兄，而怒則紾其臂；亦將曰存諸內而已乎？內外交相維、交相養者也，既飾其外，必求其內，所以求君子之盡其誠；欲動其內，必飭其外，所以導天下而生其心也。今使衰麻其衣，疏糲其食，倚廬其寢處，然而馳情於淫侈以忘其哀慕者，鮮矣；耳目制之，心不得而動也。藉令錦其衣，肉其食，藻井綺疏金樞玉户其寢處，雖有哀慕之誠，不蕩而忘者，鮮矣；耳目移而心爲之蕩也。故先王之制喪禮，達賢者之內於外，以安其內；而制中材之外，以感其內。故曰：直情徑行，戎狄之道也。夫鳥獸之啾啁以念死，內非不哀，而外無所飾，則未幾而忘之矣；野人之內存而外不著見者，亦如是而已矣。

杜預之於學也亦博矣，以其博文其不仁，六經之旨，且以之亂。諒闇者，梁菴也，有梁無柱，茅苄垂地之廬也，而誣之曰心喪。叔向之譏景王曰：「有三年之喪二。」謂之有喪矣，非謂存諸內者之徒戚也，而誣之曰不譏除喪，而譏其燕樂之已早。預之存諸內者，誣聖欺天，絶人而禽之，猶曰君子之於禮，存諸內而已乎？故曰：「以禮制心。」心有不存，而禮制之。其外無別，則內之存與不存，又奚以辨哉？邪説逞，人道息。凡今之人，皆曰：臣忠、子孝、兄友、弟恭，求其心而已。而心之不可問者多矣。不仁哉杜預之言，以賊天下有餘也！

七

嵇紹可以仕晉乎？曰：不可。仕晉而可爲之死乎？曰：仕而惡可弗死也！仕則必死之，故必不可仕也。父受誅，子讎焉，非法也；父不受誅，子不讎焉，非心也。此猶爲一王之下，君臣分定，天子制法，有司奉行，而有受誅不受誅者言也。嵇康之在魏，與司馬昭俱比肩而事主，康非昭之所得殺而殺之，亦平人之相賊殺而已。且康之死也，以非湯、武而見憚於昭，是晉之終簒，康且遺恨於泉下，而紹戴之以爲君，然則昭其湯、武而康其飛廉、惡來矣乎！紹於是不孝之罪通於天矣。

沈充以逆伏誅，而子勁爲晉效死。蔡仲之命曰：「爾尚蓋前人之愆。」沈勁克當之矣。紹蓋前人之美，而以父母之身，糜爛而殉怨不共天之亂賊，愚哉其不仁也！湯陰之血，何不洒於魏社爲屋之日，何不洒於叔夜赴市之琴，而洒於司馬氏之衣也？

八

魏、晉之際，有貞士曰范粲，較管寧、陶潛而尤烈，而稱道絶於後世。士之湮没而志不章者，古今不知凡幾也！寧以行誼著，潛以文采傳，粲無他表見，而孤心隱矣。乃其亢志堅忍，則二子者未之逮焉。送魏主芳而哀動左右，三十六年佯狂不言，卒於車中，子喬侍疾，足不出邑里，父子之志行，誠末世之砥柱矣。文采行誼無所表見，志不存焉耳。寧之不若此也，寧未仕漢，而粲已受禄於魏也。潛之不若此也，知晉之將亡而去之，不親見簒奪之慘也。故二子無妨以文行表見，而粲獨不可。難哉其子之賢也！晉賜禄以養疾，賜帛以治喪，而不受。嵇紹聞之，尚爲仇讎之子孫捐父母之身，人之賢愚相去有若此哉！粲之所爲，難能也；非但難能也，其仁矣乎！

九

晉詔諸王大國置三軍，次國二軍，小國一軍，其所依倣之名曰周制也。古之諸侯，皆自有兵，周弗能奪，而非予之也。其自周始建之國，各使有兵，彼有而此不得獨無也。郡縣之天下，兵皆統於天子，州郡不能自有其人民，獨假王侯以兵，授以相競之資，何爲也哉？夫晉豈果循周制以追三代之久安長治也乎？懲魏之虧替宗室，而使權臣乘之耳。乃魏之削諸侯者，疑同姓也；晉之授兵宗室以制天下者，疑天下也。疑同姓而天下乘之，疑天下而同姓乘之，力防其所疑，而禍發於所不疑，其得禍也異，而受禍於疑則同也。

嗚呼！以疑而能不召亂亡之禍者無有。天下皆以爲疑己矣，而孰親之？其假以防疑者，且幸己之不見疑而窺其疏以乘之；無可親而但相乘，於是而庸人之疑，終古而不釋。道不足於己，則先自疑於心；心不自保，而天下舉無可信，兄弟也，臣僚也，編氓也，皆可疑者也。以一人之疑敵天下，而謂智計之可恃以防，其愚不可瘳，其禍不可救矣。親親而以疑，則親非其親；尊賢而以疑，則賢非其賢；愛衆而以疑，則衆非其衆。夫何疑哉？君子樂得其道，小人樂得其欲而已矣。交君子以道，給小人之欲，孤遊於六合，而荆棘不生，無有聖賢而無豪傑之度者也。

一〇

天下惡有無故殺人而可以已亂者哉！齊王攸欲殺劉淵，王渾曰：「柰何以無形之疑殺人。」其說是也。舍殺而無以馭之也，淵之所以終亂晉而殘之也。不殺淵而淵反，則咎王渾；殺淵而胡叛，則抑且咎齊王。舍本循末，兩俱有咎，而孰能任之？曹魏之居匈奴於內地，使若淵者得以竊中國文事武備之緒餘，濟其姦而啓雄心，其禍久矣。淵即死，若聰、若曜、若猛、若宣，挾怨以求逞，能旦殺一人、夕殺一人，皆無罪而翦之乎？契丹之所以深女直之怨而激之起，豈有幸哉！

夫晉承魏失，固未可急驅除之矣。王濟欲任淵以平吳，縱虎自衛之術也。李憙欲發匈奴五部，假淵將軍之號征樹機能，此策之善者，而孔恂諫止之，何也？恂誠憂淵之叵測，抑必有術以制之，而但色變於談虎哉？涼者，中國之贅餘也，河、湟之閒，夷狄之所便也。淵西征而蕩平樹機能之墟，即割其地以安之，而淵之心戢矣。淵即不戢，五部之心亦戢矣。馭得其道，則且不敢竊河西而據之。即其不然，我據蕭關以距之，其極逞也，亦但如元昊而止耳。孰如近在汾、晉之閒，使我不軌之士民，教猱偎虎，河決魚爛於腹心乎？故知李憙之謀，非但以平樹機能也，實以斥淵而遠之也，此弭禍於將然之善術也。一疑之，一畏之，無可如何而姑置之；淵且自危、且自矜、尤且自信也。是召之以必反之道也。嗚呼！晉之失政，賄賂已耳，交游已耳。王渾父子得賄而保淵，孔恂、楊珧不得賄而惎淵，故李憙之深識不庸。非淵之能亡晉也，晉自亡耳。

二

傅咸之忠，荀勗之佞，判然別矣。而其議省官也，則勗之説爲長。故聽言者，不惟其人，惟其言而已矣。咸剛直而疾惡已甚，見閒曹之吏，或怠傲而廢功，或舞文以牟利，憤然曰：「焉用此爲，而以費農夫之粟，空國家之帑哉！」其言非不快於一時之心，而褊衷以宰天下，天下又惡能宰哉！

古者方五十里之國，卿大夫士府史胥徒具，羣聚以上食於公、下食於民，而不憂其乏。天下之大，庶官僅供其職，而曰「公私不足」，此翁嫗之智，不出簞豆之閒。故曰：褊衷以宰天下，天下弗能宰也。

古之建官以治事治民，固也；而君子野人，天秩之以其才，敍之以其類，率野人以養君子，帖然奉之而不靳，豈人爲哉？王者以公天下爲心，以扶進人才於君子之塗爲道。故一事而分任之，十姓百家而即立之長以牧之，農人力耕而食之無媿，君不孤貴而養之必周；乃使一藝、一經、一能、一力者，皆與於君子之列，而相獎以廉恥。雖有莠稗，不盡田而芟刈，使扶良苗以長，但勿令奪苗之滋可矣。

官省而人之能與於選者其塗隘，力不任耕、志不安賤之士，末繇分天之祿以自表異，則且淫而爲姦富，激而爲盜賊。君子之塗窮，而小人之歧路百出，風俗汜濫於下，國尚孰與立哉！惟用人之塗廣，而登進之數多，則雖有詭遇於倖門者，而惜廉隅、慎出處之士，亦自優游以俟，而自不困窮以沒世。如其省官而員數減，則入仕也難；入仕難，則持選舉之權者益重。數十人而爭一軌，苟有捷徑之可趨，雖自好者，不能定情以堅忍。而秉銓苟非其人，則自尊如帝，操吉凶也如鬼，託澄汰以爲壟斷，而所裁抑者類修潔之士，所汲引者皆躁佞之夫。士氣萎，官邪興，流沔而無所立，即使傅咸任之，且不能挽頽波以從綱紀，況莫保司銓之得盡如咸乎！故君子甚患夫剛直者之婞婞以忿疾當世，而欲以刻覈重抑天下之心也。

況其言曰：「公私不足，併官以務農。」則尤悖甚。爲吏者幾何人，而廢天下幾何之頃畝！有天下而汲汲憂貧，奪天所貴重之君子，使爲農圃之小人，以充府庫；非商鞅之徒，孰忍爲此哉？治天下有道，非但足食而遂足以立也。荀勗曰：「清心省事。」庶幾經國之弘猷，詎可以其人而廢之！

一二

賈充之力阻伐吴也，不知其何心，或受吴賂而爲之閒，或忌羊、杜、二王之有功而奪其寵，皆未可知；抑以充之積姦之情度之，不但然也。曹操討董卓、勦黄巾、平袁紹，戰功赫然，而因以篡漢。司馬懿拒諸葛、平遼東，司馬昭滅蜀漢，兵權在握，而因以篡魏。充知吴之必亡，而欲留之以爲己功，其蓄不軌之志已久，特畏難而未敢發耳。乃平吴之謀始於羊祜，祜卒，舉杜預以終其事，充既弗能先焉，承其後以分功而不足以逞，惟阻其行以俟武帝之没，已秉國權，而後曰吴今日乃可圖矣，則諸將之功皆歸於己，而己爲操、懿也無難。此其情杜預、張華固已知之，憚武帝之寵充而未敢言爾。觀其納女於太子，知惠帝之愚而以甥舅畜之；曹操之妻獻帝，楊堅之妻周主，皆此術也。其謀秘，其姦伏，時無有摘發之者，而史亦略之。千載之下，有心有目，灼見其情，夫豈無故以撓大猷也哉？

嗚呼！晋感充之弑君以戴己，而不早爲之防，求其免於亂也難矣。所幸充死七年而武帝始崩，賈謐庸才，且非血胤，不足以爲司馬昭耳。不然，高貴鄉公之刃，豈有憚而不施之司馬氏乎？一女子猶足以亡晋，充而在，當何如也？項羽非候生之君也，漢高以其誑羽而遠之若蛇虺；石守信、高懷德之流，未嘗任弑君之惡也，宋太祖以其戴己而防之若仇敵；變詐凶很不知有名義者，君不可以爲臣，士不可以爲友。孫秀洒南鄉之涕，諸葛靚懷漆身之忠，晉弗能用焉，其不再傳而大亂，有以也夫！

一三

秦滅六國而銷兵，晉平吴而罷州郡兵，未幾而大亂以亡。泰誓稱武王克殷，放牛歸馬，衅甲櫜弓，示天下弗用，秦、晉與周將無同道，而成敗迥異，何也？

紂之無道，虐加於民，而諸侯或西嚮歸周，或東留事紂，未嘗日尋干戈，競起爲亂也。天下之志相胥以静，而弄兵樂禍之民不興。及乎紂虐革，周政行，而皆仍故服，無與煬之，不待撲之也。戰國之争，逮乎秦、項，凡數百年，至漢初而始定。三國之争，逮乎隋末，凡數百年，至唐初而始定。安、史之亂，延乎五代，凡百餘年，至太平興國而始定。靖康之禍，延乎蒙古，凡二百餘年，至洪武而始定。其閒非無暫息之日若可以定者，然而支蔓不絶，旋踵復興。非但上有暴君，國有姦雄；抑亦人心風俗一動而不可猝静，虔矯習成，殺機易發，上欲撲之而不可撲也。夫秦與晉惡能攝天下之心與氣而斂之一朝哉？故陳勝有輟耕之歎，石勒有東門之嘯，争乘虚而思起。此兵之不可急弭者，機在下也。

且夫周之興也，文王受鈇鉞而專征，方有事於密、阮、崇、黎，而早已勤修文德，勤聖學，演周易，造髦士，養國老，采南國之風，革其淫亂，兒童嬉遊而掇芣苢，女子修事以采蘋蘩，未嘗投戈而始論道，息馬而始講藝也。優而柔之，以調天地和平之氣，而於兵戎之事，特不得已而姑試之，上弗之貴，而下且賤之，聖人之所以潛移人心而陶冶其性者，如此其至也。而後戎衣甫著，而弓矢旋弢，天下以爲實獲我心，可澡雪以見榮於文治。秦之并六國、滅宗周，晉之篡魏而吞吴也，謀唯恐其不險，力唯恐其不競，日進陰鷙殘忍之夫，皇皇以圖弋獲，而又崇侈奔欲，以敗人倫之撿柙；其與於成功共富貴者，抑奢淫以啓天下之忌，無以滌天下之淫邪，而畜其彊狡於艸澤；幸而兵解難夷，遂欲使之屈首以奉長吏之法，未有能降心抑志以順從者也。上無豫教，而欲飾治安於旦夕，召侮而已矣。此兵之不可急弭〔者〕㊀，教在上也。

陶璜、山濤力排罷兵之議，從事後而言之，驗矣。然抑豈於天下甫離水火之日，尋兵不已，而日取其民納之馳驟擊刺之中乎？盍亦求諸其本矣。故聖人作而亂不難已，商、周是也；道之馴也；聖人不作，待其敝之已極，人皆厭苦而思偃武，帝王乃因而撫之，則漢、唐以後之一統是也，幾之復也。庶幾商、周之治者，其唯光武乎？寇盜方橫，而奬道敦禮，任賢愛民，以潛消民氣之戾於擾攘之中，兵不待弭而自戢，然而黎陽之屯，固不敢藉口於放牛歸馬以自擬於周也。

一四

子曰：「不在其位，不謀其政。」夫士苟有當世之略，一言而可弭無窮之禍，雖非在位，庶幾見用而天下蒙其休，何爲其祕之哉？而孰知其固不可也？言之不切，而人習以爲迂遠之談而不聽；言之切而見用矣，天下測其所以然，而且以其智力與上相扞格；如其不用也，則適以啓姦邪而導之以極其凶忒矣。

㊀ 據校記增。

漢、魏之際，羌、胡、鮮卑雜居塞内，漸爲民患，徙之出塞，萬世之利也。雖不在秉國大臣之位，固且憂憤積中而不容已於切言之。即不用矣，後世且服其早識，而謂晋有人焉，此郭欽、江統所以慷慨言之，無所隱而論之詳也。故傳之史策，而後世誦之不衰。乃欽之言曰：「有風塵之警，胡騎自平陽、上黨不三日而至孟津，北地、西河、太原、馮翊、安定、上郡盡爲夷狄之庭。」其後劉淵父子、石勒皆踐其言，而晋遂亡。嗚呼！豈非郭欽之言教猱升木乎？劉宣、張賓之謀，皆師欽之智，而灼見晋之可襲取者，非一日也。言之不用，而徒導人以亂矣。藉晋用之，因而下徙戎之令，羣胡知其畏己，而已有可乘之勢，於方徙之際潰爛以逞，又將奚以制之使弭耳以聽邪？

故使欽而在坐論之列，與君若相密謀之内庭，則極言之而不嫌。言即不用，猶不致啓戎心以增益其惡。惡有忘屬垣之耳，揚於大庭曰：「人將若何以加我，將若何以使我莫敵，我其終無如何哉？非其位也，謀不得而盡也，姑緘默以俟其變可也。雖義激於中，而不敢快於一發，誠慎之也。孔子曰：「吾其爲東周乎！」所以爲者不言也。聖人且慎於未可有爲之日，況偶有所知者乎？

一五

西晋之亡，亡於齊王攸之見疑而廢以死也。攸而存，楊氏不得以擅國，賈氏不得以逞姦，八王不得以生亂。故舉朝争之，争晋存亡之介也。雖然，盈廷而争者，未得所以存晋之道也。

攸之不安於國，武帝初無猜忌之心，荀勗、馮紞間之耳。勗與紞，賈充之私人，非但佞以容身，懷鬻國異姓之心久矣。忌攸者，非徒忌攸，實忌晋也。攸之賢，固足以託國，然豈果有周公之德哉？即微攸而晉固可存。漢、唐、宋之延祚數百年，亦未嘗有親賢總己以制天下於一人，而卒不可亂，無他，無姦臣之在側而已。劉放、孫資在魏主之奥窔，而司馬氏援之以攘臂。勗與紞之於賈謐、楊駿，未知其誰屬，而要其市司馬氏之宗社於人，則早作夜思以謀逞志者也。攸即廢，晉不必亡；勗、紞不除，晉無存理。修賈充之餘怨，則陰擯張華；排博士之忠言，而顯斥曹志；苟有圖存晉室者，小不惜官爵，大不惜軀命，揚於王廷，揭勗、紞之姦，迸之裔夷，則不待交章訟攸，而攸固以安，抑不待措攸於磐石之安，而晉固以存。今乃舉尊卑疏戚之口合訟攸，而强帝持天下以任攸。荀勗固曰：「陛下試詔齊王之國，必舉朝以爲不可。」墮其術中而猶競以争，尚口乃窮，攸之困，晉社之危，諸臣致之矣。

夫一時徇名依附之衆，不足言也。李憙、劉毅、傅咸忠直爲當時之領袖，而不能取前讒後賊爲宗社效驅除，晉之廷，不可謂有人矣。植君子則小人自遠，則以進賢爲本，斥姦爲末，此自姦邪未逞之日言也。不逐小人則君子不安，則以斥姦爲本，進賢爲末，此爲姦邪已盤踞於内之日言也。二者互相爲本末，而君子知擇焉，乃以明於人臣之義，而爲社稷所賴。非然，則相激以益其亂而已矣。

讀通鑑論卷十二

惠帝

一

惠帝之愚，古今無匹，國因以亡。乃唐順宗之瘖而無知，宋光宗之制於悍妻而不知有父，其愈於惠帝無幾，而唐、宋不亡，有人焉耳。四顧晉廷之士，有可託以天下者乎？齊王攸之得物情也，其能爲慕容恪與否，不敢信也。傅咸、劉毅諫諍之士，可任以耳目，而未可任以心膂，非能持大體者也。張華謀略之士，可與立功，而未可與守正，非能秉大節者也。託國於數子之手，不能救惠帝之危，況荀勗、馮紞、賈謐、楊駿之驕佞，挾戈矛以互競者乎！傅咸、劉毅能危言以規武帝之失矣，賈充之姦，與同朝而不能發其惡。張華秉國，朝野差能安靜，而楊后之廢，且請以趙飛燕之罪罪之，依賈謐浮慕之推重，而弗能止其邪，華不能辭亡晉之辜矣。

或曰：狄仁傑廁身淫后姦賊之閒，與周旋而不恥，論者以存唐之功歸之，惡知華之非有密用，特不幸而未成耳？曰：仁傑驟貴於武后之朝，當高宗之世，未嘗位大臣、秉國政，權固輕矣，故不能不假權於武后以濟大難。華被武帝之深知，與平吴之大計，以開國元老，出典方州，入管機要，爲天下所傾仰，僅託淫邪之黨，塗飾治迹，而可稱大臣之職哉？體先隳，望先失，志先奪，求有爲於後，斡旋於已亂之餘，其將能乎？謂盈晋之廷無一人焉，非已甚之辭也。

夫晋之人士，蕩檢踰閑，驕淫惼靡，而名教毁裂者，非一日之故也。魏政之綜核，苛求於事功，而略於節義，天下已不知有名義；晋承之以寬弛，而廉隅益以蕩然。孔融死而士氣灰，嵇康死而清議絶，名教爲天下所諱言，同流合污而固不以爲恥。其以世事爲心者，則毛舉庶務以博忠貞幹理之譽，張華、傅咸、劉毅之類是已。不然，則崇尚虚浮，逃於得失之外以免害，則阮籍、王衍、樂廣之流是已。兩者交競，而立國之大體、植身之大節，置之若遺；國之存亡，亦孰與深維而豫防之哉？故與賈充偕而不慚，與楊駿比而不忌。如是，則雖得中主，難持以永世，況惠帝之愚無與匹者乎！董養升太學之堂而歎曰：「天人之理既絶，大亂將作。」誠哉其言之也！

二

惠帝之七年，索頭猗㐌西略諸夷三十餘國，拓拔氏入主中國之始基㊀也。夷狄居塞内，乘中國之虚，竊爲主於中國，而邊遠之地虚，於是更有夷狄乘之，而爲主於所虚之地。夫夷狄所恃以勝中國者，朔漠荒遠之鄉，耐飢寒、勤畜牧、習射獵，以與禽獸争生死，故麤獷悍厲足以奪中國膏粱豢養之氣。而

㊀「始基」二字刻本闕，據校記補。

既入中國，沈迷於膏粱豢養以棄其故，則乘其虚以居其地者，又且巃獷悍厲而奪之。故劉、石、慕容、姚、苻、赫連迭相乘而迭相襲，猗㐌之裔，乃養其鋭於西北，徐起而收之，奄有羣胡之所有，而享國以長，必然之勢也。契丹入燕、雲，而金人乘之於東；金人有河北，而蒙古乘之於北；知奪人而不知見奪之即在此矣。

嗚呼！其養鋭也久，則其得勢也盛；其得勢也盛，則其所竊也深。自拓拔氏之興，假中國之禮樂文章而冒其族姓，隋、唐以降，胥爲中國之民，且進而爲士大夫以自旌其閥閲矣。高門大姓，十五而非五帝三王之支庶，婚宦相雜，無與辨之矣。漢、魏徙戎於塞内，空朔漠以延新起之夷，相踵相仍，如蟹之登陸，陵陵藉藉以繼進，天地之紀，亂而不可復理，乾坤其將毁㈠乎！謀之不臧，莫知其禍㈡之所極，將孰尤而可哉！

三

流民之名，自晉李特始。春秋所書戎狄，皆非塞外荒遠控弦食肉之族也，其所據横亘交午於中國之谿山林谷，遷徙無恆，後世爲流民、爲山寇，皆是也。澤、潞以東，井陘以南，夾乎太行、王屋，赤白狄也；夾淮之藪，淮夷也；商、雒、淅、鄧、房、均，戎蠻陸渾也；夔、巫、施、黔，濮人也；漢、川、秦、鞏，姜戎也；潛、霍、英、六、光、黄、隨、均，羣舒也；宣、歙、嚴、處，島夷也；其後以郡縣圍繞，羈縻而附之版

㈠、㈡「毁」字、「禍」字刻本闕，據校記補。

圖之餘。而人餘於地，無以居之；地餘於人，因而不治；遂以不務耕桑、無有定業而爲流民，相沿數千年而不息。

緬惟禹之奠下土也，刊山通道，敷其文命，聲教訖乎四海，盡九州之山椒水曲而胥爲大夏。延及三代，納之政教之中，而制其貢賦，蓋以治之者緩之也。殷、周斥之爲戎狄，簡其禮，薄其貢，而侵陵始作。後世附之郡縣版圖之餘，略其頃畝，蠲其征役，而爲流民、爲寇盜，乃益猖狂而逞。所以然者，非但驕之而使狠也。其屬繫於郡縣者，率數百里而爲不征、不繇、不教、不治之鄉。其土廣，其壤肥，鹵莽以耕，滅裂以耘，而可以獲。有溪泉而不爲之陂池，有澤藪而土曠人稀，爲虎兕蛇虺所盤踞。於是乎苟幸豐年之多獲，而一遇凶歲，則無以自食；一有征調，則若責己以不堪，而怨咨離散。其鈍者，不以行乞爲恥，其黠者則以蕩佚爲姦。遵義、平越建，而播州之夷禍平；天柱、嘉禾、新田建，而武、靖、郴、桂之寇賊消。然則階、文、秦、徽、英、六、隨、黄、漢、雒、淮浦、夔、鄖之可郡可縣者，移人之餘，就地之曠，分畫其田疇，收教其子弟，定其情，達其志，使農有恆產，士有恆心，國有恆賦，勞費於一時，而利興於千載，六有爲之君相，裁成天地以左右民，用夏變夷，迪民安土，非經世之大猷乎！而何弗之講？明王作，名世興，其尚此之圖哉！

四

知事幾、察物情者，可與謀國乎？未可也，抑不可以謀身。故張華終死而晉以大亂。華之決策平吳，何其明也；執政於淫昏之廷，而庶務粗舉，民猶安之，何其審也；拒劉卞之說，不欲爲陳蕃之爲，以冀免於禍，抑不可不謂工於全身。然而身卒殞、國卒危者，何也？智有餘而義不足也。

華之言曰：「權戚滿朝，威柄不一。」知此矣，而受侍中之位以管機要，何爲乎？又曰：「吾無阿衡之任。」夫既任不在己矣，而與賈氏周旋終始，何心乎？華嘗爲賈充所忌而置之外，如其欲全身而免於罪戾，則及此而引去可也。賈模，賈氏之黨也，知賈氏之亡晉，而以憂死。華且從容晏處，託翰墨記問以自娱，固自信其智足以游羿彀中而恃之以無懼。不清不濁之閒，天下有餘地焉以聽巧者之優游乎？天下有自謀其身處於無餘之地，而可與謀國者乎？故晉之亡，非賈謐能亡之，華亡之也。何也？君昏后虐，讒言高張，寇賊伏莽，天下所縣望者，唯一華耳。劉卞進扶立太子之説，非不知人而妄投，亦舍華而更無可與言者。華無能爲矣，然後志士灰心而狂夫乘釁。棟折榱崩，則瓦解而室傾，豈更有望哉！

且華之居勢，非陳蕃比也，蕃依竇武以圖社稷，武不得宦官之腹心爲之內應；華則賈模、裴頠以賈氏之姻族爲內援以相輔，其成也可八九得。然而不能者，華於賈氏廢姑殺其母之日，委順其閒，則氣不可復振；氣已苶而能有爲者，未之有也。蓋華者，離義爲智，而不知不義者之未有能智者也。是非之外無禍福焉，義利之外無昏明焉，懷禄不舍，浮沈於其閒，則更不如小人之傾倒於邪而皆可偷以全身。是以孔光、胡廣得以瓦全，而華不免，若其能敗人之國家則一也。是以君子於其死也不閔之。

五

士有詞翰之美，而樂以之自見，遂以累其生平而喪之，陸機其左鑒已。機之身名兩隕，瀕死而悔，發爲華亭鶴唳之悲，惟其陷身於司馬穎，不能自拔，而勢不容中止也。

其受穎之羈紲而不能自拔，惟受穎辯理得免之恩而不忍負也。機之爲司馬倫撰禪詔也，無可貰其死。人免之於鈇鉞之下，肉其白骨，而遽料其敗，速去之以避未然之禍，此亦殆無人理矣。故機之死，不死於爲穎將兵之日，而死於爲倫撰詔之時。其死已晚矣！

雖然，機豈愚悖而甘爲賊鴞乎？謝朝華，披夕秀，以詞翰之美樂見於當世，則倫且資其諛頌以爲榮，蓋有求免而不得者。其不能堅拒之而仗節以死，固也。雖然，不死則賊，不賊則死，以瑣瑣之文名，迫之於必死必賊之地，詞翰之美爲累也若斯！「虎豹之文來藉」，遂將託於不材之樗，而後以終天年乎！而抑奚必其然邪？

君子之有文，以言道也，以言志也。道者，天之道；志者，己之志也。上以奉天而不違，下以盡己而不失，則其視文也莫有重焉；樂以之自見，則輕矣。樂以自見，而輕以酬人之求，則人不擇而借之以爲美。爲人借而以美乎人，是翡翠珠璣以飾婦人也；倚門者得借，豈徒象服是宜之之子哉！

嗚呼！苟有文焉，人思借之矣，遑恤其道之所宜與志之所守乎？班固之典引，幸也；揚雄之美新，不幸也；漢明之欲借固，與王莽之欲借揚雄，一也。李白永王東巡之歌，永王借之也，陸游平原園林之記，韓侂胄借之也，不幸也；蔡邕之於郭有道，蘇軾之於司馬溫公，幸也；然苟借焉，幸不幸存乎人，而焉能自必哉！君子之有文，以言道也，以言志也，以承天盡己而匡天下之邪淫者也。守己嚴，待物以正，勿以諛人，勿以悅人爲天下侮，奚足爲累，而效不才之樗爲？

有必不可仕之時，則保身尚矣。外患已深，國危如綫，亟得君而事之，身非所恤也。權臣擅於下，孤主立於上，扶弱圖存，功雖不立，而志不可忘，苟非因權臣而進，身非所恤也，皆可仕也。必不可仕而以保身爲尚者，其唯無天子之世乎！

六

所謂無天子者，非人逐失鹿、天位未定之謂也。擇主而奉之以已亂，而定君臣之分，故張良歸高帝、鄧禹追光武，允矣。即不然，而爲范增之從項羽，郭嘉、荀攸之依曹操，猶足以自見焉。唯至於晉惠帝之時，有天子而無之，人欲爲天子而不相下，羣不知有天子，而若可以無天子者。於斯時也，順逆無常理，成敗無定勢，彊臣林立，怙愚以逞，逆者逆，順者亦逆也，敗者敗，成者亦敗也。欲因之以事孤危之天子而不能，即欲掖之以爲天子，而亦必不得。生人殺人而皆操天子之權。夫然後納身於狂蕩凶狡之中，寄命於轉盼不保之地，果矣其爲大惑，而自貽以死亡也。王戎之免，幸也；王衍、陸機、潘岳之死，自賊者也。顧榮、張翰、戴淵、賀循褰裳而急去之，非過高絶人之智也，未有無天子而可仕者也。

七

晉有天下，初并蜀、吴，二方之民，習於割據之餘，未有以綏之也；而中朝内亂，故趙廞、李特、張昌、石冰乘之以興。乃特之子孫竊蜀者數十年，而江南早定，劉弘之功茂矣哉！故以知國有干城，雖亂而弗難定也。雖然，豈獨弘之功哉？其地有人，而後可以相資而理。李特之亂，蜀土風靡而從之，盡三巴之士，僅一詭僻之范長生而已。吴則賀循、華譚、周玘、顧榮皆潔身退處而爲州郡所倚重，民亂而士不與俱，則民且茶然而自廢，張昌、石冰之首不難馘已，而陶侃得以行其志於不疑。嗚呼！此非晉能得之，其所繇來者舊矣。

孫氏之不足與言治理也，而未嘗立一權謀名法之標準，則江介之士民，猶且優游而養其志。諸葛公賢於孫氏遠矣，乃尚名法以鉗束其下，人皆自困於名法之中，而急於事功以爲賢，則涵泳從容之意不復存於風俗，安所得高視遠覽以曙於貞邪逆順之大者哉！諸葛之張也，不如孫氏之弛也。孫氏不知道而道未亡，諸葛道其所道而道遂喪。自其隆中養志之日，以管、樂自比，則亦管、樂而已矣！齊之所以速亂而燕旋敝也。管、樂者，自其功而言；申、商者，自其學而言也。申、商法行而民有賊心，君子所以重爲諸葛惜也。

八

劉淵雖挾桀敖不逞之材，然其始志亦豈遽爾哉？觀其譏隨、陸之無武，絳、灌之無文，則亦自期於隨、陸、絳、灌之中而已矣。其既歸五部，聞司馬穎之敗，尚欲爲之擊鮮卑、烏桓，則猶未必遽背晉而思滅之也。司馬穎延而挑之，劉宣等推而嗾之，始以流毒天下，而覆晉室。乃匈奴自款塞以來，蓄育於西河有年矣，淵匪茹而逞，不再世而子孫宗族及其種類駢死於靳準㊀，無孑遺焉，則淵毒天下還以自

㊀靳準，船山原作冉閔。劉毓崧校勘記云：「劉淵之族，至劉粲時大半爲靳準所殺，其僅存者至劉熙時復爲石虎所殺，靡有孑遺，非駢死於冉閔也。冉閔所殺者，石虎之子孫宗族。」按刻本已據劉氏校勘記改「冉閔」爲「靳準」。

毒，淵亦何利有穎之挑、宣之嗾，以麋爛冒頓以來數十傳之苗裔部落於崇朝也？司馬穎一潰其防，而河決魚爛，滅其宗而赤淵之族，亦憯矣哉！

而推禍原所啓，則王浚之結務勿塵先之也。司馬氏自訌於室，固未嘗假外援而召之亂也。浚狡有餘而力不足，乃始結鮮卑而開千餘年之釁；穎懼鮮卑，乃晋淵以敵之；交相用夷，穎不救死，而浚伏其誅。流毒天下者，殃必及身。及身者，殃之券也；禍延百世者，殃之餘也。石敬瑭之妻子殲於契丹而無遺種，豈或爽哉！故王浚者，千古凶人之魁也，而效之者何相踵以自滅也！

九

死而不得其所者，謂之刑戮之民，其嵇紹之謂與！紹之不可死而死，非但逆先人之志節以殉讎賊之子孫也。惠帝北征，徵紹詣行在，豈惠帝之闇能知紹而任之乎？司馬越召之耳。冏也、乂也、穎也、顒也、越也，安忍無親，而爲至不仁，一也。偶然而假託於正，奉土木偶人之孱主以逞，君子逆風，猶將避其腥焉。紹曰：「臣子扈衛乘輿，死生以之。」妄言耳。樂爲司馬越之厮役而忘其死也。不知有父者，惡知有君。名之可假，勢之可依，奉要領以從之，非刑戮之民而誰邪？秦準謂紹曰：「卿有佳馬乎？」導之以免於刑戮而不悟，妄人之妄，以自斃而已矣。

一〇

宋高宗免於北行，而延祀於杭州，幸也；琅邪王免於劉、石之禍，而延祀於建康，非幸也。當穎、顒、騰、越交訌之日，引身而去，歸國以圖存，卓矣哉！王之歸，王導勸之也。導之察幾也審，王之從諫也決，王與導之相得自此始，要其所以能然者有本矣。八王鬨争之日，晉室紛紜轇轕，人困於其中而無術以自免。乃王未歸國之先，一若無所短長浮沈於去就者；導以望族薄仕東海，而邪正順逆之交，一無所表見。嗚呼！斯所以不可及也。

老子曰：「静爲躁君。」非至論也。乃所謂静者，於天下妄動之日，端凝以觀物變，潛與經綸，而屬意於可發之幾，彼躁動者，固不知我静中之動，而我自悠然有餘地矣。天地亦廣矣，物變有所始，必有所終矣。事之可爲者，無有禁我以弗爲；所難者，身處於葛藟卼臲之中，而酒食相縻，赤紱相繫，於是而戈矛相尋不覺矣。静者日悠然天宇之内，用吾才成吾事者無涯焉，安能役役與人争潆洄於漩澓之中乎！澄神定志於須臾，而幾自審，言之有當者，從之自決矣。此王與導之得意忘言而莫逆於心者也。是術也，老、莊以之處亂世而思濟者也。得則馳騁天下之至剛；不得，抑可以緣督而不近於刑。琅邪之全宗社於江東，而導昌其家世，宜矣。

雖然，此以處争亂雲擾之日而姑試可也；既安既定而猶用之，則不足以有爲而成德業。王與導終始以之，斯又晉之所以絶望於中原也。孔子思小子之簡，而必有以裁之，非精研乎動静之幾、與時偕行者，不足以與於斯。

二

晉保江東以存中國之統，劉弘之力也。弘任陶侃、誅張昌、平陳敏，而江東復爲完土。侃長以其才，而弘大以其量，唯弘能用侃，侃固在弘帡幪之中也。夫弘又豈徒以其量勝哉！弘無往而不持以正者也。司馬越之討顒，顒假詔使弘攻越，弘不爲顒攻越，亦不爲越攻顒，而但移書以責其罷兵，正也，顒逆而越亦不順也；惡張方之凶悖，不得已擇於二者之閒而受越節度，亦正也；受越節度，終不北嚮以犯闕誅顒，亦正也；張光者，顒之私人，討陳敏有功，不以顒故而抑之，亦正也；天下方亂，而一之以正，行乎其所當行，止乎其所當止，不爲慷慨任事之容，不操偏倚委重之心，千載而下，如見其嶽立海涵之氣象焉。使晋能舉國而任之，雖亂而可以不亡；惜乎其不能獨任，而弘亦早世以終也！

微弘，則周玘、顧榮、賀循無所憚而保其貞；微弘，則陶侃無所託以盡其才；微弘，則琅邪南遷，王導亦無資以立國。晋不能用弘，而弘能用晋。嗚呼！當危亂之世，鎮之以靜，慮之以密，守之以大正，而後可以爲社稷之臣。挾才而急於去就者，益其亡爾。有土可憑，有人可用，而褊心詭億以召亂，曰：吾以行權。權其可與未可與立者道乎？

一二

惡有天子中毒以死，而不能推其行弒之人者哉？惠帝之爲司馬越鴆也，無疑。越弒君，而當時天下不能窮其姦，因以傳疑於後世，而主名不立。當其時，司馬模、司馬騰皆唯恐無隙而不足以逞者，然而胥中外爲諱之，而模與騰不能藉以爲名，史臣於百世之後，因無所據以正越弒逆之罪，何也？天下胥幸惠帝之死也。惠帝死，而亂猶甚，國猶亡；惠帝不死，則琅邪雖欲存一綫於江東也，不可得矣。

惠帝，必不可爲天子者也；武帝護之而不易儲，武帝病矣；然司馬氏之子孫，特不如惠帝之甚耳，無一而不可以亡天下者，則將孰易而可哉？惠帝之必亡也，使晋有社稷之臣，行伊、霍之事，而庶其定乎！司馬越固亦有此心矣，然而不能者，司馬倫已嘗試焉，而爲天下僇；司馬穎、司馬顒皆將爲之，而先伏其辜；越而行伊、霍之事，則顒與穎所不敢爲者而身任其咎，以召天下之兵，越慮之熟矣。無如此土木之闇主何！不得已而聽人之斃之，越之情亦苦矣。

貴戚之卿，有易位之責，而越不能；養昏汶之主以速即於亡，而抑不可；顧懷帝之尚可有爲，而非惠帝之死弗能立也。（快）〔決〕㈠出於倒行之一計，而扳懷帝以立，已無私焉，故天下且如釋重負而想望圖存之機。故一時人心翕然，胥爲隱諱，以免越宮官之辟；後世亦存爲疑案，而不推行鴆之人。夫人苟處不得已之勢而志非逆者，則天討不加，而清議不相摘發。弗能事也，弗能廢也，社稷且岌岌焉，爲天下任惡，天下所矜而容之者也。懷帝立五年，而越無篡心，其專殺而畏寇，則司馬氏驕昏之習也，不足深責也。

一三

孟子言保國之道，急世臣，重巨室，蓋惡游士之徒亂人國也。夫游士者，即不亂人國，而抑不足以繫國之重輕，民望所不歸也。主其地，習其教，然後人心翕然而附之。陳敏之亂，甘卓反正，而告敏軍曰：「所以戮力陳公者，正以顧丹陽周安豐耳，今皆異矣，汝等何爲？」顧榮羽扇一麾，而數萬人潰散。琅邪王鎮建業，榮與玘瞻拜於道左，而江東之業遂定。夫此數子者，皆孫氏有國以來所培植之世族也，

㈠據校記改。

率江東而定八王已亂之天下，抗五胡窺吞之雄心，立國百年而允定，孟子之言，於斯爲烈矣。

嗚呼！地皆有人也，民皆有望也，用人者迫求之驟起喜事之人，而略老成物望之士，求民之歸也難矣。光武所與興者，南陽崛起之流輩，而其收河北以爲根本，則唯得耿弇、寇恂、吴漢而大業定。劉焉倚東州兵爲腹心，以淩駕蜀人而内亂；馴至於先主，所與者皆平原初起之爪牙，故兩世而不收蜀一士之用，其亡也，民且去之若遺也。劉弘、王導知此，而以樹建業百年之基，就其地，得其人，定天下之大略也，允矣。

懷帝

一

晉武分諸王使典兵，晉不競矣。彼皆膏粱紈袴之子也，教練不親，束伍不禁，瓦合而徒炫其軍容，足以亂爾，而不足以競。乂、穎、顒、越之交相殘殺，闒然而前，積然而熸，未嘗有經旬之戰守，而横尸萬計，其以民命爲戲久矣。不足以競而欲相競，於是乎不得不借夷狄以爲彊。劉淵之起，司馬穎召之也；石勒之起，苟晞用之也；拓拔氏之起，劉琨資之也；皆不足以競，不獲已而藉之以競，而晉遂亡。中國之禍，遂千餘年而不息。使競在中國而無待於彼，不示以弱而絶其相陵之萌，則七國之反，赤眉、黄巾之亂，袁、曹、公孫、韓、馬之争，中國亦嘗鼎沸矣，既折既摧而還歸於定，亦惡至此哉！

武帝無百年之算，授兵於孺子，司馬穎之頑愚，延異類以逞，不足誅也。若夫劉琨者，懷忠憤以志匡中國，而亦何爲爾邪？琨進索虜，將以討劉淵也。拒一夷而進一夷，事卒不成，徒延拓拔猗盧於陘北，不亦傎乎！夫琨不能驅市人以敵大寇也，誠難；然君子之自靖以忠於所事，亦爲其所可爲而已矣。智索力窮，則歸命朝廷，如魏勝、辛棄疾斯亦可矣，未有急一時而忘無窮之禍者也。蓋琨亦功名之士耳，志在功名而不聞君子之道，則功不遂、名不貞，而爲後世僇，自貽之矣。前有不慮之君，後有不慮之臣，相仍以亂天下，國速亡，夷、夏之防永裂。嗚呼！將誰咎哉！

二

司馬越出屯於項，非無策也；其敗，則越非濟險之人，外爲苟晞所乘，而内任王衍以僨事耳。劉聰、石勒繞雒陽而南侵襄、鄧，使晉君臣兵庶食絶援孤，畫雒而困，其必蹙以待盡也無疑。重兵屯於外，則聰、勒進而越擬其後，必不敢憑陵而遽通三川。故苟晞内訌，越死，衆無主，王衍不敢任事，而後聰始決起以犯王都。越之出屯，不足以爲越罪，明矣。雒陽之孤危，越不能辭其責；其失也，在秉國之日，不能推誠任賢，輯和東南，以互相夾輔，一出而無有可倚者。山簡縱酒自恣而忘君父，苟晞挾私争權而内相攻奪，張駿所遣北宫純之一旅，且屢戰而疲矣；懷帝又惡越，必欲滅越而不恤，自齕之，還以自斃；越之處勢如此，亦安得不鬱鬱以死而以潰哉！

夫越非無心者，而特昧於從違耳。一秉政而唯王衍、庾敳、謝鯤、郭象、胡毋輔之虚浮之徒進，以是爲可靖兵戎之氣乎？一旦而欲建非常之功，跳出孤危，反兵内援，必不可得者。然其曰：「臣出，幸而破賊，國威可振，猶愈於坐待困窮。」亦何遽非死地求生之長算哉？嚮令劉弘不死，使任山簡之任，劉琨不北掣於王浚，張軌不遠絶於涼州，東連琅邪，視聰、勒所嚮而自外擊之，晋且可以不亡。其不能者，越非其人，非策之不善（者）〔也〕㊀。

若夫越之不奉懷帝以出而置之危地，則罪也。玄宗往蜀，太子在靈武，而安、史不能安於長安。誠使懷帝親將以禦狄於外，苟晞雖驕，山簡雖慢，自不敢亢鈇鉞而坐視。琅邪輸江東之粟，飽士馬以急攻，聰、勒其能入據空城以受四方之敵乎？越出而帝留，惴惴以居，藉藉以斃，越之罪大矣。雖然，或亦國君死社稷之説誤之也。若君臣同死孤城，而置天下於膜外，雖獵衛主之名，亦將焉用此哉？

三

民愚無知，席安飽以爲勢，陵蔑孤弱，士大夫弗能止焉，與之俱流而斁其仁恕之心，忘出反之報，自貽死亡以爲國病，禍發不可禦矣。

夷狄非我族類㊁者也，蟊賊我而捕誅之，則多殺而不傷吾仁；如其困窮而依我，遠之防之，猶必矜而全其生；非可乘約肆淫、役之殘之、而規爲利也。漢縱兵吏殘蹂西羌，而羌禍不解，夷狄且然，況中國之流民乎？夫其闌入吾土，不耕而食，以病吾民，褊人視之，其忿忮也必深。上無能養也，無能安也，棄墳墓，離親戚，仰面於人以求免於凍餒，又豈其情之得已哉？役則役焉矣，毆則毆焉矣，不敵我十姓

㊀據校記改。　㊁「族類」二字刻本闕，據校記補。

百家之相爲朋比矣。愚民於是而以侮之爲得計，士大夫於是而以制之爲得勢，有司於是以箝束驅除之爲保我士民之功。一王之天下無分土，天地之生非異類，而摧殘之若仇讎，傷和氣，乖人理，激怨怒，則害於而家、凶於而國，皆自取之焉耳。

西晉之末，蜀已覆於前矣。劉弘薨，山簡闇，荆湘之士民虐苦流民；而若馮素者，且持保固鄉里之邪説，惑狂愚殘忍之荀眺，欲盡誅之；四五萬家一時俱起，杜弢挾之以作亂，天道之必然，人情之必致也。嗚呼！眺欲盡誅之，獨非人乎，事即成而何忍？況其祇以自賊也！迨其已反，則又或咎之曰：殺之之不速也。不仁者不可與言，有如是夫！

四

劉聰陷雒陽，執懷帝，百官無一死者。嗚呼！若此之流而可責以仗節死義之道乎？雒陽之困危也，周馥請幸壽春而不聽，苟晞請幸倉垣而不果，迨其後欲出而不能，悲哉！帝將遷而公卿止之，爲之辭曰：效死以守社稷也。乃若其情，則有二焉：弗能固守，而依於所遷，則遷壽春而周馥爲公輔矣，遷倉垣則苟晞爲公輔矣，從遷之臣，弗能據尊榮也，此一情也。久宦於雒，而治室廬、置田園、具器服、聯姻戚，將欲往而徘徊四顧，弗能捐割，此又一情也。故盤庚曰：「無總於貨寶，生生自庸。」總其心於田廬器服之中，仰不知有君，俯不知有軀命，故曰若此之流，惡可責以仗節死義乎？

十金之産，卒逢寇亂，不忍捐其雞豚甕缶，而肝腦塗地，妻子爲俘，汴京士庶擁李綱以讙呼者，此情而已矣。玄宗將奔蜀，楊國忠列炬請焚府庫，帝曰：「留此以與賊，勿使掠奪百姓。」其輕視貨貝之情，度越尋常遠矣。是以唐終不亡也。

五

劉琨送石勒之母以招勒，而勒不服；高齊送宇文護之母，而護旋攻之。不拘以爲質，而欲以仁義動狡悍之寇，不已愚乎！曰：此未足以誚琨也。執人之父母，脅之以降，不降，則殺之以快意，此夷狄盜賊之行，有心者其忍效之乎？送之歸，雖不足以懷之，而彼亦無辭以決於致死。曹嵩死而徐州屠，陶謙愚矣。琨非愚也，琨所以不能制勒者，懷、愍弱，琅邪孤，王浚撓之，其勢不振；琨雖忼慨，而舊爲賈謐、司馬越所汚染，威望不足以動人；抑且沈毅不如劉弘，精敏不如陶侃，勒是以睥睨之，知非己敵，而孰其聽之？使琨而能如郭子儀也，則香火之誓，動回紇而有餘。回紇豈果畏鬼神、恤信義哉？有以制之，而又持名義以臨之，蔑不勝焉。仁義有素，而聲靈無拂，則此一舉也，足以折勒之狡而制其死命，故曰：「仁者無敵。」琨未全乎仁也，非仁過而愚也。若拘人之父母以脅其子，非人之所爲也，固琨之所不忍而不屑者也。

六

王導秉江東之政，陳頵勸其改西晋之制，明賞信罰，綜名責實，以舉大義，論者韙之，而惜導之不從。然使導亟從頵言，大反前軌，任名法以懲創久弛之人也，江東之存亡未可知也。語曰：「琴瑟之不調，必改而更張之。」非知治之言也。絃之不調，因其故而爲節其緩急耳，非責之絃而亟易其故也。不調之絃，失之緩矣，病其緩而急張之，大絃急，小絃絶，而況可調乎？

晉代吏民之相尚以虚浮而樂於弛也久矣，一旦操之已蹙，下將何以堪之？且當其時，所可資以共理者，周顗、庾亮、顧榮、賀循之流，皆雒中舊用之士，習於通脱玄虚之風，未嘗慣習羈絡者；驟使奔走於章程，不能祗承，而固皆引去。於是虔矯束溼之人，拔自寒流以各逞其競躁，吏不習，民不安，士心瓦解，亂生於内而不可遏矣。夫卞壼、陶侃，固端嚴劼毖之士也，導固引壼於朝端，任侃於方岳矣，潛移默化，豈在一旦一夕哉？宋嘗病其紀綱之寬、政事之窳矣，王安石迫於改更而人心始怨；元祐、紹聖、建中靖國屢懲屢改，而宋乃亡。鍛鐵者，急於反則折。褊人憾前圖之不令，矯枉而又之於枉，不可以治無事之天下，而況國步方蹙、人心未固之時乎？

且不但此也，漢末尚聲譽，而曹操矯之以嚴；魏氏急名實，而司馬矯之以寬；彼皆樂翹前人之過，形君人之非，以快人心而使樂附於己。當導之世，王敦嘗用此術矣；其後桓温又用此術矣；所以進趨利徼功之人而與爲逆也。導唯無此不軌之志，故即因爲革，從容調御而不自暴其能，夫導豈無頵之心哉？桓彝品藻之曰管夷吾，則其不襲王衍諸人之蕩泆以靡天下可知也，又惡知其不服膺陳頵之諫而特不露其鋒鋩爾？有當世之略者，好惡不激，張弛不迫；褊人不知，求快一時，而怪其弗能爲也，愚者何足與深言邪！

七

王彌勸劉曜都雒，曜不從，彌以是輕曜而背之。彌，盜魁之智耳，惡足以測狡夷之長算哉？石勒視劉曜而尤狡，張賓之慧，非彌所能測也。勒在葛陂，孔萇請夜攻壽春，據之以困江東，勒笑之，而從張賓北歸據鄴。勒橫行天下，豈惴惴於紀瞻者？然而知瞻可勝，而江、淮之終不可據以爲安，勒之智也。

江、淮之春有霖雨，常也；紀瞻與相持，不以雨爲困而勒困，於此可以知地氣、可以知天情矣。三代以上，淑氣聚於北，而南爲蠻夷。漢高帝起於豐、沛，因楚以定天下，而天氣移於南。郡縣封建易於人，而南北移於天，天人合符之幾也。天氣南徙，而匈奴始彊，漸與幽、并、冀、雍之地氣相得。故三代以上，華、夷之分在燕山，三代以後在大河，非其地而闌入之，地之所不宜，天之所不佑，人之所不服也。是故拓拔氏遷於雒，而六鎮據其穴以殘之，延及於齊、周，而元氏之族赤。守緒遷於蔡，而完顏氏之族殲。耶律亡，而其支庶猶全於漠北。蒙古亡，而其苗裔種姓君長塞外者且數百年。舍其地之所可安，以犯天紀，則未有能延者。枳橘貉鴝之性，黠者自喻之，昧者弗知也。王彌、孔萇之所以愚而徒資曜、勒之笑也。

夫江、淮以南，米粟魚鹽金錫卉木蔬果絲枲之資，彼豈不知其利；而欲存餘地以自全其類也，則去之若鶩。然則天固珍惜此土以延衣冠㈠禮樂之慧命，明矣。天固惜之，夷㈡且知之，而人弗能自保也，悲夫！中華㈢之敗類，罪通於天矣。雖然，夷㈣而有曜、勒之識也，則自知此非其土，而勿固貪之爲利以自殄其世也。

㈠「衣冠」二字刻本闕，據校記補。

㈡「夷」字刻本闕，據校記補。

㈢「中華」二字刻本闕，據校記補。

㈣同注㈡。

八

劉聰之臣有劉殷者，論史者或稱以爲賢。殷飾女以進於聰而固其寵，不足比數於人類者也。故其言曰：「事君當幾諫，凡人尚不可面斥其過，况萬乘乎？」論者以爲賢，則且爲諂佞者排擿忠直之口實，殷雖不足比數於人類，而不可以不辨。

事父母而幾諫者，既以不忍傷恩爲重矣；且子日侍父母之側，諫雖不切，而娓娓以繼進，父母雖愎，亦無如其旦夕不相舍者何，而終必從之；非君之進見有時，言不伸而君且置之者也。父母之過，無安危存亡決於俄頃之大機，旦過而夕改，無過矣。君操宗社生民之大命，言出而天下震驚，行出而臣工披靡，一失而貽九州億萬姓百年死亡之禍，待之宛轉徐圖，雖他日聽之而悔無及矣。父母之過，即有導諛之者，淫朋而已矣，奴妾而已矣，其勢不張，其徒不盛，其飾非簧惑之智，不能淩我而出其上；微言而告父母以所未覺，彼未能結黨強辯以折我。君而不善，則聚天下之僻而辯、巧而悍者，稱天人、假理勢以抗我；而孤忠固憂其不勝，微言如吶，奪之者喧豗，而氣且爲奪矣。凡此數者，諫父母易，而諫君難。處其難，而柔顏抑氣、操瓦全之心，以若吐若茹、而伺君之顏色，此懷祿固寵之便計，其爲小人之道也無疑。况乎君臣義合，非有不可離之去就哉！

劉聰凶暴嗜殺，殷以是爲保其富貴之計則得矣。以獻女媚（人）〔夷〕㊀之禽心，而姑取譽於天下，

㊀據校記改。

其術巧矣。本不足與深論，而邪説一倡，若蘇軾諫臣論之類，師其説以爲詭遇之術，君臣之義廢，忠佞之防裂矣。

愍帝

一

愍帝之西入長安，必亡之勢也。劉聰雖去雒陽，石勒雖去江、淮，而聰在平陽，勒在鄴，雒陽已毁，襄、鄧已殘，勒一踰河而即至雒，聰一踰河而即犯關中；長安孤縣於一隅，亙南北而中絶，二虜夾之，旋發而旋至。張軌遠在河西，孤軍無輔；李特又割據巴、蜀，而西南之臂斷；天下所僅全者江東耳，而汝、雒荒殘，則聲勢不足以相及；賈疋、索綝、麴允崛起乍合之旅，不足以繫九鼎明矣。周顗等之中道而遁，非葸怯而背義也，知其亡在旦夕，而江東之猶可爲後圖也。

長安自漢以來，蕪曠而不可爲奥區久矣。聰、勒之不急犯而據之也，以其地之不足恃也。名之爲天子之都，而後劉聰欲固獲之矣。帝不入關，長安未即亡也。當其時，石勒已舍淮、襄而北矣，雒陽雖生蔓草，而陳、汝、蔡、鄧猶憑楚塞以爲固，東則連壽、泗而與江東通其津梁，西則連關、陜而與雍、涼繫其絡脈。此率然之勢，首尾交應之形也。使愍帝不舍中州，而權定都於陳、許、宛、汝之閒，二虜之不敢即犯輦轂明矣。疋、綝懷土而挾之以西，人無能與争，而但思逋散，則不亡何待焉？故嗣興於喪亂之餘者，非果英武之姿，不可亟處危地以徼幸。非怯也，所繫者重，一危而天下遂傾也。

夫夷狄亦何嘗不畏中國哉？人所胥戴之共主，一再爲其所獲，而後知中夏之無人，不足憚也。苻堅自將以趨淝水，高緯親行以救晉陽，皆以自速其亡，況素不知兵、徒以名義推奉之愍帝乎？智者知此而已；而愚以躁者，乃挾天子爲孤注，而誚人畏沮，不量力，不度勢，徒敗人國家，豈有救哉！

然則肅宗擁朔方一隅之地，與天下相隔絶，何爲而成收復之功邪？曰：禄山悍而愚，已據長安，意得而無遠志，輕去幽、燕而喪其根本，是朝露將晞者也，故一隅攻之而已足。聰與勒各據狡兔之窟以相淩壓，方興而未戢，豈孤立之勢所可敵哉？勢因乎時，理因乎勢，智者知此，非可一概以言成敗也。

二

職官賤而士去其廷，封賞濫而兵逃其汛，天子之權輕，物無與勸，而忠貞幹理者羞與匪人爲伍，其情中涣，此成敗之樞機，持之不謹，則瓦解而莫能止。陳頵諫琅邪以金紫飾士卒，符策委僕隸，非所以正綱紀。其言得矣。雖然，天下方亂，人心愈競，死亡相枕，益不厭其榮寵之情，天子蒙塵，夷盜充斥，乃躁人得志以求名位之時也。重抑之，力裁之，項羽刓印，而韓信、陳平閒行亟去；張元、吴昊斥於韓、范，而導西夏以倡狂；即才不如韓、陳，狡不加張、吴，乃以効於我而不足，以附夷狄盜賊而有餘；守頵之説，抑無以斂躁動之人心而使順於己。

然則術其窮乎？曰：此非立法於寬嚴之兩塗所可定也。天子者，化之原也；大臣也，物之所效也。天子大臣急於功，則人以功爲尚矣；急於位，則人以位爲榮矣。儉者，先自儉也，讓者，先自讓也，非可繩人而卑約之者也。其爲崛起而圖王，則緩稱王、緩稱帝，而衆志不争。其爲承亂以興復，則緩於監國、緩於繼統，而人心不競。漢高之戰成皋也，項羽一日未平，則一日猶與韓、彭、張、吴齒，故韓信請王，終奪之而不敢怨。光武聽耿弇而早自立，故赤眉已降，而天下之亂方興。帷幕翼戴之臣，驟起而膺三公之位，其下愈貴，已愈踞其上而益尊，其上益尊，其下愈扳援而上以競貴。更始之廷，人銜王爵，則關内侯、騎都尉之充盈不可禁也。

嗚呼！得而成，失而敗，成而生，敗而死，宗族縣於刀俎，烏鳶睨其肉骨，奮志以與天争成敗，與人争生死，此志皎然與天下見之，則必有塵視軒冕、銖視金玉之心，而後可鼓舞天下於功名之路。諸葛公曰：「惟淡泊可以明志。」君與大臣之志明，則天下臣民之志定，豈恃綜核裁抑以立綱紀哉！倚於寬，倚於嚴，其失均，其敗均矣。

三

愍帝詔琅邪王睿爲左丞相，南陽王保爲右丞相，分督陝東西諸軍，令保帥西兵詣長安，睿發江東造雒陽，此危急存亡相須以濟之時也。琅邪方定江東，不從北伐，視君父之危若罔聞，姑置之而自保其境，信有罪矣。雖然，以純忠盛德之事責琅邪，而琅邪無辭；若其不能，則愍帝此詔，戲而已矣。

帝之於二王也，名不足以相統，義不足以相長，道不足以相君。其爲皇太子，非天下之必歸心，而賈疋等之所奉也；其爲天子也，非諸王之所共戴，麴允、索綝之所扳也。琅邪承八王之後，幸不爲倫、穎、顒、越之争，繇王導諸人有覩時自靖之智，而琅邪之度量弘遠也。曾是一紙之詔，丞相分陝之虚名，遂足以鼓舞而折箠使之者哉？名爲愍帝之詔，實則索綝、麴允之令而已。以琅邪爲君，以王導諸人爲輔，而恬然唯綝與允之令以奔走恐後乎！

綝與允有效忠之心，而不知道也。度德、量力、相時者，道也。使二子擁愍帝於長安，而不舍秦王之號，與二王齒，且虛大位以俟有功而論定；則猶可弗使孤危以免帝於俘虜，二子亦自救其死以立勳名。而二子方施施然貪佐命之功而不自度也，是以其亡無與救也。元帝聞長安之破，司馬氏已無餘矣，南陽王僻處而日就於危，不足賴也，然後徐即王位以嗣大統。讀劉琨勸進之表，上下哀籲，求君之心切矣，然周嵩猶勸其勿亟急。得人心者，徐俟天命，非淺人所可與知也。

四

好諛者，大惡在躬而猶以爲善，大辱加身而猶以爲榮，大禍臨前而猶以爲福；君子以之喪德，小人以之速亡，可不戒哉！

石勒之横行天下，殺王彌如圈豚，背劉聰如反掌，天下聞其名，猶爲心惕；而一爲卑諂之辭以媚王浚，浚遂信之而不疑。唐高祖之起晋陽，疾下西京，坐收汾、晋而安輯之，豈爲人下者？一爲屈巽之辭以誘李密，密遂信之而不疑。浚死於勒，密禽於唐，在指顧之閒，不知避也。浚之凶悖，迷此也宜矣。密起兵敗竄，艱難辛苦已備嘗矣，而一聞諛言，如狂醉而不覺。天下之足以喪德亡身者，耽酒嗜色不與焉，而好諛爲最。元祐諸君子，且爲蔡京所惑，勿僅以責之驕悖黠姦之浚與密也。

五

建大業者，必有所與俱起之人，未可忘也；乃厚信而專任之，則亂自此起。元帝之得延祚於江東，王氏贊之也，而卒致王敦之禍，則使王敦都督江、湘軍事，其禍源矣。

王氏雖有翼戴之功，而北拒石勒於壽春者，紀瞻以江東之衆捍之於淮右，相從渡江之人，未有尺寸之效也。若夫輯寧江、湘，奠上流以固建業者，則劉弘矣；弘之所任以有功，則陶侃矣；平陳敏，除杜弢，皆侃也，侃功甫奏，而急遣王敦奪其權而踞其上，左遷侃於廣州，以快敦之志，使侃欲効忠京邑，而敦已扼其吭而不得前，何其悖也！侃之得成功於荆、湘者，劉弘推誠不疑，有以大服其心爾。至是而侃不可保矣。迨其後有登天之夢，而蘇峻之亂，躊躕不進，固將曰專任侃而侃且爲敦，而不知其不然也。敦殺其兄而不恤，侃則輸忱劉弘而不貳，其貞邪亦既較然矣。侃之不得爲純忠，帝啓之，敦又首亂以倡之，而侃終不忍爲敦之爲；疑之制之，王氏之私，豈晋之利哉！

俱起之臣，雖無大權，而固相親暱；新附者，雖權藉盛，而要領非其所操，腹心非其所測。故蕭、曹與高帝俱興，而參帷幄、定危疑，則授之張良、陳平；握重兵、鎮重地，則授之韓信、彭越；新附者喜於見信，而俱起者安焉。韓信曰：「陛下善於將將。」此之謂也。元帝懷翼戴之恩，疑才臣而疏遠之，幸王導之猶有忌，而敦之凶頑不足以餌人心使歸己，不然，司馬氏其能與王氏分天下乎？有陶侃而不知任，帝之不足有爲，内亂作而外侮終不能禦也，不亦宜乎！

六

受諫之難也，非徒受之之難，而致人使諫之尤難也。位尊矣，人將附之而恐逆之，然附尊位者，非知諫者也；權重矣，人將畏之而早已惴之，然畏重權者，非能諫者也；位尊而能屈以待下，權重而能遜以容人，可以致諫矣，而固未可也。所尤患者，才智有餘，而勤於幹理，於是乎懷忠欲抒者，夙夜有欲諫之心，而當前以沮，遂以杜天下之忠直，而日但見人之不我若，則危亡且至而不知。

夫人之有才，或與吾等，而有所長則有所短矣。且人之有才，而或出吾下，見吾之長，則自有長焉而疑其短矣。夫言之得，計之善，固有其理顯著，人各與知，而才智有餘者，或顧不察者矣。且有才不逮，智不若，偶然一得而允合於善者矣。抑有謀之協，慮之深，而辭不足以達意者矣。尤有彼亦一善，此亦一善，在我者揮斥而見長，在彼者遲回而見絀者矣。然而君子所樂聞者，非必待賢智多聞之能爲我師者也；正此才智出己之下，而專思一理、順人情而得事之中者也。彼且聞我之恢恢有餘，獻其所長，而恐摘以所短，則悃愊自好之士，不欲受迂闊淺鄙之譏，以資我之笑玩，而抑慮我之蒐幽摘微，以窮己於所未逮，則夙夜之懷忠，必不能勝當前之恧縮。我即受之，而彼猶欿焉恐其不當。此教人使諫之難，君子之所慮，而隱惡揚善、樂取於人之所以聖與！

隗瑾之告張寔曰：「明公爲政，事無巨細，皆自決之，羣下受成而已；宜少損聰明以延訪，則嘉言自至，何必賞也？」允矣其知道之言乎！

讀通鑑論卷十三

東晉元帝 自此至陳，凡僭僞諸國事俱附六代編年下論之。

一

扶危定傾，以得人心爲本務。國破君亡，天下喁喁然願得主而事之，人心爲易得矣，而未易也；非但其慰安之者非其道也，天下方喁喁然而願得主，抑必天下之固喁喁矣；如其遽自信曰天下固喁喁然願得我而爲主，則天下之情解矣。非其情之所迫求而後應者，則賢者且不能伸其忠孝之願；下此者，擁戴之勳名不歸焉。於是乎解散躊躕曰：彼且自立乎其位，而責我之効功以相保。則雖名分正、威望立，而天下之奔走也不迫。乃始下獎勸聯絡之詔以縻天下之歸己，而天下不應。我以獎勸聯絡之情辭縻天下，而天下惡得不驕？故當國破君亡之餘，不待天下之迫而迫自立者，非外逼以亡，則內爭以叛。此豈挾機僞讓之足以動天下哉？無宗國之痛而乘亂以興，則欲爲謙讓也不能；其情疑，其氣囂，則其事躁而不以禮，必矣。

愍帝之立，賈疋等扳之以立而遂自立，則琅邪之在江東，南陽之在秦、隴，雖不與爭，而坐視其亡而不救。匪直二王也，劉琨、慕容廆之在北，張寔之在西，陶侃之在南，皆坐視其亡而不恤。長安破，愍帝俘，司馬子孫幾於盡矣，琅邪擁衆而居江左，削平内寇，安靖東土，未有舍琅邪而可別爲君者。然而聞長安之變，官屬上尊號而不許，固請而不從，流涕而權即晉王之位。已而劉琨屢表陳痛哭之辭，慕容廆、段匹磾且合辭以勸進，豫州荀組、冀州邵續、青州曹嶷、寧州王遜，合南北以協請，江東人望紀瞻之流皆敦迫焉，然後踐阼而改元，於是而元帝之位定矣。無求於天下，而天下求之，則人不容有異志而允安。東晉之基，成乎一年之需待，此人情天理之極致。其讓也，即國之所以立也。

然且有未及待者，張寔也。寔之戴晉也堅，而擇主也審，南陽王保無待而立，寔舍之而屬望乎江東，寔表至，帝已先立，而寔之志反爲之貳，稱建興年號，而不舉太興之正朔，寔豈不願得君而事之哉？亦惡其不待己求而迫自君也。即此而人心向背之幾可知矣。爲人臣子，抑奉君親之痛而有浮慕弋獲之心，天下測其隱而鄙之，是天理之在秉彝者，不容纖芥之差乎！彼且不自知，而合離之情理自迥別也。因是而推戴無功者生其忮忌，翼贊有力者挾以驕陵，皆末流之必然矣。遠人擅命以自尊，權姦懷逆而思逞，國欲存也，其可得乎！

二

元帝之立也，王氏逼王室而與亢尊，非但王敦之凶悍也，王導之志亦僭矣。帝乃樹刁協、劉隗於左右，以分其權而自固。然而卒以取禍者，非帝之不宜樹人以自輔，隗、協之不宜離黨以翼主也；其所以尊主而抑彊宗者，非其道也。

承傾危以立國，倚衆志以圖存，則爲勢已孤。或外有挾尊親之宗藩，或内有挾功名之將相，日陵日夷，而伏篡弑之機，此正君子獨立以靖宗社之時，而糜軀非其所恤。然君之所急與吾之所以事君者在是，則專心致志以彌縫之而恐不逮。即有刑賞之失，政教之弛，風俗之敝，且置之以待主權既尊、國紀既立之後，而必不可迫爲張弛，改易前政，以解臣民之心，使權姦得挾以爲辭，而誘天下以歸己。協與隗未足以知此，氣矜而已矣。恃其剛決之才，標名義以爲名，而鉗束天下，一言之非，一事之失，張皇而摘之，於是乎盈廷之怨起，而王氏之黨益堅。非臣民之叛上而即彼也，乍拂其情者激之也。

孟子曰：「不得罪於巨室。」非謂唯巨室之是聽也，不得罪於臣民，巨室弗能加之罪也。沈静以收人心，而起衰救敝之人作，且從容以俟人心之定，則權臣自戢，而外侮以消。況名法綜核爲物情所駭者，其可迫求之以拂衆怒也乎！方正學未之逮也，隗與協又何足以及此！

三

宗國淪亡，孤臣遠處，而求自靖之道，豈有他哉？直致之而已矣。可爲者爲之，爲之而成，天成之也；爲之而敗，吾之志初不避敗也。如行鳥道者，前無所畏，後無所郤，傍無可迤，唯遵路以往而已爾。旁睨焉而欲假一徑以行吾志，甚則禍及天下，不甚則喪其身，爲無名之死而已。劉琨之託於段匹磾是也。

非我類者，心不可得而知，迹不可得而尋，頃刻之變不可得而測，與處一日，而萬端之詭詐伏於談笑，而孰其知之？琨乃以孤立之身，游於豺狼之窟，欲志之伸也，必不可得；即欲以頸血濺劉聰、石勒，報晉之宗社也，抑必不能；是以君子深惜其愚也。以琨之忠，身死族夷，抱志長埋於荒遠，且如此矣；下此者，陷於逆而爲天下僇，亦終以不保其血胤。功則無功也，死則必死也，何樂乎其爲此也！故曰直致之而已矣。

四

忌裨將之有功，惡人之奬之，恐爲人用，背己以去，且將軋己而上之，此武人之恆態也。陳川之將李頭，力戰有功，祖逖厚遇之，頭感逖，願爲之屬，川疑忌而殺頭以降石勒，於是而汴、晉之閒大亂而不能定。嗚呼！此將將者之所以難也。

知武人之情，而不逆其所忌者，則知權矣。非但畏彼之怨怒而曲徇之也，道固存焉，權即正也。三軍之士，智者、勇者、勤敏而效死者多矣。智勇以效死而踰於主帥者有矣；而既已隸於人而受命，則綱紀存焉。綱紀者，人君之以統天下，元戎之以統羣帥，羣帥之以統偏裨者也。夫既已使之統，而又以不測之恩威、唯一時之功罪以行賞罰，則雖得其宜，而綱紀先亂。綱紀亂，則將帥無以統偏裨，元戎無以統將帥；失其因仍絡貫之條理，而天子且無以統元戎。故韓信下燕、趙，平三齊，豈一手一足之烈哉！其智勇效死以成信之功者多矣。然而漢高知信而止，以李左車之賢智，信方北面受教，而高帝未嘗拔之以受一邑之封。信曰：「陛下不能將兵，而善將將。」此之謂與！

既已爲其偏裨，則名義存焉；其智勇效死而或爲主將之所抑，因之以徐懲其主將可也，非能率吾意而亟行之也。好惡雖當，而有所不可任；刑賞雖公，而不敢輕；鳩合數十萬人而爲之長，一一察其能否以用其恩威，力窮而争以起。逖之使頭願爲之用以背陳川者，任情以行好惡，自謂至公，而不知綱紀爲維繫人心之樞紐也。夫逖慷慨英多，而未達大體，即不隕折，吾不敢信其匡復之功可成。稱周公者，曰「訢訢休休，見善不喜，見惡不怒」。英君哲相，規模弘遠，豈易及哉！

五

忠臣志士善保其忠貞者，尤不可以無識；苟無其識，則易動而不謀其終。謂荀彧之黨曹操以篡漢者，已甚之辭也。不揣其終，而相沿以往，變故日深，而弗能自拔，或以是死，而不能避不韙之名，急於行志而識不遠也。當漢帝困於羣凶之日，唯曹操能迎而安之，悠悠天下，舍操其何適焉？操之不可終任，人具知之，而轉念之圖，惟昏於初念；其爲智也，不能決兩端於俄頃，迎刃以解，而姑爲嘗試，且自謂他日之可有變計，乃不知其終不能也。是以能早決以潔其身者之謂大智，高瞻其當之矣。

慕容廆之始戴晋也，既定遼東，欲以瞻爲將軍，撫心而告之曰：「孤欲與君共清世難，翼戴王室。」廆慷慨而言之，瞻漠然而應之，鬱鬱以死，終不爲屈，疑爲已甚矣。夫瞻秉戴主之忠，而廆有可因以效忠之牖，姑聽而觀其後也未晚，然而瞻固知其不可恃也。廆之不可恃以終戴晋也，豈難知哉？抱忠而欲亟試之，則一念遲回，忘廆之能用己而已不能用廆也，則且如荀彧之不決以敗其名節矣。處空谷而聞足音，則躍然而喜，惡知夫是音之非熊羆猰貐之相擾也！懷忠而憤宗國之傾没，聞有義聲者欣然而就之，其不爲亂賊所陷者鮮矣。高瞻之智，決於俄頃，粲然若黑白之不相淆，迎刃而解，捷於桴鼓；死於不屈之前，而不死於自拔末繇、力窮志沮之日。嗚呼！可不謂賢哉！劉琨所不逮也，況荀彧乎！

六

祖逖立威河南，石勒求與通好，逖不報書，而聽其互市，可謂善謀矣。

兩軍相距而絶其市，非能果絶之也；豈徒兵民之没於利而趨者，雖殺之而不止哉？吾且有時而需彼境之物用而陰購之矣。絶市者，能絶吾之不往，而不能絶彼之不來也。吾之往市者，非一日而即能致於彼，畜之牧之，舟車數百里而輸之，未至於疆埸而早已洩，故雖不能必絶，而多所絶。若彼之來也，授受於疆埸，一夕而竟千金之易，而自我以逮吏士編氓，無不仰給焉，惡可絶也！於是而吾之金錢與其輕齎之貨賄，盡輂以歸敵，而但得其日就消亡之物，則敵日富而我日貧，金錢暗耗而不知，欲三軍之無匱也不能，而民貧怨起矣。

且絶市者曰：憂閒諜也。閒諜之往來，恒於歧徑，乃名爲絶市，而必不能禁下之私通，則歧徑四闢，而閒諜之往來無忌。互市通，而關津有吏焉，以譏其出入；交易有期焉，以限其往復；軍民之志欲得而私徑蕪，則閒諜之出入阻矣。且閒諜者，非必畜不軌之志以走險者也。私市通，歧徑四出，人知官禁之疏，而漸與敵狎，則因而玩死以讎姦者多矣。一之於互市，市之外，無相狎之門，自非深姦巨慝忘死以僥幸者，孰敢嘗試焉？以通之者絶之，逖之慮此密矣。此兩軍相距，贍財用、杜姦人之善術，用兵者不可不知也。

七

王導之不得爲純臣也，殺周顗而不可揜，論者摘之，允矣。然謂王敦簒而導北面爲佐命之臣，以導生平揆之，抑必其所不忍。且王敦之凶忍，賊殺其兄而不忌，藉其篡立，導德望素出其上，必不能終保其死，導即愚，豈曾此之不察哉？

乃導之淟涊兩端，不足以爲晋之純臣也，則有繇矣。蓋導者，以庇其宗族爲重，而累其名節者也。王氏之族，自導而外，未有賢者，而驕横不軌之徒則多有之。乃其合族以隨帝渡江，患難相依而不離，於此而無協比之心焉，固非人之情矣。然而忠臣之衛主，君子之保家，則有道焉。愛之以其情也，親之以其道也，因其賢不肖而用舍之以其才也，盡己所可爲，而國家之刑賞，非己所得而私也。當其時，紀瞻、卞壼、陶侃、郗鑒之儔，林立於江左，而以上流兵柄授之於王敦，導豈有不逞之謀哉？恤其宗族，而不欲抑之焉耳。

將謂管叔之逆，周公且不忍防之於早乎？乃管叔者，非但周公之兄也，周公非但以己兄之故而使之監殷也。管叔者，固文王之子，武王之弟，成王之叔父也。俱爲天子之懿親，而以己之賢，疑彼之不肖而早制之，於是乎不可。而導豈其然哉？天下者，司馬氏之天下，非王氏之天下也。惜其閥閲之素盛，念其辛苦之共嘗，以人之天下而慰己之情，未有不陷於惡者。而其究也，乃至親統六師，名爲賊而推之刃，又何足以救名義而全天性哉？

嗚呼！豈徒如導者，繫國家安危之大故，人臣貞邪之大辨哉！凡人之親愛其宗族也，亦各有道矣。己所得爲，無不可推也；上而君，降而友，又降而凡今之人與凡天下之物，非吾所得私者，不得以自私，則抑不得以私其諸父昆弟。妄欲者何厭之有哉？教以正，迪以自立之方，士習爲士，農習爲農，黠者戢之，弱者振之，非徒無傷於天下，而抑可以保躍冶之子弟而予之安，則可以上告祖考而無憾矣。徇族黨好惡之私，己雖正而必陷於邪，辱身不孝之罪，又奚逭哉！

明帝

一

明帝不夭，中原其復矣乎！天假五胡以亂中夏，氣數之窮也，帝乃早世！王敦之横，元帝惴惴而崩，帝以幼沖當多難，舉動偉然，出人意表，可不謂神武哉？

王敦謀篡，而諷朝廷徵己，使帝疑畏憂戚不欲徵，而待其黨之相迫，則敦之横逞矣。帝坦然手詔徵之，若人主徵大臣之故事，無所疑畏，而敦固心折不敢入也。敦欲以王導爲司徒，聽之也，導本可爲司徒，無所疑也；抑以此獎導爲君子，使浣濯其同逆之恥以乃心王室，而解散羣臣阿比王氏之戾氣。於是而導之志移，敦之黨孤，奄奄且死而以篡爲下計；區區爲難者，錢鳳輩亡賴之徒而已，殄滅之如摧枯矣。導貽王含之書曰：「昔年佞臣亂朝，人懷不寧，如導之徒，心思外濟。今則不然，聖主聰明，德洽朝野，凡在人臣，誰不憤歎。」導之情可見，從王氏者之情可見，天下之大勢，明帝之大略，從可知矣。

折大疑者，處之以信；奠大危者，予之以安。天假明帝以年，以之收北方離合不定之人心，而乘冉閔之亂，吹枯折槁，以復衣冠禮樂之中夏，知其無難也。帝早没而不可爲矣，悲夫！

二

君子之過，不害其爲君子，唯異於小人之文過而已。王敦稱兵犯闕，王導荏苒而無所匡正，周顗、戴淵之死，導實與聞，其獲疚於名教也，無可飾也。故自言曰：「如導之徒，心思外濟。」蓋劉隗、刁協不擇逆順，逞其私志，欲族誅王氏，而導勢迫於家門之隕穫，不容已於詭隨，此亦情之可原而弗容隱飾以欺天下者也。及敦死而其黨伏誅，譙王丞、戴淵、周顗以死事褒贈，豈非導悔過自反以謝周、戴於地下之日乎？而導猶且狎開門延寇之周札，違卞壺、郗鑒之讜議，而曰：「札與譙王、周、戴見有異同，皆人臣之節。」導若曰札可盡人臣之節，則吾之於節亦未失也。假札以文己之過，而導乃終絶於君子之塗矣。

郗公愛子死而不哭，卞令力疾戰而喪元，二君子者，無諸己非諸人，危言以定褒貶，非導之所能也。而引咎知非，以無異説於論定之後，夫豈不可？怙慝而欲蓋彌章，不學於君子之道，雖智弗庸也。

成帝

一

少主立，而大臣尸輔政之名，雖周公之聖，不能已二叔之亂，況其下焉者乎？庾亮不專於己，而引西陽王羕、王導、卞壺、郗鑒、温嶠與俱受託孤之遺詔，避漢季竇、梁之顯責，亮其愈矣。雖然，惡有俱爲人臣，徒崇此數人者持百尹之進退而可以服天下哉？陶侃之貳，祖約、蘇峻之逆，所必然矣。

夫主少則國政亦必有所裁，大臣不居輔政之任而惡乎可？而有道於此，則固無事立輔政之名，授之以獨馭之權，而疑天下。無他，唯官常數定，官聯相屬，法紀豫立，而行其所無事焉耳。三公論道，而使涖庶事，則下侵六卿；百執不相越，而不守其官，則交爭。故六卿百執之可否，三公酌之；而三公唯參可否，不制六卿百執以行其意。則盈廷多士，若出一人；州牧軍帥，適如其恆。天子雖幼，中外自輯以協於治，而惡用輔政者代天子而制命邪？

夫古之天子，未嘗任獨斷也，虛靜以慎守前王之法，雖聰明神武，若無有焉，此之謂無爲而治。守典章以使百工各欽其職，非不爲而固無爲也。誠無爲矣，則有天子而若無；有天子而若無，則無天子而若有；主雖幼，百尹皆贊治之人，而惡用標輔政之名以疑天下哉？

是以三代之聖王，定家法朝章於天下初定之日，而行之百世，主少國疑之變，皆已豫持之矣。故三代千八百年，非無沖人踐阼，而大臣無獨攬之威福。若夫周公之輔政，則在六官未建、宗禮未定之日，武王末受命而不遑，不得已而使公獨任之也。雖然，讀鴟鴞之詩，而周之危、公之難，亦可見矣。有聖主興，慮後世不能必長君令嗣之承統也，豫定奕世之規，置天子於有無之外，以虛靜而統天下，則不恃有貴戚舊臣以夾輔。既無竇、梁擅國之禍，而亦不如庾亮之避其名而啓羣爭。不然，主幼而國無所受裁，雖欲無輔政者，不可得也。

二

潰於内者，必決於外。蘇峻反歷陽而入建業，祖約據壽春以通石勒，然而勒不乘之以入犯者，非勒無狡焉之志也；劉曜破石虎於蒲坂，進圍金墉，勒方急曜而不暇及也。咸和三年九月，斬蘇峻。十二月，勒執曜於雒陽，使遲之一年，峻、約始破，則約迫而導勒以東，晉其糜矣。故夷狄之相攻，或爲中國之利，利以一時耳；而據之以爲利，相攻久而相滅，滅而併於一，害乃不救，何利之有乎？「池之竭矣，不云自瀕」，外迫而内難起也。「泉之竭矣，不云自中」，内亂而外患乘也。昧者乃曰：「外寧必有内憂。」謂以外患警内，而内憂可弭，則抑有内憂而可弭外之侵陵邪？嚮令曜、勒不逼，江東不孤，若峻、約之流，又何敢輒生其心？勒、曜之相攻而未相併，幸也，謀國者不敢恃也。

三

東晉之臣，可勝大臣之任者，其唯郗公乎！卞令忠貞之士，朝廷之望也，以收人心、易風俗、而安社稷，則未之敢許。晉之敗，敗於上下縱弛，名黄、老而實惟貪冒淫逸之是崇。王衍、謝鯤固無辭其責矣。乃江左初立，胡寇外偪，叛臣内訌，人士之心，習於放佚而憚於拘維，未易一旦革也。卞令執法紀以糾之，使人心震慴而知有名教，誠不可無此中流之砥柱。然充其所爲，以懲創而無已，則乍強以所不習，而人思解散，便給之小人日飾以進，抑不保人心之永固而國勢之能安也。

王敦之反，刁協、劉隗之操切激之；蘇峻之反，庾亮之任法激之；障狂瀾而陻之，鯀績之所以弗成也。故先王憂人心之易弛而流也，勞來之以德教，而不切覈之以事功；移易之以禮樂，而不督責之以刑名。臨之象曰：「咸臨，吉，无不利。」非其感也，不可以臨也。殷末之俗淫，而二南之化，游之於芣苢，安之於摽梅。大弛者反之以大張，大張必窮，而終之以大弛。名爲王道，而實爲申、商，不覆人之家國者，無幾也。故下令厲色立朝以警羣臣之蕩佚，不可無也，而任之以統馭六寓，厝社稷之安，定百官之志，則固未可也。「夬，揚于王廷。」暮夜之戎，可勿恤乎！

四

劉曜圍雒陽，撤金墉之圍，陳於雒西，一戰而被禽以亡。其敗也，飲博而不恤士卒，輕撤圍以西，狂醉以自陷也，非不聽諫者以阨勒於成皋之失計也。使曜深溝高壘，斷勒入雒之路，内外不相應，勒一往之鋭氣且折，而弗能解金墉之圍，曠日持久，上下有惰歸之氣，求歸不得，亦竇建德之見禽於東京而已。假令曜分兵以扼成皋，禦人於百里之外，所遣拒勒之將，固非勒敵，必先挫而潰，則圍雒之軍心盡解，其敗決矣。勒曰：「盛兵成皋，上策〔也〕㊀；阻雒水，次也；坐守雒陽，成禽耳。」此勒畏曜堅壁以老己，姑爲此言以安衆耳，非果然也。曜撤圍而陳於雒西，望蒲坂以爲退步，勒曰：「可賀我矣。」此則勒之果所欣幸耳。

千里縣軍，攻人於圍城之下，兵之大忌也。撤圍分軍以拒人於險，險非我有，而軍心不固。陳友諒解南昌之圍，而死於鄱湖。軍一分而不可合，一動而不可止，勒之智足以測此，姑爲反語以安衆心，

㊀ 據校記增。

或遂信其實然，勒且笑人於地下矣。

五

蘇峻之亂，建業殘敝，廷議遷都，王導獨持不可，江左百年之基，導一言以定之，審乎難易之數也。梁元帝憚建業之凋殘，據江陵之富庶，而速以亡。然則曹操棄雒陽，遷獻帝於許，其一時之姦謀，以許爲兗州之域，而挾天子爲己私，非果厭雒陽之敝也。乃緣此而不能終一天下，亦有繇矣。

所謂難易之數者，宮闕燬敗，邑里蕭條，人民離散，粟貨罄乏，乍然見之以爲至難而未可收攝者也。乃夫人驚懼之情，移時而定矣，定則復思安其居而贍其生，不待上之贍之也。故鴻鴈之詩曰：「雖則劬勞，其究安宅。」莫之擾也。莫之擾，則民各有心，豈必勞來安集之殷勤？而加以勞來安集，則益勸矣。此似難而實易者也。

若夫固然其難者，則已動而不可復靜之人心是已。人莫不歆於一時之利用而競趨之，絲粟鹽酪、酒漿雞豚、廬舍帷帟之便利，婦人稚子之所歆，而人情之莫能奪者也。此凋敝而移之彼，雖徙如歸焉，彼凋敝而又移之他。君民朝野，日唯延頸四望，睨樂土而苟安，窮年累歲，志在游移而無定情，其不愈窮愈蹙以之於絕地也無幾矣。

楚遷陳而困，遷壽而危，遷吳而亡，非徒地形之不利也，趨利偷安之情，如回河而西之，必不可得也。導之言曰：「鎮之以靜，羣情自安。」知人情物理消長往復之幾，而防衆心之流以止之於早，規之已大，持之已定，豈有難知之數哉？庸人未之察耳。

六

庾亮徵蘇峻而激之反，天下怨之，固不能辭其咎矣。雖然，其志有可原者也。亮受輔政之命而不自擅也，尊王導於己上，而引郗鑒、卞壼、温嶠以共濟艱難，竇武之所不逮，非直異於梁冀、楊駿已也。晉之東遷，王氏執國而敦倡爲逆，執兵柄者，皆有侵上之志而不可信。陶侃登天之夢，天下疑焉。祖約之悖，蘇峻之姦，尤其不可揖盜以入室者也。以是爲侃所怨，以激約、峻之速逆。特其識量不充，未足以乘高墉而解羣悖耳。如必委曲以延不軌之姦宄於沖人之側，則禍遲而大。亮免於激成之責，而孔光延王莽、褚淵推道成之罪，其可逃乎？

亮以衛國無術而任罪，司馬温公乃欲明正典刑以窮其罪，則何以處夫延王敦殺周、戴以偪天子之王導乎？温嶠，人傑也，亮敗竄，而嶠敬之不衰，必有以矣。峻雖反，主雖危，而終平大難者，郗鑒、温嶠也，以死殉國者，卞壼也，皆亮所引與同衛社稷者也。抑權臣，扶幼主，亮與諸君子有同心，特謀大而智小，志正而術疏耳。原其情，酌其罰，何遽以典刑加之？温公曰：「晉室無政，任是責者，非王導乎？」導豈能劾功罪以伸求全之法者？卞敦觀望逆黨，擁兵不赴，導且不能加誅，有諸己，不能非諸人，況庾亮哉！

七

天下所極重而不可竊者二：天子之位也，是謂治統；聖人之教也，是謂道統。治統之亂，小人㈠

竊之，盜賊㊁竊之，夷狄㊂竊之，不可以永世而全身；其幸而數傳者，則必有日月失軌、五星逆行、冬雷夏雪、山崩地坼、雹飛水溢、草木爲妖、禽蟲爲蠥之異，天地不能保其清寧，人民不能全其壽命，以應之不爽。道統之竊，沐猴而冠，教猱而升木，尸名以徼利，爲夷狄盜賊㊃之羽翼，以文致之爲聖賢，而恣爲妖妄，方且施施然謂守先王之道以化成天下；而受罰於天，不旋踵而亡。

嗚呼！至於竊聖人之教以寵匪類㊄，而禍亂極矣！論者不察，猶侈言之，謂盜賊爲君子之事，君子不得不予之。此浮屠之徒，但崇敬土木、念誦梵語者，即許以佛種，而無所擇於淫坊酒肆以護門牆貪利養者；猥賤之術，而爲君子者效之，不亦傎乎？石勒起明堂、辟雍、靈臺，拓拔宏修禮樂、立明堂，皆是也。敗類之儒，鬻道統以教之竊，而君臣皆自絶於天。故勒之子姓，駢戮於冉閔；元氏之苗裔，至高齊而無噍類；天之不可欺也，如是其赫赫哉！

雖然，敗類之儒，鬻道統於夷狄㊅盜賊而使竊者，豈其能竊先王之至教乎？昧其精意，遺其大綱，但於宮室器物登降進止之容，造作纖曲之法，以爲先王治定功成之大美在是，私心穿鑿，矜異而不成章，財可用，民可勞，則擬之一旦而爲已成。故夷狄㊆盜賊易於竊而樂竊之以自大，則明堂、辟雍、靈臺是已。明堂之説，見於孟子；辟雍靈臺，詠於周詩。以實考之，則明堂者，天子肆覲諸侯於太廟，即廟

㊀、㊁、㊂「小人」、「盜賊」、「夷狄」六字刻本闕，據校記補。㊃「夷狄盜賊」四字刻本闕，據校記補。㊄「匪類」二字刻本闕，據校記補。㊅、㊆此三處「夷狄」二字刻本闕，據校記補。

前當扆之堂也；辟雍者，雍水之側，水所環遶之别宫，爲習樂之所也；靈臺，則游觀之臺，與囿、沼相閒者也；皆無當於王者之治教明矣。漢儒師公玉帶之邪説而張皇之，以爲王者法天範地，布月令、造俊髦，必於此而明王道，乃爲歆零四出、曲徑崇臺、怪異不經之制以神之。此固與夷狄㊀盜賊妖妄之情合，而升猱冠猴者鬻之以希榮利，固其宜矣。

夫使先王之果於此三宫而興教化也，然亦偶有便於此也，一學宫，而庠、序、校異矣；一大樂，而夏、濩、武異矣；一大禮，而忠、質、文異矣。若夫百王不易、千聖同原者，其大綱，則明倫也，察物也；其實政，則敷教也，施仁也；其精意，則祇台也，躋敬也，不顯之臨、無射之保也；此則聖人之道統，非可竊者也。敗類之儒，惡能以此媚夷狄㊁盜賊而使自擬先王哉？勞民力，殫國帑，以黷聖而囂然自大，則獲罪於天；天災之，人奪之，聖人之教，明明赫赫，豈有爽乎？論者猶曰君子予之，不亦違天而毁人極也哉！

八

公山洩導吴枉道，使魯有備，慕容翰止段蘭之追慕容皝，而恐亡其國，皆良心發見於牿亡之餘不容泯者；然其視紾兄之臂而姑徐徐也何别哉？

夫人欲自免於不忠不孝也，唯初心之足恃而已矣。狄仁傑之事逆后而可善其終，未嘗與於篡唐

㊀、㊁此二處「夷狄」二字刻本闕，據校記補。

之謀，抑未與李勣諸人同受宗社之託也。宋齊愈手書張邦昌之名，而無痛哭不寧之色，則斬於市而非李綱之過。君父之大，順逆之分，如黑白之昭著於前。道二：仁與不仁而已矣。已移足於不仁之泥淖，畏其陷染而姑自踸踔，終不可得而洒然。故極仁道之精微，有所未逮，雖有過焉，而君子諒之，未嘗不可改也。設仁不仁之顯途而去順即逆，雖有乍見之惻隱，君子弗聽；所從者不仁，終不可與於仁也。若翰者，身爲叛人，已自立於不仁之中矣，雖欲自拔，徒不信於段氏而危其身，抑必終爲皝所忌而死，百悔叢心，又何補哉！

九

成帝以幼沖嗣立，委政王導，拜導及其妻曹氏，魏、晉君臣之際，陵夷至此，石勒曰：「曹孟德、司馬仲達狐媚以取天下。」誠有謂也。

古禮之見於今者，燕射之禮，君皆答拜，爲諸侯於大夫言也。諸侯於大夫，不得視天子於諸侯；猶大夫於陪臣，不得視諸侯於大夫；等殺之差，天秩之矣。天子於諸侯，禮不概見，僅存者覲禮一篇，侯氏肉袒稽首，天子不答，分至嚴矣。天子之不驕倨以臨臣下者，唯當宁立而不坐，天揖同姓，時揖異姓，土揖庶姓，而不聽其趨蹌，此三代之以禮待臣，而異於暴秦之已亢者也。惡有屈一人之至尊拜其下而及其婦人哉！

禮者，過不及之準也；抑之極，則矯而爲揚之甚，勢之必反也。垂及於女直、蒙古之世，鞭笞之，桎梏之，奴虜斥詬之；於是而有「者斷可惡」之惡聲施於詔令，廷杖鎖拏之酷政行於殿廷；三綱裂，人道毀，相反相激，害亦孔烈哉！三代之後，必欲取法焉，舍趙宋待臣之禮，其誰與歸？

一〇

張駿能撫其衆，威服西域，有兼秦、雍之志，疏請北伐，莫必其無自利之心也。而其言曰：「先老消落，後生不識，慕戀之心，日遠日忘。」則悲哉其言之矣！

嬰兒之失其母也，使婢妾飼之，受其狎侮，未嘗不泣也；已而聽之矣，已而安之矣，已而語之以母而不信矣，過墓而若有若無，且歸而亟依婢妾矣。夫人至忘其母而不知悲，則僅留之家老，垂死而有餘哀，亦將誰與言之而誰聽之乎？於是而人心之迷終不可復，復者，其唯天地之心乎！

宇文氏、鮮卑之運已窮，天乃默移之而授之楊氏，以進李氏而主[一]中國。故楊氏之篡，君子不得謂之賊，於宇文氏則逆，於中國則順；非楊氏之能以中國爲心，而天下之戴楊氏以一天下也，天地之心默移之也。消落之故老，弗及見焉，而如之何弗悲？

一一

困之象曰：「君子以致命遂志。」致命矣，而志不得遂，弔古者所爲深悲不已也。然有致命者，志亦奚不可遂哉！文王安天下之志困矣，而武王周公遂之，猶文王也；「上帝臨汝，勿貳爾心」，致命之謂也。巴西龔氏兄弟，不屈於李特，爲特所殺，其子龔壯，積年不除喪，思以報特。特死，因李壽殺李期

[一]「主」字刻本闕，據校記補。

與其腹心，滅李雄之裔，而讎以復，勸壽稱藩於晉，事雖不成，而父叔之志以白於天下。壽既僭位，徵壯爲太師，壯終不就，贈遺一無所受，壽亦弗能忌焉。壹其心，執其義，守其恆，雖困而亨，金紱豈能亂，葛藟豈能縈哉？

夫志者，執持而不遷之心也，生於此，死於此，身没而子孫之精氣相承以不閒。壯之志，即父叔之志也，死而無不可遂也。所可悲者，嵇康之有嵇紹耳。然而天之以亨困而不亨其不困者，未嘗假也。壯懷報讎之心以説壽，而壽不疑借己以快其私；説壽以歸晉，壽雖不從，而壽不以爲侮；卻壽之爵禄金帛，而壽不以爲亢；抗章責壽之負約而不稱藩，而壽不以爲恨；志無往不伸，而龔氏兩世之忠孝與蜀山而並峙。若紹也，濺血湯陰，徒爲仇讎之篡主死，則朱紱酒食，爲其葛藟，而惡望其亨哉？有志而不遂，有先人之志而不遂之，非所據而據焉，身之不保，而人賤之矣。此則可爲抱志以先亡者悲也！

一二

顔含可謂知道之士矣。郭璞欲爲之筮，含曰：「修己而天不與者，命也。」此猶人之所易知也。又曰：「守道而人不知者，性也。」淵乎哉其言之！非知性而能存者，不足以與於斯矣。

夫人能知其所知，而不知其所不知，必矣。欲人之知吾之性也實難，非吾之性異於人，彼不能知也；彼不自知其性，抑將知何者爲性，而知吾性之然哉！不知仁，以爲從井救人而已；不知義，以爲長彼之長而已；性固人所不知，而急於求人之知，性則非性也。

夫郭璞有所測知於理數之化迹，而迫於求人知之，是以死於其術。苟其知性爲人所不可知，則懷道以居貞，何至浮沈凶人之側，弗能止其狂悖，而祇以自戕？無他，有所測知而亟欲白之，揣摩天命而忘其性之中含者也。

庸人之所欲知而亟問之鬼神象數者，貧富、窮通、壽夭已耳，皆化迹也。仁之惻隱痛癢喻於心，義之羞惡喜怒藏於志，動以俄頃，辨於針芥，而其發也，横天塞地不能自已，君子以信己者信之，尚弗能盡知也，而況凡今之人乎？子曰：「知我者，其天乎！」謂以心盡性，皎然於虚靈之無迹，非夫人耳目聞見之逮也。含庶乎其與聞此矣，出處以時，守禮以不屈，宜乎其爲君子矣。

一三

鯨鯢不脱於淵，豺虎不脱於林，失其所據，力殫而無所歸。石虎據鄴，慕容儁據盧龍，於是而東自濊貊，西及破落，南距陰山，北盡沙漠，皆爲什翼犍之所有；拓拔氏之興，延及百年，此基之矣。何也？虎與儁以其深淵叢林授之什翼犍，而自處於非據之地也。

天以洪鈞一氣生長萬族，而地限之以其域，天氣亦隨之而變，天命亦隨之而殊。中國之形如箕，坤維其膺也，山兩分而兩迤，北自賀蘭，東垂於碣石，南自岷山，東垂於五嶺，而中爲奥區、爲神皋焉。故裔夷者，如衣之裔垂於邊幅，而因山阻漠以自立，地形之異，即天氣之分；爲其性情之所便，即其生理之所存。濫而進宅乎神皋焉，非不歆其美利也，地之所不宜，天之所不佑，性之所不順，命之所不安。是故拓拔氏遷雒而敗，完顔氏遷蔡而亡，游鱗於沙渚，嘯狐於平原，將安歸哉？待盡而已矣。

延之入者，中夏㊀之人也，不足以保彼之命而徒自潰亂也。聰明神武者，知其得據而祇以失據也，無足懼也。筌之蹄之，不能有餘種㊁矣。

一四

取東晉之勢與南宋絜論，東晉愈矣。江東立國，以荆、湘爲根本，西晉之亂，劉弘、陶侃勤敏慎密，生聚之者數十年，民安、食足、兵精，芻糧、舟車、器仗，旦求之而夕給，而南宋無此也。東晉所用以保國而禦敵者，紀瞻、祖逖、温嶠所鼓舞之士勇，王敦、蘇峻雖逆，而其部曲猶是晉之爪牙也，以視韓、岳收烏合之降賊，見利而動，見害而沮者，不相若也。王導歷相四君，國事如其家事，而深沈静定，規恢遠大，非若李伯紀、趙惟重、張德遠之乍進乍退，志亂謀疏，而汪、黄、秦、吕結羣小以閒之也。則東晉之内備，裕於南宋遠矣。劉、石之凶悍，雖不減於阿骨打，而互相忌以相禁且相吞也，固無全力以與晉爭；慕容、苻、姚、段氏皆依晉爲名，以與劉、石競；李特雖竊，李壽折於龔壯，不敢以一矢加於晉之邊陲；張氏雖無固志，而稱藩不改；仇池楊氏亦視勢以爲從違，爲劉、石之内患；非若金源氏之專力以吞宋無所掣也。則東晉之外逼，輕於南宋遠矣。

然而宋之南渡，自汪、黄、秦、湯諸姦而外，無不以報讎爲言；而進畏懦之説者，皆爲公論之所不容。若晉則蔡謨、孫綽、王羲之皆當代名流，非有懷姦誤國之心也；乃其侈敵之威，量己之弱，𢫫朒縮

㊀「中夏」二字刻本闕，據校記補。

㊁「種」字刻本闕，據校記補。

退阻之説以坐困江東，而當時服爲定論，史氏侈爲訏謨，是非之舛錯亦至此哉！讀蔡謨駁止庾亮經略中原之議，苟有生人之氣者，未有不憤者也，謨等何以免汪、黄、秦、湯之誅於天下後世邪？

夫彼亦有所爲而言矣！庾亮之北略，形王導之不振也，而左袒導者，詘亮以伸導；桓温之北伐，志存乎篡也，而惡温之逆者，忌其成而抑之；於是而中撓之情深於外禦，爲宰相保其勳名，爲天子防其篡奪，情繫於此，則天下胥以爲當然，而後世因之以無異議。嗚呼！天下之大防，人禽㈠之大辨，五帝、三王之大統，即令桓温功成而篡，猶賢於戴異類㈡以爲中國㈢主，況僅王導之與庾亮爭權勢而分水火哉！則晉之所謂賢，宋之所謂姦，不必深察其情，而繩以古今之大義，則一也。蔡謨、孫綽、王羲之惡得不與汪、黄、秦、湯同受名教之誅乎？

一五

慕容皝求封燕王，晉廷遲回不予，諸葛恢抗疏拒之，義正而於計亦得矣。

慕容氏父子之戴晉，其名順矣，則以韓信王齊之例，權王之而奚不可？曰：廆與皝非信之比，而其時亦非劉、項之時也。六國初亡，封建之廢未久，分土各王，其習未泯，而漢高固未正位爲天下君，且信者漢所拜之將，爲漢討項，雖王，固其臣也。慕容氏則與劉、石等爲異類，蓄自帝之心久矣。晉業已一統，而特承其亂，非與劉、石交争而競得者也。若慕容氏之奉晉也，則與石虎角立而勢不敵，因其國

㈠、㈡、㈢「人禽」、「異類」、「中國」六字刻本闕，據校記補。

士民與趙、魏之遺黎睠懷故主，故欲假晉以收之，使去虎而歸己。晉割燕以封之矣，乃建鼓以號於衆曰：吾晉之王也。則虎之黨孤，而己得助矣。歸己已定，則業入其籠中而不能去，又奚復須晉之王而不自帝哉！諸葛恢曰：「借使能除石虎，是復得一石虎。」灼見其心矣。劉翔雖辯，亦惡能折此乎？當是時，石虎惡極而嚮於衰，皝謀深而日以盛，除虎得皝，且不如存虎以制皝。觀其後冉閔之亂，慕容遂有河北而爲晉勁敵，恢之說，驗於未事之前矣。

或曰：晉不王皝，皝且自王自帝而奚不可？曰：我不授以名而資之餌，衆發其姦以折之於早，國尚有人焉，知晉之所以禦虎者不恃皝也，則皝之氣奪矣，奚必禁其自王自帝哉！嗚呼！王導、郗鑒、庾亮相繼而亡，何充、庾冰、蔡謨皆庸材也，皝乃敢以此言試中國之從違；諸具臣者，畏其暴己罪狀而徇之，諸葛恢不能固持其說，而晉事去矣。皝不死，慕容氏不亂，苻堅不起，吾未見晉之不折入於鮮卑也。

一六

劉翔北歸，謂晉公卿曰：「石虎、李壽志相吞噬，王師當從事巴、蜀，一旦石虎併壽，據形便以臨東南，智者所不能善其後。」非爲晉計深遠也，恐虎併壽而益彊，慕容氏不能敵也。雖然，又豈非晉人保固江東之要策哉？

陳軫說秦以滅蜀而臨夷陵，楚乃失鄢、郢，東徙以亡。司馬昭滅漢而臨西陵，吴乃受王濬順流之兵，而中絕以亡。梁失成都於宇文氏，而江陵困、湘東死，陳氏終以滅。蓋江東據江、淮以北拒，而巴、蜀既失，橫江而中潰，方衛首而中折其腰膂，未有不殞者也。李昪之得割據，王建爲之蔽也；南宋之得僅延，吴玠、吴璘捍之也；孟昶滅而李煜坐斃，合州失而陽邏之渡不可防，皆明驗也。故據全蜀以出秦、鞏，而欲定關中則不得；扼秦、鞏以保全蜀，而遥衛江南則有餘；何充、庾冰聞言不警，待桓温而後興伐蜀之師；翔言之，温爲之，雖非忠於晋者，而大造於江東，不可誣也。聽其言，紀其功，亦奚必深求其心哉！

康帝

一

風會之所趨，賢者不能越也，君子酌其貞淫以立身，而不可執以論人。孟子之遊，後車數十乘，從者數百人，多所辨以折異端，曲爲説以動人主，使前乎此而爲西周，後乎此而爲兩漢，必不然矣。然而有以異於田駢、慎到、蘇秦、張儀者，即時所尚，而邪正之分自存也。劉向、貢禹，經術同也；諸葛、司馬，方略同也；二程、三蘇，議論同也；不可以與賢者同而獎匪人，不可以與庸人同而疑君子。殷深源、謝安石風流相似，名望相匹，而殷虚枵以致敗，謝寧静以立功，或以江左風流爲亂階，而謂此中之無人，亦皮相而已矣。

自西晋以來，風會之趨固然矣，其失也，浮誕而不適於用；其得也，則孔子之所謂狂簡也。狂者不屑爲鄉原之暖姝，簡固可以南面者也。當時之士，得焉失焉，貞焉邪焉，皆託迹而弗容自異，故陶侃、卞壼、郗鑒、庾翼力欲矯之而不可挽。夫三四君子者，自卓立於風會之外，以不詭於正則愈矣；若必以此而定人之品騭，則殷浩之短暴，而謝傅不足以庸矣。知人者，別有獨鑒存焉，而不問風會之同異。故曰：「知人則哲，唯帝其難之。」

二

慕容翰不安於國而出奔，則固以所寓者爲所託矣。始依段氏，沮段氏之追慕容皝，而貽其害，猶曰懼宗國之亡也。段氏滅，宇文氏逸豆歸恤而安之，乃既歸於燕，即説皝以滅宇文，輸其上下之情形、地形之險阻，以決於必得；然則翰在宇文之日，鷹目側注，蠆尾潛鉤，窺伺其舉動而指畫其山川，用心久矣。逸豆歸走死，宇文氏散亡，翰得全功以歸，而皝急殺之，非徒皝之忍也，翰之挾詐陰密而示人以叵測，天下未有能容之者也。

身之所託，心之所依，不與謀傾覆宗國之事可矣；身依之，心早去之，且伏不測之機以窺之，非人之不能容也，心自不容其身也。翰之將死，曰：「欲爲國家蕩一區夏。」豈果然哉？皝有可圖，禍先及之矣，而惡得以免於死？關羽之解白馬圍也，身依焉而不能不爲之効，是以先主委誠焉。雖然，胡不若徐庶之置身事外而不與共功名也？

穆帝

一

王導且卒而薦何充，所以制庾氏也；庾翼卒，充授桓温以荆、梁軍事，所以奪庾氏也；亮之疏也，翼，冰之隘也，皆不足以託社稷，而抑爲后族，非可世委以國柄，固矣。然亮之責導，詞正而理得。導薦充而亮不疑，充面折冰之廢子立弟，而冰不怨。則庾氏之不爲晉患，明矣。導修私怨而充怙之，以貽桓温之逆，而終成桓玄之篡。謀國而恩怨惟心，未有不貽國以憂者也。劉惔惡温而沮之，深識也；充持之，會稽王昱持之，以爲唯温之英略，可以鉗束庾氏不能與争耳。斯心也，温已見之。曰：區區一白面少年之庾爰之，且如猛虎之在側，而惴惴以需我之控制。君相若此，何憚而不逞哉？

疑其所不必疑，則可疑者進矣；疑其所不必疑，則姦雄知我之徒疑而無能制矣。故畜疑者，召禍之門也，而況乎其加之以忌也！王氏既衰，庾氏又替，王彪之、謝安方在下位而不足以持權，何充不謀固其國，唯庾氏之是競，晉之亡肇於此矣。故唯無疑者可以當大任而不傾。

二

蜀之宜伐久矣，劉翔爲晉言之，謝廣亦知之夙矣。至李壽死，李勢立，驕淫虐殺，此天亡李氏之日，不待再計而宜興師者也。桓温西討，晉廷惴惴然憂其不克，温目笑而心鄙之，拜表即行，知晉之無人也。劉惔曰：「但恐克蜀之後，專制朝廷。」其言驗矣。

乃其遂無以處此哉？温表至，朝廷信之而不疑，下詔奬之以行，而命重臣率大師以繼其後，則温軍之孤可無慮，而專制之邪心抑不敢萌。惴惴憂之，漠然聽之，敗則國受之，克則温專其功，惔誠慮及，而胡不爲此謀也？蓋惔者，會稽王昱之客，非能主持國計者也。昱與殷浩皆虛誕亡實而苶然不振者，惔即爲此謀而固不聽，徒爲太息而無可如何。晉非無人，有人而志不能行也。

三

冉閔盡滅羯胡，而曰：「吾屬故晉人，請各稱牧守，奉迎天子。」雖非果有效順之誠，然慮趙人之不忘中國而不戴己，未敢遽僭也。有胡睦者，稱閔功德，謂晉人遠竄江左而不足戴，然後閔無所復忌而僭以成。嗚呼！睦固晉之遺民也，而其逆如此，肉蟲自生而自食，豈自外至哉？

睦之喪心失志至此極也，夫亦有其故矣。自劉淵起，中國㊀人士詘於勢而事之，始亦有不得已之心焉。已而食其餘以有富貴，假其威福以陵孤寡而齧齕之，改易禮法以狎其俗，口甘其味、身便其服者數十年矣，故心盡亡而習之也安。藉使歸故版而奉正朔，則江東人士羞與爲伍，而無以自容。於是聞中國衣冠㊁之名而恧然沮矣。自絶歸正之路，而偷安於萑苻以自雄，蓋遥想王、謝、何、庾之風流而汗流浹背，則何如侈擁戴之功以矜於其穴哉！

斯心也，亦恥心之不容泯者也，而怙無恥以爲恥，且貪權藉以自榮焉，於是而迷復之凶終不可反矣。詩云：「無縱詭隨，以謹無良。」無縱者，非必以法繩之也，制於其早，而全其僅存之初心也。宕佚之，使習而安之，將奚及乎？

四

辛謐可謂得死所矣。歷劉、石之世，徵辟不就，然而害不及焉，則可以不死，而死爲激。冉閔，中

㊀「中國」二字刻本闕，據校記補。　㊁「中國衣冠」四字刻本闕，據校記補。

國之人也，其盡誅羯胡而有歸正之言，雖非果可與言者，而言亦不辱矣。其説閔曰：「因茲大捷，歸身晉朝，必有繇、夷之廉，享松、喬之壽。」非徒效忠於晉，其爲閔計，亦忠之至、識之遠者也。似可與言而與言，懷數十年之積悃，表見於一時，而非以辱吾言於犬羊之耳，可言也，斯可死也。龔壯宛曲以明心，辛謐直言以旌志，各以其所遇而自靖，君子之酌時宜以屈伸，道固然也。

或曰：謐言之矣，閔未必殺之，而何以死？曰：謐固知其不聽也，不聽而生，是爲閔所容也。言出而志伸，志伸而生事畢，生事畢，不死奚俟乎？士懷孤志，不遇可死之時，而奄奄以存，可哀也夫！

五

蔡謨之諫北伐，爲庾亮言也；王羲之之諫北伐，爲殷浩言也。亮與王導不協，而欲立功以抑導於內；浩與桓温不協，而欲立功以折温於外；內不協而欲制勝千里也，必不可得。故二子之言，當其時而中於事會。雖然，君子之爲言，計及當時，計及後世，時有不可明言者，則微言以動之，密謀以正之，而不因一時之急，傷久長之計。亮之正不足以服導，浩之才不足以制温，迫於立功，反致潰敗，徒以沮撓人心而貽姦雄之笑，一時之事會也。王業之不可偏安，羯胡之不可縱佚，忘自彊之術，而益召其侮，偷寡弱之安，而日蹙其亡，百世之大防也。羲之言曰：「區區江左，天下寒心，固已久矣。」業已成乎區區之勢，爲天下寒心，而更以陵廟邱墟臣民左衽爲分外之求，昌言於廷，曾無疚媿，何弗自投南海速死，以延羯胡而進之乎？宋人削地稱臣，面縛乞活，皆師此意，以爲不競之上術；閉户塞牖，幸盜賊之不我窺，未有得免者也。譙周仇國之論成，而劉禪之降旗旋豎，邪説之誣人亦酷矣哉！

若夫浩之欲折温也，亦非謀之不忠也；而折温之術，莫善於收温而用之。北伐之舉，温先請之，而浩沮之；既乃自行而置温於局外，不資其一旅之援，温亦安坐上流而若罔聞；固温之樂禍以乘權，抑浩擯之而使成乎坐視。嚮令東西並進，而吾擁中樞之制，温固吾之爪牙，抑又惡足以逞？浩非其人，而羲之等不能以此説之，疑温忌温，而温之逆乃有所資以自雄。此所謂微言之，密謀之，制勍敵彊臣於尊俎者，淺人不足以及此也。

六

苻健請命，而殷浩不能控，姚襄來歸，而殷浩激之以叛，浩之咎也。然使浩開關納之，而倚以收復中原，則亦梁之進侯景也。夫健與襄而可收以爲用也哉？健之請命，殺麻秋而懼；弋仲之使襄歸晋，勝冉閔而懼也。健孤而畏冉閔之勇，弋仲死，襄孤而畏慕容之彊，中立而無寧居，睨晋之弱而可誘以爲後圖，受其餌則爲侯景，覺其機則引去而無傷，若此者，亦惡能撫之使爲吾效用乎？何怪乎浩之不撫健而欲襲襄也。

浩力不足、智不逮耳，其謀未甚失也。拒之襲之，禍速而輕；納之任之，禍遲而大。弋仲將終，忠順之言孰聞之，襄述之耳；其辭愈遜，其情愈詭。議者乃以拒健激襄爲浩罪，何古今樂進豺虎以自衛者之多也！夫不見健一入關而即自王，浩北伐而襄伏甲於山桑以邀之乎？使當健、襄納款之日，閉關而卻之，曰吾無所用爾爲也，則二夷之氣折矣。雖然，徒爲大言無裨也，必自立之有本也。非若光武，亦安能驕語盆子曰「待汝以不死」哉！

七

桓温能用殷浩，殷浩不能用桓温。温曰：「浩有德有言，爲令僕，足以儀刑百辟，朝廷用違其才耳。」此温之能用浩也。温請北伐，而浩沮之，浩之不能用温也。能用之而後能制之，能制之，則予之、奪之、生之、殺之而唯吾意。不能用矣，而欲制之，必敗之道也。

温之逆也，劉惔料之矣，非必温之逆爲不可制也，惔知何充、殷浩之不足以制温也。夫温之始，豈有必不可制之情形哉？嫌隙已成，王彪之説會稽王，馳一紙書而即斂跡以退；其終於逆也，浩貽之也。惴惴然相恐於廷，若猛虎之且咥，温乃見人之疑我之篡，退必無以相容，乃疑我而不能制我，將與我競功；而一敗於許昌，再敗於山桑，能事見矣，於是而技癢情興，篡逆之志始熾發而不戢；微謝安、王彪之之夷猶淡漠，視猛虎如麋鹿，温必篡矣。

虎不攖則不攫，不走則不追；蠭不撲則不螫，不避則不觸。豈徒温哉！董承不奉衣帶之詔，曹操不敢犯及宫闈；曹爽不争顧命之權，司馬氏不敢擅爲廢立。制之有道，用之有方，則温嶠以新附之臣，而義旗回指之言，折久任方州、上流倚重之陶侃而有餘。浩任將相之重，物望所歸，夫豈難於用温者，而徒爾惴惴也！謀愈深，禍愈成矣。

八

晋之失久矣！殷浩廢，桓温受征討之命，敗苻萇於藍田，進軍灞上，敗姚襄於伊水，收復雒陽，亦壯矣哉！當是時，石、冉初亡，苻、姚乍興，健雖鷙而立國未固，襄甫颺去，乍集平曠之壤，勢益飄摇，故挫之也易。善攻者攻其瑕，乘瑕以收功，而積衰之氣以振。温可謂知所攻矣。其入關也，糧匱而還，其復雒也，置戍而返。説者曰：温有逆心，舍外而圖内。此以劉裕例之，而逆其詐也。温之歸鎮，未嘗内偪朝廷，如裕之爲也。浩既廢，會稽才弱而不足相難，王、謝得政新而望淺，非温内顧之憂也。温何汲汲焉？乃其所以不能進圖全功而亟撤以還者，孤軍乘鋭氣，快於一擊，而無以繼其後也。

晋偏安於江左，而又分焉，建業擁天子以爲尊而力弱，荆、襄挾重兵以爲彊而權輕，且相離以相猜，而分爲二。温以荆、襄之全力爲孤注，其進其退，一委之温，而朝廷置之若忘，温即有忠誠，亦莫能自遂，而況乎其懷二心哉？臣與主相離也，相與將相離也，東與西相離也，以此而欲縣軍深入，争勝於鼈起之寇，萬不可得之數矣。

尤可嗟異者，温方有事於關、雒，而荀羨東出山茌以伐燕，欲與温競功，而忘其力之不逮。且燕非苻、姚新造之比也，慕容儁三世雄桀，而植根深固，攖勢重難摇之虜以自取敗衂，曾不知以一旅翼温，乘勝以復故都，豈不傎乎？秦寇平，燕之氣奪；兩都復，晋之勢成；合天下之力以嚮燕，則燕不能孤立以相抗；協於温以成將就之功，則温之心折而不足以騁。乃彼方西嚮，我且東指，徒爲立異而生其欺怨，謝萬之愚，荀羨之妄，會稽之闇，懷忮以居中，欲温之成功於外，其可得乎？謀國若此，不亡爲幸耳。其不亡也，猶温兩捷之威有以起茸茶之氣，讋凶狡之心也。

九

五胡旋起旋滅，而中原之死於兵刃者不可殫計。殫中原之民於兵刃，而其旋起者亦必旋滅。其能有人之心而因以自全者，唯慕容恪乎！故中國之君，一姓不再興，而慕容氏既滅而復起。恪圍段龕於廣固，諸將請亟攻之，恪曰：「龕兵尚衆，未有離心，盡鋭攻之，殺吾士卒必多矣，自有事中原，兵不暫息，吾每念之，夜而忘寐，要在取之，不必求功之速。」嗚呼！惻悱之言，自其中發，功成而人免於死，恪可不謂夷中之錚錚者乎！

古之用兵者，於敵無欲多殺也，兩軍相擊，追奔俘馘者無幾也，於敵且有靳焉，而況其人乎！戰國交爭，敺步卒以併命，殺敵以萬計，而兵乃爲天下毒，然猶自愛其民，而不以其死嘗試也。尉繚之徒至不仁，而始爲自殺其人之説，於是楊素之流，力行其説以敺民於死而取勝。突圍陷陣者有賞，肉薄攻城者前殞而後進，則嗜殺者，非嗜殺敵，而實嗜殺其人矣。晨與行，夕與息，環拱聽命於牙旌之下，方且呴然相聚以相保，而威之誘之，激之迫之，唯恐其不自投於死。嗚呼！均是人也，而忍至此哉！用兵之殺人也，其途非一，而敺人爲無益之死者，莫甚於攻城；投鴻毛於烈燄，而亟稱其勇以獎之，有人之心，尚於此焉變哉！

讀通鑑論卷十四

哀帝

一

桓温請遷都雒陽，誠收復之大計也。然温豈果有遷都之情哉？慕容恪方遣呂護攻雒，温所遣援者，舟師三千人而止。温果有經略中原之志，固當自帥大師以鎮雒，然後請遷未晚。惴惴然自保荆、楚，而欲天子渡江以進圖天下，夫誰信之？爲此言也，特以試朝廷所以答之者。而舉國驚憂，孫綽陳百姓震駭之説，貽温以笑。温固曰：吾一言而人皆震恐，吾何求而不得哉！王述曰：「但從之，自無所至。」温説折矣。而周章議論之情形，已早入温之目中。其云「致意興公，何不尋遂初賦，而知人家國事」，非憚綽也，笑晋人之不足與人家國也。

夫温以虚聲動朝廷，朝廷亦豈可以虚聲應之？王述之議，亦虚聲也。使果能率三吴、兩淮之衆渡江而嚮壽、譙，詔温移屯於雒，繕城郭、修塢戍，爲戰守計，而車駕以次遷焉，温且不能中止；外可以捍燕、秦，而内亦可以折温之逆志，乘其機而用吾制勝之策，誠百年一日之會，而晋不能也。燕、秦測之，温諒之，晉不亡者幸耳！

內寧而外可無憂，一道也；處治安之世以建威銷萌之道也。外無憂而內可寧，一道也；處紛亂之日以彊幹弱枝之道也。夫桓温者，何足慮哉？慕容恪之沈鷙，苻堅之恢豁，東西交逼以相吞，而唯與温相禁制於虛聲，曾不念彊夷之心馳於江介也，是足悲也！晉不成乎其爲君臣，而温亦不固爲操、懿者也。

二

爲人後者，爲所生父母服期，亦天下之通喪也，僅見於士喪禮，而以情理推之，固可通於天子。天子喪禮無傳文，後世執期喪達乎大夫之說，以屈厭而議短喪，非也。哀帝欲爲所生周太妃服三年，則過；既而欲服期，是已。江霦執服緦之說，抑帝而從之，邪說也；天子絕期，而又何緦乎？爲人後而繼大宗，承正統，上嚴祖考，而不得厚其私親，此以君臣之義裁之也。故歐陽修、張孚敬稱考、稱皇、稱帝之說，紊大綱而違公義，固不若漢光武稱府君之爲允矣。

位號者，天下之公尊，非人子所得以己之尊加於其親，義也。若夫死而哀從中發，哭踊服飾之節，達其中心之不忍忘，則仁也。降而爲期，止矣；過此而又降焉，是以位爲重而輕恩，戕性之仁矣。哀死者，情也；情之所自生者，性也。稱尊者，名也；名之所依者，分也。秩然不可干者，分以定名；憯然不容已者，情以盡性。舜視天下猶艸芥，而不得於親，不可以爲人，霦獨非人之子與？必欲等之於疏屬而薄之，則何如辭天子之位而可盡一日之哀也！王子母死，請數月之喪，而孟子曰：「雖加一日，愈於已。」生而爲庶子，莫如之何也。哀帝不立乎天子之位，而可致其哀，非生而詘者也。然則天子之位，其爲帝之桎梏乎！周禮殘缺，而往聖之精義不傳，保殘之儒，徒紛紜以賊道，奚足取乎！

三

苻堅之世，富商趙掇等車服僭侈，諸公競引以爲卿，堅惡而禁之。天下之大防二：中國、夷狄㈠也，君子、小人也。非本未有别，而先王強爲之防也。夷狄之與華夏，所生異地。其地異，其氣異矣；氣異而習異，習異而所知所行蔑不異焉。乃於其中亦自有其貴賤焉，特地界分、天氣殊，而不可亂；亂則人極毁，華夏之生民亦受其吞噬而憔悴。防之於早，所以定人極而保人之生，因乎天也。君子之與小人，所生異種。異種者，其質異也；質異而習異，習異而所知所行蔑不異焉。乃於其中〔亦〕㈡自有其巧拙焉，特所産殊類、所尚殊方，而不可亂；亂則人理悖，貧弱之民亦受其吞噬而憔悴。防之於濫，所以存人理而裕人之生，因乎天也。嗚呼！小人之亂君子，無殊於夷狄之亂華夏，或且玩焉，而孰知其害之烈也！

小人之巧拙自以類分，拙者安拙而以自困，巧者衒巧而以賊人。拙者，農圃也，自困而害未及人者也。然夫子未嘗輕以小人斥人，而特斥樊遲，惡之甚、辨之嚴矣。漢等力田於孝弟以取士，而禮教淩遲，故曰三代以下無盛治。夫以農圃亂君子，而弊且如此，況商賈乎？商賈者，於小人之類爲巧，而蔑

㈠「中國夷狄」四字刻本闕，據校記補。　㈡據校記增。

人之性、賊人之生爲已亟者也。乃其氣恒與夷狄而相取，其質恒與夷狄而相得，故夷狄興而商賈貴。許衡者，竊附於君子者也，且曰：「士大夫居官而爲商，可以養廉。」嗚呼！日狎於金帛貨賄盈虚子母之籌量，則耳爲之聵，目爲之熒，心爲之奔，氣爲之蕩。衡之於小人也，尤其巧而賊者也，而能溷廁君子之林乎？

以要言之，天下之大防二，而其歸一也。一者，何也？義、利之分也。生於利之鄉，長於利之塗，父兄之所熏，肌膚筋骸之所便，心旌所指，志動氣隨，魂交神往，沈没於利之中，終不可移而之於華夏君子之津涘。故均是人也，而夷、夏分以其疆，君子、小人殊以其類，防之不可不嚴也。夫夷之亂華㈠久矣，狎而召之、利而安之者，嗜利之小人也，而商賈爲其最，夷狄資商賈而利，商賈恃夷狄而驕，而人道幾於永滅。無磁則鐵不動，無珀則芥不黏也。

帝奕

一

慕容暐罷蔭户至二十萬。以東北一隅而二十萬户爲權貴所蔭，不受公家之役，民户減少，則賦役偏重，而民之疲瘠甚矣。蓋夷狄之初起也，上下無章，資部族之彊力以割據而瓜分之，狎爲己有舊矣。

㈠「夷」「華」二字刻本闕，據校記補。

故暐從悦綰之請，糾擿還郡縣，而舉國怨怒。然暐之亡，自以疑慕容垂使外叛而致敗，既非罷蔭户之所致，國無紀而民困，積弊雖去而害已深，故苻堅假仁義以動衆而席捲之。則悦綰之言，亦憾其不夙爾。

嗚呼！豈獨夷狄之不綱者爲然哉？四海之民力，自足以給天下之用而衛宗社。乃上不在國，下不在民，居閒而爲蝨賊者，中涓也、戚畹也、債帥也、勳舊也，皆頑民竄卒之所依以耗國而墮重於民者也。劉忠宣一搜隱占之禁旅而怨謗已騰，卒致撓敗，君明臣忠，卒不能施釐正者，親疏遠邇之勢殊而輕重已移也。其如此之浮言胥動者何哉！夫此瑣瑣者之恩怨，何足以繫國家之安危，人主不審，曾不如慕容暐之能斷矣。制之有法而慎於始，且不能持於其後，祖宗之法，未可恃也。中葉之主能不惑者，未見其人也，天下所以鮮有道之長也。

二

桓温伐燕，大敗於枋頭，申胤料之驗矣。胤曰：「晋之廷臣，必將乖阻，以敗其事。」史不著乖阻之實，而以孫盛陽秋直書其敗觀之，則温之敗，晋臣所深喜而樂道之者也。會稽王昱不能自彊，而徒畏人之軋己，王彪之弗能正焉。嗚呼！人之瑣尾而偷也，亦至是哉！

秦檜之稱臣納賂而忘讎也，畏岳飛之勝而奪宋也。飛亦未決其能滅金耳。飛而滅金，因以伐宋，其視囚父俘兄之怨奚若？而視臯亭潮落、礀門颶發、塊肉無依者，又奚若也？温亦未能舉燕之爲憂耳。温而舉燕，其篡不篡亦未可知也。爲君相者，居重以不失人望之歸，盡道以得民，推誠以得士，以禮待温，以道馭温，静正而不驚，建威以自固，温抑惡能逞志以逆而不恤天下之公討？不然，則王莽、蕭道成固無毫髮之勳庸，而竊大寶如拾芥矣。庸主陋臣，如嬰兒之護餌，而徒忌其姊娣，尚能安於位以有爲乎？處堂以嬉，授兵柄於温，而又幸其敗，温之怨且深，其輕朝廷也益甚。故會稽立而憤盈以逞，非其死之速也，晉必移社於桓氏矣。舍夷、夏之大防，置君父之大怨，徒爲疑忌以沮喪成功，庸主具臣之爲天下僇，晉、宋如合一轍，亦古今之通憾已！春秋予桓、文之功，諱召王請隧之逆，聖人之情見矣。若孫盛之流，徇流俗而矜直筆，幸災樂禍，亦惡足道哉！

三

王猛請慕容垂之佩刀，紿其子使叛逃，期以殺垂，司馬温公譏其非雅德君子所爲，何望猛之厚而責之薄也！猛者，亂人之雄者耳，惡知德哉！

猛以桓温爲不足有爲而不歸晉，將謂苻堅之可與定天下乎？乃堅亡而晉固存，果孰短而孰長邪？使猛隨温而東也，歸晉也，非歸温也。猛而果有定天下之略，則因温以歸晉，而因可用晉以制温。然則其不隨温而東，乃智量出乎温之下，而欲擇易與者以獲富貴耳。慕容垂奔秦，慕容評以鬻薪賣水之猥賤而握重兵，猛滅之，非智勇之絕人，摧枯折朽之易也。苻堅之不欲殺垂，猛豈能閒之，而徒爲撓亂，忌其寵而已矣。其誓三軍曰：「王景略受國厚恩，任兼內外，受爵明君之廷，稱觴父母之室，不亦美乎？」猛之涯量盡於此矣。紿無知之稚子而陷其死，商鞅、張儀之術也。朱子曰：「三秦豪傑之士，非猛而誰？」伏戈矛於談笑，激叛亂以殺人，妾婦耳，奚豪傑之云！

簡文帝

一

簡文爲琅邪王，相晉五年，桓温外拒燕、秦，内攻袁瑾，而漠然不相爲援，蓋其惡温而忌之夙也。既惡温矣，抑不能樹賢能、修備禦以制温，温視之如視肉，徒有目而無手足，故甚之而猶擁立之，以爲是可談笑而坐攘之者也。蓋至於聽温之扳己以立而遂立焉，則生人之心，生人之氣，無有存焉者矣。

帝奕未有失德，温誣其過而廢之，於斯時也，簡文既不能折之以衛奕，則以死拒温而必不立，奉名義之正，涕泣以矢之，温亦豈能遽殺己者？如其不擇而推刃於己，則温之逆，受衆惡而不足以容，即令己殺而温篡，亦可無咎於天下。乃雖靦然南面，而旋隕天年，位與壽皆朝露耳。等死也，爲晉恭、齊順之飲酖，何如誓死不立，以頸血報宗社哉！

温，賊也；簡文相其君而篡之，亦賊也；賊與賊以智力爲勝負，而不敵者受吞，必然之勢也。病而一日一夜四發詔召温入輔，遺詔且云「君自取之」，乃語王坦之曰：「天下儻來之運，卿何所嫌。」非但闇弱如謝安所云似惠帝者耳，得一日焉服衮冕正南面而心已愜，易其忌温之心而戴温不忘，欒以祖宗之天下奉之而酬其惠也。洵哉！簡文之爲賊也。

孝武帝

一

簡文以懿親任輔相而與賊同逆，尸天子之位，名器在其手而唯其所與，雖有王彪之、謝安、王坦之忠賢，而無可如何也。天不祚逆，使之速殞，而諸賢之志伸矣。坦之裂居攝之詔，惟簡文篤疾不能與之争也。太子之立，廷臣欲待温處分，太子既立，太后猶有居攝之命，彪之抗議不從，温入朝，謝安談笑而視之若無，惟簡文之已死也。孝武方十歲，抑非英武之姿，諸賢之志可伸，而於簡文也則不能。但責簡文以闇弱，豈其出於十歲嬰兒之下乎？故謂簡文與人同逆而私相授受，非苛論也。

簡文篡而彪之不能止者，温與之協謀，内外之權交失也。簡文死，温雖有淫威，而内無爲之主者，於是彪之乃得忼慨以正之，謝安乃得從容以潛消之，不足爲深憂矣。簡文居中以掣曳，諸賢之困，不在虒㕯，而在葛藟。晋祚未終，天奪匪人之速，亦快矣！若桓温者，無簡文，則雖十歲嬰兒而不能奪，固在諸賢局量之中，而弗能躍冶；雖决裂而成乎篡，亦必有以處之矣。

二

嗚呼！人苟移情於富貴而沈溺以流焉，何所不至哉！天子之尊，四海之富，亦富貴也；簿尉之秩，百金之獲，亦富貴也；垂至於死而苟一日得焉，猶埋心引吭以幾幸之。不知其何所爲也，不知其何所利也，垂至於死而不已；人而不仁，將如之何哉！易曰：「不鼓缶而歌，則大耋之嗟，凶。」大耋矣，何嗟乎？名之未得、利之未遂焉，俄而嗟矣；俄而並忘其嗟，而埋未冷之心，引將絶之吭，以思弋獲矣。有涯之日月，廢鼓缶之歡，營營汲汲，笑駡集於厥躬而不恤。簿尉一天子，百金一四海也，人盡如馳，塗窮焉而後止。嗚呼！亦何所不至哉！

王敦、桓温皆於老病奄奄、旦暮且死之日而謀篡不已，以爲將貽其子孫，則王含、王應奴隸之才，敦已知之；桓熙弱劣，玄方五歲，温亦知之矣。王導知敦之將死，起而討敦；王、謝諸賢知温之將死，而坐待其斃；敦與温亦何嘗不自知也。其心曰：吾一日而居天子之位，雖死猶生。嗚呼！天下之不以敦、温之心爲心者，吾見亦罕矣哉！

孟子曰：「萬鍾於我何加焉，宫室之美，妻妾之奉，窮乏之得我，失其本心。」雖然，猶人生之有事也。至於奄奄垂死而三者皆不任受，然且鼓餘息以蹶起而圖之，是何心哉？一念移於不仁，内忘其心，外忘其名，沈湎淫溺自不能已，而不復問欲此之何爲也。謀天下者曰：天子之尊，四海之奉，何足以死求之也？謀簿尉百金者曰：天子之尊，四海之奉，何易求焉？吾所求者，旦暮未死而可得也。而不知其情同矣，易地則皆然也。幼而忘身以貪果餌，長而忘身以貪温飽，相習相流，愈引愈伸而不可中止；自非立志於早，以名義養其心而生惻悱，未有老死而能忘者也。苟不志於仁，勿怪亂臣賊子之怙惡以没身也。

漢儒反經合道，程子非之，謂權者審經之所在，而經必不可反也。於道固然，而以應無道之世，則又有不盡然者。母后之不宜臨朝，豈非萬世不易之大經乎？謝安以天子幼沖，請崇德皇后臨朝攝政，灼然其爲反經矣。王彪之欲已之，而安不從。彪之之所執者經也，安之所行者權也，是又反經之得爲權也。

三

桓溫雖死，揚、豫、江三州之軍事，桓沖督之。沖不終逆而克保臣節，世遂以忠順歸之。夫沖特不爲王含耳。含之逆，於未敗之前已有顯蹟。溫死，人心乍變，郗超之流折伏沮喪，惡知沖非姑順巽以縻繫人心而徐圖之邪？且沖果有懷忠效順之情，當溫存日，沖固與相得而爲所付託者，何不可以規溫而使守臣節？則沖之無以大異於溫審矣。若溫既亡而或説以誅逐時望，沖不聽者，不能也，非不爲也。王、謝諸賢，非劉隗、刁協之倫匹，溫且不敢決於誅逐，沖亦量力而止耳。外人遽信其無他，謝安固察見之，而不早有以制之哉？奉太后爲名，以引大權歸己，而沖受裁焉，安蓋沈思熟慮，執之堅固，而彪之不能奪也。

或曰：安爲大臣，任國之安危則任之耳，何假於太后？曰：晉之任世臣而輕新進也，成乎習矣。王導之能秉政也，始建江東者也；庾亮，后族也；何充則王導所引重而授以政者也。至穆帝之世，權歸桓氏，非一日矣。謝安社稷之功未著，而不受託孤之顧命，其兄萬又以虛名取敗；安之始進，抑受桓溫之辟，雖爲望族，無異於孤寒；時望雖隆，而蔡謨、殷浩皆以虛聲貽笑，固羣情之所不信；而乍秉大權，桓沖之黨且加以專國自用之名而無以相折，則奉母后以示有所承，亦一時不獲已之大計也。

或曰：安胡不引宗室之賢者與己共事，而授大政於婦人邪？曰：前而簡文之輔政，其削國權以柔靡，已如此矣。後而道子之爲相，其僭帝制以濁亂，又如彼矣。司馬氏無可託之人，所任者適足以相撓，固不如婦人之易制也。此之謂反經而合道，又何傷哉？

雖然，王彪之之議，不可廢也。安雖不從，而每歎曰：「朝廷大事，王公無不立決。」服其正也。審經以爲權，權之常；反經以行權，權之變；當無道之天下，積習深而事勢違，不獲已而用之，一用而不可再者也。故君子慎言權也。

四

太元元年，謝安録尚書事，除度田收租之制。度田收租者，晋之稗政，魯宣公税畝之遺弊也，安罷之，可謂體天經以定民制矣。

王者能臣天下之人，不能擅天下之土。人者，以時生者也。生當王者之世，而生之厚、用之利、德之正，待王者之治而生乃遂；則率其力以事王者，而王者受之以不疑。若夫土，則天地之固有矣。王者代興代廢，而山川原隰不改其舊；其生百穀卉木金石以養人，王者亦待養焉，無所待於王者也，而王者固不得而擅之。故井田之法，私家八而公一，君與卿大夫士共食之，而君不敢私。唯役民以助耕，而民所治之地，君弗得而侵焉。民之力，上所得而用，民之田，非上所得而有也。

助、徹者，殷、周之法也，夏則貢矣。貢者，非貢其地之産，貢其人力之所獲也。一夫而所貢五畝之粟，爲之制耳。曰五十而貢者，五十爲一夫而貢其五也。若夫一夫之耕，或溢於五十畝之外，或儉於五十畝之中，爲之一易、再易、萊田之名以寬其征。田則自有五穀以來民，所服之先疇，王者惡得有之，而抑惡得税之？地之不可擅爲一人有，猶天也。天無可分，地無可割，王者雖爲天之子，天地豈得而私之，而敢貪天地固然之博厚以割裂爲己土乎？知此，則度而征之者，人之妄也；不可度而征之者，天之體也；此之謂體天經矣。

以治民之制言之，民之生也，莫重於粟；故勸相其民以務本而遂其生者，莫重於農。商賈者，王者之所必抑；游惰者，王者之所必禁也。然而抑之而且張，禁之而且偷，王者亦無如民何。而惟度民以收租，而不度其田。一户之租若干，一口之租若干，有餘力而耕地廣、有餘勤而獲粟多者，無所取盈；窳廢而棄地者，無所蠲減；民乃益珍其土而競於農。其在彊豪兼并之世尤便也，田已去而租不除，誰敢以其先疇爲有力者之兼并乎？人各保其口分之業，人各勸於稼穡之事，彊豪者又惡從而奪之？則度人而不度田，勸農以均貧富之善術，利在久長而民皆自得，此之謂定民制也。

太元之制，口收税米三斛，不問其田也。不禁兼并，而兼并自息，舉末世之制而除之。安之宰天下，思深而道盡，復古以型今，豈一切苟簡之術所可與議短長哉！

五

荆、湘、江、廣據江東之上流，地富兵彊，東晋之立國倚此也。而權姦内逼，邊防外匱，交受制焉，亦在於此。居輕而御重，枝彊而幹弱，是以權臣窺天而思竊，庸人席富以忘危，其不殆也鮮矣。上流之勢，以趨建業也則易，王敦、桓温之所以莫能禦也；以度楚塞爭淮表也則難，舟楫之利困於平陸，守險之長詘於廣野，庾亮、桓温之所以出而即潰也。謝安任桓沖於荆、江，而別使謝玄監江北軍事，晉於是而有北府之兵，以重朝權，以圖中原，一舉而兩得矣。安詠詩而取「訏謨遠猷」之句，是役也，可不謂謨猷之訏遠者與？

江北、河南之衆，紀瞻嘗用之以拒石勒，而石勒奔；祖逖嘗用之以嚮汝、雒，而汝、雒復；所以不永其功者，王導之弗能任也。導之弗能任者，專任王敦於上流，而不欲權之分也。紀瞻一出而不繼，祖逖始成而終亂，王敦、桓温乃挾荆、湘以與晉爭。内亂而外荒，積之數十年矣，安起而收之。雖使桓沖牧江、荆，而自督揚、豫。北府兵彊，而揚、豫彊於江、荆，勢之所趨，威之所建，權歸重於朝廷，本根固矣。況乎中原南徙之衆，尤多磊落英多之士，重用之，以較楚人之慓而可蕩者相什百也。書曰：「迪惟有夏，乃有室大競。」競以室，非競以户庭也。安於是而知立國之弘規矣。故淝水之役，桓沖遣兵入援而安卻之，示以荆、江之不足爲輕重，而可無藉於彼，沖其能不終乎臣節哉？

宋高、秦檜之愚也，憂諸帥之彊而不知自彊，殺之削之而國以終敝。檜死，張浚任恢復，而敗潰於符離，無可用之兵也。此殷浩之覆軌也。謝玄監軍江北，擇將簡兵，六年而後用之，以破苻堅於淝水，非一旦一夕之效矣。

六

先王之教，覿文匿武，非徒以静民氣而崇文治也。文可覿，武不可覿。不可覿者，不可以教，教之而武黷，黷則衰。苻堅作教武堂，命太學生明陰陽兵法者教諸將，狄道也，而適足以亡。其爲狄道者，獎武以蕩人心而深其害氣，言治者或知其不可矣，而妄人猶以迂疏誚之；其適足以亡也，則人未有能信其必然者。善哉岳武穆之言曰：「運用之妙，存乎一心。」武而可以教教者哉？教之習之，其志玩，其氣愒，其取敗亡必矣。

兵之所尚者勇，勇非可教而能者也；所重者謀，謀非可豫設而爲教者也。若其束伍之嚴，訓練之勤，甘苦與共之以得士心，則取之六經而已足。其他詭誕不經而適以僨軍殺將者，則陰陽時日壬遁星氣之嘖嘖多言，非可進而進，可乘而不乘，以鬼道敗人之謀者也。至於騎射技擊之法，雖可習焉，而精於態者不給於用；口授而目營之，規行矩止，觀天畫地，疑鬼疑神，以沮其氣而蕩其心，不敗何待焉？自非狂狡虛妄之士，孰敢任爲之師？自非市井亡賴竄身干進之徒，孰樂爲之弟子？官爲之制，妄人嘗試焉，祇以亂天下，而武備日以玩而衰。苻堅之好虛名而無實用，若此類者衆矣，國破身死，而後人猶效之，愚不可瘳，一至此乎！

七

桓沖死，謝安分荆、豫、江三州以授諸桓，桓玄之禍始於此矣。安之慮桓氏已熟矣，折桓沖而令其無功媿死，其勢可以盡削桓氏之權，以奬晋室；然而爲此者，自以父子名位太重，貽桓氏以口實，不得已而平其怨忌也。夫桓氏亦豈以私怨怨安而危安者乎？憂不在桓氏，而在司馬道子、王國寶也。二姦伏於蕭牆，蠱孝武以忌安，而不足以相勝，則必假手桓氏以啓釁。主昏相妒，以周公之聖，且不能塞不利孺子之口，而況安乎？故以知安之於此，有大不獲已者在也。所任者，石虔也、石民也、伊也，以爲差愈於玄而可免於亂；然而終不能免，則安窮矣。

雖然，安豈遂無道處此以保身而靖國乎？安秉國政於此十年矣，太后歸政而已録尚書八年矣。夫豈晉廷之士舉無可大受之人材，使及早而造就之以儲爲國之柱石者？沖死之後，內不私之於子弟，外不復假於諸桓，君無可疑，相無可謗，而桓氏亦無所倚以争權。安之識早弗及此也，則臨事周章，亦其必然之勢矣。量不弘而慮不周，有靖國之忠，而惘於大臣之道，安不能免於責矣。

鴟鴞之詩曰：「既取我子，勿毁我室。」周公長育人才之心，至於疑謗居東而哀鳴益切。人才者，大臣之以固國之根本者也，時未有賢，則教育之不夙也。不此之務，惴惴然求以弭謗，而貽國家之患，可深惜也夫！

八

問，次於學者也；問之道，尤重於學也。三代以下，於學也博，於問也寡；三代以上，於學也略，於問也詳；故稱舜之大知，好問其至矣。雖然，學者，自爲學也；問待人，而其塗有二：有自問者，有問人者。自問者，恐其心之所信，非其身之所宜；身之所行，非其心之所得；處事外者，公理之衡也，不問而不我告，問而猶恐其不我告焉，孜孜以求之，舜之所以爲大知也，聖之津梁也。問人者，舍其是非而求人之是非，舍天下之好惡，而求一人之好惡，察焉而愈昬，詳焉而愈詖，君子之喜怒有偏者矣，小人之愛憎，未有不私者也，急於求短以疑其長，亂國闇主猜忌之臣所以惑焉而自奪其鑑也，愚者之狂藥也。

夫人之心行，有小略而大詳者，有名汚而實潔者，有迹詭而心貞者。君子於此，鑒之真，信之篤，不忍求人於隱曲，抑不屑也；而流俗之口，好撟舉以矜其慧辨；姦邪之醜正者勿論焉。不擇人而問之，則善惡互亂；有所偏任，則讒閒行。問之君子，則且對以不知；問之小人，則盡言而若可倚。於是而賢才之心，疑畏而不爲用；姦僞之士，塗飾以掩其惡；則有讒不見，有賊不知，皆好問者之所必致矣。居官而敗其官，有天下而敗天下，必也。故曰愚者之狂藥也。舍其躬之得失，不考鏡於公非，日取人之貞邪，待左右以爲耳目，其亡速於桀、紂，不亦傷乎！

范寧爲豫章太守，遣十五議曹下屬城采求風政，吏假還，訊問官長得失。是道也，不自問己過而問人，以聾爲聰之道也。徐邈責之曰：「欲爲左右耳目，無非小人，善惡倒置，讒諂並進，可不戒哉！」治道學術，斯言盡之矣。

九

有才皆可用也，用之皆可正也，存乎樹人者而已矣。操樹人之權者，君也。君能樹人，大臣贊之；君弗能樹人，責在大臣矣；君弗能樹人，而掣大臣以弗能有爲，大臣有辭也。君不令，而社稷之安危身任之，康濟之功已著見，而爲天下所倚重，乃及身而止，不能樹人以持數世之危，俾免於亡，大臣無可辭矣。

王導、謝安，皆晋社稷之臣也。導庇其族而不能公之天下，故庾亮得而閒之；然其没也，猶有郗鑒、王彪之、謝安以持晋室之危，雖非導之所託，而樹之者猶導也。安以族盛而遠嫌，不私其子弟可矣，當其身而道子以亂，迨其後而桓玄以篡，廷無端方嚴正之士，居端揆以鎮姦邪，不於安責，將誰責而可哉？

老氏曰：「功成身退，天之道。」安，學於老氏者也，故能以力建大勳之子弟，使遠引以全名。而宗族雖有賢者，皆無列於朝右，以是爲順天興廢之理與？夫君子之進也，有先之者；其退也，有後之者。退而無以後之，則已成之緒，與身俱没，而宗社生民不被其澤。既已爲公輔，建不世之勳，則宗社生民，即厥躬之休戚矣。全身而避名，知衰而聽命，抑豈所謂善退者哉？退之難於進也久矣。未退之日而早爲退之地，非樹人其何以退乎？

或曰：時未有人也。夫王雅、王恭、殷仲堪、王珣之徒，躁而敗者，望不重也，養不純也。養其剛烈之氣，檠括以正之，崇其位望，以止其浮夸，此諸人者固皆可用，用而皆可正者也。安弗能養以戢其驕，授之昏湎之主以導於詖，於是乎輕僄以從主之私，而激成上下相争之勢。安存而政已亂，安没而國已傾，則舉生平之志操勳名與廟社河山而消隕，安之退，一退而無餘矣。天之道，功成而退，春授之夏，冬授之春，元氣相嬗於無垠，豫養其穉而後息其老，故四序循環而相與終古。老氏不足以見此，而安是之學也。史魚不能進蘧伯玉，死以爲慚，此則老氏所謂死而不亡者也。

一〇

慕容寶定士族舊籍，分清濁，閲户口，罷軍營封蔭之户，而士民嗟怨。夷狄㊀而效先王之法，未有不亡者也。以德仁興者，以德仁繼其業；以威力興者，以威力延其命。沐猴冠而爲時大妖，先王之道不可竊，亦嚴矣哉！以威力起者，始終尚乎威力，猶一致也。絀其威力，則威力既替矣，竊其德仁，固未足以爲德仁也。父驢母馬，其生爲贏，贏則生絶矣，相雜而類不延，天之道、物之理也。自苻堅之敗，北方瓜分而雲擾，各恃其部曲以彈壓士民而用之，無非濁也。純乎濁而清之，清者非清，濁者失據，人民不靖，部曲離心，不亡何待焉？

雖然，天下之濁極矣，威力横行而貧弱無告，固不可以永也。慕容氏以亡，而拓拔氏承之以稍息，噞喁汙薉之氣，相延相俟以待隋、唐，則寶取亡之道，又未必非天下之生機也。士民怨之，彼士民者，又惡足與計恩怨哉？

一一

君子之澤五世而斬，小人之澤五世而斬，或且不及五世而無餘，君子深悲其後也。永嘉之亂，中原淪陷，劉琨不能保其軀命，張駿不能世其忠貞，而汾陰薛氏，聚族阻河自保，不仕劉、石、苻氏者數十年；姚興稱帝於關中，禮徵薛彊，授以將軍之號，遂降興而導之以取蒲坂。悲夫！

㊀「夷狄」兩字刻本闕，據校記補。

志士以九族殉中夏㊀，經營於鋒刃之下，貽子孫以磐石之安、衣冠㊁之澤，而子孫隕落之也。虛名小利動不肖之心魂，而忘其祖父，彼先世英拔峻毅之氣，怨恫於幽，而子孫或且以爲榮焉，有如是夫！姚興之盛也不如苻氏，其暴也不如劉、石，遲之數年而興死矣、泓滅矣，拓拔氏尤能容我而無殄滅之憂者，俟之俟之，隋興而以清白子孫爲禹甸㊂之士民，豈遽不可？然而終不及待也。一失其身，而歷世之流風以墜。前之人亦自靖而已矣，遑恤我後哉？溧陽史氏以建文舊臣，三世不入庠序，而史鑑之名淩王鏊而上之，何史氏之多幸也！

安帝

一

國之亡，類亡於淫昏暴虐之主，而晉獨不然：前有惠帝，後有安帝，皆行尸視肉，口不知味、耳不知聲者也。與子之法，定於立適，二君者，皆適長而豫建爲太子，宜有天下者也。藉廢之而更立支庶之賢者，則抑淩越而爲彝倫之斁。雖然，爲君父者，苟非寵嬖孽以喪元良，念宗社之安危，亦奚恤哉？抑非徒前君之責也，大臣有社稷之任，固知不可，而選賢以更立焉，自靖而憂國如家者所宜然也。

乃惠帝之嗣也，衛瓘争之矣，和嶠争之矣，賈氏飾僞以欺武帝，而武帝姑息以不決。若安帝則上下

㊀「中夏」兩字刻本闕，據校記補。

㊁「衣冠」兩字刻本闕，據校記補。

㊂「禹甸」兩字刻本闕，據校記補。

無異辭，而坐聽此不知寒暑飢飽者之爲神人主。夫孝武之淫昏，誠無百年之慮矣，而何大臣之漠然不念也！

司馬道子利其無知而擅之，固已。王恭猶皎皎者，而抑緘默以處此也，何哉？恭方與道子爲難，恐道子執廢適以爲名而行其誅逐，天下不知安帝之果不勝任，而被恭以逆名，恭所不敢任也。道子爭權，而人皆懷貳，豈徒恭哉？謝安且不敢任而抱東山之志。舉國昏昏，授天下於聾瞽，而晉以亡；天也，抑人任其咎矣。

夫安功在社稷，言即不庸，而必無覆宗之禍，何恤而不爲君父任知罪之權？若恭也，與其稱兵而死於劉牢之之手也，則何如危言國本以身殉宗社乎？見義不爲，而周章失措，則不勇者不可與託國，信夫！

二

公論者，朝廷之柄也。小人在位，天下未聞其惡，外臣未受其傷，而臺諫爭之，大臣主之，斥其姦而屏逐之，則臣民安於下而忘言；即其擊之不勝，而四方猶静處以聽，知朝廷之終有人而弗難澄汰也。如是，則不保國之無姦邪，而四海無爭衡之禍。公論之廢於上也，臺諫緘脣，大臣塞耳，惡已聞於天下，而倒授公論之柄於外臣，於是而清君側之師起，而禍及宗社。

劉隗、刁協以苛刻失人心，而王敦反；庾亮以輕躁損物望，而蘇峻反。晉廷之臣，未有持片辭以與隗、協、亮爭者；貽彊臣以犯順，宗社幾亡，固有以召之也。然猶曰隗、協之持論非不正也，庾亮之秉心非不忠也。若夫司馬道子、王國寶，荒淫貪蔑，灼然爲晉之蟊賊，孝武雖與同昏，既而疑忌之、疏遠之矣，乃在廷之士，持祿取容，無或以片言摘發而正名其爲姦邪者。於是而外臣測國之無人，以激其不平之氣，王恭、殷仲堪建鼓以鳴，而不軌之桓玄藉之以逞。公論操於下，而朝廷爲養姦之淵藪，天下靡然效順於逆臣，誰使之然邪？

或曰：道子帝之母弟，國寶居奧窔以交熒，未易除也。夫苟懷忠自靖，則以頸血濺姦邪，而何憚於彊禦？道子者，尤昏庸而弗難控制者也。孝武崩，國寶扣宫門求入，王爽拒之則止矣；王恭反，車胤以危言動之，國寶即解職待罪，而道子弗難殺之矣，是可鞭箠使而銜勒馭者也。孝武疑道子之專，而徐邈進漢文、淮南之邪說；國寶就王珣與謀，而珣猶有卿非曹爽之游詞；在廷之臣胥若此矣。遠邇憤盈之氣，決發以逞，非特恭與仲堪，即桓玄之蓄逆不可揜，而天下從之以風靡，勢之所必至也。謝安没而晉無大臣；謝安爲門户計以退處，而晉早無親臣矣。諫諍之職久廢，士相習於迂緩，相尚以苟容，晉更不得謂有羣臣矣。

方州重於朝廷，是非操於牧督，相尋而亂，終六代之世，假趙鞅晉陽之名以行篡弒，至唐而後定。故言路者，國之命也，言路蕪絶而能不亂者，未之有也。

三

割地以封功臣，三代之制也。施之後世，則危亡之始禍矣。而割邊徼之區以與有功之酋，害尤烈焉。古諸侯之有國，自其先世而已然，安於侯服舊矣。易姓革命而有所滅，以有所建，授之於功臣而大小相錯，同姓異姓庶姓相閒，互相制而不相下，抑制其貢享覲問之禮，納之於軌物，而厚用其材，則封殖自大、以窺伺神器之心無從而作。然而荆、吴、徐、越抗顔以亂中夏，高宗憊於三年，宣王勞於南伐，迄春秋之季，愈無寧日矣。

自秦罷侯置守，而天下皆天子之土矣。天子受土於天而宰制之於己，亦非私也；割以與人，則是私有而私授之也。邊徼之有閒地，提封不得而畝之，疑爲委餘而不足惜；然而在我爲委餘者，在彼爲奥區，經理其物産，生聚其人民，未有不爲我有者也。拓拔氏以秀容川酋長爾朱羽健攻燕有功，割地三百里以封之，其後爾朱氏卒爲拓拔氏之憂，而國因以亡，非千秋之明鑒也乎？建[一]州之棄二百餘年，而禍發不救，胡未之考也？

或曰：「荒遠之土，委諸其人，若蜀、滇、黔、粤之土官，雖有叛者而旋滅，其何傷？」非也。蜀、滇、黔、粤土夷之地，本非吾有也，羈縻之而已。世其土，服其官，彼亦有保宗全世之情而不敢妄以逞；一逞而固有反顧之心，戀其棧豆，則迫而攻之也易。若土已入我職貢，而以驍悍爲我立功矣，取非其所世有者裨益之而長其雄心，其始也，徼幸而無所恤，其繼也，屢進而無所止，一有怨隙，乘事會以狂起，其尚有所顧忌乎？拓拔氏虚六鎮不爲郡縣，自秀容川始也，禍之所必生也。棄地者棄其國，寧有爽與？

[一]「建」字刻本闕，據校記補。

四

天下多故，言兵者競起，兵不可以言言者也。孫、吴之言，切於情勢，近於事理矣，而當時用之，偶一勝而不足以興。讀其書者，未有能制勝者也，況其濫而下者乎？道不足則倚謀，謀不足則倚勇，勇不足則倚地，地不足則倚天，天不足則倚鬼。倚鬼，則敵知其舉無可倚矣。倚鬼，則將吏士卒交釋其憂勤，智者知其無成而心先亂，愚者幸其有成而妄自驕，兵敗身死，以殉術士巫覡之妖，未有免者。然而術士巫覡之説，終淫於言兵者之口，其説炙轂，其書汗牛，天下多故，乘之以興，無亂人非亂世也。

王凝之奉天師道，請鬼兵禦賊，而死於孫恩；殷仲堪奉天師道，不吝財賄以請禱，而死於桓玄；段業信卜筮巫覡，而死於沮渠蒙遜。鬼者，死之徒也，與鬼爲徒，而早近於死。況以封疆人民倚於恍惚無實之妖邪，而貽國以亡，陷民於死？若是者，見絶於天，未有不喪其身首者也。段業，竊也；仲堪，叛也；天奪其魄，以迷於鬼，而死也固宜。王凝之清族雅士，分符治郡，以此戕身而誤國，不亦愚乎？凝之之奉妖也，曰其世奉也，則王羲之之不能辭其咎矣。

妖邪繁興，附於兵家之言，世所號爲賢者且惑焉。郭京以陷城，申甫以喪師，金御史聲秉大節以不貳於生死，而亦惑焉，白圭之玷也。丁甲也，壬遁奇禽也，火珠林也，乞靈於關壯繆及玄武之神也，皆言兵者之所倚也。其書不焚，其祀不毁，惑世誣民，亂人不可戢矣。

五

論史者之奬權謀、墮信義，自蘇洵氏而淫辭逞。近有李贄者，益鼓其狂瀾而惑民倍烈。諫則滑稽也，治則朝四暮三也，謀則陽與陰取也。幸而成，遂以誚君子之誠慤，曰未可與權。其反覆變詐之不讎，以禍於國、凶於家、戮及其身，則諱之而不言。故温嶠之陽親王敦而陰背之，非無功於晉矣，然非其早卒，君子不能保其終爲晉社稷之臣也，何也？嚮背無恆，而忠孝必薄也。前有吕布，後有劉牢之，勇足以戡亂，而還爲亂人。嗚呼！豈有數月之閒，俄而爲元顯用，而即叛元顯，俄而爲桓玄用，而即圖桓玄，能不禍於國、凶於家、戮及其身也乎？劉襲曰：「一人三反，何以自立。」使牢之幸讎其詐，而桓玄受戮，論者將許之以能權；乃牢之殺元，而牢之之禍晉益深，君子豈受其欺哉？

夫君子之道，成則利及天下，不成而不自失。其諫也，用則居其位，不用則去之。又不然，則延頸以受暴君之刃而已，無可譎也。其定亂也，可爲則爲，直詞正色以衛社稷，不濟，則以身殉而已。死者，義也；死不死，命也；有命自天，而俟之以義，人之所助，天之所祐。故曰：「履信思乎順，自天祐之，吉无不利。」大易豈不可與權者哉？秉信非以全身，而身或以保；非以圖功，而功或以成。託身失所，而爲郗超；欲自免焉，則爲温嶠；加之以反覆之無恆，則爲牢之。嶠成而牢之敗，牢之死而超生。天之所以禍福者，尤在信與不信哉！論人者以是爲準而已矣。奬譎詐以徼功，所謂刑戮之民也。

六

蕭道成、蕭衍、楊堅、朱温、石敬瑭、郭威之篡也，皆石勒所謂狐媚以取天下者也，劉裕其愈矣。裕之爲功於天下也不一，而自力戰以討孫恩始，破之於海澨，破之於丹徒，破之於郁洲，蹙之窮而赴海以死。當其時，桓玄操逆志於上流，道子、元顯亂國政於中朝，王凝之、謝琰以庸劣當巨寇，若鴻毛之試於烈燄。微劉裕，晉不亡於桓玄而亡於妖寇；即不亡，而三吴全盛之勢，士民所集，死亡且無遺也。裕全力以破賊，而不恤其他，可不謂大功乎？

天子者，天所命也，非一有功而可祗承者也。雖然，人相沈溺而無與爲功，則天地生物之心，亦困於氣數而不遂，則立大功於天下者，爲天之所不棄，必矣。故道成、衍、堅、温、敬瑭、威皆不永其世，而劉宋之祚，長至於今，彭城之族尤盛。若夫謝安卻苻堅而懷滄海之心，郭子儀平安、史而終汾陽之節，豈可概望之斯人乎？裕，不學者也；裕之時，僭竊相乘之時也；裕之所事者，無信之劉牢之，事裕者，懷逆徼功之劉穆之、傅亮、謝晦也；是以終於篡而幾與道成等伍。當其奮不顧身以與逆賊爭生死之日，豈嘗早畜覬覦之情，謂晉祚之終歸己哉？於爭亂之世而有取焉，舍裕其誰也？

七

成敗之數，亦曉然易見矣，而苟非閒世之英傑，無能見者，氣燄之相取相軋有以蕩人之心神，使之回惑也。天下不可易者，理也；因乎時而爲一動一静之勢者，幾也。桓玄豎子而干天步，討之必克，理無可疑矣。然君非君，相非相，則理抑不能爲之伸；以力相敵，而力尤不可恃；惡容不察其幾哉？

玄犯歷陽，司馬休之走矣，尚之潰矣，玄所畏者，劉牢之擁北府之兵爾。牢之固曰：「吾取玄如反手。」牢之即有不軌之心，何必不誅玄而挾功以軋元顯，忽懷異志以附玄，甚矣牢之之詐而愚也。唯劉裕見之也審，故與何無忌、劉敬宣極諫牢之，以決於討玄。斯時也，剛決而無容待也，幾也。玄已入建業，總百揆，督中外，布置腹心於荆、江、徐、兗、丹陽以爲鞏固，而玄抑矯飾以改道子昏亂之政，人情冀得少安。牢之乃於斯時欲起而奪之，不克而爲玄所削，衆心瓦解，尚思渡江以就高雅之於廣陵，其敗必也。敬宣且昏焉，又唯劉裕見之也審，直告牢之以不能，而自還京口，結何無忌以思徐圖。斯時也，持重而無患其晚也，幾也。

夫幾亦易審矣，事後而反觀之，粲然無可疑者。而迂疏之士，執一理以忘衆理，則失之；狂狡之徒，見其幾而别挾一機，則尤失之；無他，氣燄之相取相軋，信亂而不信有已亂之幾也。裕告無忌曰：「玄若守臣節，則與卿事之。」非僞説也，亂有可已之幾，不可逆也。又曰：「不然，當與卿圖之。」則玄已在裕目中矣。所謂閒世之英傑能見幾者，如此而已矣，豈有不可測之神智乎？

八

三吴之苦飢，自昔已然。晉元興中，承桓玄閉糴、孫恩阻亂之餘，遂至填溝委壑，幾空城邑，富室衣羅紈、懷金玉而坐斃。或曰「俗奢亡度以使然」，固也，而不盡然也。三吴之命，縣於荆、江，上流有變，遏抑而無與哺之，則立槁耳。自晉之南遷也，建業擁大江而制其外，三吴其腹裏也。人懷其安，而土著者不移，僑寓者争託，於是而士民之殷庶，甲乎天下。地有限而人餘於地，地不足於養人，歷千餘年而一軌。乃三吴者，豈徒東晉之腹裏，建業所恃以立國哉？財賦之盈，歷六代、唐、宋而於今未替，則休養之以固天下之根本，保全千餘年之生齒，而使無凋耗，爲元后父母者，惡容不汲汲焉。

夫人聚則營作之務繁興，財恆有餘而粟恆不足；猶荆、湘土廣人稀，力盡於耕，而它務不遑，粟恆餘而財恆不足。以此籌之，則王者因土作貢，求粟於荆、湘，而薄責以財；需財於吴、會，而儉取其粟；

是之謂損益盈虛之大經，因地因人而不違其理。而念此者鮮矣。

夫既厚責粟於三吴矣，無已，則嚴遏糴之禁以互相灌注，有粟者得貨賄焉，有貨賄者得粟焉，一王之士，合以成一家之盈縮，亦兩利之術也。是故惡莫大於遏糴，桓玄之惡烈於孫恩矣。夫玄據上流，餒三吴以弱朝廷，自以爲得計矣，又惡知己既竊晉而有之，則三吴者又己他日之根本也。使玄能撫之以乘京口之後，何至一敗而無餘哉？故殃人者，未有不自殃者也。

九

桓玄將篡，殺北府舊將之異己者，司馬休之、劉敬宣、高雅之相率奔燕，棄故國而遠即於異類，爲劉昶、蕭寶寅之先驅。夫諸子亦各有其志行，豈其豫謀此汙下之計爲藏身之固哉？迫於死而不暇擇爾。雖然，其爲棄人於兩閒，固自取之也。桓玄之逆，非徒禍在所必避也，禍即不及，而豈忍爲之屈。諸子據山陽以討玄，雖不必其忠於晉，而固丈夫之節也，何至周章失措而逃死於鮮卑邪？

夫劉裕亦北府之傑，劉牢之之部曲也，坦然自立於京口而無所懼，玄豈與裕無猜乎？裕自有以爲裕，而玄不足以爲裕憂也。裕之還京口也，以徐圖玄也；乃置玄不較，急擊盧循於東陽而破走之，旋擊徐道覆而大挫之，追盧循至晉安而又敗之，未嘗一日弛其軍旅之事也。爲晉用而若爲玄用，爲玄用而實爲晉用；威伸於賊，兵習於戰，若不知玄之將篡者，而玄亦無以測其從違；非徒莫測也，雖測之而亦無如之何也。故玄妻劉氏勸玄除裕，而玄曰：「吾方平蕩中原，非裕莫可用者。」既思用裕，亦固知裕威已建，非己所得而除也。玄知裕之不可除，故隱忍而厚待之以俟其隙；裕亦知玄之不能除己，故公然入朝而不疑。唯浹歲之閒，三破妖賊，所行者正，所守者堅，人不得而疑，雖疑亦無名以制之也。裕居不可勝之地，而制玄有餘矣。

嗚呼！士當逆亂垂亡、憂危沓至之日，詭隨則陷於惡，躁競則迷於所嚮，亦唯爲其所可爲，爲其所得爲；而定大謀、成大事者在此，全身保節以不顛沛而逆行者亦在此。休之、敬宣、雅之舍己所必爲，則雖懷討逆之心，而終入於幽谷矣。英雄之略，君子有取焉，安其身而後動，定其交而後求，正用之，可以獨立於天綱裂、地維坼之日而無疚媿矣。

一〇

廉恥之喪也，與人比肩事主，而歆於佐命之榮賞，手取人之社稷以奉姦賊而北面之，始於西漢劉歆、公孫禄之徒，其後華歆、郗慮相踵焉。然天下猶知指數之也；幸而不遇光復之主，及身爲戮，而猶無獎之者。上有獎之者，天下乃不知有廉恥，而後廉恥永亡。

王謐世爲晉臣，居公輔之位，手解安帝璽綬以授桓玄，爲玄佐命元臣，位司徒，此亦華歆、郗慮之流耳。義兵起，桓玄走，晉社以復，謐以玄司徒復率百官而奉迎安帝，此誠豺虎不食、有北不受之匪類矣。劉毅詰之，逃奔曲阿，正王法以誅之，當無俟安帝之復辟。而劉裕念疇昔之私好，追還復位，公然鵠立於百僚之上，則其崇獎姦頑以墮天下之廉恥也，唯恐不夙。苟非志士，其孰不相率以即於禽獸哉？俄而事此以爲主，而吾之富貴也無損；俄而事彼以爲主，而吾之富貴也無損；奪人之大位以與人，見奪者即復得焉，而其富貴也抑無損。獎之以敗閑喪檢，而席榮寵爲故物，則何怪謝晦、褚淵、沈約之無憚無慚，唯其所欲易之君而易之邪？

嗚呼！忠與孝，非可勸而可懲者也。其爲忠臣孝子矣，則誘之以不忠不孝，如石之不受水而不待懲也。其爲逆臣悖子矣，則獎之以忠孝，如虎之不可馴而不可懲也。然則勸懲之道，唯在廉恥而已。不能忠，而不敢爲逆臣；不能孝，而不敢爲悖子；刑齊之也，而禮之精存焉。刑非死之足懼也，奪其生之榮，而小人之懼之也甚於死。天子正法以誅之，公卿守法以詰之，天下之士，衣裾不𧛏其門，比閭之氓，望塵而笑其失據，則懼以生恥。始恥於名利之得喪，而漸以觸其羞惡之真，天子大臣所以濯磨一世之人心而保固天下者在此也。手解其璽綬，而復延之坐論之列，兩相覿而不慚，則恥先喪於上，而何望其下乎？裕之不戮謐也，人心風俗之禍延及百年。唐黜蘇威，而後老姦販國之惡習以破。惜老成，徇物望，以爲悖逆師，禍將自及矣。

二

李暠之後興於唐，於是而知天道之在人心，非君子徒爲之説以誘人於善也。易曰：「履信思乎順，是以自天祐之，吉无不利。」夫人亦豈好爲疑詐而與人相逆哉？愛憎亂之也。亦既見爲可爲而爲之，見爲可言而言之，則孰遽背其初心而自相剌戾？見可愛而移，見可憎而止，而後心不能以自保，寧棄信也，且以快一時之情也。愛憎者，非以順物，而求物之順己也，求物順己而不順於物，勿恤也。順己者，愛之而賞醲；逆己者，憎之而罰濫；罰濫既已大傷乎人心，賞醲則得者自詫其邀取之工而不以爲恩，不得者抱怏邑以不平者積矣。是故履信思順者，不求之物理，而但求之吾情；知吾情之非物理，而物理在矣。

暠之戒諸子曰：「從政者審慎賞罰，勿任愛憎，折獄必和顔任理，用人無間於新舊，計近不足，經遠有餘。」是説也，豈徒其規模之弘遠哉？内求之好惡之萌以治其心，與天相順，循物以信；三代以下不多得之於君子者，而暠以偏方割據之雄，能自求以求福；推此心也，可以創業垂統、貽百世之休矣。求治理而本諸心，昧者以爲迂也，詩、書所言，豈欺我哉？

言綜核者任憎也，世之言法者盡此耳；言寬大者任愛也，世之言恩者盡此耳。法近義而非義，以妨仁；恩近仁而非仁，以害義。秦政以剛而亡，漢元以柔召亂，非仁義也，且非法也，抑非恩也。任愛而淫，任憎而戾也。三代之王者，不立治天下之術，而急於學，克此心之愛憎而已矣。一不學而以愛憎爲師，苻堅之厚慕容垂，恩不足以爲恩，況諸暴虐者之淫刑以逞乎？暠未嘗學者也，而冥合於道，學豈以文哉？梁、陳之主，旦墳夕典，而身爲僇、國爲滅亡，求之物而不求之己也。暠雖未學，吾必謂之學矣。一心得御，而太和之氣歸之，貽爾後昆於無窮，勿謂三代以下無其人也。

一二

殷仲文推戴桓玄，諂以求容，哀章之徒也。義兵起，隨玄西走，復與俱東下以抗順。及峥嶸洲之敗，玄且誅殛，乃叛玄而降，挾二婦人以求免，此宜膺黨賊之誅而勿赦者也。幸逃於死，復守東陽，曾不赧而更以出守不執權爲怨望。仲文之敢爾者，何也？王謐爲三公，而人喪其恥心，故干榮之情不息也。劉裕、何無忌按法而誅之，而時論不協，史氏尤憾裕之擅權以枉法，何也？謐登庸而仲文受戮，裕任愛憎之情，仲文死而無以服其心也。

雖然，謐之辱人賤行，疲懦無能爲者也，借令重用仲文，而假之以權，禍豈有極哉？始與玄共逆者仲堪也，繼爲玄佐命者仲文也，挾其門族與其虛譽，摇動人心以恣狂逞，不能有劉裕之功，而篡謀更亟，天下之爚亂如沸羹，愈不知其所止矣。仲文之誅也，並誅桓胤，前此桓氏滅而胤以沖之子獨免，謂沖忠耳。桓温死，謝安、王彪之正綱紀以匡晉室，北府兵彊，荆、江氣折，沖自保其軀命，不敢嘗試，而遂許之以忠，蛇蠍冬蟄而無毒於人，其許之爲祥麟威鳳乎？謝玄破苻堅，而沖鬱抑以死，推此心也，滅其族焉非濫也。

一三

慕容超，鮮卑也，而無道以取死亡，不足道矣。苟有當於人心天理之宜者，君子必表出之，以爲彝倫之準則。超母段氏在秦，姚興挾之以求太樂諸伎，段暉言不宜以私親之故，降尊自屈，先代遺音，不可與人。封逞言大燕七葉重光，柰何爲豎子屈。嗚呼！此豈有人之心者所忍言乎？超不聽，而盡奉伎樂，北面受詔，而興禮其母而遣之，超於是乎合人心之安以順天理之得矣。超之竊據一隅而自帝，非天命也；慕容氏乘亂而世濟其凶，非大統也；即其受天之命，承聖王之統，亦豈以天下故而棄置其親於異域哉？舜之視天下也，猶艸芥也，非超之所企及也；而不忍其親之心，則充之而舜也。舜與蹠之分，豈相縣絶乎？離乎蹠，上達則舜矣。

然則宋高宗之迎母后而割地稱臣於女直，亦許之孝乎？宋高不可以超自解也。慕容暐之亡，亡於苻氏，苻氏其讎也，姚氏非其讎也。國非其所滅，君父不爲其所俘繫，超乘亂而有青土，姚興乘亂而有關中，兩俱割據，以彊弱相役，而固無首足之分，以母故而下之，非忘親而自屈也。而宋高豈其然乎？況乎其未嘗割世守之土，輸歲幣以自儆，僅以工伎之賤者易己罔極之昊天邪？

或曰：「超之迎母并迎其妻，非純孝也。」嗚呼！君子之求於人也，可以苛察而無已乎？其爲迎母矣，而於妻何嫌？且超即欲迎其妻而自屈，亦異於人之爲妻而屈者。〔當〕慕容（備）德[一]隨垂反叛之日，超母方娠，苻堅因之，獄吏呼延平竊以逃於羌中而超生，超母感平全其子母之恩，爲超娶平女，則呼延氏肉超母子之白骨，而恩亦大矣。妻爲平女，而屈己以迎之歸，亦厚道也，而何嫌焉？段暉、封逞矜血氣以爭，而不恤天性之恩，夷之鷙戾者也，不可與岳鵬舉、胡邦衡同日並論也。

一四

有一人之正義，有一時之大義，有古今之通義；輕重之衡，公私之辨，三者不可不察。以一人之義，視一時之大義，而一人之義私矣；以一時之義，視古今之通義，而一時之義私矣；公者重，私者輕矣，權衡之所自定也。三者有時而合，合則亘千古、通天下、而協於一人之正，則以一人之義裁之，而古今天下不能越。有時而不能交全也，則不可以一時廢千古，不可以一人廢天下。執其一義以求伸，其義雖伸，而非萬世不易之公理，是非愈嚴，而義愈病。

[一] 據校記增「當」字、刪「備」字。

事是君而爲是君死，食焉不避其難，義之正也。然有爲其主者，非天下所共奉以宜爲主者也，則一人之私也。子路死於衛輒，而不得爲義，衛輒者，一時之亂人也。推此，則事偏方割據之主不足以爲天下君者，守之以死，而抗大公至正之主，許以爲義而義亂；去之以就有道，而譏其不義，而義愈亂。何也？君臣者，義之正者也，然而君非天下之君，一時之人心不屬焉，則義徙矣；此一人之義，不可廢天下之公也。

爲天下所共奉之君，君令而臣共，義也；而夷夏〔一〕者，義之尤嚴者也。五帝、三王，勞其神明，殫其智勇，爲天分氣，爲地分理，以絶夷於夏〔二〕，即以絶禽於人，萬世守之而不可易，義之確乎不拔而無可徙者也。春秋者，精義以立極者也，諸侯不奉王命而擅興師則貶之；齊桓公次陘之師，晉文公城濮之戰，非奉王命，則序其績而予之；乃至楚子伐陸渾之戎，猶書爵以進之；鄭伯奉惠王之命撫以從楚，則書逃歸以賤之；不以一時之君臣，廢古今夷夏之通義也。

桓温抗表而伐李勢，討賊也。李勢之僭，潰君臣之分也；温不奉命而伐之，温無以異於勢。論者惡其不臣，是也，天下之義伸也。劉裕抗表以伐南燕，南燕，鮮卑也。慕容氏世載凶德以亂中夏，晉之君臣弗能問，而裕始有事，暗主不足與謀，具臣不足與議，裕無所可奉也。論者亦援温以責裕，一時之義伸，而古今之義屈矣。如裕者，以春秋之義予之，可也。若其後之終於篡晉，而後伸君臣之義以誅

〔一〕「夷夏」兩字刻本闕，據校記補。
〔二〕「夷」字「夏」字刻本闕，據校記補。

之，斯得矣。於此而遽奪焉，將聽鮮卑之終汚此土，而君尚得爲君，臣尚得爲臣乎？

一五

國之將亡，懼内逼而逃之夷，自司馬國璠兄弟始。楚之、休之相繼以走歸姚興，劉昶、蕭寶寅因以受王封於拓拔氏，日導之以南侵，於家爲敗類，於國爲匪人，於物類爲禽蟲，偷視息於人閒，恣其忿戾以徼幸，分豺虎之餘食，而猶自號曰忠孝，鬼神其赦之乎？

夫尊則君也，親則祖若考也，宗祏將毁，不忍臣人而去之，義也。雖然，苟其忠孝之情發爲義憤，如漢劉信、劉崇蹀血以起，捐脰領而報宗祊，斯則尚矣。若其可以待時而有爲，則南陽諸劉、大則帝而小則侯，仇讎之首不難斮於漸臺也。抑或勢無可爲而覆族之足憂乎？山之椒，海之澨，易姓名，混耕釣，以全身而延支裔，夫豈遂無道以處此哉？然則國璠之流，上非悼宗社之亡，下非僅以避死亡之禍，貪失其富貴，而倒行逆施以徼幸，乃使中夏之士相率而不以事夷㊀爲羞，罪可勝誅乎？國璠之始奔慕容氏也，以桓玄之篡，玄固可旦暮俟其亡者，而遽不能待；繼奔姚氏也，劉裕之篡固尚未成，可静俟其成敗者也，不能一日處於蕭條岑寂之中；望犬（類）〔羊〕㊁而分餘食，廉恥滅而天良無遺矣。

丕之篡，劉氏之族全，炎之篡，曹氏之族全，山陽、陳留令終而不逢刀鴆。劉裕篡而恭帝弒，司馬氏幾無噍類。豈操、懿、丕、炎之凶慝淺於劉裕哉？司馬氏投夷狄以亟病中夏，劉裕之窮凶以推刃也，

㊀「夷」字刻本闕，據校記補。

㊁「犬」字刻本闕，據校記補。「類」字校記作「羊」字。

亦有辭矣，曰：「彼將引封豕長蛇以蔑我冠裳㈠者也。」而中夏㈡之士，亦不爲之抱憤以興矣。紀季以酅入於齊，春秋無貶詞焉。齊、紀讎也，寧附於齊，而不東走萊夷，南奔句吳，則猶能知其類㈢也。

一六

劉裕之篡，劉穆之導之也；其殺劉毅，胡藩激之也。不逞之士，游於帷幕，而干戈起於几席，亦可畏矣哉！誠其爲姦雄矣，既能識夫成敗之機，則亦知有名義也，故孫權勸曹操以僭奪，而操有踞鑪著火之歎，既畏人之指摘，抑有慎動之思焉。而不逞之士，迫欲使之嘗試，以幸得而己居其功；於是揣摩情形，動之以可疑，而懾之以可畏，則且謂天下之士業已許我，而事會不得不然；錢鳳、郗超僅失之，而詭得者多矣，禍不可止矣。

先王收之於膠庠，而奬之以飲射，非以鉗束之也，凡以養其和平之氣而潛消其險詐也。王澤既斬，士非游説不顯，流及戰國，蔑宗周，鬭羣雄，誅夷親臣，斬艾士民，皆不逞之士讎其攀附之私以爚亂天下。嗣是而後，上失其道，則游士蠭起。朱温之爲梟獍，敬翔、李振導之也。石敬瑭之進犬羊㈣，桑維翰導之也。乃至女直、蒙古之吞噬中華，皆衣冠無賴之士投幕求榮者窺測事機而勸成之。廉希憲、姚樞、許衡之流，又變其局而以理學爲捭闔，使之自躋於堯、舜、湯、文之列，而益無忌憚。游士之禍，至於

㈠「封豕長蛇」「冠裳」六字刻本闕，據校記補。 ㈡「中夏」兩字刻本闕，據校記補。 ㈢「類」字刻本闕，據校記補。
㈣「犬羊」兩字刻本闕，據校記補。

此而極矣。故婁敬、馬周不遇英主，不值平世，皆足以亂天下而有餘。李沆以不用梅詢、曾致堯爲報國，解縉言雖可賞，必罷遣歸田以老其才而戢其躁，聖主賢臣所以一風俗、正人心、息禍亂者，誠慎之也，誠畏之也。

一七

開刱之君，則有鄉里從龍之士；播遷之主，則有舊都扈蹕之人；念故舊以敦仁厚者所必不能遺也。然而以傷治理爲天下害，亦在此焉。夫其捐棄墳墓、僑居客土以依我，亦足念也；而即束以法制，概以征役，則亦不忍也，而抑不能。然以此席富貴、圖晏安、斥田宅、畜僕妾、人王人、土王土，而蕩佚於賦役之外；河潤及於姻亞，登仕版則處先，從國政則處後，不肖之子弟，倚閥閱，營私利，無有厭足；而新邑士民獨受重役，而礙其進取之途。夫君若臣既託迹其地，恃其財力以相給衛，乃視爲新附而屈抑之以役於豪貴。則以光武之明，而南陽不可問之語，已爲天下所不平；又甚則劉焉私東州之衆，以離西川之人心而速叛；豈徒國受其敗，彼僑客者之榮利，又惡足以保邪？西人之子，隨平王而東遷者也，譚大夫致怨於酒漿佩璲，而東諸侯皆叛。驕逸者之不可長，誠君天下者所宜斟酌而務得其平也。

晉東渡而有僑立之州郡，選舉偏而賦役減，垂及安帝之世，已屢易世，勿能革也。江東所以不爲晉用，而視其君如胡越，外莫能經中原，內不能捍篡賊，誠有以離其心也。劉裕舉桓温之法，省流寓郡縣而申土斷，然且格而不能盡行。其始無以節之，後欲更之，難矣。

一八

崔浩智以亡身。其智也，適以亡其身；適以亡其身，則不智莫大焉。

君子之所貴於智者，自知也、知人也、知天也，至於知天而難矣。然而非知天則不足以知人，非知人則不足以自知。「天聰明，自我民聰明；天明威，自我民明威」；即民之聰明明威而見天之違順，則秉天以治人，人之可從可違者審矣。故曰非知天則不足以知人。所事者君也，吾義之所不得不事也；所交者友也，吾道之不得不交也。不得不事、不得不交者，性也。事君交友，所以審用吾情以順吾性，而身之得失繫焉。故曰非知人不足以自知。繇此言之，極至於天，而豈難知哉？善，吾知其福；淫，吾知其禍；善而禍，淫而福，吾知其時；時有不齊，貞之以自求之理，吾知其復。絪緼之化無方，陰陽而已；陰陽之變化，進退消長而已。其徵爲象數，象數有不若，而靜俟必反；其用爲鬼神，鬼神不測，而誠格不違。故象數可以理貞，而鬼神可以正感。象數不可以術測也，鬼神不可以私求也。知此者，恆守而無渝，則象數鬼神赫赫明明昭示於心而無所惑，難矣。然而知此者之固無難也。非是者，謂之玩天而媟鬼，則但讎其術而生死於術之中，於人無擇，於己不審，不亡其身何待焉？

浩之見知於拓拔嗣也，以洪範，以天文。其洪範非洪範也，非以相協厥居者也；其天文非天文也，非以敬授民時者也。及其後與寇謙之比，崇淫祀以徼福於妖妄而已矣。故浩之時，非開治之時也，而浩不知；吉凶者，民之聰明所察，民之明威所利用者也，而浩不知；嗣非高帝，己非子房，自以其占星媚鬼之小慧，逢迎僞主，因而予智焉，此所謂驅之阱而莫避也，不智孰甚焉？

無是非之心非人也，非人則禽也，禽非不能與於象數鬼神之靈也。鵲知戊己，而不知風撼其巢；燕知太歲，而不知火焚其室；風火之撼且焚者，天也，戊己太歲，象數之測也。蜮能射，而制於鵞；梟能呪，而食於其子；鵞以氣制蜮，子以報食梟，天也，妖而射，淫而呪，鬼神之妄也。舍其是非而從其禍福，舍其禍福之理，而從其禍福之機，禽也，非人矣。浩之不別於人禽久矣，無足道者。爲君子者，捐河、雒之精義，而曲測其象數；忘孝敬之合漠，而比昵於鬼神；天在人中而不能察，於知人而自知，其能賢於浩者幾何也？此邵康節、劉文成之所以可惜也。

一九

慕容超求救於姚興，姚泓求救於拓拔嗣，夫豈無脣亡齒寒之理足以動之乎？然而興與嗣徒張虛聲，按兵不動，坐視其亡。劉裕縣軍深入，詬姚興擊魏兵於河上，弗慮其夾攻，挑其怒而終無患。蓋超與泓之愚以自亡，興與嗣審於進退，而裕料敵之已熟也。崔浩曰：「裕圖秦久矣，其志必取，若遏其上流，裕心忿怒，必上岸北侵，是我代秦受敵也。」其説韙矣。空國興師，越數千里而攻人，豈畏戰者哉？者志於守也，乘隉之人皆見爲必守；兩俱不相下，而生死縣於一決，怒則果怒，懼則果懼也。若夫寶建德輕舉以救王世充，世充未破而建德先禽，其明驗也。攻者志於攻也，三軍之士皆見爲必攻；守人不我侵，兩相鬭而我往參之，君與將無致死之心，士卒亦見爲無故之勞，情先懈、氣先不奮，取敗而已矣。

嗚呼！君子之所望於人者，以禮相獎、以情相好已耳，非若小人之相倚以雄也。己所怒而欲人怒之，己所憂而欲人憂之，父不能得之於子也。愚者不知，呼籲而冀人之爲我怒、爲我憂也，弗獲已而應之，安足恃乎？若其不揣而爲人憂怒以輕犯人者，則必妄人也。妄人先以自斃，而奚以拯人之危？齊桓次於聶北，能遷邢以存之，而不能爲邢與狄戰；吴爲蔡請全力以攻楚，而夫概先亂吴國，蔡亦終滅於楚：恃人而忘己，爲人恃而捐己，皆愚也。君子不入井以望人之從，則不從井以救人，各求諸己而已矣。嵇叔夜不能取必於子，文信國不能喻志於弟，忠孝且然矣。顏淵曰：「夫子步亦步，趨亦趨，己瞠乎其後矣。」子曰：「當仁不讓於師。」學問且然矣。況一己之成敗利鈍而恃人之我援哉？明者審此，自彊之計決，而不怨他人之不我恤，而後足以自立。「謂他人父，亦莫我顧，謂他人昆，亦莫我聞。」情也，勢也，即理也。不得而怨，何其晚也！

二〇

劉裕初自廣固歸，盧循直逼建康，勢甚危，而裕方要太尉黄鉞之命；朱齡石方伐蜀，破賊與否未可知也，而裕方要太傅揚州牧之命；督諸軍始發建康以伐秦，滅秦與否未可知也，而裕方要相國宋公九錫之命；則胡不待盧循已誅、譙縱已斬、姚泓已俘之日，始挾大功以逼主而服人乎？此裕之狡於持天下之權而用人之死力也。

夫能用人者，太上以德，其次以信，又其次則惟其權耳。人好逸而不憚勞，人好生而不畏死，自非有道之世，民視其君如父母，則權之所歸，冀依附之以取利名而已。裕若揭其懷來以告衆曰：「吾且爲天子矣，可以榮人富人，而操其生死者也。」於是北歸之疲卒、西征之孤軍，皆倚之以効尺寸，而分利禄。

如其不然，則勞爲誰勞，死爲誰死，則嚴刑以驅之而不奮。裕有以揣人心而固持之，劉穆之雖狡，且不測其機，而欲待之凱還之日，其媿懼而死者，智不逮也。

因是而知晉之必亡也久矣。謝太傅薨，司馬道子父子昏愚以播惡，而繼以飢飽不知之安帝，雖積功累仁之天下，人且去之，況晉以不道而得之，延及百年而亡已晚乎！晉亡決於孝武之末年，人方周爰四顧而思爰止之屋，裕乘其閒以收人望，人胥冀其爲天子而爲之効死，其篡也，時且利其篡焉。所惡於裕者，弒也，篡猶非其大惡也。

二

劉裕滅姚秦，欲留長安經略西北，不果而歸，而中原遂終於倫没。史稱將佐思歸，裕之飾說也。王、沈、毛、傅之獨留，豈繫不有思歸之念乎？西征之士，一歲而已，非久役也。新破人國，子女玉帛足繫其心，梟雄者豈必故土之安乎？固知欲留經略者，裕之初志，而造次東歸者，裕之轉念也。夫裕欲歸而急於篡，固其情已。然使裕據關中，撫雒陽，捍拓拔嗣而營河北，拒屈丐而固秦雍，平沮渠蒙遜而收隴右，勳愈大，威愈張，晉之天下其將安往？曹丕在鄴，而漢獻遙奉以璽綬，奚必反建康以面受之於晉廷乎？蓋裕之北伐，非徒示威以逼主攘奪，而無志於中原者，青泥既敗，長安失守，登高北望，慨然流涕，志欲再舉，止之者謝晦、鄭鮮之也。蓋當日之貪佐命以弋利禄者，既無遠志，抑無定情，裕欲孤行其志而不得，則急遽以行篡弒，裕之初心亦絀矣。

裕之爲功於天下，烈於曹操，而其植人才以贊成其大計，不如操遠矣。操方舉事據兗州，他務未遑，而亟於用人；逮其後而丕與叡猶多得剛直明敏之才，以匡其闕失。裕起自寒微，以敢戰立功名，而雄俠自喜，與士大夫之臭味不親，故胡藩言：一談一詠，搢紳之士輻湊歸之，不如劉毅。當時在廷之士，無有爲裕心腹者，孤恃一機巧汰縱之劉穆之，而又死矣；傅亮、徐羨之、謝晦，皆輕躁而無定情者也。孤危遠處於外，求以制朝廷而遥授以天下也，既不可得，且有反面相距之憂，此裕所以汔濟濡尾而僅以偏安屮竊終也。當代無才，而裕又無馭才之道也。身殂而弑奪興，況望其能相佐以成底定之功哉？曹操之所以得志於天下，而待其子始篡者，得人故也。豈徒姦雄爲然乎？聖人以仁義取天下，亦視其人而已矣。

恭帝

一

赫連勃勃徵隱士韋祖思而殺之，暴人之恆也。祖思不免於死。凡尸隱士之名以處亂世而無其實者，幸而不死，殆行險以徼幸之徒與！祖思之殺，以恭懼過甚，而逢勃勃之怒。恭懼非死道也。故莊周人間世有養虎之説，動色相戒，譬諸游羿之彀中，誠哉其言乎！而非也。若周之説，亦懼已甚而與死爲徒者也。孔子之於陽貨，義不屈而身不危，雖聖人哉，而固無神變不測之用，求諸己而已。君子之於人也，無所傲，無所徇，風雷之變起於前，而自敦其敬信。敬者自敬也，信者自信也，勿論其人之暴與否也。貞敬信者，行乎生死之塗而自若，恂慄以居心，而外自和，初無與閒也。其於暴人也，遠之已夙矣。不可遠而居正以自持，姚興之與勃勃又奚擇焉？

嗚呼！即不幸而終不免於死矣，以正死，以諂死，（而死均）〔均死，而〕㊀以正處死者，不猶愈乎？以正爲道，其與死違者，常也；不免者，變也。以懼而諂，諂而死，蹈乎死之道也；即不死，而生理不足以存，幸而免也。剛柔之外有自立之本，而後行乎進退而不迷。莊周之説，亦舍其自立者以憂天下而徼幸乎免者爾。又惡知祖思之恭懼，非聞莊周之説，以戒心於羿彀，而增其葸怯哉？

乃若祖思之竊隱士之名而亡實，則於其行見之矣。處夷狄爭亂之世，一徵於姚興，再徵於勃勃，隨聲而至，既至而不受禄，以隱爲顯名厚實之囮，蹠之徒也。中夏無主，索虜、羌胡迭爲雄長，而桓温、劉裕兩入關中，獨不可乘其時以南歸邪？如曰温與裕不可託也，則管寧歸漢，亦何嘗受羈絡於曹操乎？如其不能，身絶天下之交，口絶天下之言，莫爲之先容者，興與勃勃抑豈能有獨知之契以相求於夢遇哉？

二

人之不肖，有賢者以相形，見賢而反求之己，改而從之，上也；雖弗能改，猶知媿焉而匿其不善，次也；以其相形，忮忌而思害之，小人之惡甚矣。然其忮忌之者，猶如彼之爲賢，而慚己之不肖，則抑其

㊀據校記改。

羞惡之心銷沈未盡，横發而狂者也。若夫與賢者伍，己之不肖無所逃責，而坦然忘媿，視賢者之痛哭流涕以哀世者，若弗聞焉，若弗見焉，進不知改，退不知忌，而後羞惡之心蕩然無餘，果禽獸矣，非但違之不遠矣。

劉裕篡晉，而徐廣流涕。此涕也，豈徐氏之私怨而盡然傷心者乎？通國之變，盈廷之恥，苟有人之心者，宜於此焉變矣。謝晦者，晉之世臣也，從容謂廣曰：「徐公，得無小過。」廣曰：「君爲宋佐命，身是晉遺臣，悲歡固不可同。」則已置晦於人倫之外而絶之矣。晦亦若置廣於物理之外而任之，無媿也，無忌也。人自行，禽自飛，蘭自芳，蕕自臭，同域而不驚，同時而不揜。嗚呼！天下若此，而君子所以救世陷溺之道窮矣。微獨晦也，宋君臣皆夷然聽廣之異己而無忌之者。嗣是而劉彧、蕭道成、蕭鸞、蕭衍，相襲以怙爲故常。君臣義絶，廉恥道喪，置忠孝於不論不議之科，爲其所爲，而是非相忘於無迹。不知者以爲其寬厚，（亦）〔而孰〕㊀知其天良滅絶之已極哉！曹操之殺孔北海，司馬昭之殺嵇中散，恥心存焉。至於晉、宋之際，而蕩盡已無餘，「八表同昏，平路伊阻」，陶元亮之悲，豈徒爲晉室之存亡哉？

㊀ 據校記改。

讀通鑑論卷十五

宋武帝

一

宋得天下與晉奚若？曰：視晉爲愈矣，未見其劣也。魏、晉皆不義而得者也，不義而得之，不義者又起而奪之，情相若、理相報也。雖然，曹氏有國，雖非一統天下，而亦汔可小康矣。芳與髦，中主也，皆可席業以安。而司馬氏生其攘心以迫奪之，視晉之桓玄內篡、盧循中起、鮮卑、羌虜攘臂相加，而安帝以行尸視肉離天下之心，則固不侔矣。宋乃以功力服人而移其宗社，非司馬氏之徒幸人弱而掇拾之也。論者升晉於正統，黜宋於分爭，將無崇勢而抑道乎？

固將曰：「晉平吳、蜀，一天下矣，而宋不能。」魏、吳皆僭也，而魏篡，則平吳不可以爲晉功；若蜀漢之滅，固殄絶劉氏二十餘世之廟食，古今所晝然而傷心者。混一不再傳，而已裂土宇之廣，又奚足以雄哉？中原之失，晉失之，非宋失之也。宋武興，東滅慕容超，西滅姚泓，拓拔嗣、赫連勃勃斂迹而穴處。自劉淵稱亂以來，祖逖、庾翼、桓温、謝安經營百年而無能及此。後乎此者，二蕭、陳氏無尺土之展，而浸以削亡。然則永嘉以降，僅延中國生人之氣者，唯劉氏耳。舉晋人坐失之中原，責宋以不蕩平，没其撻伐之功而黜之，亦大不平矣。

君天下者，道也，非勢也。如以勢而已矣，則東周之季，荆、吴、徐、越割土稱王，遂將黜周以與之等；而嬴政統一六寓，賢於五帝、三王也遠矣。拓拔氏安得抗宋而與並肩哉？唐臣隋矣，宋臣周矣，其樂推以爲正者，一天下爾。以義則假禪之名，以篡而與劉宋奚擇焉？中原喪於司馬氏之手，且愛其如綫之緒以存之；徒不念中華冠帶㊀之區，而忍割南北爲華、夷㊁之界乎？半以委匪類㊂而使爲君，顧抑撻伐有功之主以不與唐、宋等倫哉？漢之後，唐之前，唯宋氏猶可以爲中國㊃主也。

二

宋可以有天下者也，而其爲神人之所憤怒者，惡莫烈於弒君。篡之相仍，自曹氏而已然，宋因之耳。弒則自宋倡之。其後相習，而受奪之主必死於兵與酖。夫安帝之無能爲也，恭帝則欣欣然授之宋而無異心，宋抑可以安之矣；而決於弒焉，何其忍也！宋之邪心，固有自以萌而不可戢矣。宋武之篡也，年已耄，不三載而殂，自顧其子皆庸劣之才，謝晦、傅亮之流，抑詭險而無定情，司馬楚之兄弟方挾拓拔氏以臨淮甸，前此者桓玄不忍於安帝，而二劉、何、孟挾之以興，故欲爲子孫計鞏固而弭天下之謀

㊀「中華冠帶」四字刻本闕，據校記補。 ㊁「華夷」兩字刻本闕，據校記補。 ㊂「匪類」二字刻本闕，據校記補。

㊃「中國」兩字刻本闕，據校記補。

以決出於此。嗚呼！躬行弒而欲子孫之得免於弒，躬行弒而欲其臣之弗弒，其可得乎？徐羨之、傅亮、謝晦之刃，已擬其子之脰而俟時以逞耳。蕭道成繼起而殄劉氏之血胤，又何怪乎？

夫人孰有不欲其子孫之安存者也？試之危，乃以安之；忘其亡，乃以存之；日暮智衰，徬徨顧慮，而生其慘毒，皆柔荏不自振之情爲之也，而身已陷乎大惡以弗赦。「日昃之離，不鼓缶而歌，則大耋之嗟，凶。」嗟歎興而妄慮起，妄慮無聊而殘害生，惡不戢矣。君子之老也，戒之在得；得之勿戒，躬親大惡，不容於天地鬼神，可弗畏哉？

三

舉宗社子孫之大計而與人謀之，必其人之可託，而後可徵之色而見之辭，不然，則禍自此而生。漢高帝疑於所立，乃進而謀者，張良、叔孫通耳。良雖多智，而心固無私；通雖詭合，而緣飾儒術；且皆從容諷議之臣，未嘗握兵而持國柄者也。外此則蕭、曹不得與焉，陳平、周勃但委任於既定之後，先固未嘗參議論焉。晉武所謀者衛瓘也，是可與謀者，而不聽，是以失也。隋高祖之謀於楊素，唐太宗之託於李勣，皆鷙賊性成，而適足以賊其後裔；然二主之失，未能深知素、勣之姦耳。若宋武之於謝晦，知其機變而有同異矣；太子不足爲君，乃密與晦謀，而使覘廬陵之能否，是以營陽、廬陵之腰領授之於晦，而唯其生死之，不亦惑乎？

故有天下者，崇儒者以任師保，若無當於緩急，而保宗祊、燕子孫、杜禍亂者，必資於此。詩書以調其剛戾之氣，名義以防其邪僻之欲，雖有私焉，猶不忍視君父之血胤如雞鶩，而唯其齫磔。若夫身爲人國之世臣，無難取其社稷唯所推奉而授之。若謝晦者，又居高位、擁兵柄，足以恣其所爲；吾即可否不見於辭，喜怒不形於色，尚恐其窺測淺深而乘隙以逞，況以苞桑之至計進與密謀乎？至愼者幾也，至密者節也；衡鑒定於一心，折衷待之君子。唐德宗謀於李泌，宋英宗決於韓琦，而禍亂允戢，其明效也。拓拔嗣詢崔浩而國本定，亦庶幾焉。知謝晦之險而信之，國不亡，幸也。

營陽王

一

亂臣賊子敢推刃於君父，有欲簒而弑者，有欲有所援立而弑者，有禍將及身迫而弑者；又其下則女子小人狎侮而激其忿戾，愍不畏死，遂成乎弑者。若夫身爲顧命之大臣，以謀國自任，既無簒奪之勢，抑無攀立之主，身極尊榮，君無猜忌，而背憎翕訿，晨揣夕謀，相與協比而行彌天之巨惡，此則不可以意測，不可以情求者矣。而徐羡之、傅亮、謝晦以之。

營陽王狎羣小而耽嬉遊，誠不可以君天下，然其立踰年耳，淫昵之黨未固，狂蕩之惡未宣，武帝託大臣以輔弼之任，夫豈不望其撿柙而規正之？乃范泰諫而羡之、亮、晦寂無一言。王誠終不可誨矣，顧命大臣苟盡忠夾輔以不底於大惡，亦未遽有必亡之勢也。惡有甫受遺詔以輔之，旋相與密謀而遽欲弑之，抑取無過之廬陵而先淩蔑之？至於弑逆已成，乃左顧右眄，迎立宜都。處心如此，誠不可以人理測者。視梟獍之行如兒戲，視先君之子如孤豚，嗚呼！至此極矣。是舉也，羨之以位而爲之首，而謀之夙、行之堅、挾險惡以干大惡者，實謝晦也。人至於機變以爲心術而不可測矣，佹而彼焉，佹而此焉，目數動，心數移，殫其聰明才力以馳騁於事物之閒隙，蹈險以爲樂，而游刃於其肯綮；則天理不足顧，人情不足恤，禍福不足慮，而唯得逞其密謀隱毒之爲愉；國有斯人，禍不中於宗社者鮮矣。

晦之初起，劉穆之之所薦也；其從軍征伐，宋武之所與謀也。穆之者，固機變之魁；而宋武之誅桓玄、滅慕容超、勝盧循、俘姚泓，皆以入險而震人於不覺者爲功；晦且師之，無所用之，則以試之君父而已。當其進言武帝，睥睨太子，側目廬陵，賊殺之鋒刃已回繞於二王之頸，曰「是可試吾術」，而二王不覺也，武帝亦不覺也。機變熟而心魂數動，一念猝興，殺機不遏，如是之憯哉！至於宜都既立，晦乃問蔡廓曰：「吾其免乎？」則亦自知其徒以膺天誅爲萬世罪人矣。然而不悔也，機變之得逞，雖死而固甘之也。故天下之惡，至於機變而止矣。

二

知人之難也，非不知而猶姑試之，詘於時而弗能爲變計，則亂矣。武帝於謝晦，知其心挾異同，而猶委以六尺之孤，使二子駢首以受刃，其失較然也。雖然，帝豈盡惘於品藻哉？使文帝督荆州，以王曇首、王華爲參佐，而謂文帝曰：「曇首沈毅有器度，宰相才也。」其後徐羨之等迎立文帝，衆志疑殆，王華決行而大計定。元嘉之治，幾至平康，皆華、曇首所飭正之規模。邂逅片言，生平遂決，帝之知人亦尚矣哉！而卒以伊、周之任付之晦、亮、羨之者，當是時，華、曇首之流，年尚少，名位卑，不足以彈壓朝右，故且置之上流，而徐收其效。荆州者，建康之根本也。荆土有人，社稷雖危而不傾矣。乃其盈廷充位，他無可謀，而必任諸機變異同之人者，其時端直貞亮之士，若徐廣、蔡廓、謝瞻者，既不屑爲宋用，其餘則庸沓苟容屈於權貴之下風者，不得已而姑授之機變之人，時詘之，不知變計所從出也。

江東自謝安薨，道子、元顯以昏濁亂於内，殷仲堪、王恭以孱薄亂於外，闇主尸位，寇攘相仍，王謐之流，黨同幸免，廉恥隳，志趨下，國之無人久矣。非天地之不生才也，風俗之陵夷壞之也。苟非機變，則庸沓而已。迨乎機變之術已窮，庸沓之人已老，然後華、曇首、殷景仁、謝弘微脱穎以見。使宋之初有此數子者侍於密勿之地，晦等之惡何足以逞，而武帝亦惡役役於此數人而任之乎？

文帝

一

蠻夷之長有知道者，中國之人士媿之。故子曰：「夷狄之有君，不如諸夏之亡。」甚悲。夫中國也，宋之篡晉，義熙以後以甲子紀，而不奉宋之元朔，千古推陶公之高節。而武都王楊盛於晉之亡不改義熙年號。盛，仇池之酋長耳，與元亮頡頏於華、夷。晋氏衣冠之族，聞栗里之風而不媿者，又何以對偏方之渠帥也？盛臨卒謂其世子玄曰：「吾老矣，當終爲晋臣，汝善事宋。」子之從違可與已而爲變計哉？盛過矣。雖然，此非可以訕盛也。盛遠在荒裔，雖受晋爵而不純乎其爲臣，進則不必爲晋爭存亡，退自有其不可亡之世守，則孤立而攖宋之怒，力不能敵，且以覆先人之宗社，固不可也。是以告其子以事宋而無貽危亡於後世，是亦一道也。

若夫戴高天，履厚土，世依日月之光，有君父之深讎，無社稷人民之世守，潔其身於山之椒、水之涯，耕讀以終身，無凶危之見逮，如溧陽史氏者，屢世不干仕進，而抑可不墜其宗。處此而曰「終吾身而已，子孫固當去事他人以希榮利」，雙收名利以爲壟斷，豈可援盛以自解哉？民之多辟，不可如何者也；自立辟焉，以兩全於義利，又將誰欺？

二

承大難之餘，居大位，秉大權，欲抑大姦以靖大亂，論者皆曰：「非權不濟，名不可急正，義不可急伸，志不可急行，姑含忍以聽其消而相安於無事，國乃可靖。故晉弒厲公，迎悼公，公掩荀偃、欒書、士匄之惡而從容馭之，晉乃以寧。」其說非也。夫不見悼公之掣於羣賊，邢邱一會，而天下之政移於大夫，晉乃以終亡於八卿之裔。無他，名不正，義不伸，志不行，苟免於亂，亂之所以不息也。叔孫婼殺豎牛，而安其宗。漢獻帝不能正董卓之罪，待其驕橫而始殺之，故李傕、郭汜得以報讎爲名，殺大臣，逼天子，而關東州郡坐視不救，韓馥、袁紹且以其爲賊所立，欲廢之而立劉虞。夫唯弒君之罪爲神人所不容，而兄弟之痛根於性而弗容隱，受其援立，與相比暱，名不正，義不伸，志不行，忘親貪位，如是而曰權也，是豈君子之所謂權乎？

文帝初立，百務未舉，首復廬陵王之封爵，迎其柩還建康，引見傅亮，號泣哀慟，問少帝、廬陵薨廢本末，悲哭嗚咽，亮、晦、羡之自危之心惴惴矣。自危甚，則將相比以謀全，而蠆毒再興，固非其所憚爲者。文帝之處此，將無慮之疏而發之躁乎？而非然也。明明在上者，天理也；赫赫在下者，人心也。無幸災徼利之心，而自行其性之哀戚，視三凶如犬豕，而孰恤其恩怨之私哉？故天下無不可伸者，義也，義以正名，而志卒以行。彼三凶者，方將挾迎立之恩以制帝，帝舍其私恩，伸其公怨，奪三凶之所恃，而消沮以退。是以擒羡之、亮如搏雞豚；謝晦雖居上流，擁徒衆，一旦瓦解，自伏其辜。名其爲賊以行天討，凡民有心，無復爲之效死者，黨孤而自潰矣。於帝得乘權止亂之道焉，不貪大位，不恤私恩，不憚凶威，以伸其哀憤，則一夫可雄入於九軍，況業已爲神人之主而何所懼哉？惟能居重者之謂權，委而下移，則權墜而衡昂矣，故程子曰：「漢以下無知權者。」

三

文帝親臨延賢堂聽訟，非君天下之道也，然於其時則宜也。自晉以來，民之不治也久矣，君非幼沖則昏闇耳，國事一委之宰輔者幾百年。乃其秉政之大臣，圖篡逆者，既以餌天下爲心，而成乎縱弛；賢如王導、郗鑒、何充、謝安，亦唯內戢彊臣，外禦狄患，暇則從容談説，自託風流；而貪鄙如司馬道子，又弗論也。及晉之亡，而法紀隳，風俗壞，於斯極矣。宋武以武功獵大位，豪邁而不悉治理，固未遑念及於親民也。劉穆之、傅亮區區機變之小人，視斯民之治亂漠然不與相關，有司之貪濁瞀亂者，不知其若何也。文帝承其敝而欲理已亂之絲，則更不得高拱穆清以養尊貴。而況羡之、亮、晦殺君立君，威震朝野，民且不知有天子。苟不躬親延訪，則虛縣於上，廢置惟人，亦惡足以制權姦、保大位乎？故急於親臨以示臣民之有主，抑求己自彊之道也。以是知文帝之志略已深，而正逆臣之誅，成元嘉之治，皆繇此昉焉。

雖然，以是爲君人之道則已末矣。國之大政，數端而已；銓選也，賦役也，刑獄也，乃其緒之委也，則不勝其宂，擇得其人而飭之以法，士不廢，民不困，而權亦不移。若必屈天子之尊，撤瑱纊以下問錐刀子女之淫慝，與民競智而撓之者益工，與庶官爭權而竊之者益密，明敏之過，終之以惛，求以起百年之頹靡，致旦暮之澄清，不亦難乎！帝之遣使行郡縣訪求民隱，詔郡縣各言利病，斯可謂得治理矣。親臨聽訟，暫爾權宜，非可法者也。王敬弘曰：「臣得訊牘，讀之正自不解。」其辭傲矣，而猶不失相臣之體。相臣執體要，佐天子以用人修法而天下寧，況天子乎？

四

赫連勃勃權謀勇力皆萬人敵也，立國於險要之地，大修城池，宜足鞏固以居而末如之何，乃至其子而遂亡。故夷狄惡其起而若未足憂也，不患其盛而若不可拔也。赫連氏亡而五胡雜糅之中原皆爲拓拔氏所有，並劉、石、慕容、苻、姚、乞伏、赫連、沮渠、馮、高、呂、段、秃髮之宇而合於一，固將挾全力以爲南國憂，然而無足憂也。夷裔之未入中國，則憂其相併而合；既入中國，則患其雜宂而不適所治，不患其合一極盛而以相壓也。故宋武之時難矣：奮勇以滅慕容超，而姚興又競；全力以滅姚泓，而赫連、拓拔又乘間以爭；欲再舉以爭關中，而鄭鮮之曰：「江南士庶引領以望返旆。」蓋二(國)〔夷〕㊀既滅，人心乍弛，不能再振矣。拓拔氏血戰以克統萬，窮兵以破蠕蠕，精甲鋭師半消折於二虜，是亦勃勃死

㊀ 據校記改。

而昌無能爲之勢也。宋能乘之，此其時矣；坐困江東，憚其威而不進，進而不敢與之敵，蓋失此一時，而六代之偷安不足以興。文帝非英武之君，到彥之之流不足以有爲，惜哉！

五

拓拔燾惜財而不輕費，親戚貴寵未嘗横有所及，其賞賜勳績死事之臣，則無所吝，用財之道，盡於此矣。有天下而患貧，豈惟其不當患也，抑豈有貧之可患乎？天之時、地之澤、人之力以給天下之用者，自沛然而有餘。乃患貧而愈窘於用，則崔浩之言審矣。國之貧，皆貧國之臣使之然也。貧國之臣有二：一則導君以侈者，其姦易知也；一則誘君於吝者，其姦難測也。誘君以吝者，使其君以貧告臣民，而使爲我吝，君一惑之，則日發不足之歎，言之熟而遂生於心，必不以帑藏之實使其臣知之。君匿於上，姦人乃匿於下，交相匿而上不敵下之姦，浸淫日月，出入委沓，且使其君並不知有餘不足之實。猝有大兵大役饋饟賞賜之急需，皆見爲不足而吝於出納，而國事不可言矣。

凡爲此者，皆君之親戚貴寵，而君以爲真愛我者也。經用吝而其賞賜不吝，匪直賞賜耳，上下相匿，而大臣不能問，羣臣不敢問，姦人且暗竊之以去，而上下皆罔所聞知。延及於子孫，則上無所匿於下，而專聽姦人之匿以罔上，固必曰吾國貧也。大兵大役之猝至，非吝於用以釀潰亂，則横取之百姓而民怨不恤，曰吾實貧而不能不取之民也。則不徒親戚貴寵之竊以厚藏者不可問，其所未竊者，湮沈填塞於古屋積土之中，至於國亡以資亂民之掠奪，新主之富有，而初不自知。嗚呼！財一濫施於權貴，而事廢於國，民怨於下，兵潰於境，國卒以亡，皆導吝之説爲之，亦孰知導吝之情爲竊國之秘術哉？庸主惑之，察主尤惑之，喪亡相踵而不悟，悲夫！

六

陶靖節之不仕，不可仕也，不忍仕也。其小試於彭澤，以世家而爲仕，道在仕也。仕而知其終不可而去之，其用意深矣。用意深而終不可形之言，故多詭其辭焉。不可形之於言而託之詭詞者，非畏禍也。晉未亡，劉裕未篡，而先發其未然之隱，固不可也。萬一裕死於三年之前，義符輩不足以篡，一如桓温死而謝安可保晉以復興，何事以未成之逆加諸再造晉室之元勳，而爲已甚之辭哉？此君子之厚也。故其歸也，但曰「豈能爲五斗米嚮鄉里小兒折腰」。如是而已矣。

雖然，此言出而長無禮者之傲，不揣而樂稱之，則斯言過矣。君子之仕也，非但道之行也，義也；其交上下必遵時王之制者，非但法之守也，禮也。縣令之束帶以見督郵，時王之制，郡守之命，居是官者必繇之禮也。知其爲督郵而已矣，豈擇人哉？少長也，賢不肖也，皆非所問也。孔子之於陽貨，往拜其門，非屈於貨，屈於大夫也；屈於大夫者，屈於禮也。賢人在下位而亢，雖龍猶悔，靖節斯言，悔道也。莊周曰：「無所逃於天地之閒。」君子猶非之。君臣之義，上下之禮，性也，非但不可逃也，亢而悔，則蔑禮失義而不盡其性，過豈小哉？非有靖節不能言之隱，而信斯言以長傲，則下可以陵上；下可以陵上，則臣可以侮君；臣可以侮君，則子可以抗父。言不可不慎，誦古人之言，不可以昧其志而徇其詞，有如是夫！

七

擴其情以統初終，而彙觀其同異，則聽言也，固不難矣。非堅持一背戾之説，不然之效已著，而迷謬不解者之難辨也。言煩而競，詭出而相違，莫可端倪，而唯其意之所營，以恣其辯，惑人甚矣，而尤無難辨也。凡言之惑人也，必有所動以興：下者動以利，其次動以情，其次動以氣。利者灼見之而辨矣，或倡之，遂或和之，然皆私利之小人也，於人辨之而已。情之動也無端，偶見爲然而然之，偶見爲不然而不然之，因而智計生焉，因而事之機、物之變、古人之言，皆可爲其附會之資，而説益長，情益流，非有所利也，而若瀝血以言之，不獲已而必強人以聽，此疑於忠而難辨者也。然人之情無恆者也，倏而然之，倏而不然之，則知其情之妄，而非理之貞也。至於氣之動而尤不可禦矣，若或鼓之，若或颺之，一人言之而羣囂然以和之，言者不知其所以言，和者愈不知其所以和，百喙争鳴，若出一口，此莊周所謂「飄風則大和而聽其自已」者也。既自已矣，則前後之不相蒙，還以自攻也而不恤。雖然，亦豈有難辨者哉？觀於拓拔氏伐蠕蠕之議，而鼓以氣、盪以情者，直可資旁觀者之一哂而已。

當其議伐赫連氏，則曰宜置赫連而伐蠕蠕。崔浩持之，伐赫連，而滅其國、俘其君矣；已而議伐蠕蠕，則又曰蠕蠕不可伐也。何前之伐蠕蠕也易而今難，何前之克蠕蠕也利而今無利？一言而折之有餘，而羣喙争鳴不息，有如是夫！人以爲不可伐，則曰可伐；人以爲可伐，則曰不可。氣之爲風也，倏而南，倏而北；氣之爲冬夏也，倏而寒，倏而暑；調之爲暄清之適者，因乎時而已矣。言之善者，調其偏而適以其時。崔浩之言，則可謂知時矣，風不可得而飄，寒有衣襦、暑有箑也。拓拔燾之能用崔浩也，而猶疑之。情與氣動，難乎其不撼，況智不如壽者乎？雖然，無難辨也，統其初終，析其同異，以其所然攻其所不然，擴然會通以折中之，豈難辨哉？豈難辨哉？

八

元嘉之北伐也，文帝誅權姦，修内治，息民六年而用之，不可謂無其具；拓拔氏伐赫連，伐蠕蠕，擊高車，兵疲於西北，備弛於東南，不可謂無其時。然而得地不守，瓦解蝟縮，兵殲甲棄，並淮右之地而失之，何也？將非其人也。到彥之、蕭思話大潰於青、徐，邵弘淵、李顯忠大潰於符離，一也，皆將非其人，以卒與敵者也。文帝、孝宗皆圖治之英君，大有爲於天下者，其命將也，非信左右佞幸之推引，如燕之任騎劫、趙之任趙蔥也；所任之將，亦當時人望所歸，小試有效，非若曹之任公孫彊、蜀漢之任陳祗也；意者當代有將才而莫之能用邪？然自是以後，未見有人焉，愈於彥之、思話而當時不用者，將天之吝於生材乎？非也。天生之，人主必有以鼓舞而培養之。當世之士，以人主之意指爲趨，而文帝、孝宗之所信任推崇以風示天下者，皆拘葸巽謹之人，謂可信以無疑，而不知其適以召敗也。道不足以消逆叛之萌，智不足以馭梟雄之士，於是乎摧抑英尤而登進柔輭；則天下相戒以果敢機謀，而生人之氣爲之坐痿；故舉世無可用之才，以保國而不足，況欲與猾虜爭生死於中原乎？

夫江東之不振也久矣。謝玄監軍事，始收驍健以鼓勵之，於是北府之兵破苻堅而威震淮北；宋武平廣固，收雒陽，入長安，而姚興、拓拔嗣不能與之敵，皆恃此也。已而宋武老矣，北府之兵，老者退，少者未能興也。宋武顧諸子無駕御之才而慮其逼上，故鬬王鎮惡、沈田子諸人於關中，使自相殘劉而不問。文帝入立，懲營陽之禍，急誅權謀之士，區區一檀道濟而劍已擬其項領。上之意指如彼，下之禍福如此，王曇首諸人雍容談笑以俟天下之澄清，雖有瑰瑋之才，不折節以趨荏苒者，幾何也？乃於其中擇一二錚錚者使與猾虜競，拓拔燾固曰：「龜鼈小豎，夫何能爲。」其墮彼目中久矣。孝宗之任邵、李以抗女直，亦猶是也。岳誅韓廢，天下戒心於有爲，風靡而弗能再振矣。身無英武之姿，外有方張之寇，獎柔順以挫英奇，雖抱有爲之志，四顧無可用之人，前以取敗而不自知，及其敗也，抑歸咎於天方長亂，而虜勢之不可攖也，愈以衰矣！

九

闇而弱者之用兵，其防之也，如張幬帳以禦蟁蠓，薄絺疏綌使弗能入焉，則鼾睡以終夕；若此而不棄師失地以近於亡也，不可得矣。崔浩策宋兵之易敗也，曰：「東西列兵，徑二千里，一處不過數千，形分勢弱，可席捲而使無立草之地。」宋終不出其所料，金墉破而到彥之走，滑臺敗而蕭思話走，守者分，攻者聚，一方潰，而諸方之患在腹心，不可支矣。故以戰爲守者，善術也；以守爲戰者，敗道也；無他，將無略而以畏謹爲萬全之策也。

然則孔子之於戰也慎，於行軍也懼，又何以稱焉？夫列兵千里，尺護而寸防之，豈其能懼哉？櫛比株連以外蔽而安處其中，則心爲之適然而忘憂；寇之來也，於彼乎，於此乎，我皆有以防之，則一處敗而聲息先聞，固可自全以退，而無忽出吾後以夾攻之患；於是乎而懼之情永忘，弗懼也，則亦無所慎矣。若夫懼以慎者，一與一相當，虔矯三軍，履死地而生之，曾是瓜分碁布爲能慎也與？不戰而慎，未臨事而懼先之，不敗何待焉？

一〇

滑臺陷，青州没，宋師熸，而拓拔氏旋遣使人聘宋以求和親，踰年而宋報禮焉，此南北夷夏講和之始也。宋大敗，而劉振之且棄下邳以奔逃，拓拔氏乘之以捲江、淮也易矣；顧斂兵以退而先使請和，豈其無吞宋之心哉？力疲於蠕蠕，而固不能也。乃乘宋之惴慄以收宋，知宋之得釋重憂，必欣然恐後，此虜之狡也。夫宋新敗之餘，弗能急與之争，則姑受其和而緩敵以待時，庸詎非策。且其於拓拔氏也，既非君父之讎，又無割地稱臣之辱，如趙宋然者，則抑非義之所不許。顧亦思彼之先我以求和者何心乎？和者，利於夷狄而不利於中國，利於屢勝之兵，而不利於新敗之國者也。

夷狄以戰而彊，以戰而亡者也；其能悔禍以息兵，則休息其兵，生聚其民，蕃育其馬，而其騎射技擊，則性焉習焉，而不以不用而廢。中國則恃和以安而忘危矣；士争虚名於廷，兵治生計於郊，人心解散，冀長此輯睦而罷兵以偷安，一旦聞警而魂摇，其敗亡必矣。屢勝之餘，敗之幾也，雖屈己以和人，不以爲辱而喪其氣，抑以免驕兵之取敗也，善居勝者也。若敗矣，君方悔前者之妄動以致衄，而情不競，惴惴危慄，得和以無虞，而涣然冰釋，於是乎戒戰之危，而歆和之利，雖不弭兵，兵必弭矣。邊陲戍守之士，皆贅設而聊以逍遥，尚足恃以禦非常之變邪？驕貪無厭之虜，方養全力以乘我，而我幸其馴擾，抱虎而望其息機牙，不亦愚乎？

劉宋以和而罷兵，趙宋欲罷兵而講和，趙宋尤憊矣。以和而弭兵者，志不在弭兵，弭於外未忘於內，故劉宋猶可不亡。以弭兵而和者，唯恐己之不弱也，故趙宋君臣竄死於海濱而莫能救。且曰：「君無失德，民不知兵。」可勝悼哉！

二

拓拔氏詔舉逸民，而所徵皆世胄，民望屬焉，其時之風尚然也。江左則王、謝、何、庾之族顯，北方則崔、盧、李、鄭之姓著，雖天子莫能抑焉，雖（邊遠）〔夷狄〕㊀之主莫能易也。士大夫之流品與帝王之統緒並行，而自爲興廢。風尚所沿，其猶三代之遺乎！

夫以族姓用人者，其途隘；舍此而博求之，其道廣；然而古之帝王終不以廣易隘者，人心之所趨，即天敍天秩之所顯也。堯求人於側陋，而舜固虞幕之裔；文王得賢於屠釣，而太公固四嶽之嗣。降及於周衰而游士進，故孔子傷陪臣之僭，而憂庶人之議。春秋於私孌驟起之臣，善則書人，惡則書盜；孟子惡處士之横逆，而均之於洪水猛獸；耕商駔儈胥史之徒起，而爲大倫之蟊賊，誠民志之所不順也。

漢高起自田間，蕭、曹拔於掾吏，上意移而下俗亂，故江充、主父偃、息夫躬、哀章之徒，得以干主行私，亂君臣父子之彝倫而禍人宗社；然而古道之在人心者，不可泯也。六代南北分，而此意獨傳，以迄於唐，世胄與寒門猶相持而不下。及朱温肆清流之毒，五季摧折以無餘，宋因陋而不復。然其盛也，呂、范、韓、陳猶以華胄而登三事，列清要，天下咸想望之；其卓然立大勳明聖學者，類能不墜家聲而爲

㊀ 據校記改。

國所恃賴；至於文及甫、程松之爲敗類者，百不得一也。女直、蒙古更主中國，而北面事之者，皆猥類無行之鄙夫，無有能如崔浩之不惜怨禍以護士大夫之品類者，而古道埽地無餘。以迄於今，科舉孤行，門閥不擇，於是而市井錐刀、公門糞除之子弟，彫蟲詭遇，且與天子坐論，而禮絶百僚。嗚呼！君子之於小人，猶中國之於夷狄㊀，其分也，天也，非人之故别之也，一亂而無不可亂矣。

六代固嘗以夷狄主中國矣，而小人終不雜於君子，彼廢而此不廢焉。至於兩俱廢，而後人道之不滅者無幾矣。拔濁流而清之，將謂引小人而納於君子之途，道至大也；乃其弊也，夷君子於小人，而道遂喪。道大則荒，故先王畏其荒而不嫌其隘，譬之治津塗者，無逕隧而任人之行，則蔓草遍於周行，而無所謂津塗矣。其位，君子也；其職，君子也；其飾文物以希當世者，君子也。而錢刀囂訟之聲，習而聞之；役父誶母之色，狎而安之；則廉恥喪於天下，而人無以異於禽。故曰：將引小人而納之君子，實夷君子於小人也。小人雜於君子，而仕與同官，學與同師，遊與同方，婚姻與同種姓，天下無君子，皆小人矣，中國皆夷狄㊁矣，可勝痛哉！有王者起，無仍朱温惡清流之惡；名世興，無避崔浩清流品之怨；庶以扶乾坤於不毁乎！

一二

吏民得告守令，拓拔氏之制也。拓拔燾自謂恤弱民而懲貪虐，以伸其氣，自以爲快，而無知者亦

㊀「中國」「夷狄」四字刻本闕，據校記補。

㊁「中國」「夷狄」四字刻本闕，據校記補。

將快之，要爲夷狄騷戾之情，橫行不顧，以亂綱紀、壞人心，柰之何世主不擇而效之也！以事言之，能於天子之闕、大吏之廷告守令者，必非愚懦可侮、被守令之荼毒而無告者也。奉公有式，守憲有常，守令猶以苛斂殘虐枉抑之而無所忌，此其人見守令而惴慄弗敢逆者，而能叩天子之闕、登大吏之廷以告守令乎？此詔行，而姦猾脅守令以橫行，守令且莫敢誰何，鄉閭比族之弱民登其刀俎者，敢有或爲喘息者哉？若夫貪墨之守令，免此亦易爾，寬假姦頑而與相比，則愚懦者之肉恣食之而固無憂也，其害於拓拔氏之世已著見矣。而君子所甚惡者尤不在此。逆大倫、裂大分也，獎澆薄而導悖亂也，賤天之所貴、夷堂廉而天子且不安其位也，此則君子之所甚惡也。

夫人君誠患守令之殘民與？則亦思其殘民也何所自，而吾欲止其惡也，何以大正而小不能違。夫流品不清，而紈袴、貲郎、胥史、駔儈得以邀墨綬；銓選不審，而輦金、懷綺、姻亞、請謁得以獵大邑；秉憲不廉，而糾參會察施於如水之心。薦剡吹噓集於同昏之黨；皆教貪獎酷之所自也。原其所本，則女謁興，宦寺張，戚畹專，佞幸進，源濁於上，流污於下，其來久矣。腥聞熏天，始從而怒之，假手於告訐之民以懲之；必民之是假也，亦惡用天子與大臣哉？夷狄不能禁其部曲，漸以流毒於郡邑，無已而此法行焉。堂堂代天而理民者，明大倫、持大法，以激濁揚清而弗傷其忠厚和平之氣者，焉用此爲？

一三

儒者之統，與帝王之統並行於天下，而互爲興替。其合也，天下以道而治，道以天子而明；及其衰，而帝王之統絶，儒者猶保其道以孤行而無所待，以人存道，而道可不亡。

魏、晋以降，玄學興而天下無道，五胡入而天下無君，上無教，下無學，是二統者皆將斬於天下。乃永嘉之亂，能守先王之訓典者，皆全身以去，西依張氏於河西；若其隨琅邪而東遷者，則固多得之於玄虚之徒，滅裂君子之教者也。河西之儒，雖文行相輔，爲天下後世所宗主者亦鮮；而矩矱不失，傳習不廢，自以爲道崇，而不隨其國以榮落。故張天錫降於苻秦，而人士未有隨張氏而東求榮於羌、氐者。呂光叛，河西割爲數國，秃髮、沮渠、乞伏，蠢動喙息之酋長耳，殺人、生人、榮人、辱人唯其意，而無有敢施殘害於諸儒者，且尊之也，非草竊一隅之夷能尊道也，儒者自立其綱維而莫能亂也。至於沮渠氏滅，河西無復孤立之勢，拓拔燾禮聘殷勤，而諸儒始東。闞駰、劉昞、索敞師表人倫，爲北方所矜式，然而勢屈時違，祗依之以自修其教，未嘗有乘此以求榮於拓拔，取大官、執大政者。嗚呼！亦偉矣哉！

江東爲衣冠禮樂之區，而雷次宗、何胤出入佛、老以害道，北方之儒較醇正焉。流風所被，施於上下，拓拔氏乃革面而襲先王之文物；宇文氏承之，而隋以一天下；蘇綽、李謂定隋之治具，關朗、王通開唐之文教，皆自此昉也。一隅耳，而可以存天下之廢緒；端居耳，而可以消百戰之凶危；賤士耳，而可以折嗜殺横行之異〔一〕類。其書雖不傳，其行誼雖不著，然其養道以自珍，無所求於物，物或求之而不屈，則與姚樞、許衡標榜自鬻於蒙古之廷者，相去遠矣。

是故儒者之統，孤行而無待者也；天下自無統，而儒者有統。道存乎人，而人不可以多得，有心者

〔一〕「異」字刻本闕，據校記補。

所重悲也。雖然，斯道亙天垂地而不可亡者也，勿憂也。

一四

營陽弒，廬陵死，而文帝之心慼矣。環任諸弟以方州，而託國政於彭城，非但以爲不拔之基也；顧瞻兄弟，不忍爲權臣所屠割，相獎以共理，冀以服天下而保本支；衰世之君能爾者鮮矣。不然，營陽廢而已興，豈不早憂姦人之援立以加我者而峻防之乎？然則彭城之伏罪以廢棄，彭城之不仁也，於帝何尤焉！

義康之入辭也，唯對之號泣而無一語，義康而有人之心也，其何以自容也！義康奉顧命之詔，劉湛即昌言幼主之不可御天下。義康而無簒奪之心乎？即不能執湛以歸司寇，自可面折而斥絕之；方且愛湛彌篤，而不自斂約，義康之心，路人知之矣。或曰：「義康非固有其意，而湛以傾險導之，義康固可原也。」親則兄弟，尊則君臣，此立身何等事，而可諉咎於人之誘之也哉！扶令育諫文帝以保全義康則可矣，欲使召還而授以政，是亦一劉湛也，其見殺亦自取之也。

一五

當其重也，則孔子之車，顏淵無椁而不可得也；當其輕也，則天子之尊，四海之富，如野蔌之在山麓水湄，而人思掇之也。謝靈運、范曄彫蟲之士耳，俱思蹶然而興，有所廢立，而因之以自簒，天子若是其輕哉！何昉乎？昉於司馬懿也。

王敦、桓溫死而不成；桓玄狂逞遂志而終以授首；傅亮、謝晦、徐羨之甫一試其凶，而身膏鈇鉞；

而靈運、曄猶不恤死以思僨興，唯視天下之果輕於一羽，而尫夫舉之無難也。范曄之志趨無常，何尚之先知之，其處心非一日也；靈運猶倚先人之功業，而曄儒素之子弟耳，一念怏怏，而人主縣命於其佩刀之下，險矣哉！蕭道成、蕭衍之佹得也，靈運、曄之佹失也，一也。大位之輕若此，曹操所經營百戰而不敢捷得者也，故曰司馬懿昉之也。

位不重，姦不戢，天下之禍亂不已，君臣之分義不立，故易曰：「聖人之大寶曰位。」思所以服天下之心而早戢其異志，必有道矣。愛名器，慎選舉，以重百官。賈生曰：「陛尊、廉遠、堂高。」知言也夫！

一六

高允幾於知易矣。易曰：「其出入以度入聲外內，句使知懼。」故聖人之作易也，使人度也，使人懼也；使人占也，即使人學也。子曰：「不占而已矣。」謂不學也。拓拔丕從劉絜而欲謀篡，夢登白臺，四顧不見人，使董道秀筮之，而道秀曰：「吉。」此以占爲占，而不知以學爲占也。允曰：「亢龍有悔，高而无民，不可以不戒。」此以學爲占，而不於得失之外言吉凶也。

天下無所謂吉，得之謂也；無所謂凶，失之謂也；無所謂得失，善不善之謂也。然而聖人作易以前民用者，兩俱仁而有不廣，兩俱義而有不精，時位變遷而爭之於毫末，思慮窮，而易以何思何慮之妙用，折中以協乎貞，則易之所以神，而筮之所以不可廢也。若夫臣之忠，子之孝，義之必爲，利之必去，昭然揭日月於中天，非偶然朽骨枯莖、乘不誠不道者之私以妄動，任術士之妄，謂之吉而遽信爲吉，以禍天下而自戕者，所可竊以億中也。

然而易亦未嘗絶小人而不正告之也，通其義，裁之以理，使小人亦知懼焉。夫小人之爲不善，行且爲天下憂，故易不爲小人謀，而爲天下憂，懲小人之妄而使之戢，則禍亂不作，故大義所垂以遏小人之惡者，亦昭著而不隱。嗚呼！知此者鮮矣，而高允能知焉，不亦善乎！朱子乃謂易但爲筮卜之書，非學者所宜學，何其言之似王安石，而顧出允下也！

一七

曆法至何承天而始得天，前此者未逮，後此者爲一行、爲郭守敬，皆踵之以興，而無能廢承天之法也。子曰：「行夏之時。」傷周曆之疏也。曆莫疏於周，莫亂於秦，惟其簡而已矣。春秋所書日食三十六，有未朔、既朔、月晦而食者，簡故疏也。秦以建亥爲歲首，置閏於歲終，簡故亂也。曆無可簡者也，法備而後可合於天。承天之法，以月食之衝，知日之所在；因日躔之異於古，知歲之有差；以月之遲疾置定朔，以參合於經朔，精密於前人。天之聰明，以漸而著，其於人也，聰明以時而啓，唯密以察者能承之。拘葸之儒，執其習見習聞以閉天之聰明，而反爲之謗毁；嵬瑣之士，偶得天明之一端，自詡其神奇，而欲廢古人之規矩以爲簡捷；皆妄也。

古之所未至，可益也；以益之者改之，可改也。古之所已備者，不可略也；略之而使亡焉，則道因之而永廢矣。廢古而亡之，取便於流俗，苟且之術，秦之所以亂天下者，君子之所惡也。郭守敬廢曆元，俾算者之簡便，徇流俗爾。曆元廢，則甲子何所從始，奚以紀年而奚以紀日邪？近乃有欲廢氣盈朔虚，以中氣三十日有奇紀孟仲季，而廢閏並廢月者，是天垂三曜而蔑其一也。夫人仰而見月，以月之改矣，知四時寒暑之且更矣；舍之而以中紀歲，非據曆之成書，而人莫能知時之變遷矣。故古之以朔紀月，而爲閏以通之於歲者，所以使人仰觀於月而知時，猶仰觀於日而知晝夜，何可廢也。備古之所未逮，則自我而始，垂之無窮；古法廢，則自我而且絶；此通蔽之大端，君子之所不敢恃己以逆天人也，豈徒曆法爲然哉！

一八

王玄謨北伐之必敗也，弗待沈慶之以老成宿將見而知之也；今從千餘歲以下，繇其言論風旨而觀之，知其未有不敗者也。文帝曰：「觀玄謨所陳，令人有封狼居胥意。」坐談而動遠略之雄心，不敗何待焉？

兵之所取勝者，謀也、勇也，二者盡之矣。以勇，則鋒鏑雨集車馳騎驟之下，一與一相當，而後勇怯見焉。以言説勇者，氣之浮也，侈於口而餒於心，見敵而必奔矣。若謀，則疑可以豫籌者也；而豫籌者，進退之大綱而已。兩相敵而兩相謀，扼吭抵虚，聲左擊右，陽進陰退之術，皎然於心目者，皆不可恃前定以爲用。唯夫呼吸之頃，或斂或縱，或虚或實，念有其萌芽，而機操於轉眄；非沈潛審固、凝神聚氣以内營，則目熒而心不及動，辨起而智不能決。故善謀者，未有能言其謀者也。指天畫地，度彼參此，規無窮之變於數端，而揣之於未事，則臨機之束手，瞀於死生而噤無一語也，必矣。

玄謨之勇，大聲疾呼之勇也；其謀，雞鳴而寤、晝衾捫腹之謀也；是以可於未事之先，對人主而抵笏掀髯，琅琅驚四筵之衆。今亦不知其所陳者何如，一出諸口，一濡之筆，而數十萬人之要領已塗郊原之草矣，況又與江、徐文墨之士相協而鳴也哉！

薛安都之攻關、陝而勝也，魯方平謂安都曰：「卿不進，我斬卿，我不進，卿斬我。」流血凝肘而不退，兵是以勝。武陵王駿之守彭城而固也，張暢謂江夏王義恭曰：「若欲棄城，下官請以頸血汚公馬蹄。」駿聽之，誓與城存亡，城是以全。繇此觀之，拓拔氏豈果有不可當之勢哉？勇奮於生死之交，謀決於安危之頃，武帝之所以滅慕容、俘姚泓，罵姚興而興不敢動，奪拓拔嗣之城以濟師而嗣不敢遏，亦此而已矣。皆玄謨所引以自雄者，而心妄度之，目若見之，口遂言之，反諸中而無一虛静靈通之牖，以受情勢之變，而生其心；則事與謀違，倉皇失措，晉寇㊀以屠江、淮，不待智者而早已灼見之矣。

言兵者必死於兵，聽言而用兵者，必喪其國，趙括之所以亡趙，景延廣之所以亡晉，一也。最下而郭京、申甫之妖誕興焉。有國家者，亟正以刑可也。但廢不用，猶且著爲論説以惑後世，而戕民於無已。易曰：「弟子輿尸。」坐而論兵者之謂也。

一九

於崔浩以史被殺，而重有感焉。浩以不周身之智，爲索虜用，乃欲伸直筆於狼子野心之廷，以速其死，其愚固矣。然浩死而後世之史益薉，則浩存直筆於天壤，亦未可没也。直道之行於斯民者，五

㊀ 校者按：「晉寇」之「晉」通作「進」。

帝、三王之法也，聖人之教也，禮樂刑政之興廢，荒隅盜賊之緣起，皆於史乎徵之，即有不典，而固可徵也。若浩者，仕於魏而爲魏史，然能存拓拔氏之所繇來，詳著其不可爲君師之實，與其乘閒以入中國之禍始，俾後之王者鑒而知懼，以制之於早，後世之士民知媿而不屑戴之爲君，則浩之爲功於人極者亦偉矣。浩雖殺，魏收繼之，李延壽繼之，撰述雖蕪，而詰汾、力微之蕪迹猶有傳者，皆浩之追敍僅存者也。

前乎此而劉、石、慕容、苻、姚、赫連之所自來佚矣；後乎此而契丹、女直、蒙古之所自出泯矣。劉、石、慕容、苻、姚、赫連之佚也，無史也；契丹、女直之泯也，蒙古氏諱其類，脱脱隱之也；然猶千百而存一也。宋濂中華之士，與聞君子之教，佐興王以復中華㊀者也，非有崔浩族誅之恐。而修蒙古之史，隱其惡，揚其美，其興也，若列之漢、唐、宋開國之君而有餘休；其亡也，則若無罪於天下而不幸以亡也。濂史成，而天下之直道永絶於人心矣。濂其能無媿於浩乎？浩以赤族而不恤，濂以曲徇虞集、危素而爲蒙古掩其腥穢㊁，使後王無所懲以厚其防㊂，後人無所媿以潔其身㊃。人之度量相越，有如此哉！後之作者，雖欲正之，無徵而正之，濂之罪，延於終古矣。

二〇

生人之大節，至於不憚死而可無餘憾矣。然士苟不憚死，則於以自靖也，何不可爲，而猶使人有餘

㊀「中華」兩字刻本闕，據校記補。　㊁「腥穢」兩字刻本闕，據校記補。　㊂「懲」「厚」「防」三字刻本闕，據校記補。

㊃「媿」「潔」兩字刻本闕，據校記補。

憾焉，是可惜也。

袁淑死於元凶之難，從容就義以蹈白刃，其視王僧綽與廢立之謀變而受其吏部尚書、以迹露而被殺者遠矣。雖然，元凶劭之與君父有不兩立之勢也，自其怨江、徐而造巫蠱已然矣。淑爲其左衛率，無能改其凶德，辭宫僚而去之，不可乎？可弗死也。及其日饗將士，親行酒以奉之，梟獍之謀決矣，發其不軌而聞之於帝，不可乎？言以召禍，於此而死焉，可也。伐國不問仁人，其嚴氣有以讋之也。風稜峻削嶽立，而爲元凶所忌，或殞其身，可也。何至露刃行逆之時，元凶尚敢就謀成敗乎？且其官衛率也，將士之主也，元凶不逞，握符麾衆，禽之以獻，不濟而死焉，可也。何躊躕永夜，而被其脅使登車，而泯泯以受刃乎？傷哉！淑之能以死免於從逆，而荏苒以徒亡也。

子曰：「見義不爲，無勇也。」淑之於義曙矣，而勇不足以堪之，將無有掣其情而使無勇者存邪？勇於定亂，勇於討賊，難矣；勇於去官，決於一念而唯己所欲爲者也，此之不決，則死有餘憾。爲君子者，可不決之於早哉！養勇以處不測之險阻，無他，爵禄不繫其心，則思過半矣。

二一

晉、宋以降，國法圮、大倫斁、而廉恥喪，非一日矣。周札應王敦，而與卞壼、桓彝同其贈恤；王謐解天子璽綬以授玄，玄死，反歸而任三公，天討不加，而榮寵及之。數叛數歸，靦顔百年而六易其主，無惑也。如是，宜速殲以亡；而其君猶能傳及其世，其士大夫猶能全其族者，何也？蓋君臣之道喪，而父子之倫尚存也。

元凶爲逆，孝武起兵以致討，元凶敗矣，蕭斌解甲帶白幡來降，逆濬就江夏王義恭以降，而但問來無晚乎，固自謂得視王諡，斌猶可立人之朝，濬猶可有其封爵也。於是斬斌於軍門，梟濬於大航，法乃伸焉，則人知覆載不容之罪無所逃於上刑。於斯時也，義憤所激，天良警之，人理不絕於天下，恃此也夫！故延及齊、梁而父子之倫獨重。梁武於服除入見者，無哀毁之容，則終身坐廢。區區孱弱之江左，擁衣冠而抗方張之拓拔，存一綫人理於所生，而若或佑之；於此可以知天，可以知不學不慮之性矣。蕭正德、蕭綜捐父事賊，而無有正天誅者，然後江東瓦解以澌滅。興亡之故，繫於彝倫，豈不重與！

孝武帝

一

勢變情移，而有无妄之災，恬不知警，違時任意，則禍必及，庸夫之恒態也。惟然，而巧者測之，急改其常度，以迎當時之意指，乃至殘忍甚害，爲同類所歆恨而不顧，以是爲自全之策；幸而全也，小人之尤也，而究以得全者亦鮮矣。

孝武以藩王起兵，而受臣民之推戴，德望素爲諸王所輕，不自安也；於是殺鑠，誅義宣，忍削本支，以快其志。江夏王義恭誘逆劭棄南岸，單騎南奔，上表勸進，斬逆濬，厥功大矣；於是畏禍之及己也，條奏裁損王侯九事，以希合孝武未言之隱，削剝諸王以消疑忌。夫義恭豈無葛藟之恩，利非在己，而滅天性以任骨肉之怨者，何也？以爲先自我發，而人不得挾短長以議己，全軀保禄位之術，自詫爲工矣。

或曰：遇暴人，丁險運，不授異姓以制我之權，而自任之，則禍泯於無形，亦知時度勢者之不廢乎！浸不若此，而以篤懿親、固根本之言投於猜忌之衷，無救於時，而祇以自害，奚可也？曰：君子之處此，固有道矣。物激矣，而持之以定，禹之所以抑洪水也。勢危矣，而居之以安，孔子之所以解匡圍也。聖人豈有以異於人哉？出乎聖，即疾入乎狂。義恭之狂也，無以持物而自奠其居也。君多忌而寡恩矣，義宣等之不輯，非必妄干天位，而貪權勢以啓忮人之釁矣。義恭以有功居百僚之上，誠危矣；而遠嫌以消疑忌，固無難也。自謝不敏，翩然而去之，養疾邱園，杜口朝政，則於以自全焉有餘矣。而何事導君以殘刻，而己爲不仁之俑哉？

主自疑也，吾自信也；諸王自競也，吾自静也。或有聞風而相效者，則宗族以保，而帝亦且消其猜防骨肉之邪心。其不然也，爲孝武獻殘忍之謀者，豈伊無人，而我處無咎之中，不已裕乎？唯其欲爲功以固榮寵也，而違心以行顛倒之政，引君以益其慝，斂衆怨以激其争，而後天理亡，民彝絶，國亦以危矣。身雖苟免，其喙息亦何異於禽獸哉？其究也，逃孝建、大明之網羅，翱翔百僚之上，而終授首於子業，狂者之自斃也，未有免者也。道二：仁與不仁而已矣。一念之貪，天理之賊，聖狂之界也。

二

拓拔氏將立其子爲太子，則殺其母，夷狄殘忍以滅大倫，亦至此哉！然其後卒以未殺之淫嫗擅國而召亂以亡，徒以㝈杙天性而無救於亡，何爲者邪？且夫母后者，豈特不可殺，而亦不必過爲防者也。周之過其曆也，化始於關雎，琴瑟鐘鼓，唯是樂以友之，而内治修、國政不紊。彼爲聖王之化，不可及矣。雖不及此，取供祭祀奉皇天先祖之伉儷而視之如仇讎，是可忍也，亦孰不可忍也！將必如浮屠氏之盡棄家室而後可治也邪？

内教之修尚矣，迪之以陰禮，而可使見德；統之以婦職，而可使見功。夫婦人亦猶是人也，無所見其功德，而後預外事以爲榮。故先王勤飭以躬桑濆種之儀，勸獎以亞獻饋籩之禮。有餘榮焉，雖樂於自見之哲婦，亦不患其幽閟深宫如圈豚籠鳥之待飼，而其志寧矣。其次，則后族雖賢弗任也，内豎之服勤於宫中者弗庸也，大臣得箴其舉動，嗣子不託以匡扶，制之之道，亦豈無術，而必以爲患哉？不然，人主六御在握，方將舉天下之智勇而馭之，取草澤之雄、夷狄之狡而制之，匹夫亦有一匹偶，而惴惴然唯恐戕我國家也，不亦陋乎！

拓拔氏不足誅者也，有天下者，非猜而鉗之，則昵而縱之。道二：仁與不仁而已，非取法於齊家之聖化，亦惆悵而不得其術也。

三

源賀請減過誤入死罪者充卒戍邊，拓拔濬從之，而獎賀曰「一歲所活不少」，是也。又曰「增兵亦多」，則亂政也，拓拔氏自此而衰矣。兵者，宗社生民所倚以爲存亡生死者也。古者寓兵於農，兵亦農也。王者莫重乎農，則莫重乎兵，於風有東山焉，於雅有杕杜焉，相與勞來而詠歌之，如此乎其貴之也。

後世召募興，而樸者耕耨以養兵，彊者戰守以衛農，相爲匹而不相下，坐食農人勤穫之粟而不以爲厲農，其有功則立朝右，與士伍而不以爲辱士，抑如此乎其重之也。乃使犯鈇鑕之刑，爲生人所不齒者，苟全其命，而以行伍爲四裔之徒，則兵之賤也，曾不得與徒隸等，求其不厭苦而思脱、決裂而自恣、幸敗而潰散者，幾何也？兵賤則將亦賤矣，授鉞而專征者，一岸獄之長而已，廉恥喪，鹵掠行，叛離易於反掌，辱人賤行者之固然，又何怪焉？

夫兵，惟其精也，不惟其多也。士皆千金之士，將專閫外之尊，爲國干城，一旅而敵百萬。烏合之衆，罪人無行，苟免而無慚，雖多何補哉？若以矜全過誤而貸其命，則有流放之辟在焉。賀之説，塗飾以爲兩得，而不知其餒國之神氣以嚮於衰也。後世免死充軍，改流刑爲僉伍，皆祖賀之術，而建之爲法；行之未久而武備墮，盜賊夷（裔）〔狄〕[一]横行而無與守國，夫亦見拓拔氏之坐制於六鎮而以亡也乎！

四

自魏、晉以來至於宋，大明之世，而後權移於近臣。戴法興、戴明寶、巢尚之皆賜爵掌中書事。前此者，權歸大臣，天子雖有所寵信而不能伸，孝武以疑忌行獨制，義恭等畏禍以苟全，於是而其法始變。春秋之季，世卿執國，非其族屬，則謂之嬖大夫。以孔子之聖，位至下大夫而止，弗能爲卿也。魏、晉以後，流品重，世族興，而非門閥以進者，謂之幸臣；即人主之所委任，弗能登之三事也。乃以其時考

[一] 據校記改。

之，春秋簒弑相仍，晉、宋權臣繼攘，上用一人，而下遠之也若將汙己，讎之也若不兩立，人君孤立，而興廢死生不能自保。蓋嬖幸之名立，以禁錮天子之左右，流俗之稗政，奪攘之禍媒也。

然而爲人主所親幸者，率多邪佞貪饞，導君於惡，而弄威福以讎姦利，卒不能收一人之用可恃爲股肱者，何也？物之所貴，因而自貴者，道也；物之所賤，因而自賤者，機也。豐年穀賤而多莠稗，陂澤魚賤而多臭腐，物論之所趨，物情之所競，而物理之所繇以良楛，必然之勢也。九品之外無清流，世族之外無造士，於是而不在此數者，知不足以應當世之寵光，穨然自放而已。其慧者，又將旁出歧趨以冀非分之福澤。故天子欲拔一士於流品之外，而果無其人。即有明辨之智，幹理之才，喻利焉耳，稔惡焉耳。於是而天下後世益信孤寒特起之士果爲佞幸，適以破國亡家而不可用；亦惡知摧抑而使習於汙下者，雖有才智不能自拔也。

故人主之好尚，不能不隨風俗以移，而聖王崛起，移風易俗，抑必甄陶漸漬之有日，而不可旦夕期其速革。孝武以近臣間大臣而終於亂，非天子不可有特用之人，其馴致之者，無以豫養之也。

五

一動而不可止者，勢者。太上以道處勢之先，而消其妄，靜而自正也。其次坦然任之，不得已而後應，澄之於既波之後，則亦可以不傾。元凶造逆，天下同讎。孝武援戈而起，以臣子而恤君父之慘，行戮兄弟而非忍，夫孰謂其非正者？然而諸王擁方州以自大，義宣反於江州，誕反於廣陵，休茂反於襄陽，乘之以動而不可止，於是而孝武之疑忌深矣。削之制之，不遺餘力，而終莫能戢。嗣子雖不道，而禍速發於同姓之操戈。垂及明帝，殺戮逞而劉宗遂亡。波濤觸乎崖石，逆風而歕薄，亦至此哉！揆厥所繇，不可謂非孝武之師先之也。

夫孝武之師，動以正也。乃一動而不可止，卒以倡亂者，豈謂其不宜縣逆劭之首於都市哉？度之於先，而與物相安以息争也，固有道矣。義兵之至建業也，劭將授首，君父之怨釋，臣子之職亦庶幾盡矣。乃以次，則非長也；以望，則不足以服人也；於此頓兵於宮闕，正告諸王曰：「吾之決於稱兵也，以君父不忍言之慘，古今不再見之禍也。今元凶已伏誅矣，孤豈忍有利天下之心？以齒以德，必有所歸，社稷不可以無主，吾將與諸王奉之。」使衆意他有所屬，臣子之道盡，雖不爲天子而志已遂矣。如臣民以功而不我釋與？抑引咎含哀，不得已而受命，推怵惕之忱，厚撫諸父昆弟，以廣先君之愛。則天下既服其仁，而抑知大位之不可以力争也。天下定矣，乃聽義恭之諂，元凶未斬，而先即位於新亭。然則起兵也，非果有割肝裂膽之痛，而幸兄弟之逆以獲大寶也。波自我揚，而欲遏之也，得乎？

既急於自立而莫能待矣，則抑可自信曰：均爲臣子，而諸王偃蹇於逆劭之世，我既誅賊子而得之，人情所歸，非我貪也。有諒我者，其知順逆者也，不足慮也；其横逆而逞者，狂飆之拂水而已，懷之以恩，而尚不可革，天下臣民，自不迷於嚮背，夫孰與我爲敵者？坦然無懼於彼，而不軌者之意亦消。即有妄動之狡童，而義詘援孤，亦不崇朝而沮喪矣。乃孝武忮人也，甫一踐阼，而殺其弟鑠，視諸父昆弟若人可爲己之爲，而削奪禁制以亟掣曳之，夫而後告諸王以不自保之情，啓其覬覦，徒樹荆棘於寸心以相捍禦，非能禦也，教之而已矣。及身三叛，而嗣子速亡，不亦宜乎！嗚呼！以忠孝始，以惡縮終，懷惡縮於心，啓戈矛於外，惜哉！孝武有仁孝之資，而自流於薄惡，天子之位，猶可獵也，孝子之實，不可襲也，反（居）〔諸〕㈠中而不誠，居之不安而卒於亂，亂其可止哉！遏之乃以揚之，得免於及身之戮，幸矣。

六

張岱歷事宋之諸王，皆敗度之紈袴也，岱咸得其歡心，免於（舊）〔咎〕㈡惡，而自詡曰：「吾一心可事百君。」夫一心而可事百君，於仕爲巧宦，於學爲鄉原。斯言也，以惑人心、壞風俗，君子之所深惡也。晋、宋以降，君屢易而臣之居位也自若，佐命於亂賊而不恥，反歸於故主而不怍，皆曰：吾有所以事之者也。廉恥蕩而忠孝亡，其術秘而不敢自暴，岱乃昌言之而以爲得計。嗚呼！至此極矣！

且夫事君之心，其可一者，忠而已矣；其他固有不容一者也。岱曰：「明闇短長，更是才用之多少耳。」才可以隨方而詭合，遇明與之明，遇闇與之闇。假令桀爲傾宫，將爲之飾土木，紂爲炮烙，將爲之爇鑪炭乎？故有順而導之者，有徐而導之者，有正而折之者，有曲而匡之者，心不容一也。若逆天悖道之君，自非受託孤之寄，任心膂之重，義不可去，必死以自靖者，則亦引身以退，而必不可與同昏，惡有百君而皆可事者乎？則惡有一心以事君，而君可百者乎？游其心以逢君，無所往而不保其禄位，此心也，胡廣、孔光、馮道之心也。全軀保榮利，而亂臣賊子、夷狄盜賊亦何不可事哉？心者，人之權衡

㈠、㈡ 據校記改。

也，故有可事有不可事，晝然若好色惡臭之不待圖惟也。苟其有心而不昧，則宋之諸王無一可事者，而百云乎哉？女而倚門也，賈而居肆也，皆一於利而無不可之心也。故曰：兖岱之説，廉恥喪，忠孝亡，惑人心，壞風俗，至此極矣。

七

郡縣之天下有利乎？曰：「有，莫利乎州郡之不得擅興軍也。」郡縣之天下有善乎？曰：「有，莫善於長吏之不敢專殺也。」諸侯之擅興以相侵伐，三代之衰也，密、阮、齊、晋，莫制之也；三代之盛，王者禁之，而後不能禁也。若其專殺人也，則禹、湯、文、武之未能禁也，而郡縣之天下得矣。

人而相殺矣，諸侯殺之，大夫殺之，庶人之彊豪者殺之，是鼃黽之相吞而鯨鯢之相吸也。夫禹、湯、文、武豈慮之未周、法之不足以立乎？自邃古以來，各君其土，各役其民，若今化外土夷之長，名爲天子之守臣，而實自據爲部落，三王不能革，以待後王者也。至於戰國，流血成渠，亦剥極而復之一機乎！漢承秦以一天下，而内而司隸，外而刺守，若嚴延年、陳球之流，亢厲以嗜殺爲風采，其貪殘者無論也，猶沿三代之敝而未能革也。宋孝武猜忌以臨下，乃定「非臨軍毋得專殺、非手詔毋得興軍」之制，法乃永利而極乎善，不可以人廢者也。嗣是而毒劉之禍以減焉。至於唐、宋，非叛賊不敢稱兵；有司之酷者，惟以鞭笞殺人，而不敢用刀鋸；然後生人之害息，而立人之道存。不然，金、元之世，中國㊀遺黎，

㊀「金、元之世，中國」六字刻本闕，據校記補。

其能勝千虎萬狼之搏噬乎？

前廢帝

沈慶之縛綺以入而收劉斌，斥顔竣而決誅逆劭，何其決也！及子業昏虐，柳元景首倡廢立之謀，而慶之發之，蔡興宗苦説以舉事，沈文秀流涕以固請，而慶之終執不從，坐待暴君之鴆，又何濡輭不斷以自斃也！嗚呼！六代之臣，能自靖以不得罪於名教者，慶之一人而已。

慶之曰：「但當盡忠奉國，始終以之。」又曰：「非僕所能行，固當抱忠以没耳。」斯言也，斯心也，抱孤忠以質鬼神而無欺者也。君而不道，天下固將叛之，要亦無可如何者。比干、箕子，豈不能剸紂之首以奉微子哉？而不爾者，天下之惡無有踰於臣弑其君者。安社稷者，亦以靖乃心耳，如之何其干之！如興宗之言，取青溪之鎧仗，率攸之輩驅三吴勇士以入，其能容子業使爲昌邑王之從容以去乎？宋之社稷且以之而傾，而慶之已允爲戎首矣。懼禍杜門，安居而俟命，嘖嘖之言，豈知慶之之心者哉？死生，命也；國之存亡，天也；己與孝武艱難同起，嗣子敗類，而遽以其血染刀劍，天良囧囧於心，安能與阮佃夫壽寂之同爲逆乎？

嗚呼！董卓推陳留之刃，司馬懿解曹芳之璽，桓温奪帝弈以與簡文，劉裕弑安帝以立琅邪，皆假伊、霍以爲名而成其篡。後此者，道成之弑蒼梧，蕭衍之戕東昏，皆已弑而必篡者也。慶之三朝宿將，威望行於南北，扶孝武以誅元凶，位三公而冠百辟，將吏皆出其門，撲子業之洊凶，以解朝野之焚溺，此乃乘時以收人心而獵大位之一機也。嚮令獨夫已殄，衆望聿歸，且有騎虎不下之勢，宋太祖所謂黄袍加身不繇汝者，劉氏之宗祏，且移於沈而不可辭。慶之慮此，而忍以其身爲莽、操乎？進則帝矣，退則死矣，決之於心，而安於抱忠以死，故曰抱孤志以質鬼神，六代之臣，慶之一人而已。如曰愚以亡身，則箕子、比干先慶之而愚矣。

明帝

一

殺機動於内，禍亂極於外。宋之季世，拓拔氏未有南侵之謀也，而淮西、淮北席捲而收之，薛安都一反面北嚮，風靡萍散而不可止。謂明帝不從蔡興宗之言，以重兵迎薛安都而使疑懼，猶末論也。帝與子勛争立，而盡殺孝武二十八子，是石虎之所以殲其種類者。宋之不亡，幸耳；尚能撫有淮甸哉？二十八王，非皆挾争心者也，以子勛故，而遷忿怒以殲之，骨肉之恩，斬絶不恤。則夫淮、汝州郡應子勛而起者，雖剖心瀝血以慰勞之，固將懷芒刺於寤寐，奚更待重兵之見脅乎？夫子業不道，而孝武恩在人心，人未忘也。子業死，明帝與子勛兩俱有可立之勢，而子勛兄弟爲尤正。明帝據非所有，遑惎毒以殄懿親，寧養假子而必絶劉氏之宗。明於義者去之若汚，審於害者逃之若鶩，尚孰與守國而不亟颺以飛邪？孝武忌同姓亦至矣，子業虐諸父亦酷矣，至於明帝而抑甚焉。其後高湛、陳蒨相踵以行其殘忍，皆不能再世。小人不知恩義，而抑不知禍福，將謂鬼神之可欺也，夫鬼神而可欺也哉！

二

自宋以來，貞人志士之言絕於天下。夏侯詳者，名不顯於當時，而能昌言以救劉劭之失，殆跫然空谷之足音矣。殷琰在壽陽，畏明帝之誅己，欲降於拓拔氏。詳曰：「今日之事，本效忠節，何可北面左衽乎？」至哉言乎！司馬楚之、王琳而知此，不爲千載之罪人矣。

以宋事言之，子業之弒，宵小挾怨毒而弒之，起明帝於囚縶之中而扳之以立，爲賊所立，乘閒以竊位，不能正其始矣。子勛雖反，乃以獨夫之將覆宗社而起，未純乎不正也。孝武以討賊而爲神人主，一子不肖，以次而仍立其子，位固子勛之位也。應子勛而起者，名亦近正，志亦近義。詳曰「本效忠節」，皎皎初心，豈自誣哉？夫既以名義爲初心，則於義也當審。爲先君爭嗣子之廢興，義也；爲中國㈠爭人禽之存去，亦義也。兩者以義相衡而並行不悖。如其不可兩全矣，則先君之義猶私也；中國㈡之義，人禽之界，天下古今之公義也。不以私害公，不以小害大，則恥臣明帝而歸拓拔，奚可哉？

嗚呼！人莫急於自全其初心，而不可任者一往之意氣。欲爲君子，勢屈而不遂其志，抑還問吾所

㈠、㈡「中國」兩字刻本闕，據校記補。

自居者何等也。情之所流，氣之所激，勢之所迫，倒行逆施，則陷於大惡而不知，而初心違矣。故迫難兩全之際，捐小以全大，乃與其初心小異而不傷於大同。故管仲事讎而夫子許之爲仁，以其知小大公私之辨也。使懷子糾之怨，忿戾以去其故國，北走戎，南走楚，必與桓公爲難，而雪其悁悁之忿，則抑匹夫匹婦之不若，禽獸而已矣。君子之稱管仲曰「徙義」，徙而不傷君子之素，則合異於同，而無媿於天下。詳曰「本效忠節」，大正而固不昧其初也。

三

宋以金贖劉昶於拓拔氏，其情慝，其志憯矣。懷不肖之心於隱微，而千里之外見之，人不可罔也如斯夫！

何言乎其情慝也？昶之北奔，畏孝武之疑忌而見殺也。明帝既殺孝武之子以洩其忿媢，恐人懷孝武之恩而致怨於己，故召回昶，以暴孝武之過，曰「彼欲滅兄弟而我復之」，託於昶以揚孝武之惡，懷慝而故爲之名也。

何言乎其志憯也？休仁者，亦其兄弟，所與爭國而有功者也。疑忌既深，休仁自解揚州牧以免禍，而終不免於鴆；禕與休祐、休若無毫髮之嫌，而先後被殺；所僅全者，庸劣之休範耳。昶才非休範之匹，而又有拓拔氏之外援，畏其在外，且挾彊敵之勢以入，爭其養子，姑召之歸。使其反邪，鴆殺之禍，必不在休仁兄弟之後。欲加之罪，而何患無辭乎？故曰其志憯也。

於是而魏人知之矣，昶亦知之矣。亢兄弟之詞，而無來歸之志，魏以全昶而昶以自全。灼見其惡而遠之唯恐不夙，人其可以罔乎哉？論者乃曰：「贖䘏，義也。」亦嘗見明帝滅絶天性之惡已著而不可揜者乎？

四

佞佛者，皆非所據而據，心危而附之以安者也。自古帝王至於士庶，其果服膺於釋氏之説而篤信者，鮮矣。其爲教也，離人割欲，内滅心而外絶物，而佞佛者反是，何爲其篤信之？篡弑而居天子之尊，夷狄而爲中國〔一〕之主，德薄才菲，自顧而不知富貴所從來，懷慝負慚，叨竊而覺夢魂之不帖，始或感冥報之我祐，繼或冀覆餗之無憂，於是而佛氏宿命之因緣，懺除之功德，足以慰藉而安之。故夷狄〔二〕之君，篡逆之主，屈身降志，縻國殃民，以事土木之偶；而士大夫之徼幸顯榮，乃至庶民之姦富者，亦惑溢分之榮膴所自致，而幸災眚之不及。其有因而述其空寂之説者，則以自文其陋而已，非果以般若涅槃爲身心之利，而思證入之也。於是而浮屠之爲民害也，不可止矣。

拓拔氏置僧祇佛圖户，奪國之民，而委賦役於貧弱之農民，其主倡之，州鎮因而效之，徧天下以爲民害。讀楊衒之伽藍記，窮奢競靡，而拓拔氏以亡。非所據而據焉，身必危，浮屠氏其蒺藜矣。然則拓拔燾之誅沙門，又何也？彼乞靈於傀鬼，事異而情同，皆懷歉於人，而徼福於鬼，夏書所謂巫風也。

〔一〕「夷狄」「中國」四字刻本闕，據校記補。

〔二〕「夷狄」兩字刻本闕，據校記補。

五

無可信之邊將者國必危。擿敗以爲功，匿寇而不聞，一危也；貪權固位，懷憂疑以避害，無寇而自張之，以自重於外，二危也；二者均足以危國，而張虛寇以怙權者尤爲烈焉。邊將之言曰：無寇，則朝廷輕我。（邊荒）〔夷狄〕㊀盜賊之言曰：無我，則汝之爲將也，削奪誅殺隨之矣。於是而挑寇也，養寇也，縱寇也，無所不至，玩弄人君於股掌之上，一恐喝而唯我所欲。嗚呼！此固猜疑防制自以爲智之主也，而玩弄之如嬰兒，不亦傷乎！

宋明帝欲除蕭道成，荀伯玉爲之謀，使輕騎挑魏之游兵，而遽以警聞，繇是而道成終據兗州以立篡弑之基。故擿敗以爲功，匿警而不聞者，視此而禍猶小也。擇人而任之，既任而信之，坦衷大度以臨之，彼敢欺我哉？故莫愚於猜疑防制之主，而闇者猶次也。

六

趙武靈王授位於子，而自稱主父，廢長立少，恐其不安於位也。拓拔弘授位於子，而自稱太上皇帝，子幼而恐爲人所篡奪也。宗愛弑兩君，而濬幾不立；乙渾專殺無君，弘幾死其手；故弘年甫二十，而急欲樹宏㊁於大位。以素統臣民，而己鎮撫之，猶恐人心之貳也，故先遜位於子推，使羣臣争之，而

㊀ 據校記改。 ㊁ 校者按：北魏獻文帝名弘，孝文帝名宏。金陵刻本爲避清帝諱，於「樹宏」之「宏」字外加□，誤；太平洋書店本改此「宏」字爲「弘」，亦誤。

又陽怒以試之，故子推之弟子雲力争以爲子推辭，而陸馥、源賀、高允皆犯顔以諫而不避其怒。其怒也，乃其所深喜者也。其退居而事佛、老，猶武靈之自將以征伐，皆託也；不欲明示其授子之意旨，而以此爲辭也。此二主者，皆彊智有餘，事功自喜，豈憚勞而舍國政者乎？弘好黄、老，而得老氏之術，其欲遜位子推也，老氏欲取固與之術也；其託於清謐而匿其建立嗣子之旨也，老氏守兑之術也。所欲立者非不正，而詭道行之，巧籠宗室大臣之心，亦狡矣哉！而抑豈君人之道哉？

雖然，其以傳位籠子推而制之，猶賢於宋明帝之賊殺兄弟以安其養子遠矣。黄、老之術，所繇賢於申、韓也。然而疑慮以鉗制天下，則一也。故曰黄、老之流爲申、韓，機詐興而末流極於殘忍，故君子重惡之也。夫古之明王，豈不欲安其冢嗣以奠社稷乎？唯豫教而游之於大學，一時之俊士，皆有恩紀以相結，而擇師保傅以輔之，學以成，德以修，而授益以固，奚事此哉？

或曰：宋高宗之内禪，論者何以無譏也？曰：高宗以孝宗爲太祖之裔，疏遠已甚，不得不早正位以防争，而高宗年已及耄也。唯其時、唯其人而已矣。

七

有不待勸者，士之學也，農之耕也。勸士以學，士乃習爲爲人之學；爲人而學，學乃爲道術之蠹，世道之患。升俊有常典，養士有常法，人主尊師問道以倡之，士自勸矣。若旦命而夕飭之，賞法行而教令繁，徒有勸學之名，而士日以偷。果有志於學者，豈待勸哉？宋立僞學之禁，而士趨朱子之門也如歸，禁之不止，何容勸邪？

雖然，士無志於學，勸之而不學，弗能爲益，而猶無傷於士。若農，則無不志於得粟者矣。其窳者，既勸之而固不加勤；而勸之也，還以傷農。方其恪共於耕之日，士女營營，匪朝伊夕，從事於隴首，而吏擁車騎喧豗於中野以貳其心，則民傷；於是刻覈之吏，搜剔墾萊以增益其賦，苛求餘丁以增益其役，而民愈傷。夫古之省耕者，君與民親，而天子之圻，諸侯之國，提封既狹，不容委之有司，且君有公田，自省其獲而以餘惠民也。後世盡地以與民，而但收其賦稅，薄賦則可弗補助，息訟輕傜則可弗省督，胡爲委貪廉不可信之有司以擾婦子於耕饁哉？

拓拔氏，夷也，聞中國有聖人之道焉，取其易行者而行之，於是奔走郡縣而名爲勸農；又勒取民牛力之有餘者，以借惰窳之罷民。其撓亂紛紜，以使民無寧志也，不知何若，守令乃飾美增賦以邀賞，天下之病，尚忍言哉！蒙古課民種桑，而桑絲之稅加於不宜桑之土，害極於四百餘年而不息。讀古人書而不知通，旦識而夕行之，以賊道而害及天下，陋儒之妄，非夷狄之主㈠，其孰聽之？

後廢帝

一

紂之亡也，正名之曰獨夫。獨夫者，有天下而國必亡，身必戮，大分之尊不足以居之，先王之澤不

㈠「夷狄」「主」三字刻本闕，據校記補。

足以庇之。況在下位而爲獨夫，未有能得人之天下者也。

劉休範以庸劣而免於枝主之殺，乃乘君死國亂之際，而求干天位，張敬兒以一健卒入二萬人之中斬其首，無衛之者，此其爲獨夫也奚疑，而可爲天子乎？然且幾陷建業，爲天子。甚哉！晉、宋之末天子之易爲，而人思爲之，其賤曾不如有道之世一命試爲邑宰者，何足謂爲大寶哉！草芥而已矣。

天子如草芥，而人思爲之，爲之不克，而爲獨夫以死者，休範也；爲之克而終爲天子者，蕭道成也。以小慧小才言之，則道成之愈於休範也遠矣；以君天下言之，則休範、道成一也，皆獨夫也。道成弒君，張敬兒取白帽加其首，曰：「事須及熱。」爲道成之腹心者，敬兒之流，一休範之許公輿、丁文豪也。褚淵雖貴，而無稱於宋。止此三數人，而掇宋之宗社如一羽，授之道成，而道成居之以安。嗚呼！至於此，而天下猶有貴賤之等差哉？賢不肖尤非所論矣。

曹氏之篡也，威服羣雄而有討董卓之義，有迎駕於蒙塵之功焉。劉宋之篡也，滅鮮卑，俘羌夷，蕩妖賊，夷桓玄，恭帝所被奪而不怨者也。司馬氏姦矣，而平遼東，滅蜀漢，四世而後得之。道成者，胠篋之盜，媚一褚淵而已，裒然正南面而立，論者以罪褚淵，未盡也。淵一亡賴之鄙夫耳，安能以天下與人哉！微淵而道成固足以篡，無他，唯天子之如草芥而人可爲之者也。前有道成，後有霸先，五代有石敬瑭、劉知遠、郭威，而篡奪亦將息矣。未有天之所子，人之所君，而人思爲之者也。君子於此，遠之唯恐不速。陶弘景其知此矣，「唯可自怡悅，不堪持贈君」，目笑而心憐之已爾。

二

（邊外）〔夷狄〕㈠之輕於殺人，其天性然也。有時乎思所以生人，而非果有不忍人之心，乃以生之之道殺之，遂自信爲矜恤。嗚呼！民之遇此也，可悲也夫！

拓拔弘重用大刑，多令覆鞫，以自詫其矜恕，而囚繫積年，不爲決遣，其言曰：「幽苦則思善，故智者以囹圄爲福堂。」哀哉！民之瘠瘐死於犴獄者不知凡幾，而猶謂之福堂邪？易曰：「君子以明慎用刑，而不留獄。」明慎矣，速斷之，而刑者刑，免者免，各得其所，而無所連逮；即或明慎未至，而枉者固千百而什一也。何也？擇折獄之吏，申畫一之法，除條例之繁，嚴失入之罰，枉者固千百而什一矣。夫人之情僞，不可揜於初犯之日，證佐未累，其辭尚直，情窮色見，猶可察也；迨及已久，取案牘而重復理之，移審於他署，而互相同異，犯者之辨，且屢屈屢伸而錯舛益甚，目眩心疑，愈以亂矣。不留者，取人之初心而驗其誠也；非今歲一官，明歲一吏，顛倒反覆之所能得其情也。徒以饑寒疾疫死之於叢棘之下，不亦慘乎！如是以爲矜恤，亦嗜殺之轉念而已矣。

若其罷門房之誅，則得之矣。乃門房之誅所自來，亦有繇也。夷狄而主中國㈡，王侯將相皆其種類，羣起於馳逐之中，儦儦俟俟以爲羣友，則一人富貴而合族驕盈，耕者不耕，獵者不獵，依倚勢門，互相煽虐，非被誅者之陷及門房，而門房之陷人於誅者多矣。安與同其噬搏，危與共其誅夷，亦自取之

㈠ 據校記改。　㈡ 「夷狄」「中國」四字刻本闕，據校記補。

矣。前之立法者，深惡夫合族之蠭集，待食於將吏，衆爲虐而一人獨嬰其禍，弗與懲之，而門房之敗類横逞益烈也。罷其誅，不禁其朋從之惡，拓拔氏之所以斂怨而終亡也。

順帝

國無人焉則必亡，非生才之數於將亡之國獨儉也。上多猜，則忠直果斷之士不達；上多猜而忠直果斷者詘，則士相習於茸靡，雖有貞志，發焉而不成。宋自孝武迄於明帝，懷猜忌以待下，四十餘載矣，又有二暴（爲）君㊀之狠毒以間之，人皆惴惴焉旦夕之不保，而茸靡圖全之習已成。其不肖者，靡而之於惡，以戴叛逆、戕君父而不媿，則褚淵之流是已。其賢者，雖懷貞而固靡，其敗也，則不足立皎皎之節，即使其成，而抑無以收底定之功，則袁粲、劉秉是已。粲與秉孤立，而思抗悍鷙多徒之蕭道成，不愛死以報劉氏，則固無容深求者。粲聞道成廢立之謀，而不能抗辭以拒之，秉以軍旅一委道成，授之以篡逆之柄，且置勿論。徒其決計以誅道成，幸而克矣，不知二子者，何以處沈攸之，而終延宋祚也？蒼梧之昏虐，安成之巽愞，皆道成所不以置諸目中者，所與爭天下者，攸之而已。攸之又豈有劉氏之子孫在其意中乎？攸之之欲爲道成也，非一日也。兵已順流直下，而道成授首於內，則攸之歌舞而入，挾重兵，居大功，握安成於股掌，二子欲與異而固不能。委社稷於攸之，擲宗祊於道成，有以異

㊀ 據校記改。

乎？吾知二子者，歧路倉皇，欲如今日之捐生以報國，不可得已。此無他，以剛決爲嫌，以深謀爲諱，自孝建以來，士大夫釀成雍容觀變之習，蔡興宗已啓其源，而流不可止也。故興宗之死，無可爲宋惜者。興宗存，則爲袁、爲劉，否則爲謝朏而已。史稱粲簡淡平素無經世材，非無材也，狎於全身避咎之術，以逃猜主之鼎鑊，氣已茶而不可復張。宋末之人材，大抵然也。故以猜馭下者，其下懾焉而旁流，剛化爲柔，直化爲曲，密化爲疏，禍伏而不警，禍發而無術，爲君子者，無以救其亡，而小人勿論已。

讀通鑑論卷十六

齊高帝

凡篡位者，未即位皆稱名，已即位則稱帝，史例也。蕭齊無功竊位，不足列於帝王之統系，而以帝稱者，以北有拓拔氏之稱魏，故主齊以存中國㊀。

一

天下之治，統於天子者也，以天子下統乎天下，則天下亂。故封建之天下，分其統於國；郡縣之天下，分其統於州。後世曰道、曰路、曰行省、曰布政使司，皆州之異名也。州牧刺史統其州者也，州牧刺史統一州而一州亂，故分其統於郡。隋、唐曰州，今曰府。郡守統其郡者也，郡守統一郡而一郡亂，故分其統於縣。上統之則亂，分統之則治者，非但智之不及察，才之不及理也。民至卑矣，其識知事力情僞至不齊矣。居尊者下與治之，褻而無威，則民益亢而偷；以威臨之，則民恇懼而靡所騁。故天子之令行於郡而郡亂，州牧刺史之令行於縣，郡守之令行於民，而民亂。彊者玩焉，弱者震掉失守而困以死。唯縣令之卑也而近於民，可以達民之甘苦而悉其情僞。唯郡守近於令，可以察令之貪廉敏拙而督以成功。唯州牧刺史

㊀「中國」二字刻本闕，據校記補。

近於守，可以察守之張弛寬猛而節其行政。故天子之令不行於郡，州牧刺史之令不行於縣，郡守之令不行於民，此之謂一統。上侵焉而下移，則大亂之道也。而暴君污吏，恆下求以迫應其所欲，於是牧刺不能治守，守不能治令，令抑不能治民。其尤亂者，天子之令，下與編氓相督責，守令益曠，姦民益逞，懦民益困，則國必亡。故統者，以緒相因而理之謂也，非越數累而遥繫之也。

江左之有天下，名爲天子，而其時之人已曰：適如平世之揚州刺史而已。雖然，荆、揚、徐、梁四州之土廣矣，而又益之以交、廣、寧三州之地，視商、周之天下，版圖不隘也。而天子急奔其欲，日遣臺使下郡縣以徵求於民；則天子一縣令，臺使一胥隸也。乃既名爲天子之使而有淫威，則民之死於督迫者積矣；實爲天子之令而威已媟，則民之無憚於上以亢守令者又多矣。齊高立，令羣臣言事，而竟陵王首以爲言，知治道矣。

將亡之國，必頻遣使以徵求於天下。遣御史矣，遣給諫矣，且遣卿貳矣。民愈怨，事愈廢，守令愈偷，未有不亡者也。盡尊卑而限之，乃以聯四海而一之。故春秋書武氏子、家父、毛伯之來求，以著天王之不君而自絶其紐也。

二

義不可襲者也，君子驗之於心，小人驗之於天。心所弗信，君子弗爲。天所弗順，小人無成。徒曰義而遂執言以加人，則義在外也。故闢外義之邪說，而亂以不生。

齊無寸功於天下，乘昏虐而竊其國、弑其君、盡滅其族，神人之所不容，義之必討者也。劉昶以宋室懿親，擁拓拔氏之衆三十萬以嚮壽陽，流涕縱横，偏拜將士，求洩其大讎，於義無不克者也，而困於垣崇祖之孤軍，狼狽而退；再舉以嚮甬城，周盤龍父子兩騎馳騁萬衆之中，朒縮旋師。然則智力伸而義詘，將天之重護蕭齊以佑亂賊、挫忠孝哉？蓋昶者，非可以義服人者也。其奔也不仁，其仕於拓拔氏也不正；而其假於報讎以南侵也，又豫爲稱藩於魏之約，以蔑中夏之餘緒；則其挾彊夷以逞也，乘國之亡而遂其私也。

嗚呼！昶誠拊心而自問，果閔宗國之亡、祖考之不血食、合族之殲死邪？否也？昶方流涕之時，不能自喻，而天下又惡從而喻之？然而天鑒之矣。故憤盈以出，而疲劬以歸，天奪之也。若夫昶之耽榮寵於索虜，則千載以下，可按迹以知心者也。義不義，決於心而即徵於外，驗之天而益信，豈可揜哉？

三

魏、晋以降，臣節隳，士行喪，擁新君以戕舊君，旦比肩而夕北面，居之不疑，而天下亦相與安之也久矣。獨至於褚淵而人皆賤之，弟炤祝其早死，劉祥斥其障面，沈文季責其不忠；且其子賁以封爵爲大辱，而屏居不仕。華歆、王祥、殷仲文、王弘、傅亮之流，均爲黨逆，淵獨不齒，何也？此天理之權衡發見於人心者，銖兩之差不昧也。

黨篡逆而叨佐命之賞者多矣。有志同謀合而悦以服焉者，有私恩固結而不解者，有不用於時而奮起以取高位者；其下則全軀保禄位被脅而詭隨者。凡此，以君子之道責之，則無可容，以小人之情度之，則猶相諒，而淵皆不然。淵者，聯姻宋室，明帝任之爲冢宰者也。其時，齊高一巴陵王休若之偏裨耳，淵不藉之以貴，抑未嘗與協謀而相得，恩所不加，志所不合，勢不相須，權不相下。乃其決於黨逆而終始成乎篡弑者，無他，已則不孝，脫衰干進，而忌袁粲之終喪，欲奪粲以陷之死；宋不亡，齊不篡，則粲不死，遂以君授人而使加以刃，遂傾其祚，皆快意爲之而不恤；於是永爲禽獸，不足比數於人倫。故閨門之内，弟願其死，子畏其汚；子弟不願以爲父兄，而後雖流風積靡之世，亦不足以容。不然，何獨於淵而苛責之邪？

褚賁之辭父爵，疑非人子之道矣；而屏居墓下，終身不仕，則先自靖而不傷父子相隱之恩；無他，忘利禄而後可曲全於人倫之變也。以名位權勢而繫其心者，於君親何有哉？張居正以沖主爲辭，楊嗣昌以滅賊自詫，幸而先填溝壑，不及見國之亡爾，不然，其爲褚淵必也。絶其本根，見棄於天，人之賤之也夙矣。不待惡已著見而後不容於天下也。

武帝

一

范縝作神滅論以闢浮屠，竟陵王子良餌之以中書郎，使廢其論，縝不屑賣論以取官，可謂偉矣。雖然，其立言之不審，求以規正子良而折浮屠之邪妄，難矣。

子良，翩翩之紈袴耳，俯而自視，非其祖父乘時而竊天位，則參佐之才而已；而爵王侯、位三公，驚喜而不知所從來，雖欲不疑爲夙世之福田而不可得，而縝惡能以寥闊之論破之？夫縝「樹花齊發」之論，卑陋已甚，而不自知其卑陋也。子良乘篡逆之餘潤而位王侯，見爲茵褥而實糞溷；縝修文行而爲士流，茵褥之資也，而自以爲糞溷。以富貴貧賤而判清濁，則已與子良驚寵辱而失據者同其情矣，而惡足以破之？夫以福報誘崇奉學佛之徒，黠者且輕之矣；謂形滅而神不滅，學佛之徒，慧者亦謂爲常見而非之矣。無見於道，而但執其緒論以折之，此以無制之孤軍撩蠭屯之寇盜，未有不衄者也。

子良奚以知神之不滅哉？謂之不滅，遂有說焉以成乎其不滅。縝又奚以知神之必滅哉？謂之滅，遂有說焉以成乎其滅。非有得於性命之原而體人道之極，知則果知，行則果行，揭日月而無隱者，詎足以及此？浮游之論，一彼一此，與於不仁之甚，而君子之道乃以充塞於天下。後之儒者之於浮屠也，或惑之，或闢之，兩皆無據，而闢之者化爲惑也不鮮。韓愈氏不能保其正，豈縝之所克任哉？夫其辨焉而不勝，争焉而反屈者，固有其本矣。范縝以貧賤爲糞溷，韓愈以送窮爲悲歎，小人喻利之心，不足以喻義，而惡能立義？浮屠之慧者，且目笑而賤之。允矣，無制之孤軍必爲寇盜禽也。

二

官無常禄，贓則坐死，日殺人而貪彌甚；有常禄矣，贓乃坐死，可無辭於枉矣，乃抑日殺人而貪尤彌甚。老氏曰：「民不畏死，柰何以死威之！」誠哉是言也。拓拔氏之未班禄也，枉法十疋、義贓二十疋、坐死；其既班禄也，義贓一疋、枉法無多少、皆死；徒爲殘虐之令而已。

夫吏豈能無義贓一疋者乎？非於陵仲子之徒，大賢以下，未有免焉者也。人皆遊於羿之彀中，則將詭遁於法，而上下相蒙以幸免。其不免者，則無交於權貴者也，有忤於上官者也，繩姦胥之過、拂猾民之欲者也。狎姦胥，縱姦民，媚上官，事權貴，則枉法千疋而免矣。反是，不患其無義贓一疋之可搜摘者也。於是乎日殺人而貪彌甚。不知治道，而刻覈以任法，其弊必若此而不爽。故拓拔令羣臣自審不勝貪心者辭位，而慕容契曰：「小人之心無常，帝王之法有常。以無常之心，奉有常之法，非所克堪，乞從退黜。」蓋以言乎常法之設，徒使人人自危，而人人可以免脱，其意深矣！宏不悟焉，死者積而貪不懲。豈但下之流風不可止哉？以殺之者導之也。

三

拓拔氏之禁讖緯凡再矣，至太和九年詔焚之，留者以大辟論。蓋邪説乘一時之淫氣，汜濫既極，必且消亡，此其時也。於是並委巷卜筮非經典所載而禁之。卓哉！爲此議者，其以迪民於正而使審於吉凶也。禮於卜筮者問之曰：「義與？志與？義則可問，志則否。」又曰：「假於時日卜筮以疑衆，殺。」蓋卜筮者，君子之事，非小人之事，委巷之所不得與也。君子之於卜筮，兩疑於義而未決於所信，問焉而以履信；事逆於志，己逆於物，未能順也，問焉而以思順。得信而履，思效於順，則自天佑之，吉无不利。若此者，豈委巷小人所知，亦豈委巷小人所務知者哉？其當嚴刑以禁之也，非但姦宄之妄興以消其萌也，即生人之日用，亦不可以此亂之也。

死生，人道之大者也。仰而父母，俯而妻子，病而不忍其死，則調持之已耳。乃從而卜筮之，其凶也，將遂置之而廢藥食邪？其吉也，將遂慰焉而疏侍省邪？委巷之人，以此而妨孝慈以致之死，追悔弗及矣。婚姻，人道之大者也。族類必辨，年齒必當，才質必堪，審酌之已耳。乃從而卜筮之，其吉也，雖匪類而與合邪？其凶也，雖佳偶而與離邪？委巷之人，其以此亂配偶而或致獄訟，追悔弗及矣。抑如寇至而避之，不容已者也。避之必以其時，而不可待；避之必於其地，而不可迷；深思而謀之，有識者雖不免焉，鮮矣。乃從而卜筮之，其吉也，時地兩失，必趨於陷阱邪？其凶也，時地兩得，必背其坦途邪？委巷之人，以此而蹈凶危，追悔弗及矣。繇此言之，委巷之有卜筮，豈但納天下於邪乎！抑且陷民於凶危咎悔之塗。而愚民無識，方且走之如鶩。王者安全天下而迪之以貞，故王制以爲非殺莫能禁也。

且委巷卜筮之術背於經典者，於古不知何若，而以今例之，則先天序位也，世應游魂也，竊卦氣於陳摶也，師納甲於魏伯陽也，參六神生克神煞於星家之瑣説與巫覡之妖術也。自焦、京以來，其誣久矣。沿流不止，爲君子儒者，不能自拔流俗之中以守先王之道，亦且信其妄而躋之羲、文、周、孔之閒，蕪其微言，叛其大義，徒以惑民而導之於險阻。嗚呼！拓拔氏夷也，而知禁之；爲君子儒者，文之以淫辭，而尊之爲天人之至教，不謂之異端也，奚可哉？程子鄙康節之術而不屑學，康節之術，委巷之師也。

四

拓拔氏太和九年，從李沖之請，五家立鄰長，五鄰立里長，五里立黨長，此里長之名所自昉也。沖蓋師周禮之遺制而設焉。乃以周制考〔之〕㊀，王畿爲方千里，爲田九萬萬畝。以古畝百步今畝二百四十步約之，爲田三萬七千萬有奇；以今起科之中制準之，爲糧大約二百二十萬石，視今吴縣、長洲二邑之賦而不足，則其爲地也狹，爲民也寡矣。周之侯國千八百，視今州縣之數而尤儉也。以甚狹之地，任甚寡之民，區別而屑分之也易。且諸侯制賦治民之法，固有不用周制者，如齊之軌里，楚之牧隰，不能強天下以同也。以治衆大之法治寡小，則疏而不理；以治寡小之法治衆大，則潰而不行。故周禮之制，行之一邑而效，行之天下而未必效者多矣。

三長之立，李沖非求以靖民，以覈民之隱冒爾。拓拔氏之初制，三五十家而制一宗主，始爲一户，略矣，於是而多隱冒。沖立繁密之法，使民無所藏隱，是數罟以盡魚之術，商鞅之所以彊秦而塗炭其民者也。且夫一切之法不可齊天下，雖聖人復起，不能易吾説也。地有肥瘠，民有淳頑，而爲之長者亦異矣。民疲而瘠，則五家之累耑於一家；民悍而頑，則是五家而置一豺虎以臨之也。且所責於三長者，獨以課覈賦役與？抑以兼司其訟獄禁制也？兼司禁制，則弱肉彊食，相迫而無窮；獨任賦役，則李代桃僵，交傾而不給。黠者因公私斂，拙者奔走不遑，民之困於斯極矣。非商鞅其孰忍爲此哉？

夫民無長，則不可也，隱冒無稽，而非違莫詰也。乃法不可不簡，而任之也不可不輕，此王道之所以易易也。然則三五十家而立宗主，未嘗不爲已密，而五家櫛比以立長，其禍豈有涯乎？民不可無長，

㊀「之」字據校記增。

而置長也有道；酌古今之變，參事會之宜，簡其數而網不密，遞相代而互相制，則疲羸者不困，而彊豪者不橫。若李沖之法，免其賦役，三載無過，則升爲黨長，復其三夫，(而)〔吾〕㊀知姦民之恣肆無已矣。

要而論之，天下之大，田賦之多，人民之衆，固不可以一切之法治之也。有王者起，酌腹裏邊方、山澤肥瘠、民人衆寡、風俗淳頑，因其故俗之便，使民自陳之，邑之賢士大夫酌之，良有司裁之，公卿決之，天子制之，可以行之數百年而不敝。而不可合南北、齊山澤、均剛柔、一利鈍，一概強天下以同而自謂均平。蓋一切之法者，大利於此，則大害於彼者也。如之何其可行也！

五

齊以民閒穀帛至賤，而官出錢糴買之，亦權宜之法，可以救偏者也。民之所爲務本業以生，積勤苦以獲，爲生理之必需，佐天子以守邦者，莫大乎穀帛。農夫終歲以耕，紅女終宵而紡，徧四海，歷萬年，唯此之是營也。然而婚葬之用，醫藥之需，鹽茗之資，親故鄉鄰之相爲醻酢，多有非穀帛之可孤行，必需金錢以濟者。乃握粟抱布，罄經年之精髓適市，而姦商雜技揮斥之如土芥；故菽粟如水火，而天下之不仁益甚。孟子之言，目擊齊、梁之餓莩充塗、仇殺相仍者言也，非通論也。

乃當其貴，不能使賤，上禁之弗貴，而積粟者閉糴，則愈騰其貴；當其賤，不能使貴，上禁之勿賤，而懷金者不讎，則愈益其賤；故上之禁之，不如其勿禁也。無已，賤則官糴買之，而貴官糶賣之，此

㊀ 據校記改。

「常平」之法也。而猶未盡也。官糴官買，何必凶年而糶賣乎？以餉兵而供國用，蠲民本色之徵，而折金錢以抵穀帛之賦，則富室自開廩發笥以斂金錢，而價自平矣。故曰：權宜之法，可以救偏者也。

乃若王者之節宣也有道，則亦何至穀帛之視土芥哉！金錢不斂於上而散布民閒，技巧不淫於市而游民急須衣食，年雖豐，桑蠶雖盛，金錢賤而自爲流通，亦何待官之糴買，而後使農夫紅女之不困邪？故粟生金死而後民興於仁。菽粟如水火，何如金錢之如瓦礫哉！

六

拓拔宏詔羣臣言事，李彪所言，幾於治道，君子所必取焉。其善之尤者，曰：「父兄繫獄，子弟無慘容；子弟被刑，父兄無媿色。宴安自若，衣冠不變，骨肉之恩，豈當如此？父兄有罪，宜令子弟肉袒詣闕請罪；子弟有坐，宜令父兄露板引咎，乞解所司。」以扶人倫於已墜，動天性於已亡，不已至乎！夫父兄之引咎，子弟之請罪，文也；若其孝慈惻怛之存亡，未可知也。役於其文，亦惡足貴乎？而非然也。天下鶩於文，則反之於質以去其僞；天下喪其質，則導之於文以動其心。故質以節文，爲欲爲君子者言也；文以存質，所以閔質之亡而使質可立也。

天下之無道也，質固澆矣，而猶有存焉者，動止色笑之閒，對人而生其媿怍。不知道者曰：「忠孝慈友之淺深厚薄，稱其質而出之，而何以文爲？」則坦然行於忻戚之便安，而後其質永喪而無餘。今且使父兄被罪者肉袒於闕，子弟坐刑者退省於官，則雖不肖者，亦願其父兄子弟之免，而已可以即安。此情一動，而天性之孝慈，相引而出。小人之惡斂，而君子之志舒，此非救衰薄、挽殘忍之上術與？

近世有南昌熊文舉者，爲吏部郎，其父受賕於家，貽書文舉，爲人求官。邏者得之，其父逮問遣戍，而文舉以不與知匄免，涖事如故，漸以遷官，未三年而天下遂淪。悲哉！三綱絶，人道蔑，豈徒一家之有餘殃哉！

七

正統之論，始於五德。五德者，鄒衍之邪説，以惑天下，而誣古帝王以徵之，秦、漢因而襲之，大抵皆方士之言，非君子之所齒也。漢以下，其説雖未之能絶，而争辨五德者鮮；唯正統則聚訟而不息。拓拔宏欲自躋於帝王之列，而高閭欲承苻秦之火德，李彪欲承晉之水德；勿論劉、石、慕容、苻氏不可以德言，司馬氏狐媚以篡，而何德之稱焉？夏尚玄，殷尚白，周尚赤，見於禮文者較然。如衍之説，玄爲水，白爲金，赤爲火，於相生相勝，豈有常法哉？天下之勢，一離一合，一治一亂而已。離而合之，合者不繼離也；亂而治之，治者不繼亂也。明於治亂合離之各有時，則奚有於五德之相禪，而取必於一統之相承哉！

夫上世不可考矣。三代而下，吾知秦、隋之亂，漢、唐之治而已；吾知六代、五季之離，唐、宋之合而已。治亂合離者，天也；合而治之者，人也。舍人而窺天，舍君天下之道而論一姓之興亡，於是而有正閏之辨，但以混一者爲主。故宋濂作史，以元爲正，而亂大防[一]，皆可託也。夫漢亡於獻帝，唐亡於

[一]「大防」二字刻本闕，據校記補。

哀帝，明矣。延旁出之孤緒，以蜀漢繫漢，黜魏、吴而使晉承之，猶之可也。然晉之篡立，又奚愈於魏、吴，而可繼漢邪？蕭詧召夷以滅宗國，竊據彈丸，而欲存之爲梁統；蕭衍之逆，且無以愈於陳霸先，而況於詧？李存勗，朱邪之部落，李昪，不知誰氏之子，必欲伸其冒姓之妄於諸國之上，以嗣唐統而授之宋，則劉淵可以繼漢，韓山童可以繼宋乎？近世有李槃者云然。一合而一離，一治而一亂，於此可以知天道焉，於此可以知人治焉。過此而曰五德，曰正統，嚚訟於廷，舞文以相炫，亦奚用此曉曉者爲！

八

篡逆之臣不足誅，君子所惡者，進逆臣而授以篡弑之資者也。夫唯曹操、劉裕，自以其能迫奪其君，操不待荀彧之予以柄，而劉穆之、傅亮因裕以取富貴，非裕所藉以興也。司馬懿之逆，劉放、孫資進而授之也，放、資之罪無所逭矣；然放、資固天下之險人也，亦無足誅也。蕭道成之逆誰授之？劉秉也。蕭鸞之逆誰授之？蕭子良也。夫秉之忠，子良之賢，其於放、資，薰蕕迥别矣；而優柔恇怯，修禮讓之虚文以成實禍，於是而後爲君子之所甚惡，以二子者可以當君子之惡者也。金日磾之讓霍光也，曰：「臣胡人，且使匈奴輕漢。」自揣審，知光深，而爲國亦至矣。然終日磾之世，霍光不敢受封，上官桀不敢肆志，則日磾固毅然以社稷爲己任，而特避其名耳。秉以宋之宗室，子良以齊之懿親，受託孤之重，分位可以制百官，品望可以服天下，忠忱可以告君父；而迂回退巽，知姦賊之叵測，而賓賓然修禮讓之文，宗社之任在躬，憯忘而不恤。豈徒其果斷之不足哉？蓋亦忠誠之未篤也。是以君子惡之也。

易曰：「謙，德之柄也。」君子以謙爲柄，而銷天下之競，豈失其柄以爲謙，而召姦宄以得志乎？秉終受刃，而子良鬱鬱以亡，亦自悔之弗及矣。史稱「子良仁厚，不樂世務，故以輔政推鸞」。誠不樂世務也，山之椒，水之湄，獨寐寤歌，胡爲乎立百僚之上而不早退也？

鬱林王

一

孟子曰：「盡信書則不如無書。」尚書刪自仲尼，且不可盡信，況後世之史哉？鬱林王昭業之不足爲君，固已。然曰：「世祖積錢及金帛不可勝計，未朞歲而用盡」，則誣矣。夷考朞歲之中，未嘗有傾宮璇室裂繒鑿蓮之事也，徒以擲塗賭跳之戲，遂蕩無窮之帑乎？隋煬之侈極矣，用之十三年而未竭，鬱林居位幾何時，而遽空其國邪？當其初立，王融先有廢立之謀矣；蕭鸞排抑子良，挾權輔政，即有篡奪之心矣。引蕭衍同謀，而徵隨王子隆，於是而其謀益亟，鬱林坐臥於刀鋸之上，而愚不知耳。鸞已弑主自立，王晏、徐孝嗣文致鬱林之惡，以揜鸞滔天之罪，欲加之罪，何患無辭乎？

史於宋主子業及昱，皆備紀其惡，窮極薉媟，不可以人理求者，而言之已確，豈盡然哉？亂臣賊子弑君而篡其國，詎可曰君有小過而我固不容，則極乎醜詆而猶若不足，固其所矣。夫宋孝武之懲於逆劭也，明帝之必欲立昱而固其位也，齊武之明而儉也，夫豈不知子孫之不肖而思有以正之乎？大臣挾人人可爲主之心，不以戴賊爲恥，誰與進豫教之道於先，獻箴規之言於後者。待其不道，暴其惡以弑之已耳。此三數君者，亦嘗逆師保之訓，殺忠謀之臣否邪？此可以知在廷之心矣。人道絶，廉恥喪，公然訐數其君之惡，而加以已甚之辭，曰：此其宜乎弒而宜乎簒者也。惡足信哉！

二

人而不仁，言動皆非人之所測；天下而不仁，嚮背皆任其意之所安。不仁者，非但殘忍忮害之謂也。殘忍忮害者，抑必先蒙昧其心，漠然於身，漠然於天下，而後敢動於惡而無忌。雖然，猶或有時焉，遇大不忍之事，若鬼神臨之，而惻惻以不寧，則人亡其仁，而仁未遽去其心也。唯夫爲善不力，爲惡不力，漠然於身，漠然於天下，優游淌瀁而夷然自適者，則果不仁也，如死者之形存而哀樂不足以感矣。此其爲術，老聃、楊朱、莊周倡之，而魏、晋以來，王衍、謝鯤之徒，鼓其狂瀾，以蕩忠孝之心，棄善惡之辨，謂名義皆前識也，謂是非一天籟也，於我何與焉？漠然於身而喪我，漠然於天下而喪耦。其説行，而天下遂成一刀刺不傷、火焚不爇之習氣，君可弒，國可亡，民可塗炭，解散披離，悠然自得，盡天下以不仁，禍均於洪水猛獸而抑甚焉。

蕭鸞之弒鬱林也，謝瀹與客圍棊，局竟，遂卧而不問；虞悰聞變，但曰「王、徐縛袴廢天子，天下豈有此理邪？」江斆則託疾吐噦而去；謝朏出爲吴興守，致酒數斛與其弟，曰：「可力飲此，勿豫人事。」此數事者，當時傳之以爲高。而立人之朝，食人之禄，國亡君弒，若視黄雀之啄螳螂，付之目笑，非至不仁者，其能若此乎？故刻薄殘忍者，情之不戢，禍及君親，而清宵一念，猶有媿悔之萌。唯若瀹、悰、斆、朏之流，恬然自適，生機斬而痛癢不知，仁乃永不生於其心，而後人理盡絶。士大夫倡之，天下效之，以成乎不仁之天下。追原禍始，唯聃、朱、莊、列「守雌」「緣督」之教是信，以爲仁之賊也。君子惡而等之洪水，惡此而已。

明帝

一

人才之靡也，至齊、梁而已極。非盡靡也，尸大官、執大政者，靡於上焉耳。明帝之凶悖，高、武之子孫，殺戮殫盡而後止，而大臣談笑於酒弈之閒自若也。乃晉安王子懋之死，其防閤陸超之、董僧慧先與子懋謀舉兵者，獨能不昧其初心：僧慧則請大斂子懋而就死，業已無殺之者，而視子懋幼子訊父之書，一慟而卒；超之或勸其逃，而曰「吾若逃亡，非唯孤晉安之恩，亦恐田橫之客笑人」，端坐以待囚，而爲門生所殺，頭隕而身不僵。夫二子者，非但其慷慨以捐生也，審於義以遲回，瀕死而不易其度，使當託孤寄命之任，其不謂之社稷之臣與？乃皆出自寒門，身爲武吏，其視王、謝、徐、江世胄華門、清流文苑之選，世且以爲涇、渭之殊，而以較彼之轉面忘君、安心助逆者，果誰清而誰濁也？故曰：尸大官、執大政者靡於上，而下未盡然也。

永嘉之後，風俗替矣。而晉初東渡，有若郄鑒、卞壼、桓彝之流，秉正而著立朝之節；紀瞻、祖逖、陶侃、温嶠，忘身以弘濟其艱危。乃及謝傅薨，王國寶用事以後，在大位者，若有衣鉢以相傳，擅大位以爲私門傳家之物，君屢易，社屢屋，而磐石之家自若；於是以苟保官位爲令圖，而視改姓易服爲浮雲之聚散。唯是寒門武吏，無世業之可憑依，得以孤致其惻隱羞惡之天良。繇此言之，爵禄者，天子齊一人心、移易風俗之大權在焉，不可與下以固然，而使據之以爲己重，其亦明矣。世業者，天子之守也，非下之所得怙也。閭井之子弟，受一頃田於祖父，而即以賦税怨縣官，亦何以異於此哉？拓拔宏曰：「君子之門，無當世之用，要自德行純篤。」純篤云者，豈不恤名義，長保其富貴之家世而已乎？

二

拓拔宏之僞也，儒者之恥也。夫宏之僞，欺人而遂以自欺久矣。欲遷雒陽，而以伐齊爲辭，當時亦孰不知其僞者，特未形之言，勿敢與争而已。出其府藏金帛衣器以賜羣臣，下逮於民，行無故之賞，以餌民而要譽，得之者固不以爲德也，皆欺人而適以自欺也，猶未極形其僞也。至於天不雨而三日不食，將誰欺？欺天乎？人未有三日而可不食者，况其在豢養之子乎！高處深宫，其食也，孰知之？其不食也，孰信之？大官不進，品物不具，宦官宫妾之側孰禁之？果不食也歟哉！而告人曰：「不食數日，猶無所感。」將誰欺？欺天乎？

宏之習於僞也如此，固將曰聖王之所以聖，吾知之矣，五帝可六，三王可四也。自馮后死，宏始親政，以後五年之閒，作明堂，正祀典，定祧廟，祀圜丘迎春東郊，定次五德，朝日養老，修舜、禹、周、孔之祀，耕藉田，行三載考績之典，禁胡服胡語，親祠闕里，求遺書，立國子大學四門小學，定族姓，宴國老庶老，聽羣臣終三年之喪，小儒争豔稱之以爲榮。凡此者，典謨之所不道，孔、孟之所不言，立學終喪之外，皆漢儒依託附會、逐末舍本、雜讖緯巫覡之言，塗飾耳目，是爲拓拔宏所行之王道而已。尉元爲三老，游明根爲五更，豈不辱名教而羞當世之士哉？故曰儒者之恥也。

德立而後道隨之，道立而後政隨之。誠者德之本，欺者誠之反也。漢儒附經典以刻畫爲文章，皆不誠之政也。而曰帝之所以帝，王之所以王，在是而已。乃畢行之以欺天下後世者唯宏爾。後之論者猶豔稱之，以爲斯道之榮，若漢、唐、宋之賢主俱所無逮者。不恤一日之勞，不吝金錢之費，而已爲後世所欣慕，則儒者將以其道博寵光而侈門庭乎？故曰儒者之恥也。

雖然，抑豈足爲君子儒之恥哉？君子儒之以道佐人主也，本之以德，立之以誠，視宏之所爲，沐猴之冠、優俳之戲而已矣。備紀宏之僞政於史策，所以示無本而效漢儒附託之文具，則亦索虜欺人之術也，可以鑒矣。

三

王敬則之子幼隆，以謝朓其姊壻也，告以反謀，而朓發之，敬則敗死，朓遷吏部，則夫婦之恩絕；其後始安王遥光要與同反，復以告左興盛，爲遥光所殺，則保身之計亦迷；故論者以咎朓之傾險。雖然，使朓從幼隆而秘其謀，從遥光而受衛尉卿之命以爲内應，於義既已不可，而事敗駢誅，又何足以爲全身之智乎？嗚呼！士之處亂世遇亂人也難矣。若朓者，非有位望之隆足爲重輕，幹略之長可謀成敗者也，徒以詞翰之美見推流輩而已。而不軌以徼幸者，必引與偕而不相釋，夫朓亦豈幸有此哉？無端苦以相加，而進有叛主之逆，退有負親戚賣友朋之憾，「握粟出卜，自何能穀」。朓之詩曰：「大江流日夜，客心悲未央。」誠哉其可悲乎！

夫朓直未聞君子之教、立身於寡過之地而已，非懷情叵測、陷人以自陷之僉人也，而卒以不令而死。夫君子之處此，則有道矣：可弗仕，勿仕也；仕可退，無待而退也；無可退焉，靜而若愚，簡而若蕩；既已爲文人矣，山川雲物之外，言不及於當世，交不狎於亂人，則莊周所謂才不才之閒者近之。而益之以修潔，持之以端嚴。亂人曰：此沈酣詞藝而木彊不知道者，未足與謀也。則雖懷慝而欲相告，至其前而默然已退。榮不得而加，辱不得而至，福不得而及，禍不得而延，庶其免夫！朓之不能及此也，名敗而身隨之，宜矣。雖然，又豈若范曄、王融、祖珽與魏收之狂悖猥鄙乎？諺曰：「文人無行。」未概可以加朓也。

東昏侯

一

揚雄曰：「鴻飛冥冥，弋者何篡焉？」雄未能踐其言也，若其言，則固可深長思也。冥冥者時也，飛者道也；鴻以飛爲道，不待冥始飛也，而所以處冥者得矣。弋者之不篡，非有篡之心，限於冥而罷其機牙也。苟有可篡，則於冥而篡之也滋甚。唯使弋者忘其篡之情，而後鴻以安於雲逵，其以銷弋者之情已久矣。

王敬則反，欲劫何胤爲尚書令，敬則長史王弄璋曰：「何令高蹈，必不從；不從，便應殺之；舉大事，先殺名賢，必不濟。」敬則乃止。夫胤何以得此於弄璋乎？至何點而尤危矣。崔慧景反，逼點召之，點弗能脱，唯日與談佛義，不及軍事。慧景敗，東昏侯欲殺點，蕭暢曰：「點若不誘賊共講，未易可量。」東昏乃止。點又何以得此於暢邪？點與胤之時冥矣，上有亂君，下有亂臣，而二子若罔知也，守其（機）〔飛〕㈠之恒而已。二子者，學於浮屠氏者也，而守其恒（而）〔以〕㈡自安於道，且若此矣，况君子之忠信爲甲胄，禮義爲干櫓者乎！飛絶於地，而非有擇地。故二子迫處於吴、越之閒，而不必浮海濱而居荒嶠。飛無求於人而人自仰之。故暢、弄璋不必與相知，而曲爲之護。亂君亂臣，弋之不可，而弋之之志自消。二子豈以飛爲避弋之術哉？自翔於雲路，而弋固莫能篡也。

故飛者，非恬之以不可篡也；冥者，非可乘以飛之機也。天下無道，吾有其道；道其所道，而與天下無與。然而道之不可廢也，不息於冥，亦不待冥而始決也。持己自正，修其業而人心自順，生死禍福，俟之天，聽之世，己何知焉？是故揚雄氏之言，可深長思也，而非固爲暗晦以圖全之陋術也，愈於莊生曳塗之説遠矣。

二

齊之逆，非曹、馬、劉氏之比也；東昏之虐，非蒼梧、鬱林之比也；故蕭衍雖篡，而罪輕於道成。乃

㈠、㈡ 據校記改。

自宋以來，天下之滅裂甚矣，一帝殂，一嗣子立，則必有權臣不旋踵而思廢之。伺其失德，則暴揚之，以爲奪之之名。當扆之席未煗，今將之械已成。謝晦一啓戎心，而接跡以興者不絶，至於東昏立，而無人不思攘臂以仍矣。江祏也，劉暄也，蕭遥光也，徐孝嗣也，沈文季也，陳顯達也，崔慧景也，張欣泰也，死而不懲，後起而益烈，汲汲焉唯手刃其君以爲得志爾。身爲大臣，不定策於顧命之日，不進諫於失德之始，翹首以待其顛覆，起而殺之。嗚呼！君臣道亡，恬不知恤，相習以成風尚，至此極矣！

拓拔氏聞風而起，元禧無故而乘其主之出獵，遂欲舉兵以内亂。自有天地以來，人道之逆，未有甚於此時者也。能挽其狂波而扶名義於已墜者，顧不偉與！於是而蕭懿獨秉耿耿之忠，白刃臨頭而不易其節，弟衍説之而不聽，張弘策説之而不聽，徐曜甫説之而不聽；禍將及矣，曜甫知之，勸其奔襄陽，而奮然曰：「自古皆有死，豈有叛走尚書令邪？」可不謂皎皎炎炎，天日在心，而山嶽孤立者乎！沈慶之不忍廢子業而死，猶有低回之心焉，懿則引頸受刃，以全大臣之節，尤爲烈矣。一人風之，而天下之心亦動。故自是以後，自非決志篡奪，不敢視嗣君如圈豚、旋擁立而旋執殺之，懿之爲功於名教大矣哉！煬之者謝晦，撲之者懿也。晦罪滔天，而懿之功又豈可泯乎？

三

孟昶與劉裕同起，盧循寇逼而昶懼以死；蕭穎胄與蕭衍同起，蕭璝兵逼江陵而穎胄懼以死；庸人輕動而喪其神守，裕與衍固不以其存亡爲輕重也。乃昶、穎胄之無定情固矣，假令不死，而裕、衍之勢成，昶、穎胄其能終匡晉、齊乎？抑知己之非裕、衍之敵而不争乎？昶且爲劉毅，穎胄且爲沈攸之也無疑；則其死也，又裕、衍之幸也。昶死而劉毅無援，穎胄死而衍安坐以有國；天下稍寧，免於兵爭者五十餘年，則穎胄之死，非徒衍之幸，抑天下之幸也。

穎胄之立南康王也，非衍志也，穎胄挾以制衍也。故於諸篡主，唯衍差爲近正者有二：穎胄恇怯，欲請救於魏，其時元英方欲乘亂以襲襄陽，幸其主不從耳，而請援以挑之，是授國於索虜也。衍毅然曰：「丈夫舉事，欲清天步，豈容北面請救戎狄？」則其視劉文静之引突厥以貽後患者爲正矣。穎胄之立南康也，果不忘蕭鸞之血祀乎？抑道成立順帝、蕭鸞立海陵之故智耳。已正君臣之分，而又奪而弑之，則君臣之道，遂淪喪而無餘。衍之東下也，東昏已死於張稷之手，衍乃整勒部曲以入建康，自以宣德太后令承制受百僚之敬，而非受命於南康。南康王至姑孰，而衍已自立，未嘗一日立於南康之廷。非己立之，未嘗臣之，則視唐之奉代王而逼之禪也，又有閒矣。故曰視諸篡者爲近正也。藉令穎胄不死，必陽奉南康以與衍爭，而規滅衍以自篡；不勝，則北引索虜以殘中國僅存之統，王琳之禍，穎胄先之矣。故穎胄之死，非徒衍之幸，抑天下之幸也。

乃若衍之惡不可掩者，則弑和帝是已。衍固欲置之南海，而沈約以危詞動之，然衍以是惡約，奪其權而加以惡謚，則衍且有自艾之心矣。若穎胄之葺頑，而欲師道成、鸞之故轍，死而其慝隱耳，衍之所不屑也。

讀通鑑論卷十七

梁武帝

一

齊、梁之際，天下始有志節之士。馬仙琕之不降也，何胤、何點之召而不赴也，顏見遠之死也，梁武能容之，而諸君子者，森森自立於人倫，晉、宋以來頑懦之風，漸衰止矣，非待梁武之奬勸之也。夫齊之得國也，不義之尤者，東昏之淫虐亦殊絶，而非他亡國之主所齒，齊亦何能得此於天下士哉？

風教之興廢，天下有道，則上司之；天下無道，則下存之；下亟去之而不存，而後風教永亡於天下。大臣者，風教之去留所託也。晉、宋以降，爲大臣者，怙其世族之榮，以瓦全爲善術，而視天位之去來，如浮雲之過目。故晉之王謐，宋之褚淵，齊之王晏、徐孝嗣，皆世臣而託國者也，乃取人之天下以與人，恬不知恥，而希佐命之功。風教所移，遞相師效，以爲固然，而矜其通識。故以陶潛之高尚，而王弘不知自媿，強與納交，己不媿而天下孰與媿之？則非凜秋霜、懸白日以爲心，亦且徜徉而有餘地。至於東昏之世，尸大位、秉大政、傳此鬻君販國之衣鉢者，如江祏、劉暄、沈文季、徐孝嗣之流，皆已死矣。

東昏所任茹法珍、梅蟲兒諸宵小，又皆爲人賤惡而不足以惑人。其與梁武謀篡者，則沈約、范雲，於齊無肺附之寄，而發跡於梁以乍起者也。於是而授受之際，所號爲薦紳之領袖者，皆不與焉。則世局一遷，而夫人不昧之天良，乃以無所傳染而孤露。梁氏享國五十年，天下且小康焉。舊習祓除已盡，而賢不肖皆得自如其志意，不相謀也，不相溷也。就無道之世而言之，亦霪雨之旬，乍爲開霽，雖不保於崇朝之後，而草木亦蓁蓁以嚮榮矣。

「人之云亡，邦國殄瘁」。故黨錮興而漢社移，白馬沈而唐宗斬；世臣之重繫安危也，繼治之世然也。宿草不除，新荑不發，故宋、齊篡君販國之老姦絕，而齊有自靖之臣；世臣不足倚而亟用其新也，繼亂之世然也。若夫豪傑之士，豈有位大權尊、名高族盛者在其目中哉？「八表同昏，平路伊阻」，陶令之風，不能以感當時，而可以興後世，則又不可以世論者也。

二

謝朏與何點、何胤同徵不赴，而朏忽自至，角巾白輿，拜謁以受司徒之命，人知醜之，亦知朏之不終其節者，何以冒天下後世之譏而不恤邪？朏於時老矣，且受三事之命，終不省録職事。當無所希冀之暮年，而未嘗貪權利以自裕，朏何昧於名實哉？蓋有迫之者也。孰迫之？子弟之迫之也。蓋謝氏於此，歷三姓而皆爲望族，朓死而勢衰，朏終隱而其族之氣餒熄矣。當鬱林且弑之日，朏戒弟瀹以勿與，齊明篡而不與推戴之功，子弟方且怪焉。迨東昏虐殺而幸保其宗，朏可以先見服其子弟。及梁篡而朏猶遠引，子弟又不能弗怪也。已而梁位定，梁政行，粲然可觀，則子弟觀望之心釋，而競進之志不可遏。

朏不出而見絶於當世，則闔門之內，相迫以不容，朏於此亦無可如何，而忍恥包羞，不憚以老牛爲犧，而全其舐犢之恩也，是可悲也。

至尊者君，而或能抗之矣；至親者父，而或且違之矣；瑣瑣禽犢，敗人之名節，垂老而喪其本心，亦可畏也夫！悠悠天下，孰有如王思遠之於兄晏，勸其自裁而免於逆死者乎？「母也天只，不諒人只」，父母之不諒，可形之歌歎，而子弟之相煎，其威更踰於天。白首扶筇，唯其所遣，一至此哉！陶令之子，不愛紙筆，幸也，而何歎焉？

三

晉武任賈充而亂其國，宋武任謝晦、傅亮而翦其子，故梁廢王亮爲庶人，用徐勉、周捨而抑沈約，誠有鑒於彼也。充、晦、亮，魏、晉之世臣也，何怨於故君？而望風獻款，屋其社，餒其鬼，殲其血胤，不問而可爲寒心。晉、宋之主，舉國而聽之，何其愚邪！

或曰：人爲我犯難以圖，我因以得天下，既得而忘之，疑於寡恩。晉、宋之主所以沾沾而不忍，亦過之失於厚者也。漢高之斬丁公，則過之失於薄者也。失之厚而禍非所謀，亦奚必不可哉？

曰：此不可以小人懷惠之私爲君子之厚也。亂人不死，天下不寧，怙惡相比，懷其私恩，則禍亂弗懲；豈區區較量於厚薄者乎？晉惠公殺里克，傳春秋者，謂里克非惠公之所得殺，非也。亂臣賊子，天下無能正其罰，而假手於所援立之君，天道也，非人之所可用其厚薄之私者也。梁武之於此，天牖之，弗容自昧矣。沈約之於齊，仕未顯也，故其罪輕於王亮，亮，大臣也，約雖抑而不廢，亮永廢而不庸，天理之差也。張稷逃於刑而死於叛民，惡尤烈於亮與約也。天之所罰，梁不逆焉，故得免於賈充、謝晦之禍。若不能免媿於己，因以怨人，相勸以惡，而禍乃不訖。以之爲厚，自賊而賊世，庸有救乎？

四

緹縈、吉翂之事，人皆可爲也，而無有再上漢闕之書、撾梁門之鼓者，曠千餘年。坐刑之子女，亦無敢聞風而效之，何也？不敢也。不敢也，非畏也，父刑即不可免，弗聽而已矣，未有反加之刑者，亦未有許之請代而殺之者，本無足畏，故知不畏也。不畏而不敢者，何也？誠也。平居無孺慕不舍之愛，父已陷乎罪，抑無驚哀交迫之實。當其撾鼓上書之日，而無決於必死之心，青天臨之，皎日照之，萬耳萬目交注射之，鬼神若在其上而鑒觀之，而敢飾説以欺天欺鬼、欺人欺己以欺天子與法吏也，孰敢也？緹縈、吉翂之敢焉者，誠也；天下後世之不敢效者，亦誠也。誠者，天之道也，人之心也。天之道，其敢欺也乎哉！於是而知不敢之心大矣。

天有所不敢，故冬不雷而夏不雪；地有所不敢，故山不流而水不止；聖人有所不敢，故禹、湯不以天下與人，孔子述而不作。人皆有不敢之心，行於惻隱羞惡辭讓是非之中。君子以立誠而居敬。昧其所不敢，而效人之爲以欺天下，則違天而人理絶。王莽自以爲周公，曹丕自以爲舜、禹，敢也；揚雄以法言擬論語，王通以元經擬春秋，敢也。聞古有之，不揣而倣之，愚夫愚婦所不自欺之心，僻而辨、僞而堅者，無所憚而爲之，皆自絶於天者也。然則有效緹縈、吉翂之爲者，明主執而誅之可也。

五

惟以勢利爲心，則無所不至，故鄙夫而與事君，上以危國而下以亡身也，必矣。趙修得幸於元恪，甄琛、王顯諂附之，高肇忌修，將發其姦，琛、顯懼而背修附肇，助肇攻修，密加重刑，殺修以滅口，險而很也如是，亦可畏哉！雖然，無足怪也，鄙夫之情所必至也。小人之與鄙夫，氣相翕而忘其相害，機相制而不畏其相傾，非異也；所異者，君子不審，見其反面相攻，而信以爲悔過自新，撫而收之，則愚矣。過有可悔，有不可悔。沈溺佞幸羶穢之中，與相膠漆，過之不可悔者也，而何爲聽之？

易曰：「君子豹變。」言豹文蔚紆勿切而不章，雖能變物，而小人之所革者，徒面而已，中固未革，莫之變也。蔡京不旬日而盡改新法，司馬公何爲而信之哉？工於面者忍於心，疾叛其所與交狎者，致之死亡而心不爲之怵，斯人也，雖在脅從罔治之科，而防之也必嚴。故聖人之待人恕矣，而斥言其不可與事君，絶之唯恐其不至也。開以悔過之科，則鄙夫之悔也，捷於桴鼓，一無所不至之情耳。君子而爲其所罔哉！

六

三代之教，一出於天子所立之學宮，而下無私學。然其盛也，天子體道之精，備道之廣，自推其意以爲教，而師儒皆喻於道，未嘗畫近小之規，限天下之聰明，以自畫於章程之內。其道略見於大學，若是乎其淵深弘博，而不以登天爲疑也！且自天子之子以降無異學，公卿大夫士之子弟，自以族望而登於仕，非以他日受禄，歆之以利而使學，故學者亦無苟且徇時，求合於章程以徼名利，則學雖統於上，而優游自得者，無一切之法以行勸懲，亦猶夫人之自爲學焉而已也。乃流及於三季之末，文具存而精意日以泯忘，國家之教典，抑且爲有志之士所鄙，而私學興、庠序圮矣。非但其法之弛也，法存而以法限之，記問之科條愈密而愈偷也。以三代之聖王不能持之於五世之後，而況後之有天下者，道不本諸躬，教不盡其才，欲以齊天下之英才而覊絡之，不亦難乎！

乃或爲之説曰："「先王以學域天下之耳目心思而使不過，然則非以明民而以愚民，學其桎梏乎？」後世之學，其始也爲桎梏，而其後愈爲君子所不忍言，故自周衰而教移於下。夫孔子豈爲下而倍，尸天子之道統乎？教亡於天下，聖人之所重憂，不容不身任之，亦行天子之事，作春秋而任知罪之意也。教移於下，至秦而忌之，禁天下以學，而速喪道以自亡。然則後之有天下者，既度德、量力、因時，而知不足以化成天下，則弘獎在下之師儒，使伸其教，雖未足以幾敬敷五教、典冑教樂之盛，而道得以不喪於世。梁武帝既置五經博士於國學，且詔州立學矣，而不敢自信爲能培養天下之俊士，一出於鄉國之教也，又選學士往雲門山就何胤受業，知教之下移而不錮之於上，亦賢矣哉！

三代以還，道莫明於宋，而溯其所始，則孫明復、胡安定實開其先，至於程、朱而大著。朱子固嘗推孫、胡之功矣。夫宋於國學郡縣之學，未嘗不詳設而加厲也，而教之所自興，必於孫、胡；道之所自明，必於程、朱；何也？國家以學校爲取舍人才之徑，士挾利達之心，桎梏於章程，以應上之求，則立志已荒而居業必陋。天子雖欲游學者之志於昭曠之原而莫繇，固不如下之爲教爲學也，無進退榮辱之相禁制，能使志清而氣亦昌也。韓侂冑、張居正亟起而陻塞之，嗚呼！罪浮於桀、紂矣。

或曰：「教出於下，無國家之法以糾正之，則且流於異端而爲人心之害。」是固然也，即如何胤者，儒而詭於浮屠氏者也。然所惡於異端者，爲知有學而擇術不審者言耳。若夫壞人心、亂風俗、釀盜賊篡弑危亡之禍者，莫烈於俗儒。俗儒者，以干禄之鄙夫爲師者也。教以利，學以利，利乃沁入於人心，而不知何者之爲君父，固異端之所不屑者也。即如何胤者，以浮屠亂道矣，然王敬則欲召與同反而不敢召，武帝徵與謀篡而終不就，大節固不踰矣。若彼守國家教術之章程，桎梏於仕進之捷徑者，則從亂臣賊子而得顯榮，亦曰：「吾之所學求利達者本無擇也，誦詩讀書以徼當世之知而已矣。」則其清濁之相去，不已天地懸隔哉！故孟子之論楊、墨曰：「歸斯受之。」歸而可受者，所學非、而爲己之初心可使正也。俗儒奉章程以希利達，師鄙夫而學鄙夫，非放豚也，乃柙虎也，驅之而已矣，又何受焉？教移於下而異端興，然逃而歸焉可俟也，非後世學宫之教，柙虎而傅之翼者比也。上無禮，下無學，而後賊民興，學之統在下久矣。

七

弛鹽禁以任民之採，徒利一方之豪民，而不知廣國儲以寬農，其爲稗政也無疑。甄琛，姦人也，元恪信之，罷鹽禁，而元勰邢巒之言不用。夫琛之欺主而恪聽其欺，固以琛爲利民之大惠，而捐己以從之也。人君之大患，莫甚於有惠民之心，而小人資之以行其姦私。夫琛之言此，非自欲乾没，則受富商豪民之賂而爲之言爾。於國損，於民病，奚恤哉？

嗚呼！民之殄瘁也，生於竊據之世，爲之主者，惠民之心，其發也鮮矣。幸而一發焉，天牖之也。

天牖之，小人蔽之，蔽焉而尼之不行，雖有其心，如無有也，猶可言也。蔽焉而借之以讎其姦私，則惠民之心於以賊民也，無可控告也。上固曰：「吾以利民也，其以我爲非者，必不知恩者也，必撓上而使不得有爲者也，必懷私以牟利者也。」而小人之藏慝，終不覺其爲邪。哀此下民，其尚孰與控告哉？不信仁賢，而邪佞充位，仁而祇以戕，義而祇以賊，毒流天下，而自信爲無過。於是而民之死積，而國之危亡日迫而不知。太平之歌頌盈於耳，而鴻鴈之哀鳴徧於郊。其亡也，不足恤也。民亦何不幸而生斯世也！

八

將不和，則師必覆，將豈易言和者哉？武人之才不競，則不足以爭勝，有功而驕，其氣銳也；無功而忮，其恥激也；智者輕勇者而以爲爪牙，勇者藐智者而譏其嘯諾，氣使之然也。呴呴然易與，而於物無爭，抑不足稱武人之用矣。韓信任爲大將，而羞伍樊噲；關羽自命親臣，而致忿黄忠；不和也而導之以和，非君與當國大臣善爲調馭，安能平其方剛之氣乎？漢高能將將矣，而不能戢韓信之驕，無以得信之情也。武侯、費詩能消關羽之戾，能得羽之情也。

曹景宗，驍將也，韋叡執白角如意、乘板輿以麾軍，夫二將之不相若，固宜其相輕矣。武帝豫敕景宗曰：「韋叡，卿之鄉望，宜善敬之。」得將將之術矣。敕叡以容景宗易，敕景宗以下叡難。然而非然也，叡能知景宗之鷙，而景宗不能知叡之弘，景宗之氣斂，而何患叡之不善處景宗邪？且其詔之曰「韋叡，卿之鄉望」，動之以情，折之以禮，而未嘗有所抑揚焉。叡以景宗之下己，而讓使先己告捷，景宗乃以叡之不伐，而變盧雉以自抑㊀。如其不然，叡愈下而景宗愈亢，叡抑豈能終爲人屈乎？武帝曰：「二將和，師必濟。」自信其御之之道得也。鍾離之勝，功侔淝水，豈徒二將之能哉。

九

梁制：尚書令史，並以才地兼美之士爲之。善政也，而亦不可繼也。何也？掾史之任，凡簿書期要，豪毛委瑣，一或差譌，積之久則脱漏大，而下行於州郡吏民者争訟不已，其事褻矣。故修志行者，不屑問焉。刑名錢穀工役物料之紛亂，無賞罰以督其後，則不肖者縱以行私，賢者抑忽而廢事，若必嚴以賞罰，則以細故而傷清流之品行，人士終厭棄而不肯爲；其屑爲之者，必其冒昧而不惜廉隅者也。則其勢抑必於令史之下，别委簿書之職於胥役，而令史但統其綱。是以今之部郎，仍置吏書以司案籍，則令史虚懸而權仍下替。蓋自有職官以來，皆苦胥吏之姦詭，而終莫之能禁。夫官則有去來矣，而吏不易，以乍此乍彼之儒生，仰行止於習熟之姦吏，雖智者不能勝也。於是而吏亦有三載考成、别遷曹署之例，然而無補也。官者，唯朝廷所命，不私相授受者也；吏雖易，而私相授受者無從禁止。且其繁細之章程，必熟嘗而始悉，故其練達者，欲弗久留其司而不得；易之，而欲禁其授受也，抑必不能；則其玩長上以病國殃民，如尸蚘之在腹，殺之攻之，而相續者不息。此有職官以來不可革之害，又將奚以治之邪？

㊀ 劉毓崧校勘記云：湘潭歐陽岑兆熊曰：擲盧作簺，係韋叡事，篇中屬景宗，誤。

夫姦吏亦有畏焉，訶責非所畏也，清察非所畏也，誅殺猶非所畏也，而莫畏於法之簡。法簡而民之遵之者易見，其違之者亦易見，上之察之也亦易見矣。即有疏漏，可容侵罔者，亦纖微耳，不足爲國民之大害也。唯制法者，以其偶至之聰明，察絲忽之利病，而求其允協，則吏益争以繁密詰曲銜其慎而讎其姦。雖有明察之上官，且爲所惑蔽，而昏窳者勿論矣。夫法者，本簡者也，一部之大綱，數事而已矣；一事之大綱，數條而已矣。析大綱以爲細碎之科條，連章屢牘，援彼證此，眩於目而熒於心，則吏之依附以藏慝者，萬端詭出而不可致詰。惟簡也，劃然立不可亂之法於此，則姦與無姦，如白黑之粲然。民易守也，官易察也，無所用其授受之密傳；而遠郊農圃之子，苟知書數，皆可抱案以事官。士人旦絃誦而暮簿領，自可授以新而習如其故，雖閒有疏脱，而受其愚蔽，不亦鮮乎！則梁以士流充令史之選，治其末而不理其本，乍一清明而後必淆亂，故曰不可繼也。語曰：「有治人，無治法。」人不可必得者也，人乃以開治，而法則以制亂，安能於令史之中求治人乎？簡爲法而無啓以亂源，人可爲令史也，奚必士哉？

一〇

聖王之教，絶續之際大矣哉！醇疵之小大，姑勿苛求焉，存同異於兩閒，而使人猶知有則，功不可没已。其疵也，後之人必有正之者矣。故君子弗患乎人之議己，而患其無可議也。周公而後，至漢曹褒始有禮書；又閲四姓，至齊伏曼容始請修之；梁武帝乃敕何佟之、伏暅終其事，天監十一年而五禮成。其後嗣之者，唯唐開元也。宋於儒者之道，上追東魯，而典禮之修，下無以繼梁、唐，是可惜也。

朱子有志而未逮焉，蓋力求大醇而畏小疵，慎而葸，道乃息於天下矣。夫以彝倫攸斁之張孚敬而小有釐定，抑可矯歷代之邪誣而反之於正。若懼其未盡物理而貽後人之擿發，則又何所俟而始可愜其心乎？有其作之，不患其無繼之者。秦滅先王之典，漢承之而多固陋之儀。然叔孫通之苟簡，人見而知之，固不足以惑天下於無窮也。若叔孫通不存其髣髴，則永墜矣。曹褒之作，亦猶是也，要其不醇，亦豈能爲道病哉？至於梁而人知其謬，伏曼容諸儒弗難革也。如封禪之説成於方士，而諸儒如許懋者，正名其爲緯書之邪妄，辨金泥玉簡之誣，闢鄭玄升中之誤。繇此推之，梁之五禮，其賢於漢也多矣。然非有漢之疵，則亦無據以成梁之醇。故患其絶也，非患其疵也，疵可正而絶則不復興也。

夫禮之爲教，至矣大矣，天地之所自位也，鬼神之所自綏也，仁義之以爲體，孝弟之以爲用者也；五倫之所經緯，人禽之所分辨，治亂之所司，賢不肖之所裁者也。舍此而道無所麗矣。故夷狄蔑之，盜賊惡之，佛、老棄之，其絶可懼也。有能爲功於此者，褒其功、略其疵可也。伏曼容諸子之功偉矣，梁武帝不聽尚書庶務權輿，欲罷修明之議，固君子之所重嘉，而嗣者其誰邪？

一一

與人同逆而旋背之，小人之恆也。利其同逆而親任之，比於匪人，必受其傷，則晋於賈充、宋於謝晦是已。己謀逆而人成之，因殺其人以揜己之惡，其惡愈大，楊廣殺張衡，朱温殺氏叔琮，而死亡旋踵，天理之不可誣也。使司馬昭殺賈充以謝天下，天下其可謝，而天其弗亟絶之邪？己謀逆而人成之，事成而惡其人，心之不昧者也。存人心於百一者，惡其人則抑且自惡，坐惡其影，夢惡其魂，乃於同逆者含惡怒之情，而抑有所禁而不能發，心難自誣，無可如何而聽其自斃，則梁武之於沈約、張稷是已。沈約非齊之大臣，梁武辟之，始與國政，惡固輕於賈充、謝晦矣。然和帝方嗣位於上流，梁武猶有所疑，而約遽勸之以速奪其位；梁武欲置和帝於南海，而約勸梁以決於弒；蓋帝猶有憚於大逆之情，而約決任天下之惡以成之，是有人心所必憤者也。若張稷者，自以己私與王珍國推刃其君，固梁武之所幸，而實非爲梁武而弒，若趙穿之於趙盾，賈充之於司馬昭也。故此二逆者，梁武深惡之，而果其所宜惡者也。

雖然，梁武抑豈能伸罪以致討於約與稷哉？徒惡之而已。惡之深，因以自惡也；於惡之深，知其自惡也。置稷於青、冀，而弗任約以秉均，抑安能違其不可盡泯之秉彝乎？不殺稷而稷失志以死於叛民，不殺約而約喪魄以死於斷舌之夢。帝語及稷而怒形於色，約死而加以惡謚。推斯情也，帝之自疚自赧於獨知之隱，雖履天子之貴，若無尺地可以自容也可知矣。然而終不能殺稷與約者，則以視楊廣、朱温爲差矣，已有慝而不能伸討於人矣。已有慝而殺助逆之人，然後人理永絕於心。均之爲惡，而未可以一概論，察其心斯得之矣。

二二

壅水以灌人之國邑，未聞其能勝者也，幸而自敗，不幸而即以自亡，自亡者智伯，敗者梁武也。智伯曰：「吾今而知水之可以亡人之國。」前乎智伯者，未之有也，而趙卒不亡，智自亡耳。後乎智伯者，梁人十餘萬漂入於海，而壽陽如故；宋太祖引汾水以灌太原，而劉氏終未有損。天下後世至不仁者，或以此謀獻之嗜殺之君，其亦知所鑒乎！

人有相殺之具，而天不廢之；天有殺物之用，人不得而用之。虎豹犀象，天之所産，於人爲害者也。紂用之，王莽用之，而皆以速亡。彼其以勢用而不可以情使，能激之以勢，而不能感其情以爲我用，一發而不聽人之收，自且無如之何，而可使如我之志以效功乎？水無擇湮，獸無擇噬，以其無擇也，故禹與周公抑之驅之，爲功烈矣。從而狎之，因而自斃，惡孰甚焉？且夫人之相殺，一與一相當而已，曲直因乎理，彊弱因乎勢，殺戮雖多，固一與一相當也。阻滔天之浸，不擇順逆，而逞其欲以使殲焉，方謂我能殺彼而彼不能加我也，然而還自殺矣。志憯而行逆，豈有生理哉？

或曰：「以水灌城而城不壞，退水而城必圮，後世必有行是謀者，引師退水以進攻，彼城圮而我無漂溺之憂。」乃軍行泥淖之中，樵蘇無備，以攻必死之敵，城雖圮，終不能入，而先爲敵禽矣。殘忍之謀，愈變而愈左，勿惑其說，尚自免於敗亡乎！

一三

債帥橫於邊而軍心離，賕吏橫於邊而民心離，外有寇則速叛，外無寇則必反。邊任之重，中主具臣必輕之。袁翻、李崇憂六鎮之反，請重將領守令之選，匪特驗於拓拔氏，亦萬世之永鑒已。

均是將領也，而在邊之將，貪殘鷙鬬者，甚於腹裏；均是守令也，而在邊之守令，汚墨冒昧者，甚於内地。夫將領或挾虜寇以恣其所爲，猶有辭也。守令之理民也無以異，而貪虐甚焉，無他，才望有餘之士，據善地以易奏成勞，則清華之擢，必其所捷得，而在邊者途窮望盡，姑偷利以俟歸休也。於是而邊方郡邑永爲下劣之選，才望之士且恥爲之，亦惡望其有可任之人乎？且也大帥近而或挫於武人矣，監軍出而或辱於中涓矣，芻糧庤而或疲於支給矣，重臣臨而或瘁於將迎矣。非夫塗窮望盡不獲已而姑受一命者，固不屑爲也。人士之習見既然，司銓者遂因之以爲除授之高下，於是沿邊之守令，莫非士流不齒之材，其氣茶，其情偷，苟且狼戾，至於人之所不忍爲而爲之不恥。及邊民之憔悴極、反叛起，然後思矯其弊，重選人才以收拾之，禍已發而非旦夕可挽矣。

唯開國之始，無長慮以持其終，愈流愈下而極重難回也，故袁翻、李崇危言之而不能動當事之心。至於破六韓拔陵、胡琛、莫折大提稱戈競起，而後追用崇言，改鎮爲州，徒以殘危之地，強才臣而致之死地，何嗟及矣！大河以北，人狎於羯胡；五嶺以南，民習於寇攘；無人以治之，而中華愈蹙。但此荆、揚、徐、豫之士，蟻封其垤，雀安於堂，不亦悲乎！

一四

武帝之始，崇學校，定邪樂，斥封禪，修五禮，六經之教，蔚然興焉，雖疵而未醇，華而未實，固東漢以下未有之盛也。天監十六年，乃罷宗廟牲牢，薦以疏果，沈溺於浮屠氏之教，以迄於亡而不悟。蓋其時帝已將老矣，曏昔之所希冀而圖謀者皆已遂矣，更無餘願，而但思以自處。帝固起自儒生，與聞名義，非曹孟德、司馬仲達之以雄豪自命者也；尤非劉裕、蕭道成之發跡兵閒、茫然於名教者也。既嘗求之於聖人之教，而思有以異於彼。乃聖人之教，非不獎人以悔過自新之路；而於亂臣賊子，則雖有豐功偉績，終不能蓋其大惡，登進於君子之途。帝於是徬徨疚媿，知古今無可自容之餘地，而心滋戚矣。

浮屠氏以空爲道者也，有心亡罪滅之説焉，有事事無礙之教焉。五無閒者，其所謂大惡也，而或歸諸宿業之相報。或許其懺悔之皆除，但與皈依，則覆載不容之大逆，一念而隨皆消隕。帝於是欣然而得其願，曰唯浮屠之許我以善而我可善於其中也，斷内而已，絶肉而已，捐金粟以營塔廟而已，夫我皆優爲之，越三界，出九地，翛然於善惡之外，弑君篡國，漚起幻滅，而何傷哉？則終身沈迷而不反，夫誰使之反邪？不然，佞佛者皆愚惑失志之人，而帝固非其倫也。

嗚呼！浮屠之亂天下而徧四海垂千年，趨之如狂者，唯其納天下之垢汙而速予之以聖也。苟非無疢於屋漏者，誰能受君子之典型而不舍以就彼哉？淫坊酒肆，佛皆在焉，惡已貫盈，一念消之而無餘媿，儒之駮者，竊附之以奔走天下，曰無善無惡良知也。善惡本皆無，而耽酒漁色、罔利逐名者，皆逍遥淌瀁，自命爲聖人之徒，亦此物此志焉耳。

一五

元魏神龜二年，其吏部尚書崔亮始立停年格以銓除，蓋即今之所謂資也。當時譏其不問賢愚而選舉多失。夫其時淫后亂於宫闈，彊臣恣於政府，賄賂章，廉恥喪，吏道雜，而姦邪逞。用人之失，豈亮立法之不善專尸其咎哉？停年之格，雖曰不揀，然必歷年無過而後可以年計，亦未爲大失也。國家有用人之典，有察吏之典，不可兼任於一人明矣。吏部司進者也，防其陵躐而已。競躁者不先，濡滯者不後，銓選之公，能守此足矣。以冢宰一人而欲知四海之賢不肖，雖周公之聖弗能也。將以貌、言、書、判而高下之乎？貌、言、書、判末矣。將以毁譽而進退之乎？毁譽不可任者也。以一人之耳目，受天下之賢愚，錯亂遺忘，明者弗免，偶然一譽，偶然一毁，謹識之而他又熒之，將何據哉？唯夫挾私罔利者，則以不測之恩威讎其貪僞，而藉口拔尤，侈非常之藻鑒，公而慎者弗敢也。故吏部唯操成法以奬恬抑躁，而不任喜怒以專己行私，則公道行而士氣静，守此焉足矣。若夫大賢至不肖之舉不崇朝、懲弗姑待，自有執憲之司，徵事採言，以申激揚之典，固非吏部之所能兼也。考無過以積年，升除惟其成法；察賢姦而薦劾，清議自有特操；並行不悖，而吏道自清。停年之格，何損於治理，而必欲以非常之典待尋常守職之士乎？

或曰：周官黜陟，專任冢宰，非與？曰：此泥古而不審以其時者也。周之冢宰，所治者王畿千里，儉於今之一省會也，其政績易考，其品行易知，豈所論於郡縣之天下，一吏部而進退九州盈萬之官乎？停年以除吏，非一除而不可復退也，有糾察者隨其後也。責吏部者，以公而已矣，明非所可責也。

一六

莫折念生反於秦州，元志亟攻之，李苗上書請勒大將堅壁勿戰，謂「賊猖狂非有素蓄，勢在疾攻，遲之則人情離沮」。此萬世之長策也。

天下方寧而寇忽起，勿論其爲夷狄、爲盜賊，皆一時慓悍之氣，瞀不畏死者也。譬如勇戾之夫，忿起而求人與鬬，行數里而不見與鬬者，則氣衰而思遁矣。故乍起之兵，所畏者莫甚於曠日而不見敵。其資糧幾何也？其器仗幾何也？其所得而擄掠者幾何也？稱兵已久，而不能殺吾一卒，則所以摇惑人心而人從之者又幾何也？乃當事者輕與急争也，其不肖之情有二：一則畏怯，而居中持議者，唯恐其深入，則必從臾人以前禦而冀緩其憂；一則乘時徼利，而擁兵柄者欲詫其勇，輕用人以試，而幸其有功。且不但此也，司農憚於支給，郡邑苦於輸將，頑民吝其芻粟，不恤國之安危，唯思速竟其事，於是而寇之志得矣。冒突以一逞，乘敗而進，兵其兵也，食其食也，地其地也，氣益鋭，人益附，遂成乎不可撲滅之勢。然後驕懦之帥，反之以不戰，坐視其日彊，而國因以亡。

嗚呼！以天下敵一隅，以百年之積、四海之輓敵野掠，坐以困之，未有不日消月萎而成擒者，六鎮豈能如魏何哉！魏自亡耳。彊弱衆寡虛實之數較然也，彊可以壓弱，衆可以制寡，實可以困虛，而亟起以授之掠奪，惴惴然驚，悖悖然起，敗軍殺將，破國亡君，愚者之情形，古今如一，悲夫！

一七

人士之大禍三，皆自取之也。博士以神僊欺嬴政而謗之；元魏之臣阿淫虐之女主而又背之；唐臣不恤社稷，陰陽其意於汴、晉，惡朱全忠而又迎之；故坑於咸陽，殲於河陰，沈於白馬，皆自取之也。君子有必去以全身，非但全其生之謂也，全其不辱之身也。拓拔氏以僞飾之詩書禮樂誘天下之士，而翕然從之。且不徒當世之士爲所欺也，千載而下，論史者猶稱道之而弗絶。然有信道之君子，知德而不可以僞欺，則抑豈可欺邪？而鄙夫無識，席晏安，規榮利，滔滔不反，至於一淫嫗殺子弑君，而屏息其廷，懷禄不舍。則相率以冥行，蹈凶危而不惜，其習已浸淫，膠固而不解，欲弗羣趨於死地，其可得乎？

河陰之血已塗郊原，可爲寒心甚矣。爾朱榮奉子攸入雒，而山偉孑然一人趨蹌而拜赦，吾不知偉之不怖而欣然以來者何心也？蓋不忍捐其散騎常侍而已。則二千餘人賓賓秩秩奉法駕以迎子攸於河陰者，皆山偉也。廉恥喪而禍福迷。二千餘人，豈有一人焉戴髮含齒血在皮中者乎？如其道，則日游於兵刃之下而有餘裕；喪其恥，則相忘於處堂之嬉，白刃已加其脰而赴之如歸。挾詩書禮樂之迹而怙之，聞聲望影而就之，道之賊也，德之棄也。蛾螘之智，死之徒也，自取之也。

一八

姦雄之相制也，互乘其機而以相害。然而有近正者焉，亦非徒託於名以相矯而居勝也。儀度其心，固有正者存焉，見爲可據而挾之以爲得也。乃其機則險矣，險則雖有正焉而固姦雄之爲也，特其禍天下者則差焉耳。

爾朱榮挾兵肆虐，狂暴而不足以有爲，高歡、賀拔岳皆事之，而歡與岳之意中固無榮也。榮拘子攸於幕下，高歡遽勸榮稱帝，歡豈欲榮之晏居天位，而已徼佐命之功以分寵禄乎？榮稱帝而速其亡，歡之幸也。乃榮怳惚不自支而悔曰：「唯當以死謝朝廷。」賀拔岳勸榮殺歡，岳豈果欲榮之忠魏以保榮之身名乎？知歡之納榮於死地而己藉以興，歡興而己且爲歡下，殺歡而榮在岳之股掌也。歡之權力不如榮，岳之詐力不如歡，榮敗而歡可逞，歡死而岳可雄，相忌相乘以相制，亦險矣哉！此機一動而彼機應之，叢毒矢利刃於一堂，目瞬心生，鋮鋒相射。莊生曰：「其發也如機括。」此之謂也。

然而岳之言爲近正矣，爲魏謀，爲榮謀，執大義以誅歡，則他日之叛爾朱兆、陷雒陽、走元修之禍亦息。岳即爲歡，固不如歡之狡悍以虔劉天下於無窮也。何也？岳之心猶有正焉者存也。

一九

張駿傷中原之不復，而曰：「先老消謝，後生不識。慕戀之心，日遠日忘。」嗚呼！豈徒士民之生長於(邊遠)〔夷狄〕之(地)〔世〕㊀者不知有中國之君哉？江左君臣自忘之，自習而自安之，固不知中原爲誰氏之土，而畫河山以不相及之量矣！拓拔氏封劉昶爲宋王、蕭贊爲齊王，以爲宋、齊之主，使自争也，梁亦以元顥爲魏王而使之争。拓拔氏遣將出兵，助劉昶、蕭寶寅以南侵，梁亦使陳慶之奉元顥而北伐。相襲也，相報也，以雒陽爲拓拔氏固有之雒陽，唯其子孫應受之，而我不能有也。嗚呼！梁之喪心失志一至此哉！

六鎮亂，冀、并、雍皆爲賊藪，胡后弑主，爾朱榮沈其幼君，分崩離析，可乘而取也，梁之時也。下廣陵，克渦陽，郢、青、南荆南嚮而歸己，元悦、元彧、羊侃相率而來奔，梁之勢也。時可乘，勢可振，即未能盡復中原，而雒陽爲中國之故都，桓温、劉裕兩經收復，曾莫之念，而委諸元顥，聽其自王，授高歡以納叛之詞，忘晉室淪没之恨，恬然爲之，漫不知恥。浸令顥之終有中原也，非梁假之羽翼以授之神州也哉？雒陽已拔，子攸已走，馬佛念勸慶之殺顥以據雒，而慶之猶不能從，則其髡髮以逃，固喪心失志者之所必致也。君忘其爲中國㊁之君，臣忘其爲中國㊂之臣，割棄山河，恬奉非㊃類，又何怪乎士民之視

㊀據校記改。　㊁、㊂此二處「中國」二字刻本闕，據校記補。　㊃「非」字刻本闕，據校記補。

衣冠㊀之主如寇賊，而戴殊㊁族爲君父乎？至於此，而江左之不足自立決矣。幸宇文、高氏之互相吞齕而不暇南圖也，不然，豈待隋之横江以濟而始亡邪？

二〇

宗國危而逡巡畏死以墮其忠孝，是懦夫也。而更有甚焉者，憯不懲而乘之以徼非望，如蛾之自赴於火，相逐而唯恐後也。夫人不知義矣，或知害矣；心不能知，目能見矣；目熒於黑白，耳能聞矣；目見之，耳聞之，然且不知害焉，貪夫之閔不畏死，其將如之何哉！

爾朱榮之暴横，不擇而狂噬，有目皆見，有耳皆聞也。立元子攸以爲君，而挾之犯闕。以榮之勢如彼，而子攸其能自許爲榮之君乎？子然一身，孤危無輔，而爾朱天光一往告，子攸遽欣然潛渡，謂榮之且以己爲君也，榮已目笑之矣。然猶曰榮惡未著而不察也。榮伏誅，而爾朱兆修怨於其主，兆之凶横又倍於榮矣。子攸廢死，元曄以疏遠之族，又欣然附兆以立，立未數月，兆又廢之，而元恭以陽瘖幸免之身，褰裳而就之恐後。高歡之狡，又倍於榮與兆者也。歡起兵，而元朗以一郡守急起而爲歡之君，立之數月，元修已聞斛斯椿「變態百端，何可保也」之語，曾不懼而又起而奪朗之位也。五年之中，子攸也、曄也、恭也、朗也、修也，或死、或幽、或廢，接跡相仍，而前者覆，後者急趨焉。元顥且倚梁七千之孤旅，相謀相猜之陳慶之，高拱雒陽，爲兩月之天子，卒以奔竄而死。元氏之欲爲天子，自信其能爲

㊀「衣冠」二字刻本闕，據校記補。

㊁「殊」字刻本闕，據校記補。

天子，信人之以己爲天子者何其多也？

嗚呼！欲爲天子者多，而民必死；欲爲將相大臣者多，而君必危；欲爲士大夫者多，而國必亂。其亂也，始於欲爲士大夫者之多也。士大夫不厭其欲，而求爲將相大臣矣；爵禄賤，廉恥隳，其苟可爲天子者，皆欲爲天子矣。是以先王慎之於士大夫之途，而定民之志，所以戢躐等猖狂之心而全其軀命，義之盡，仁之至也。

二

國無與立，則禍亂之至，無之焉而可，雖有智者，不能爲之謀也。元修畏高歡之逼，將奔長安就宇文泰以圖存。裴俠曰：「雖欲投之，恐無異避湯入火。」王思政再問之，而俠亦無術以處，雖知之，又何裨焉？高歡者，爾朱榮之部曲也；宇文泰，葛榮之部曲也。拓拔氏有中原數世矣，而其挾持天下者，唯秀容之裔夷，六鎮之殘胡，此外更無一人焉，而其主舍此而更將何依？爾朱榮河陰之殺，魏之人殫矣。雖然，彼駢死於河陰者，皆依違於淫后女主之側，趨赴逆臣戎馬之閒，羶以迷心，柔若無骨，上不知有君國，内不惜其身名者也。即令幸免而瓦全，亦惡有一人焉可倚爲社稷之衛哉？

夫拓拔氏之無人也，非但胡后之虐，鄭儼、徐紇之姦，耗士氣於淫昏也，其繇來漸矣。自遷雒以來，塗飾虛僞，始於儒，濫於釋，皆所謂沐猴而冠者也。靡天下於無實之文，自詫昇平之象，彊宗大族，以侈相尚，而上莫之懲，於是而精悍之氣銷矣，樸固之風斲矣。内無可用之禁兵，外無可依之州鎮，部落心離，浮華氣長；一旦羣雄揭竿而起，出入於無人之境，唯其所欲爲，拓拔氏何復有尺土一民哉？此亦一寇讎也，彼亦一寇讎也，舍此而又奚之也！

詩書禮樂之化，所以造士而養其忠孝，爲國之楨幹者也。拓拔氏自以爲能用此矣，乃不數十年之閒，而君浮寄於無人之國，明堂辟雍，養老興學，所爲德成人、造小子者安在哉？沐猴之冠，冠敝而猴故猴矣，且並失其爲猴矣，不亦可爲大笑者乎！高歡、宇文泰適還其爲猴，而跳梁莫制，冠者欲復入於猴羣，而必爲其所侮，不足哀而抑可爲之哀也！

故竊詩書禮樂於非㊀類之廷者，其國之妖也。其迹似，其理逆，其文詭，其説淫，相帥以嬉，不亡也奚待？虞集、危素祇益蒙古之亡，而爲儒者之恥，姚樞、許衡實先之矣。雖然，又惡足爲儒者之恥哉？君子之道，六經、語、孟之所詳，初不在文具之浮榮、談説之瑣辯也。

二二

元修依宇文泰而居關中，元善見依高歡而居鄴，將以何者爲正乎？曰：君子所辨爲正不正者，其義大以精，而奚暇爲修與善見辨定分邪？拓拔氏以夷而據中原㊁，等竊也，不足辨，一也。修之在關中，宇文泰之贅疣也；善見之在鄴，高歡之贅疣也；不足辨，二也。乃即置此而尤有大不足辨者焉，就拓拔氏之緒而言之，亦必其可爲君者而後可嗣其世，非但其才之有爲與否也。修之淫亂，不齒於人類，善見孱弱，而其父亶以躁薄爲高歡所鄙，等不可以爲君。而尤非此之謂也，修之立，豈其分之所當

㊀「非」字刻本闕，據校記補。

㊁「夷」「中原」三字刻本闕，據校記補。

立者？即令當立，而豈如光武之起南陽，晉元帝、宋高宗之特爲臣民所推戴者哉？魏有君矣，修徼寵於高歡，乘時以竊位，曄也、恭也、朗也，皆修所嘗奉以爲君者，而皆弒之，修亦元氏之賊而已矣。修入關中，未死也，未廢也，元亶固修之臣，介高歡之怒而亟欲自立其子，君存而自立，其爲篡賊也無辭，是善見又修之賊也。兩俱爲賊，而君子屑爲之辨哉？

凡亂臣之欲攘奪人國也，其君以正而承大統，則抑不敢蔑天理以妄干之；其蔑理以妄干者，則速以自滅，王莽、朱泚是已。劉彧乘君弒而受命於賊，蕭鸞與蕭衍比而弒其君，皆賊也，而後賊乘之以進。繇此言之，則漢獻帝之所以終見脅於權臣者，董卓弒其君兄而已受之，則亦賊之徒也；故袁紹、韓馥欲不以爲君，而曹操挾以爲自篡之資。「其身不正，雖令不從。」承平無事之日，天子不能行之於匹夫，而況權姦之在肘腋乎？己爲賊，而欲弭人之弗賊也不能。賊者，互相利而互相害者也。修之於泰，善見之於歡，且不足辨其孰君而孰臣，況修與善見而屑爲之軒輊哉？假修以正而絀善見者，隋人得國於宇文，宇文得國於修，因推以爲統，而君子奚擇焉？

二三

梁武之始立也，懲齊政之鄙固，而崇虛文以靡天下之士，尚寬弛以佚天下之民，垂四十年，而國政日以偷廢。於時拓拔衰亂，高歡、宇文泰方爭鬬於其穴，梁多收其不守之土、不服之人，高歡西掣而請和，蓋中原大有可圖之機矣。帝知其可圖，亟思起而有事，而吏治荒，軍政圮，舉目無可共理之人才，乃揀何敬容、朱异簿領之才而授之以國。敬容、异之不可大受，固也；然舍之而又將誰託也？徐勉、周捨稱賢矣，以實求之，一觴一咏，自謂無損於物，而不知其損之已深者也。敬容勤於吏事，而「持荷作柱持荷作鏡」之誚，已繁興於下。自非貪權嗜利之小人如昇者，誰甘犯當世之非笑而僕僕以爲國效功。大弛之餘，一張而百害交生，則勉與捨養癰不治，而敬容、昇亟用刀鍼以傷其腠理，交相殺人，而用刀鍼者徒尸其咎也。

史稱晉、宋以來，宰相皆以文義自逸，豈其然哉？王導、謝安勿論已，王華、王曇首、謝弘微，夫豈無文義者？而政理清嚴，一時稱治。虔矯苛細之小人，又何足以乘墉而攻之？有解散紀綱以矜相度者，而後刻覈者以興，老、莊之弊，激爲申、韓；庸沓之傷，反爲躁競。勢也，一柔一剛，不適有恆，而小狐濟矣。思患而豫防之，豈患至而急反之哉？

二四

梁分諸州爲五品，以大小爲牧守高下之差，而定升降之等，立此法者朱昇也。然唐制：州縣有畿、赤、望、緊、雄、上、中、下之別，垂及於今，亦有腹、邊、衝、疲、繁、簡、調除之法，皆祖此焉。夫昇之爲此，未可以其人而盡非之也。古者諸侯之國，以提封之大小，差五等之尊卑；以疆域之遠近，定五服之內外；固不名之爲諸侯而一之矣。州郡亦猶是也，政有勞逸，民有淳澆，賦役有多寡，防禦有緩急，而人才有長短，惡容不爲之等邪？顧其爲法，爲治之求得其理也，非爲人之求遂其欲而設也。大非以寵，小非以辱也。腹裏之安，雖大而非安危之寄；邊方之要，雖小而固非菲薄所堪。大而繁者以任才臣，而非以裕清流而使富；小而簡者以養貞士，而非以窘罣議者而使偷。而不然者，人競於饒，而疲者以居孤陋無援之土，則窮鄉下邑，守令挾日暮途遠之心，倒行逆施，民重困而盜以興，職此繇矣。朱异之法，以異國降人邊陲之地爲下州，則亂政也。以安富遂巧宦之欲，而使頑懦之夫困邊民、開邊釁，日蹙國而國因以危。後世北鄙南荒，寇亂不息，莫不自守吏召之，非分品之制不善，而所以分之者逆其理也。邊之重於腹也，瘠之重於饒也，拔邊瘠之任置之腹饒之上，以勸能吏，以賤貪風，是在善通其法而已矣。

二五

武帝以玄談相尚，陶弘景作詩以致譏，何敬容對客而興歎，論者皆謂其不能諫止而託之空言。非可以責二子也。弘景身處事外，可微言而不可切諫，固已。彼其沈溺已深，敬容雖在位，其能以口舌爭乎？至謂二子舍浮屠而攻老、莊，則尤非也。自晉以來，支、許、生、肇之徒，皆以莊生之説緣飾浮屠，則老、莊、浮屠説合於一久矣。嘗覽昭明太子二諦義，皆以王弼、何晏之風旨詮浮屠之説。空玄之説息，則浮屠不足以興，陶、何之論，拔本之言也。夫浮屠之禍人國，豈徒縻金錢、營塔廟、縱游惰、逃賦役已乎，其壞人心、隳治理者，正在疑莊疑釋、虛誕無實之淫辭也。

蓋嘗論之，古今之大害有三：老、莊也，浮屠也，申、韓也。三者之致禍異，而相沿以生者，其歸必合於一。不相濟則禍猶淺，而相沿則禍必烈。莊生之教，得其氾濫者，則蕩而喪志，何晏、王衍之所以敗也；節取其大略而不淫，以息苛煩之天下，則王道雖不足以興，而猶足以小康，則文、景是已。若張道陵、寇謙之、葉法善、林靈素、陶仲文之流，則巫也。巫而託於老、莊，非老、莊也。浮屠之修塔廟以事胡鬼，設齋供以飼髡徒，鳴鐘吹螺，焚香唄呪，亦巫風爾；非其創以誣民，充塞仁義者也。浮屠之始入中國，用誑愚氓者，亦此而已矣。故淺嘗其説而爲害亦小，石虎之事圖澄，姚興之奉摩什，以及武帝之糜財力於同泰，皆此而已。害未及於人心，而未大傷於國脈，亦奚足爲深患乎？其大者求深於其説，而西夷之愚鄙，猥而不逮。自晉以後，清談之士，始附會之以老、莊之微詞，而陵蔑忠孝、解散廉隅之説，始熺然而與君子之道相抗。唐、宋以還，李翺、張九成之徒，更誣聖人性天之旨，使竄入以相亂。夫其爲言，以父母之愛爲貪癡之本障，則既全乎梟獍之逆，而小儒狂惑，不知惡也，樂舉吾道以殉之。於是而以無善無惡、銷人倫、滅天理者謂之良知；於是而以事事無礙之邪行，恣其奔欲無度者爲率性，而雙空人法之聖證；於是而以廉恥爲桎梏，以君父爲萍梗，無所不爲爲游戲。可夷狄，可盜賊，隨類現身爲方便，無一而不本於莊生之緒論，無一而不印以浮屠之宗旨。蕭氏父子所以相戕相噬而亡其家國者，後世儒者，沿染千年，以芟夷人倫而召匪類㊀。嗚呼！烈矣！是正弘景、敬容之所長太息者，豈但飾金碧以營塔廟，恣坐食以侈罷民，爲國民之蟊螣矣哉？

夫二氏固與申、韓爲對壘矣，而人之有心，猶水之易波㊁，激而豈有定哉？心一失其大中至正之則，則此倡而彼隨，疾相報而以相濟。佛、老之於申、韓，猶鼙鼓之相應也。應之以申、韓，而與治道彌

㊀「類」字刻本闕，據校記補。

㊁校記「猶水之易波」下，有「也，澄而止之，庶幾其定矣，湧而西則必激之而東，統之乎爲波」二十四字。

相近矣。漢之所謂酷吏，後世之所謂賢臣也。至是而民之弱者死、彊者寇，民乃以殄而國乃以亡。嗚呼！其教佛、老者，其法必申、韓。何也？虛寂之甚，百爲必無以應用，一委於一切之法，督責天下以自逸，而後心以不操而自遂。其上申、韓者，其下必佛、老。故張居正蹙天下於科條，而王畿、李贄之流，益横而無忌。何也？夫人重足以立，則退而託於虛玄以逃咎責，法急而下怨其上，則樂叛棄君親之説以自便，而心亡罪滅，抑可謂叛逆汩没，初不傷其本無一物之天真。繇此言之，禍至於申、韓而發乃大，源起於佛、老而害必生，而浮屠之淫邪，附莊生而始濫。端本之法，自虛玄始，區區巫鬼侈靡之風，不足誅也。斯陶、何二子所爲舍浮屠而惡玄談，未爲不知本也。

二六

蘇綽之制治法，非道也，近乎道矣。宇文泰命綽作大誥，爲文章之式，非載道之文也，近乎文矣。其近焉者，異於道方明而襲之以飾其邪僞也，謂夫道晦已極，將啓其晦，不能深造，而乍與相即也。天下將嚮於治，近道者開之先，此殆天乎！非其能近，故曰近道。天開之，使以漸而造之，故曰乍與相即也。

治道自漢之亡而晦極矣。非其政之無一當於利病也，謂夫言政而無一及於教也。綽以六條飭官常，首之以清心，次之以敷化，非其果能也，自治道亡，無有以此爲天下告者，而綽獨舉以爲治之要領。自是而後，下有王仲淹，上有唐太宗，皆沿之以起，揭堯、舜、周、孔之日月而與天下言之，綽實開之先矣。文章之體，自宋、齊以來，其濫極矣。人知其淫豔之可惡也，而不知相率爲僞之尤可惡也。南人倡之，北人和之，故魏收、邢子才之徒，與徐、庾而相彷彿。懸一文章之影迹，役其心以求合，則弗論其爲駢麗、爲輕虚而皆僞。人相習於相擬，無復有繇衷之言，以自鳴其心之所可相告者。其貞也，非貞也；其淫也，亦非淫也；而心喪久矣。故弗獲已裁之以六經之文，以變其習。夫苟襲矣，則襲六經者，亦未有以大愈於彼也，而言有所止，則浮蕩無實之情，抑亦爲之小戢。故自隋而之唐，月露風雲未能衰止，而言不繇衷、無實不祥者，蓋亦鮮矣，則綽實開之先矣。宇文氏滅高齊而以行於山東，隋平陳而以行於江左，唐因之，而治術文章咸近於道，生民之禍爲之一息，此天欲啓晦，而泰與綽開先之功亦不可誣也。非其能爲功也，天也。

嗚呼！治道之裂，壞於無法；文章之敝，壞於有法。無法者，惟其私也；有法者，惟其僞也；私與僞横行，而亂惡乎訖！胡元之末，亂極矣，而吴、越之俊士，先出其精神以蕩滌宋末淫靡繁亂之文，文章之繫亦大矣哉！六代之敝，敝於淫曼；淫曼者，花鳥錦綺爲政，而人無心。宋之敝，亦敝於淫曼；淫曼者，多其語助，繁其呼應，而人無氣。無心而人尋於篡弑，無氣而人屈於禽狄㈠。徐、庾、邢、魏之流波，綽挽之矣。孰有能挽蘇洵、曾鞏之流波者乎？俟之來哲。

二七

賀琛上書論事，其他亦平平耳，最要者，聽百司莫不奏事，使斗筲詭進，壞大體以竊威福，此亡國敗家必然之券也。妄言干進者，大端有二：一則毛舉小務之興革也，一則鉤索臣下之纖過也。若此者，

㈠「狄」字刻本闕，據校記補。

名爲利國，而實以病國；名爲利民，而實以病民；害莫烈焉。

法雖善，久而必有罅漏矣，就其罅漏而彌縫之，仍一備善之法也。即聽其罅漏，而失者小，全者大，於國民未傷也。妄言者指其罅漏以譏成法，則必滅裂成法而大反之，歆之以斯須之小利，亦洋洋乎其可聽矣。不知百弊乘之，蠹國殃民而壞風俗，此流毒於天下而失民心之券也。賢者之周旋視履而無過者亦鮮矣，剛柔之偏倚，博大謹嚴之異志，皆有過也。貪廉之分，判於雲泥，似必不相涉矣，而欲求介士之纖微，則非夷、惠之清和，必有可求之瑕釁。君天下者，因其材，養其恥，勸進於善，固有所覆蓋而不章，以全國體、存士節，非不審也。乃小人日伺其隙，而糾之於細微，言之者亦鑿鑿矣，士且側足求全而不逸於罪罟，則人且塗飾細行以免咎，曲徇宵小以求容，而鍥刻之怨，獨歸於上，此流毒於薦紳而失士心之券也。民心離，士心不附，上有餘怨，下有溢怒，國家必隨之以傾。

故非舜之智，不能取善於耕徒釣侶也；非孔子之聖，不能擇善於同行之三人也。是以垂纊塞耳，垂旒蔽目，心持天下之大公，外杜辯言之邪徑，然後潤色先型，甄別士品，民安於野，吏勸於廷。至治之臻，豈其察小辨微之瑣瑣者哉！周德長而秦祚短，非千秋之永鑒與？武帝不納琛之格言，而爲之辭曰：「專聽生姦，獨任成亂。乃二世之委趙高，元后之付王莽。」抑豈知秦法密而後趙高得志，王莽秉國，頌功德者皆疏賤之吏民邪？琛言未冷，梁社旋亡，圖存保國者，尚以察察爲戒哉！

二八

神智乘血氣以盛衰，則自少而壯，自壯而老，凡三變而易其恆。貞於性者正，裕於學者正，則藏之密，植之固，而血氣自盛，智不爲蕩；血氣自衰，智不爲耗；衛武公之所以爲睿聖也。梁武帝之初，可謂智矣。裴叔業要之北奔，則知羣小之害不及遠；蕭穎胄欲請救於魏，則知示弱戎狄之非策；蕭淵藻誣鄧元起之反，則料其爲誣；敕曹景宗下韋叡，則知師和必克。任將有功，圖功有成，雖非宋武之習兵而制勝，而其籌得喪也，堅定而無回惑，於事幾亦孔晰矣。至其受侯景之降，居之內地，蕭介危言而不聽；未幾，聽高澄之紿，許以執景，傅岐苦諫而不從；旋以景爲腹心，旋以景爲寇讎，旋推誠而信非所信，旋背約而徒啓其疑，茫乎如舟行霧中而不知所届，截然與昔之審勢度情者，明暗杳不相及；蓋帝於時年已八十有五矣，血氣衰而智亦爲之槁也。

智者，非血氣之有形者也，年愈邁，閱歷愈深，情之順逆，勢之安危，尤輕車熟路之易爲馳也，而帝奚以然也？其智資於巧以乘時變，而非德之慧，易爲涸也。且其中歲以後，薰染於浮屠之習，蕩其思慮。夫浮屠既已違於事理矣，而浮慧之流，溢爲機變，無執也，可無恆也；無礙也，可無不爲也；恍惚而變遷，以浪擲其宗社人民而無所顧恤，斯豈徒朱异、謝舉之熒之哉？抑非老至耄及之神智衰損之爲也，神不宅形，而熟慮卻顧之心思，蕩散而不爲內主矣。夫君子立本於仁義，而充之以學，年雖邁，死則死矣，智豈與之俱亡哉？

二九

父子兄弟之恩，至於武帝之子孫而絶滅無餘矣。唯蕭綜凶忍而疑於東昏之子，其他皆非瀸目豺聲如商臣，帝亦未有蔡景之慝。所以然者，豈非慈過而傷慈之致哉？正德之逆也，見帝而泣；蕭綸之悖也，語蕭確而亦泣。繹也、範也、譽也、詧也，雖無致死以救君父之心，而皆援戈以起。然而遷延坐視，内自相圖，骨肉相吞，置帝之困餓幽辱而不相顧也。且其人非無智可謀，無勇可鼓；而大器之篤孝以安死，方等之忘身而自靖，咸有古烈士之風焉。敍之以禮，誨之以道，約之以法，掖之以善，皆王室之輔也；抑豈若晋惠之愚、劉劭之凶，不可革易也乎？慈而無節，寵而無等，尚婦寺之仁，施禽犢之愛，望恩無已，則挾怨益深，諸子之惡，非武帝陷之，而豈其不仁至此哉？

而不但此也，人主之廢教於子者，類皆縱之於淫聲美色狗馬馳逐之中。而帝身既不然，教且不爾，是以諸子皆有文章名理之譽，而固多智數。然而所習而讀者，宫體之淫詞；所研諸慮者，浮屠之邪説；二者似無損於忠孝之大節，而固不然也。子不云巧言鮮仁？則言巧而仁忘，仁忘而恩絶矣。若浮屠者，以緣生爲種性，自來自去於分段生死之中，父母者，貪欲癡愛之障也，以衆生平等視之，見其危亡，悲愍而已，過此又奚容捐自有之生緣以殉其難乎？二者中於人心，則雖禽呴魚沫，相合以相親；而相離以相叛，不保之於勢窮力蹙之日矣。然則謂帝慈之已過者，非果慈也，視其子無殊於虎，以大慈普攝投身飼之而已。其學不仁，其教無父，雖得天下，不能一旦居，豈有爽與？

簡文帝

一

至治之世無請託，至亂之世無請託，故囑託之禁，雖設於律而不嚴，以其非本治也。漢靈帝立三互之法，高洋賞房超棓殺趙道德請託之使，命守宰設棓以捶殺屬請之使，蓋其時請託公行，獄訟大亂，有激而然也。

至亂之世，守宰專利於己，惡民之行賂屬請而不薦賄於己，則假秉公守法以總貨賄於一門。上既爲之嚴禁矣，雖致怨於人，而可弗懼，無有敢擿舉其汙者也。劉季陵不與公府之事，而陳蕃誚之，季陵正也，蕃非正也。然蕃且有辭於季陵矣，其時請託盛行，而季陵孤也。至治之世，在官有養廉之典，退居有尸祝之尊，賢士大夫亦何忍以身納於垢濁？而亂世不能也，於是而擅利淫刑之守，亢厲以爲能，請託絕而賄賂益濫，況乎絕其所絕而不能絕其所不絕者哉？任守宰而重其廉隅，教行而俗美，請託不足禁也。禁之而民之枉也益甚，靈帝之世是也。若高洋樂殺人以逞威，又無足論已。

二

唐之府兵，言軍制者競稱其善，蓋始於元魏大統十六年宇文泰創爲之。其後籍民之有才力者爲兵，免其身租、庸、調，而關中之彊，卒以東吞高氏，南併江陵。隋、唐因之，至天寶而始改。人胥曰府兵改而邊將驕，故安、史亂，河北終不能平，而唐訖以亡，而不知其不然也。府兵不成乎其爲兵，而徒以厲民，彍騎雖改，而莫能盡革其弊，唐乃無兵而倚於邊將。安、史之亂，府兵致之也，豈府兵不改而安、史不亂，安、史亂而府兵能蕩平之也哉？

三代寓兵於農，封建之天下相承然也。周之初，封建亦替矣，然其存者猶千八百國也，外無匈奴、突厥、契丹之侵偪，兄弟甥舅之國，以貪憤相攻而各相防爾。然忿忮一逞，則各驅其負耒之愿民以蹀血於郊原。悲夫！三代之季，民之瘽以死者，非但今之比也。禹、湯、文、武之至仁，僅能約之以禮而禁其暴亂，而卒無如此鬪農民以死之者，何也？上古相承之已久矣，幸而聖王善爲之法，以車戰而不以徒戰，追奔斬馘，不過數人，故民之死也不積。然而農民方務耕桑、保婦子，乃輟其田廬之計，奔命於原野；斲其醇謹之良，相習於競悍；虔劉之，爚亂之，民之憔悴，亦大可傷矣！至於戰國，一戰而斬首者至數十萬，豈樂爲兵者哉？皆南畝之農夫，欲免而不得者也。漢一天下，分兵民爲兩途，而寓兵於農之害乃息。俗儒端居佔畢而談軍政者，復欲踵而行之，其不仁亦慘矣哉！身幸爲士，脱耒耜之勞，不耕而食農人之食，更欲驅之於白刃之下，有人心者，宜於此焉變矣。

宇文泰之爲此也，則有説也。據關中一隅之區，欲并天下，乃興師以伐高洋。不戰而退，豈畏洋哉？自顧寡弱而心早寒也。南自雒、陝，西自平陽，北極幽、薊，東漸青、兗，皆洋之有。衆寡之形，相去遠矣。且梁氏方亂，抑欲起而乘之以吞襄、郢，而北尚不支，勢不足以南及。雖前乎此者，屢以寡而勝衆，而內顧終以自危。故其所用者，仍恃其舊所習用之兵，而特欲多其數以張大其勢。且關中北擁靈、夏，西暨河、湟，南有武都、仇池、羌、氐之地，雖耕鑿之甿，皆習戰鬭，使充行伍，力足而情非不甘，泰可用權宜以規一時之利，未盡失也。若夫四海一，戰争休，爲固本保邦之永計，建威以銷夷狄盜賊之萌，則用武用文，剛柔異質，農出粟以養兵，兵用命以衛農，固分途而各靖。乃欲舉天下之民，旦稼穡而夕戈矛。其始也，愚民貪免賦免役之利，蹶起而受命；迨其後一著於籍，欲脱而不能。故唐之府兵業更爲彍騎矣，乃讀杜甫石壕、三别之詩，流離之老婦，宛轉於縲絏；垂死之病夫，負戈而道仆；民日蹙而兵日窳，徒死其民。而救如綫之宗社者，朔方邊卒、回紇援兵也。然則所謂府兵者，無益於國而徒以殃民，審矣。

不能反三代封建之制，幸而脱三代交争之苦，農可安農，兵可安兵，天別之以材，人別之以習，宰制天下者，因時而利用，國本堅而民生遂，自有道矣。佔畢小儒，稱説寓兵於農而弗絶，其愚以禍天下，亦至此哉！農之不可兵也，厲農而祇以弱其國也；兵之不可農也，弱兵而祇以蕪其土也。故衛所興屯之法，銷天下之兵而中國弱，以坐授洪圖於異域㊀，所繇來久矣。且所謂屯田者，鹵莽滅裂，化肥壤爲磽土，天下皆是也，可弗爲永鑒乎！

三

魏、晉以降，廉恥喪而忠孝泯。夫豈無慷慨之士，氣堪一奮者哉？無以自持，而因無以自繼，則雖奮而終餒也。持其廉恥以養其忠孝於不衰者，自歸諸從容蹈義之君子，非慷慨之能也。於梁之亡而得二君子焉，太子大器及吴興太守張嵊是已。

吴興兵力寡弱，而嵊不閑於軍旅，然矯舉自奮，以弱抗彊，豈不足以自暴其忠哉？既無畏死之心，自可與賊争一旦之命，而嵊不爲也；慮夫爲之而不繼，則氣挫而志以摇也。徼幸於俛勝俛敗之閒，神無定守而不能保其必死之心；知死矣，知死之外無所容心矣，整服安坐，待執而捐生已矣，此嵊之所守也。

侯景之不能容簡文與太子明矣，太子可去而不去，不忍離其父也。於景之黨未嘗屈意，而曰：

㊀「異域」二字刻本闕，據校記補。

「若必見殺，雖百拜無益也。」神色怡然，及於難而不改其度。死生其命也，忠孝其性也，端凝尊重其道也。既知必死，則崛起於中，若獻帝衣帶之詔，高貴鄉公援戈之舉，夫豈不可？而太子不爲也。既不欲爲，則養晦以冀免於凶逆，以俟外援，亦一道也，而太子抑不爲也。臣子之道，居身之節，若是焉止矣，過此則亂矣。不欲自亂以喪己，猶張嵊也，此太子之守也。

二子之守，君子之守也，樂天者也，安土者也，俟命者也，求諸己而不願乎外者也。嗚呼！使太子早正乎位，而得若嵊者以爲之輔，朱异何能惑之？侯景何能欺之？高澄何能紿之？而武帝耄以荒，簡文弱而忌，同姓諸侯叛君親而戕骨肉，太子擁儲貳之虛名，張嵊守貧弱之僻郡，居無可爲之地，雖有可君可相之道而無能爲也，天亡梁也。

無能爲，則不喪己而永爲君子焉已耳。君子者，知之審而居之安也。生死也，成敗也，居之安者所不爲時勢亂也。不亂，而後可以安死；可以安死，而後可以貴生；貴生，而後可以善其敗；善其敗，而後可以圖其成。故晉明帝可以折王敦，謝安可以制桓溫，氣先定、神先凝也。太子未履晉明之位，張嵊不秉謝安之權，而梁亡必矣。下此則武陵、湘東、邵陵而已矣，柳仲禮、韋粲而已矣，雖矯舉以興，徒速其亡，而何裨焉？國無君子，則無以立，信夫！

元帝

一

元帝忌岳陽王詧而欲滅之，遂失襄陽，襄陽失而江陵之亡可俟矣。及武陵王紀稱帝於成都，復請於宇文泰使襲紀，而成都又入於周，則江陵未有不亡者。非宇文能取之，皆自亡也。蜀亡，江陵陷，襄陽北折而爲宇文之先驅，江左之能延數十年者，幸也。高齊未滅，關中之勢未固，宇文之篡未成，故猶幸而存也。夫地利非有爲者之所恃，固已，曹操據兗州四戰之地而制羣雄，李勢、譙縱據蜀而江東不爲動搖。雖然，得地利而人不和，地未可恃；人不和以内潰，未有能保其地利者；失地之利，而後其亡也必也。故非英雄特起，視天下無不可爲者，則地利亦其所必争。梁元殘忍忿戾，捐地利以授人，而卒以自滅，其明驗矣。

梁之不和以内潰，非武陵、岳陽之罪也，元帝一起而即殺其弟慥矣，殺其兄之子譽矣，襲其兄綸矣，殺其從孫棟矣；武陵遣子圓照入援，聽其節度，而阻之於白帝；圓正合衆以受署，而囚之岳陽，起兵而盡力以攻之；舍侯景之大讎，而亟戕其骨肉，皆帝挾至不仁之情以激之使不相下也。嗚呼！帝即不念一本之愛，而安忍無親？抑思夫二王者，一處襄陽，一處成都，爲江陵生死之所自操者乎？故不仁者，未有能保其地利者也。一念之乖，而上流失、咽吭奪，困孤城以自斃，舉劉弘、陶侃以來經營百年之要地委之鮮卑，亦憯矣哉！江東四易主而不亡，劉子業、蕭寶卷之凶頑，猶知地之不可棄，而帝棄之如贅疣。至不仁之人，至於棄地利而極矣，不恤己之死亡，而奚有於兄弟邪？

二

江陵陷，元帝焚古今圖書十四萬卷。或問之，答曰：「讀書萬卷，猶有今日，故焚之。」未有不惡其不悔不仁而歸咎於讀書者，曰書何負於帝哉？此非知讀書者之言也。帝之自取滅亡，非讀書之故，而抑未嘗非讀書之故也。取帝之所譔著而觀之，搜索駢麗，攢集影迹以誇博記者，非破萬卷而不能。於其時也，君父懸命於逆賊，宗社垂絲於割裂，而晨覽夕披，疲役於此，義不能振，機不能乘，則與六博投瓊、耽酒漁色也，又何以異哉？夫人心一有所倚，則聖賢之訓典，足以錮志氣於尋行數墨之中；得纖曲而忘大義，迷影迹而失微言，且爲大惑之資也。況百家小道、取青妃白之區區者乎！

嗚呼！豈徒元帝之不仁，而讀書止以導淫哉？宋末胡元之世，名爲儒者，與聞格物之正訓，而不念格之也將以何爲。數五經、語、孟文字之多少而總記之，辨章句合離呼應之形聲而比擬之，飽食終日，以役役於無益之較訂，而發爲文章，侈筋脈排偶以爲工，於身心何與邪？於倫物何與邪？於政教何與邪？自以爲密而傲人之疏，自以爲專而傲人之散，自以爲勤而傲人之惰，若此者，非色取不疑之不仁、好行小慧之不知哉？其窮也，以教而錮人之子弟；其達也，以執而誤人之國家；則亦與元帝之兵臨城下而講老子、黄潛善之虜騎渡江而參圓悟者，奚别哉？抑與蕭寶卷、陳叔寶之酣歌恒舞、白刃垂頭而不覺者，又奚别哉？故程子斥謝上蔡之玩物喪志，有所玩者，未有不喪者也。梁元、隋煬、陳後主、宋徽宗，皆讀書者也；宋末胡元之小儒，亦讀書者也；其迷均也。

或曰：「讀先聖先儒之書，非雕蟲之比，固不失爲君子也。」夫先聖先儒之書，豈浮屠氏之言書寫讀誦而有功德者乎？讀其書，察其迹，析其字句，遂自命爲君子，無怪乎爲良知之説者起而斥之也。乃爲良知之説，迷於其所謂良知，以刻畫而髣髴者，其害尤烈也。

夫讀書將以何爲哉？辨其大義，以立修己治人之體也；察其微言，以善精義入神之用也。乃善讀者，有得於心而正之以書者，鮮矣。下此而如太子弘之讀春秋而不忍卒讀者，鮮矣。下此而如穆姜之於易，能自反而知媿者，鮮矣。不規其大，不研其精，不審其時，且有如漢儒之以公羊廢大倫，王莽之以譏二名待匈奴，王安石以國服賦青苗者，經且爲蠹，而史尤勿論已。讀漢高之誅韓、彭而亂萌消，則殺親賢者益其忮毒；讀光武之易太子而國本定，則喪元良者啓其偏私；讀張良之辟穀以全身，則鑪火彼家之術進；讀丙吉之殺人而不問，則怠荒廢事之陋成。無高明之量以持其大體，無斟酌之權以審於獨知，則讀書萬卷，止以導迷，顧不如不學無術者之尚全其樸也。故子曰：「吾十有五而志於學。」志定而學乃益，未聞無志而以學爲志者也。以學而游移其志，異端邪說，流俗之傳聞，淫曼之小慧，大以蝕其心思，而小以荒其日月，元帝所爲至死而不悟者也，惡得不歸咎於萬卷之涉獵乎？儒者之徒而效其卑陋，可勿警哉！

敬帝

一

義以生勇，勇以成義，無勇者不可與立義，猶無義者不可與語勇也。

王僧辯非不知義者，元帝使之攻湘州殺蕭棟而不從。身建平賊之大功，受大任而鎮京邑，可以有爲之資也。高洋遣邢子才帥一旅納蕭淵明使爲梁主，淵明非武帝之子孫，而挾異類以闌入，使其成也，則蕭詧附庸於宇文，淵明述職於高氏，中分梁國，效臣妾於二虜，此王僧辯肝腦塗地以報宗社，而爲中原留一綫之日也。僧辯既遣裴之横禦之於東關，亦已知敬帝已正位爲君，而淵明爲賊矣。乃之横敗死，遽屈節而迎淵明以入，何其餒也！

夫高氏方與宇文争存亡之命，不能乘釁以窺梁，明矣。其以偏師奉淵明而入，直戲焉耳。邢子才雕蟲之士，據長江而待其斃也有餘。顧乃震掉失守，廢君奉賊，唯虜志之是殉，卒以此受大惡之誅，授首於陳霸先，爲千古笑，則何如仗節臨江，以與高洋争一旦之生死乎？無勇之夫，義不能固，而身名俱毁，不亦傷哉！

故未知義者，可使之知也。知有義而勇不足以決之，然後明君不能爲之鼓厲，信友不能爲之獎掖，陷於大惡以亡身。故曰：勇者天德也，與仁、智並峙而三也。

二

法先王者以道，法其法，有拂道者矣；法其名，並非其法矣。道者因天，法者因人，名者因物。道者生於心，法者生於事，名者生於言。言者，南北殊地，古今殊時，質文殊尚；各以其言言道、言法，道法苟同，言雖殊，其歸一也。法先王而法其名，唯王莽、宇文泰爲然。莽之愚，劉歆導之；泰之僞，蘇綽導之。自以爲周官而周官矣，則將使天下後世譏周官之無當於道，而謂先王不足法者，非無辭也，名固道法之所不存者也。泰自以爲周公，逆者喪心肆志之恆也；綽以泰爲周公，諂者喪心失志之恆也。李弼、趙貴、獨孤信、于謹、侯莫、陳崇，何人斯而與天地四時同其化理。悲夫！先王之道，陵夷亦至此哉！

高洋之篡也，梁、陳之偷也，宇文氏乃得冠猴舞馬於關中，而飾其羶穢以欺世。非然，則王莽之首，剸於漸臺，泰其免乎？以道法先王而略其法，未足以治；以法法先王而無其道，適足以亂；以名法先王而並失其法，必足以亡。泰之不亡，時不能亡之也。至於隋，革泰之妄，因時以命官，垂千餘年，有損益而弗能改，循實之效可睹矣。周禮六官，有精意焉，知之者奚有於法，而況名乎？

三

權臣，國之蠹也，而非天下之害也，小則擅而大則篡，聖人豈不慮焉，而五經之文無防制權臣之道。胡氏傳春秋，始惴惴然制之如檻虎，宋人猜忌之習，卒以自弱，而授天下於異族。使孔子之意而然也，則爲司寇攝相事之日，必以誅三桓爲亟，而何惡乎陪臣執國命？何憂乎庶人之議也？故知胡氏之傳春秋，宋人之私，非聖人之旨也。岳侯之死，其說先中於庸主之心矣。

自晉東渡以來，王敦始逆，桓温繼之，代有權臣，而司馬、劉、蕭之宗社以移。其逆未成，而稱兵搆亂者，王恭、殷仲堪、劉毅、沈攸之、蕭穎胄，皆憤起以與京邑相競。然而兵屢亂、國屢危，而百姓猶能相保，亂民無掠奪之惡，羸弱無流離之苦，則禍止於上，而下之生遂不驚也。非其世族與其大勳，不秉朝權；非秉朝權，不生覬覦；艸野非無桀驁之雄，摺伏下風而固不敢騁也。至於侯景之亂，羊侃卒，韋粲死，柳仲禮無能而敗，蕭氏子孫分典州郡，相尋自賊，而梁無虎臣，於是而陳霸先以吳下寒族，嶺表卑官，糾合粵嶠之民，起救國難，王僧辯資之成功；於是而建業、荆江、北府、三吳之牧守，皆倒授其權於山谿峒峑之豪。國無世族尊貴居中控外之大臣，而崛起寒微如霸先者，駸駸爲天子矣；其次則分州典郡，握符分閫，爲重臣矣；然後權移於下，窮鄉下邑之中，有魁磊梟雄之士，皆翹然自命曰：丈夫何所爲而不可成哉？故周迪、留異、熊曇朗、陳寶應奮臂以興；乃至十姓百家稍有心機膂力者，皆嘯聚其閭井之人，棄農桑、操耰鉏、以互相掠奪。於斯時也，彊者自投於鋒刃，弱者坐受其刀鈇，而天下之亂極矣。弗待有建威銷萌、衛社稷、安生民之大臣，如劉弘、陶侃、謝玄、檀道濟、沈慶之之流也；即有王敦、桓温、劉裕、蕭道成之權姦，執魁柄以臨之，亦安至是哉？

以在下之義而言之，則寇賊之擾爲小，而篡弑之逆爲大；以在上之仁而言之，則一姓之興亡，私也，而生民之生死，公也。故明王之涖臣民也，定尊卑之秩，敦忠禮之教，不失君臣之義，而未嘗斤斤然畏專擅以削將相之權。子孫賢，何畏於彼哉？其不肖也，則寧喪天下於廟堂，而不忍使無知赤子窺竊弄兵以相吞齧也。魯之末造，三桓之子孫既弱，陽虎、公山不狃狂興，而魯國多盜，孔子傷之矣！徒以抑彊臣爲春秋之大法乎？故以知胡氏之説，宋人之陋習也。

讀通鑑論卷十八

陳高祖

一

自曹魏以迄於宋，皆名爲禪而篡者也。蓋嘗論之，本以征誅取天下，狃於習而假迹於篡者，唐高祖也。其名逆，其情未詐，君子惡其名而已。以雄桀之才起而圖功，其圖功也，以覬得天下爲心，功既立而遂攘之，曹魏、劉宋也，而劉宋之功偉於曹魏矣。受推誠托孤之命，遂啓逆心，非不立功，而功不在天下，以威福動人而因竊者，司馬氏也。無固獲之心，天下亂而無紀，一旦起而攘之者，宋太祖也。無功於天下，天下已亂，見爲可奪而奪之者，梁武帝也。既無功矣，蓄姦謀以從人於弒逆，因而奪之者，蕭齊也。本賊也，而名爲禪者，朱梁也。

若夫陳氏之篡梁，功劣於曹、劉，而抑有功焉。天下之亂已極，可攘而攘之，亦無固獲之心，如是，則不足以頡頏於劉宋，而優於趙宋，有討平侯景之義；愈於曹、馬者，無素蓄之姦；賢於梁武者，無犯順之兵也。是故其爲君也雖微，而其罪亦輕矣。卻淵明而復辟於敬帝，非果念武帝之子孫而固立之，然當其時，江左之不能自立甚矣，蕭詧稱藩於宇文，以殺叔父而保一隅，以號爲君，淵明稱藩於高氏，以蔑君之遺孫，而擁虛號以爲君，皆非君也。宇文、高氏守藩之臣也，使淵明得立，則舉江東以屬服於高洋，尤慘也。陳高非忠於蕭氏，而保中國之遺民，延數十年以待隋之一統，則功亦偉矣哉！

夫陳高始起嶺表之日，逮乎入討侯景之初，固知其未有安干天位之志也。蕭氏子孫自相戕賊，天下莫適爲主，而後思攘之，其罪既輕，雖無赫赫之功，而功亦不可泯，視隋之居中狐媚以奪宇文氏者遠矣。若夫君子之有恕於隋者，則以中國代夷狄㊀，得之不以其道，而終不可名爲篡也。此陳、隋之後，天下所以定也。惜乎唐之不正名爲誅弒父虐民之獨夫，而託之乎禪，以自居乎篡也。

二

君子之善善也，豪毛必取，唯其豪毛之果善也。若夫赫然著一善之名而實無，非惡役於其名而取之，則受罔於非其道，爲愚而已矣。

陳氏篡梁，王琳起兵至湓城以伐陳，赫然討賊之義舉也。自君子論之，子之篡燕，齊宣王興師伐之，而孟子曰：「以燕伐燕。」若琳者，豈但以陳伐陳哉？琳起兵以救元帝於江陵，正也。蕭詧導宇文氏以戕元帝，而毀其宗社。詧者，琳之仇讎也。而詧不能獨成其惡：元帝死於宇文氏之刃，則宇文氏尤琳之不共戴天者也。侯平不受琳之指麾，琳遂奉表於高洋，去華即夷㊁，惡已大矣，猶曰高氏非吾讎

㊀「中國」「夷狄」四字刻本闕，據校記補。

㊁「華」「夷」兩字刻本闕，據校記補。

也；以妻子陷入於關中，復奉表稱臣而西嚮。身爲盟主，二三其德，荏苒妻子之私愛，北面稽顙於殺吾君、亡吾國之索虜鮮卑；斯人也，陳主所蘧蒢視之，不以爲人類者也，而何能奉詞以討陳邪？蕭詧，琳之讎也。敬帝非琳之讎也，元帝死亡，敬帝以武帝之孫、元帝之幼子立於建業，琳既兩奉表於二虜，復稱臣於敬帝，以縻繫於梁，梁徵之爲司空而不至，何爲者也？使琳果有匡復之心，則身既爲上流之盟主，應司空之召，入奉敬帝，折陳氏之邪心，夫豈不能？既懷貳心，親高齊而忘故國，及陳之篡，乃竊討賊之名，以與陳氏争，倚高氏之援，求蕭莊以借爲主，一人之身，倏彼倏此，廉恥蕩然，而尚可許爲討賊之師乎？幸而陳氏勝矣，陳而敗也，高洋乘亂而取江東，琳不能禁，固琳之所不恤也。假令蕭莊得入建業而君梁，琳因起而奪之，勢所必然，抑琳志之固然者也。無恒之小人，旦夕莫測，而許之以討賊之義乎？即後事而觀之，陳遣謝哲往説，而琳又還湘州，陳高祖殂，復背約而奉蕭莊屯湓城以稱帝，大敗於侯瑱，而奔齊之志决矣，此琳始終變詐之情形也。故曰非但以陳伐陳也。

嗚呼！人至於無恒而極矣。無恒者，於善無恒也，於惡亦無恒也。於惡無恒，而有時乎善，其果善與，猶不可據也，況乎其徒以名邪？爲君也忠而死，爲父也孝而死，非爲君父而忠孝也，吾臣吾子不忍自廢者也，豈忍以忠臣孝子爲可獵取之浮名乎？失身於異類，則已無身矣。無身而君誰之君，父誰之父，遑及忠孝哉！且若琳者，則又失身於異㈠類而亦無據也，倏而禽，倏而人，妖魅而已矣。今有妖魅

㈠「異」字刻本闕，據校記補。

於此，衣冠粉澤，而遂樂推之以爲人，非至愚者不然。然則假琳以梁臣之名，而嘉予其伐陳之義，又何以異於是？人之别於禽獸，恆而已矣。君子之觀人，絜其初終以定其貞邪，持論之恆也；乍然見其襲義之虚聲而矜異之，待其惡已敗露而又貶之，亦持論之無恆者也；無恆則其違琳也不遠矣。善善而無一定之衡，可不鑒與！

三

被徵不屈，名爲徵士，名均也，而實有辨。守君臣之義，遠篡逆之黨，非無當世之心，而潔己以自靖者，管寧、陶潛是也。矯厲亢爽，耻爲物下，道非可隱，而自旌其志，嚴光、周黨是也。閒適自安，蕭清自喜，知不足以經世，而恰然委順，林逋、魏野之類是也。處有餘之地，可以優游，全身保名而得其所便，則韋敻、种放是也。考其行，論其世，察其志，辨其方，則其高下可得而覩矣。

敻者，孝寬之兄，放者，世衡、師道之族也，故二子者尤相肖。其家赫然著顯名、居厚實於天下，而己得以高卧，邀人主之尊獎，則亦何求於一命之榮哉？二子者尤相肖也，此爲道遥公、豹林處士而已矣。

文帝

一

文帝既以從子繼高祖而立，宇文氏遣高祖之子昌歸陳，文帝與侯安都斃之於江，帝之貪位安忍，其惡無所逃矣。所可重傷者，昌之愚而爲狡夷投之死地以亂陳也。

昌在關中，高祖屢請之，而宇文氏不遣，持重質以脅陳。高祖殂，乃亟遣之歸，知其兄弟必争，則己乘之以收其利。蕭紀争而得巴蜀，蕭詧争而得江陵，其術兩雔，復以試之建業，其情曉然易見，而何昌之不覺也！侯安都之戕賊行而昌死於道，喪一亡公子耳，宇文氏無一旅之援，一使之逆，於己無損也。昌不死，而陳有奉之者，則必求援於己，捲土而奉藩，昌不能違，不復有陳矣。昌何利於此，而徒爲宇文氏倀乎？昌不聽而終老於關中，雖居異域，自以梁亡被虜，非投身幽谷如劉昶、蕭寶寅之迷也。仲雍斷髮文身以全孝友，而大周祚則委贄於宇文氏，其又何傷？晉文公謝秦伯得國於斯之命，豈忘君晉哉？秦奉己以入，而己制於秦，惠公之所以見獲於韓原，文公不屑爲也。父死之謂何，而忍利其國，秦人之謀折矣，故晉以寧，而文公終以霸。天命在己，惡知其不爲晉文？其不然也，以亡公子優游於南山、渭水之閒，可以全身而不貽禍於宗國，又何怨乎？

或曰：「此仁者之事，非昌之所及也。」道二：仁與不仁而已矣，出乎仁則入乎不仁；危其國，亡其身，不仁不可與言，而爲人所顛倒，一閒而已。身死則爲陳昌，國危則爲蕭詧，昌不仁而文帝、安都以不仁應之，昌先之矣。

二

國破君危，志士奮興以圖匡復，此決起一朝，無暇豫計其始終者也，豫計則不果矣。雖然，亦有不容不豫計者。亂一起而不知所届，事會之變，未可測矣，所可豫計者，己有其初心，道有其大常也。或死乎？或弗死乎？死有所爲死，生有所爲生，變雖生於始謀之外，而心自依乎其初，此之謂豫計。志不定，義不明，以義始，以亂終，利害亂其中，從違失其則，則爲王琳而已矣。

孫瑒之始，與琳俱起，本以蕭詧引宇文攻元帝於江陵，急於入援，以拯元帝之危，而存梁之宗社；不及而江陵陷，元帝死。事雖不克，而爲吾大讎者，宇文氏也。陳氏攀敬帝以立而又篡之，則其意計不及，忽然之變也，於是而琳志亂矣。外既偪而內復潰，琳乃首施兩端，徧奉表於二夷，觀望以拒陳，遂受高齊驃騎之命，終爲異㊀類矣。而瑒異是，宇文氏授瑒以刺史，瑒誓死以拒，守孤城而不降，使城陷而死焉，瑒得死所矣。乃陳兵至，周圍解，兵力已疲，民情已釋，旁徨四顧，故國已亡，而無可託足，乃集將佐而告之曰：「吾與王公同獎梁室，勤亦至矣，時事如此，豈非天乎！」乃舉州以降陳。非降也，不降而無所歸也。救江陵拒宇文者，瑒之初心也；陳之篡，梁之亡，非瑒始計所及也。瑒非敬帝之臣，陳高有篡弑之逆，而敵怨不在後嗣，文帝非躬篡之主，不辱其身於加刃吾君之狡夷，瑒可以無死，而又爲誰死邪？若此者，瑒不能豫計於先，而抗宇文以全郢城，則其素所立之志，終始初無異致，瑒何病哉？

無他，王琳雖名爲義，而圖功徼幸之心勝，則遇變而不知所擇；瑒義在心，而不僅以名，事雖不濟，而義終不墜也。決死一旦，而挾功利以爲心，物必敗之，亦惡知變之所生而早計之哉？

三

詩云：「大風有隧，貪人敗類。」類之已敗，則雖非貪人，相習於亂，大風之隧，當其隧者，無不靡

㊀「異」字刻本闕，據校記補。

也。貪人之所吹拂成乎風，而類無不敗，且不自知其爲大惡，捐名義以成乎亂賊，而後人道絶矣。華歆、賈充、劉穆之、謝晦、沈約、褚淵、崔季、舒胥，貪人也，扶人爲亂賊，居篡弒之功，而身受佐命之賞，弗足責也。王晞曰：「非不好作要官，但思之爛熟耳。」高演報其翼戴之功，使爲侍郎，苦辭不受，知貪人之不保令終，而靜退以全身，非華歆輩之匹也。乃首倡逆謀，力爲贊畫，夜入帷幕，忘生蹈險，以奪高殷而弒之。晞不自爲榮膴也，徒焦肺困心，不恤族誅之禍，唯恐演之不成乎篡，何爲者邪？功成而不受賞，安下位以終身，使移此心以盡誠於君父，而獎掖人於忠孝之途，則於諸葛公桑株八百、薄田十頃之節，又奚讓焉？然而晞憯不畏疢，以爲亂賊之腹心者，何也？篡奪之風，已成乎隧，當其隧者靡焉，習以爲安，而不知其動摇之失據也。

民彝泯矣！天理絶矣！百年之内，江東、河北視弒君父如獵麕鹿，篡國如掇蜩蟬，無有名此爲賊而驚心動魄者。晞固曰：吾爲其所應爲，而不受佐命之賞，則道在是矣。悲哉！華歆輩之敗人類，而人類無能更存也！士不引千秋之公義以自擇所趨，習染時風以爲固然，從後而觀之，惡豈有瘳？而一曲之操，其能擠不赦之辜哉！

四

以亂人爲可畏者，懦夫也；以亂人爲不可畏者，妄人也。莊周氏自謂工於處亂人矣，一以爲猛虎，一以爲嬰兒，一以爲羿之彀中而不可避也，一以爲大浸稽天而可不溺也。懦夫聞之，益喪其守；妄人聞之，益罹於凶；則唯失己，而謂輕重之在物也。

虞寄僑處閩海，陳寶應連周迪、留異以作亂，寄著居士服，屏居東山寺，危言不屈，寶應縱火焚寺以脅之，威亦熯矣，而寄愈危，責寶應也愈厲。如寄者，豈不戒心於亂人之鋒刃，而任氣以行邪？乃終嶽立千仞而不以寶應之凶悖爲疑，非妄以輕生、狎暴人而姑試也，求諸己者正而已矣。浸令不然，心非之，抑詭隨之；私議之，而面諱之；亟於求去，而多方以避之；放言毁度，佯狂閔默以順之；皆莊周所謂緣督之經也。而早爲亂人之所測，祇以自辱而無補於禍難。妄之興，懦之變也。夫君子正己而已矣，可爲者奚惴而不爲？可言者奚憚而不言？亂人雖逆，凋喪之天良未盡絶於夢寐，天可恃也；即不可恃，而死生有命，何所用吾術哉？是以知虞寄之可爲君子矣。

歐陽紇反於廣州，流寓人士，惶駭失措，而蕭引恬然曰：「管幼安、袁曜卿亦安坐耳，直己以行義，何憂懼乎？」寄近寶應而危，引遠紇而安，寄直己之道行，引直己之志定，其歸一也。反是，則韋思祖以畏葸爲赫連勃勃所惡而死，趙崇以輕薄爲朱溫所怒而死，崇呼槖駝爲山驢王以誚溫。剛柔無據而可，惟其處己者未正也。

五

儒爲君子者也，君子不可欺者也。儒而受欺於人，則不惟無補於世教，而其自立也，亦與欺爲徒，因以欺人而自欺也。甚矣！養老之典，儒者重言之，不審於何以養也；則宇文邕胡孫而優俳，遂謂其可登簫韶之綴兆也！

漢儒飾文而迷其本，於是桓榮、李躬受割牲躬饋之榮施。今且未知明帝之果可以養老，而榮、躬之果可爲老更否邪？雖然，當東漢之初，天下可無捐瘠離散之苦，而滎與躬非從弑父與君之臣，猶可尸此而無大慚也。宇文氏日糜爛其民以與高齊、陳氏争，丁壯捐尸於中野，農人没命於輓運，父老孤煢無告者不知幾千萬，而于謹以機詐傾危之士，左袒宇文護以弑其君，乃靦然東面登降，坐食於太學，掇拾陳言，如樂人之致語，遂施施然曰：此文王敦孝尊賢之道也。儒者榮之，稱説於來今，爲君子儒者其然乎？文王之養老，孟子言之備矣，非飾衣冠、陳尊俎、贊拜興於伯夷、太公之前也，且其爲伯夷、太公而後爲國老，桓榮、李躬何足以稱，而況于謹者，固伯夷所與言而視如塗炭者乎？

先王之政，紀於尚書，歌於雅頌，論定於孔、孟，王者之所宜取法，儒者之所宜講習，無得而或欺，亦無得而自欺者也。語雖略，而推之也，建天地、考三王、質鬼神、俟後聖，無不在矣。漢儒之説，欲以崇道，而但侈其榮利，賓賓然，夫我則不暇也。

臨海王

觀於陳氏之代，抑不知當世之無才何以至此極也！侯安都、周文育、程靈洗戰而獲，獲而囚，囚而繫以長鎖，鼠竊而逃，仍爲大將而不慚，其武人可知矣。劉師知、到仲舉奉詔輔政，忌安成王之逼上，乃使殷不佞孤銜口敕入相府，麾王使退，内不令太后幼主知，外不與羣臣謀，而不慮其拒命，五尺之童所不爲者，身爲託孤大臣，謀君國之安危而漫同兒戲，其爲執政者，又可知矣。夫當世豈遂無才，而至此極者，何也？

人主者，以臭味養賢，以精神感衆者也。道以導之，德以得之。道德者，即其臭味；導之得之者，其精神也。陳高祖一偏裨之才耳，任之爲大將而固不勝者也，而使爲天子，其僅足以致拳勇無廉之武夫，文墨不害之文吏，非是臭味莫相親，精神不相攝矣。偏求其時而無其人，僅一虞寄，而出爲藩王之記室。天下之士，相帥以趨於偷，天生之，人主不成之，當世不尚之，何怪其不碌碌哉？故江東王氣之將盡也，爲之主者氣先疲也。所知、所志、所好、所惡，不出於頹，則人胥奔走於頹中，夕陽之照，晨星之光，趨於盡而已矣。

宣帝

自太建十三年以前，論高齊、宇文周事皆附陳下；自太建十三年隋文帝紀號開皇，凡論隋事皆附隋下，唯論陳事則列卷中；陳、隋皆中國之君，南北分疆，義無偏勝也。

一

小人之争也，至於利而止矣；而更有甚焉者，始見爲利而争之，非必利也，争之以不相下，氣競而不能止。有國家者，毒衆連兵，暴骨如莽而不止；匹夫匹婦，訐訟操戈，兩敗交傷而不止；乃不知因此而害不弭，舍此而固有利也。明於計者，方争之頃，一念旁及而早知改圖矣。

晉悼公與楚争鄭，用兵十年，連十二國之諸侯，三分四軍以疲於道路，僅服一鄭，而中國之力已憊。

當其時，若舍鄭而無可以制楚者，乃服鄭而晉遂不競，楚亦惡能制哉？幸楚之不覺而亦相競於鄭耳。使其舍鄭而他圖，三川危、天下裂矣。夫晉與楚，非擇利而趨也，氣不相下，捐軀命以求贏，匹夫匹婦之情也。

宇文氏與高齊相持於宜陽，經年不解，韋孝寬以宜陽一城不足損益，彼若棄之來圖汾北，我必喪地，欲罷宜陽之兵以防汾、晉，力窮於所争之地，而流念以旁營，孝寬可謂智矣。宇文護不能從，斛律光果棄宜陽而築十三城於汾北之西境，拓地五百里，孝寬撤宜陽之兵以奔命，而大敗於汾北，定陽失，楊敷擒，而其所争者亦敗，悁悁忿戾之情，亦惡足以逞哉？孝寬之機甫動，斛律光之情已移，所争者俄頃之閒耳，迷於一往者，固不覺也。

夫孝寬、光皆趨利之徒也，然於忿戾相乘之頃，返念以自謀成敗，思以免無益之死傷，而不徒糜爛生靈於尺寸之土，則又豈徒工於計利哉？利不可競也，忿尤不可不戢也。固執必勝以快其忿，幸而敗，不幸而亡；兩俱迷，則徒爲斯人之困以自困，將有旁起者坐而收之。匹夫之乘潮競渡以身飽魚腹而不懲，事有大於此者，爲千古笑。不知不仁，君子之所深惡也。

二

爲五行之説者曰：「熒惑之精，降爲童謡。」言雖非實，而固有指也。熒惑者，以熒熒之光、熒熒之智惑人者也。火之光，熒熒而已，煬之而興，撤其膏薪而息矣。然當晦也，則闇行者依之以求明，故曰：「月固不勝火。」大明有耀，不足以熒熒矣。故智者求明於日月，而不求明於火，惡其有煬之者也。童謡者，熒熒而惑人者也，是之謂熒惑之精，非必天之星降爲童之謡也。善通其義者，可以垂鑒。

祖珽欲殺斛律光而無其隙，韋孝寬密爲童謠以間之，而光坐誅。夫天下之爲童謠者，皆姦人之造也，豈果禍福之幾，鬼神早洩其秘於童稚之口哉？鸜鵒之謠，師己造之，爲季氏解逐君之惡也。故童謠者，必有造之之人；即其果中於事理，若「河間姹女」、「千里草」之屬，亦時有志疾惡而葸弱畏禍，師婦姑詛咒之智，喋喋於烓甕之閒而已。若靈帝之國必亡，董卓之身必戮，又豈待童謠而知邪？晉文公城濮之師，勢不容於姑已者也，「原田每每」之誦，惡知非楚人之反閒哉？故曰：「先民有言，詢于芻蕘。」芻蕘可詢也，出其所不意而對以公也。民之譌言，不可聽也，先爲之成言，必其熒熒而惑人者也。祖珽之姦，高緯之愚，孝寬之詭，一童謠而光以死，高氏以亡，可畏也哉！

上愈察，下愈譎，愬譖不行，而童謠興，惑乃益不可解。王洽、李邦華以死竄於小豎之口，可爲痛哭者，豈徒高緯之愚乎？崇禎己巳，都城被圍，兵部尚書王洽、戎政李邦華挍簡軍政。宦官忌之，爲童謠曰：「殺了王洽，（敵人）〔韃子〕㊀容易殺，殺了李邦華，走破（敵人）〔韃子〕㊁韡。」播令上聞，洽被誅，邦華削奪，軍政益紊，以底於亡。

三

中國輸歲幣於夷，自宇文氏始。突厥挾兩端以與宇文、高氏市，宇文畏其爲高氏用也，歲給繒絮錦綵十萬以縻之，高氏亦畏其爲宇文氏用而厚賂焉。夫宇文與高於突厥，何中外高卑之有哉？弱役於彊，屈者其常也，而突厥固曰：「宇文、高氏，中國之君也，中國之奉我，常也。」此驕夷狄之始禍也。宇

㊀、㊁ 據校記改。

文、高氏朘削中國以奉於其類，非其土，非其民，無不可也。而後世篡竊之君臣，且曰：宇文、高氏，中國之君也，不惜悉索之於民以奉突厥而國以安，吾亦奚不可邪？此啓惰君陋臣之禍始也。

地之力，民之勞，男耕女織之所有，殫力以營之，積日以成之，委輸以將之，奉之異域，而民力盡、民怨深矣。無財無以養兵，無人無以守國，坐困而待其吞吸，日銷月鑠，而無如之何，自亡而已矣。而不但此也，方其未入中國之日，已習知中國之富而使朶頤久矣。中國既自亡，而揖之以入爲主，其主臣上下皆固曰：此畇畇之原隰，信天地之沃壤也，肥甘之悦口，輕煖之適體，錦綵佳麗之炫目，繁聲冶奏之娱耳，求焉而即得，取焉而即盈，昔之天子奉我而如不及，今爲我之臣妾，而何求不克邪？故淫虐婪取，川吸舟吞，而禹甸爲荒郊，周黎爲道殣，皆宇文氏之毒，延及千年而益烈。悠悠蒼天，其如此皮骨空存之赤子何也！所爲推禍始而爲之痛哭者也。

四

度德量力相時以沮有爲之氣，君子弗取。而當積衰已久，立本未堅，求自保以徐圖有爲也，則度德量力相時之説伸矣。高緯不道，亡在旦夕，陳與接壤於淮右，宣帝決策遣吴明徹帥師北伐，庸詎非所宜爲、非所可爲者？顧使陳深計而思其所竟，緯雖必亡，吴明徹能以積弱之孤軍搗鄴、并而滅之，如宋武之於姚泓否邪？用兵三年而不能越吕梁一步，與高氏一彼一此，交敝於兩淮，徒爲宇文氏掣高氏之肘而利其吞齕耳。

宇文之決於滅緯也，韋孝寬固曰：「齊自長淮之南，悉爲陳氏所取，與陳氏共爲犄角，必當所嚮摧殄。」則其用陳而陳爲所用可知矣。巴蜀失，江陵陷，陳之大患在宇文而不在高氏。爲高氏犄角而拒宇文，不可爲而尚可爲也。爲宇文犄角而滅高氏，宇文無北顧之憂，而地益廣，兵益衆，氣益張，昔者齊爲陳蔽，而今則陳受周衝，去狐狸而鄰豺虎，則他日者，既下巴、荆以乘上流，臨江介而搗建業，旁無所撓而勢無不便，是滅齊適以自滅，不待智者而知也。

當斯時也，天下之勢，在宇文而不在高氏明矣。陳所急者，在江、郢、庸、蜀而不在淮右明矣。即無能奮興以決圖荆、襄，抑惟固境輯民、治兵積粟，聽二虜之爭，而我以暇豫圖久遠之計，悉三吴、湘、廣之力，尚可爲也。計不出此，乘人之危，收曠莽難守之地以自居功，殆猶鼠也，潛出而掠人之餘也。高氏爲己之捍衛而急撤之，陳何恃以抗宇文哉？高氏亡而明徹敗。金人告宋曰：「吾亡而蒙古之禍移於宋。」其愚同，其禍同也。舍周無慮，貪得以逞，有可爲而不可爲，爲其所不可爲以自詫，禍已及，乃跼蹐而自縮，晚矣。高氏不滅，陳氏不亡，叔寶雖不足以固存，尚可俟他姓之興以延江左衣冠之統，劉子業、蕭寶卷不滅，而叔寶滅乎？

五

諒闇不言，孔子曰：「古之人皆然。」古謂殷也。周公定禮，於此闕焉，意者其不然邪？故孔子但言古。夫周公推至孝以立極，豈三年之愛不逮古人哉？時有易而道有詘也。殷道立弟，國恆有長君，則冢宰雖非伊、傅，而不能擅命以亂天下；周道立子，而沖人踐阼，冢宰持權，則苟非其人，固不可託也。即其人可託矣，而小子同未在位，以周公之忠，二叔之流言且不可遏，非貪權罔恤之姦，未有不懲周公之難，而敢於自危以危天下者也。故殷道至周而易，道大易，則一端不得以獨存，時詘之矣。

若後世之天下，尤非三代之比也。三代有天下者，名而已矣，其實則亦一國也。王畿千里，政教號令所及，今之一大省會耳，諸侯固自爲治也，則其事簡。諸侯受制於天子，而無所詘於天子之大臣，天子之卿視侯，視云者，仰而躋及之之謂也，則其任輕。諸侯入相，自有宗社，而不敢嘗試，非諸侯而相，則夾輔之公侯可入正之，而相臣不敢自恣，則其權分。郡縣之天下，統四海於一人，總己則總天下矣，其事繁，其任重，其權壹。冢宰已總天下之職官，司農已總天下之田賦，司馬已總天下之兵戎，司寇已總天下之刑罰，而又總而歸之一人。此魏、晋以降，録尚書事輔政之所以篡奪相仍也。州牧郡守待命而不能仰詰，四海無誰何者，三年之内，以收人心而移宗社，後雖挽之，禍已發於肘腋矣。人子受先王之託，而委之他人，庸詎可以爲孝，此後世之詘於時者，尤非僅如周而已也。

夫法有常而人無常。當周之季，皇甫、尹氏之流，君親政而猶爲天下僇，詎可不言而唯其所爲？容容自保者，且以誤國而召疑叛，況其爲竇憲、梁冀之跋扈者乎？又況其爲司馬懿、傅亮、徐羨之、楊堅也乎？乃先王既使之在大臣之位矣，欲別委而弗使之總己也不得，陶侃且怨，不徒祖約也。煢煢在疚之孺子，豈能求側陋之忠賢，拔起而授之大任，其不畀宗社生民於姦邪也，鮮矣。故匹夫不能逮天子之養，天子不能盡庶民之哀，情無已而量有涯，雖聖人不能盡滿人子之心，亦無如之何也。故孟子詔滕文公行三年之喪，而未有命戒者五月爾，於此見周禮之既葬而親政也。宇文邕之令曰：「衰麻之節，苫廬之禮，遵前典，申罔極；軍國務重，須自聽朝。」庶乎其情理之兩得與！五服之内依禮，百僚既葬而除，亦稱其情也。雖然，此唯天子而不得不詘爾，翟方進妄自尊以短喪，李賢、張居正怙權而喪其心，豈能託以爲辭哉？

六

賊聖人之道，以召異端之侮，而堅其邪辟者，小人儒也。異端則既與我異爲端矣，不相淆也；然異端亦固有其端，非沈溺於流俗之利欲而忘其君父以殉其邪者也。若楊朱、墨翟、莊周、列禦寇，以及乎陸子靜、王伯安，苟自有其端，則卑汙趨利、瞀不畏死、而盡捐其惻隱羞惡之行，固醉夢之餘念所不屑及者也。君子小人之大辨，人禽之異，義、利而已矣。小人之趨利而無恥，君子惡之，異端亦從乎君子之後而惡之，不敢謂君子之惡非正也。唯小人而託於儒，因挾儒以利其小人，然後異端者乃挾以譏吾道之非，而曰爲小人資者儒也。夫異端之始念，未至於無父無君，而君子窮其所歸，斥爲禽獸。乃小人冒儒者之迹，挾詩書禮樂爲寵利之資，則頑鄙殘忍，公然忘君父而不恤，以詑於天下曰：爲道衛也。其可賤而可惡，又奚但異端之比哉？故曰：「無爲小人儒。」小人儒者，異端之所不屑爲也。

桓榮耀車服之榮以勸門人曰：「稽古之力。」君子賤之，以其侈乎利而有禽心也。況如熊安生者，業以儒術，爲高氏國子博士矣，於高氏固有君臣之義也；宇文滅齊，鄴城方破，安生遽令埽門，語家人曰：「周帝重道尊儒，必將見我。」悲夫！其所事之君已走，其所從班行以奉祀之宗社且毁且屋，其同列之官僚且死且竄，其比閭連居之婦子且殺且俘，漠然無一念之悲閔，乞高氏之餘不足，又顧而之宇文氏之播閒，以是爲儒之道也。異端之徒，稍知自好者，鄙夷之如犬豕，況君子哉？不絶小人於儒，不正儒者之誼，以使小人不敢干，君子之責也。無他，義、利而已矣。議者苛求於吴康齋、陳公甫，而引姚樞、許衡於同類，不亦傎乎？

七

彊敵在前而以輕軍試之，非徒敗也，其國必亡。故吴明徹一潰於彭城，而江東有必亡之勢，其幸而延之十年者，宇文邕殂，宇文贇無道，楊氏謀篡而不暇及也。不然，亡之亟矣。爲兵家之言者曰：「知彼知己，百戰百勝」。未然也。誠知彼而知己，則有不戰者矣。吴明徹可以當宇文憲、韋孝寬乎？蕭摩訶、任忠、周羅睺可以當梁士彦、王軌乎？宣帝可以當宇文邕乎？宇文氏其如高緯、祖珽、穆提婆之君臣可以姑試而幸獲乎？己不自知，知之而又何以戰邪？不可以戰而何以勝邪？

然則坐而待其相加與？曰：善爲國者不師，非不師而即善也，爲國善，則可以不師也。江東至是而無可取中原之勢矣。固本靖民，養兵擇將，遲之數十年，而不輕挑之以益其勢，則尚可爲也。故孫綽、王羲之之論，在東晋之初則爲自棄，在陳之末造則善矣。東晋雖草創，人咸憤激以圖存，有死之心則有生之氣也。至於陳，而江東之生氣，齊凋之、梁萎之、侯景摧之、蕭詧、王琳中起而滅裂之，陳氏偷存而銷鑠之；劉宋吞廣固、擣長安之鋒穎，蕩盡無餘矣。然使固本圖安而尚可爲者，以高緯之淫昏，宇文邕遲之又久，再進再退而始決，陳能自立而不授以俘大將、覆全軍之勢，宇文君臣慎動者也，且以苻堅、拓拔佛狸爲大戒，而遽輕試席捲之雄心乎？陳僅一蔡景歷而不能用，一潰而舉國之人皆靡，引領以望北師之渡而已矣。

奚以辨大姦而必覆人之邦家者乎？則勸其主以殺人者是也。至於勸人以殺其兄弟子孫而甚矣。仁絶於心，心絶於天，而後勸人以殺其兄弟子孫；欺其人之終迷不復，而後敢勸人以殺其天性之親。不然，雖懷忮忌而挾私怨，不忍也，抑不敢也。

八

鄭譯初用，而導宇文贇殺其叔父，則於滅宇文以戴楊堅也，何靳而不爲？而堅知之矣，摘其不孝之罪，不比數之於人類，而後譯之惡窮。宇文贇之不肖也，宇文孝伯對其君曰：「父子之際，人所難言，臣知陛下不能割愛，遂爾結舌。」孝伯之可託也，宇文邕之不可導以不慈也，於斯言驗之矣。晁錯忠於袁盎，而居心之厚薄，則不若盎也，不順於父，而父亟去之，其於父子可知矣。故求可託之臣，求之於根本之地，而思過半矣。

九

宇文邕之政，洋溢簡册，若駕漢文、景、明、章而上之，乃其没也甫二年，而楊氏取其國若掇。贇雖無道，然其修怨以濫殺，唯宇文孝伯、王軌而止，其他則固未嘗人立於鼎鑊之上也。淫昏雖汰，在位兩浹歲而已。邕果有德在人心，詎一旦而遽忘之？乃其大臣如韋孝寬、楊惠、李德林、高熲、李穆皆能有以自立者，翕然奉楊氏而願爲之效死。堅雖有后父之親，未嘗久執國柄，如王莽之小惠徧施也；抑未有大功於宇文，如劉裕之再造晋室、滅虜破賊也；且未嘗如蕭道成僅存於誅殺之餘，人代爲不平而思逞也；堅女雖尸位中宫，而失寵天元，不能如元后之以國母久秉朝權也。然而人之去宇文也如恐不速，邕骨未冷而宗社已移，則其爲君也可知矣。德無以及人，而徒假先王之令名以欺天下，天下其可欺乎？

史之侈談之也，記其迹也。論史者之豔稱之也，爲小人儒者，希冀榮寵，而相效以襲先王之糟粕，震矜之以藻帨其門庭也。故拓拔宏、宇文邕幾於聖，而禹、湯、文、武之道愈墜於阱而不能自拔。試思之，惡有盛德如斯，不三歲而爲權姦所奪，臣民崩角以恐後者乎？

一〇

尉遲迥可以爲宇文氏之忠臣乎？宇文闡稱帝已二年矣，父死而正乎其位，楊氏雖逼，闡未有失德也，迥乃奉趙王招之少子以起兵。曹操所不敢奉劉虞以叛獻帝者，而迥爲之不忌，迥之志可知矣。迥可爲忠臣，則劉裕之討劉毅，蕭道成之拒沈攸之，使其敗而死也，亦晉、宋仗節死義之臣乎？楊堅無功而欲奪人之國，於是乎有兵可擁者，皆欲爲堅之爲，迥亦一堅也，司馬消難亦一迥也，王謙亦一消難也。志相若，事相競，則以勢之彊弱、謀之工拙、所與之多寡分勝敗矣。勝者，幸也；敗者，其常也；抑此而伸彼，君子而受姦雄之罔矣。

君子不逆詐，而未嘗不先覺，以情度之，以理衡之而已矣。王凌、諸葛誕不保其不爲司馬懿，況迥輩之紜紜者乎？宇文氏之亡，虜運之衰已訖也。楊堅無德以堪，而迥、謙、消難愈不可以君天下，「民亦勞止，汔可小康」。三方滅而楊氏興，民之小康，豈迥之所能競乎？自此以後，北朝事歸隋論。

二

高熲南侵，而陳宣帝殂，陳請和於隋，高熲以不伐喪班師。陳之愚而必亡，隋之智而克陳，皆於此徵之矣。

陳、隋彊弱不相敵明矣，宣帝殂，叔陵狂逞，嗣子傷，內不靖而未遑外禦，權下隋以紓難，何言愚也？弱者示人以弱，則受陵乘也無已。高熲之兵，固不足畏者也。隋主初篡而位未固，以司馬消難之在陳，有戒心焉。熲之南侵，聊以禦陳，非能有啓疆之志也。既分兵以南侵，千金公主、高寶寧又挾沙鉢略以入寇，隋固急欲輟南軍而防北塞。陳於此，正可晏坐以全力固封守，待其疲敝而空返；乃葸怯柔巽，暴其虛枵惶遽之情實，使隋得志以班師，而測其不自振之隱，使洋洋而盜名以去；故愚甚也。

熲不伐喪，義也，而何但言智也？奪人之國而無慚，欺人之孤而不恤，以女事人而因攘其宗社，不以爲恥，隋之君臣豈能守規規之義，閔人之喪而不伐也哉？乘喪而急攻之，固敗道也，非勝術也。陳雖弱，江東之立國久矣，非其可以必得，未易傾也。庸人之情，當危而懼，稍定而忘。君薨，嗣子初立，內難方作，而彊敵壓境，君臣皆惴惴焉，外雖請和，而內固不自寧也。知其且亡，而迫於不容已，則人有致死之心，以爭存亡於一決。熲以偏師深入，攖必死之怨憤，而吾軍欺其煢弱，挾驕以徼幸，猝與困獸相當於其內地，未有不敗者也。幸而請和之使至矣，假不伐喪之美名以市陳，實收全師不敗之功，以養威而俟時，故隋智甚也。

不伐喪矣，許之和矣，陳之廷，愚者曰：「隋有仁義之心，不吾并也」；黠者曰：「隋有隙而不能乘，無能爲也」。於是而君驕臣怠，解散其憂懼，栩然以自即於安，信使往來，禮文相匹，縻其主於結綺臨春賦詩行樂之中，則席捲而收之也，易於拾芥。善勝敵者，不乘其憂危，而乘其已定之情、已衰之氣，隋之智，非陳之所能測也。自弛於十年而國必亡，姑待之十年而必舉其國，一智一愚，一興一亡，於此決矣。

故善謀國者，不憂其所憂，而憂其所不憂，不震掉失守於一朝，不席安自馳於彌日，孰得而乘之哉？而庸人不能也。庸人之愚，智人之資。嚮令陳人請和之使不出，高熲且進退無據，而茶然以返，隋氣挫而陳可以不亡。夫豈陋君具臣之所及哉！

後主

一

大臣不言，而疏遠之小臣諫，其國必亡。小臣者，權不足以相正，情不足以相接，驟而有言，言之婉，則置之若無，言之激，則必逢其怒，大臣雖營救而不能免，能免矣，且以免爲幸，而言爲徒設，況大臣之媢忌以相排也乎？大臣者，苟非窮凶極悖之主，不能輕殺也，故言可激也；苟非菽麥不辨之主，從容乘牖以入，故言可婉也；大臣秉正於上，而小臣亦恃之以敢言，然後可切言之，以曲成大臣之婉論，交相須也，而所恃者終大臣也。大臣不言，小臣乃起而有言，觸昏昏者之怒，以益其惡，未有不亡矣。

夫大臣既導君以必亡矣，則爲小臣者將何如而可哉？去而已矣。陳後主國垂危而縱欲以敗度，傅縡、章華危言而見殺，陳之亡，遲之十年而猶晚，而二子者，亦捨身飼虎之仁，君子所弗尚也。春秋書陳殺其大夫洩冶，説經者謂「洩冶失語默之節，不如高哀之全身」，非也。微者名姓不登於春秋，曰殺其大夫而著其名，洩冶貴大夫也，諫而死，允矣；高哀名姓登於史策，亦貴大夫也，而去之，失臣節矣。縡與華非洩冶比也，胡爲其以身試酲人之暴怒邪？其情忿，其言訐，唯恐刃之不加於項，而無救於陳之亡，何爲也哉？

誠不忍故國之淪没，而恥爲隋屈，山之涯、水之涘，庸詎無潔身之所，而必於刑人之市以置此父母之遺體乎？於是而江總之邪益成；於是而施文慶、沈客卿之勢益張；於是而盈廷之口益箝；於是而隋人問罪之名益正。故陳必亡者也，殺二子而更速也。嬴瘵者浮火方張，投以梔芩而斃逾速，二子之以自處而處人之宗社，無一可者也。

二

名教之於人甚矣！國雖破，君雖降，而下猶以降爲恥，不能死而不以死爲憂，行其志以免於漸，名教未亡於心也。

陳亡，袁憲侍後主而不忍去；許善心奉使未返，而衰服以臨；周羅睺大臨三日，而後放兵散仗；陳叔慎置酒長歎，而謝基伏而流涕；任瓌勸王勇求陳後立之，不聽而棄官以隱；於仗節死義未能決也，而皆有可勸者焉。慕容、姚、苻、高氏之滅，未有此也，其或擁兵而起，則皆挾雄心以徼利者爾。晉南渡而衣冠移於江左，賢不肖之不齊，而風範廉隅養其恥心者，非暴君篡主之能銷鑠也。諸子之不死，隋不殺之耳，皆無自免於死之道也；無求免於死之道而不死，不死不足以爲其節累。且陳氏之爲君微矣，其得國也不以義，非有不可解君臣之分也；所不忍亡者，永嘉以來，中原士大夫之故國，先代僅存之文物，不忍淪没於一旦也。雖然，陳不能守，而隋得之，固愈於五胡之種多矣。諸子者，視家鉉翁、謝枋得而尤可不死，然而毅然以名教自盡也，不尤賢乎！

讀通鑑論卷十九

隋文帝

一

聖人之道：有大義，有微言。故有宋諸先生推極於天，而實之以性，覈之心得，嚴以躬修，非故取其顯者而微之、卑者而高之也。自漢之興，天子之教，人士之習，亦既知尊孔子而師六經矣，然薄取其形迹之言，而忘其所本，則雖取法以爲言行，而正以成乎鄉原，若蘇威、趙普之流是已。

蘇威曰：「讀孝經一卷，足以立身治世。」趙普曰：「臣以半部論語佐太祖取天下。」而威之柔以喪節，普之險以斁倫，不自知也，不自媿也。以全軀保妻子之術，爲立身揚名之至德；以篡弑奪攘之謀，爲内聖外王之大道；竊其形似，而自以爲是，歆其榮寵者，衆皆悦也。挾聖言以欺天下，而自欺其心，闇然求媚於亂賊而取容，導其君以欺孤寡、戕骨肉而無忌。嗚呼！微有宋諸先生洗心藏密，即人事以推本於天，反求於性，以正大經、立大本，則聖人之言，無忌憚之小人竊之以徼幸於富貴利達，豈非聖人之大憾哉？

普之於論語，以奪人爲節用，以小惠爲愛人，如斯而已，外此無一似也。威則督民誦五教，而謂先王移風易俗之道，畢於此矣。子曰：「鄉原，德之賊也。」託於道，所以賊德也。正人心，閑先聖之道，根極於性命，而嚴辨其誠僞，非宋諸先生之極微言以立大義，論語、孝經爲鄙夫之先資而已矣。

二

可以行之千年而不易，人也，即天也，天視自我民視者也。民有流俗之淫與偷而相沿者矣，人也，非天也。其相沿也，不可卒革，然而未有能行之千年而不易者也。天不可知，知之以理，流俗相沿，必至於亂，拂於理則違於天，必革之而後安，即數革之，而非以立異也。若夫無必然之理，非治亂之司，人之所習而安焉，則民視即天視矣，雖聖人弗與易矣。而必爲一理以奪之，此漢儒之所以纖曲塗飾而徒云云也。

改正朔，易服色，漢儒以三代王者承天之精意在此，而豈其然哉？正朔之必改，非示不相沿之說也。曆雖精，而行之數百年則必差。夏、商之季，上敖下荒，不能釐正，差舛已甚，故商、周之興，懲其差舛而改法，亦猶漢以來至於今，曆凡十餘改而始適於時，不容不改者也。若夫服色，則世益降，物益備，期於協民瞻視，天下安之而止矣。彼三王者，何事汲汲於此，與前王相競相壓於染繪之閒哉？小戴氏之記禮雜矣，未見易、書、詩、春秋、儀禮、周官之斤斤於此也。其曰夏尚玄、殷尚白、周尚赤，吾未知其果否也。莫尊於冕服，而周之冕服，上玄而下纁，何以不赤也？牲之必騂也，純而易求耳，非有他也。夫服色者，取象於天，而天之五色以時變，無非正矣；取法於地，而地之五色以土分，無非正矣。自非龐奇豔靡足以淫之者，皆人用之不可廢，理無定，吾惡從知之？其行之千餘年而不易者，民視之不疑，即可知其爲天視矣。

開皇元年，隋主服黄，定黄爲上服之尊，建爲永制。以義類求之，明而不炫，韞而不幽，居青赤白黑之閒而不過，尊之以爲事天臨民之服可矣，迄於今莫之能易，人也，即天也。於是而知漢儒之比擬形似徒爲云云者，以理律天，而不知在天者之即爲理；以天制人，而不知人之所同然者即爲天。凡此類，易、書、詩、春秋、周官、儀禮之所不著，孔、孟之所不言，詘之斯允矣。

三

今之律，其大略皆隋裴政之所定也。政之澤遠矣，千餘年閒，非無暴君酷吏，而不能逞其淫虐，法定故也。古肉刑之不復用，漢文之仁也。然漢之刑，多爲之制，故五胡以來，獸之食人也得恣其忿慘。至於拓拔、宇文、高氏之世，定死刑以五：曰磬、絞、斬、梟、磔，又有門房之誅焉，皆漢法之不定啓之也。政爲隋定律，制死刑以二：曰絞、曰斬，改鞭爲杖，改杖爲笞，非謀反大逆無族刑，垂至於今，所承用者，皆政之制也。若於絞、斬之外，加以凌遲，則政之所除，女直、蒙古之所設也。

夫刑極於死而止矣，其不得不有死刑者，以止惡，以懲惡，不得已而用也。大惡者，不殺而不止，故殺之以絶其惡；大惡者，相襲而無所懲，故殺此以戒其餘；先王之於此也，以生道殺人也，非以惡惡之甚而欲快其怒也。極於死而止矣，梟之、磔之、轘之，於死者又何恤焉，徒以逞其扼腕齧齦之忿而怖人已耳。司刑者快之，其仇讎快之，於死者何加焉，徒使罪人之子孫，或有能知仁孝者，無以自容於天地之閒。一怒之伸，慘至於斯，無裨於風化，而祇令腥聞上徹於天，裴政之澤斬，而後世之怒淫，不亦憯乎？隋一天下，蠲索虜鮮卑之虐，以啓唐二百餘年承平之運，非苟而已也；蓋有人焉，足以與於先王之德政，而惜其不能大用也。

四

周制：六卿各司其典，而統於天子，無復制於其上者，然而後世不能矣。周禮曰：「惟王建國。」言國也，非言天下也。諸侯之國，唯命之也，聽於宗伯；討之也，聽於司馬；序之也，聽於司儀行人。若治教政刑，雖頒典自王，而諸侯自行於國內，不仰決於六官。如是，則千里之王畿，政亦簡矣，其實不逾今一布政使之所理也。郡縣之天下，攬九州於一握，卑冗府史之考課，升斗銖絫之金粟，窮鄉下邑之獄訟，東西萬里之邊防，四瀆萬川之堙洩，其繁不可勝紀，總聽於六官之長，而分任之於郎署。其或修或廢，乃至因緣以讎私者，無與舉要以省其成，則散漫委弛而不可致詰。故六卿之上，必有佐天子以總理之者，而後政以緒而漸底於成，此秦以下相臣之設不容已也。

乃相臣以一人而代天子，則權下擅而事亦冗，而不給於治；多置相而互相委，則責不專，而同異競起以相撓；於是而隋文之立法爲得矣。左右僕射皆相也，使分判六部，以各治三官，夫然，則天子統二僕射，二僕射統六卿，六卿統庶司，仍周官分建之制，而以兩省分宰相之功，殆所謂有條而不紊者乎！繇小而之大，繇衆而之寡，繇繁而之簡，揆之法象，亦太極生兩儀，兩儀生四象八卦，以盡天下之至賾，而曲成乎亹亹者也。法者非必治，治者其人也；然法之不善，雖得其人而無適守，抑未繇以得理，況乎未得其人邪？以法天紀，以盡人能，以居要而治詳，以統同而辨異，郡縣之天下，建國命官，隋其獨得矣乎！不可以文帝非聖作之主而廢之也。

五

開河以轉漕，置倉以遞運，二者孰利？事固有因時因地而各宜，不能守一說以爲獨得者，然其大概，則亦有一定之得失焉。其迹甚便，其事若簡，其效若速，一登之舟，旋運而至，不更勞焉，此轉漕之見爲利者也。然而其運之也，必爲之期，而勞甚矣。閘有啓閉，以争水之盈虚，一勞也；時有旱潦，以争天之燥溼，二勞也；水有淤通，以勤人之濬治，三勞也；時有凍冱，以待天之寒温，四勞也；役水次之夫，奪行旅之舟以濟淺，五勞也。而又重以涉險飄沈、重賠補運之害，特其一委之水，庸人偷以爲安，而見爲利耳。

夫無漸可循，而致之一塗，以幾速效，政之荑稗也。歲月皆吾之歲月，紓徐之，則千鈞之重分爲百，而輕甚矣。置倉遞運者，通一歲以輸一歲之儲，合數歲以終一歲之事，源源相因，不見有轉輸之富，日計不足，歲計有餘，在民者易登於倉，在倉者不覺而已致於內，無期會促迫之苦，而可養失業之民、廣馬牛之畜，雖無近功，而可經久以行遠，其視強水之不足，開漕渠以圖小利，得失昭然矣。

隋沿河置倉，避其險，取其夷，唐仍之，宋又仍之，至政和而始廢，其利之可久見矣。取簡便而勞於漕輓者，胡元之亂政也。況乎大河之狂瀾，方憂其氾濫，而更爲導以迂曲淫漫，病徐、兖二州之士乎？隋無德而有政，故不能守天下而固可一天下。以立法而施及唐、宋，蓋隋亡而法不亡也，若置倉遞運之類是已。

六

有名美而非政之善者，義倉是也。隋度支尚書長孫平始請立之，家出粟麥一石，儲之當社，凶年散之，使其行之而善，足以賑之也。抑一鄉一社，有君子長者德望足以服鄉人，而行之十姓百家焉可矣。不然，令之嚴而衹以病民，令之不嚴，不三歲而廢矣。且即有君子長者主其事，行乎一鄉，亦及身而止耳。惡有一鄉之事，數十年之規，而可通之天下，爲一代之法也哉？

行之善，而猶不足以賑荒者，假使社有百家，歲儲一石，三年而遇水旱，曾三百石之足以濟百家乎？倘水旱在三年之外，粟且腐壞蟲蝕，而不可食也。且儲粟以一石爲率，將限之邪？抑貧富之有差邪？有差，而人詭於貧，誰戶其富？家限之，則歲計不足，而遑計他年？均之爲農，而有餘以資義倉，其勤者也；及其受粟而多取之者，其惰者也；非果有君子長者以仁厚化其鄉，而惰者亦勸於耕，以廉於取，則徒取之彼以與此，而誰其甘之？不應，抑將刑罰以督之，井里不寧而訐訟興，何義之有？而惰窳不節之罷民，且恃之以益其驕怠。況乎人視爲不得已而束於法以應令，稂莠溼腐雜投而速蠹，僅以博好義之虛名，抑何爲者邪？況行之久而長吏玩爲故常，不復稽察，里胥之乾没，無與爲治，民大病而匄免不能，抑其必致之勢矣。

夫王者之愛養天下，如天而可以止矣，寬其役，薄其賦，不幸而罹乎水旱，則蠲征以蘇之，開糶以濟之。而防之平日者，抑商賈，禁賃傭，懲游惰，修陂池，治隄防，雖有水旱，而民之死者亦僅矣。賦輕役簡，務農重穀，而猶有流離道殣者，此其人自絕於天，天亦無如之何，而何事損勤苦之民，使不軌之徒懸望以增其敖慢哉？故文王發政施仁，所先者鰥、寡、孤、獨，所發者公家之廩，非取之於民而以飽不勤不節之惰農也。孟子曰：「惠而不知爲政。」捐己以惠民，且不知養民之大經，況強以義脅民而攘之爲己惠乎？夫義倉者，一鄉之善士，當上失其道、橫征困民之世，行之十姓百家以苟全一隅者可也。爲人上者而行之，其視梁惠王之盡心奚愈哉？

七

立教之道，忠孝至矣，雖有無道之主，未有不以之教其臣子者，而從違異趣，夫亦反其本而已矣。以言教者，進人子而戒之曰：「爾勿不孝」；進人臣而戒之曰：「爾勿不忠」；舌敝穎禿，而聽之者藐藐，悖逆猶相尋也。弗足怪也，教不可以言言者也。獎忠孝而進之，抑不忠不孝而絕之，不納叛人，不恤逆子，不懷其惠，不歆其利，伸大義以昭示天下之臣子，如是者，殆其好也，非其令也，宜可以正於家、施於國、推於天下而消其悖逆矣。然而隋文帝於陳鄖州之叛而請降，則拒而弗納；突厥莫何可汗生擒阿波歸命於隋，請其死生，高熲曰：「骨肉相殘，教之蠹也，存養之以示寬大。」帝則從之，而禁勿殺；吐谷渾妻子叛其主請降，帝則曰：「背夫叛父，不可收納。」夫帝之欲并陳而服二虜，其情也；抑且顧君臣、父子、夫婦之大倫，捐可乘之利而拒之已峻，以是風示臣子，俾咸順於君父，而蠲其乖悖，夫豈不能？然制於悍妻，惑於逆子，使之兄弟相殘，終以梟獍之刃加於其躬，一室之内，戈矛逞而天性蔑，四海之稱兵，不旋踵而蠭起，此又何也？繇此而知忠孝者，非可立以爲教而教人者也。以言教者不足道，固已，徒以行事立標準者，亦迹而已矣。

夫忠孝者，生於人之心者也，唯心可以相感；而身居君父之重，則唯在我之好惡，爲可以起人心之惻隱羞惡，而遏其狂戾之情。文帝以機變篡人之國，所好者争奪，所惡者馴謹也。制之於外，示彝倫之則；伏之於内，任喜怒之私；其拒叛臣、絶逆子也，一挾名教以制人者也。幽暧之地，鬼神瞰之，而妻子尤熟嘗之。好惡之私，始於拂性而任情，既且違情而殉物。悍妻逆子，或餌之，或脅之，顛倒於無據之胸，則雖日行飭正人倫之事，而或持之，或誘之，終以怨毒而賊害之。無他，心之相召，好惡之相激也。嗚呼！方欲以綱常施正於裔夷，而濺血之禍起於骨肉，心之幾亦嚴矣哉！好惡之情亦危矣哉！故藏身之恕，防情之辟，立教之本，近取之而已。政不足治，刑賞不足勸懲，况欲以空言爲求亡子之鼓乎？

八

周禮：鄉則比、閭、族、黨，遂則鄰、里、酇、鄙，各有長司其教令，未詳其使何人爲之也。就農民而爲之，則比户之中，樸野之氓非所任也，其黠而可爲者，又足爲民害者也。且比鄰之長雖微，而列於六官之屬，則既列於君子而别於野人矣，舍其耒耜而即與於班聯，不已媟乎？意者士之未執贄以見君而小試之於其鄉，凡飲射賓興所進於君之士，皆此屬也，固不耕而有禄食，士也，非民也。唯然，則可士、可大夫，而登進之塗遠，則當其居鄉而任鄉之教，固自愛而不敢淫泆於其鄉，庶幾不爲民病，而教化可資以興。然周禮但記其職名，而所從授者無得而考焉，則郡縣之天下，其不可附託以立鄉官也，利害炳然，豈待再計而決哉？

成周之治，履中蹈和，以調生民之性情，垂爲大經大法以正天下之綱紀者，固不可以意言求合也；故曰：人也，非政也。但據缺略散見之文，強郡縣之天下，銖纍以肖之，王莽之所以亂天下也。而蘇威效之，令五百家而置鄉正，百家而置里長，以治其辭訟，是散千萬虎狼於天下，以攫貧弱之民也。李德林爭之，而威挾周禮以鉗清議之口，民之膏血殫於威佔畢之中矣。悲夫！

封建之天下分而簡，簡可治之以密；郡縣之天下合而繁，繁必御之以簡。春秋之世，萬國併，五霸興，而夫子許行簡者以南面，況合中夏於一王，而欲十姓百家置聽訟之長以爚亂之哉？周之衰也，諸侯僭而多其吏，以漁民而自尊，蕞爾之鄒，有司之死者三十三人，未死者不知凡幾，皆鄉里之猾，上慢而殘下者也。一國之提封，抵今一縣耳，卿大夫士之食祿者以百計。今一縣而百其吏，祿入已竭民之産矣。卿一行而五百人從，今丞尉一出而役民者五百，其徭役已竭民之力矣。仁君廉吏且足以死民於賦役，汙暴者又奚若也？況使鄉里之豪，測畜藏以側目，挾恩怨以逞私，擁子弟姻亞以橫行，則孤寒樸拙者之供其刀俎又奚若也？易曰：「通其變，使民不倦。」君子所師於三代者，道也，非法也。竊其一端之文具以殃民，是亦不容於堯、舜之世者也。

九

聲音之動，治亂之徵，樂記言之，而萬寶常以驗隋之必亡。顧其說非可一言竟也。有聲動而導人心之貞淫者，有心動而爲樂之正變者，其感應之幾，相爲循環，而各有其先後。謂聲動而心隨之，則正樂急矣；謂心動而樂隨之，則樂固不能自正而待其人矣。倘於無道之世，按韶、夏之音而奏之，遂足以救其亡乎？不可得也。雖然，未有無道之世，不崇淫聲、侈哀響，而能以韶、夏之音爲樂者。於是而知志氣之交相動，而天人之互爲功矣。且以竇常之言，直斥何妥之樂爲亡國之音，隋文何以不悅，終廢竇常，而謂何妥之樂曰「滔滔和雅，與我心會」，則盛世之音，必不諧於衰世之耳。其諧不諧者，天也，非人也。乃唯帝任詐以取天下，昵悍妻，狎逆子，任其好惡於非僻，則心流於邪，而耳從心爾。然則治心而後可以審音，心者其本也，音者其末與！乃何妥哀亂慆淫之樂作，遂益以導煬帝邪淫無厭之心，而終亡其國，則樂之不正，流禍無涯，樂又本而非末矣。

古先王之作樂也，必在盛德大業既成之後，以志之貞者斟酌於聲容之雅正，而不先之於樂，知本也。然必斟酌於聲容之雅正，以成一代之樂，傳之子孫，而上無淫慝之君，流之天下，而下無乖戾之俗，則德立功成，而必正樂，亦知本也。嗚呼！自秦廢先王之典而樂亂，自契丹、女直、蒙古入中國毀棄法物而樂永亡。唯聲音之自然者，流露於人心、耳、手、口之閒，時亦先兆其治亂興亡之理。於是樂唯天動以感人，而人不能以樂治心，召和平之氣。凡先王所以治，聖人所以教，俱無可爲功於天下，固有心者所留憾於無窮也。天不喪道，又惡知無聖人者興，無師而得天之聰明，以復移風易俗之大用乎？

古之教士也以樂，今之教士也以文。文有詠歎淫泆以宣道蘊而動物者，樂之類也。蘇洵氏始爲虔矯桎梏之文，其子淫蕩以和之，而中國遂淪於夷〔一〕，亦志氣相召之幾也。取士者有權，士之以教以學

〔一〕「中國」「夷」三字刻本闕，據校記補。

也有經，舍其大經，矜其小辨，激清繁繞，引哀怨以趨偷薄，亦惡知其所底止哉？

一〇

以德化民至矣哉！化者，天事也，天自有其理氣，行乎其不容已，物自順乎其則而不知。聖人之德，非以取則於天也，自修其不容已，而人見爲德。人亦非能取則於聖人也，各以其才之大小純駁，行乎其不容已，而已化矣。故至矣、尚矣，絶乎人而天矣。謂其以德化者，人推本而爲之言也；非聖人以之，如以薪煬火，以勺㪺水，執此而取彼之謂也。夫以德而求化民，則不如以政而治民矣。政者，所以治也。立政之志，本期乎治，以是而治之，持券取償而得其固然也，則猶誠也。持德而以之化民，則以化民故而飾德，其德僞矣。挾一言一行之循乎道，而取償於民，頑者侮之，黠者亦飾僞以應之，上下相率以僞，君子之所甚賤，亂敗之及，一發而不可收也。

夫爲政者，廉以潔己，慈以愛民，盡其在己者而已。至於内行之修，則尤無與於民，而自行其不容已，夫豈持此爲券以取民之償哉？自漢龔、黄、卓、魯之見褒於當代，於是有僞人者，假德教以與民相市，民之僞者應之，遂以自標而物榜之，曰此德化之效也。東漢之末，矯飾之士不絶於策。至於三國，迄乎梁、陳，豈無循良之吏，而此風闃然；時君之所不尚，褒寵不及，僞人茶然而返耳。至隋而蘇威剽襲六經之膚説以干文帝，帝利其説以詫治定功成之盛，始獎天下以僞，而辛公義、劉曠詭激飾詐之爲，艴然表見以徼榮利。公義則露坐獄中以聽訟，訟者繫獄，則宿廳事，不歸寢閤；曠則稱説義理，曉諭訟者，而不決其是非，遂以獄無訟之虚名，遷美官而傳於史册。嗚呼！當是時也，君臣相戕，父子相夷，兄弟相殘，將相相傾，其上若此，則閭巷之民，相惎、相仇、相噬、相螫，不知其何若，而公義與曠取美譽、弋大官而止，後無聞焉。無訟者，孔子之所未遑；德化者，周公之所不敢居；區區一俗吏，以掉舌於公庭，暴形於寢處，遂勝其任而愉快乎？何易繇言而重爲僞人之欺邪？

夫德者，自得也；政者，自正也。尚政者，不足於德；尚德者，不廢其政；行乎其不容已，而民之化也，俟其誠之至而動也。上下相蒙以僞，姦險戕奪，若火伏油中，得水而燄不可撲，隋之亡也；非一旦一夕之致也。其所云德化者，一廉恥蕩然之爲也。

二

天下分争之餘，兵戈乍息，則人民之生必蕃，必天地之生理，屈者極，伸者必驟，往來之數，不爽之幾也。當其未定，人習於亂，而偷以生，以人之不足，食地之有餘，民之不勤於自養也，且習以爲常。迨其亂定而生齒蕃，後生者且無以圖存，於斯時而爲之君者將如之何？蕃庶而無以綏之則亂，然則人民之乍然而蕃育也，抑有天下者之憂也。雖然，王者又豈能他爲之賜哉？抑豈容作聰明、制法令以爲之所哉？唯輕徭薄賦，擇良有司以與之休息，漸久而自得其生，以相忘而輯寧爾。

五代南北之戰争，民之存者僅矣。周滅齊而河北定，隋滅陳而天下一，於是而户口歲增，京輔、三河地少人衆，且無以自給，隋乃遣使均田，以謂各得有其田以贍生也。唯然，而民困愈亟矣。

人則未有不自謀其生者也，上之謀之，不如其自謀；上爲謀之，且弛其自謀之心，而後生計愈蹙。故勿憂人之無以自給也，藉其終不可給，抑必將改圖而求所以生，其依戀先疇而不舍，則固無自斃之理矣。上唯無以奪其治生之力，寬之於公，而天地之大，山澤之富，有餘力以營之，而無不可以養人。今隋之所謂户口歲增者，豈徒民之自增邪？蓋上精察於其數以斂賦役者之增之也。人方驟蕃，地未盡辟，效職力於爲工爲賈以易布粟，園林畜牧以廣生殖者未遑，而亟登之版籍，則衣食不充。非民之數盈，地之力歉，而實籍其户口者之無餘，而役其户口者不酌其已盈而減其賦也。乃欲奪人之田以與人，使相傾相怨以成乎大亂哉？故不十年而盜賊競起以亡隋。民之不輯也久矣，考其時，北築長城，東巡泰嶽，作仁壽宫，而丁夫死者萬計，别宫十二，相因營造，則其掊剋丁壯以供土木也，不待煬帝之驕淫，而民已無餘地以求生矣。乃姑爲均田以塞其匄免之口，故曰唯然而民困愈亟也。

夫王者之有其土若無其土也，而後疆圉以不荒；有其民若無其民也，而後御衆而不亂；夫豈患京輔、三河地少而人貧哉？鄧禹之多男子也，各授以業，而宗以盛，不奪此子之餘以給彼子也。寬子恤之，使自贍之，數十年而生類亦有序，而不憂人滿。漢文、景得此道也，故天下安而漢祚以長。隋之速亡也，不亦宜乎！均田令行，狹鄉十畝而籍一户，其虐民可知矣，則爲均田之説者，王者所必誅而不赦，明矣。

一二

開皇十四年，詔給公卿以下職田。其時天下已定，民各守其先疇，不知何所得田以給之，史無所考，大抵其爲亂政無疑矣。先是官置公廨錢，貸民收息，誠稗政也，於是蘇孝慈請禁止之，給地以營農，意且謂此三代之法，可行無弊者，而豈其然哉？三代之國，幅員之狹，直今一縣耳，仕者不出於百里之中，而卿大夫之子恆爲士，故有世禄者有世田，即其所世營之業也，名爲卿大夫，實則今鄉里之豪族而已。世居其土，世勤其疇，世修其陂池，世治其助耕之氓，故官不侵民，民不欺官，而田亦不至於汙萊。郡縣之天下，合四海九州之人以錯相爲吏，官無定分，職無常守，升降調除，中外南北，月易而歲不同，給以田而使營農，將人給之乎？貴賤無差，予奪無恆，而且不勝給矣；將因職而給之乎？有此耕而彼穫者矣。而且官不習於田，一授其權於胥隸，胥隸橫於阡陌，務漁獵而不恤其荒瘠，閱數十年而農非其農，田非其田，徒取沃土而滅裂之，不足以養士，而徒重困乎民也。故職田者，三代以下必不可行之法也。

放公廨錢以收息，所以毀官箴而殃民，在所必禁者，君子與小人義利之疆畛，不可亂耳。力耕者，亦皇皇求利之事也，故夫子斥樊遲爲小人，而孟子以不耕而食爲不素餐之大。有天下者，總制郡縣之賦税，領以司農，而給百官之禄入，俾逸獲而不與民爭盈縮，所以靖小人而迪君子於正道之不易者也。禄入豐而士大夫無求於民，猶恐其不廉也，乃導之與穡穡之夫爭升斗於秉穗乎？蘇孝慈者，知公廨錢之非道，胡不請厚其禄以止其貪，而非三代之時，循三代之跡，以徒亂天下爲邪？隋文帝錙銖之主也，以爲是於國無損，而可以益吏，且可竊師古之美名，遂歆然從之，溺古之士，且以爲允。後世有官田，有學田，有藩王勳戚之莊田，皆沿此以貽害於天下，創制宜民者，盡舉以授民而作賦，庶有瘥乎！

一三

文帝畜疑御下，芟夷有功於己者不遺餘力矣。鄭譯、盧賁、柳裘或黜或死，防其以戴己者戴人，固也。其戮力以混一天下者，若史萬歲、王世積、虞慶則誣訐一加，而斧鑕旋及。至於賀若弼、高熲、李德林倚爲心膂，不在楊素之下，而弼下吏幾死，熲除名，德林終廢。徒於楊素投膠漆之分，舉天下以託之，何坦然無疑而盡易其猜防之毒也？乃素卒比附逆廣以推刃於帝，夫豈天奪其衷與？不然，何疑其所可不疑，信其所必不可信，如斯之甚也！

隋之諸臣，唯素之不可託也爲最，非但熲、弼、德林之不屑與伍，即以視劉昉、鄭譯猶有懸絶之分。何也？素者，天下古今之至不仁者也。其用兵也，求人而殺之以立威，使數百人犯大敵，不勝而俱斬之，自有兵以來，唯尉繚言之，唯素行之，蓋無他智略，唯忍於自殺其人而已矣。其營仁壽宮也，丁夫死者萬計，皆以殺人而速奏其成，曠古以來，唯以殺人爲事者更無其匹。嗚呼！人之不仁至於此極，而猶知有君之不可弑乎？猶知子之不可弑父而已弗與其謀乎？文帝之項領日懸於素之鋒刃而不知，豈徒素之狐媚以結獨孤后而爲之覆翼乎？抑帝慘毒之性、臭味與諧而相得也！

故曰：「君不仁，則不保其國；臣不仁，則不保其身。」不仁者樂與不仁者狎而信之篤，雖天子不保其四體。素之族至其子而乃赤，猶晚矣。故惻隱之心，存亡生死之幾也。夫人性之弗醇，習之不順，惻隱之心不足以發。唯好惡之不迷，不樂與不仁者處而利賴之，惡其可損、禍其可輕乎！

一四

太子勇耽聲色，狎羣小，而逆廣立平陳之功，且矯飾恭儉以徼上寵、釣下譽，聲施爛然。文帝廢勇而立廣，雖偏聽悍妻，致他日有獨孤誤我之歎，然當廣惡未著、勇德有愆之日，參互相觀，亦未見廢立之非社稷計也，而奚以辨之哉？廣之所以惑獨孤者，曰阿麽大孝耳。婦人喜嗫嚅呴沫之愛，無足怪者，帝固熟察人情者，而何亦懵焉？天下有孝於父母而忍賊害其兄弟者乎？勇雖不德，然知廣之陷己，終未嘗求廣之過暴之父母之前。廣則伏地流涕曰：「不知何罪，失愛東宮。」勇無言，而廣亟於譖，勇猶自處於厚，而廣之不仁不可揜矣。

故人之甚不仁也易見也，父子兄弟之不若，夫人所無可如何者也。非其懿親與其執友，則雖禍且相及，而固不可訐之相告，使觸其怒以傷天性之恩；即其懿親與其執友不容不告，而必謀其曲全之術；若直訐其陰私以激吾之譴責，則必其人天性固絶於己，而忿戾以求快其私者也。夫人且然，而況同生兄弟，均爲父母之子，而浸潤膚受交致以激吾之怒，尚可信爲大孝而可以生死存亡託之者乎？

勇於見廢之日，再拜泣下，舞蹈而出，終不訟廣之見誣而擿其隱慝，然則使勇嗣立，隋尚可以不亡，藉令不然，亦何至逞梟獍之凶如廣之酷邪？故勇與廣之賢不肖未易辨也，而廣訴勇，勇不訴廣，其仁心之僅存與其澌滅，則灼然易知也。天下未有忍奪其兄之孝子，古今無有讒毀我子弟、勸令殺戮屏棄而爲可託之人，兩言而決之有餘矣。

一五

傳曰：「儉，德之共也；侈，惡之大也。」所謂德之共者，謂其斂耳目口體之淫縱，以範其心於正也，非謂吝於財而積之爲利也。所謂惡之大者，謂其蕩心志以外熒，導天下於淫曼也，非謂不留有餘以自貧也。儉於德曰儉，儉於財曰吝，儉吝二者迹同而實異，不可不察也。吝於財而文之曰儉，是謂貪人。諺曰：「大儉之後，必生奢男」，貪吝之報也。若果節耳目、定心志，以恭敬自持，勿敢放逸，則言有物、行有恆。即不能必子之賢，亦何至疾相反而激以成侈哉？隋文帝之儉，非儉也，吝也，不共其德而徒厚其財也。富有四海，求盈不厭，侈其多藏，重毒天下，爲惡之大而已矣。

奚以明其然邪？仁壽宮成，賞封德彝而擢爲內史。耳目之欲，力制而不能制也；盜邊糧者升以上皆斬，積聚之貪，誇富彊而唯恐不豐也。宋武藏農服以示子孫，齊高欲黃金與土同價，皆此而已矣。是下邑窮鄉銖積絲纍以豪於閭井者之情，而奚足爲儉哉？視金粟也愈重，則積金粟也愈豐；取之於人也愈工，而愈不憂其匱；而後不肖之子孫無求弗獲，而以爲天下之可以遂吾志欲者，莫財若也。太子勇之飾物玩、耽聲色，逆廣之離宮別館，塗金堆碧，龍舟錦纜，翦采鋪池，裂繒衣樹，皆取之有餘，而倉粟陳紅，以資李密之狼戾，一皆文帝心計之所聚，而以豐盈自侈者也。祇速其亡，又何怪乎？

若夫賢者之儉，豈其然哉？視金玉若塵土，錦綺若草芥，耳目不淫，心志不惑，澹然與之相忘，而以金粟給小人之欲，君臣父子相競於義以賤利，其必不以爲誨奢之媒審矣。夫唯大吝之後，乃生奢男，豈儉之謂哉？

一六

文帝之察也，肘腋有楊素之姦而信之篤，宮闈有逆廣之凶而愛之專，卒以殺身而亡國。無他，以塗飾虛僞籠天下，情以移，志以遷，而好惡皆失其本心，樂與僞人相取，狎焉而不自知也。

王伽者，天下古今之僞人也，罷遣防送之卒，縱流囚李參等七十餘人，與約期至京，而曰：「如致前卻，當爲汝受死。」參等皆如期而至。夫參等身蹈重法，固桀敖不軌之徒也，伽何恃而以死嘗試其誠僞？前乎此者，未聞伽有盛德至行足以孚豚魚也，一旦而以父母之身與罪人市，豈其愚至此哉？且李參等已至京而待配於有司矣，孰使帝聞之而驚喜？則伽與參等探知帝之好虛僞以飾太平，而相約以成詭異之行，標榜自衒於帝之左右，俾得上聞。帝果爲之下詔曰：「官盡如王伽，刑措其何遠哉！」伽乃擢爲雍令矣，參等乃予宴而赦矣。帝已爲伽持券而取償，而帝不知也；非不知也，知之而固喜其飾平康以昭吾治功之盛，而欺天下也。是其爲情，與王劭上靈感志而焚香歌誦以宣示之無以異。唯然，故楊素僞忠，而帝且曰吾有忠臣；逆廣僞孝，而帝且曰吾有孝子；情與之相得，心與之相習，不復知此外之有心理。亦將曰：文王之孝亦廣，周公之忠亦素而已矣；孔子之綏來動和，亦伽而已矣。古今惡有聖賢哉？飾以爲之而即可傳之萬世，則懷姦畜逆者，方伏刃以擬其項領，固迷而不覺。始以欺人，終於自罔，身弒國亡，若蹈火之必灼，狎水之必溺也，豈有爽哉？

夫聖人者，同於人者也；爲創見之事，舉世驚之，必有僞焉，秉正者所弗惑也。若伽者，固不容於堯、舜之世，唯不容焉，斯以爲堯、舜之智與！

煬帝

凡六代不肖之主，皆仍其帝稱，篇内獨稱煬帝曰逆廣，以其與劉劭同其覆載不容之罪，且時無夷狄㊀割據，不必伸廣以明正統。

㊀「夷狄」二字刻本闕，據校記補。

一

牛弘問劉炫以周禮士多府史少而事治，後世令史多而事不濟，炫答以古之文案簡而今繁，事煩政弊，爲其所繇。此得其一於末，而失其一於本也。文繁而覆治重疊，追證荒遠，於是乎吏求免纖芥之失，而朦朧游移，上下相蔽，不可致詰，此治道之所以敝，教令之所以不行，民人之所以重困，姦頑之所以不戢者，而非府史之勞也。苟求無摘而粗修文具，一老吏任之而有餘矣。乃府史之所以宂多而不理者，權移賄行而役重，民之貪頑求利與竄名避役者，競趨於府史胥役之一途，則固有目不識文案、身不親長官者篡入其中，而未嘗分理事之勞，事惡得而理也？

周禮之所以可爲萬世法者，其所任於府者謹其蓋藏，所任於史者供其篆寫，而法紀典籍一委之士，士多而府史固可少也。士既以學爲業，以仕爲道，則苟分任於六官之屬者，皆習於吏事而嫻於典故，政令雖繁，無難給也。周之所以久安長治，而政不稗、官不疵、民不病者，皆繇於此。士則既知學矣，學則與聞乎道矣，進而爲命士，進而爲大夫，皆其所固能致者，則名節重而官坊立，雖有不肖，能喪其廉隅而不能忘情於進取，則吏道不汙，而冒法以讎姦者，十不得一。

且夫國家之政，雖填委充積，其實數大端而已：銓選者，治亂之司也；兵戎者，存亡之紐也；錢穀者，國計之本也；賦役者，生民之命也；禮制者，人神之紀也；刑名者，威福之權也。大者舉其要，小者綜其詳，而莫不繫於宗社生民綱紀風俗之大。其纖微曲折，皆淳澆仁暴之機也。而以委之刀筆之猥流，謀盡於私，而智窮於大，則使給於一時，而遺禍於久遠，雖有直剛明哲之大臣，未能勝也。如唐滑渙一堂後小吏耳，鄭餘慶一斥其姦，而旋即罷相，其可畏而不可挽也如此。乃舉國家之事，不屬之名義自持之清流，而委之鄙賤乾没之宵小，豈非千金之堤潰於螘壤哉？參佐清談而濁流操柄，愈免小失而愈釀大憂，然後知周禮之法，卓然非後世所及。炫，儒者也，何不曙於先王立教之本而長言之，以垂爲永鑒？區區以文之繁簡爲言，九州混一之世，文法何易言簡也！

二

人以才自旌，以智先人，功亦立，名亦著，所行亦不大遠於正，而及其成局已終，歲時已過，則猥末跼蹐，名節不立，而抑不保其身，則漢朱儁、皇甫嵩，隋之高熲、賀若弼是已。嗚呼！士苟無卓然自立之志以輔其氣，而禄位子孫交集而縈之，則雖以儁與嵩秉正以匡亂者，尚困於董卓而不能立義以捐生，況熲與弼乎？當其盛也，智足以見事幾，才足以濟險阻，年力方强，物望方起，又遇可與有爲之主，推奬以盡其用，則億而中、爲而成，心無顧恤而目空天下，可爲也，則爲也，於是而功名赫然表見於當世；曾不知其時遷世易，智盡才枯，而富貴已盈，子孫相累，暗爲銷謝，茶然一翁嫗之姝暖，則誅夷已及，既不能奮起以蹈仁，復不能引身而避禍，昔之所爲英豪自命者安往哉？此志士之所深悲，而君子則早知其衰氣先乘，莫能自勝也。

楊廣之弑君父，殺兄弟，驕淫無度，其不可輔而不相容，塗之人知之矣。熲之料敵也，目懸於千里而心喻若咫尺，弼輕楊素、韓擒虎而自詡以大將，夫豈不能知此，而遂無以處此者？乃不能知也，不能處也。囁嚅於李懿、何稠佞幸之側，以訐廣之失，其所指摘而重歎之者，又非廣之大惡必致敗亡者也；

徵散樂而已，厚遇啓民可汗而已。舍其大，訐其小，進不能抒其忠憤，退不能守以緘默，駢首以就狂夫之刃。悲哉！曾熲與弼之錚錚，而僅與王冑、薛道衡雕蟲之腐士同膏鈇鑕乎？其愚不可警，其懦不可扶，還令熲與弼自問於十年之前而豈屑爾哉？高堂曲榭，金玉紈綺，老妻弱子，纍累相嬰，銷耗其丈夫之氣，則雖有憂世之心，徒喁喁嘖嘖於匪人之側，禍之已及，則瘖死屠門，如在胎之羔犢矣。故曰：「血氣既衰，戒之在得。」血氣之剛，足以犯難而立功者，豈足恃哉？儁與嵩扶義以行，且不能保於既衰之後，況二子之區區者乎？衰矣而不替其盈，唯方剛而豫謹其度，制其心於田廬妻子之中，身輕而志不靡，則迨其老也，伏櫪不忘千里之心，以皦皦垂光於白日，而亦奚至此哉！君子者，非以英豪自見者也，然於道義名節之中自居於大矣。年彌逝而氣彌昌，非熲與弼之所與也，然觀於熲與弼而益知所戒已。

三

高麗，弱國也，隋文攻之而不克，逆廣復攻之而大敗，其後唐太宗征之而喪師。廣雖不道，來護兒、宇文述雖非制勝之將，而北摧突厥、吐谷渾之彊，南渡海俘殺流求，則空國大舉以加高麗，亦有摧枯拉朽之勢焉；況唐太宗以英武之姿，席全盛之天下，節制興兵以加蕞爾之小邦；然而終不可勝者，非隋、唐之不克，而麗人之守固也。隋方滅陳，高麗聞之而懼，九年而隋文始伐之，二十二年而廣復伐之，則前此者，皆固結人心、擇將練兵、積芻糧、修械具之日也，故不可克也。何以知其然邪？陳非高麗之與國，恃之以相援而固圉者；乃聞陳亡而懼，懼於九年之前，機發於九年之後，效著於二十三年之餘，而施及於五十餘年之久，其君臣之懼以終始，則能抗彊大以保邦也，不亦宜乎？

易曰：「其亡其亡，繫于苞桑。」孰繫之？能懼之心繫之也。夫既有其國，即有其民，山川城郭米粟甲兵皆可給也。尊俎之謀臣，折衝之勇士，役意以求，激獎以進，抑不患其無才，不知懼者莫與繫之耳。蜀漢亡，而孫皓不懼；高緯亡，而叔寶不懼；孟昶亡，而李煜不懼；迨及兵之已加，則惴惴然而莫知所應，旁皇四顧，無所謂苞桑矣。朽索枯椿，雖繫之，其將何濟焉？雖然，懼者，自懼也，非懼人也。智者警於心以自彊，愚者奪其魄以自亂，突厥之震慴，而降服爭媚以交攻，抑不如其無懼也。譙周畏魏而撓姜維之守，蜀漢以亡，亦懼者也；宋高畏女直而忍稱臣之辱，大讎不雪，亦懼者也；懼而忘其苞桑，與不懼者均，聞麗人之已事，尚知媿夫！

四

秦與隋虐民已亟，怨深盜起，天下鼎沸而以亡國，同也。然而有異焉者，胡亥高居逸樂於咸陽，銷兵孤處，而陳勝、吳廣起於江、淮，關中懸遠，弗能急爲控制，迨其開關出擊，而六國之兵已集，勢不便也。隋方有事於高麗，九軍之衆一百一十三萬人連營漸進，首尾千餘里，會於涿郡，而王薄擁衆於長山，劉霸道集黨於平原，張金稱、高士達、竇建德羣起於漳南、清河之閒，去涿數百里耳，平蕪相屬，曾無險隘之隔；此諸豪者，不顧百萬之師逼臨眉睫，而糾烏合之衆，奡立於其旌麾相耀、金鼓相聞之地，則爲寇於秦也易，而於隋也難。夫豈隋末諸豪之勇絕倫而智不測乎？迨觀其後，亦如斯而已，而隋卒無如之何，聽其自起自滅、旋滅旋起，以自斃於江都。且逆廣非胡亥匹也，少長兵閒，小有才而戰屢克，使與羣雄角逐於中原，未必其劣於羣雄也，則隋末之起兵者尤難也。然而羣雄之得逞志以無難者，無他，上察察以自聾，下師師以自容，所急在遠而舍其近，睨盜賊爲疥癬，而自倚其彊，若是者，乘其所忽而回翔其閒，進可以徼功，退固有餘地以自藏，而又何惴焉？

虎之猛也，而制於蝟；即且之毒也，而困於蝸；其所輕也。故楊玄感、李密以公侯之裔，世領樞機，門生將吏半於朝右，金錢衣幣富將敵國，而兵起兩月，旋就誅夷，唯隋之忌之也夙而防之也深，一聞其反，全力以争生死，而山東諸寇起自草萊，不在獨夫心目之中，夫且曰「以玄感之勢傾天下而可如韓盧之搏兔，此區區者其如予何哉！」故羣雄敗可以自存，而連兵不解，卒無如之何也。高熲、賀若弼而既誅夷矣，正逆廣驕語太平、鞭笞六寓之日也，羣雄不於此而興，尚奚待哉？於是而王薄等之起兵二年矣，僅有一張須陁者與戰而勝，逆廣君臣直視不足畏而姑聽之。然則諸起兵者，無漢高、項羽耳，藉有之，豈待唐公徐起太原，而後商辛自殪於牧野哉？

至不仁而歛天下之怨，非所據而踞天位之尊，起而撲之，勿以前起者之敗亡，疑其彊不可拔也。楊玄感死，而隋旋以亡，大有爲者，知此而已。

五

聖人之大寶曰位，非但承天以理民之謂也，天下之民，非恃此而無以生，聖人之所甚貴者，民之生也，故曰大寶也。秦之亂，天下蠭起，三國之亂，羣雄相角，而殺戮之慘不劇，掠奪之害不滋，唯王莽之世，隋氏之亡，民自相殺而不已。王莽之末，赤眉、尤來、銅馬諸賊徧於東方，延於西隴，北極趙、魏，南迤江、淮，而無有覬覦天步僭名號以自雄者。赤眉將敗，乃擁劉盆子以盜名，而盆子不自以爲君，賊衆亦不以盆子爲君也。大業之亂，自王薄、張金稱，起於淄、濟，竇建德、劉元進、朱燮、管崇、杜伏威、劉苗王、王德仁、孟讓、王須拔、魏刀兒、李子通、翟讓，攘臂相仍，凡六年矣，無有以帝王自號者。其尤妖狂者，則有知世郎、歷山飛、漫天王、迦樓羅王之號。非徒無定天下之心，而抑無草竊割據之志；非徒不爲四海所推奉，而抑不欲爲其類之雄長。於是而淫掠屠割，舉山東、河北、淮左、關右之民，互相吞齕，而愿弱者縮伏以枕藉，流血於郊原。其慘也，較王莽之末而加甚焉。至大業十二年，而後林士弘始稱帝於江南，竇建德、李密踵之，自命爲王公，署官僚，置守令。雖胥盜也，民且依之以延喘息。而捋采既劉，萌蘖稍息，唐乃起而收之，人始知得主之爲安，而天下以漸而定矣。

夫盜也，而稱帝王，悖亂之尤，名實之舛甚矣，然而虛擁其名，尚不如其無名也。既曰帝矣，曰王矣，爲之副者，曰將相矣，曰牧守矣，即殘忍顛越，鄙穢足乎訕笑，然且曰此吾民也，固不如公然以蛇豕自居，唯其突而唯其螫也。故位也者，名也，雖聖人有元后父母之實，而天下之尊之以位者，亦名而已。君天下而天下保之，君天下而思保其天下，盜竊者聞風而強效焉，則名位之以斂束暴人之虔劉，而翕合離散之餘民者，又豈不重哉？寶也者，保也，人之所自保也。天下有道，保以其德；天下無道，保以其名；故陳勝起而六王立，漢室淪而孫、曹僭，禍且爲之衰減。人不可一日而無君，天佑下民，作之君，作之師，僞者愈於無，況崛起於厭亂之餘以乂安四海者哉！

六

忌天下之彊，而奬之以弱，則以自弱而喪其天下，趙宋是已。然弱者，暴之反也，故外侮不可禦，而内不失民也。忌天下之賢，而驅之不肖，於是而毒流天下，則身戮國亡，不能一朝居矣。逆廣之殺高熲、賀若弼也，畏其賢也；薛道衡、王胄、祖君彦一詞章吟詠之長耳，且或死或廢，而無以自容，非以天子而求勝於一夫也，謂賢者之可軋己以奪己，而不肖者人望所不歸，無如己何也。故虞世基、宇文述、裴矩、高德儒之猥賤，則委之腹心而不疑；乃至王世充之凶頑，亦任之以土地甲兵之重；無他，以其耽淫嗜利爲物之所甚賤，而無與戴之者也。唐高祖以才望見忌，幾於見殺，乃縱酒納賄，託於汙行，則重任之使守太原，以爲崛起之資。夫人君即昧於賢不肖之分，爲小人之所撓亂，抑必僞爲節制之容，飾以貞廉之迹，而後可以欺昏昏者以讎其姦；未有以縱酒納賄而推誠委之者，此豈徒逆廣之迷亂哉？自隋文以來，欲銷天下之才智，毁天下之廉隅，利百姓之怨大臣以偷固其位者，非一朝一夕之故矣。

嗚呼！爲人君者，唯恐人之修潔自好，竭才以用，擇其不肖而後任之，則生民之荼毒，尚忍言乎？以宇文化及之愚劣，可推刃以相嚮，夫豈待賢於己者而後可以亡己哉？祇以賊天下，使父子離而爲塗殍。故天下之惡，莫有甚於惡天下之賢而喜其不肖者也。天子以之不保天下，士庶人以之不保其身，斬宗滅祀，鬼禍不解者，皆此念爲之也，可不畏哉！

七

語曰：「明君貴五穀而賤珠玉。」五穀之所以貴者，不可不務白也，迷其所以貴，而挾之以爲貴，則違天殃人而禍必及身。所以貴者何也？人待之以生也。匹夫匹婦以之生，而天子以生天下之人，故貴；若其不以生天下之人而奚貴焉？積則不可以約爲藏，藏則易以腐敗而不可久，不能如珠玉之韞千金於一匱，數百年而緘之如新也。故聚之則不如珠玉遠矣，散之則以生天下而貴莫甚焉。傳曰：「財聚則民散，財散則民聚。」謂五穀也。若夫錢布金銀之聚散，猶非民之甚急者也。聚錢布金銀於上者，其民貧，其國危；聚五穀於上者，其民死，其國速亡。天之生之也，不擇地而散，而斂之以聚，是違天也；人之需之也，不終日以俟，而積之以久，是殃民也；故天下之惡，至於聚穀以居利而極矣。

爲國計者曰：「九年耕，必有三年之蓄。」此謂諸侯有百里之封，當水旱而告糴於鄰國，一或不應，而民以餒死，故導民以蓋藏，使各處有餘以待匱也。四海一王，舟車銜尾以相濟，而斂民之粟，積之窖穽，鬱爲麴塵，化爲蛾蝗，使三旬九食者茹草木而咽穅秕，睨高廩大庾以餒死，非至不仁，其忍爲此哉？

隋之毒民亟矣，而其殃民以取滅亡者，僅以兩都六軍宮官匠胥之仰給，爲數十年之計，置雒口、興雒、回雒、黎陽、永豐諸倉，斂天下之口食，貯之無用之地，於是粟窮於比屋，一遇凶年，則流亡殍死，而盜以之亟起，雖死而不恤，旋撲旋興，不亡隋而不止。其究也，所斂而積者，衹爲李密聚衆、唐公得民之資，不亦愚乎？隋之富，漢、唐之盛未之逮也，逆廣北出塞以驕突厥，東渡海以征高麗，離宮偏於天下，錦綺珠玉狼戾充盈，給其窮奢，尚有贏餘以供李密、唐公之撝散，皆文帝周於攘聚之所積也。粟者財之本也，粟聚則財無不聚，召奢誨淫，皆此粟爲之也。貴五穀者，如是以爲貴，則何如無貴之爲愈哉？

天子有四海之賦，可不憂六軍之匱；庶人有百畝之田，可不憂八口之飢。靳枵腹者之饔飧，奪勤耕者之生計，居賤糴貴，徒以長子弟之驕奢，召怨家之盼望，何如珠玉者，非人之所待以生，而思奪之者之鮮也。上好之，下必甚焉。粟朽於倉，人殣於道，豪民逞，貧民斃，爭奪興，盜賊起，有國破國，有家亡家，愚惛不知，猶託之曰莫貴於五穀，悲夫！

八

隋之得天下也逆，而楊廣之逆彌甚，李氏雖爲之臣，然其先世與楊氏並肩於宇文之廷，迫於勢而臣隋，非其所樂推之主也，則遞相爲王，懲其不道而代興，亦奚不可？且唐公幸全於猜忌而出守太原以避禍，未嘗身執朝權，狐媚以欺孤寡，如司馬之於魏、蕭氏之於宋也。奉詞伐罪，誅獨夫以正大位，天下孰得而議其不臣？然其始起，猶託備突厥以募兵，誣王威、高君雅以反而殺之，不能揭日月而行弔伐，何也？自曹氏篡漢以來，天下不知篡之爲非，而以有所授受爲得，上習爲之，下習聞之，若非託伊、霍之權，不足以興兵，非竊舜、禹之名，不足以據位，故以唐高父子伐暴君、平寇亂之本懷，而不能舍此以拔起。嗚呼！機發於人而風成於世，氣之動志，一動而不可止也如此夫！

自成湯以征誅有天下，而垂其緒於漢之滅秦；自曹丕僞受禪以篡天下，而垂及於宋之奪周。成湯秉大正而懼後世之口實，以其動之相仍不已也，而漢果起匹夫而爲天子。若夫曹丕之篡，則王莽先之矣。莽速敗而機動不止者六百餘年，天下之勢，一離一合，則三國之割裂始之，亦垂及於五代之瓜分而後止。金元之入竊㊀也，沙陀及捩臬雞先之也，不一再傳之割據耳，乃亙五百餘年而不息，愈趨愈下，又惡知其所終哉？夫乘唐高之勢，秉唐高之義，以行伐暴救民之事，唐高父子固有其心矣，而終莫

㊀「竊」字刻本闕，據校記補。

能更絃改轍也，數未極也。非聖人之興，則俟之天運之復，王莽、沙陀之區區者，乃以移數百年之氣運而流不可止。自非聖人崛起，以至仁大義立千年之人極，何足以制其狂流哉？

九

唐起兵而用突厥，故其後世師之，用回紇以誅安、史，用沙陀以破黃巢，而石敬瑭資契丹以篡奪，割燕、雲，輸歲幣，亟病中國而自絕其胤；乃至宋人資女直以滅遼，資蒙古以滅金，卒盡淪中原於夷狄，禍相蔓延不可復止。夫唐高祖則已早知之矣，既已知之，而不能不用突厥者，防突厥爲劉武周用以襲己於項背，可與劉文静言者也；假突厥之名以恐喝河東、關中，而遥以震驚李密，則未可與劉文静言者也。乃所資於突厥者數百人，而曰「無所用多」，則已灼見非我族類者之不可使入躪中國以戕民而毁中外之防，故康鞘利僅以五百人至，而高祖喜，其破長安，下河東，上隴以擊薛仁杲，出關以平王世充，皆不用也，則高祖豈疏於謀而不憂後患者？然而機一發而不可止，則大有爲於天下者，一動一静之際，不容不謹，有如是哉！

勿恃勢之盈而可不畏也，勿恃謀已密而可不虞也，勿恃用之者淺而禍不足以深也。矢之發也，脱於彀者毫末，而相去以尋丈；三峽之漩，投以勺米而不息，則大舟沈焉；事會之變，不可知而不可狎，固若此也。能用突厥者高祖耳，不能用者相習而用之，無其慎重而貪其成功，又惡容辭千古禍媒之罪乎？若夫唐之用突厥而終未嘗用者，則固難一二與庸人言也。

一〇

言生乎心者也，成乎言而還生其心。繇心而生言，心之不貞，發於言而漸洩矣，其害淺；繇言而成事，繇事而心益以移，則言爲貞邪之始幾，而必成乎事，必蕩其心，其害深；故曰：「生於其心，害於其政。」卒然言之，以爲可爲而爲之，未有不害於政者也。故君子之正天下，恆使之有所敬忌而不敢言。小人之無忌憚也，卒然言之，而禍不可戢也。

李密之與唐公，皆隋氏之世臣也，逆廣雖不道，俱嘗北面事之，未嘗如嵇紹之於晉，有父母之讎也。逆廣不可以君天下，密欲奪之，唐公欲奪之，一也。唐公起，明知揜耳盜鈴之不足以欺天下，而必令曰：「犯七廟及代王宗室者，夷三族。」密則任祖君彥怨懟之私，昌言之曰：「殪商辛於牧野，執子嬰於咸陽。」於是而唐公得挾義以折之曰：「所不忍言，未敢聞命。」嗚呼！密與唐之興喪，自此決矣。夫唐豈不以逆廣爲紂，而睨代王侑爲懷璽面縛之子嬰乎？然令其遽出諸口而有所不能也。其不能者何也？不敢與不忍也。非畏逆廣與微弱之代王也，自畏其心之鬼神也。故人至於言之不怍，而後人無可如何矣；人無可如何，而鬼神之弗赦必矣。

故聖人欲正人心，而亟正者人之言。心含之，口不能言之，則害止於心；心含之，口遂言之，則害著於外；心未必信之，口遽言之，則還以增益其未至之惡，而心與事猖狂而無所訖止。言之有怍，而心有所忌，事有所止，則事雖不順，鬼神且諒其不敢不忍之猶存，而尚或祐之。心叛於理，言叛於心，可言則言，以搖動天下於蔑彝倫、逞志欲之大惡，然後惡滿於天下，而天之殛之也不爽。故唐之報密而折之也，非果有不忘隋之忱悃也，挈不敢不忍以告天下，而還自警其心，卒以保全楊氏之族而賓之。其享有天下，而李密授首於函谷，言不可逞，天不可欺，不亦信夫！

二

徐洪客者，不知其爲何許人，即其言而察之，大要一險陂無忌之游士，史稱莫知所之，蓋亦自此而死耳，非能蠖屈鴻飛於圖功徼利之世者也。其上書李密曰：「米盡人散。」以後事驗之，人服其明矣。乃曰：「直嚮江都，執取獨夫。」密爲隋氏世臣，假令趨江都執楊廣，又將何以處之哉？項羽，楚之世族，秦其讎也，而殺子嬰、掘驪山之墓，則天下叛之。楊廣儼然君天下者十三載，密以親臣子弟侍於仗下，一旦屠割之如雞豚，以密之很，於是乎固有躊躇而不敢遽者。故殪商辛、執子嬰，乃祖君彥忿懟之讕言，非密之所能任也。天下之大難，以身犯之者死；業已爲人君，而斬刈之者凶；業已爲人臣，而直前執殺其君者，必殲其類。夫密亦知搗江都殺楊廣徒受天下之指數而非可得志也。洪客險陂而不恤名義之小人，惡足以知此乎？

或曰：楊廣之逆，均於劉劭，非但紂匹也，執殺之也何傷？曰：密之起也，乘其亂而思奪之乎？抑憤其覆載不容之罪，爲文帝討賊子如沈慶之之援戈而起乎？此密所不能自誣其心而可假以爲名者也。

或曰：慕容超、姚泓亦嘗君其國矣，宋武直前破其國而俘斬之都市，又何也？曰：宋武未嘗臣彼，而鮮卑與羌不可以君道予之者也。徐魏公之縱妥懽，拘此義而不知通，而豈以例隋氏哉？懸紂首於太白，未知其果否也？即有之，而三代諸侯之於天子，不純乎臣，非後世之比也。君彥忿戾以言之，洪客遂欲猖狂而決行之，自絶於天，竄死草閒而無以表見，宜矣。或乃躋之魯仲連之高誼，不已過與！

一二

擇君而後仕，仕而君不可事則去之，君子之守固然也。失身於不道之君而不能去，則抑無可避之名義矣。徒人費、石之紛如、賈舉、州綽之不得爲死義，以其從君於邪也；苟不從君於邪，則其死也，不可更責以失身。故宋殤、宋閔皆失德之君，而無傷乎孔父、仇牧之義。當凶逆滔天、君父橫尸之日，而尚可引咎歸君，以自貸其死乎？

楊廣之不道而見弒於宇文化及，許善心、張琮㊀抗賊以死，當斯時也，雖欲不死而不得也。麥孟才、沈光討賊而見擒，麾下千人無一降者；李襲志保始安，聞弒哭臨，堅守而不降於蕭銑；豈隋氏之能得人心？而頓異於宋齊以來王謚、褚淵恬不知媿之習者，何也？十三載居位之天子，人雖不道，名義攸存，四海一王，人無貳心，苟知自念，不忍目擊此流血宮庭之大變也。唐高祖聞變而痛哭，豈楊廣之澤足以感之？而又豈高祖之僞哀以欺世乎？臣主之義，生於人心，於此見矣。故莊周曰：「無所逃於天地之閒。」君子惡其賊人性之義，有以夫！

㊀張琮，船山原作張仲琰，誤。刻本已據劉毓崧校勘記改。校勘記云：與善心同抗化及而死者，乃仲琰之弟琮，非仲琰也。

讀通鑑論卷二十

唐高祖

一

易曰：「湯武革命，應乎天而順乎人。」聖人知天而盡人之理，詩書所載，有不可得而詳者，千世而下，亦無從而知其深矣。乃自後世觀之，承天之祐，受人之歸，一六寓而定數百年之基者，必有適當其可之幾，蓋亦可以知天、可以知人焉。得天之時則不逆，應人以其時則志定，時者，聖人之所不能違也。唐之取天下，遲回以起，若不足以争天下之先，而天時人事適與之應以底於成，高祖意念之深，誠不可及也。

天之理不易知矣，人之心不易信矣，而失之者恆以躁。楊廣之播虐甚矣，而唐爲其世臣，受爵禄於其廷，非若湯之嗣契、周之嗣稷，建國於唐虞之世，元德顯功，自有社稷，而非純乎爲夏商之臣也。則隋雖不道，唐未可執言以相詰。天有綱，則理不可踰，人可有辭，則心不易服也。故楊廣惎高祖而屢欲殺之，高祖處至危之地，視天下之分崩，有可乘之機，以遠禍而徼福，然且斂意卑伏而不遽起；天下怨隋之虐，王薄一呼，而翟讓、孟海公、竇建德、李密、林士弘、徐圓朗、蕭銑、張金稱、劉元進、管崇、薛舉、劉武周、梁師都、朱粲羣起以亡隋，唐且安於臣服，爲之守太原、禦突厥而弗動。至於楊廣棄兩都以流蕩於江都，李密已入雒郛，環海無尺寸之寧土。於斯時也，白骨邱積於郊原，孤寡流離於林谷，天下之毒痛又不在獨夫而在羣盜矣。唐之爲餘民争生死以規取天下者，奪之於羣盜，非奪之於隋也。隋已亡於羣盜，唐自關中而外，皆取隋已失之宇也。然而高祖猶慎之又慎，遲回而不迫起，故秦王之陰結豪傑，高祖不知也，非不知也，王勇於有爲，而高祖堅忍自持，姑且聽之而以静鎮之也。不貪天方動之幾，不乘人妄動之氣，則天與人交應之而不違。故高祖以五月起，十一月而入長安立代王侑，其明年二月，而宇文化及遂弑楊廣於江都。廣已弑，代王不足以興，越王侗見逼於王世充，旦夕待弑，隋已無君，關東無尺寸之土爲隋所有，於是高祖名正義順，薄夷羣雄，以拯百姓於凶危，而人得主以寧其婦子，則其視楊玄感、李密之背君父以反戈者，順逆之分，相去縣絶矣。

故解楊廣之虐政者，羣盜也，而益之深熱；救羣盜之殺掠者，唐也，而予以宴安。惟唐俟之俟之，至於時至事起，而猶若不得已而應，則叛主之名可辭；而聞江都之弑，涕泗交流，保全代王，録用隋氏宗支，君子亦信其非欺。人謂唐之有天下也，秦王之勇略志大而功成，不知高祖慎重之心，持之固，養之深，爲能順天之理、契人之情，放道以行，有以折羣雄之躁妄，綏民志於來蘇，故能折箠以御梟尤，而繫國於苞桑之固，非秦王之所可及也。

嗚呼！天子之尊，非可志爲擬也；四海之大，非可氣爲壓也。相時之所疾苦，審己之非横逆，然後可徐起以與天下休息，即毒衆臨戎，而神人罔爲怨恫；降李密，禽世充，斬建德，俘蕭銑，皆義所可爲、仁所必勝也，天下不歸唐，而尚誰歸哉？慎於舉事，而所争者羣盜也，非隋也；非惡已熸而將熄之楊廣也，毒方興而不戢之僞主也。有唐三百載之祚，高祖一念之慎爲之，則湯、武必行法以俟命，其静審天人之幾者，亦可髣髴遇之矣。

二

李密以殺翟讓故，諸將危疑，一敗於邙山，而邴元貞、單雄信亟叛之；密欲守太行、阻大河以圖進取，而諸將不從，及相帥以降唐，則欣然與俱，而密遂以亡。項羽殺宋義，更始殺伯升，皆終於敗，其轍一也。然則令項羽殺漢王於鴻門，犯天下之忌，愈不能以久延，而昧者猶稱范增爲奇計，鄙夫之陋，惡足以知成敗之大綱哉？

夫馭物而能釋其疑忌者，雖未能昭大信於天下，而必信之於己。信於己者，謂之有恒，有恒者，歷乎勝敗而不亂。己有以自立，則無懼於物，而疑忌之情可以不深。李密者，乘人以鬭其捷，而無能自固者也。密，隋之世臣也，無大怨於隋，而己抑無可恃之勢，無故而畜亂志以干楊玄感，玄感敗，亡命而依翟讓，隋有恨於密，密固無恨於隋，而檄數其君之罪，斥之如僕隸，且既已欲殪商辛執子嬰矣，則與隋不兩立，而君臣之義永絶。乃宇文化及弑立，而趨黎陽以逼之於河上。密懼雒陽之議其後，又幸蓋琮之招己，奉表降隋，以緩須臾之困，而受太尉尚書令之命。夫煬帝，密之所欲殪之於牧野者也，而責化及曰：「世受隋恩，反行弑逆。」越王侗，密之所欲執之於咸陽者也。而北面稱臣，受其爵命，則諸將視之如犬豕，而知其不足有爲，尚誰爲之致死以冀其得天下哉？其降隋也，非元文都之愚，未有信之者也；其降唐也，唐固不信其果降也。反而自問，唐公見推之語而不慚，念起念滅，而莫知所據，匹夫無志，爲三軍之帥而可奪，其何以自立乎？易曰：「不恆其德，或承之羞。」咎可補也，凶可貞也，人皆可承以羞，而死亡不可逸矣。故諸將之亟於背密而樂於歸唐也，羞其所爲而莫之與也。密死而不能揜其羞，豈有他哉？無恆而已矣。

三

制天下有權，權者，輕重適如其分之準也，非詭重爲輕、詭輕爲重，以欺世而行其私者也。重也，而予之以重，適如其數；輕也，而予之以輕，適如其數；持其平而不憂其忒，權之所審，物莫能越也。

李密棄土釋兵，擁二萬人以降唐，密之亂天下也，有必誅之罪，而解甲以降，殺之則已重矣。北有建德，東有世充，密獨開關來歸，爲天下倡，當重獎之以勸天下者也；而本爲隋之亂臣，天下之殘賊，厚待之，則又已重矣。密之狙詐樂禍而驕，雖降唐而無固志，緩之須臾，則跳梁終逞，宜乎厚防以制其姦，不可遽抑而激之怨。而衆叛援孤，力窮智屈，疑之重則又本輕，視爲輕而又若重，審其所適然之數者，權也。高祖授之以光祿卿，一開宂之文吏，而司進食之褻事，使執臣節於殿陛，一若不知其狡黠凶很者然，此之謂能持權以制天下者也。非故揚之，非故抑之，適如其稽顙歸命之情形，而澹然待之若進若退之閒。嗚呼！此大有爲者之所以不可及也。

於是而密無可怙之恩，抑無可訟言之怨，詐無所讎，惡無所施，不得已而孤騎叛逃，一有司之禽捕而足矣。使其志悛而終順與？則飽之以禄，安之以位，一如孟昶、劉繼元之在宋，而不至如黥布、彭越之葅醢以傷恩也；密之不然，自趨於死，而抑無怨矣。於是而知天下之至很者，無很也；至詐者，無詐也；量各有所止，機各有所息，以固然者待之而適如其分，則於道不失而險阻自消。天下定於一心之平，道本易也；而非大有爲者，不足以與於斯。

四

徐世勣始終一狡賊而已矣。其自言曰「少爲亡賴賊」，習一定而不可移者也。夫爲盜賊而能雄長於其類者，抑必有似信似義者焉，又非假冒之而欺人亡實也；相取以氣，相感以私，亦將守之生死而不貳。如螢之光，非自外生，而當宵則燿，當晝則隱。故以其似信似義者，予之以義之能執、信之能篤，而重任之，則一無足據，而適以長亂。其習氣之所守者在是，適如其量而止，過此則顛越而不可致詰。其似信似義者亦非僞也，愈真而愈不足任也。

世勣受李密之命守黎陽，魏徵安集山東，勣之降唐，而世勣籍户口士馬之數，啓密使獻之，己不特修降表，高祖稱之曰：「不背德，不邀功，真純臣也。」遂寵任之，以授之於太宗，而終受託孤之命。世勣之於此，亦豈盡出於僞以欺高祖而邀其寵遇乎？其所見及是，其所守在是，蓋嘗聞有信義而服膺焉，以爲是可以卓然自命爲豪傑也。故以坦然行之，而果爲高祖之所矜獎。若其天性之殘忍，僅與盜賊相乎，而智困於擇君，心迷於循理，可以稱英君之任使，不可以折闇主之非僻，則祇以錚錚於羣盜之中，而遽許之以純臣，高祖、太宗知人之鑒，窮於此矣。夫不見其降於竇建德，質其父而使爲將，遂棄父而欲襲曹旦以歸唐乎？故其爲信義也，盜賊之信義也，察於利以動，任於氣以逞，戕性賊恩，亦一往而不恤，遽信其爲純臣而任以安定國家之大，鮮不覆矣。曾子曰：「臨大節而不可奪，君子人也。」惟君子而後可以履信而守義，非小人之所能與，殆魚躍之不可出沼，鳥步之不可越域也矣。

五

拔魏徵於李密，脱杜淹、蘇世長、陸德明於王世充，簡岑文本於蕭銑，凡唐初直諒多聞之士，皆自僭僞中祓濯而出者也。封德彝、宇文士及、裴矩不伏同昏之誅，而猶蒙寵任。蓋新造之國，培養無漸漬之功，而隋末風教陵夷，時無巖穴知名之士可登進之以爲楨幹，朝儀邦典與四方之物宜，不能不待訪於亡國之臣，流品難以遽清，且因仍以任使，唐治之不古在此，而得天下之心以安反側者亦此也。乃何獨至於蘇威而亟絶之？蓋蘇威者，必不可容於清明之世，苟非斥正其爲匪人，則風教蔑、廉恥喪、上下亂，而天下之禍不可息也。

隋文之待威也，固以古大臣之任望之；威之所以自見者，亦以平四海、正風俗爲己功，天下翕然仰之以爲從違，隋可亡，而威不可殺。故宇文士及、王世充、李密皆倚威以收人望，威亦倚其望以翺翔凶豎之庖俎，鋒鏑雨集，膏血川流，而威自若也。是則兵不足以爲彊，險不足以爲固，天子之位不足以爲尊，而無有如威之重者，士亦何憚而不學威，迂行腐步、界岸以逍遥邪？媚於當世也似慎，藏於六藝也似正，隨時遷流也似(忠)〔中〕㊀，以老倨驕而肆志也似剛，殺之無名，遠之不得，天下且以爲道之莫尚

㊀ 據校記改。

者，而導世以偷汙，爲彝倫之大賊，是可容也，孰不可容也？明王之所必誅勿赦者，唐姑拒之而弗使即刑，其猶姑息憐老、仁過而柔乎！若德彝、士及、裴矩之流，天下知賤惡之矣，雖復用之，不足以惑人心而壞風化，殺之可也，赦之而器使之，亦詎不可哉？

六

薛仁杲、蕭銑、竇建德或降或殺而皆斬，唯王世充赦而徙蜀，此不可解之惑也。唐高君臣當大法可伸之日，而執生殺之權，夫豈茫焉而罔正如此。世充，隋之大臣也，導其主以荒淫，立越王而弑奪之，其當辜也，固也；乃世充力守東都，百戰以扞李密，而其篡也，在煬帝已弑之後，使幸而成焉，亦無以異於陳霸先。而唐立代王，旋奪其位，有諸己者不可非諸人，唐固不能正名以行辟也。且取世充與仁杲、建德、蕭銑較。世充者，操、懿以後之積習也。建德、仁杲以匹夫，銑以縣令，忽乘喪亂，遂欲竊聖人之大寶以自居，則張角、黄巢之等匹，尤不可長之亂，而無可原之情矣。

春秋於里克、甯喜弑其君而其伏誅也，書曰「殺其大夫」；齊豹殺公兄，陽虎竊玉弓，未有弑逆之大惡也，而書曰「盜」。貴近之臣，或以親，或以舊，或以才，爲國之柱石，先有成勞於國，而人心歸之，然後萌不軌之心以動於惡，欲效之者，固未易也。且人主與之相邇，賢姦易辨，而可防之於早也；辨之弗明，防之不夙，漸釀堅冰之至，人主亦與有罪焉。若夫疏遠小臣如蕭銑，亡賴細民如建德、如仁杲，始於掠奪，攫窮民而噬之，烏合勢成，遂敢妄窺天位，則四海之廣，梟桀飲博之徒，苟可爲而無不可爲，人君居高而莫察，有司拘法而難誅，决起一旦而毒流天下，則雖人主之失道有以致之，而螘穴一穿，金隄不保，祁寒暑雨之怨咨，皆可爲耰粗棘矜之口實；及其潰敗乞降，猶可以降王之禮恣其徜徉，則人何憚而不殺越平人以希富貴；況當初定之天下，衆志未寧，此撲而彼興，豈有艾乎？

自東漢以後，權臣之篡者，成而爲曹魏、六朝；未成而敗，爲王敦、桓温、劉毅、沈攸之、蕭穎胄、王僧辯；俛成而速敗，爲桓玄、侯景；乃及隋之亡，而天下之勢易矣，人皆可帝，户皆可王，是匹夫狂起之初機也。唐及早懲之，正草澤稱尊之大罰，然且有黄巢之禍，延於朱温而唐以亡；使弗懲焉，則暗主相承，政刑無紀，閭井之匹夫，幾人帝而幾人王，生民之流血，終無已日矣。若權臣受將相之託，爲功於國，而逼奪孤幼，則不待正鈇鉞於世充而無有繼之者。高祖相世運之遷，大權之移，禍萌之變，而貰世充、誅三僭，其亦審矣，而豈貿貿以張弛乎？已天下之亂者義也，而義固隨時以制宜者也。世充可誅也，建德、銑、仁杲尤不可貸者也，非昧於治亂之幾者，可執一切之義以論得失也。

七

言有不可以人廢者，封德彝之策突厥是已。突厥擁衆十五萬寇并州，鄭元璹欲與和，德彝曰：「不戰而和，示之以弱，擊之既勝，而後與和，則恩威並著。」斯言也，知兵籌國相時之善術也。唐之不能與突厥争，始於劉文静之失策，召之入而爲之屈，權一失而弗能速挽矣。中國初定，而突厥席安，名有可挾，機有可乘，唐安能遽與突厥争勝哉？然當百戰之餘，人猶習戰，故屢挫於劉黑闥而無朒縮之心，則與戰而勝可決也；所難者，鋭氣盡於一戰，而繼此則疲耳。奮起以亟争，而藏拙於不再，速與戰而速與和，則李神符、蕭顗之功必成，而鄭元璹之説必讎矣。

夫夷狄〔一〕者，不戰而未可與和者也，犬縶項而後馴，蛇去齒而後柔者也。以戰先之，所以和也；以和縻之，所以戰也；惜乎唐之能用戰以和，而不用和以戰耳。知此，則秦檜之謀，與岳飛可相輔以制女直，而激爲兩不相協以偏重於和，飛亦過矣。抗必不可和之説，而和者之言益固，然後墮其所以戰而一恃於和，宋乃以不振而迄於亡。非飛之戰，檜亦安能和也；然則有檜之和，亦何妨於飛之戰哉？戰與和，兩用則成，偏用則敗，此中國制夷之上算也。夫夷狄〔二〕者，詐之而不爲不信，乘之而不爲不義者也，期於遠其害而已矣。

八

唐初定官制，三公總大政於上，六省典機務於中，九寺分庶政於下；其後沿革不一，而建國之規模，於此始基之矣。一代興，立一代之制，或相師，或相駮，乃其大要，分與合而已。周建六官，純乎分也，秦統以一相一尉而合，漢承之而始任丞相，後任大將軍，專合於一，而分職者咸聽命焉。唐初之制，三公六省與九寺之數相匹，所重在合，而所輕在分。於九寺之上，制之以六省，六省之上，涖之以三公，統攝之者層纍相仍，而分治者奉行而已，長短以時移，得失各有居也。然而唐多能臣，前有漢，後有宋，皆所不逮，則勸奬人才以詳治理，唐之斟酌於周者，非不審也。

國家之務，要不出於周之六官，分其事而各專其職，所以求詳於名實也；因名責實，因實課功，無

〔一〕、〔二〕此兩處「夷狄」二字刻本闕，據校記補。

所誘而各效其當爲，此綜核之要術也。然而有未盡善者存焉，官各有司，司各有典，典各有常，而王之聽治，綜其實，副其名，求無過而止；因循相襲，以例爲師，苟求無失，而敬天勤民、對時育物、揚清激濁、移風善俗之精意，無與消息以變通之。實可稽也，不必其順乎理；名可副也，不必其協於實；於是而任國家之大政者，且如府史之飾文具以求免謫，相爲緣飾，以報最於一人之聽覩，而人亦不樂盡其才。故周制使冢宰統六典以合治之，而冢宰既有分司，又兼五典，則大略不失，亦不能於文具之外，斟酌人情物理、天時事變之宜，與賢不肖操心同異之隱，以求詳於法外，自非周公之才，亦畫諾坐嘯而已。於是而知唐初之制，未嘗不善也。

六省者，皆非有執守者也，而周知九寺之司；三公者，雖各有統也，而兼領六省之治；九寺各以其職循官守、副期會、依成法以奉行，而得失之衡，短長之度，彼此相參以互濟。與夫清濁異心，忠佞異志，略形迹以求真實之利病，則既以六省秉道而酌之，又有三公持綱而定之，互相融會以求實濟於宗社生民之遠圖，豈循名按實、緣飾故例以苟免於廢弛之誅者所能允協於宗社生民之大計哉？故責名實於分者，詳於法而略於理；重辨定於合者，法或略而理必詳。不責人以守法拘文之故轍，而才可盡；能會通於度彼參此之得失，而智日生。於是乎人勸於天下之務，而恥爲塗飾，以下委於諳習法律之胥史，致令天下成一木偶衣冠、官廚酒食之吏治，則唐之多能臣也，其初制固善也。

夫郡縣之天下，其治九州也，天子者一人也，出納無諷議之廣，折中無論道之司，以一人之耳目心思，臨六典分司之煩宂，即有爲之代理者，一二相臣而止，幾何不以拘文塞責、養天下於痿痺，而大姦巨猾之胥史，得以其文亡害者、制宗社生民之命乎？國家之事，如指臂之無分體也；夫人之才，如兩目之互用，交相映而合爲一見也。取一體而分責之，無所合以相濟，將司農不知司馬之緩急，司馬不知司農之有無，競於廷而僨於邊，所必然者。刑與禮争而教衰，撫字與催科異而政亂，事無以成，民無以靖，是猶鼻不擇味，口不擇香，背擁重纊而不恤胸之寒，雖有長才，徒爲太息，固將翱翔於文酒琴弈之中，而不肖者持禄容身，不復知有清議，賢愚無别，誰復戮力以勤王事哉？是故三公六省無專職，而盡聞國政以佐天子之不逮，國多才臣，而雖危不亡，唐之所以立國二百餘年，有失國之君，而國終存，高祖之立法持之也。

後世合六官而聞政者，臺省也。乃職在糾參，則議論失平，而無先事之裁審；聯六官而佐治者，寺監也，乃仰承六官，則任愈析，而專一職之節文；故言愈棼而才愈困。鑒古酌今，以通天下之志而成其務，非循名責實泥已迹者之所與知久矣。

九

租、庸、調之法，拓拔氏始之，至唐初而定。户賦田百畝，所輸之租粟二石，其輕莫以過也；調隨土宜，庸役兩旬，不役則輸絹六丈。重之於調、庸，而輕之於粟，三代以下，郡縣之天下，取民之制，酌情度理，適用宜民，斯爲較得矣。

地之有稼穡也，天地所以給斯人之養者也。人之戴君而胥匡以生也，禦其害，協其居，坊其彊以淫，撫其弱以萎，君子既勞心以治人，則有力可勞者當爲之効也。地産之有餘者，桑麻金錫茶漆竹木椶葦之屬，人不必待以生，而或不勞而多獲，以資人君爲民立國經理綢繆之用，固當即取於民以用者也。酌之情，度之理，租不可不輕，而庸、調無嫌於重，豈非君以養民、民以奉公之大義乎？故曰「明君貴五穀」。穀者，民生死之大司也。箕斂以聚之上，紅朽盈而多豢不耕之人，下及於犬馬，則賤矣；開民之利，勸之以耕，使裕於養，而流通其餘，以供日用之需，所以貴之也；示民以不愛其力以事上，而重愛其粟，雖君上而不輕與，則貴之也至矣。故惟重之於庸，而輕之於租，民乃知耕之爲利，雖不耕而不容偷窳以免役，於是天下無閒田，而田無鹵莽，耕亦征也，不耕亦征也，其不勸於耕者鮮矣。

且按唐開元户數凡九百六十一萬九千有奇，户租二石，爲租千九百二十三萬有奇，以萬曆清丈所定，夏秋稅糧二千六百六十三萬有奇較之，其差無幾也。田百畝而租二石，幾百而取一矣，而可給二百二十萬人之食以饟兵，而不止三年之餘。一粟之取也薄，而庸、調之取絹綿土物也廣，則官吏胥役百工之給，皆以庸、調之所輸給之，使求粟以贍其俯仰，皆出貨賄以讎糴於農民，而耕者鹽酪醫藥昏喪之用，粟不死而貨賄不騰。調、庸之職貢一定於户口而不移，勿問田之有無，而責之不貸，則逐末者無所逃於溥天率土之下，以嫁苦於農人。徭不因田而始有，租以薄取而易輸，汙吏猾胥無可求多於阡陌，則人抑視田爲有利無害之資，自不折入於彊豪，以役耕夫而恣取其半。以此計之，唐之民固中天以後樂利之民也；此法廢而後民不適有生，田盡入於彊豪而不可止矣。

役其人，不私其土，天之制也；用其有餘之力，不奪其勤耕之獲，道之中也；效其土物之貢，不斂其待命之粟，情之順也；耕者無虐取之憂，不耕者無幸逃之利，義之正也。若夫三代之制，田稅十一，而二十取一，孟子斥之爲小貉，何也？三代沿上古之封建，國小而君多，聘享征伐一取之田，蓋積數千年之困敝，而暴君横取，無異於今川、廣之土司，吸齕其部民，使鵠面鳩形，衣百結而食草木；三代聖王，無能疾出其民於水火，爲撙節焉以漸蘇其生命，十一者，先王不得已之爲也。且天子之畿，東西南北之相距，五百里而已。舟車之輓運，旬日而往還。侯國百里之封，居五十里之中，可旦輸而夕返。今合四海以供一王，而餽餫周於遠塞，使輸十一於京邊，萬里之勞，民之死者十九，而誰以軀命殉一頃之荒瘠乎？弗獲已而折色輕齎之制以稍寬之，乃粟之貴賤無恆，而定之以一切之準，墨吏抑盡廢本色，於就近支銷而厚取其值，且使賤糴以應非時之誅求，自非姦詭豪彊，未有敢名田爲己有者。若且不察而十一征之，誰爲此至不仁之言曰中正之制，以勦絕生民之命乎？

乃若唐之庸，重矣，以後世困農而恣游民之逋役則重也，以較三代則尤輕。古者七十二井而出長轂一乘，步卒七十二人，九百畝而一人爲兵。畝百步耳，九百畝，今之四百畝而不足也。以中則準之，凡糧二十石有奇而出一兵。無歲不征，無年不戰，死傷道殣，復補伍於一井之中。唐府兵之未盡革也，求兵於免租免庸之夫，且讀杜甫無家、垂老、新婚三别之詩，千古猶爲墮淚。則三代之民，其死亡流離於鋒矢之下，亦慘矣哉！抑且君行師從，卿行旅從，狩覲、會盟、聘問、逆女、會葬，乃至遊觀、畋獵，皆奔走千百之耕夫於道路，暑暍凍瘃、飢渴勞敝而死者，不知凡幾，而築城、穿池、營宫室、築苑囿之役不與焉，其視一歲之庸，一户數口而折絹六丈者，利害奚若也？論者不體三代聖王因時補救不得已之心，而猶曰十一取民，寓兵於農之可行於今也，不智而不仁，學焉而不思，亦忍矣哉！後王參古以宜民，唐室租、庸、調、畫一仁民之法，即有損益，無可廢矣。

一〇

古者士各仕於其國，諸侯私其土，私其人，既禁士之外徙，而羈旅之臣，新君有其情不固之疑，三代聖王欲易之而不能也。乃其爲卿大夫者，類以族升，則役於相習之名分，而民帖然以受治，農之子恆爲農，雖有雋才，觖望之情不生，賞罰施於比鄰，而恩怨不起。乃逮周之季，世祿之家迭相盛衰，於是陳、鮑、高、國、欒、郤、趙、范且疑忌積而起尋戈矛，兄弟姻亞互修怨於顧盼之閒，而蹀血覆宗，亦人倫之大斁矣。法與情不兩立，亦不可偏廢者也。閭井相比，婚媾相連，一旦乘權居位，而逮繫之、鞭笞之，甚且按法以誅戮之，憯焉不恤，曰「吾以奉國法也」，則是父子、昆弟、夫婦、朋友之恩義，皆可假君臣之分誼以摧抑之，而五倫還自相賊矣。於是乎仁心牿喪，而民競於權勢以相離散，非小禍也。若欲曲全恩義，而骫法以伸私，則法抑亂，而依倚以殃民者不可勝詰。然則除諸侯私土私人之弊政於九州混一之後，典鄉郡、刺鄉州、守鄉邑，其必不可，明矣。

張鎮周，舒州人也，爲其州都督，召親故酣飲十日，貽以金帛，泣與之別，曰：「今日得與故人歡飲，明日都督治百姓耳。」此何異優人登場，森然君臣父子之相臨，而歌舞既闋，相聚而食，相狎而笑邪？惻隱不行，而羞惡之心亦澌滅盡矣。故官於其鄉，無一而可者也。君欲任賢以治民也，奚必其鄉；欲爲民以擇吏也，奚必其鄉之人；士出身事主而效於民也，又豈易地之無以自效。君不爲士謀安，士抑不自謀其安，致法與情之兩掣，甚矣其昧於理也。韓魏公以守鄉郡而養老，亦朱買臣衣繡之榮耳，況如鎮周之加刑罰於父老子弟而憯莫之恤乎！

二

謂高祖之立建成爲得適長之禮者，非也。立子以適長，此嗣有天下，太子諸王皆生長深宮，天顯之序，不可以寵嬖亂也。初有天下，而創制自己，以賢以功，爲天下而得人，作君師以佑下民，不可以守法之例例之矣。抑謂高祖宜置建成而立世民者，（抑）〔亦〕㈠非也。睿宗舍宋王成器而立隆基，討賊后以靖國家，隆基自冒險爲之，事成乃奉睿宗以正位，睿宗初不與聞，而況宋王？則宋王固辭，而睿宗決策可也。太原之起，雖繇秦王，而建成分將以嚮長安，功雖不逮，固協謀而戮力與偕矣。同事而年抑長，且建成亦錚錚自立，非若隋太子勇之失德章聞也，高祖又惡得而廢之？故高祖之處此難矣，非直難也，誠無以處之，智者不能爲之辯，勇者不能爲之決也。君子且無以處此，而奚翅高祖？

處此而無難者，其唯聖人乎！泰伯之成其至德者，豈徒其仁孝之得於天者厚乎？太王、姜女以仁敬孝慈敦彝倫修內教於宮中者，其養之也久矣。詩之頌王季也，曰「則友其兄」。王季固不以得國而易其兄弟之歡也。王季無得國之心，而泰伯可成其三讓之美，一門之內，人修君子長者之行，而靜以聽夫天命。故王季得國，猶未得也；泰伯辭國，猶未辭也；內教修而禮讓興，讓者得仁，而受者無疑於失義。邠人之稱太王，曰「仁人也」。豈一朝一夕之故哉？

㈠ 據校記改。

唐高祖之守太原，縱酒納賄以自蔑，宮人私侍，而嘗試生死以殉其嗜欲，則秦王矯舉以奮興，一唯其才之可以大有爲，而馳騁俠烈之氣，蕩其天性，固無名義之可繫其心，建成尤劣焉，而以望三后忠厚開國之休，使遂心以聽高祖之命，其可得乎？高祖之不能式穀其子，既如此矣；而所左右後先者，又行險儌幸若裴寂之流而已。東宮天策士各以所知遇爲私人，目不覩慈懿之士，耳不聞孝友之言，導以爭狺而亟奪其惻隱，高祖若木偶之尸位於上，而無可如何，誠哉其無可如何也！源之不清，其流孰能澄汰哉？

後世之不足以法三代者，此也，非井田封建飾文具以強民之謂也。王之所以王，霸之所以霸，聖之所以聖，賊之所以賊，反身而誠，不言而喻。保爾子孫，寧爾邦家，豈他求之哉？自非聖人，未有能免於禍亂者。立適之法，與賢之權，皆足以召亂，況井田封建之畫地爲守者乎？

二

魏徵、王珪必死於建成之難乎？曰：未見其可也。事太宗而効忠焉，有以異於管仲之相桓公乎？曰：有異焉，而未爲殊異也。傳曰：「食焉不辟其難。」非至論也。君子之身，天植之，親生之，生死者，名義之所維，性情之所主，而僅以殉食乎？君臣之義，生於性者也，性不隨物以遷，君一而已，猶父之不可有二也。管仲，齊之臣，齊侯其君也；徵、珪，唐之臣，高祖其君也。仲之事子糾，齊侯命之；徵、珪之事太子，高祖命之。天之所秩，性之所安，義之所承，君一而已。即以食論，仲食齊侯之食，徵、珪食高祖之食，子糾、建成弗與焉，而況君子之死，必不以殉食乎？故無知者，齊襄之賊，管仲不共戴天之讎也。使唐高而蒙簒弑之禍，徵、珪有死有亡，而必不可一日立於其廷，子糾、建成，君臣之分未定，奚足爲之死邪？爲之死，是一日而有二君矣。胥爲君之子也，或廢或立，君主之，當國之大臣引經衷道以裁之，爲宮僚者，不得以所事者爲適主，而隨之以争。建成以長，世民以功，兩俱有可立之道，君命我以事彼，則事彼而已矣；君命我以事此，則事此而已矣。高祖初未嘗以苟息之任任徵與珪，使以死拒世民也。則建成死，高祖立世民爲太子，非敵國也，非君讎也，改而事之，無傷乎義，無損乎仁，奚爲其不可哉？

然則徵、珪之有異於管仲者，何也？襄公弑，糾與小白出亡於外，入而討賊，不幸而兄弟争，仲之所不謀也。子糾敗，仲囚於魯，桓公釋之而使相，仲未嘗就公求免以自試也。建成、世民之含毒以争久矣，知其必有蹀血宮門之慘，不能弭止其慝，抑不能辭宮僚以去之，欲徼幸以觀變，二子之志偷矣。太子死，遽即秦王而請見，尤義之所不許也，斯則其不得與管仲均者也。夫魏徵起於羣盜之中，幸自拔以歸唐，功名之士耳。「介於石，不終日」，而後可以知幾。亦惡足以及此哉？

太宗

一

書曰：「能自得師者王，謂人莫己若者亡。」夫人即喪心失志迷惑之尤者，長短、虛實、大小、有無、清濁、得失、明暗，皎然分畫於前，知則知之，能則能之，眇者窮於視，跛者困於趨，惡得誣其心之所未喻，而謂多聞善慮者之不若己哉！然則謂人不已若者，抑實有不已若者在也。太宗曰：「煬帝文辭奥博，是堯、舜，非桀、紂，行事何其相反。」魏徵曰：「恃其儁才，驕矜自困，以至覆亡。」然則煬帝之奥博，固有高出於羣臣之上者，不已若，誠不若己矣，而人言又惡足以警之哉？

夫人主之怙過也，有以高居自逸而拒諫者矣，有以憑勢淩人而拒諫者矣。然忠直之士，卓然不撓，雖斥竄誅夷而不恤以言黜，而暴君不能奪其理，則身雖詘而道固伸也。且恃位而驕，恃威而横，浮氣外張，而中藏恧縮，迨乎虚憍稍息，追憶前非，固將曰：是吾所不知不能，而終不可誣者也。則諫者之言，或悔而見庸矣。唯夫多聞廣識而給於辯者，知是其所是而非其所非，則言者不憚其威，而憚其小有才之辯慧。言之大，則以爲誇也；言之切，則以爲隘也；察情審理，擬議窮年，而彼已一覽而見謂無餘；引古證今，依類長言，而時或旁徵之有誤；則自非明燭天日，斷若雷霆者，恆惴惴焉恐言出而反爲所折，抱忠而前、括囊而退者，十且八九矣。

且夫堯、舜之是，彼且是之矣，吾惡得以堯、舜進之；桀、紂之非，彼且非之矣，吾惡得以桀、紂戒之。彼固曰：使我而爲人臣，以稱説干人主，吾之琅琅鑿鑿以敷陳者，更辯於此也，彼誠不我若，而愛我若父，責我若子，爲笑而已矣。天下雖大，賢人君子雖衆，誰肯以強智多聞見屈於我而不捫舌以自免於辱乎？故人不已若，危亡之媒也；謂人不已若，而其危亡必矣。太宗君臣之知此也，是以興也。不然，太宗之才，當時之臣無有能相項背者，唯予言而莫違，亦何所不可乎？

嗚呼！豈徒人主哉？士而賢智多聞，當世固出其下，則欲以取擇善之益也難矣。「以能問於不能，以多問於寡」，顏子之所以大也。雖然，人知其能與多矣，問之雖勤，且欲告而中訥，則問爲虛設，而祇益其驕；惟若無若虛之情發於不容已，而問必以誠，然後人相忘於寡與不能，以昌言而不怯。太宗之問孔穎達也，幾知學矣，乃固以多能有實自居，而矜其能問，亦何足以測顏子之心哉？孔穎達不能推極隱微以格君心，太宗之驕所繇未戢也。

二

宗室人才之盛，未有如唐者也，天子之保全支庶而無猜無戕，亦未有如唐者也。蓋太宗之所以處之者，得其理矣。高祖欲彊宗室以鎮天下，三從昆弟之屬皆封王爵，使循是而不改，則貴而驕，富而溢，邪佞之士利賴之而導以放恣，欲彊之，適以貽其災而必至於弱，晉、宋之所以自相戕滅而終於孤立也。太宗從封德彝之言，而曰天子養百姓，豈勞百姓以養己之宗族乎？以公天下者，即以安本支而勸進其賢能。德彝，佞人也，於此而幾乎道矣。

爲天子之懿親，妾媵廣，生養遂，不患其不蕃衍也；遠於十姓百家雞犬錐刀之鄙猥，不患其無可造之材也。而彊慧者得勢而狂，愿樸者溫飽而自廢，於是乎非若劉濞、司馬倫之自斃以亡，則菽麥不分，如圈豚之待飼而已矣。夫節其位禄之數，登之仕進之塗，既免於槁項無聞之憂，抑獎之於德業文章吏治武略之美，使與天下之英賢彙進而無所崇替，固將蒸蒸勸進而爲多士之領袖以藩衛天家。故唐宗室之英，相者、將者、牧方州守望郡者，臻臻並起，而恥以紈袴自居，亦無有夢天吠日、覬大寶而干甸師之辟者。施及於今，隴西之族猶盛焉，不亦休乎！孟子曰：「親之欲其貴也，愛之欲其富也。」富貴者，其可以非所宜而長有之乎？制之有等，授之有道，而後欲貴者之果能貴，欲富者之果能富也，義之至、仁之盡也，大公行而私恩亦遂矣。

然則周道親親，而文昭武穆，施及邢、茅、蔣、胙與畢、召之裔，皆分茅土，豈非道與？曰：此武王、周公定天下之微權，而千古之未喻者也。古之天下，人自爲君，君自爲國，百里而外，若異域焉，治異政，教異尚，刑異法，賦斂惟其輕重，人民唯其刑殺，好則相昵，惡則相攻，萬其國者萬其心，而生民之困極矣。堯、舜、禹、湯弗能易也；至殷之末，殆窮則必變之時，而猶未可驟革於一朝；故周大封同姓，而益展其疆域，割天下之半而歸之姬氏之子孫，則漸有合一之勢；而後世郡縣一王，亦緣此以漸統壹於大同，然後風教日趨於畫一，而生民之困亦以少衰。

故孔、孟之言治詳矣，未嘗一以上古萬國之制欲行於周末，則亦灼見武王、周公綏靖天下之大權，而知邱民之欲在此而不在彼。以一姓分天下之半，而天下之瓦合萍散者漸就於合，故孟子曰「定於一」。大封同姓者，未可即一而漸一之也。春秋之戰亟矣，而晉、魯、衛、蔡、曹、滕之自相攻也鮮，即相攻而無掬指舟中、焚茨侵海之虐。當其時，異姓庶姓猶錯立於外，而同姓者不能絕援以自戕，此周之所以親親；而親親者非徒親也，實以一姓之興，定一王之禮制，廣施於四海，而漸革其封殖自私、戕民搆亂之荼毒也。

至於漢，六國廢，韓、彭誅，而欲以周道行之，則七國、衡山、淮南之禍，骨肉喋血而不容已。然則人主即欲建本支以鎮天下，亦無如節其位禄、獎其仕進、公其黜陟之足以育才勸善，而祐子孫之令祚以鞏固維城，奚必侈予以棧櫪之豢養，假借以優俳之衮黼，使之或僨而狂，或茸而萎哉？鄧禹享大國之封，且使諸子各分一藝以自立，曾有天下者以公天下爲道，將使人競於姱修，而授子孫以沈溺之具，亦仁過而流於不仁矣。是故親親之殺，與尊賢互用而相成，唯唐爲得之，宜其宗室之多才，獨盛於今古也。

三

太宗制諫官隨宰相入閣議事，故當時言無不盡，而治得其理。然則以是爲盡聽言行政之理乎？抑有未盡然者。治惟其人，不惟其法。以王珪、魏徵爲諫議大夫，房玄齡、杜如晦爲宰相，而太宗之明，足以折中羣論而從違不爽，則可矣。必恃此以立爲永制，又奚可乎？命官圖治之道，莫大乎官各明其守，而政各任於其人。庶務分治於六官，其屬詳其目，其長持其綱，皆有成憲之可準也。或舉，或廢，或倚法而挾姦私，或因時而爲斟酌，各以其所效之成能爲得失；然而有待於天子宰相之裁成者，則太宗之制，令五品以上更宿内省，以待訪問，固善術也。下有利病得達於上，而上得詰其勤怠公私以制其欺；若夫小有過誤，則包含教戒而俟其改。如使諫官毛舉細過以相糾，則大體失而爭黨起於細微，亂世之所以言愈棼而事愈圮也。

宰相者，外統六官，内匡君德，而持可久可大之衡，以貞常而馭變者也。君心之所自正，國體之所自立，國本之所自固，民生之所自安，非弘通於四海萬民數百年之規而不役於一時之利病者，不足以勝其任。故古者三公論道，所論者道耳，不能與任氣敢言之士，爭一言一事之可否；而論道於君，抑不在摘人閒細政，繩舉動之小愆，發深宮之纖過，以與君競，徒自媟而與天子不親；故與諫官同者未必是，而其異者未必非也。詭隨諫官而避其彈射，則可以應一事而不可以規大全；逆折諫官而伸其獨見，則幾事不密，而失其正色立朝之度。若夫宰相而果懷私以病國，固諫官所必抗正以爭，而非可使與辯訟於一堂，競偶然之得失者也。

夫諫官職在諫矣。諫者，諫君者也，徵聲逐色，獎諛斥忠，好利喜功，狎小人，耽逸豫，一有其幾而必犯顏以諍；大臣不道，誤國妨賢，導主賊民，而君偏任之，則直糾之而無隱。若夫羣執事之修墜，則六官之長覈其成，執憲之臣督其失，宰相與天子總大綱以裁其正，初不藉諫官之毛舉鷙擊、搜剔苛求、以矜辨察；老成熟慮之訏謨，非繁稱曲說、矯舉異同於俄頃者，所可詫風裁以決定者也。

故天子誠廣聽以求治，則宰相有坐論之時，羣臣有待問之時，諫官有請對之時，而不可有聚訟一堂、道謀築舍之時。官各有其守，政各任其人，分理而兼聽之，惟上之虛衷以廣益，豈立一成法以啓爭端，可爲不易之經乎？

四

旱飢而赦，以是仁民，非所以仁之也。太宗曰：「赦者，小人之幸，君子之不幸。」亦既知之矣；而貞觀二年以旱赦天下，信道不篤，知不可而復爲，非君師之道矣。

夫赦亦有時焉而可者，夷狄盜賊僭據上國，蚩蚩之氓脅從以徼幸，上不能固保其民，使羣陷於逆，則盪滌而矜全之可耳。旱飢之民，流離道殣者，類不能爲姦惡；而姦惡之徒，雖旱飢而固不至於餒瘠者也。如曰衣食不足，而非僻以起，則夫犯者在未飢以前，固非爲飢所迫，而奚所恤哉？省囚繫以疏冤滯，宥過誤以恤惷愚，止訟獄以專農務，則君上應行之政，無歲不宜，而不待旱飢。至於旱飢之歲，豪民擅粟以掠市子女，游民結黨以彊要糴貸，甚且競起爲盜以攘殺愿懦；非法不懲，非刑不戢；而更縱不軌之徒，使無所創艾以橫行郊邑，又豈非凶年之大蠹哉？

蠲逋欠，減租庸，所以救荒也。困於徵輸者，樸民也。蠲免與赦罪並行於一紙，則等樸民於姦宄，名不正，實不符，亦重辱吾衽席之赤子矣。不雜赦罪之令於蠲租之詔，尤人君扶正人心之大權，而時君不察，曰「以此答上天好生之心」，天其樂佑此頑民以賊凋零之孑遺乎？體天心以達民隱，非市恩之俗吏所得與焉久矣。

五

唐制：軍國大事，中書舍人各陳所見，謂之五花判事，而宰相審之，此會議之始也；敕旨既下，給事中黄門侍郎駁正之，則抄參封駁之始也。夫六官之長貳，各帥其屬，庀其事，以待軍國之用，乃非體國如家者，則各炫所長，匿所短，互相推移而避其咎。使無總攝而通計之者，將飾文具以應，而不恤國事之疏以傾也，此不可聽庶司之汎應，而無與折中之者也；統之以宰相，而推諉自私之弊去矣。然宰相之賢者，且慮有未至而見有或偏，不肖者之專私無論也；先以中舍之雜判，盡羣謀以迪其未達，而公論以伸，則益以集而權弗能擅，其失者庶乎鮮矣。猶且於既審之餘，有給事之駁正以隨其後，於是而宰相之違以塞，而人主之愆以繩，斯治道之至密，而恃以得理者也。

雖然，雜判者，陳於其先也；駁正者，施於其後也；中舍之議已集，宰相之審已定，始起而駁之，自非公忠無我之大臣，純白知通之給諫，參差相左，而給事與宰相爭權，則議論多、朋黨興，而國是以亂。然則駁正之制，當設於雜判陳而宰相方審、敕旨未下之際，以酌至當之宜，是非未著，而從違皆易，斯羣臣之能盡，而宰相之體不傷。唯公議已允，而宰相中變以舞法者，然後給事封還而駁正之，不尤可達人情、定國是，而全和衷之美乎？太宗謂王珪曰：「論難往來，務求至當，舍己從人，亦復何傷，或護己短，遂成怨隙。」蓋慮此矣。立法欲其徹乎賢不肖而俱可守，法不精研，而望人之能舍己從人也，亦不可得之數已。中舍各抒所見，而給事折之以從違，宰相持衡而斷之，天子裁成以行之，合人心於協一，而宮省息交競之情，事理得執中之用，酌古鑒今，斯可久之良法與！

近世會議偏及九卿，而唐之雜判專於中舍，其得失也孰愈？夫九卿各有典司者也，既與其屬參議其所修之職以待舉行，固有一成之見而執爲不可易者，假有大兵大役，司馬、司空務求其功之成，而司農務求其用之省，則其不相協而異同競矣。唐、宋之給舍，皆歷中外、通衆理，而待枚卜之選者也，兼知盈詘成敗之數，以酌時之所可行，則彼此不相妨而以相濟，雜判而駁正之足矣，何用詢及專司之官以生嚚訟哉？如有議成敕下，而九卿不可奉行者，自可復陳利病以更爲酌改，無容於廟議未審之前，豫爲異論以相掣。國事之所繇定，惟其綱紀立以一人心而已；會議者，大臣免咎之陋術，其何利之有焉。至於登進大臣、參酌大法、裁定大禮，則惟天子之乾斷與宰相之贊襄，而參以給舍之清議；六官各守其典章，而不可有越位侵官之妄。如使采紛呶之說，以模稜而求兩可，則大臣偷，羣臣競，朋黨興，機密洩，其弊可勝言哉？

不周知天下之務，不足以決一事之成；宰相給舍無所偏私，以周知爲道者也。不消弭人情之競，不可以定國事之衡；雜判駁正慎之於前，而畫一必行於後，議論雖詳而不至於争競者也。太宗曰：「或成怨隙，或避私怨，順一人之情，爲兆民之患，亡國之政，煬帝之世是也。」斯言韙矣。

六

讀太宗論治之言，我不敢知曰堯、舜之止此也，以視成湯、武王，其相去無幾矣。乃其斁彝倫，虧至德，雜用賢姦，從欲規利，終無以自克，而成乎大疵。讀史者鑒之，可以知治，可以知德，可以知學矣。

氣者，發以噓物，而斂以自攝其心者也。聞見之善，啓其聰明，而隨氣以發斂。其發也，洩其藏以加於物。故言者，所以正人，而非以正己也。己有餘，而不忍物之不足，則出其聰明以迪天下之昏翳而矯之以正，子不忍於父，臣不忍於君，士不忍於友，聖人君子道不行而不忍於天下後世，於是而言之功大矣。若夫受天命作君師，臣民之責，服於躬、載於一心，則斂氣以攝聰明，而持天下於心，以建中和之極，故曰「湯、武身之也」。身正而天下正，不以言也。故仲虺之誥，仲虺言之也；咸有一德，伊尹言之也；旅獒，召公言之也；無逸，周公言之也；而湯、武無言以自鳴其道而詔羣臣。推而上之，大禹、皋陶、益、稷各盡言以進堯、舜，而堯、舜執中之訓，迨及倦勤遜位之日，道不在己，而後以詔舜、禹。然則堯、舜惟不忍於後世，禹、皋、益、稷、伊、萊、周、召惟不忍於君，而不容已於言。下此者，雖躬行未逮，而進忠於上，亦不必以言過其行責之，其忠也，即其行也。今太宗之言，非堯、舜、湯、武之言，而伊、萊、周、召之言也。任堯、舜、湯、武之任，而奪伊、萊、周、召之言以爲己言，則下且何言之可進，而聞善之路窮。蓋太宗者，聰明溢於聞見，而氣不守中，以動而見長者也。其外侈，其中枵，其氣散，其神瞀，其精竭，其心馳，迨乎彝倫之攸斁，至德之已虧，倖幸外熒，利欲内迫，而固無以自守；及其衰年而益以氾濫，所必然矣。

嗚呼！豈徒帝王爲然哉？自修之士，有見而亟言之，德不崇，心不精，王通之所以不得爲真儒也。況揚雄、韓愈之利欲熏心者乎？故魯論之言言也，曰慎、曰後從、曰訥、曰訒、曰恥、曰怍，聖狂之辨，辨於筆舌，可畏也哉！

七

夷狄之勢，一盛一衰，必然之數也。當其衰而幸之，忘其且盛而無以禦之，故禍發而不可止。夫既有其土，則必有其人以居之，居之者必自求君長以相保，相保有餘而必盛，未有數千里之土，曠之百年而無人保之者也。已盛者而已衰矣，其後之能復盛者鮮矣，而地已曠，人必依之，有異族、有異類，而無異土。衰者已衰，不足慮也，繼之以人，依其土而有之，則族殊類異，而其傴處我邊徼也同。突厥之盛，至頡利而衰，既分爲二，不能相比，於是乎突厥以亡，迄於五代而遂絶。夫豈特夷狄爲然哉？五帝、三王之明德，漢、唐、宋之混一，今其子孫僅存者不再興，而君天下者不一姓，況恃彊不逞之部落乎？

夫其人衰矣亡矣，其土則猶故也，天不能不爲之生種姓，地不能不爲之長水草，後起者不能戢止其戎心；曾無慮此，而可以其一族之衰爲中國幸邪？其族衰，其地無主，則必更有他族乘虚而潛滋暗長於灌莽之中。故唐自貞觀以後，突厥之禍漸息矣，而吐蕃之害方興，繼之以契丹，皆突厥兩部之域也。頡利禽而御樓受俘，君臣交慶，其果以是爲中國永安之祚哉？

西突厥種落散在伊吾，太宗命李大亮安撫之，貯糧磧口以賑之，未嘗非策也，而大亮之不奉行也何居？施之以德者，制之以威也。已衰者，存之不足爲憂，存已衰者，則方興者不能乘無主以擅其地，則前患息而後釁可弭。盛衰之形，我得而知，而無潛滋暗長之禍，雖暫勞暫費，而以視糜財毒衆以守邊，割地納賄以丐免，其利害奚若邪？株守安内之説爲訏謨，豈久遠之大計哉？

八

魏徵之折封德彝曰：「若謂古人淳樸，漸至澆譌，則至於今日，當悉化爲鬼魅矣。」偉哉其爲通論已。

立説者之患，莫大乎忿疾一時之流俗，激而爲不必然之慮，以鄙夷天地之生人，而自任以矯異；於是刻覈寡恩成乎心，而刑名之術，利用以損天地之和。荀卿性惡之説，一傳而爲李斯，職此故也。且夫樂道古而爲過情之美稱者，以其上之仁，而羨其下之順；以賢者匡正之德，而被不肖者以淳厚之名。使能揆之以理，察之以情，取僅見之傳聞，而設身易地以求其實，則堯、舜以前，夏、商之季，其民之淳澆、貞淫、剛柔、愚明之固然，亦無不有如躬閲者矣。唯其澆而不淳、淫而不貞、柔而疲、剛而悍、愚而頑、明而詐也，是以堯、舜之德，湯、武之功，以於變而移易之者，大造於彝倫，輔相乎天地。若其編氓之皆善邪？則帝王之功德亦微矣。

唐虞以前，無得而詳考也，然衣裳未正，五品未清，昏姻未别，喪祭未修，狉狉獉獉，人之異於禽獸無幾也。故孟子曰：「庶民去之，君子存之。」舜之明倫察物，存唐、虞之民所去也，同氣之中而有象，況天下乎？若夫三代之季，尤歷歷可徵焉。當紂之世，朝歌之沈酗，南國之淫奔，亦孔醜矣。數紂之罪曰「爲逋逃萃淵藪」，皆臣叛其君、子叛其父之梟與豺也。至於春秋之世，弑君者三十三，弑父者三，卿大夫之父子相夷、兄弟相殺、姻黨相滅，無國無歲而無之，蒸報無忌，黷貨無厭，日盛於朝野，孔子成春秋而亂賊始懼，删詩、書，定禮、樂，而道術始明。然則治唐、虞、三代之民難，而治後世之民易，亦較然矣。

封德彝曰：「三代以還，人漸澆譌。」象、鯀、共、驩、飛廉、惡來、楚商臣、蔡般、許止、齊慶封、魯僑如、晉智伯，豈秦、漢以下之民乎？子曰：「斯民也，三代之所以直道而行也。」春秋之民，無以異於三代之始。帝王經理之餘，孔子垂訓之後，民固不乏敗類，而視唐、虞、三代帝王初興、政教未孚之日，其愈也多矣。戰國之末，諸侯狂逞，辯士邪誣，民不知有天性之安，而趨於澆，非民之固然也。秦政不知而疾之如寇，乃益以增民之離叛。五胡之後，元、高、宇文駤戾相踵，以導民於澆，非民之固然也。隋文不知而防之若讎，乃益以增民之陷溺。逆廣嗣之，宣淫長佞，而後民争爲盜。唐初略定，夙習未除，又豈民之固然哉？倫已明、禮已定、法已正之餘，民且願得一日之平康，以復其性情之便，固非唐、虞以前茹毛飲血、茫然於人道者比也。以太宗爲君，魏徵爲相，聊修仁義之文，而天下已帖然受治，施及四夷，解辮歸誠，不待堯、舜、湯、武也。垂之十餘世而雖亂不亡，事半功倍，孰謂後世之天下難與言仁義哉？

邵子分古今爲道、德、功、力之四會，帝王何促而霸統何長？霸之後又將奚若邪？泥古過高，而菲薄方今以蔑生人之性，其説行而刑名威力之術進矣，君子奚取焉？腥風扇，民氣傷，民心之待治也尤急，起而爲之，如暑之望浴也，尤易於隋、唐之際哉！

九

太宗曰：「未能受諫，安能諫人。」此知本之論也。夫唯窮凶之主，淫虐無擇，則雖以虚衷樂善之君子，陳大公無我之言，而亦祇以危身；非此者，君之拒諫而遠君子，洵失德矣，諫者亦惡能自反而無咎哉？凡能極言以諫者，大抵其氣勝者也；自信其是，而矜物以莫及，物莫能移者也。其氣勝，則其情浮；自矜而物莫能移，則其理窒。上以事君，下以涖衆，中以交於僚友，可其所可，而否其所否，堅於獨行，而不樂物之我違；唯如是也，乃以輕寵辱、忘死生、而言之無忌。其賢者，有察理未精、達情未適之過，而執之也堅；其次則氣動而不收，言發而不止，攻異己而不遺餘力，以墮於娼忮，而傷物已甚；則人主且窺其中藏，謂是曉曉者之但求利己也。其言不可奪，而心固不爲之感，奚望轉石移山於片語乎？

惟虚則公，公則直；惟明則誠，誠則動；能自受諫者，所以虚其心而廣其明也，諫者之能此者鮮矣。事上接下，其理一也。君不受諫，則令焉而臣民不從；臣不受諫，則言焉而天子不信。位不可恃，氣不可任，辯不可倚，理不可挾，平情好善、坦衷遜志者，早有以動人主之敬愛，而消僚友之疾忌，聖而周公，忠而孔明，用此道也。婞直予智，持一理以與當宁爭得失，自非舜、禹以芻蕘之道待之，其不以啓朋黨而壞國是也，難矣哉！

一〇

唯大人爲能格君心之非。君心之非，亦易見也；所以格之者，天理民彝之顯道，人皆與知，亦易能也。然而斷之於大人之獨得，而諫諍之臣不足與焉，於魏徵、馬周見之矣。君心無過，而過在事，則德不足而言有當，下逮於工瞽而言無不效。若夫心，則與心相取者也，心之有非，必厚自匿而求以勝物。進言者，其言是也，其人非也，其人雖無大非，而心不能自信，於是則匿非求勝者，將曰旁觀而言之，吾亦能爲此言，試以此言於汝，汝固不受也。言還其言，而心仍其心，交相讁而祇益其怨惡。如能隱忍以弗怨惡足矣，奚望格哉？

唐太宗不恤高祖之溫凊視膳，處之卑湫之大安宫，而自如九成宫以避暑，嫁其女長樂公主，敕資送倍於長公主。此豈事之失哉？其憯不知恤者，仁孝忘於心也。馬周言之，魏徵言之，皆開陳天理民彝之顯教，以思動其惻悱也。乃周言不聽，決駕以行，於徵之言，則入謀之長孫皇后而後勉從，使后而如獨孤、武、韋也，徵死矣。人自有父子，人自有兄弟，一念之蔽，忽焉不覺，直辭以啓之，以自親其親，豈難知而難從者乎？而二子者，君所信受者也，卒不能得此於君，則其故可思矣。徵之起也，於羣盜之中，事李密而去之，事隱太子而去之；周則挾策干主，餘於才而未聞其修能之自潔者也；以此而欲警人子之心於不容已之媿疚，奚可得哉？

夫大人者，苟以其言格君心之隱慝，賢主樂之，中主媿之，庸主弗敢侮之，何至以太宗之可與言而斥爲田舍翁邪？不幸而遇暴主以殺身，亦比干之自靖自獻於先王，而非滕口説以聽凶人之玩弄，豈易言哉？大人者，正己而物正，己之正非一旦一夕之功矣。

二

言治者而亟言權，非權也，上下相制以機械，互相操持而交讎。其欺也，以儀、秦之狙詐，行帝王之大法，亂奚得而弭，人心風俗奚得而不壞哉？王伽之詐也，與李參朋姦而徼隋文之賞，唐太宗師之，以縱囚三百九十人，而三百九十人咸師參之智，如期就死。嗚呼！人理亡矣。好生惡死，人之情也，苟有可以得生者，無不用也。守硜硜之信，以死殉之，志士且躊躕而未決，況已蹈大辟之戮民乎？

太宗之世，天下大定，道有使，州有刺史，縣有令尉，法令密而廬井定，民什伍以相保，宗族親戚比閭而處，北不可以走胡，南不可以走粤，因之縱者雖欲逋逸，抑誰爲之淵藪者？太宗持其必來之數以爲權，因亦操其必赦之心以爲券，縱而來歸，遂以侈其恩信之相孚，夫誰欺，欺天乎？夫三百九十人之中，非無至愚者，不足以測太宗必赦之情，而徼幸以逃；且當縱遣之時，爲此駭異之舉，太宗以從諫聞，亦未聞法吏據法以廷争；則必太宗陰授其來歸則赦之旨於有司，使密諭所縱之囚，交相隱以相飾，傳之天下與來世，或驚爲盛治，或詫爲非常，皆其君民上下密用之機械所籠致而如拾者也。

古所未有者，必有妄也；人所争誇者，必其詐也。王道平平，言僻而行詭者，不容於堯、舜之世。蘇洵氏樂道之，曰「帝王之權」，惡烈於洪水矣。

一二

傳曰：「爲人君而不知春秋之義，前有讒而不見，後有賊而不知。」春秋之義，何義也？適庶明，長幼序，尊卑別，刑賞定，重農抑末，進賢遠姦，貴義賤利，端本清源，自治而物正之義也。知此，則讒賊不足以逞，而違此者之爲讒賊，不待擿發而如觀火。舍是，乃求之告訐以知之，告讒告賊，而不知告者之爲讒賊也，宜其迷惑失守，延讒賊於肘腋，而以自危亡也。

人主明其義於上以進退大臣，大臣奉此義以正朝廷，朝廷飭此義以正郡邑，牧之有守令，覈之有觀察採訪之使，裁之有執憲之大臣。苟義明而法正，姦頑不軌者惡足以恣行而無忌？即有之，亦隱伏於須臾，而終必敗，奚事告訐乎？告訐興，則賞罰之權全移於健訟之匹夫，而上何貴有君，下何貴有執憲之臣哉？

且夫爲人告訐者，洵不道矣，而愿樸柔懦之民，能奮起以與姦頑争死命者，百不得一也。非夫險詖無憚之徒，惡有暇日以察人之隱慝，而持短長操必勝之術，以與官吏豪彊角逐。忘尊卑，輕禍福，背親戚，叛朋友，吏胥脅其長官，奴隸制其主伯，正春秋之義所斥爲讒賊，必杜絶其萌糵者也。知其害而早絶之，則讒無不見，賊無不知，昭昭然揭日月以與天下相守於法紀，吞舟漏網之姦，其得容於政簡刑清之日者，蓋亦寡矣。太宗曰：「朕開直言之路，以利國也，上封事者訐人細事，當以讒人罪之。」而其時吏不殃民，民不犯上，韙矣哉！

一三

銀之爲用，自宋以上，用飾器服，與黄金珠玉等，而未得與錢、布、粟、帛通用於民間。權萬紀請采銀宣、饒，而太宗斥之，亦猶罷采珠以懲侈耳。後世官賦民用以銀爲主，錢、布、粟、帛皆受重輕之命於銀。夫銀，藏畜不蝕，鍊鑠不減，藏之約而齎之也易，人習於便利，知千百年之無以能易之矣。則發山采礦，無大損於民，而厚利存焉，庸詎不可哉？然而大害存焉者，非庸人之所知也。

奚以明其然邪？銀之爲物也，固不若銅、鐵爲械器之必需，而上類黄金，下同鉛、錫，亡足貴者。尊之以爲錢、布、粟、帛之母，而持其輕重之權，蓋出於一時之制，上下競奔走以趨之，殆於愚天下之人而蠱之也。故其物愈多，而天下愈貧也。采之自上，而禁下之采，則上積其盈，以籠致耕夫紅女之絲粟，而財亟聚於上，民日貧餒而不自知。既以殫民之畜積矣，且大利之孔，未可以刑法禁塞之也。嚴禁民采，則刑殺日繁，而終不可戢。若其不禁而任民之自采乎？則貪惰之民，皆舍其穡事，以徼幸於詭獲，而田之汙萊也積；且聚游民於山谷，而唯力是視以取盈，則争殺興而亂必起。一旦山竭澤枯，游民不能解散，而亂必成；即幸不亂也，耕者桑者勠力所獲，養游民以博無用之物，銀日益而絲粟日銷，國不危，民不死，其奚待焉？自非參百年之終始以究利病者，奚足以察此哉？

嗚呼！自銀之用流行於天下，役粟帛而操錢之重輕也，天下之害不可訖矣。錢較粟帛而齎之輕矣，藏之約矣，銀較錢而更輕更約矣；吏之貪墨者，暮夜之投，歸裝之載，珠寶非易致之物，則銀其最便也。不然，汎舟驅車，銜尾載道，雖不恤廉隅者不敢也。民之爲盜也，不能負石粟、持百緡，即以錢而力盡於十緡矣，穴而入、篋而胠者，其利薄，其刑重，非至亡賴者不爲，銀則十餘人而可挾萬金以去。近自成化以來，大河南北單騎一矢劫商旅者，俄頃而獲千緡之值。是銀之流行，汙吏箕斂、大盜晝攫之尤利也，爲毒於天下，豈不烈哉？無已，杜塞其采鍊之源，而聽其暗耗，廣冶鑄以漸奪其權，而租稅之入，以本色爲主，遠不能致而後參之以錢，行之百年，使銀日匱而賤均鉛錫，將耕桑廣殖，墨吏有所止而盜賊可以戢，尚有瘥乎？

天地之產，難得而不易貿遷者，以安民於所止而裕之也；帝王之政，繁重而不取便安者，以息民之偷而節其溢也。旦斸諸山，夕煅諸冶，徑寸而足數十人之衣食，姦者逞，愿者削，召攘奪而棄本務，飢不可食，寒不可衣，而走死天下者，唯銀也。采礦之禁，惡可不嚴哉？權萬紀之削奪，有餘辜矣。

一四

貞觀十年，定府兵之制，大約與秦、隋銷兵，宋罷方鎮之意略同。府兵者，猶之乎無兵也，而特勞天下之農民於番上之中，是以不三十年，武氏以一婦人輕移唐祚於宮闈，李敬業死而天下靡然順之，無有敢伸義問者，非必無忠憤之思興，力不能也。唐之亂亟矣，未有三十年而無大亂者，非能如漢、宋守成之代，晏安長久也。非玄宗罷府兵，改軍制，則安、史、懷恩、朱泚、河北、西川、淮、蔡之蠭起，唐久爲秦、隋，惡能待懿、僖之昏亂，黃巢起而始亡哉？

府軍之制，散處天下，不論其風氣之柔剛、任爲兵與否也；多者千二百人，少者百人，星列碁布於隴畝，乃至白首而不知有行陳，季冬習戰，呼號周折，一優人之戲而已。三百人之團正，五十人之隊正，十人之火長，編定而代襲之，無問其堪爲統率否也。尤可嗤者，兵械甲裝，無事則輸之庫，征行而後給之，刃鏽不淬，矢屈不檠，晴燥不潤，雨溽不暴，甲齘冑穿，刀刓弓解，典守之吏，取具而止，倉卒授之而不程以其力，莫能詰也。甲與身不相稱，攻與守不相宜，使操不適用之頑金，衣不蔽身之腐革，甚則剡撓竹以爲戈矛，漆敗紙以爲盾櫓，其不覆軍陷邑者幾何也？狎爲故事，而應以虚文，徒疲敝其民於道路，一月而更，而無適守者無固志，名爲有兵六百三十四府，而實無一卒之可憑；故安、史一擁番兵以渡河，而兩都瓦解。蓋天寶初改府兵易彍騎，而因循舊習，未能蠲積玩之弊以更張也。

後世論者，泥古而不知通，猶曰兵制莫善於唐，則何如秦、隋之盡銷弭而猶不驅農民以淪死地乎？詳考府兵之制，知其爲戲也，太宗之以弱天下者也。欲弱天下以自弱，則師唐法焉可爾。

一五

太宗以荆王元景、長孫無忌等爲諸州刺史，子孫世襲，而無忌等不願受封，足以達人情矣。夫人之情，俾其子孫世有其土，世役其民，席富貴於無窮，豈有不欲者哉？知其適以殄絶其苗裔而禍天下，苟非至愚，未有不視爲陷阱者也。周之大封同姓與功臣也，聖如周公，賢如吕、召，而固不辭，其餘非不知居内之安，而無不利有其國以傳之奕世，何至於無忌等之以免受茅土爲幸乎？時爲之，則人安之，時所不可爲，非貪叨無已、懷姦欲叛者，固永終知敝而不願也。

馬周曰：「孩童嗣職，萬一驕愚，兆庶被殃，國家受敗。」則不忍毒害見存之百姓，寧割恩於已亡之一臣；稍有識者，固聞之而寒心也。故夫子之論治，參魯論而居其一，而不及於封建；作春秋，明王道，而邾、郳之受爵不登於策，城衞遷杞皆不序其功。然則當春秋之世，固有不可復行者矣，況後世乎？柳宗元之論出，泥古者猶競起而與争；勿庸争也，試使之行焉，而自信以必行否也？太宗曰：「割地以封功臣，古今通義，而公薄之，豈强公以茅土邪？」强人而授之國，爲天下嗤而已矣，惡足辯？

一六

貞觀改服制，嫂、叔、夫之兄、弟之妻，皆相爲服，變周制也。古之不相爲服者，禮傳言之詳矣。嫂不可以母道屬，弟之妻不可以婦道屬，所以定昭穆之分也。嫂叔生而不通問，死而不爲服，所以厚男女之别也。唐推兄之敬，而從兄以服嫂；推弟之愛，而從弟以服其妻；所以廣昆弟之恩也。周謹乎禮之微，唐察乎情之至，皆道也，而周之義精矣。

雖然，抑有説焉。禮以定萬世之經，則必推之天下而可行，盡乎事之變而得其中者也。有人於此，少而失其父母，抑無慈母乳母之養，而嫂養之，長而爲之有室，則恩與義兩不得而忘也。生藉之以生，死則恝然而視若行道之人，心固有所不安矣。在禮，舅之妻、從母之夫，無服者也，而或曰：「同爨緦，鞠我之恩而不如同爨乎？」其不忍不爲服，必也。有人於此，少孤而兄養之，已而爲之納婦，自納采以至於請期，稱主人者皆兄也。既娶而兄猶爲家政之主，未異宫而兄死，其婦視夫之兄有君道焉。且兄而居長，則固小宗之宗子也；合小宗之男女爲之服，而弟之妻獨否，一家之所統尊，顧可傲岸若賓客乎？繼父，無服者也，同居而爲之成室家、立親廟，則服朞。夫之兄可爲小宗，而成其家室，以視繼父之同居而異姓者奚若？抑義之不得不爲服者也。禮有之，子思之哭嫂也，爲位而哭，不容已於哭也。可爲之哭，則可爲之服。君子惡夫涕之無從，而服之，不亦可乎？

上古之世，男女之别未正，昭穆之序未審，故周公嚴之於此而辨之精。後世男女正而恩禮睽，兄弟之離，類起於室家之猜怨，則使相爲服以獎友睦之誼，亦各因其時而已。禮曰：「時爲大。」百王相承，所損益可知也。聖人許時王以損益，則貞觀之改周制，可無疑已。

一七

自言兵者有使貪之説，而天下之亂遂不可弭。岑文本引黄石公之言，以請釋侯君集私高昌珍寶之罪，用此説也。乃阿史那社爾以降虜而獨能不受君集之貽，（邊外）〔夷狄〕㊀之法，嚴於中國，中國安能不爲（邊外）〔夷狄〕㊁屈哉？敗其軍，拔其城，滅其國而貪其所獲，武人之恆也。然而君以之怒其臣，臣以之叛其君，主帥以之惡其偏裨，偏裨以之懟其主帥，兵以之戀剽獲而無戰心，民以之受掠奪而爭反畔，功已成，亂已定，不旋踵而大潰，古今以此而喪師失地，致寇亡國者不一也。貪人敗類，而可使司三軍之命以戡亂寧民而定國乎？

漢高之於項羽，非其偏裨也；其於懷王，君臣之分未定也；而封府庫以待諸侯，樊噲屠狗者能明此義，乃以平項羽之怒，而解鴻門之厄。項羽不知，終以取怨於天下。誨盜而人思奪之，大易豈欺我哉？唐下侯君集於獄，宋徽王全斌而使之待罪，法所必飭也；終釋君集而薄罰全斌，示不與爭利也；

㊀、㊁　據校記改。

兩得之矣。故言兵者之言，皆亂人之言爾，岑文本惡足以知此哉！

一八

太宗詔諸州有犯十惡罪者勿劾刺史，則前此固有劾之之法，而戴州所部有犯者，御史以劾刺史賈崇，亦循例以劾之也。此法不知所自昉，意者蘇威當隋之世，假儒術、飾治具，以欺世，其創之乎？曾子曰：「上失其道，民散久矣。」久者，周失道而後魯失之，魯君失而後卿大夫無不失也；上者，端本清源，歸責於天子之辭也。民有大逆，君踰月而後舉爵自艾而已。治之不隆，教之不美，天子不自慚恧而以移罪於刺史乎？民犯大逆，而劾及刺史，於是互相掩蔽，縱梟獍以脱於網罟，天下之亂，風俗之壞，乃如河決魚爛而不可止。隋末寇盜徧天下，而煬帝罔聞，刃加於頸，尚不知爲誰氏之賊，皆蘇威之流，置苛細之法，自詡王道，而以塗飾耳目、增長讒賊者致之也。

懲貪而責保薦之主，戢盜而嚴漏捕之誅，詳刑而究初案之枉；皆教之以掩蔽，而縱姦以賊民之法也。必欲責之上，以矜民之散，亦自天子之自爲修省而已，下者其何責焉！

一九

小道邪説，惑世誣民，而持是非以與之辯，未有能息者也，而反使多其游詞，以益天下之惑。是與非奚準乎？理也，事也，情也。理則有似是之理，事則有偶然之事，情則末俗庸人之情，易以歆動沈溺不能自拔者也。以理折之，彼且援天以相抗，天無言，不能自辯其不然。以事徵之，事有適與相合者，而彼挾之以爲不爽之驗。以情奪之，彼之言情者，在富貴利達偷生避死之中，爲庸人固有之情，而惻隱羞惡之情不足以相勝。故孟子之辯楊、墨，從其本而正其罪曰「無父無君」，示必誅而不赦也；若其索隱於心性，穿鑿於事理者，不辯也。君子之大義微言，簡而文，温而理，固不敵其淫詞之曼衍也。

太宗命吕才刊定陰陽雜書，欲以折其妄而納民於正，然而妄終不折，民終不信，流及於今，日以增益，且託爲吕才之所定以疑民者；折之於末，而不拔其本，宜其横流之不止矣。夫此鄙猥不經之説，何足定哉？定之而孰必信之？乍信之而孰與守之？且託於所定以亂人道之大經，如近世擇婚以年命，而使配耦非其類者，僉曰才所定也，曆官乃以贅敬授民時之簡末。嗚呼！禍亦烈哉！

夫才所據理、徵事、緣情以折妄者，宅經也，葬法也，禄命也。三者之不可以妖妄測陰陽，而賊民用、蔑彝倫、背天理、干王制，不待智者而洞若觀火。先王慮愚民之受罔而迷也，爲著於禮經曰：「假於時日卜筮以疑衆，殺。」刑當其辜，勿與辯也。然且貪懦之俗，徼幸鋒端之蜜，苟延蟪蛄之生，日嚮術人而謀行止，忘親蔑性，暴骨如莽而不收，争奪競訟以求得，爲君師者，尚取其言而删定之，不亦傎乎！

夫王者正天下之大經，以務民義，在國則前朝後市，在野則相流泉、度夕陽，以利民用，而宅經廢矣。賢者貴，善人富，有罪者必誅，詭遇幸逃之塗塞，而禄命窮矣。慎終追遠，導民以養生送死之至性，限以時，授以制，則葬法詘矣。然而有挾術以鬻利者，殺其首，竄其從，焚其書，而藏之者必誅不赦，以剛斷裁之，數十年而可定。舍此不圖，屑屑然與較是非於疑信之閒，咸其輔頰舌以與匪人争，其以感天下，亦已末矣。吕才之定，適以長亂，言雖辯，誰令聽之？

二〇

立子以適，而適長者不肖，必不足以承社稷，以此而變故起於宮闈，兵刃加於骨肉，此人主之所甚難，而雖有社稷之臣，不能任其議也。魏王泰投太宗之懷，曰：「臣今日始得爲陛下子。」褚遂良即以此折泰之姦，偉矣；而唐幾亡於高宗，遂良致命以自靖，弗能靖國焉。故曰人主之甚難，而社稷臣不能任其議也。

丹朱不肖，堯以天下與舜，聖人𢫨非常之舉，非後世所可學也。舜立而丹朱安虞賓之位，魏王不竄，能帖然於高宗之世哉？太宗能保高宗之容承乾與泰，而不能必泰安於藩服以承事高宗，則抑情伸法以制泰，事有弗獲已者；自投於牀，抽刀欲刎，嗚呼！英武如太宗，而欷歔以求死也，亦可悲矣哉！

或曰：「立適長而不能賢，擇人以輔之，勿憂矣。」似也；太宗之世，忠直老臣，無有過魏徵者，固以師保之任任之矣。乃徵嘗爲建成之宮僚，效既可覩。徵以正月卒，而承乾以四月反，徵即不死，固無能改於其德，大難興，徵爲袁淑而已，紇干、承基之流，於徵何憚焉？

教者，君父之反身也，非可僅責之師保也。光武廢東海、立明帝，而漢道昌，東海亦保其福禄，不待竄也，光武之爲君父者無媿也。太宗蹀兄弟之血於宮門，早教猱以升木，竄逐其所寵愛，以徇長孫無忌之請，知高宗之不能克家而姑授之，置吴王恪之賢以陷之死，夫亦反身不令，故無以救其終也。漢文守藩代北，際內亂而無窺覬之心，迎立已定，猶三讓焉，然有司請建太子，猶遲久而不定，誠慎之也，非敢執嫡長以輕天位，況太宗之有慚德也乎？

二一

長孫無忌曰：「太子仁恕，實守文之德。」此佞者之辯也。太宗不能折之，遽立治而不改，唐幾以亡。仁恕者，君德之極致，以取天下而有餘，況守文乎？無忌惡知仁恕哉！不明不可以爲仁，不忠不可以爲恕。

仁者，愛之理也，而其發於情也易以動，故在下位而易動於利，在上位而易動於欲。君子之仁，廓然曙於情之貞淫，而虛以順萬物之理，與義相扶，而還以相濟。故仁，陰德也，而其用陽。若遇物而即發其不忍之情，則與嚅唲呴沫者相取，而萬物之死生有所不恤。陰德易以陰用，而用以陰，乃仁之賊，此高宗之仁也。

恕者，推己以及人，仁之牖也。以己之欲，推之於物，難之難者也。難之難者，以其所推者己之欲也。故君子之恕，推其所不欲以勿施於人，而不推其欲以必施，以所欲者非從心而不踰矩，未可推也。然而不欲者，亦難言矣。奪己之聲色臭味，而使不集於康，固人之所不欲也；以此而不欲奪人，則屈己之道，屈天下之情，以求免於人之怏悒，皆可曰恕，而以縱女子小人僉壬讒佞者彌甚。忠也者，發己自盡之謂。盡己之所可爲，盡己之所宜爲，盡己之所不爲而弗爲，而後可以其不欲者推於物而勿施。不然，人且呼籲以請，涕泣以干，陳其媟狎之私，以匍伏而待命，女子小人僉壬讒佞未能得志之日，方挾此術以怵我，而己於義利理欲之情未定，則見爲不可拂而徇之，以恣其姦邪，皆曰是不可欲者勿施焉，恕也。

故仁恕者，君子之大德，非中人以下所能居之不疑者也。高宗竟以此而不庇其妻子，不保其世臣，殃及子孫，禍延宗社。長孫無忌惡足以知仁恕哉？挾仁恕之名以欺太宗，而太宗受其罔，故曰佞者之辯也。太宗明有所困，忠有所詘，遂無以折佞人之口而使讎其邪，此三代以下，學不明，德不修，所以縣絶於聖王之理也。

二三

負慝而畏人知，揜之使不著，以疑天下，小人之僞也。其猶畏人知也，有不敢著、不忍著之心，則猶天良之未盡亡也。抑不著而使天下疑，則使天下猶疑於大惡之不可決爲，而名教抑以未熸。無所畏，無所揜，而後惡流於天下，延及後世，而心喪以無餘。太宗親執弓以射殺其兄，疾呼以加刃其弟，斯時也，窮凶極慘，而人之心無毫髮之存者也。史臣修高祖實録，語多微隱，若有怵惕不寧之情焉。夫人皆有之心也，且以示後世，與宋太宗燭下斧影之事同其傳疑，則人固謂天倫之不可戕也。而太宗命直書其事，無畏於天無憚於人而不揜，乃以自信其大惡之可以昭示萬世而無慚，顧且曰「周公誅管、蔡以安周，季友鴆叔牙以存魯」，誰欺乎？周公之誅管、蔡，周公不奪管、蔡之封也；季友鴆叔牙，季友不攘叔牙之位也。建成、元吉與己争立，而未嘗有劉劭之逆，貽唐室以危亡，而殺之以圖存，安忍無親，古人豈其口實哉？且周公之不得已而致天討也，鴟鴞之怨，東山之悲，有微辭，有隱痛，禍歸㊀於商、奄，而不著二叔

㊀「禍歸」校記作「歸禍」。

誅竄之迹；東人之頌公者，亦曰四國是皇，不曰二叔是誅也。過成於不忍疑，事迫於不獲已，志窘於不能遂，言詘於不忍明，天下後世勿得援以自文其惡，觀過而知仁，公之所以無慚於夙夜也。若夫過之不可揜，而君子謂其如日月之食者，則惟以聽天下後世之公論，而固非己自快言之以獎天下於戕恩。況太宗之以奪大位爲心，有不可示人之巨慝乎？至於自敕直書，而太宗不可復列於人類矣。

既大書特書以昭示而無忌矣，天子之不仁者，曰吾以天下故殺兄弟也；卿大夫之不仁者，亦曰吾以家故殺兄弟也；士庶人亦曰吾以身故殺兄弟也。身與家之視天下也孰親？則兄弟援戈矛以起，争田廬絲粟之計，而彊有力者得志焉，亦將張膽瞋目以正告人曰：吾亦行周公季友之道也。蛇相吞，蛙相啖，皆聖賢之徒，何憚而弗爲哉？史者，垂於來今以作則者也，導天下以不仁，而太宗之不仁，蔑以加矣。萬世之下，豈無君子哉？無厭然之心，惻隱羞惡，兩俱灰燼，功利殺奪横行於人類，乃至求一揜惡飾僞之小人而不易得也，悲夫！

二三

隋之攻高麗而不克也，君非其君，將非其將，士卒怨於下，盜賊亂於内，固其宜矣。唐太宗百戰以蕩羣雄，李世勣、程名振、張亮，皆戰將也，天下抑非楊廣狼戾以疲敝之天下，太宗自信其必克，人且屬目以待成功，乃其難也，無異於隋，於是而知王者行師之大略矣。

太宗自克白巖，將舍安市不攻，徑取建安，策之善者也，而世勣不從。高延壽、高惠真請拔烏骨城，收其資糧，鼓行以攻平壤，而長孫無忌不可。乃以困於安市城下，而狼狽班師。夫世勣、無忌豈不知困守堅城之無益？而阻撓奇計，太宗自策既審，且喜聞二高之言，而終聽二將以遷延，何也？唯天子親將，勝敗所繫者重，世勣、無忌不敢以萬乘嘗試，太宗亦自顧而不能忘豫且之戒也。嚮令命將以行，則韓信之度井陘、劉裕之入河、渭，出險而收功；即令功墮師撓，固無繫於安危之大數，世勣、無忌亦何憚而次且哉？

苻堅不自將以犯晉，則不大潰以啓鮮卑之速叛；竇建德不自將以救雒，則不被禽而兩敗以俱亡；完顏亮不自將以窺江，則不挫於采石，而國內立君以行弑；佛狸之威，折於盱眙；石重貴之身，禽於契丹；區區盜賊（遠方）〔夷狄〕㊀之主，且輕動而召危亡，況六宇維繫於一人而輕試於小夷乎？怯而無功，世勣、無忌尚老成持重之謀也。不然，土木之禍，天維傾折，悔將奚及邪？王欽若詆寇準以孤注，欽若誠姦，準亦幸矣；鼓一往之氣，以天子渡河爲準之壯猷，幾何而不誤來世哉？春秋書從王伐鄭，諱其敗以譏之，射肩而後，王室不可復興，桓王自貽之也。故曰天子討而不伐。

二四

劉洎之殺，謂褚公譖之者，其爲許敬宗之汙誣，固已。乃使褚公果以洎之言白於太宗，亦詎不可哉？太宗征高麗，留守西京者，房玄齡也；受命輔太子於定州者，高士廉、張行成、高季輔、馬周，而洎以新進與焉，非固爲宗臣，負伊、周之獨任也。兵凶戰危，太宗春秋已高，安危未決也，太子柔弱，固有

㊀ 據校記改。

威福下移之防。洎於受命之日，遽亢爽無忌而大言曰：「大臣有罪，臣謹即行誅。」然則不幸而太宗不返，嗣君在疚，玄齡之項領，且縣於洎之鋒刃，而況士廉以下乎？又況其餘之未嘗受命者乎？

人臣而欲擅權以移國者，必立威以脅衆，子罕奪宋公之柄，用是術也。而曹操之殺孔融，司馬懿之殺曹爽，王敦之殺周顗、戴淵，無所稟承，猶無擇噬；矧洎已先言於當宁，挾既請之旨，復何所忌以戢其專殺乎？魏王泰未死，吳王恪物望所歸，洎執生殺之權以誅異己，欺太子之柔，唯其志以逞，何求而不得？然則伊、霍之事，洎即不言，抑必有其情焉；且又惡知洎之狂悖，不果有是言哉？

或曰：洎謹即行誅之對，剛而戇耳，非能有不軌之情也。曰：所惡於彊臣者，唯其很耳。戇者，很之徒也。無所忌而函之心，乃可無所忌而矢諸口，遂以無所忌而見之事。司馬師、高澄、朱溫、李茂貞唯其言之無忌者，有以震懾乎人心，而天下且詫之曰：此英雄之無隱也。當其曰「謹即行誅」，目無天子，心無大臣，百世而下，猶不測其威之所底止，而可留之以貽巽輭之沖人乎？使褚公果勸太宗以殺洎，亦忠臣之效也。

或曰：唐處方興之勢，而長孫無忌、房玄齡、李世勣以開國元臣匡扶王室，洎雖狂，無能爲也。曰：人之可信以無妄動者，唯其愼以言、慮以動而已。不可言而言之，則亦不可爲而爲之。朱泚孤軍無助而走德宗，苗傅、劉正彥處張浚、韓世忠之閒而廢宋高，皆愚戇而不恤禍福者也。藉曰洎爲文吏，兵柄不屬焉，范曄、王融亦非有兵之可恃，又孰能保洎之無他乎？使伏其辜，非過計而淫刑，審矣。

二五

星占術測，亂之所自生也。史言祕記云：「唐三世之後，女主武王，代有天下。」誰爲此祕記者，其繇來不可考也。太白之光，羣星莫及，南北之道，去日近而日奪其光，去日遠則日不能奪，而晝見五緯之出入，曆家所能算測，而南北發斂，曆法略而古今無考，使有精於步測者，亦常耳。而太史守其曲說，曰「女主昌」，與所謂祕記者相合，太宗不能以理折之，而橫殺李君羨以應之；李淳風又曰「天之所命，人不能違」，以決其必然，武氏之篡奪，實斯言教之也。

凡篡奪之禍，類乘乎國之將危，而先得其兵柄，起而立功以拯亂，然且遲回疑畏而不敢驟；抑有彊幹機智之士，若荀攸、郗慮、劉穆之、傅亮、李振、敬翔之流，贊其逆謀，而多畜虎狼之將佐，爲之爪牙，然後動於惡而人莫能禦。今武氏以一淫嫗處於深宮，左右皆傅粉塗朱猥媟之賤士，三思、懿宗、承嗣輩，固耽酒嗜色之紈袴，一彊項之邑令可鞭笞而殺之庸豎也。乃以炎炎方興之社稷，淫風一拂，天下歸心，藏頭咋舌於枷棓薰灼之下，莫之敢抗。武氏何以得此於臣民哉？天下固曰：前聖之祕記然也，上天之垂象然也；先知如淳風者，已曰天之所命，人不能違也。淳風曰：當王天下。武氏曰：吾當王也。淳風曰：殺唐子孫殆盡。武氏曰：吾當殺也。嗚呼！搖四海之人心，傾方興之宗社，使李氏宗支駢首以受刃，淳風一言之毒，滔天罔極矣。

甚哉！太宗之不明也，正妖言之辟，執淳風而誅之，焚祕記、斥太史之妄，武氏惡足以惑天下而成乎篡哉？有天下而不誅逐術士、敬授民時、以定民志，則必召禍亂於無窮。人有生則必有死，國有興則必有亡，雖百世可知也，惡用此嘵嘵者爲？

二六

以利爲恩者，見利而無不可爲。故子之能孝者，必其不以親之田廬爲恩者也；臣之能忠者，必其不以君之爵禄爲恩者也；友之能信者，必其不以友之車裘爲恩者也。懷利以孝於親、忠於君、信於友，利盡而去之若馳，利在他人，則棄君親、背然諾，不旋踵矣，此必然之券也。故慈父不以利畜其子，明君不以利餌其臣，貞士不以利結其友。

太宗遷李世勣爲疊州都督，而敕高宗曰：「汝與之無恩，我死，汝用爲僕射，以親任之。」是已明知世勣之唯利是懷，一奪予之閒而相形以成恩怨，其爲無賴之小人，灼然見矣；而委之以相柔弱之嗣君，不亦愚乎！長孫無忌之勳戚可依也，褚遂良之忠貞可託也，世勣何能爲者？高祖不察而許爲純臣，太宗不決而託以國政，利在高宗，則爲高宗用，利在武氏，則爲武氏用，唯世勣之視利以爲歸，而操利以籠之，早已爲世勣所窺見，以益歆於利，「家事」一言，而社稷傾於武氏，所必然矣。若謂其才智有餘，任之以邊陲可矣，錮之於疊州，唐惡從而亂哉！

〔清〕王夫之 著

讀通鑑論

下册

中華書局

讀通鑑論卷二十一

高宗

一

房遺愛狂騃，與婦人謀逆以自斃，而荆王元景、吴王恪駢首就戮，李道宗亦坐流以死。嗚呼！元景之長而有功，恪之至親而賢，道宗之同姓而爲元勳，使其存也，武氏尚未能以一婦人而制唐之命也。夫長孫無忌之決於誅殺，固非挾私以争權，蓋亦衛高宗而使安其位爾。乃衛高宗而不恤唐之宗社，則私於其出，無忌之惡也。原其所自失，其太宗之自貽乎！

承乾廢，魏王泰絀，太宗既知恪之可以守國也，則如光武之立明帝，自決於衷，而不當與無忌謀。如以高宗爲嫡子而分不可紊，則抑自決於衷，而尤不當與無忌謀。疑而未決，則在廷自有可參大議之臣，如德宗之於李泌，宋仁宗之於韓琦，資其識以成其斷。唯無忌者，高宗之元舅也，而可與辨高宗與恪之廢立乎？乃告無忌曰：「雉奴弱，恪英果類我，我欲立之。」事既不果，無忌所早作夜思以疑恪、忌恪、畏恪之怨己而欲勦絶其命者，終不忘矣。唐無夾輔之親賢，而已以先后已謝之威靈，不能敵房帷之親寵，終亦必亡者，皆其所懵焉不顧者矣。太宗一言之失，問非其人，而不保其愛子，不永其宗祧。易曰：「君不密，則失臣。」豈徒君臣？父不密，且失其子矣。無忌怙外戚以爲擘固之圖，太宗不察焉，顧謂無忌曰：「公以恪非己之甥邪？」愈發其隱，而無忌之志愈憯矣。房玄齡、褚遂良之贊立高宗，義之正也；太宗之疑於立恪，道之權也；無忌之固請立高宗，情之私也。挾私而終之以戕殺，無忌之惡稔，而太宗不灼見而早防之，不保其子，不亦宜乎！

或曰：褚公受顧命輔國政，不能止無忌之姦，且道宗之竄，公實與謀，豈亦挾私以翦宗子乎？夫房遺愛已探無忌之意旨，誣恪以求自免，言已出而若有徵，褚公未易任其無患，恪且死，罵無忌而不及公，則謂公之陷道宗者，亦許敬宗之誣，史無與正之與？

二

劉文成公自言「疾惡太甚，不可爲相」。相者，賢不肖之所取裁，以操治亂之樞機者也，好善不篤，惡惡不嚴，奚可哉？劉公之言何以云邪？今繹其語而思之，太甚云者，非不能姑縱之謂也，謂夫惡之而不如其罪之應得，不待其惡之已著，而摘發之已亟也。形於色，發於言，無所函藏，而早自知其不容，一斥爲快，而不慮其僨興以旁出也；如是以贊人主賞罰之權，而君志未定，必致反激以生大亂。趙高邑爲總憲，欲按崔呈秀之貪，而考覈未速，瞋恨先形，乃使投權奄以殺善類，古今之如此者多矣，然後知劉公之自知明而審幾定也。

長孫無忌之惡李義府，正矣；既熟察其凶險之情，則不宜輕示以機而使之自危。乃不待其罪之著見而無可逃，而遽欲謫之於蜀徼；抑不能迅發以決行，而使得展轉以圖徼幸。於是義府之姦，迫以求伸，用王德儉之謀，請立武氏，一旦超擢相位，而無忌不能不坐受其窮。然則爲相臣者，不能平情以審法，持法以立斷，徒挾惡惡之心，大聲疾呼，頳顔奮袂，與小人争邪正，以自禍而禍國也有餘。好惡賞罰，治亂之樞機，持之一念，豈易易哉！

韓魏公之處任守忠也，其氣不迫，而後其斷不疑，函之從容，而決之俄頃，故守忠弗能激出以反噬。申屠嘉一失之鄧通，再失之鼂錯，皆疾惡甚而無持重之斷，以一洩而易窮也。劉公之言，爲萬世大臣之心法，允矣。

三

至弱之主，必有暴怒；至暗之主，必有微明。使弱以暗者，必無偶見之明、無恒之怒，則巨姦猶不測其所終，而未敢凌乘以逞；明乍啓而可蔽，怒忽動而旋移，然後伎倆畢見，可迫駕其上而無所復忌，君子之欲輔之以有爲也，難矣。而抑有道焉：苟知其明之不審而怒之易移，則豫防其明與威之不可繼，而因閒抵隙，徐以養之，使積之厚而發之以舒，庶乎其有濟矣。即其不濟，而在我有餘地，以待他日之改圖；在彼無增長之威，以成不可拔之勢。故惟慎重以持權者，能事昏主、宰亂朝，而消其險阻，斯大臣之所以不易得也。

高宗以厭禱故怒武氏而欲廢之，使其廢也，社稷之福也。雖然，廢后大事也，惡有倏然怒之，倏然言之，而即倏然廢之者乎？倏然言之，即可倏然廢之，則其人雖不廢，亦無能害於國凶於家矣。悍狡如武氏，而可以偶然之忿黜之須臾乎？懦夫之懦也，惟其忿怒偶發而悻悻不能俄頃待也。暴雨之盈溝澮，操舟而汎之以指江海。上官儀之不審，愚亦甚矣哉！使於此持重以處而漸導以機，從容謂帝曰：后之不可爲天下母，臣等固知之而未敢言也，今幸上知之矣，而固未可輕也，姑寬之以觀其驕，漸疏之以觀其怨，斟酌於心，而正告羣臣，悔前此之過，然後正祖宗之家法，與天下共黜之，臣且達上意於公忠體國之大臣，咸使昌言以昭天下之公論，今未可以一紙詔書快須臾之怒也。如此，則高宗之志可漸以定，武氏之惡可察而著，忠直之言可牖而納，佞幸之黨可次而解，而懦夫易消之怒，以無所發而蘊於中，武氏之涕泣無所施，而危機自阻。其終廢也，社稷以寧，即不終廢也，亦何至反激其搏噬，劫羣臣以使風靡哉？上官儀之不及此也，識不充，守不固，躁率而幸成於一朝，喪身殃國，儀欲辭其咎而不能矣。

雖然，論者曰：「彼昏不知，不可與言，儀之不智以亡身，與京房等」，則非也。身爲大臣，有宗社之責焉。緘口求容，鄙夫而已矣。儀忠而愚者也，未可以苛求也。

四

張公藝以百忍字獻高宗，論者謂其無當於高宗之失，而增其柔懦，亦惡知忍之爲道乎！書曰：「必有忍，乃克有濟。」忍者，至剛之用，以自彊而持天下者也。忍可以觀物情之變，忍可以挫姦邪之機，忍可以持刑賞之公，忍可以畜德威之固。夫高宗乍然一怒，聽宦者之辭，而立命上官儀草詔以廢武氏，是惟無激，激之而不揣以憤興，不忍於先，則無恆於後，所以終脅於悍婦者正此也。

夫能忍者，豈桎梏其羞惡是非之心以使不行哉？不任耳而以心殉之而已矣。任耳而以心殉之者，如急水之觸磯、沸膏之醮水，譖愬甫及而顔頳耳熱，若高天厚地之無以自容，正哲婦姦人所乘之以制其命者也。故王后伉儷之恩，太子賢、太子忠毛裏之愛，長孫無忌渭陽之情，聞譖即疑，而死亡旋及，一激即不能容，他日悔之而弗能自艾，不忍於耳，即不忍於心，高宗之絶其天良，惡豈在忍哉？公藝之㊀忍而保九世之宗，唯聞言不信而制以心也，威行其中矣。不然，子孫僕妾噂沓背憎以激人於不可忍，日盈於耳，尺布斗粟，可操戈戟於天倫，而能飭九世以齊壹乎？

五

居重馭輕，先内後外，三代之法也。諸侯各君其國，勢且伉乎天子，故縣内之選，優於五服，天子得人以治内，而莫敢不正，端本之道也。郡縣之天下，以四海爲家，奚有於遠近哉？

畿輔之内與腹裏尚文之郡邑，去朝廷也近，吏之賢不肖易以上聞，且其人民近天子之光而畏法深，名教興而風俗雅，雖中材涖之，亦足以戢其逸志，而安其恆度。至於荒遠雜夷之地，其民狃於頑陋獷戾，而詩書禮樂之文，非所喻也，其吏欺其愚而漁獵之，民固不知有天子，而唯知有長吏，則貪暴之吏，唯其所爲，而清議不及；乃民夷積怨，一激以興，揭竿冒死，而禍延於天下。如是，則輕邊徼長吏之選，就近補調，使充員數，善不加擢，惡不降罰，俾其貪叨恣日暮塗窮之倒逆，離叛相尋，兵戈不戢，内治雖修，其能遥制之哉？前之定天下者，芟菁棘，夷谿峒，威服而恩撫之，建郡縣以用夏變夷，推行風教，力

㊀ 校記「之」字下有「以」字。

甚勤、心甚盛也。乃割棄不理，授之卑茸狼戾之有司，以毆之於亂，溥天之下，特有此蟊賊之區宇，是亦可爲長太息矣！故與其重内也，不如其重外也。内雖不綦乎重，而必不輕也；外不重，則永輕之矣。

唐初，桂、廣等府，官之注擬，一聽之都督，而朝廷不問，治之大累也。邊徼之稍習文法者，居其土，知其利，則貪爲之，而不羨内遷；中州好名干進之士，惡其陋，而患其絶望於清華，則鄙夷之而不屑爲。儀鳳元年，始遣五品以上同御史往邊州注擬，庶得之矣，猶未列於吏部之選也，後世統於吏部，以聽廷除，尤爲近理。然而縣缺以處劣選，且就地授人，而雖有廉聲，不得與内擢之列，吏偷不警，夷怨不綏，民勞不復，迨其叛亂，乃勤兵以斬刈之，亦慘矣哉！千年之積弊，明君良相弗能革也，可勝悼哉！八閩、東粤，昔者亦荒陋之區也，重守令之選，而賢才往牧，今已化爲文教之邦，何獨邕、桂、滇、黔、階、文、邛、雅之不可使爲善地乎？不勤兵而服遠，不勞中國而化夷俗，何所嫌而弗爲也？人士厭薄之私心，假重内輕外之説以文之，明主之所弗徇，而尚奚疑焉？

六

賑飢遣使，民有迎候之勞，如劉思立所言者，未盡然也，所遣得人，則民不勞矣。若其不可者，飢非一邑，而生死之命縣於旦夕，施之不急，則未能速徧，而餒者已死矣；施之急，則甫下車而即發金粟，唯近郭之人得踰分以霑濡，而遠郊不至。且府史里胥，黨無籍之游民，未嘗飢而冒受；大臣奉使，尊高不與民親，安能知疾苦之爲何人，而以有限之金粟專肉白骨邪？此徒費國而無救於民之大病也。

且不特此也。飢民者，不可聚者也。餌之以升斗錙銖，而羣聚於都邑以待使者，樸拙之民，力羸而恤其婦子，餒死而不願離家以待命；豪捷輕猾之徒，則如跋扈之魚，聞水聲而鼓鬣，棄其采橡梠、捕禽魚可以得生之計，而希求自至之口實，固未能厭其欲而使有終年之飽也。趨使者於城郭，聚而不散，失業以相噂沓，掠奪興以成乎大亂，所必然已。

夫亦患無良有司耳。有良有司者，就其地，悉其人，行野而進其紳士與其耆老，周知有無之數，而即以予之，旦給夕歸，仍不廢其桑麻耕種、采山漁澤之本計，則惠皆實而民奠其居，仁民已亂之道，交得而亡虞也。故救荒之道，蠲租稅，止訟獄，禁掠奪，通糴運，其先務也；開倉廩以賑之，弗獲已之術也。兩欲行之，則莫如命使巡行，察有司之廉能爲最亟。守令者，代天子以養民者也，民且流亡，不任之而誰任乎？授慈廉者以便宜之權，而急逐貪昏敖惰之吏，天子不勞而民以蘇，舍是無策矣。

七

李世勣之安忍無親也：置父於竇建德之刃下而不恤；強其壻杜懷恭與征高麗，而欲殺之以立法；付諸子於其弟，而使怒則撾殺之。顧於其姊病，爲之煮粥燎鬚，而曰：「姊老勣亦老，雖欲爲姊煑粥，其可得乎？」藹然天性之言，讀之者猶堪流涕。繇此言之，則世勣上陷其父於死，而下欲殺其子與壻，非果天理民彝之絕於心也？天下輕率寡謀之士，躁動而忘其天性之安，然其於不容已之慈愛，是惟弗發，發則無所掩遏而可遂其情。唯夫沈鷙果決者，非自拔於功利之陷溺，則得喪一繫其心，而期於必得，心方戚而目已怒，淚未收而兵已操，梟獍之雄心不可復戢，彼固自詫爲一世之雄也，而豈其然哉？

蓋無所不至之鄙夫而已。剛則不恤其君親，柔則盡捐其廉恥，明知之而必忍之，雖聖人亦無如之何也。有時而似忠貞矣，有時而似孝友矣，非徒似也，利之所不在，則抑無所吝而用其情也。世勣之於單雄信，割肉可也，爲姊而燎鬚，何所吝邪？利無可趨，害無可避，亦何爲而不直達其惻隱之心，以發爲仁者之言哉？

籍甲兵户口上李密而使獻，知高祖之不以爲己罪也；太宗問以建成、元吉之事而不答，事未可知，姑爲兩試，抑知太宗之不以此爲嫌也；年愈老，智愈猾，高宗問以羣臣不諫，而曰「所爲盡善，無得而諫」，知高宗之不以己爲佞也。則以黨義府、敬宗，贊立武氏，人自亡其社稷，己自保其爵禄，惻隱羞惡是非之心，非不炯然内動，而力制之以護其私，安忍者自忍其心，於人何所不忍乎？故一念之仁，不足恃也，正惡其有一念之仁而矯拂之也。夫且曰吾豈不知忠孝哉？至於此而不容不置忠孝於膜外也。爲鄙夫，爲盜賊，爲篡弑之大逆，皆此而已矣。

八

魏玄同上言欲復周、漢之法，命内自三公省寺，外而府州，各辟召僚屬，而不專任銓除於吏部。其言辯矣，實則不可行也。一代之治，各因其時，建一代之規模以相扶而成治，故三王相襲，小有損益，而大略皆同。未有慕古人一事之當，獨舉一事，雜古於今之中，足以成章者也。王安石惟不知此，故偏舉周禮一節，雜之宋法之中，而天下大亂。

周之所以諸侯大夫各命其臣者，封建相沿，民淳而聽於世族，不可得而驟合併以歸天子也。故孔子之聖，天子不得登庸，求、路之賢，魯、衛之君不能託國，三代之末流亦病矣。漢制：三公州郡各辟掾曹，時舉孝廉以貢於上，辟召一聽之長官，朝廷不置冢宰，蓋去三代未遠，人猶習於其故，而刺史太守行法於所部，刑殺軍旅賦役祀典皆得以專制，則勢不得復爲建屬吏以掣之。其治也，刑賞之施於三公州郡者，法嚴明，而誣上行私者不敢逞；迨其亂也，三公州郡任非其人，而以愛憎黜陟其屬吏，於是背公死黨之習成，民之利病不得上聞，誅殺橫行，民胥怨激，而盜賊蠭起，則法敝而必更，不可復矣。

漢之掾吏，視其長官猶君也，難而爲之死，死而爲之服衰，各媚其主，而不知有天子。然則使爲公斂處父之據成不墮，祝聃之射王中肩，皆可自命爲忠而無忌。大倫不明，倒行逆施，何所不可哉？且其貢於天子者，一唯長吏之市恩，而天子無以知其賢姦，抑無考覈之成憲以衡其愚哲。三公之辟召，則唯采取名譽於州郡，於是虛譽日張，雌黄在口，故處士之權日重，朋黨興而成乎大亂。故曹孟德懲其敝而改之，總其任於吏部，此窮則必變之一大機會也。既變矣，未有可使復窮者矣。

法無有不得者也，亦無有不失者也。先王不恃其法，而恃其知人安民之精意；若法，則因時而參之禮樂刑政，均四海、齊萬民、通百爲者，以一成純而互相裁制。舉其百，廢其一，而百者皆病；廢其百，舉其一，而一可行乎？浮慕前人之一得，夾糅之於時政之中，而自矜復古，何其窒也！

魏、晉以下，三公牧守不能操生殺兵農之權，教化不專司於己，而士自以其學業邀天子之知；乃復使之待辟於省寺府州之衆吏，取舍生乎恩怨，奔競盛於私門，於此不讎，自媒於彼，廉恥喪，朋黨立，國不能一日靖矣。唐之亂也，藩鎮各樹私人以爲爪牙，或使登朝以爲内應，於是敬翔、李振起而亡唐。

他如羅隱、杜荀鶴、韋莊、孫光憲之流，皆效命四方，而不爲唐用。分崩瓦解，社稷以傾，亦後事之明驗矣。

夫吏部以一人而周知士之賢否，誠所不能如玄同之慮者。然士之得與於選舉也，當其初進，亦既有諸科以試之矣。君子不絶人於早，而士之才能亦以歷事而增長，貪廉仁暴，亦以束於法而磨礪以勸於善。其有壞法亂紀、蠹政虐民者，則固有持憲之臣，操準繩以議其後。若夫偏材之士，有長此短彼之疑，則因事旁求，初不禁大臣之薦舉。然則吏部總括登進之法，固魏、晉以下人心事會之趨，而行之千年不可更易者也。

讀古人之書，以揣當世之務，得其精意，而無法不可用矣。於此而見此之長焉，於彼而見彼之得焉，一事之效，一時之宜，一言之傳，偏據之，而曰「三代之隆、兩漢之盛恃此也」，以固守而行之者王安石，以假竊而行之者王莽而已，何易繇言哉？知人安民，帝王之大法也，知之求其審也，安之求其適也，所以知、所以安，非一切之法竄亂於時政變遷之中，王不成王，霸不成霸，而可不僨亂者也。庸醫雜表裏、兼温涼以飲人，彊者篤，弱者死，不亦傷乎！

中宗　僞周武氏附於内

一

中宗嗣位兩月，失德未著，而武氏與裴炎亟廢而幽之。三葉全盛之天子，如掇虚器於井竈之閒，任其所置，百官尸位，噤無敢言者，武氏何以得此於天下哉？國必有所恃以立。大臣者，所恃也。大臣秉道，而天子以不傾。即其懷姦，而猶依天子以自固，唯其任重而望隆，交深而位定，休戚相倚而情不容不固也。而高宗之世，大異於是。高宗在位三十四年，尚書令、僕、左右相、侍中、同平章事皆輔相之任，爲國心膂者也，而乍進乍退，尸其位者四十三人㊀。進不知其所自，退不知其所亡，無有一人爲高宗所篤信而固任者。大臣之賤，於此極矣。長孫無忌、褚遂良、于志寧、高季輔、張行成，太宗所任以輔己者也，貶死黜廢，不能以一日安矣，保禄位以令終，唯懷姦之李勣耳。自是而外，若韓瑗、來濟、杜正倫、劉仁軌、上官儀、劉祥道，較無覆餗之傷，而斥罪旋加，幸免者亦託於守邊以免禍。若其他竊位懷禄之宵小，勿論李義府、許敬宗之爲通國所指數；即若宇文節、柳奭、崔敦禮、辛茂將、許圉師、竇德玄、樂彦瑋、孫處約、姜恪、閻立本、陸敦信、楊弘武、戴至德、李安期、張文瓘、趙仁本、郝處俊、來恆、薛元超、高智周、張大安、崔知温、王德真、郭待舉、岑長倩、魏玄同者，皆節不足以守筦庫，才不足以理下邑，或循次而升，或一言而合，或趨歧徑而詭遇，競相踵以贊天工。至其顧命託孤委畀九鼎者，則裴炎、劉景先、郭正一二三無賴之徒也。嗚呼！惡有任輔弼大臣如此之輕，而國可不亡者乎？

夫高宗柔懦之主也。柔者易以合，然而難以離也，乃合之易而離之亦易者，何也？惟其疑而已矣。

㊀劉毓崧校勘記云：按下文所數人名共得四十有三，然高宗朝宰相，徵諸唐書高宗紀、宰相表並資治通鑑，除所數之外，尚有任雅相、盧承慶、李敬元、李義琰四人。此未言及者，蓋檢閱之誤。

疑者，己心之所自迷，人情之所自解者也。剛而責物已甚也，則疑；柔而自信無據也，則疑；兩者異趣同歸，以召敗亡一也。剛不以決邪正，而以行猜忮；柔不以安善類，而以聽讒諛；猜忮生於心，讒諛興於外，於是乎人皆可相，人皆不可相也，人皆可斥而可誅也。爲大臣者，視黄閤爲傳舍，悠悠於來去，而陌路其君親，不亦宜乎！孟子曰：「王無親臣矣。」無親臣，則不可以爲父母，裴炎片語之失意，而廢中宗如捫蝨於褌中，復奚恤哉？夫相代天工，天之所畀、人之所歸也；天下不能知其姓字，逆臣不屑奉爲蓍龜，豔妻宵小，怙長存之勢，以役驟進驟退之鄙夫，談笑而移宗社，一多疑之所必致也。審察亂源，可以知所繇來矣。

二

伸天下之大義，而執言者非其人，適以墮義，而義遂不可復伸。齊桓公不責楚之僭王，自反其不足以伸大義，寧闕焉而若有所俟，雖無可俟，楚終惴惴然疑且有責之者，天下亦顒顒然幾有責之者，故曹、檜之大夫，猶敢秉公論以謳吟，而楚終不敢滅宗周、遷九鼎，義以不褻而未遽墮也。夫齊桓，方伯也，固執言伸義之人也，奚爲不可？然而不可者，内省其情，求以雄長諸侯而霸之，非果恤宗周、欲以復宗周之緒也。非其情則非其人矣，自問而知之，天下皆知之，亂賊亦具知之。其情不至，其人不足畏，乃徒號於天下曰：「吾以伸大義也。」天下弗與，亂賊弗憚，孤起無援，終以喪敗，則亂賊之燄益炎，而天下之勢一撲而不可復張。義之不可襲取，而必本於夫人之心，亦嚴矣哉！

李敬業起兵討武氏，所與共事者，駱賓王、杜求仁、魏思温，皆失職怨望，而非果以中宗之廢爲動衆之忱也。敬業以功臣之裔，世載其姦，窺覦閒隙，朝權不屬，懷忿以起，觀其取潤州、向金陵，以定霸基而應王氣，不軌之情，天地鬼神昭鑒而不可欺，徒建鼓以號於天下曰：「吾爲霍子孟、桓君山之歌哭也。」内挾代唐之私，外假存唐之迹，義可取也，則宵人之巧譎，但能淋漓慷慨爲忠憤之言，而即佑於天、助於人，天其夢夢、人其胥有耳而無心乎？於是兵敗身死，而嗣是以後，四海兆人之衆，無有一夫焉爲唐悲宗社之淪没，皆曰「義不可伸，賊不可討」。天移唐祚，抑將如之何哉！

大義之墮，墮於敬業之一檄也，無情之文，巧言破義，貞人之淚，爲姦人之誹笑，而日月昏霾，妖狐晝嘯，復誰與禁之哉？故敬業之敗，武氏之資也；敬業之起，賓王之檄，必敗之符也。忠臣孝子以無私之志伸不容已之義，雖敗雖殲，不患無繼我以興者，唯孤情之在兩閒，焄蒿絪緼，百衄百折，流血成川，積骸如莽，而不能奪也。羣不逞之徒，託義以求盈，而後義絶於人心，悲夫！

三

自霍光行非常之事，而司馬懿、桓温、謝晦、傅亮、徐羨之託以雠其私，裴炎贊武氏廢中宗立豫王，亦其故智也。不然，惡有嗣位兩月，失德未彰，片言之妄，而爲之臣者遽更置之如僕隸之任使乎？炎之不自揣也，不知其權與姦出武氏之下倍蓰而無算，且謂豫王立而己居震世之功，其欲僅如霍氏之秉權與懿、温之圖篡也，皆不可知；然時可爲，則進而窺天位，時未可，抑足以壓天下而永其富貴；豈意一爲武氏用，而豫王浮寄宮中，承嗣、三思先己而爲捷足也哉？其請反政豫王也，懿、温之心，天下後世有目有心者知之，而豈武氏之不覺邪？家無甔石之儲，似清；請反政於豫王，似忠；從子伷先忘死以訟冤，似義；以此而挾滔天之膽，解天子之璽紱以更授一人，則其似是而非者，視王莽之恭儉誠無以過。而武氏非元后，已非武氏之姻族，妄生非分之想，則白晝攫金，見金而不見人，其愚亦甚矣。

自炎姦不雠而授首於都市，而後權姦之詐窮，後世佐命之姦，無有敢藉口伊、霍以狂逞者，劉季述、苗傅、劉正彦以内豎武夫驟試之而旋就誅夷，不足以動天下矣。炎之誅死，天其假手武氏以正綱常於萬世與！

四

將各有其軍而國彊，將各有其軍而國亂。唐之季世，外夷之禍淺，國屢破、君屢奔而不亡，然天下分裂，以終於五代，皆此繇也。

將各有其軍，於是監軍設焉。中人監軍，唐之大蠹也。其始以御史監之，較中人爲愈矣，然即以御史監軍，而軍不敗者亦鮮矣。既命將以將兵，而必使御史監之者，亦勢之不容已也。將各有其軍，而驕悖以僭叛者勿論已；即其不然，朝廷之意指不行於疆場，而養寇以席權，恧縮以失機，遷延以糜饟，情事之所必有，而爲國之大患。天子大臣不能坐受其困，則委之監軍以決行上意，故曰不容已也。然而其軍必敗，未有爽焉者矣。

監軍者而與將合，則何取於監軍？而資將以口實，曰：夫監軍者，目擊心知而信以爲必然矣。監軍者而與將異，於是將不能自審其進止，以聽之與兵不習、於敵不審之人。傳有之曰：「將得其人，而使剛愎不仁者參焉，則敗。」監軍者，非必剛愎不仁也，而御史者，以風裁無憚於大吏，持文法以責功效者也。責功效者必勇於進，則剛；持文法而無所憚，則愎；居朝端、習清晏、而不與士卒之甘苦相喻，則不仁。業任之以剛愎不仁之任，雖柔和之士，亦變其素尚而勉爲決裂。且柔和之士，固不樂受監軍之任；其樂任者，必其喜功好競以嘗試爲能者也。

且夫朝廷之使監軍，其必有所屬意矣。天子有欲速之心，宰相有分功之志，計臣恤饋餉之難，近寇之薦紳冀驅逐之速；將雖無養寇畏敵之情，而在廷固疑其前卻；操此爲慮，則自非少年輕鋭、挾智自矜、以傲忽元戎者，固莫之使也。無敢死之心，無必勝之謀，無矜全三軍之生死以固邦本之情，抑無軍覆受誅之法以隨其後，如是而不撓將以取敗也，必不得矣。乃其設之之繇，則惟將各有其軍，而天子大臣不能固信之也。

唐初府兵方建，軍政一統於天子，授鉞而軍非其軍，振旅而衆非其衆，故雖武氏之猜疑，而任將以勿貳，李孝逸、程務挺以分閫立效之元戎，殺之流之而不敢拒命，則亦無所用監軍爲矣。非武氏之能將將也，府兵定、軍政一、而指臂之形勢成也。然其始府兵初建於用武之餘、而兵固競，則將可無兵，而唯上之使。一再傳而府兵之死者死、老者老矣，按籍求兵而弱不堪用矣，勢必改爲召募，不得不授將以軍矣；故監軍復設而中人任之，庸主忮臣所不容已之亂政也。夫任將以軍，而精於擇將，慎於持權，天子之明威行於萬里，而不假新進喜功之徒、撓長子之權，夫乃謂之將將；唯西漢爲能然，豈武氏所可逮哉？

涉大難，圖大功，因時以濟，存社稷於已亡而無決裂之傷，論者曰「非委曲以用機權者不克」，而非然也，亦唯持大正以自處於不撓而已矣。以機權制物者，物亦以機權應之，君子固不如姦人之險詐，而君子先傾；以正自處，立於不可撓之地，而天時人事自與之相應。故所謂社稷臣者無他，唯正而已矣。孔融之不能折曹操以全漢者，忼慨英多而蕩軼於準繩者不少，操有以倒持之也。周顗、戴淵密謀匡主而死於王敦，幾以亡晋，夫亦自有咎焉。憤而或激，智而或詭，兩者病均，而智之流於詭者，其敗尤甚。雖有奇姦巨憝殺人如莽之氣燄，而至於山喬嶽峙守塞不變之前，則氣爲之斂，而情爲之折。嗚呼！斯狄梁公之所以不可及也。

五

或曰：「公之所以得武氏之心而唯言是聽，樹虎臣於左右而武氏不疑，此必有巽入之深機，以得當於武氏，而後使爲己用。」考公之生平，豈其然乎？當高宗時，方爲大理丞，高宗欲殺盜伐昭陵柏者，公持法以抗争，上怒洊加而終不移；及酷吏横行之際，爲寧州刺史，以寬仁獲百姓之心；再刺豫州，按越王貞之獄，密奏保全坐斬者六七百家，當籍没者五千餘口免之；此豈嘗有姑尚委隨而與世推移以求曲濟之心乎？其尤赫然與日月争光者，莫若安撫江南而焚淫祠一千七百餘所。是舉也，疑夫輕率任氣者亦能爲之，而固不能也。鬼神者，即人心而在者也。往而悍然以興，氣雖盛，心之惴惴者若或掣之，昧昧之士民，競起而撓之，非心服於道而天下共服其心者，未有不踟躕而前卻者也，故曰赫然與日月争光者也。繇此思之，唯以道爲心，以心爲守，坦然無所疑慮，其視妖淫凶狠之武氏，猶夫人也，不見可憂，不見可懼。請復廬陵，而樹張柬之等於津要，武氏灼見其情而自不能違，豈有他哉？無不正之言，無不正之行，無不正之志而已矣。

或曰：「公苟特立自正，無所用其機權，則胡不潔身不仕，卓然而無能浼辱？乃姑事之而後圖之，則抑權也，而非正也。」曰：武氏無終簒之理，唐無可亡之勢，天下憒憒弗之察耳。三思、承嗣以無賴小人淫昏醉夢而結市井椎埋之黨，逐聲狂吠。庸人視之，如推車於太行之險；大人君子視之，一葦可杭之淺者也，秉正治之而有餘，何爲棄可爲之時，任其爚亂，以待南陽再起，始梟王莽於漸臺，而貽中原之流血乎？天下無正人而後有妖亂，叢狐山魈足以惑人之視聽，武氏亦猶是而已。範我馳驅，無求不獲，公亦坦然行之，而何機權之足云！

六

夷狄之蹂中國，非夷狄之有餘力，亦非必有固獲之心也，中國致之耳。致之者有二，貪其利、貪其功也。貪其貨賄而以來享來王爲美名，於是開關以延之，使玩中國而羡吾饒富，以啓竊掠之心。故周公拒越裳之貢，而曰：「德不及焉，不享其貢。」謂德能及者，分吾利以賚之，使受吾豢養，而父老子弟樂效役使以不忍叛也。不然，貪其利而彼且以利爲餌，惑吾臣民之志，則猝起而天下且利賴之以不與爭；且其垂涎吾錦綺珍華而不得遂者，畜毒已深，發而不可遏也。契丹、女直皆始以貢來，而終相侵滅，其必然者一也。貪不毛之土，而以闢土服遠爲功名，於是度越絕險，踰沙磧、梯崇山、芟幽箐以徼奇捷；不幸而敗，則尾之以入，幸而勝，而饋餫相尋，舟車相接，拔木夷險，梁水淩冰，使爲坦道。蔿賈曰：「我能往，寇亦能往。」推此言之，我能往，寇固能來，審矣。故光武閉關，而河、湟鞏固。天地設險以限華夷，人力不通，數百里而如隔世，目阻心灰，戎心之所自戢也。中國之形勢，東有巨海，西有崇山。山之險，不敵海之十一也。然胡元泛舟以征倭，委數萬生靈於海島，而示以巨浪之可淩，然後倭即乘仍以犯中國，垂至於嘉靖，而東南之害爲曠古所未有。巨海且然，況山之蹠實以行、相躡以進者乎？剷夷天險以啓匪類之横行，其必然者又一也。二者害同，而出於貪君佞臣不知厭足之心，一而已矣。

吐蕃之爲唐患，禍止於臨洮，則專力以捍之也猶易。武氏欲發梁、鳳、巴、蜑，自雅州開道以擊之，陳子昂曰：「亂邊羌，開隘道，使收奔亡之衆爲鄉導以攻蜀，是借寇兵而爲賊除道，舉全蜀以遺之也。」其言偉矣！事雖暫止，而此議既出，邊臣潛用之以徼功，嚴武、韋皋雖小勝而終貽大害。明而熟於計者，見終始之全局，洞禍福之先幾，可爲永鑒。然而後世君臣猶不悟焉，天維傾，地極㊀坼，有自來矣。

七

陳子昂以詩名於唐，非但文士之選也，使得明君以盡其才，駕馬周而頡頏姚崇，以爲大臣可矣。其論開閒道擊吐蕃，既經國之遠猷；且當武氏戕殺諸王、凶威方烈之日，請撫慰宗室，各使自安，攖其虓怒而不畏，抑陳酷吏濫殺之惡，求爲伸理，言天下之不敢言，而賊臣凶黨弗能加害，固有以服其心而奪其魄者，豈冒昧無擇而以身試虎吻哉？故曰以爲大臣任社稷而可也。

㊀「傾」字「極」字刻本闕，據校記補。

載觀武氏之世，人不保其首領宗族者，蔑不岌岌也，而子昂與蘇安恆、朱敬則、韋安石皆犯羣凶、持正論而不撓；李昭德、魏元忠、李日知雖貶竄，而終不與傅游藝、王慶之、侯思止、來俊臣等同受顯戮。繇是言之，則武氏雖懷滔天之惡，抑何嘗不可秉正以抑其妄哉？而高宗方没、中宗初立之際，舉國之臣，縮項容頭，以樂推武氏，廢奪其君，無異議者。嚮令有子昂等林立於廷，裴炎、傅游藝其能讎姦慝以移九鼎乎？

夫人才之盈虛，視上之好惡。無以作之，其氣必萎；無以檠之，其體必戾。乃武氏以嗜殺之淫嫗，而得人之盛如此；高宗承貞觀之餘澤，有永徽之初治，而流俗風靡，不能得一骨鯁之士，何也？善善而不用，惡惡而不去，目塞而闇，耳塞而聾，其足以挫生人之氣，更甚於誅殺也。人之有心，奬之而勸，故盛世之廷多正士；激之而亦起，故大亂之世有忠臣；廢鍼石以養癰，而後成一痿痹之風俗，則高宗之柔闇以壞人心、毒天下，劇於武氏之淫虐，不亦宜乎！滅唐者，文宗也；滅宋者，理宗也。唐之復興於開元，尚太宗未斬之澤與！不然，何以堪高宗三十餘年曀曀之陰邪？

八

策貢士於殿廷，自武氏始。既試之南宮，又試之殿廷，任大臣以選士，不推誠以信，而以臨軒易其甲乙，終未見殿廷之得士優於南宮，徒以市恩遇於士，而離大臣之心。故至於宋而富鄭公欲請罷之，其說是已。雖然，勿謂貢士之策異於漢武之策問賢良也。貢士之取舍，人才進退之大辨㊀，輕於其始，則

㊀ 校記「大辨」下有「別於一日」四字。

不得復重之於後。天子以天之職求天之才而登進之，使委之有司，弗躬親以涖之，則玩人而以褻天。其弊也，士愈輕而貢舉愈濫，又奚可哉？有道於此，付試事於南宮，而所拔者緘其文以獻之上，上與大臣公閱而定其甲乙，庶乎不疑不褻得進賢之中道，惜乎富公之言不及此也。

士之應科而來者，賢愚雜而人數冗，故授之所司，以汰其不經不達之冒昧；而天子親定其甲乙，則以崇文重爵，敬天秩，獎人才，而示不敢輕，此亦易知易行之道。而自武氏以來，迄千餘年，議選舉者，言滿公車，而計不及此者，後世人主之心，無以大異於武氏也。夫武氏以婦人而竊天下，唯恐士心之不戴己，而奪有司之權，鬻私惠於士，使感己而忘君父，固懷姦負慝者之固然也。後世人主，承天命，纘先猷，作君作師，無待私恩以固結，而與大臣爭延攬以籠絡天下，顧使心膂猜疑，互相委卸，不亦誖乎！天子而欲收貢士爲私人，何怪乎舉主門生懷私以相市也。此朋黨之所以興，而以人事主之誼所繇替也。

九

王莽之後，合天下士民頌功德勸成篡奪者，再見於武氏，傅游藝一授顯秩，而上表請改唐爲周者六萬人，功若漢、唐，德若湯、武，未聞有此也。孟子曰：「得乎邱民爲天子。」其三代之餘，風教尚存，人心猶樸，而直道不枉之世乎！若後世教衰行薄，私利乘權，無不可爵餌之士，無不可利囮之民，邱民亦惡足恃哉？盜賊可君，君之矣；婦人可君，君之矣；夷狄可君，君之矣。孔子曰：「天下有道，則庶人不議。」後世庶人之議，大亂之歸也。旦與之食，而旦謳歌之；夕奪之衣，而夕詛咒之；恩不必深，怨不在大，激之則以興，蠱迷其故。利在目睫而禍在信宿，則見利而忘禍；陽制其欲而陰圖其安，則奔欲而棄安。贅壻得妻，而謂他人爲父母；猾民受賄，而訟廉吏之貪污㊀。上無與懲之，益進而聽之，不肖者利其易惑而蠱之，邱民之違天常、拂至性也，無所不至，而可云得之爲天子哉？

以賢治不肖，以貴治賤，上天下澤而民志定。澤者，下流之委也，天固無待於其推崇也，斯則萬世不易之大經也。

一〇

逸民之名，君子所甚珍也。商、周歷年千歲，而魯論授以其名者七人，則固與湯、武頡頏，爲不世出之英，流風善世，立清和之極，非其人豈勝任哉？辭祿歸老，保身家，要美名，席田園之樂，遂許之爲逸民，則莽可爲周公，操可爲文王，朱泚、黃巢逐無道之君可爲湯、武矣。

武攸緒者，武氏之族，依逆后而起，無功可錄，竊將軍之號，冒安平王茅土之封，與攸暨等乘武氏之篡，擁袞冕而南面稱孤，凡六年矣。唐之子孫殺者囚者殆無遺類，而攸緒兄弟以皇族自居，不知此六年之內，何面目以尸居於百僚之上，而猶自矜曰恬澹寡欲，將誰欺乎？官邑衛而位侯王，雖極天下之多欲者亦厭足矣，猶曰寡欲，將必爲天子而後爲多欲邪？蓋至是而武氏之勢已浸衰矣，三思、承嗣淫昏而非懿、操之才，武氏知天下之必歸於唐，而意已革，踰年而中宗召返東都矣。攸緒畏禍之且及，引身以

㊀ 校記「訟廉吏之貪污」作「頌污吏之廉平」。

避禍，席安榮尊富於嵩山之下，免脱禄、産之誅，福則與諸武共之，禍則全身以違衆，就小人而論之，三思、承嗣之愚猶可哀矜，而攸緒之狡尤甚矣哉！使三思、承嗣而爲曹丕、司馬炎也，攸緒儼然以懿親保其社稷，其肯就峯陰溪側冬茅椒而夏石室乎？予之以隱逸之名，名何賤也？以法論之，免其殊死可爾，流放之刑，不可曲爲貸也。

一一

知人之哲，其難久矣。狄公之知張柬之、敬暉，付以唐之宗社，何以知其勝任哉？夫人所就之業，視其器之所堪；器之所堪，視其量之所函；量之所函，視其志之所持。志不能持者，雖志於善而易以動，志易動，則纖芥之得失可否一觸其情，而氣以勃興，識以之而不及遠，才以之而不及大，苟有可見其功名，即規以爲量，事溢於量，則張皇而畏縮。若此者，授之以大，而枵然不給，所必然矣。

夫以宗社之淪亡，而女主宣淫，姦邪窺伺，嗣君幽暗，刑殺横流，天下延頸企踵以望光復，此亦最易動之情矣。則欲立拔起之功，以反陰霾之日月，似非鋭於進取者不能。狄公公門多士，而欲得此義奮欻興之人，夫豈難哉？然前此者，李敬業、駱賓王以此致敗，徒以增逆燄而沮壯夫之氣，其成敗已可覩矣。故雖有慷慨英多捐生效節之情，公弗與也。張柬之爲蜀州刺史，奏罷姚州之戍，瀘南諸鎮一切廢省，禁南夷之往來；敬暉爲衛州刺史，突厥起兵，欲取河北，諸州發民修城，暉不欲舍收穫而事城郭，罷使歸田；公於此乃有以得二公之器量，而知其可以大任焉。

持之不發者，藏之已固也；居之以重者，發之不輕也；斂之以密者，出之不測也；不爲無益之功名者，不避難成之險阻也。故武氏任之而不疑，羣姦疑之而不敢動，臣民胥信其舉事之必克，而樂附以有成，善觀人而任之者，於此求之而失者鮮矣。

一二

讀文王世子之篇，而知古者天子諸侯之元子日侍於寢門，而損益衣食皆親執其事，無異於庶人之父子；天性之恩，既不以尊位而隔，孝養之禮，抑且以居高而倡，乃當大位危疑、姦邪窺伺之日，受顧命、傳大寶，亦相與面授於衽席之側，德不偷而道立，道不失而禍亦消，皇哉弗可及已！

後世子道之衰，豈盡其子之不仁哉？君父先有以致之也。宮嬪多，嬖寵盛，年已逾邁，而少艾盈前，於是不肖者以猜妒懷疑，即其賢者亦以嫌疑爲禮。太子出別宮，而朝見有度、侍立有時、問安有節，或經旬累月而不得至君父之前，離析毛裏之恩，虛擁尊嚴之制，戕性斁倫，莫之能改。故其爲害也，父子不親而讒閒起，嬖寵怙權而宦寺張。秦政之於扶蘇，晉惠之於太子遹，隋高之於太子勇，坐困於姦賊，召之不爲召，誣之不能白，殺之不能知，而禍亂極矣。

道二：仁與不仁而已矣。絶父之慈，禁子之孝，尚安足與問禍福乎？無已，則如崔神慶之請於武氏，太子非朔望朝參，應别召者，降手敕玉契，以防姦慝，此三代以下仁衰恩薄必不可廢之典也。神慶之言此者，慮諸武之假旨以召太子而害之也。其人雖不肖，其言之爲功亦偉矣。不然，夜半一人傳呼，而太子蹈白刃以瘖死，何從而知其真僞哉？後世人君處疏睽疑貳之勢，防姦杜禍，建爲永制可也。

罪者，因其惡而爲之等也，而惡與罪亦有異焉。故先王之制刑，惡與罪有不相值者，其惡甚而不可以當辜，其未甚而不可以曲宥，酌之理，參之分，垂諸萬世而可守，非悁悁疾惡、遂可置大法以快人情也。

一三

武氏之惡，浮於韋氏多矣，鬼神之所不容，臣民之所共怨，萬世聞其腥聞，而無不思按劍以起，韋氏之惡，未如是之甚也。然以罪言，則不可以韋氏之罪加之武氏。法者，非以快人之怒、平人之憤、釋人之怨、遂人惡惡之情者也；所以敍彝倫、正名分、定民志、息禍亂，爲萬世法者也。故唯弑父與君之賊，自其子之外，人皆得而殺之；苟其爲梟獍矣，則雖他惡無聞，人無餘怨，而必不可貸。

玄宗起而斬韋氏於宫中，允矣。凡唐室之臣民，嘗以母后事韋氏者，無不可手刃以誅之。若武氏，則雖毒流天下，殲戮唐宗，惡已極，神人之怨已盈，而唐（氏）〔室〕㊀之臣曾改面奉之爲君者，不可操刃以相嚮，況中宗其子而張柬之其相乎？無已，則錮中宗於房州、廢豫王爲皇嗣之日，猶可誅也。中宗歸而受皇太子之封矣，柬之奉太子以誅幸臣，非可殺武氏之日矣；遷之别宫，俟其自斃，行法如是焉可耳。許柬之以殺武氏，旦北面而夕操戈，奉其子以殺其母，而曰「法所宜伸也」，亂臣賊子，因緣以起，何患無言之可執，而更孰與致詰乎？

㊀ 據校記改。

惡武氏者，責柬之之不行誅，求快惡惡之心，而不恤法之伸詘，又何取焉？唯加以則天皇帝之稱，而使三思等仍竊祿位，則失刑矣。文姜非躬弒而但與聞，哀姜與弒而所弒者其子，春秋不奪夫人之稱，許齊桓之討哀姜，而不使魯人伸法，則中宗君臣不得加刃於武氏明矣。以上皆武氏時事。

一四

武氏遷於上陽宮，姚元之涕泗嗚咽，以是出爲亳州刺史，張柬之、敬暉惡足以察元之之智術哉？武氏廢，二張誅，而諸武安於磐石；中宗淫昏，得之性成，疢疾而不悟；其不能長此清晏也，衆人不知，而智者先見之矣。元之之智，垂死而可以制張説，方在圖功濟險之日，百憂千慮，周覽微察，早知五王之命縣於諸武之手，固不欲以身試其戈矛，以一涕謝諸武而遠引以出，故其後五王駢戮而元之安。或持正以居功，或用智以祈免，忠直之士不屑智士之爲，而通識之士不尚婞直之節，其不相爲謀也久矣。

或曰：蔡邕一歎而受刑，元之弗慮，智亦疏矣。曰：邕不與誅卓之謀，而元之贊興復之計，五王雖怒，不得以邕之罪罪元之，元之何惴焉？邕受董卓之辟於髡鉗之中，而王允不因卓而顯；元之雖見庸於武氏，柬之固武氏之相也，元之無憚而稱武氏曰舊君，武氏豈但元之之舊君乎？不得執以爲辭，苛責以蔡邕之罪，元之所熟審而無嫌者也。夫其詭於自全，而貞概不立，誠不足爲忠矣。而五王際國步之傾危，誅二豎子，廢一老嫗，謀定崇朝，事成指顧，非有補天浴日之艱難，乃得意以居，環列相位，裂土稱王，鳴豫以翺翔，心忘憯怛，則以視大臣孫膚引咎之忱，陰雨苞桑之計，道亦褊矣。廢其母，立其子，姦人未翦，宗社飄摇，不可涕也，亦未可笑也；又惡知元之之涕，非以悲五王之終窮而唐社之未有寧日也與？

一五

狄公之與張柬之，皆有古大臣之貞焉，故志相輸、信相孚也。中宗初復，薛季昶曰：「產、祿猶在，草根復生。」而柬之不誅諸武，欲使上自誅之，以張天子之威。以斯言體斯心，念深禮謹，薄一己之功名，正一王之綱紀，端人正士所繇異於功名之士遠矣。

中宗之不可與有爲而不知揣，非闇也。趙汝愚曰：「社稷有靈，當無此患。」人臣爲其所可爲，而謹守臣節，不與天子爭威福之柄，知此而已。其不濟與？社稷之不幸也，榮辱生死又何恤焉？且使中宗之淫昏不如是之甚乎？春秋已富，曾正位於受終之日矣。乃既斬二張，復誅諸武，王鈇在手，唯己所爲，無所待命，懷貞事主者，自怵惕而不敢寧，固非薛季昶以利害居心者所能知也。

劉幽求曰：「三思尚在，公等終無葬地。」成何等事，而早以葬地繫其心乎？絳侯之盡誅諸呂，文帝尚在藩服，而國無君，非中宗不違咫尺之比也，然絳侯且不免對吏之辱，而幾不保。中宗而果有爲也，柬之不待天子之命，廣行誅戮，又足以保其勳名乎？乃其淫昏如彼矣，其後三思伏誅，且割太子首以獻宗廟，宗楚客復起而亂唐，相王幾不免焉，則諸武雖誅，未見五王得免於走狗之烹也。均之不免，而秉臣節以蒙大難，不尤無疚於心與？

論者惜季昶、幽求之言不用，而嗤柬之之愚，其愚不可及也。豫謀禍福者，不足以見貞士之心，久矣。唐多能臣而鮮端士，於柬之有取焉，所以與狄公有芥珀之投也。

一六

李日知、魏元忠、唐休璟、韋安石當武氏之世，折酷吏之威，斥宣淫之魂，制凶豎之頑，懷興復之志，張揵伐之功，皆自命爲偉人，而爲天下所屬望者也。及其暮年，潦倒於韋氏淫昏之世，與宵小旅進旅退，尸三事之位，濡需於豢養，殆無異於鄙夫。嗚呼！士之欲保名義於桑榆，誠如是之不易乎？義者，無往而不與人並立者也，旦取之，而義立於旦矣；夕取之，而義立於夕矣；天下服之，而已亦樂以自見。夫然，則可辱、可窮、可死而無所息，故曰「怯夫慕義，無不勉焉」。若夫立乎險阻之餘，回念疇昔，而復自歎其昔之危也，則百鍊之剛，必有繞指之柔，相爲終始者矣。

武氏之殺人亟矣，殺愈慘而人愈激，激以爲義，非必出於僞，而義終不固。迨乎武氏已老，殺心已滅，韋氏繼起，柔姦不酷，激之也不甚，而義之不固者潛消暗餒，以即於亡。於是後起之英，已笑其衰頹，顧夷然曰「此吾少壯之所嘗爲，而今不爾者也」，則一苶然以退而不可復興矣。故君子養之以靜，持之以堅，審於大小輕重之宜，而參終始於一念，無激也，斯無隨也，知柔知剛，百夫之望，夫乃謂之精義以利用而志不渝也。

一七

唐自顯慶迄乎景龍，五十有五年，朝廷之亂極矣，豔妻接跡，昏主死亡而不悟，嬖倖之宣淫，酷吏之恣殺，古今所未有也。取唐之懿僖、宋之徽欽而絜之，十不敵一焉，然而彼速亡而此猶安者，其故何也？人之邪正不兩立，政之善惡不並行，純則治，雜則亂，所固然矣。雖然，尤惡其相激相反而交爲已甚也。已甚者，小人之忮毒也，進而陷君子以反其類，於是而國爲之空；國既空矣，乃取君子之政，無論宗社生民存亡死生之所繫，抑非必其心之所不欲，而概反之，以洩其忿怒，推以及於言語文字之不合者，皆架以爲罪，而坐之死亡；天下乃箝口絶筆，以成乎同惡相扇之勢，此唐、宋之所以亡，與漢末黨錮之禍若出一轍也。

武、韋之世，自長孫無忌、褚遂良以忠蒙誅夷之禍亦憯矣，然殺是人則禍盡於其人，爲其所汲引與所同事者安處無驚也？則苟不力觸姦邪之嬰怒，而猶綽乎其有以自居。若夫貞觀、永徽之善政，雖不能釐定而修明之，初不聽姦邪之變易。武、韋所自爲異議以亂典常、蠱衆志者，喪祭之虛文，選舉之冒濫而已；邊疆之守，賦役之制，猶是太宗之遺教也。殺君子而不蔓引其類，故斬艾雖憯，而陳子昂、蘇安恆、李邕、宋務光、蘇良嗣之流，猶得抒悃昌言而無所詘；乃至守正不阿、效忠不貳如狄仁傑、宋璟、李日知、徐有功、李昭德，皆列上位而時伸其志。其宣力中外者，則劉仁軌、裴行儉、王方翼、吉頊、唐休璟、郭元振、姚元之、張仁愿悉無所掣曳以立功名；乃至楊元琰、張說、劉幽求諸人同事俱起，而被害者不相及。姦邪雖執大權，終不礙賢臣登進之路，驅天下以一於淫慘；則亂自亂也，亡自可不亡也，或摧之，或扶之，兩不相揜，而天下猶席以安也。

夫小人之毒不可撲者，莫甚於與君子爭名；君子之自貽以慼者，莫甚於與小人競氣。武、韋、太平淫虐方逞之日，小人利得其欲，而自安於小人；君子自靖其誠，而不待抑小人求伸其君子；故小人之毒淺，而君子之志平，水火不爭，其毒不烈，所固然矣。夫名者，君子之實也；氣者，小人之恃以凌物者也。君子惜名已甚，而氣乘之，小人於是恥榮名之去己，而亦飾說以干譽；然後公忠正直之號，皆小人之所弋獲，一旦得志以逞，則盡取君子題以姦黨而誅殛之，空其祿位，招致私人，而朝廷倏易其故。及其敗露，直道乍伸，義激氣矜者，抑用其術以剷絕敗類。數十年之中，起伏相互，風靜而波猶不息，君無適信，吏無適守，民無適從，乃至取邊疆安危之機，小民膏血之資，旦此夕彼以各快其施，如痎瘧之炎抱火而寒履冰也。嗚呼！鍛鐵者屢反其鉗椎，療病者疾易其梔附，其不折以亡也，豈可幸哉？甚矣使氣而矜名者之害烈也！

宋仁宗，賢主也，呂夷簡、夏竦，非大姦也，相激以爭，而石介以詩受斲棺之僇。流波所蕩，百年不息。無罪可加，而蘇軾以文詞取禍；有罪可討，而蔡確亦以歌詠論刑。免役非殃民之稗政，而司馬公必速改於一朝；維州非宗社之急圖，而李文饒堅持其偏見。雖君子之乍升，亦且以斂怨而妨國家之大計；況小人之驟進，唯人是苛、唯政是亂者，又遑恤傾危之在旦夕乎？唐武宣、宋神哲之可與有爲也，顧不如高宗之柔闇、中宗之狂惑，觀其朝右之人與邦國之政而可知矣。國無黨禍而不亡，爲人君者弭之於其幾，奚待禍發而無以救藥乎？

一八

臨淄王之誅韋氏，不啓相王。豪傑之識，有闇合於君子之道者，此類是也。臣受命於君，子受命於父，勿敢專焉，正也。信諸心者非逆於理，成乎事者不疚於心，則君父雖加以尤而不避。唯豪傑以心爲師，而斷之於事，夫君子之靖乃心以制義者，亦如此而已矣。推而至於聖人，舜之不告而娶，亦如此而已矣。理者，生於人之心者也，心有不合於理，而理無不協於心。故豪傑而不可爲聖賢者有矣，未有無豪傑之識而可爲聖賢者也。

臨淄王曰：「事不成，以身死，不以累王。」亦未有以信其必然也。然以相王之温厚柔巽，全身於刑殺横行之日，則亦可冀其或然耳。且微臨淄之舉事，王亦岌岌矣。宗楚客、葉静能日謀殺王奉韋氏以奪唐祀，韋氏不誅，王固不能再全於凶嫗之手，臨淄不忍言耳。實則謂事不成而王危，不舉事而王亦危，以必危之勢，求全王而使嗣大統，勢不兩立，徒畏王之優柔而撓成算，告則兵不得起，寧無告也。以安社稷，以討亂賊，以救王於顛危，在此舉矣。崔日用業以宗楚客害王之謀告，而猶需遲不決乎？故臨淄之不告，孝子之道也。即一事一念而言之，大舜之不告而娶，奚必遠哉？是以知臨淄之可與大有爲也。生於蔑亂之世，馳逐於聲色狗馬之中，而所與遊者王琚之流，故終於濁亂而虧其天彝，亦不幸而不奉教於君子乎！

讀通鑑論卷二十二

睿宗

一

國無正論，不可以立。睿宗表章死於武、韋之禍者，太子重俊與焉，韋湊斥之爲亂賊，請奪其節愍之謚，論之正者也。

重俊之惡，非但蒯聵之比也。或曰：韋氏不誅，而中宗弑，禍深於南子；三思逸產、禄之誅，而亂天下，惡劇於宋朝；重俊誅之，視蒯聵爲愈矣。曰：非然也。君子之惡惡也，誅其意；而議刑也，必以其已成之罪，而不可先其未事早施以重辟。三思謀篡於武氏之世，既不成矣，韋氏之行弑，在重俊死後之二年。當其時，篡弑未形而億其必然，以稱兵嚮闕，欲加刃於君母，其可乎？且夫重俊之起，非果憂社稷之危，爲君父除伏莽之賊也。韋氏以非其所出而惡之，三思、崇訓逢其惡而欲廢之，重俊不平，而快一朝之忿，恐不得立而持兵脅君父以爭之，據鞍不下，目無君父，更何有於嫡母？充其惡之所至，去商臣、劉劭也無幾，非但如蒯聵之惡醜聲而逆行也。則重俊之惡，浮於蒯聵，奚容以韋氏、三思之罪爲之未滅哉？

韋氏淫縱以蠱上，三思、崇訓懷逆以思逞，其已露也，人得而誅之，非但臨淄王也；其未露也，唐有社稷之臣，廢韋氏，討諸武，法之所得行也，而獨重俊則不可。申生自靖而不得謚爲孝，重俊何節之可稱，而奚足愍乎？

夫韋氏、三思之謀危宗社，重俊興兵之名也。苟有其名，子得以犯父而殺母，亂臣賊子誰則無名，而大逆安所戢乎？韋湊之論，所以大正人紀而杜亂萌也，惜乎睿宗之知而不能決也。

二

奪情之言揚於廷，人子之心喪於室矣。蠅蚋不嘬生而嘬死，有以召之也，而況紛呶自辯以與公論相仇！史嵩之、李賢、張居正、楊嗣昌之惡，滔天而無可逭矣。

唐欲奪蘇頲之情，李日知銜睿宗之命至頲家諭之，日知見其哀毀，不敢發言，人子於此，豈更有言之可出諸口乎？耳聞命而心裂，目對客而神傷，人且自疚曰：斯言也，胡爲而至於我之前？君不我諒，我之爲臣可知矣；友不我恤，我之爲子可知矣；我誠禽獸也乎！而忍使吾親有禽獸之子乎？至於敦趣不已，而待我之固辭，罪已通於天矣。又從而爲之辭，以冀苟留，則犬豕不食其餘，弗問人也。

夫人之惡，有待吹求而始顯者，有不待吹求而無不著者。奪情之惡，一言以折之，一峯、念菴、幼玄之參劾，其猶贅辭乎！子曰：「女安，則爲之。」奚足辯哉？喪親若蘇頲者可矣。

三

太平公主謀危太子，宋璟、姚元之請令於東都安置，睿宗曰：「朕唯一妹，豈可遠置東都。」悲哉其言之乎！自武氏之殄唐宗，慘殺其子而不恤，於是高宗之子姓，上及於兄弟，芟夷嚮盡，所僅存者三人而已。父闇而不能庇其生，母憯而不難置之死，又繼以韋氏、宗楚客之淫凶，睿宗之與公主，其不與中宗同受刃者，幸也。原隰之裒，伊誰相惜，凋殘已盡，僅保二人。詩不云乎：「將恐將懼，惟吾與汝。」況其在同氣之親乎？故姚、宋之言，社稷之計也；睿宗之衋然傷心，亦詎可決於一旦哉？

公主之習於悍戾也，耳習於牝雞之晨，目習於傾城之哲，貞士且不保其貞，而況婦人？其蔑視宮闈，操廢置之權，朝章家法㊀，亦未可遽責以順者。雖然，豈遂無以處之哉？公主之忌太子也，尚含惡怒而未發。竇懷貞以遠州長史遽起不軌之心，導其邪而爲之結黨，俄而遷侍中矣，同三品矣，爲左僕射平章軍國重事矣，於是崔湜、蕭至忠、岑羲競起比附以取相，李日知、韋安石衰老庸沓而無能正，劉幽求孤立以爭而流竄及之。於斯時也，姚、宋位大臣，繫物望，得與睿宗之密勿，夫豈不可早聲懷貞之惡，以弭湜、羲、至忠之姦？而黨援未削，遽欲取睿宗患難倚存之一妹，正國法以擯斥之，睿宗之心戚，而羣姦之計得矣。無懷貞、湜、羲、至忠，則公主之惡不足以發，徒遠公主，而羣姦在位，翟茀方涉蒲州，召命旋還京邸，其必然之勢矣。

㊀ 校記此句作「其視宮人操廢置之權爲朝章家法」

睿宗之不忍於公主者，性之正也，情之不容已也，患難與偕，義之不可忘也。若懷貞輩之於唐，九牛之一毛耳，無德望之繫人心，無勳勞之在社稷，流放竄殛，旦命下而夕伏辜，一白簡之勞而已。姚、宋何憚而不爲乎？卒使睿宗不能保其恩，玄宗不能全其孝，公主不能免於死，羣姦惡已盈而始就誅，唐之社稷又岌岌矣，姚、宋不能辭其咎矣。

唐初之習氣，士大夫過惜其類而相容忍，賢姦並列而不相妨，寧得罪於天子，而不結怨於僚友，以宋璟之剛，弗能免也，元之之智以圖全，又何望焉！

四

按察使之設，自景雲二年始，觀李景伯、盧俌之言，則所遣者御史也。時議分天下爲十道，道遣一使按察；又分二十四都督，糾察所部刺史以下善惡。嗣以景伯、俌上言生殺之柄任太重、用非其人、爲害不小而罷之。罷之誠是也，而景伯、俌謂御史秩卑望重，姦宄自禁，則有未當者。何也？官之得人與不得，不繫乎秩之崇卑也。唐之刺史，漢之太守也，守郡而兼刺察之任，其權重矣。任重秩尊，而使卑秩者臨其上以制之，則爵輕；爵輕則不足以立事，而規避以免責。刺史懷規避之心，則下吏侮之，豪民脅之，而刑政不修。新進之士，識不足以持大體，而樂毛擊以詫風裁；賢者任私意而虧國計民生深遠之永圖，不肖者貪權利而無持綱挈領匡扶之至意，秩卑者望奚重哉？徒獎浮薄以灰牧守之心。故景伯、俌之言，非治理之經也。命卿貳以行，但任以糾察，而不授以生殺兵戎財賦之權，又何任太重而專私爲害之憂乎？

按察使之設，後世踵之，而其法有二：一專官也，一特遣也。專官者，任之久而官於其地，其利也，久任則足以深究民情、博考吏治，不以偶爾風聞、瞥然乍見之得失而急施獎抑；其害也，與郡邑習處而相狎，不肖之吏，可徐圖訢合以避糾劾。特遣者，出使有時，復命有程，閒行亟返，不與吏親，事止參糾，他無適掌，使畢仍復其官。其利也，職有專司，威有獨伸，無狎習比昵之交，無調停遷就之弊；其害也，風土未諳，利病不親，據乍然之聞見，定臧否於一朝，賢者任氣，而不肖者行私。此二者利害各半，而收其利，免其害，則無如特遣而緩之以期，任之大臣而不以爲升遷之秩；則代天子以時巡而民不勞，代諸侯之述職而事不廢，因時制宜，慎擇人而飭法以簡，斯爲得中之道乎！

若夫過任都督，使之畸重，則天下且不知有朝廷，而唯知有都督。節度分疆，而唐室以裂；行省制命，而元政不綱；皆此繇也。則景伯、俌之請罷之，誠定論也。

玄宗

一

言治道者，至於法而難言之矣。有宋諸大儒疾敗類之貪殘，念民生之困瘁，率尚威嚴，糾虔吏治，其持論既然，而臨官馭吏，亦以扶貧弱、鋤豪猾爲己任，甚則醉飽之愆，簾幃之失，書箑之餽，無所不用其舉劾，用快輿論之心。雖然，以儒者而暗用申、韓之術，將仁恕寬平之言，堯、禹、湯、文、孔、孟其有獎亂之過與?

仁而弱,寬而縱,崇情以骫法,養姦以病民,誠過矣。然使其過也,果害於國,果賊於民,則先王既著之於經,後世抑守之以律,違經破律,取悦於衆,而自矜陰德,則誠過矣。欲謝其過,抑豈毛舉瘢求、察人於隱曲,聽惰民無已之怨讟,信士大夫不平之指擿,辱薦紳以難全之名節,責中材以下以不可忍之清貧,矜纖芥之聰明,立難攖之威武也哉?老氏以慈爲寶,以無爲爲正,言治言學者所諱也。乃若君子之言,曰寬、曰簡、曰不忍人、曰哀矜而勿喜,自與老氏之旨趣相似而固不同科,如之何以羞惡是非之激發妨其惻隱邪?

絶人之腰領,死者不可復生矣;輕人之竄逐,棄者不可復收矣;壞人之名節,辱者不可復榮矣。唯夫大無道者,怙終放恣,自趨死而非我殺之,自貽辱而非我辱之,無所容其欽恤耳。苟其不然,於法之中,字櫛而句比之;於法之外,言吹而行索之;酒漿婢妾之失,陷以終身,當世之有全人者,其能幾也?惡非衆惡,害未及人,咎其已往,億其將來,其人雖受罰而不服,公議亦或然而或否,欲堅持以必行而抑自詘矣。徒爲繁密之深文,終以沮撓而不決,一往惡惡之鋭氣,亦何濟於懲姦,而祇以辱朝廷羞當世之士邪?

夫曰寬、曰不忍、曰哀矜,皆帝王用法之精意,然疑於縱弛藏姦而不可專用。以要言之,唯簡其至矣乎!八口之家不簡,則婦子喧爭;十姓之閭不簡,則胥役旁午;君天下,子萬民,而與臣民治勃谿之怨,其亦陋矣。簡者,寬仁之本也;敬以行簡者,居正之原也。敬者,君子之自治,不以微疵累大德;

簡者，臨民之上理，不以苛細起紛爭。禮不下於庶人，不可以君子之修，論小人之刑辟；刑不上於大夫，不可以胥隸之禁，責君子以逡巡。早塞其嚴刻之源，在挪法者之善爲斟酌而已。

玄宗初親政，晉陵尉楊相如上言曰：「法貴簡而能禁，刑貴輕而必行。小過不察，則無煩苛；大罪不漏，則止奸慝。」斯言也，不倚於老氏，抑不流於申、韓，洵知治道之言乎！後世之爲君子者，十九而爲申、韓，鑒於此，而其失不可揜已。

二

夫苟欲自全其志行以效於國，則欒黨淫朋以敗官常也，必其所不欲爲。乃立身無玷，而於邪佞終不得而遠，究以比匪受傷，勢成於無可如何，而正志不伸、修名有累者，抑何多也！張九齡抱忠清以終始，夐乎爲一代泰山喬嶽之風標，爲李林甫所側目，而遊冥寥以消矰弋，觀其始進奏記於姚崇，可以得其行己待物之大端矣。其言曰：「君侯登進未幾，而淺中弱植之徒，已延頸企踵而至，豈不有才，所失在於無恥。」至哉其言之乎！

夫以鴻才偉望，一旦受天子之知，爰立三事，隆隆炎炎，熏蒸海內，物望之歸，如夏雲之轟興，春流之奔湊，所不待言矣。於斯時也，有所求而進者進矣，無所求而進者進矣。有所求而進者，志在求而無難窺見其隱也；無所求而進者，徐而察之，果無所求也，是其爲樂我之善，玉我於成，以共宣力於國家者乎？於是樂與之偕，而因以自失。夫惡知無所求而進者，爲熏蒸之氣所鼓動，不特我不知其何求，使彼自問，亦不知其何以芸芸而不自釋也？無他，淺中者其量之止此，而弱植者自無以立，待人而起者也。俄而勢在於此，則集於此矣，俄而勢在於彼，則移於彼矣，害不及而避其故也如驚，福不及而奔其新也如醉。君子小人一伸一屈，數之常也，言爲之易其臧否，色爲之易其顰笑，趾爲之易其高下，則凡可以抑方屈而揚方興者，無所不用，與斯人居，而上不病吾君、下不病吾民、中不貽他日之恥辱者，鮮矣。故天下之可賤、可惡、君子遠之必夙者，唯此隨風以驅、隨波以逝、中淺而不知事會之無恆、植弱而不守中心之所執者也。

生於教衰行薄之日，履物望攸歸之位，習尚已然，弗能速易，惟有杜門卻迹，寧使怨謗，勿與周旋，以自立風軌而已耳。天下方亂而言兵，天下初定而言禮，時急於用而言財，乃至教興道顯而相倣以談性學，皆中之淺、植之弱，足以玷君子之修名，而或一違時，則反脣相詆而不遺餘力者也。乍與周旋，容其旅進，一爲其所顛倒，欲不病於而國、累於而身、敗於而名也，其可得乎？司馬温公失之於蔡京，唯察此之未精耳。九齡唯早曙於此也，故清節不染於濁流，高蹈不傷於鉗網。其詩曰：「弋者何所慕。」無可慕也，鴻飛之冥冥，所以翔雲逵而爲羽儀於天下也。

三

唐多才臣，而清貞者不少概見，貞觀雖稱多士，未有與焉。其後如陸贄、杜黄裳、裴度，立言立功，赫奕垂於没世，而寧静淡泊，固非其志行之所及也。唯開元之世，以清貞位宰相者三：宋璟清而勁，盧懷慎清而慎，張九齡清而和，遠聲色，絶貨利，卓然立於有唐三百餘年之中，而朝廷乃知有廉恥，天下乃藉以乂安，開元之盛，漢、宋莫及焉。不然，則議論雖韙，法制雖詳，而永徽以後，奢淫貪縱之風，不能革也。

抑大臣而以清節著聞者，類多刻覈而難乎其下，掣曳才臣以不得有爲，亦非國民之利也。漢、宋之世，多有之矣，孤清而不足以容物，執競而不足以集事，其於才臣，如水火之相息，而密雲屯結之不能雨也。乃三子之清，又異於是，勁者自彊，慎者自持，和者不流，而固不争也。故璟與姚崇操行異而體國同；懷慎益不欲以孤介自旌，而礙崇之設施；九齡超然於毁譽之外，與李林甫偕而不自失，終不與競也。唯然，而才臣不以己爲嫌，己必不替才臣以自矜其素履，故其清也，異於漢、宋狷急之流，置國計民生於度外，而但争涇渭於苞苴竿牘之閒也。嗚呼！偉矣！楊震也，包拯也，魯宗道也，軒輗、海瑞也，使處姚崇、張説、源乾曜、裴耀卿之閒，能勿金躍於冶、冰結於胸否邪？治無與襄，功無與立，徒激朋黨以啓人主之厭憎，又何賴焉？

夫三子之能清而不激，以永保其身、廣益於國者，抑有道矣。士之始進也，自非猥鄙性成、樂附腥羶者，則一時名之所歸，望之所集，争託其門庭以自處於清流之選，其志皆若可嘉，其氣皆若可用也。而懷清之大臣，遂欣受之以爲臭味，於是乎和平之度未損於中，而激揚之情遂移於衆，競相獎而交相持，則雖有邊圉安危之大計，黎民生死之遠圖，宗社興衰之永慮，皆不勝其激昂之衆志，而但分流品爲畛域，以概爲廢置。夫豈抱清貞者始念之若斯哉？唱和迭增，勢已成而弗能挽也。於是而知三子者之器量遠矣，其身不辱，其志不骫，昭昭然揭日月而行者，但以率其固然之儉德，而不以此歆召天下，奉名節爲標榜，士固無得而附焉。不矜也，亦不黨也，不黨則不争矣。

嗚呼！士起田間，食淡衣麤，固其所素然矣。若其爲世禄之子，則抑有舊德之可食，而無交謫之憂；讀先聖之書，登四民之上，則不屑以身心陷錐刀羶薉之中，豈其爲特行哉？無損於物，而固無所益，亦惡足以傲岸予雄而建鼓以求清流之譽聞乎？天下之事，自與天下共之，智者資其謀，勇者資其斷，藝者資其材，彼不可驕我以多才，我亦不可驕彼以獨行，上效於君，下逮於物，持其正而不厲，致其慎而不浮，養其和而不戾，天下乃賴有清貞之大臣，磽磽者又何賴焉？故君子秉素志以立朝，學三子焉斯可矣。有伯夷之廉，而驕且吝，亦人道之憂也。

四

姦人被發，而誣發姦者以罪，其罪不貫；兩俱有姦，而因人之發，還相爲發，則後發者之罪，姑置勿論，而先發之姦，罪在不貫；誠彼之有姦也，奚不早聲其罪以論奏之，而待己慝已彰，乃相反噬乎？

京兆尹崔日知貪墨不法，御史李傑糾之，日知反搆傑罪。勿論傑罪之有無也，傑不可以日知之言而坐，日知不可以訐傑而寬。玄宗納楊瑒之言，釋傑而竄日知，允矣。雖然，有説焉。御史、京兆尹，皆法吏也。尹之貪暴，御史之所必糾；御史汰縱於輦轂，尹亦習知，而執官守以論劾之。假令傑敗官箴、藏姦宄、以下撓尹權，知日知之必擿己愆，而先掇拾其過以鉗制之，將亦唯傑之搏擊而捫日知之舌乎？則楊瑒所云「糾彈之司，姦人得而恐喝，則御史臺可廢」者，亦偏護臺臣之黨，而非持平之論也。

夫日知之罪，不可以搆傑而減，固也；而傑罪之有無，抑不可以不察。傑果無罪，則日知既以貪暴抵法，而益之以誣賢之惡，加等之刑，不但貶爲丞而足蔽其辜；若傑而有罪也，亦不可以糾日知故而概不加察。今瑒不辨傑罪之有無，但以護臺臣而護傑；且當開元之始，羣賢皆有以自見，而傑無聞焉，傑之爲傑，亦可知矣。瑒爲御史臺存綱紀，而不爲朝廷别賢姦，非平允之論也。天子虚衷以詳刑，則姦人自無所藏姦；士人正己以匡世，則小人自弗能置喙；又非可以禁恐喝斥、反搆一切之法彈壓天下者也。

五

君與臣爲謔，則朝無章；朝無章，則邪佞玩而巧讎其慝。故聞以道裁物者矣，其次則以法禁下矣；道不可揆，法無所飭，君謔其臣而以資淺人之慶快。慶快者，淺人也；乘之以交謔者，姦人也；道法之君子，知其不足以君天下，而奚快焉？

鄭銑、郭僊舟投匭獻詩，述游僊之旨，以媟上聽，按法而竄殛之，或姑貸而斥罷之，允矣。堂堂爲天下君，弗能秉道以飭法，懲姦止邪，乃度之爲道士，聊與之謔，以供淺人之一笑；然則貪人聚斂而賜之金粟，淫人勸蕆而畀以少艾乎？且銑與僊舟奉敕而爲道士矣，惡知其不栩栩然集徒衆、建樓觀、采鉛汞以鳴得意而獵厚利哉？玄宗之爲此，聊以謔也；小人得天子之謔，而以謔爲榮，無知者競榮之；未數年而張果、葉法善、邢和璞輻輳於天子之廷，非此致之哉？

君可以謔其臣，臣抑可謔其君，交相謔，則上無章而下無忌。蕭瑀，大臣也，太宗聽其出家，亦謔也；此唐之所以無政也。論者快之，謂足以懲姦而警俗，國憲官箴法律刑紀皆可不用，而以謔懲姦，天下其誰警哉？淺人之所快，君子之所羞稱久矣。

六

姜皎與誅逆之功，玄宗聞宋璟之諫，放之歸田，下制曰：「南陽故人，以優閒自保。」其於劉幽求、鍾紹京，胥此道也㊀。徇國亦爲其所可爲者而已，過此未有不以召憎惡於明主者。若遇猜忍之君，則里克、甯喜之服刑，亦其自取，而不可但咎其君之刻薄。明乎此，君知所以待有功之臣，臣知所以立節而全身矣。此篇疑有脱誤。

七

經國之遠圖，存乎通識。通識者，通乎事之所繇始、弊之所繇生、害之所繇去、利之所繇成，可以廣恩，可以制宜，可以止姦，可以裕國，而咸無不允。於是乎而有獨斷。有通識而成其獨斷，一旦毅然行之，大駭乎流俗，而庸主具臣規目前之損益者，則固莫測其爲，而見爲重有損，如宋璟發太府粟及府縣粟十萬石糶之，斂民閒惡錢送少府銷毁是已。

散粟於民，而取其值，疑不足以爲仁之惠；君與民市，疑不足以爲義之宜；以粟易錢而銷毁之，徒取值於民而無實於上，疑其病國而使貧；一旦爲之，不可測而可駭，庸主具臣聞言而縮舌，固其所必然矣。以實求之，夫豈然哉？取值不有，而散十萬之粟於待食之人，不費之惠也；下積惡錢，將隨敝壞，上有餘粟，將成紅朽，而兩易之，制事之宜也。乃若大利於國者，則尤非淺見褊衷之所易知也。惡錢之

㊀ 劉毓崧校勘記云：歐陽曉岑曰：「『道也』下，『徇國』上，疑有脱誤。」

公行於天下，姦民與國爭利，而國恆不勝，惡錢充斥，則官鑄不行；人情趨輕而厭重，國錢之不能勝私鑄久矣。惡錢散積於人閒，無所消歸，而欲人決棄之也，雖日刑人而不可止；發粟以收惡錢者，使人不喪其利而樂出之也。銷毀雖多未盡，而民見上捐十萬粟之值付之一炬，則知終歸泯滅而不肯藏，不數年閒，不待棄捐而自不知其何往矣。惡錢不行則國錢重，國錢重則鼓鑄日興，姦民不足逞，而利權歸一，行之十年，其利百倍十萬粟之資，暗償之而贏餘無算，又豈非富國之永圖乎？

乃當其時，愚者不測也，吝者不決也，非玄宗之倚任，姚崇、蘇頲之協恭，則璟言出而訕笑隨之矣。司國計而知大體者之難，小人以環堵之識，惜目睫之錙銖，吝於出而急於納，徒以削民斂怨，暗耗本計於十年之後，而吮之如蜜，王安石之以病宋者此也。不耕而思穫，爲盜而已，爲乞而已；盜與乞，其可與託國哉！

八

黃帝正昏姻而父子定，周禮，父在爲母服齊㊀，以體黃帝之精義，而正性以節情，非聖人莫能制也。武氏崇婦以亢夫，而改爲斬衰，於是三從之義毀，而宮闈播醜，禍及宗社。開元七年，敕五服並從禮傳，乃士大夫議論紛起，各從其意，迷先聖之典，逆時王之命，褚無量歎曰：「俗情膚淺，一紊其制，誰能正之？」傷哉！言之而無能知也，知之而無能信也，信之而無能從也，聖人不足以垂訓，天子不能以

㊀ 校記「齊」作「朞」。

行法，天下之錮人心、悖天理者，莫甚於俗，莫惡於膚淺，而姦邪悖逆者不與焉，有如是哉！

姦邪悖逆之壞法亂紀也，其惡著，其辨不能堅，勢盡情窮，及身而止，無以亂天下後世也。俗則異是。其始爲之倡者，亦懷姦耳，亦行邪耳，亦悖王章、逆天理、以逞其私耳；乃相沿而成，末流之氾濫，則見以爲非而亦有其是也，見以爲逆而亦有其順也。其似是而順乎人情者，何也？人莫不有所溺而利以爲歸也。夫人之用愛也易，而用敬也難；知情者衆，而知性者少；於養也見恩，而於德見憚；皆溺也。而不但此也。出而議禮於大庭，入而謀可否於妻子，於是而父之得與母同其尊親，亦僅存之法紀使然耳。不然，伸母以抑父，父齊而母斬，又豈非其所可爲、所忍爲者哉？於是親繼父而薄繼母，怙母黨以賊本支，茫然幾不知爲誰氏之子。「何知仁義，以享其利者爲有德」，猶且自詡孝慈以倡率天下，中國之不狄、人之不禽㊀也，幾何哉？

天性者，藏密者也，非引聞見以歸心、潛心以體性、順性以窮理者，不能喻也。膚淺以交於人倫，十姓百家浮動之志氣，違天理而與姦邪悖逆者之情相合，所必然已。故曰：惡莫大於俗，俗莫偷於膚淺。無量之歎，垂之千年，而帝王不能正，士大夫不能行，嗚呼！人道之淪亡，吾不知其所終已！

九

論魯莊公者曰：「母不可制，制其侍御之人。」以此而事不順之父母，未盡善也，以施之不令之兄

㊀「狄」、「禽」二字刻本闕，據校記補。

弟，則義正而恩全，道莫尚焉。舜使吏治象國，而不得暴其民，聖人亦如是而已。不謂玄宗之能及此也。駙馬都尉裴虛己私從岐王遊，挾圖讖，坐流新州，離其婚，法嚴而無所貸；於岐王則不以此懷疑，而慰安之如故。夫虛己挾邪説以私交，而岐王容之，王豈無罪乎？而虛己之辟既伸，則遊王門者咸知畏忌。以生長深宫之帝子，居宦官宫妾之閒，旦歌夕飲以戢其邪心，固不待加威而自安侯服矣。

無左吴、趙賢，則淮南不能謀逆；無宇文述、楊素，則楊廣不能奪嫡；無張公謹、尉遲敬德，則太宗不能殺兄；天下之亂，釀成於徼幸功名者之從臾者類然也。博望啓，而戾太子之項縣於湖城；天策開，而隱太子之血流於玄武；事成則禍及於國，不成則殃及於身。玄宗日遊諸王於鬬雞吹笛之閒，而以雷霆之威，亟施之挑激之小人，諸王保其令祚，王室無所震驚，不亦休乎！不能殛逐倫亂之姦，繼乃摧殘其同氣，睿宗所以縱竇懷貞而僅存一妹，終以傷心也。周公以頑民授管叔，固不如舜之與象以天子之吏治其國，而永保其恩也。故曰：「聖人人倫之至也。」法其一端，可以盡倫，可以已亂，堯、舜之道，人皆可學，亦爲之而已矣。

一〇

漢之太守，去古諸侯也無幾，辟除賞罰兵刑賦役皆得以專制，而縣令聽命如其臣，故宣帝詔曰：「與我共天下者，其二千石乎！」太守之權重，則縣令之任輕，故天子詳於二千石之予奪，而治道畢舉矣。唐、宋以降，雖有府州以統縣，有稟承稽核之任，而誅賞廢置之權不得而專，縣令皆可自行其意以令其民，於是天下之治亂，生民之生死，惟縣令之仁暴貪廉是視，而縣令之重也甚矣。玄宗敕在京官五品以上、外官刺史四府上佐、各舉縣令，誠重之也。重之於舉之之始，必將以保任分功罪，其得也，但得文飾治具之士，葸弱免咎，而無以利民；其失也，舉主畏連坐之罰，而互相揜蔽以蓋其姦；則保舉之法，不足以肅官常、澤民生，固已。重之者，豈徒在選舉之日乎？

夫縣令之任重矣，而其秩則卑，故後世多以爲筮仕之官，才不才非有前效之可驗，欲先辨而使克副其職，雖具知人之鑒者未易也。然士當初受一命，初試一邑，苟非繇胥史異途而升，則其不畏清議、甘爲敗類、以病國虐民者，固鮮矣。無以激之，其濁不懲；無以揚之，其清不展；軋於上官，其用不登；責以奔趨，其節不立；夫亦存乎上之所以用之者耳。重憲紀以糾其不若，則有所戒也；縣清要以待其拔擢，則有所勸也。成法之外，許以因地而便民，則權可任也；供頓驛遞之役，委之簿尉，而弗效褻役之勞，則節可礪也。夫然，則賢者志得，而不才者亦勉而自惜；若其尤不肖者，固比類相形，愆尤易見，持法以議其後，亦不患稂莠之難除矣。何事於未試之前，以不可保之始終繩薦舉者，而責以所難知哉？

開元之制，乍行之以昭示上意之所重，可也；據以爲法，而弊即在焉。重者，用之重也，非一選舉而可畢任賢養民之道也，用之重而治可幾矣。

一一

罷兵必有所歸，兵罷而無所歸，則爲盜、爲亂。張説平麟州叛胡，奏罷邊兵二十萬人，而天下帖然，蓋其所罷者府兵也，府兵故農人也，歸而田其田、廬其廬，父子夫婦相保於穹窒栗薪之閒，故帖然也。於是而知府兵之徒以毒天下而無救於國之危亂，審矣。說之言曰：「臣久在疆埸，具知其情，將帥苟以自衛及役使營私而已。」夫民之任爲兵者，必佻宕不戢、輕於死而憚於勞之徒，然後貪醲酒椎牛之利、而可任之以效死。夫府兵之初，利租庸之免，而自樂爲兵，或亦其材勇之可堪也。迨其後著籍而不可委卸，則視爲不獲已之役，而柔弱愿樸者，皆垂涕就道以赴行伍。若此者，其鈍懦之材，既任爲役，而不任爲兵，畏死而不憚勞，則樂爲役以避鋒鏑，役之而無不受命，驕貪之將領，何所恤而不役以營私邪？團隊之長役之矣，偏裨役之矣，大將役之矣，行邊之大臣役之矣；乃至紈袴之子弟、元戎之僕妾役之矣；幕府之墨客，過從之游士，彈箏擊筑、六博投瓊、調鷹飼犬之徒，皆得而役之。爲兵者，亦欣然願爲奴隸以偷一日之生。嗚呼！府兵者，惡得有兵哉？舉百萬井疆耕耨之丁壯爲奴隸而已矣。縱遣歸田，如奴隸之得爲良人，而何弗帖然邪？

無疆悍不受役之氣，有偷安不恤役之情，因其有可役之資，而幸收其效役之利，行則役於邊臣，居則役於長吏，一時不審，役以終身，先世不謀，役及後裔，天下之苦兵也，不待矢石相加、髑髏不返、而後怨毒填胸矣。是張說所奏罷之二十萬人，無一人可供戰守之用，徒苦此二十萬之農民於奉拚除、執虎子、築毬場，供負荷之下。故軍一罷，而玄宗知其勞民而弱國也，而募兵分隸之議行，漸改爲長從，漸改爲彍騎。窮之必變，尚可須臾待哉？而論者猶責玄宗、張說之改制異於古法，從事於君子之道以垂法定制而保國安民者，不宜如此之鹵莽也。

所患者，法弊已極，習相沿而難革，雖與更張，害猶相襲。故自說罷邊兵而邊空，長從彍騎制未定而不收其用，邊將承之，畜私人，養番兵，自立軍府，以釀天寶之亂。蓋自府兵調戍之日，早已睥睨天下之無兵，而一旦撤歸，芻糧贏餘，唯其所爲，而朝廷固莫之能詰也。數十年府兵之流禍，而改制之初受之，乃舉而歸過於召募，胡不度人情、循事理，而充耳塞目以任浮游之説輕談天下事邪？

一二

議也，而以私與其閒，則成乎私而害道。唐、宋以下所稱持大體、務遠圖之大臣，未有不雜公私以議國事者，故伎主姦臣倒持之以相撓而相脅。

玄宗與宰相議廣州刺史裴伷先之罪，張嘉貞請杖之，張説曰：「刑不上大夫，爲其近於君也，且所以養廉恥也。」其言韙矣，允爲存國體、勸臣節之訏謨矣。既而又曰：「宰相時來則爲之，大臣皆可笞辱，行及吾輩。」此與宋人「勿使人主手滑」之説同。苟懷此心以倡此説，傳之上下，垂之史策，人主將曰：士大夫自護其類以抗上而避害，蓋古今之通習，其爲存國體、獎士節，皆假爲之辭，不可信也。賈誼以不辱貴大臣諫文帝，亦與説略同，而誼以新進小臣，非絳、灌之伍，自可昌言而無諱。説懷「行及我輩」之心，與同官噂沓以語，則不可令人主聞，而開後世臣主猜防之釁。念一移而言隨得咎，過豈在大哉？

且夫士之可殺不可辱者在己也，非挾持以覬上之寬我於法也。居之以淡泊，行之以寧靜，絶賄賂之門，飭子弟之汰，謝游客之邪，息黨同之争，卓然於朝右，而奚笞辱之足憂？誠有過也，則引身以待罪；言不庸也，則辭禄以歸耕。萬一遇昏暴之主，觸婦寺權姦之忌，而辱在不免，則如高忠憲攀龍之池水明心，全肢體以見先人於地下。又其不幸，固義命之適然，雖辱而榮者。規規然計及他日之見及，而制人主以不我辱，士大夫有門庭，而君不能有其喜怒，無怪乎暴君之益其猜忌，偏以其所不欲者加之也。說自詡其識之及遠，而自君子觀之，何以異於胥史之雄，鉗制其長吏爲不可拔之根株也乎？

天下之公理，以私亂之，則公理奪矣。君臣之道喪，唐、宋之大臣自喪之也。於是而廷杖詔獄之禍，燎原而不可撲矣。

一三

春秋紀晋盟諸侯於商任，以錮欒氏，譏其不能撫有，而又重禁之於人國，爲已甚也。封建之天下，國各私其人，去其國則非其人，於是而有封疆之界以域之。而碩鼠之詩曰：「逝將去女，適彼樂土。」亦挾去以抗其君。上下交相疑貳，衰世之風，不可止矣。

天下而一王矣，何郡何縣而非一王之土？爲守令者，暫相事使而固非其民，民無非天子之民也。土或瘠而不給於養，吏或虐而不恤其生，政或不任其土之肥瘠，而一概行之，以困其瘠，於是乎有去故土、脱版籍而之於他者。要使耕者耕、工者工、賈者賈，何損於大同之世，而目之曰逃人，有司者之詖辭也，惡足聽哉？

民不可使有不服籍者也，客勝而主疲，不公也；而新集之民，不可驟役者也。生未定而力不堪也。若夫撿括之而押還故土，尤苛政也。民不得已而遠徙，抑之使還，致之死也。開元十一年，敕州縣安集逃人，得之矣，特未問其所以安集之者奚若也。安集之法，必令供所從來，而除其故籍，以免比閭宗族之代輪，然後因所業而徐定其賦役，則四海之内，均爲王民，實不損，而逃人之名奚足以立乎？

然則邑有逃亡，可罪其守令乎？曰：未可也。地之肥磽，既其固然矣；征徭之繁簡，所從來者非一日也。轉徙多，則相其陂池隄防之便而化其土，問其徭役墮積之敝而平其政，非守令之能專，乃撫治大臣所任也。邑多新附之民，可賞其守令乎？曰：未可也。守令之賢不肖，能及於版籍之民，而不能加之新附，若其以小惠誘人之來徙者，又非法之所許也。無曠土，無曠民，解法禁以任所在，而士者仕、農者甿，安集之令，猶爲贅設也乎！

一四

唐多才臣，唯其知通也。裴耀卿之於漕運，非可爲萬世法者乎？壅水以行舟，莫如易舟以就水；冒險以求便，莫如因時而避險；徑行以求速，莫如轉遞以相續。江河各一其理，南北舟工各一其習，水之漲落各一其時，舟之大小各一其制。唯不知通也，以一舟而歷數千里之曲折，崖闊水深，而限之以少載；灘危磧淺，而強之以巨艘；於是而有修閘之勞，撥淺之擾，守涷之需遲，決隄之阻困；引洪流以蝕地，亂水性以逆天，勞苆生民，縻費國帑，強遂其徑行直致之拙算，如近世漕渠，歷江、淮、汶、泗、河、濟、漳、沽，曠日持久，疲民耗國，其害不可勝言，皆唯意是師，而不達物理者也。

成天下之務者，因天之雨暘，就地之險易，任人之智力，爲其所可爲，不強物以自任；則以理繁難、試艱危、通盈虛、督偷窳、禁盜侵，無不勝也。自宋以後，議論猥多，而不可用者，唯欲以一切之術，求勝於天時、人事、物力，而強以從己而已矣。唯唐有才臣，方之後世，何足述哉！

一五

帝王立法之精意寓於名實者，皆原本仁義，以定民志、興民行，進天下以協於極，其用隱而化以神，固不在封建井田也。井田封建，因時而爲一切之法者也。三代貢舉之法不傳，唯周制之散見者，有大略之可考。任以其職，正以其名，寓其納民於善之心，使習之而相因以興行，且以昭示人君君師天下，非徒會計民産以求利用，故領之以司徒，而冢宰宗伯不偏任焉。其意深遠，雖百世可師也。

夫貢舉者，一事而兩道兼焉。選天下之才，任天下之事，以修政而保國寧民，此一道也。別君子於小人，榮之以爵，養之以禄，俾天下相勸於善，而善者不抑，不善者以悛，此又一道也。兩俱道，而勸民以善之意，尤聖人之所汲汲焉。人勸於善，國以保，民以寧，此本末之序也。故冢宰者，任治者也；宗伯者，任已登已進之賢才，修其軌物者也；而進賢之職，一任之司徒。徒之爲言，衆也，合君子野人而皆其司；司君子之教，以立野人之則，而天下萬有之衆庶，皆仰沐風化以成誠和。徒豈易司者哉？乃其鼓之、舞之、揚之、抑之，不待刑而民自戒，不待禮而民自賓，則唯操選舉之權，以爲之樞機，一授之司徒，而天下咸諭天子之心，曰：上之使牧我養我而疆理我者，莫匪欲吾之善，而咸若於君子之道也。故選舉領於司徒，其措意之深切而弘通，誠萬世不易之至道與！

唐之舊制，貢舉掌於考功，是但爲官擇人，而非求賢於衆矣。開元二十四年，改以授禮部侍郎，是以貢舉爲緣飾文治之事，而浮華升進，民行不興矣。風俗之陵夷，暗移於上之所表著，而不知名之所存，實之所趨，未有爽焉者也。自貢舉不領於司徒，而貢舉輕，一人之予奪私，而兆民之公理廢矣。自司徒不領貢舉，而司徒輕，但爲天子頭會箕斂之俗吏，而非承上天協君敍倫之天秩矣。士競於浮華，以棄其實行，民迫於賦役，以失其恆心。一分職任事之閒，循名責實，治亂之大司存焉。良法改而精意亡，孰復知先王仁義之大用，其不苟也如此乎！善師古者，凡此類勿容忽焉不察也。其他因時隨土以立一切之法者，固可變通以行其化裁者也，而又何成法之必倣乎？

一六

李林甫之譖殺太子瑛及二王，爲壽王地也。武惠妃薨，壽王寵漸衰，而林甫欲樹私恩、怙權勢，志終不移，謀之愈很，持之愈堅，凡可以熒惑主聽、曲成邪計者，尤劇於惠妃未死之前，以其爲己死生禍福之樞機也，可以得當者，無所不用。然而玄宗終以忠王年長好學，聞高力士乘閒片言，儲位遂定，林甫莫能置一喙焉。繇此觀之，姦邪自詡得君，劫廷臣以懼己，其誇誕無實之伎倆，概可知矣。

非徒玄宗中載未甚淫昏也，即極闇懦之主，一聽姦臣之然然否否而唯其牽曳，亦情之必不能而勢之不可得者。且姦臣孤媚以容身，抑豈若董卓、高澄威脅上以必徇己志而俾君懟怨哉？唯探其意之所欲爲於前，祕其事之所自成於後，舉凡其君之用舍從違，皆早測而知其必爾，乃以號於衆曰：天子固未然而吾能使之然也。恩者其恩，威者其威，羣工百姓待命於敕旨既下之餘，不得親承顧問，則果信恩威之一出於姦臣，而人主唯其牽曳，乃以恐喝天下，籠絡而使歸己，雖有欲斥其姦者，弗敢發也。

然則苟有忠智之士，知其術之僅出乎此，則以武氏之悍淫，周、來、侯、索之驟銜天憲，諸武、二張之密侍內廷，而攻擊者弗傷，按殺者無憚，直言請斥遠之者反見任使，況其亂非武氏之世，猶可與言者乎？特患無明理察情之士，灼見而不惑耳，豈果有不可拔之勢哉？惡之、恨之、疑之、畏之，私議於下，徒罹於禍以瘖死屠門，姦邪之所以益逞，忠貞之所以益替，人君之所以益迷，可勝悼哉！

一七

天寶元年，置十節度使，其九皆西北邊徼也。唯河東一鎮治太原，較居內地。別有嶺南經略，長樂、東萊、東牟三守捉，亦皆邊也，而權抑輕。若畿輔內地，河、雒、江、淮、汴、蔡、荆、楚、兗、泗、魏、邢，咸弛武備，幸苟安，而倚沿邊之節鎮，以冀旦夕之無虞，外彊中枵，亂亡之勢成矣。蓋自一行立兩戒之說，分用文用武之國，於是居輕御重、彊枝弱幹之術行，而自詫其鞏固。方玄宗之世，吐蕃、突騎施、奚、契丹雖倔強不賓，而亦屢挫衄以退，本無可用防禦者。無故而若大患之在邊，委專征之權於邊將，其失計固不待言矣。即令外寇果彊，侵陵相迫，抑必內屯重旅，以時應敵，而不容棲重師於塞上，使玩寇失防，一敗而無以爲繼。況周、漢之亡，癰先內潰，覆車不遠，豈盡繇四裔乎？

寇之起於內也，非能亟聚數萬人以橫行天下；其或爾者，又皆烏合而弗難撲滅者也。唯中原空其無人，則旋滅旋起，而無所彈壓。撤邊兵以入討，必重虐吾民，而人心離叛；偶一折喪，乘勢以收潰卒，席捲以行，而邊兵皆爲賊用，然後鼓行而入無人之境，更無有挾一矢以抗之者，社稷邱墟在旦晚之閒耳。

夫使祿山之亂，兩河、汝、雒、淮、楚之閒，有大臣屯重旅，拊其入關之背，而迫之以前卻兩難之勢，賊其敢輕窺函谷哉？封常清一身兩臂，募市人於倉卒，以授賊禽，其爲必敗無疑矣。二顏之起河北，張、許之守睢陽，皆率市人以戰，賊之所望而目笑者也。李、郭雖出，九門克捷，而不救潼關之敗。觀於此，則虛其腹心，以樹彊援於四末，一朝瓦解，大廈旋傾，勢在必亡，無可拯救，必然之券矣。

且重兵之在邊也，兵之彊弱，朝廷不得而知也；將之忠姦，中樞不得而詰也。兵唯知其將之恩威，而不知有天子；將一失其所守，而自放爲游兵，潰而散，靡而降，反戈而内訌，豈徒禄山犯闕、天子奔蜀爲然乎？楊劉一潰，而朱友貞匹馬無投；恆州一衄，而石重貴束身待縛；种師道入援不振，而宋徽父子憑孤城以就獲。千古敗亡之一軌，自犬戎遽起，烽火無援，其來久矣。東漢黎陽之屯，差爲有恃；乃其亡也，亦以邊彊腹弱，而山東義旅，不敵董卓之胡騎。後之謀保天下者，可弗鑒諸？

一八

唐政之不終者凡三：貞觀也，開元也，元和也。而天寶之與開元，其治亂之相差爲尤縣絶。夫人之持志以務修能，亦難乎其始耳，血氣未定，物誘易遷，智未開，守未固，得失貞淫治亂之故未熟嘗，而易生其驕惰；及其年富力彊，見聞益廣，浮蕩之志氣已斂，聲色之娛樂已厭，而好修之成效有可居，則靡而淫，玩而弛，縱而暴，皆日損以嚮於善；此中人之恆也。太甲、成王終爲令主，亦此而已矣。唐之三君，既能自克以圖治於氣盈血溢、識淺情浮之日矣，功已略成，效可自喜，而躁烈之客氣且衰，漁色耽遊之滋味已飫，乃改而逆行，若少年狂蕩之爲者，此又何也？於是而知修德之與立功，其分量之所至，各有涯涘，而原委相因也。

夫苟以修德爲心與？德者，無盡之藏也，未之見，則一善成而已若有餘矣，天下之可妨吾善者，相引以遷而不自覺；既見之矣，既習之矣，仁不熟不安於心，義未精不利於用，浩乎其無涯矣，森乎其不可犯矣，亹亹乎相引以深密，若登高山，愈陟而愈見其峻，勿容自釋也。故所患者，始之不自振也，繼之不自省也，而不患其終之不自保也。師保在前，疑丞在後，古人之遺文，相督而不假，窺其精意，欲從而末繇，則雖未日進於高明，而可不失其故步，奚憂末路之猖狂哉？

苟其以立功爲心，而不知德在己而不在事與？則功者，有盡之規也，内賊未除，除之而内見清矣；外寇未戢，戢之而外見寧矣；百姓未富，富之而人有其生矣；法制未修，修之而國有其典矣。夫既内無肘腋之姦，外無跳梁之敵，野鮮流亡，而朝有綱紀，則過此以往，復奚事哉？志大而求盈，則貪荒遠之功；心滿而自得，則偷晏安之樂；所願者在是，所行者及是，所成者止是，復奚事哉？邪佞進，女寵興，酣歌恆舞，而曰與民同樂；深居晏起，而曰無爲自正。進厝火積薪之説者，無可見之徵；抱蟻穴金堤之慮者，被苛求之責。智淺者不可使深，志小者不可使大，度量有涯，淫溢必汎，蓋必然之勢矣。

是以古之聖王，後治而先學，貴德而賤功，望之天下者輕，而責之身心者重，故耄修益勤，死而後已，非以爲天下也，爲己而已矣。爲己者，功不欲居，名不欲立，以天子而無殊於巖穴之士，志日專，氣日斂，欲日憺忘，心日内守，則但患其始之未正也，師保任之也；不患其終之不永也，無可見之功動，則無告成之逸豫也。唐以功立國，而道德之旨，自天子以至於學士大夫置不講焉，三君之不終，有以夫！

一九

大義不可易，顯道不可誣，苟且因仍，無能改者，不容終隱於人心，而不幸發自德薄望輕之口，又或以纖曲邪妄之說附會之，遂以不伸於天下，君子之所重歎也。

商、周之德，萬世之所懷，百王之所師也。祚已訖而明禋不可廢，子孫不可替，大公之道也。秦起西戎，以詐力兼天下，蔑先王之道法，海内争起，不相統一，殺掠相尋，人民無主，漢祖滅秦夷項，解法網，薄征徭，以與天下更始，略德而論功，不在湯、武下矣。漢祚既終，曹魏以下二百餘年，南有司馬、劉、蕭、陳氏，皆竊也；北有五胡、拓拔、宇文，皆夷也；隋氏始以中原族姓一天下，而天倫絶，民害滋；唐掃羣盜爲中國主，滌積重之暴政，予兆民以安，嗣漢而興，功亦與漢埒等矣。

天下之生，一治一亂，帝王之興，以治相繼，奚必手相授受哉！道相承也。若其亂也，則天下無君，而治者原不繼亂。故夏之末造，有韋、顧、昆吾，乘暴君而霸；殷之將殄，崇、密攘臂而争；周之已衰，六國、彊秦、陳涉、項籍，挾兵以逞；漢之已亡，曹、吴、司馬、劉、蕭、陳、楊、五胡、索虜、宇文，割裂僭號；皆彗孛之光，前不繼西没之日，後不啓東生之月者也。若以一時僭割、乘郄自雄者，可爲帝王授受之統系，則三蘖、崇、密，可爲商、周之所紹嗣矣，而豈天之所許、人之所懷哉？

王者褒崇先代，隆其後裔，使修事守，待以賓客，豈曰授我以天下而報其私乎？德足以君天下，功足以安黎民，統一六寓，治安百年，復有賢子孫相繼以飾治，興禮樂，敷教化，存人道，遠禽獸，大造於天人者不可忘，則與天下尊之，而合乎人心之大順。唐欲法古帝王之德意，崇三恪之封，自應以商、周、漢爲帝王相承而治之緒，是不易之大義，不誣之顯道也。

自武德至天寶，百餘年矣，議禮之臣，無能昌言以釐正，猶奉拓拔、宇文(偏隅)〔犬羊〕㈠之族、楊氏悖亂之支爲元后父母之淵源，何其陋也！天寶九載，乃求殷、周、漢後立爲三恪，而廢拓拔、宇文、楊氏之封，雖曰已晚，堂堂乎舉久湮之墜典，立百王之準則，亦偉矣哉！乃非天子所能念也，非大臣所能正也，非儒者所能議也，而出於人微言輕之崔昌。又以以土代火，五德推遷，襲鄒衍之邪説參之。爲儒如衛包者，抑以「四星聚尾」無稽之言爲徵，不能闡元德顯功、民心天理之秩序以播告來兹者爲永式，主之者又李林甫也。故林甫死，楊國忠之黨又起而撓之，後此弗能伸其義者；聖帝明王之祀廕，永絶於世，不亦傷乎！

唐之既亡，朱温以盜，朱邪、臬捩雞以夷，劉知遠、郭威瑣瑣健兒，瓜分海内，而僅據中州，稱帝稱王，賤於丞尉；至宋而後治教修明，賢君相嗣，以爲天下君師。是於周、漢與唐，猶手授也。曾不能推原治統，自躋休美；而以姑息之恩，獨崇柴氏。名儒林立，此議無聞，大義隱，顯道息，垂及劉伯温、宋景濂，不復知有乾坤之綱紀，弗能請求劉、李、趙氏之裔以作賓于王家㈡，曾李林甫之弗若，豈非千古之遺憾哉？雖然，人紀不容終絶，王道不容永弛，豪傑之士申其義，明斷之主決於行，夫豈難哉？敬以俟之來哲。

㈠ 據校記改。 ㈡ 校記「作賓于王家」五字下有「而不正奇渥温氏蚩尤之罰」十一字。

秀者必士，樸者必農，僄而悍者必兵，天與之才，習成其性，不可移也，此之謂天秩，此之謂人官。帝王之所以分理人物而各安其所者，此而已矣。

二〇

唐之府兵，世著於伍，垂及百年，而違其材質，強使即戎，於是而中國無兵。安祿山以蕃騎渡河，入無人之境，直叩潼關，豈中原之民一皆脆弱，無可奮臂以興邪？顔魯公一振於平原，旬日之閒，而得勇士萬餘人，於是盧全誠於饒陽，李奐於河閒，李隨於博平，而顔常山所收河北義旅凡二十餘萬，張睢陽所糾合於雍邱者一日而得數千人，皆蹀血以與賊爭死命。斯固三數公忠勇之所激，而豈此數十萬比屋之民，皆義憤填胸、思拯國難者乎？僄輕鷙悍之材，誠思得當以自效，不樂於負耒披蓑，寧忘身以一逞，其材質不任農而任兵，性以成、情以定也。然則拘府兵之故紙，疑彍騎爲虛文，困天下材勇於隴首，蕩泆游閒，抑不收農民之利者多矣。違其性，棄其長，強其短，徒弱其兵，復竊其農，唐安得有兵與民哉？

唯其不能收天下之材勇以爲國用，故散在天下，而天下皆得以收之，忠者以之效其忠，邪者以之黨其邪，各知有所募之主帥，而順之與逆，唯其馬首是瞻，於是乎藩鎮之勢成，而唐雖共主，亦與碁立以相敵。延及五代，天下分崩，互相吞滅，固幽、燕叛逆之所倡，抑河北、山東義兵之所啓也。若夫高僊芝、封常清迫而募於兩都者，則市井之罷民，初不足爲重輕者也。民懲府兵之害，聞召募出於朝廷，則畏一登籍而貽子孫之禍，固不如河北、山東、雍、睢牧守之號召，人樂於就而能得其死力也。

宰天下者，因其可兵而兵之，因其可農而農之，民不困，兵不枵，材武之士不爲將帥所私畜，而天下永定。因天也，因人也，王道之所以一用其自然也。

二一

李萼説顔魯公陳清河之富云：「有布三百餘萬疋，帛八十餘萬疋，錢二十餘萬緡，糧三十餘萬斛，甲兵五十餘萬事。」一郡之積，充牣如此，唐之富可知矣。唐之取民，田百畝而租二石，庸調絹六丈、綿四兩而止。宇文融、韋堅、王鉷、楊慎矜雖云聚斂，未嘗有額外之征也。取民之儉如此，國儲之富如彼，其君若臣又未嘗修蟋蟀葛屨之風，方且以侈聞矣。繇此觀之，有天下者，豈患無財哉？憂貧者，徒自憂而益其貧耳。

夫大損於民而大傷於國者，莫甚於聚財於天子之藏而枵其外，窘百官之用而削於民，二者皆以訓盜也；盜國而民受其傷，盜民而國爲之乏矣。輦天下之金粟錢貨於內帑，置之無用之地，積久而不可用，愈積愈宂，而數不可稽，天子莫能問也，大臣莫能詰也，則一聽之宦豎戚畹及主藏之姦胥，日竊月匿，以致於銷耗；且復以有爲無，欺嗣君之闇，而更加賦以殫民之生計，是盜國而民傷也。有司無可贍之用，不得不爲因公之科斂，以取足於民，於是而蔽上以盜民者，相習爲故；且有司之科斂者一，而姦吏猾胥以及十姓百家之魁長乘之而交相爲盜，官盜一，而其下之層纍以相剥者不但二也；民乃急其私科，緩其正稅，逋欠頻仍以徼幸於恩貸，匿田脫户，弊百出以欺朝廷，而歲之所入，十不得五，是盜民而因以乏國也。

唐散積於州，天下皆內府，可謂得理財之道矣。已散之於天下，而不繫之於一方，則天子爲天下措當然之用，而天下皆爲天子司不匱之藏，有司雖不保其廉隅，而無所藉口於經用之不貲，與姦胥猾吏相比以横斂於貧民，而民生遂矣。官守散而易稽，不積無用以朽蠹，不資中貴之隱竊，而民之輸納有恒，無事匿田脱户，縱姦欺以隳樸氓而虧正供，則國計裕矣。故天寶户口之數，古今莫匹，兵興之初，州縣財餘於用，非地之加廣、生之加蕃也，非虐取於民、儉吝於用也。散則清，聚則漏，昭然易見之理，自宋以來，弗能察焉；富有四海而患貧，未有不以貧亡者也。

二三

天子出奔以避寇，自玄宗始。其後代、德、僖三宗凡四出而卒返，雖亂而不亡。平陽之青衣行酒，五國之囚縶終身，視此何如邪？春秋傳曰：「國君死社稷，正也。」國君者，諸侯之謂也，棄其國，寓於他人之國，不得立宗廟、置社稷，委天子之命，絶先祖之祀，殄子孫之世，不若死之愈矣。諸侯之侯度固然，非天子之謂也。自宋李綱始倡誤國之説，爲君子者，喜其詞之正，而不察春秋傳大義微言之旨，欲陷天子於一城而棄天下，乃以終滅其宗廟之血食。甚矣！持一切之論者，義不精，學不講，見古人之似而迷其真，以誤天下有餘矣。

天（下）〔子〕者，天（子）〔下〕㈠之望也，前之失道而致出奔，誠不君矣；而天下臣民固倚以爲重，而視其存亡爲去就；固守一城，而或死或辱於寇賊之手，於是乎寇賊之勢益張，而天下臣民若喪其首，而

㈠ 據校記改。

四支亟隨以仆。以此爲正，而不恤四海之淪胥，則幽王之戚宗周，元帝之斬梁祀，可許以不辱不偷之大節乎？天子撫天下而爲主，都京師者，其擇便而安居者爾。九州莫非其土，率土莫非其人，一邑未亡，則猶奉宗祧於一邑，臣民之望猶繫焉，弗難改圖以光復也。而以匹夫硜硜之節，輕一死以瓦解天下乎？

嗚呼！非徒天子然也。郡縣之天下，守令爲天子牧民，民其所司也，土非其世守也。禄山之亂，守州郡者，如郭納、達奚珣、令狐潮之流，望風納欵，乃至忠貞如顔杲卿、袁履謙、張巡者，亦初受脅迫而始改圖，困守孤城而不知變計，幾陷於逆，莫能湔滌。力不能如顔魯公之即可有爲也，則何如潔身以避之，徐圖自效可也。身居危困之外，自有餘地以致身盡瘁；而濡忍不決，勢迫神昏，自非與日月争光之義烈，「艮其限，厲熏心」，亦危矣哉！不保其終無玷也。故守令無三軍之寄，而以失城坐大辟，非法也。去亦死，守亦死，中人之情，畏死其恆也，迫之以必死，則唯降而已矣，是敺郡邑以從逆也。故曰非法也。

讀通鑑論卷二十三

肅宗

一

肅宗自立於靈武，律以君臣父子之大倫，罪無可辭也。裴冕、杜鴻漸等之勸進，名爲社稷計，實以居擁戴之功取卿相，其心可誅也。史稱顏魯公頒赦書於諸郡，河南、江、淮知肅宗之立，徇國之志益堅，若以此舉爲收拾人心之大計，豈其然乎？

玄宗之召亂也，失德而固未嘗失道也。淫荒積於宮闈，用舍亂於朝右，授賊以柄而保寇以滋，斁倫傷教，誠不足以任君師、佑下民。而誅殺不淫，未嘗如漢桓、靈之搒掠，宋哲、徽之竄逐也；賦役不繁，未嘗如秦之築長城、治驪山，隋之征高麗、開汴渠也。天不佑玄宗，而人不厭唐德，禄山以凶淫狂騃之胡雛，縣軍嚮闕，得志而驕，無終日之謀以固其勢，無錙銖之惠以餌其民，蟪蛄之春秋，人知其速隕，豈待靈武之詔，始足動天下以去逆效順哉？

雖然，肅宗不立，而天下抑有不可知者。幸而不然，人不知其變之必至耳。國雖不固，君雖不令，未有一寇甫興而即滅者，秦之無道，陳涉不能代之以興，況唐立國百年，民無荼毒，天寶之富庶甲乎古今，豈易傾哉？而有不可知者，亂者，所以召亂也；止亂者，尤亂之所自生也。袁、曹討董卓，而漢亡於袁、曹；劉裕誅桓玄，而晉亡於劉裕；禍發而不戢，惡知其極？定之不早，意外之變繼起，而天下乃以分崩，是則安、史雖平，唐尤岌岌也。

於稽其時，玄宗聞東京之陷，既欲使太子監國矣；其發馬嵬，且宣傳位之旨矣。乃未幾而以太子充元帥，諸王分總天下節制，以分太子之權。忽予忽奪，疑天下而召紛爭，所謂一言而可以喪邦者在此矣。盛王琦、豐王珙，皆隨駕在蜀；吳王祇、虢王巨，皆受專征之命；永王璘之出江南，業已抱異志而往；是蕭梁骨肉分争之勢也。河北、雍、睢之義旅，罔測所歸；河西李嗣業，且欲保境以觀釁；安西李栖筠，愈遠處而無適從；李、郭雖心王室，且斂兵入井陘，求主未得而疑；同羅叛歸，結諸胡以内窺，僕固玢敗而降之爲内導，以掣河東、朔方之肘；此漢末荆、益，西晋河西之勢也。使一路奮起討賊，而諸方不受其統率，則争競以生；又李克用、朱全忠不相下之形也。諸王各依一鎮以立，諸鎮各挾之以爲名；抑西晋八王之禍也。居今驗古，不憂安、史之不亡，而亡安、史者即以亡唐。託玄宗二三不定之命，割裂以雄長於其方，太子雖有元帥之虚名，亦惡能統一而使無參差乎？玄宗之猶豫不決，吝以天下授太子，不盡皆楊氏銜土之罪也，其父子之閒，離忌而足以召亂久矣。

肅宗亟立，天下乃定歸於一，西收涼、隴，北撫朔、夏，以身當賊，而功不分於他人，諸王諸帥無可挾之勛名以嗣起爲亂，天未厭唐，啓裴、杜之心，使因私以濟公，未嘗不爲唐幸也。蓋肅宗亦未嘗不慮此矣，而非冕、鴻漸之所能及也。肅宗自立之罪無可辭，而猶可原也。冕、鴻漸數大倫以徼擁戴之功，唐雖繇之以安，允爲名教之罪人，惡在心，奚容貸哉？

二

李長源間關至靈武，肅宗命爲相而不受，以白衣爲賓友，疑乎其潔身高尚也，而其後歷仕中外，且終相德宗矣，此論者所未測也。抑而下之，則譏其無定情，始以賓友自尊，而終喪其所守。推而高之，則謂其鄙肅宗之乘危自立，紊大倫而恥與翼戴之列。夫長源志深識遠，其非始自尊而終耽寵禄也明甚。若鄙肅宗之自立，則胡爲冒險間行以參帷幄，既與大謀，又惡可辭推戴之辜邪？夫長源之辭相，乃唐室興亡之大機，人心離合、國紀張弛之所自決，悠悠者惡足以知之？

玄宗之幾喪邦也，惟其以官酬功，而使禄山懷不得宰相之忿，讎忮廷臣，怨懟君父，而逞其毒。玄宗出奔，肅宗孤起於邊陲，以待匡救於羣臣。於斯時也，人競乘時以希高位，而不知所厭止者也。凡天下一敗而不能復興之禍，恆起於人覬貴寵而君輕爵位。貴寵可覬，則賢不肖無别，而賢者不爲盡節；爵位既輕，則勸與威無以相繼，而窮於勸者怨乃以生。長源知亂之必生於此也，故玄宗知其才，欲官之，而早已不受；抑知必反此而後可以立功也，故肅宗與商報功之典，而曰「以官賞功，非才則廢事，權重則難制，莫若疏爵土使比小郡，而不可輕予以宰相之名」。唯然，猶恐同功共事之人，侈望之積習不化，故己以東宫之友，倚任之重，聯鑣對榻之隆，而居然一布衣也；則人不以官位爲貴而貴有功，不以虚名爲榮而榮有實，天寶濫竽之敝政，人恥而不居，而更始「羊頭關内」、高緯「鷹犬儀同」，敗亡之覆軌，不復蹈焉。

嗚呼！此長源返極重之勢，塞潰敗之源，默挽人心、扶危定傾之大用，以身爲鵠，而收復之功所自基也。深矣遠矣，知之者鮮矣。以示人臣遇難致身、非貪榮利之大節，以戒人主邂逅相賞、遽假威福之淫施，不但如留侯智以全身之比也。其後充幕僚、刺外州，而不嫌屈馴，至德宗之世，始以四朝元老任台鼎之崇，進有漸也。士君子登用之正，當如此爾。昭然著見而人不測，乃疑其詭祕無恆也。吴聘君一出山而即求枚卜，視此能勿慚乎？

三

自唐以上，財賦所自出，皆取之豫、兗、冀、雍而已足，未嘗求足於江、淮也。恃江、淮以爲資，自第五琦始。當其時，賊據幽、冀，陷兩都，山東雖未盡失，而隔絶不通，蜀賦既寡，又限以劍門、棧道之險，所可資以贍軍者唯江、淮，故琦請督租庸自漢水達洋州，以輸於扶風，一時不獲已之計也。乃自是以後，人視江、淮爲腴土，劉晏因之輦東南以供西北，東南之民力殫焉，垂及千年而未得稍紓。嗚呼！朝廷既以爲外府，垂腴朵頤之官吏，亦視以爲羶場，耕夫紅女宵旰匪旦，以應密罟之誅求，乃至衣被之靡麗，口實之珍奇，苛細煩勞以聽貪人之侈濫，匪舌是出，不敢告勞，亦將孰與念之哉！

自漢以上，吴、越、楚、閩，皆荒服也。自晉東遷，而江、淮之力始盡。然唐以前，姚秦、拓拔、宇文，唐以後，自朱温以迄宋初，江南割據，而河雒、關中未嘗不足以立國。九州之廣，豈必江濱海澨之可漁獵乎？祖第五琦、劉晏之術者，因其人惜廉隅，畏鞭笞，易於弋取，而見爲無盡之藏。竭三吴以奉西北，而西北坐食之；三吴之人不給饘粥之食，抑待哺於上游，而上游無三年之積，一罹水旱，死徙相望。乃西北蒙坐食之休，而民抑不爲之加富者，豈徒天道之虧盈哉？坐食而驕，驕而佚，月倍三釜之餐，士無再易之力，陂堰不修，桑蠶不事，舉先王盡力溝洫之良田，聽命於旱蝗而不思捍救，仍飢相迫，則夫削妻骸，弟烹兄肉，其彊者彎弓馳馬以殺奪行旅，而猶睥睨東南，妬勞人之采梠剥蟹也。誰使之然，非偏困東南以驕西北者縱之而誰咎邪？驕之使横，佚之使惰，貪欲可遂，則笑傲以忘所自來；供億不遑，則忮忿而狂興以逞。其野人惡舌喑噁，以脅羸懦之馴民；其士大夫氣涌膽張，恫喝以淩衣冠之雅士。於是國家無事，則依中涓、附戚里而不惜廉隅；天下有虞，則降盜賊、戴夷狄㊀而不知君父；何一而非坐食東南者之教猱拳虎，以使農非農、士非士，日漸月靡，俾波逝而無回瀾哉？

冀土者，唐堯勤儉之餘澤也；三河者，商家六百載奠安之樂土也；長安者，周、漢之所久安而長治也。生於此遂，教於此敷，一移其儲偫之權於江介，而中原幾爲無實之土。第五琦不得已而偶用之，害遂延於千載。秉國之均，不平謂何。非均平方正之君子，以大公宰六合，未易以齊五方而綏四海。邵康節猶抑南以伸北，亦不審民情天化之變矣。

四

制治於未亂，保邦於未危，乃可以爲天子之大臣。易曰：「其亡！其亡！繫于苞桑。」九四捍禦之

㊀「夷狄」二字刻本闕，據校記補。

功，不如上九之豫防，足以傾否，九五之不亡，上九繫之也，李長源當之矣。

其與肅宗議功臣之賞，勿以官而以封邑，故賊平而無挾功以逼上之大臣，此之謂保邦於未危。不然，則如劉裕之誅桓玄、李克用之驅黄巢，社稷隨之以傾矣。

其諫肅宗以元帥授廣平、勿授建寧也，故國儲定而人心一。全二王兄弟之恩，息骨肉猜疑之釁，此之謂制治於未亂。不然，則且如太宗宫門流血之慘，玄宗、太平搆禍之危，家國交受其傷矣。

太原之起，秦王謀定而乃以告；韋氏之誅，臨淄不告相王而行；非適非長而獨建大功，變起宫庭，高祖、睿宗亦無如之何也，非君父之舍適長而授庶少以權也。使肅宗以元帥授建寧，則業受命於己矣，是他日之争端，肅宗自啓之也。乃肅宗之欲命建寧，非有私寵之情，以建寧英果之姿，成功較易，則爲當日平賊計者，固得命帥之宜，廷臣自以爲允。乃長源於圖功之始，豫計未有之隙，早塗塈以泯其迹，決之一言，而亂萌永塞，所貴於天子之有大臣者，唯此而已矣。事已舛，禍已生，始持正以争於後，則雖以身殉，國家不蒙其佑，奚足賴哉？

且夫逆賊有必亡之勢，諸將有克敵之能，廣平雖才讓建寧，亦非深宫豢養無所識知者也。假元子之寵靈，爲將士先，自可制賊之死命，無待建寧而始勝其任，長源知之審矣。廣平爲帥，兩京旋復，亦非拘名義以隳大功。知深慮遠，與道相扶，仁人之言其利溥，此之謂也。故曰必如是而後可以爲天子大臣也。

五

借援夷狄，導之以蹂中國，因使乘以竊據㊀，其爲失策無疑也。然而有異焉者，情事殊，而禍之淺深亦别焉。

唐高祖知突厥之不可用，特以孤梁師都、劉武周之黨，不得已從劉文静之策，而所借者僅五百騎，未嘗假以破敵也，故乍屈而終伸。渭上之役，太宗能以數騎卻之，突厥知我之彊而無可挾以逞也，故其禍尤輕。

石敬瑭妄干大位，甘心臣虜，以逞其欲，破滅後唐者，皆契丹之力也；受其册命，爲附庸之天子，與宋之借金亡遼、借元亡金，胥仰鼻息於匪類，以分其濡沫，則彼已操我之存亡生死而唯其吞吸者也，故其禍尤重。

肅宗用朔方之衆以討賊收京，乃唯恐不勝，使僕固懷恩請援回紇，因脅西域城郭諸國，徵兵入助，而原野爲之蹂踐；讀杜甫擬絶天驕、花門蕭瑟之詩，其亂大防而虐生民，禍亦棘矣。嗣是而連吐蕃以入寇，天子爲之出奔，害幾不救。然收京之役，回紇無血戰之功，一皆郭汾陽之獨力，唐固未嘗全恃回紇，屈身割地以待命也。則愈於敬瑭遠矣，有自立者存也。

夷考其時，西京被陷，而禄山留雒，不敢入關，孫孝哲、安守忠、李歸仁、張通儒、田乾真之流，日夜

㊀「竊據」二字刻本闕，據校記補。

縱酒宣淫而無戰志，挍索民財，人皆怨憤，顒首以望王師，薛景僊破賊於扶風，京西之威已振，畿内豪傑殺賊應官兵者四起，肅宗既擁朔方之衆，兼收河西、安西之旅，以臨欲潰之賊，復何所藉於回紇而後敢東嚮哉？此其故有二，皆情勢之窮，慮不能及於遠大也。

其一，自天寶以來，邊兵外彊，所可與幽、燕、河北並峙者，唯王忠嗣之在朔方耳。玄宗自削其輔，奪忠嗣而廢之，奉忠嗣之餘威收拾西陲者，哥舒翰也。翰爲禄山屈而稱病閒居，朔方之勢已不振，既且盡撤之以守潼關，而陷没於賊。郭、李雖分節鉞，兵備已枵，同羅叛歸，又扼項背以掣東下之肘，故郭、李志雖堅，名雖盛，而軍孤且弱，不足壓賊勢於未灰。陳濤之敗，繼以清渠，不得專咎房琯而謂汾陽之所嚮無前也。推其致弱之繇，玄宗失計於前，肅宗不能遽振於後，積弱乍興，不得不資回紇以壯士氣而奪賊膽，其勢然也。

其一，肅宗已至鳳翔，諸軍大集，李泌欲分安西、西域之兵並塞以取幽、燕，使其計行，則終唐之世，河北跋扈之禍永消。而肅宗不從，急用回紇疾收長安者，以居功固位不能稍待也。其言曰：「切於晨昏之戀，不能久待」，徒飾説耳。南内幽居，父幾死於宦豎之手，猶曰功在社稷，晨昏之語，將誰欺乎？蓋其時上皇在蜀，人心猶戴故君，諸王分節制之命，玄宗且無固志，永王璘已有琅邪東渡之雄心矣。肅宗若無疾復西京之大勳，孤處西隅，與天下縣隔，海岱、江淮、荆楚、三巴分峙而起，高材捷足，先收平賊之功，區區適長之名，未足以彈壓天下也。故唯恐功不速收，而日暮倒行，屈媚回紇，縱其蹂踐，但使奏效崇朝，奚遑他恤哉？決遣燉煌王以爲質而受辱於虜帳，其情然也。

乃以勢言之，朔方之軍雖弱，賊亦散處而勢分，統諸軍嚮長安者凡十五萬，回紇六千耳，卒之力戰以破賊者，非回紇也，固愈於石敬瑭之全恃契丹，童貫、孟珙之僅隨虜後也，故回紇弗敢睥睨而乘之以奪中國。唯其情之已私，則奉回紇以制人，與高祖之假突厥而實不用者殊。是以原野受其荼毒，而僕固懷恩且挾之以入爲寇難，非汾陽威信之能服彊夷，唐亦殆矣。

故用夷[一]者，未有免於禍者，用之有重輕，而禍有深淺耳。推其本原，劉文静實爲厲階，僅免於危亡，且爲愚夫取滅之嚆矢，不亦悲乎！

六

「資於事父以事君而敬同。」但言敬也，則以臣之事君者事父焉可矣。乃抑曰「資於事父以事母而愛同」。愛同於母，奚徒道之必盡，抑亦志之必從，飲食男女，非所得閒也，豈容以事君者事父乎？責難於君，敬之大者也；責善賊恩，傷愛之尤者也；至於此，則以臣之事君者事父，陷於不孝，以傷天性，辱死及身而不足以贖其愆矣。

均一事也，君父有過，臣諫之，則納者十之三四也；雖不納，而不施以刑殺者十之五六也；遇暴君而見戮見殺，十之一二耳，抑雖死而終不失其忠。子則不然，子諫而父納，自非至仁大聖，百不得一焉；況乎寵妾媚子，君所溺愛，位相逼，勢相妨，情相奪，豈人子所能施其檠括乎？申生以君安驪姬之

[一]「夷」字刻本闕，據校記補。

故，不忍辯而死，君德失，宗社危，而以不忍君失其寵嬖之情，任其煽惑，瘖死無言；臣而若此，則非臣也，臣以責難爲敬者也。子之事父，愛敬並行，而敬繇愛起，牀笫之歡，私昵之癖，父安而不得不安之，忍以臣道自居哉？非徒禍之及己而陷父以不慈也，言焉而未有聽焉者也，争焉而未有能勝〔焉〕㊀者也，徒爲無益以召死亡，庸詎非一朝之忿乎？

肅宗方在軍中，而張良娣以護庇見嬖，黨於李輔國以亂政，李長源惡之，建寧王倓亦惡之。嗚呼！良娣雖不可容，豈倓之所得惡者邪？長源秉臣道之正以匡君，倓違子道之常以逆父，故肅宗雖惑良娣，輔國雖伏機械以求害長源，而終保全恩禮，悠然以去；於倓則發蒙振落擠之死，而肅宗不生痿木之悲；其道異，其情殊，其得失不同，而其禍福亦别，豈有爽與？

小弁之怨，所以不害乎爲君子者，幽王無忠直拂弼之臣，而平王之傅亦徒訟己誣，不斥褒姒之惡也。當此之時，肅宗任長源以腹心，長源業不恤良娣之怨以與争成敗，則倓授規正之責於長源，而可平情以静聽；乃欲殺良娣以爲長源效，不已傎乎？相激而陷父以殺子之大惡，自貽之矣。

所惜者，長源於倓投分不淺，而不能固諫倓以安人子之職，倓死，乃追悔而力止廣平之忿怒，至於他日涕泣以訟倓之冤，亦已晚矣。豈倓之剛愎，不可與深言邪？不然，則長源善處人父子兄弟之閒，功屢著矣，而徒於倓失之，抑又何也？

㊀ 據校記增。

七

肅宗表請上皇，自求還東宮修人子之職，雖其飾詞，亦子道之常耳，而李長源料玄宗之咈然，果徬徨不進，得羣臣就養之表，而後欣然就道，抑何至於此哉？

言之必如其事也，事之必如其心也，君子之以立誠而動物，無有不然者也。然有時乎以交天下之人，猶出之以遜讓，飾之以文詞，抑以昭雍容謙挹之度，而遠直情徑行草野倨侮之惡，君臣朋友賓主之閒，蓋亦擇其可用而用之矣。獨至於父子之際，固無所容此也。幼而哺以乳，未嘗讓乳也；長而食以食，未嘗讓食也；壯而授以室，未嘗讓室也；天性自然之愛，不忍欺也。可欲者欲之，可得者得之，以誠請，以誠受，天子雖尊，天下雖大，亦將徹之卮酒豆肉而已矣。父猶父也，子猶子也，奪之非怨，予之非恩，父母而賓客之，豈復有人之心哉？

肅宗自立於靈武，其不道固矣，天下不可欺，而尤不可自欺其心，以上欺其父。僞爲辭讓以告天下，人亦孰與諒之？乃於拜表奉迎之日，悲歡交集之頃，爲飾說以告父，此何心邪？賊未破，京未收，寸功不見於社稷，則居大位而不疑；已破賊收京，歆至論功，正南面之尊，乃曰退就東宮，歸大位於已稱上皇之老父乎？肅宗之爲此也，探玄宗失位怏悒之情而制之也。若曰吾非不欲避位，而天命已去，人心已解，父且不能含羞拂衆以復貪大寶，折服其不平之氣，而使箝口戢志以無敢復他也。嗚呼！天理滅，人心絕矣。

玄宗固曰彼已自立而復爲此辭者，不以父待我，而以相敵之情相制，心叵測矣。司馬懿稱病以謝曹爽，唐高祖輸款以推李密，其後竟如之何也，尚能忘憂以安寢食哉？不孝之大者，莫甚於匿情以相脅，故自立之罪可原，而請就東宮之惡不可逭。非鄴侯之善處，則南宮禁錮，不待他日，且使自斃於成都，惡尤烈於衛輒矣。羣臣表至，玄宗乃曰：「今日爲天子父乃貴。」所以明其不復願爲天子而自保其餘年也，悲哉！

八

張巡捐生殉國，血戰以保障江、淮，其忠烈功績，固出顏杲卿、李澄之上，尤非張介然之流所可企望。賊平，廷議褒録，議者以食人而欲詘之，國家崇節報功，自有恆典，詘之者非也，議者爲已苛矣。雖然，其食人也，不謂之不仁也不可。

李翰爲之辯曰：「損數百人以全天下。」損者，不恤其死則可矣，使之致死則可矣，殺之、臠之、齕而吞之，豈損之謂乎？夫人之不忍食人也，不待求之理而始知其不可也，固聞言而心悸，遥想而神驚矣。於此而忍焉，則必非人而後可。巡抑幸而城陷身死，與所食者而俱亡耳；如使食人之後，救且至，城且全，論功行賞，尊位重禄不得而辭，紫衣金佩，赫奕顯榮，於斯時也，念齧筋噬骨之慘，又將何地以自容哉？

守孤城，絶外救，糧盡而餒，君子於此，唯一死而志事畢矣。臣之於君，子之於父，所自致者，至於死而蔑以加矣。過此者，則愆尤之府矣，適以賊仁戕義而已矣。無論城之存亡也，無論身之生死也，所必不可者，人相食也。漢末餓賊起而禍始萌，隋末朱粲起而禍乃烈；然事出盗賊，有人心者皆惡之而不忍效。忠臣烈士亦馴習以爲故常，則後世之貪功幸賞者且以爲師，而惡流萬世。哀哉！若張巡者，唐室之所可褒，而君子之所不忍言也。李翰逞游辭以導狂瀾，吾滋懼矣。

九

史思明降而復叛，肅宗使烏承恩陰圖之，而給阿史那承慶鐵券以離其黨，事覺而速其反，謀之不臧，祇以速亂。雖然，亂自速耳，即弗然，而思明豈悔過自新、終於臣服者哉？張鎬之策，李光弼之請，非過計也。安慶緒欲圖思明，耿仁智、烏承玼乘其危疑而誘之以降，於時慶緒孤保鄴城，不亡如綫，思明既惎其圖己，抑料其必亡，姑爲自全之計，持兩端以觀釁，其不可恃也，亦較著矣。慶緒之心既非不可解之仇，無難數易；而唐室君臣復東京而志已滿，回紇歸，子儀弱，威力不足以及河朔，明矣。思明何所憚、復何所歆，而已張之爪距弭耳受柙乎？曠歲無北伐之師，思明目已無唐矣，不反何待焉？

討賊易，平亂難；誘賊降已易，受賊之降難。能受降者，必其力足以殲賊，而姑容其歸順者也。威不足制，德不足懷，賊以降餌己，己以受降餌賊，方降之日，即其養餘力以決起於一旦者也。非高位厚禄、温言重賜之所能撫也，非輸粟輦金、安插屯聚之所能戢也，非深謀秘計、分兵散黨之所能制也，誠視吾所以致其降者何如耳。重兵以臨之，屢挫而奪其魄，如諸葛公之於孟獲，岳鵬舉之於羣盜，而後可開以自新之路，而不萌反復之心。故肅宗之失，在不聽鄴侯之策，並塞以攻幽、燕，使諸賊失可據之穴，魂銷於奔竄，而後受其歸命之忱，薄録其將，解散其兵，乃可以受降而永綏其亂。失此不圖，遽欲挽狂瀾以歸壑，庸可得哉？

鄴侯去國，兵無謀主，郭、李之威，盡於一戰，思明再叛，河北終不歸唐，非但烏承恩之謀淺、李光弼之計左也。梁武之威，不足以壓侯景；唐肅之威，不足以制思明；養寇與激亂，均爲失策，張鎬雖能先知，亦將如之何也！嚮令承恩之計行，與承慶共斬思明，而承慶、承恩又一思明矣。數叛之人，不保其繼，愈疑愈紛，愈防愈潰，河決而塞之，癰潰而斂之，其亡速矣。

一〇

將與兵必相得也，兵不宜其將，非弱則訌。唐節度使死，因察軍中所欲立者授之，亦未爲過也。其事自肅宗以平盧授侯希逸始。於是唐權下移，終其世於亂，而國以亡。蓋人君之心，有可洞然昭示使天下共見者，雖雄猜如曹孟德，而亦無所隱。有藏之密、慮之熟，決於一旦而天下莫測者，雖孔子之墮郈、費，亦未嘗示人以欲墮之志。非疑於人，信之在己者深也。

唐之中葉，節度使各有其兵，而非天子所能左右，其勢成矣。察三軍之志，立其所願戴者，使軍效於將，將效於國，亦不容已之勢也。非可以漢高旦馳入營奪韓信、張耳之軍行焉者也。惟然，而此意可使將與兵知之乎？軍有帥，有偏裨，帥死而偏裨之可任與否，非不可以豫知者也。其爲忠、爲逆、爲智、爲愚、爲寬、爲嚴，天子與大臣辨之審而慮之早，則帥一死而赫然以軍中所欲奉之主授以節鉞，而不待其陳請。則帥既感其特恩，兵亦服其夙斷。既憚其明見萬里之威，復懷其實獲我心之德。雖有桀驁，敢生攜貳乎？天下止此數鎮，鎮之偏裨止此數人，天子大臣曾不察其可否，而待迫以詢之羣小邪？劉後主之闇也，猶能使李福問帥於諸葛方病之日；若祭遵、來歙死於倉卒，而兵柄有歸，尤先事以防不測，其計定矣。惡有縣三軍之任，摇摇不知所付，帥死而後就軍中以謀用舍哉？又況所遺者奄人，賄賂行，威權替，李懷玉得逞其姦，而唐無天子，養亂以垂亡，寄生之君，尸禄之相，不足與有爲久矣。將有材而不能知，軍有情而不能得，浸使不問，軍中自爲予奪，其召亂尤速也。操大權者，非一旦之能也。

二

安、史之滅，自滅也，互相殺而四賊夷，唐不能俘馘之也。前之復兩京，後之收東都，皆乘其敝而資回紇之力，李、郭亦因時以取大勳，非有血戰之殊勞焉。以戰功論，李光弼奮其智勇，克敵制勝之功視郭爲多；郭則一敗於清渠，再潰於相州，功尤詘焉。然而爲唐社稷之臣，天下倚以重輕，後世無得而議者，又豈徒徼虚譽乎？

任天下之重者，莫大乎平其情以聽物之順逆，而不挾意以自居於勝，此唯古之知道者能之。故詩稱周公之德曰「赤舄几几」，言其志定而於土皆安也。夫有攬天下於己之心，其心危；有疑天下而不自任之心，其心詖；心者，藏於中而不可揜者也。藏於中而固不可揜，故天下皆見之，而思與戮、疑與信、報之以不爽。汾陽以翹關負米起家，而暗與道合，其得於天者，三代以下莫與之倫矣。

能任也，則不能讓，所謂豪傑之士也，韓信、馬援是已；能讓也，則不能任，所謂保身之哲也，張子房李長源是已。汾陽於位之崇替，權之去留，上之疑信，讒佞之起滅，乃至功之成與不成，俱至則受之，受則任之，而無所容心於其閒。情至平矣，而天下不能測其所爲。山有陂陀，則測其峯之起伏；水有灘磧，則測其波之回旋；平平蕩蕩，無高無下，無曲無奇，而物惡從測之哉？天下既共見之，而終莫測之。大哉！平情之爲用也，四海在其度中，賢不肖萬殊之情歸其範圍矣。

相州師潰，汾陽之威名既損，魚朝恩之譖行，肅宗奪其兵柄授李光弼。數年之內，光弼以元帥擁重兵戮力中原，若將駕汾陽而上之也。乃許叔冀叛於汴州，劉展反於江、淮，段子璋反於梓州，楚州殺李藏用，河東殺鄧景山，行營殺李國貞、荔非元禮，內亂蠭起，此撲彼興。迨乎寶應元年，汾陽受王爵、知諸道行營，而天下帖然，內既寧而外自戢，史朝義釜魚之游不能以終日，弗待血戰之功也。嗚呼！是豈光弼智勇之所能及，漢、魏以下將相大臣之能得於天下者乎？

董卓不足以亡漢，亡漢者關東也；桓玄不足以亡晉，亡晉者北府也；黃巢不足以亡唐，亡唐者汴、晉也。然則安、史非唐之憂，而乘時以蠭起者，鹿不知死於誰手。汾陽一出而天下熄，其建威也，不過斬王元振四十餘人而已，天下莫敢復亂。唯其平情以聽權勢之去來，可爲則爲，不可爲則止，坦然無我之大用，人以意揣之而不能得其要領，又孰知其因其心而因物以受寵辱之固然者乎？僕固懷恩亂人也，張用濟欲逐光弼，而懷恩曰：「鄴城之潰，郭公先去，朝廷責帥，故罷公兵。」引咎以安衆心，何其似君子之言也！非公安土敦仁、不舍几几之度，淪浹於羣心，懷恩詎足以及此哉？

人臣之義，憂國如家，性之節也；社稷之任在己而不可辭，道之任也。篤忠貞者，汲汲以謀濟，而勢詘力沮，則必有不平之情。此意一發於中，必動於外，天下乃爭騖於功名，而忘其忠順。姦人乘之，亂因以起。唯並取立功匡主之情，夷然任之，而無取必於物之念，以與天下相見於冰融風霽之宇，可爲者無不爲焉，則雖有桀驁不軌之徒，亦氣折心灰而不敢動。不言之言，無功之功，回紇稱之曰「大人」，允矣其爲大人矣。以光弼之忠勇不下於公，而天下不蒙其祐，兩將相衡，度量較然矣。

孤臣孽子，歷疢疾而憤興。雖然，亦存乎其人爾。抱倜儻不平之姿者，安樂易以驕，憂危乃以惕，則晉重耳、越句踐是已。其不然者，氣折則神益昏，心危則志益溺，使駕輕車、騁康莊，猶〔不〕㊀免於折輈輪載也。

二

中宗幽辱於房州。因與韋氏暱以自安，而制於韋氏，身爲戮，國幾喪，固無足道矣。肅宗之明能任李泌，其斷能倚廣平，雖不廢寵嬖，而無淫荒之癖，是殆可與有爲者。其在東宮，爲李林甫、楊國忠所離間，不廢而死者，幸耳。靈武草創，履行閒者數年，賊逼於外，援孤於内，亦可謂與憂患相終始、險阻備嘗者也。而既歸西京，討賊之功，方將就緒，茶然委順，制於悍妻，迫於家奴，使擁兵劫父，囚處別宮，唯其所爲，莫之能禁，乃至蒙面喪心，慰李輔國曰：「卿等防微杜漸以安社稷。」天倫泯絶若此之酷者，豈其果有梟獍之心乎？畏輔國之擁六軍，禍將及己，而姑以自全耳。黜蕭華，相元載，罷子儀，乃至聞李唐之諫，泫然流涕，而不敢修寢門之節，與冥頑不慧之宋光同其陷溺，豈非憂患深而鋒稜絀，以至於斯哉？

其任輔國也，徇良娣也；其嬖良娣也，亦非徒悦色也，當在靈武時，生子三日而起縫戰士之衣，畏

㊀據校記增。

刺客而寢於外，以身當之，患難之下，呴沫相保，惻然之心一動，而沈酣不能自拔，縱遣驕横，莫能復制，日銷月靡，志不守而神不興，不復有生人之氣，岌岌自保之不遑，於是而泯忘其天性，所必然矣。鄉使以元子之尊，早受册立，無姦臣之摇動，無巨寇之摧殘，嗣天位，撫金甌，則固可與守文，而豈其喪心失志之爾爾邪？

嗚呼！豈獨天子爲然乎？士起孤寒之族，際荒亂之世，與炎寒之流俗相周旋，凍餒飄揺，激而特起，念平生之坎坷，懷恩怨以不忘。主父偃曰："日暮途遠，倒行而逆施之。"一飯千金，睚眦必報。蘇秦、劉穆之、元載身陷大惡，爲千古僇，皆疢疾之深，反激而愈增其狂戾也。故曰："不仁者，不可以久處約。"處約而能不以女子小人醉飽金錢爲恩怨者，鮮矣。此亂世所以多敗德也。

代宗 唐諱世，代宗猶言世宗，近人欲以加景皇帝，其不學如此。

一

代宗聽程元振之譖，流來瑱殺之，而藩鎮皆懷叛志，僕固懷恩以是樹四降賊於河北，養亂以自固，終始爲唐巨患，其上書自訟，指瑱之死爲口實，用拒入朝之命。夫來瑱之誅，豈其無辜而僅以請託不從致元振之怨乎？瑱之誅，亦法之所不貸者也。

其鎮襄陽也，以李輔國之私人，奪韋倫而得之，引降賊張維瑾等爲爪牙，收人心以據大鎮，召赴京師而不至，徙鎮淮西而不行，縱兵擊裴茙，禽送京師，脅朝廷以行辟，唐藩鎮之抗不受代圖不軌者，蓋自瑱始。殺瑱而藩鎮怨，縱瑱而藩鎮抑驕，兩俱致亂之道；殺之而咎其刻，不殺則必聽之，而抑咎其偷。已成之咎，怨之所歸，不知反此，而咎又將在彼矣。肅宗以來，驕縱養癰，勢將必潰，飭法以誅瑱，固非淫刑以召叛也。瑱不死，僕固懷恩谿壑之欲又豈易厭乎？

乃若代宗之所以不克懲亂而反以致亂者，殺之非所以殺也。刑者，帝王所以懲天下之不恪也。刑濫於不當刑，人固自危，而猶不敢欺，且冀其偶失而終能不濫，則疑怨不深。唯刑施於所當刑而不以其道，天下乃測其刑之已窮，而怨其以機相陷也，乃始挾毒以相報。

當來瑱襄陽跋扈之日，唐不倚之以討賊，瑱固無恃以脅唐；藩鎮林立，勢不相下，瑱即叛，祇以速亡，則使正名聲罪以致天誅，夫豈有大害於社稷哉？而惴惴然將迎之不遑，殺裴茙以媚之，虛相位以餌之，魚脱於淵，然後假通賊之誣辭，加以不當辜之辟。藩鎮之怨，非徒怨也，固將曰：瑱擁兵不入，唐固無如瑱何，唯倔強者可以免禍，而瑱自投其罔，吾知戒矣。留賊以爲援，抗命而不朝，鷹隼揚於寥天，豈矰弋之能加哉？

蘇峻曰：「吾寧山頭望廷尉，不能廷尉望山頭。」孱主庸臣之伎倆，在姦雄心目之中，以怨爲名而非怨也，倒持魁柄以相制而相持也。藉令當瑱違命之日，下尺一之詔，責以不可貰之法，使束身歸闕，則姑貸其死而貶之；不則舉六師以急清內賊，則河北羣醜，且震動以弭其邪心，況方在立功、反謀未決之懷恩哉？

二

以文取士而得真才，以行取士而得篤行，則行愈於文多矣。以文取士而得僞飾之文，以行取士而得僞飾之行，則僞行之以害人心、壞風俗、傷政理者，倍於僞飾之文，支離浮曼，而害止於言也。且設科以取士，則必授之以式矣。文者，言治而要之事，言道而要之理，即下至駢偶聲韻之文，亦必裁之以章程，可式者也。行而務爲之成法，則孝何據以爲孝之程，廉何據以爲廉之則邪？不問其心，而但求之外，非梟獍皆可云孝，非盜賊皆可云廉，不可式者也。極其弊，委之守令，而奔走於守令之門，臨以刺史，而奔走於刺史之門，以聲譽相奬，以攀援相競，乃至以賄賂相要，父母爲羔鴈，廉恥爲優俳，其不率天下以狂趨者能幾也？

鄉舉里選，三代之法也。而殷之大國方百里，周之大國五百里而止，其小者五十里耳，即其地，選其人，官其土，君大夫世與相狎，而賢姦易辨，猶今置鄉耆於一村一社而已，則公議固不容掩也。乃以四海之遼絶，刺史守令三載之乍臨，求知巖穴之行履，責以知人之哲，而升朝以任天下之大，何易易邪？又況曲士之垂腴而干請，賕吏之鬻民以徼利者哉！

漢之舉孝廉，舉其爲吏於州郡者也。既爲吏而與一鄉之政，能否可知其大凡矣，而清濁異流，臭味異合，請託易集，黨比相怙，孝者固非孝，廉者固非廉也。漢末之得士，概可見矣。況使求升朝而理、易地而官者於未登仕籍之處士乎？楊綰懲進士之亡實，欲復孝廉之舉，終不可行，論者惜之。惜之者，未嘗體人情、揆事理、周世變、究終始，浮慕古昔，而徒以空言居勝者也。綰未幾而奏罷孝弟力田科，以無實狀，多僥倖故廢之，綰亦自知其前之失言矣。

然則行不足以取真士，而以文取者可得士乎？夫非謂文之可以得士也，設取士之科者，止以别君子野人而止耳。雖有知人之哲，不能於始進而早辨其賢姦也。故三代之法，觀之於飲，觀之於射，觀其比禮比樂内正外直之度、拜起揖讓之容而已；疇爵行而合語，觀其稱古昔、道先王而已；觀之於此，而君子野人之辨，可十九得也。過此以往，敷奏以言，明試以功，皆論定後官之餘，乃以察其賢不肖而進退之。然則立法以取士，試之以策問，試之以詩賦，試之以經義，亦飲射之遺意而變通之，豈期於此而遽得真士哉？習文教而與聞乎德言之緒論，爲野人之所不勝，既繇乎君子之途，則可望以循此而上達耳。授之以政，而智愚勤惰忠佞貪廉，自有秉憲者執法以議其後，其可縣行誼爲標格，使之讎僞以藏姦乎？

若夫學校之設，清士類於始進，不當專求之文，而必考其閨門之素履；正士習，育賢才，嚴不淑之懲，又不待登進之日也。然而方在子衿之列，修子弟之敬愛，絶公門之請謁，亦士之常耳。或既貴而喪其所守，詎可遽以此爲賢，而授之大官大邑乎？以行按不肖之罰，而以文求君子之度，流品清而僞行抑不敢冒，斯其於取士之法，殆庶幾與！

三

盈唐之廷而發程元振之姦者，太常博士柳伉也，唐可謂廷無人矣。抑考古今巨姦之在君側，大臣諫官緘默取容，小臣寒士起而擊去之，若此類者不一，夫人君亦何賴有心膂股肱之臣哉？誠足悲已！乃其閒抑有辨焉。如其姦邪得勢，執闇主之權，生殺在手，士大夫與争而不勝，因起大獄，空君子之羣，誅戮流竄，流血盈廷，檻車載道，而綸扉卿署偏置私人，故姦已露、勢將傾，而無有能詰者，於是一介之士，迎其機而孤起以攻之，此固無容深怪已。

程元振得權以來，所譖而誅者來瑱，瑱固有可誅之罪也；所忌而逐者裴冕，猶得刺州以去，未有大傷也；李峴與相不協，柳伉之事，峴且與謀，未嘗先發制峴，而安位自若；省寺臺端，類非繇元振以升，而害亦不及，士大夫固優游羣處於朝右，誰禁之使瘖，而讓搏擊之舉於一博士乎？通國痿痺，無生人之氣，何其甚也！

宋之諫臣，遷謫接踵於嶺南，而諫者日進；唐無貶竄之禍，而大姦根據，莫之敢搖；無他，上委靡而下偷容，相養以成塞耳蔽目之天下，士氣不伸，抑無有激之者也。進無聽從之益以仰庇宗社，退無誅逐之禍以俯著直聲，雖欲扼腕昌言，一蟄吟而蛩泣耳。無惑乎視糾謬鋤姦爲迂闊之圖，人棄廉隅而保容容之福也。是以薰蕕並御之朝廷，不如水火交爭之士氣也。

四

擁重兵、居高位、立大功、而終叛，類皆有激之者，唯僕固懷恩不然。來瑱雖誅，然無功於唐，而據邑脅君，上下之猜嫌久矣，非彭、韓在漢，蘇、祖在晉比也。雖誅十瑱，懷恩自可坦然無危疑也。代宗推心以任懷恩，至於已叛，猶眷眷不忘，養其母，鞠其女，且曰：「朕負懷恩。」程元振、魚朝恩雖不可久恃，而方倚懷恩以沮汾陽，抑不如楊國忠之於祿山矣。懷恩不叛，優游擁王爵於朔方，何嫌何懼，不席富貴以終身邪？河北初平，大功已集，薛嵩等迎拜馬首，乞隨行閒，正其策勳嗚豫之日矣；遽起異心，養寇樹援，爲叛逆之地，辛雲京閉城自衛，豈過計哉？駱奉仙雖爲雲京行説以發其反謀，亦非縣坐以本無之志而陷以醢菹，辛雲京、李抱玉先事之知耳，非激之也；然而冒昧以逞，決志不回，此何心哉？傳曰：「狼子野心。」洵懷恩之謂與！

乃若唐之召叛也，其失在過任懷恩耳。許回紇之昏，而以懷恩之女妻之，使結戎狄以爲援，有藉而得起，一失也；命雍王爲元帥，進收東京，不置帥副，而以懷恩領諸營節度爲雍王副，二失也；奪汾陽兵柄，以朔方授懷恩，三失也。功已立，權已張，位已極人臣而逼上，内有河北之援，外結回紇之好，睥睨天下，莫己若也，汾陽亦不得不解元帥之任以授之。汾陽且爲之屈，懷恩目中不復有唐矣。鷹飽則颺，豈待激之而後叛哉？雲京不發其姦，懷恩之逆特遲耳。禍速則其根本未固，河北四鎮，初分土得兵，尚未有生聚固結之資以擁懷恩而蠭起；使其羽翼已成，羣凶翕聚，幸而爲禄山，不幸而爲石敬瑭矣。唐之不亡，其餘凡幾也！

夫人之所受，如其器而止，溢於器，則汎濫不可復收，並其器而亦傾。懷恩可使爲偏裨，聽汾陽之頤指者也。故當李光弼入軍之日，而能止軍中之亂，過此則溢矣；雖自速其亡，亦所不恤也。叛之速，而禍止於太原與奉天，河北不與俱起，猶雲京、抱玉之功也。借曰勿激，則其反也在程元振既誅之後，徒委罪於元振，豈定論乎？以大任委人，不揆其器，未有不亂者也。

五

廣德二年，户部奏户口之數二百九十餘萬，較天寶户九百六萬九千有奇，僅存者三之一也，而猶不足。叛賊之所殺掠，蕃夷之所蹂踐，亂軍之所搜刷，死絶逃亡，而民日以耗，固也。然天地之生，盈而必消，消而抑長，民之自惜其生，驚竄甫定，必即謀田廬、育婦子，筋骸以習苦而彊，婚嫁以殺禮而易，亦何至凋零之速是哉？

蓋國家所以安集其人民而足其賦役者，恃夫法之不亂、政之不苛，汙吏無所容其姦，猾胥無所雠其僞耳。喪亂猝興而典籍亂，軍徭數動而遷徙雜，役繁賦重，有司以消耗薄徵輸不及之責而利報逃亡，單丁疲户，徼幸告絶，而黠民乘之，以衆爲寡，以熟爲萊，隨賦於僻遠愿樸之鄉，席腴産、長子孫者，公爲籍外之游民，墨吏鬻版籍，猾胥市脱漏，乃使奉公畏法之愿民，代姦人以任國計，户日減，科斂不得不日增，昔以三而供太平之常賦，今以一而應軍興之求索，故其後兩税行而税外之苛徵又起，杜甫所爲哀寡婦誅求之盡者，良有以也。

民之重困，豈徒掠殺流亡之慘哉？第五琦、元載之箕斂愈酷，疲民之詭漏愈滋，官胥之欺誣愈劇，此二百九十餘萬者，猶弗能盡隱而聊以塞上之掊求者也。以此知廣德之凋殘，上損國而下病民，誠有以致之，蓋亂世必然之覆軌矣。賦輕役簡，官有箴，民有恥，雖兵戈之餘，十年而可復其故，亦何至相差之邈絶乎？

六

讀古人書，不揆其實，欲以制法，則殃民者亦攀援附託以起，非但耕戰刑名之邪説足以禍天下也。三代取民之法，皆曰什一，當其時必有以處之者，民乃不困。其約略可考者，則有中地下地、一易再易、田萊相參之法，名爲什一，非什一也。以國之經費言之，天下既自上古以來封建相沿，而各君其國，以與天子相頡頏，以孟子所言，率今一小縣，而有五世之廟，路寢三門之制；百官有司，則以周初千八百國計之，以次國二卿爲準，南不盡楚塞，西不踰河、隴，東不有吳、越，中原侯甸未訖六州，而爲卿者已三千六百人，人食一千六百之粟，而大夫士府史胥徒坐食無算，今天下十不得一也；幣帛饔飧見於聘禮者，如此其繁，比年三年數舉而徧於友邦，皆民之晝耕夕織、勤苦而僅獲者也。後世而幸免此矣，則無三王寬恤之仁，而欲十取其一，以供貪君之慢藏，哀哉！苟有惻隱之心者，誰忍言此哉？

然而第五琦竊其語以橫徵，欲詰其非，則且曰此禹、湯、文、武，裁中正之法以仁天下，而孟子謂異於貉道者也，胡不可行也？乃代宗行之三年，而民皆流亡，卒不可行而止。以此推之，後世無識之士，欲撓亂成法，謂三代之制一一可行之今，適足以賊民病國，爲天下僇。類此者衆矣，不體三代聖人之心，達其時變，而徒言法古者，皆第五琦之徒也，惡適於商鞅矣。何也？彼猶可鉗束其民而民從之，此則旦令行而夕哭於野，無有能從之者也。三十取一，民猶不適有生，況什一乎？

七

以道宅心者，天下所不能測也。兵凶戰危，以死爲道者也。以死爲道，然後審乎所以處死之道；審乎所以處死之道，然後能取威制勝，保國全民，不戰而屈人之道咸裕於中而得其理。繇其功之已成，觀其所以成功，若有天幸；乃其決計必行之際，甚凶甚危，而泰然不疑，若不曙於禍福生死以徼幸，皆人之所不測也。不測之，則疑其智之度越而善操利鈍之樞。夫豈然哉？知死爲其道，而處之也不惑耳。

回紇要郭汾陽相見，汾陽知戰之必敗，而唯以身往赴之之一策，可以抑鋒止鋭而全宗社。於斯時也，固不謂往之必死也，亦不謂往之必不死也，雖死而無所恤焉而已。故藥葛羅情窮而辭屈，慑於其不畏死之氣，則未知殺公以後勝敗奚若，而心已折、氣已餒矣。決於死，則情志定；情志定，則神氣平而條理現。免胄投鎗之際，一從容就義者大雅之風裁也。

處死之道，致一而已。致一則神全，神全則理裕。理處其至裕，而事必應乎其心。凡人之情，局於目前而迷於四際者，固不足以測之，遂相與詫之曰：其不可測也，有若是哉！不則其有天幸乎？夫惡知所守之約，爲恐懼疑惑之所不得乘哉？

其謂子晞曰：「戰則父子俱死，不然，則身死而家全。」聊以慰晞而已，非公之本志也。告藥葛羅曰：「挺身聽汝殺之，將士必致死與汝戰。」亦示以不可勝耳，非挾將士之報讎死戰、足以慴回紇也。公之心，則惟極致於死，而固無必生之計也爾。

八

代宗委權以驕藩鎮，而天下瓦解。其柔弱寬縱也，人具知之；抑豈知其失也，非徒柔弱不自振之過哉？惟握深險之機以與天下相劘相制，而一人之機，固不足以敵天下也。代宗之機，得之於老氏。老氏曰：「將欲取之，必固與之。」「天下之至柔，馳騁天下之至剛。」此至險之機也，而代宗以之。固爲寬弱以極悍戾者之驕縱，驕縱已極，人神共憤，而因加之殺戮也不難，將自以爲善制姦慝而必死於其手。乃天下習知其術，而受其與、不聽其取，乘弱制之以不復剛，終處於無何而權以倒持。安足以馳騁哉？自斂而已矣。

李輔國惡已極而殺矣，程元振惡已極而流矣，魚朝恩惡已極而誅之俄頃矣；假手元載以殺朝恩，復縱元載以極其惡，而載又族矣。當其姑爲隱忍，則輔國繇三公而王，唯其志也；程元振位驃騎，激怒羣情，挫抑汾陽，唯其志也；魚朝恩總禁兵，判國學，隸視宰相，發汾陽之墓，鉗制朝政，唯其志也；然猶曰宦官已掌禁軍，有不測之防，弗能驟計也。元載以一書生，貪猥無狀，自可折箠以鞭笞之者；乃顏真卿爲之坐貶，楊綰爲之左遷，李少良爲之杖死，且寄鄴侯於江外，一唯其荼毒而莫之禁。其處心積慮，欲甘心於載者已非旦夕，且必俟其惡盈而後殛，使害已播於天下，乃以快刑殺於俄頃。凡誅四肘腋之臣，皆以老氏之深機圖之，而藉口以號於天下曰：吾非忍殺之也，彼自殺而我因之也。亦險矣哉！

夫四姦者，依附左右，弗難制者也；不若是而誅殛之也有餘，即若是而誅殛之也，亦弗能抗也；故代宗得以用其機而終投其阱。乃怙此以爲脅持天下之具，餌藩鎮而徐圖之，則愚甚矣。

來瑱不臣已著，舉天下以討一隅，易矣；而餌之以宰相，誣之以通賊，然後殺之。僕固懷恩已反，勢且潰敗，而猶爲哀矜之説以恤之。於是梟雄之帥，皆測其險詐，即乘其假借之術，淫威既得而不復可制。故懷恩受副元帥而後叛，田承嗣受平章事而終不入朝，李靈曜、崔旰、朱希彩、李正己、李寶臣皆姑受其牢籠而終逸於柙阱。一人之險，何足以勝天下哉？徒寬縱之而莫之能收。故曰其愚尤甚也。

元載死，晉楊綰而任之，意且與綰深謀制羣雄而快其夙恨，綰早卒，乃戢意而廢然返耳；藉其不然，誅夷行於一方，則四方愈爲摇動。然而無慮也，元載殺朝恩而帷蓋之恩不保，綰雖忠，亦必慮及於此，以自處於不才之散木，挾詐之主，未有敢與深謀者也。信乎老氏翕張取與之術，適以自斃，孰謂漢文几杖賜吳之智爲能制吳之死命乎？帝王之誅賞，奉天無私，猶寒暑之不相貸也。邪說興，詖行逞，實此以爲術，而天下之亂日生，可勿戒與？

九

李長源當肅宗之世，深觸張良娣、李輔國之怒，拂衣而歸衡山，何其快也！其於元載也，未嘗斥其惡以糾責之，徒以賢姦不可並處而去之，則引身歸嶽，不猶便乎？乃置身參佐，託魏少遊以自全，又何屈也！夫豈葸畏無端而不能自持也哉？達人之通識，度己度人，因時以保明哲之身，而養國家和平之福，非一概之說所可執爲得失也。

長源之於肅宗，在東宮則定布衣之交，在靈武則冒難首至，參大議於孤危，坐寢與偕，成收復之元功，其交固矣。良娣、輔國雖惡其斥己，而所欲者，但令長源一日不居左側，弗爲己難，則意得而無餘恨；於此而翩然已逝，全終始之交，綽有餘裕矣。其於代宗也，雖與謀元帥有翼戴之功，而其早不侍青宮，其後不參帷帟，交未固也。復東京，拒吐蕃，返陝州之駕，誅殛三閹以清宮禁，又未有功也。代宗以畜疑之主，離合不可終憑；元載雖見忌於君，而旁無相逼以升之朝士，唯長源以宗臣入參謀訪，唯恐軋己而代之；且載文辯足以濟姦，朋黨樂爲效命，衆忌交集，深謀不測，抑非如婦人奄豎、褊衷陋識、一去而遂釋然也。載與長源立於兩不相下之勢，而禍機所發，不可預防，峋嶁煙雲，祝融冰雪。其能覆蔭幽人使之安枕哉？

且夫山亦未易居也。其唯弢光未試、混迹漁樵者，則或名姓上達於天子，而鋒稜未著，在廷忘猜妒之心，乃可怡情物外，世屢變而不驚。其不然者，名之所趨，世之所待，功之已盛，地之已危，即欲抗志煙霄、杜口時事，而講說吟咏以迨琴酒弈畫之流，聞風而輻輳，乃有偏遊戎幕拓落不偶之士，爭其長短以恣其雌黄，甚且挾占星卜氣讖緯之小技者，亦浪迹溪山，而附高人以自重，絶之則怨生而謗起，納之則禍發而蔓延，孰謂山之厓、水之涘，非風波萬疊、殺人族人之險阻哉？如稗說所傳，嬾殘十年宰相之說，已足深元載之媢嫉，而可坐以結納妖人之大法，則衡山一片地，正元載横施網罟之機也。自非有所託於外援，優游軍府，而屈志下僚，示以不相逼代之勢，其能免乎？代宗慮此已熟，而長源何勿俛首以從也？夫長源非無意於當世之務，明矣。相唐以定天下者，其志也，固且誅逐元載而戴之以匡王國者也。進退之閒，豈容不審，而但以冥飛之鴻、矯志林泉也哉？

一〇

辨姦者，辨於其人而已。故曰：「君子而不仁者有矣夫，未有小人而仁者也。」

大曆之季年，河北降賊之抗衡久矣。田承嗣連昏帝女，致位元宰，一再召而必不踰魏博一跬步，李正己、李寶臣黨叛而自相襲奪，不復知唐之有天下也。乃盧龍彊悍可憑，凶逆成習，而朱泚一授節鉞，隨遣朱滔入衛，繼且自請釋鎮歸朝，病而有輿尸赴闕之語。代宗於此，雖欲不驚喜失措，隆禮以待之，廁之汾陽之列，使冠百僚，不能也。桀驁者如彼，而抒忠者如此，其誠也。

雖然，亦思其何爲而然哉？德有以懷之與？威有以震之與？處置之宜，有以服其心與？三自反求而皆無其具，則意者其人之忠貞素篤，超然於羣類之中，而可信以無疑邪？乃泚之非其人也明甚矣，託胎於亂賊之中，熏染於悍戾之俗，而狡凶尤甚，假手於李懷瑗，殺朱希彩，而使其弟滔蠱三軍以戴己，柔媚藏姦，乘閒而竊節鎮，既有明驗矣，飾忠歸順，遂倚爲心膂之大臣，嗚呼！何其愚也。

田承嗣、李正己株守一隅，阻兵抗命，雖可負固以予雄，終非良久之謀也。而泚尤岌岌，驟竊幽、燕，衆志未戢，而李寶臣有首邱之志，日思攘臂，輕兵入其郛，弗能遏也；於是張皇四顧，睨朝廷爲藏身之窟，使朱滔倚内援以安枕於北平，己乃居不世之功，狎天子大臣而伺其閒隙以逞狂圖。自彊藩割據以來，人所未及謀者，泚竊得之以僥幸。代宗不能知，汾陽不能制，常衮、崔祐甫之褊淺，莫能致詰，而泚果能優游巖廊以觀變，亦狡矣哉！代宗崩，汾陽總己，德宗初政，未有釁也，是以遲久而始發。不然，泚豈能鬱鬱久居此哉？若此者，一望而知之，而唐之君臣固夢夢也，夫豈姦之難辨哉？問泚之何以得帥盧龍，而能不爲之寒心乎？非但如安禄山之初起，非有猾逆之易窺者也。

然則如之何？於其入而待之以禮，榮之以秩，而不授以政，使受統於汾陽，而汾陽得以制之，豈徒泚之惡不足以逞乎？河北諸逆知天子之不輕於嚬笑，而意亦消沮矣。得失之機，昏昭之别，判於持重審固者之心，非庸主具臣浪爲驚喜者之所能與也。

二

法未足以治天下，而天下分崩離析之際，則非法不足以定之。故孟子言仁天下而歸之法，爲七國分争十二失守不定之天下而言也。有法不可施之日，而後法亦無能以行，則孔北海欲復王畿千里之制，徒爲空言，而身以喪，國終以亡。若其猶可治也，法可施，而惡容不亟建乎？

唐自天寶以後，天下分裂而無紀。至於大曆，亂少息而泮散尤甚。雖然，可爲之幾正在是矣。逆臣之逆横已極矣，唯意所爲，而不能以非法之法亂法也；邪臣之邪貪已極矣，唯利是崇，然其亂法者，莫能改法也。故楊綰一相，三月之閒，而天下爲之震動恪共以從乂，綰於是得立法之本，而行之有序；綰不死，知其可以定天下矣。河北之逆末也，西川、嶺南之亂尤末也，鳳翔、涇原、汴宋、河陽之蠭起，猶非本也。三豎亂於前，元載亂於後，朝廷無法，而天下從風。綰清修自飭，立法於身，而增百官之奉以養官廉；罷團練守捉以肅軍政；禁諸使之擅召刺史，以孤悖逆之黨；定諸州兵數，以散聚衆之謀。行之朝廷，可行而行矣；行之内地，可行而行矣。且姑置抗拒之逆藩於不論，使其允行之，十年之後，内寧而外患亦無藉以生，天下將秩秩然，兵有制，吏有守，則據土叛君者，明其爲化外之跡，而不敢以中逆貌順、覬朝廷之寵命，河北梗化之凶豎，不斂手而聽命者，未之有也。

夫代宗非果無能爲者，一受制於李輔國，而二豎因之，元載乘之，懷情以待，得綰以相而志將伸，綰遽卒，常衮不足以勝任，而代宗又崩矣，唐之不振，良可悼已！然建中之初，天下姑安者，猶綰之餘休也。法先自治以治人，先治近以及遠，綰清慎自持，汾陽且爲之悚惕，孰敢不服哉？法猶可行，治猶可定，天奪綰而代宗終爲寄生之君，過此無可爲矣。

讀通鑑論卷二十四

德宗

一

驟爲震世之行者，其善必不終。震世之善，驟爲之而不疑，非其心之能然，聞人之言善者，亟信之也。聞人之言善而信以爲必行，則使聞人之言不善者，抑不審之於心而亟從之。聞人不善之言而信，則人之言善者，無不可疑也。交相疑信，而善者恆不敵不善者之巧給，奚望其善之能有終邪？且夫事之利病，豈其有常，人之賢不肖，豈易以一概論哉？胥一善，而或爲之而效，或爲之而不效，義難精也；亟於信者，期其必效矣，期之太過，不遂其望，而或至於隳功，遂以疑善之不足爲也。胥爲君子，而或不爽其名，或大爽於其名，志難知也；亟於信者，期君子之必善矣，期之太過，不慰其所求，而或至於敗行，遂以疑君子之不可用也。若此者，欲其善之終也，必不可得矣。夫明主之從善而進賢，寬之以取效之塗，而忍其一時之利鈍；諒小人之必不仁，而知君子之有不仁者，但黜其人，而不累於其類；然後其決於善也，以從容而收效，決於用賢也，以闊略而得人。無他，審之於心，百折迂回，詳察乎理之必有與事之或然，而持其志以永貞，非從人聞善而遽希驟獲之功也。

唐德宗之初政，舉天寶以來之亂政，疾改於旬月之中，斥遠宦寺，閑制武人，慎簡賢才以在位。其爲善也，如日不足，察常衮之私，速奪其相位，以授所斥責之崔祐甫，因以震動中外，藩鎮有聰明英武之言，吐蕃有德洽中國之譽；乃不一二年而大失其故心，以庇姦臣、聽讒賊，而海内鼎沸，幾亡其國。人徒知其初吉終亂之善不長，而不知其始之善非固有之，道聽而襲取之；迨乎物情之變，固不可知，期效迫而不副其所期，則懲往而急於改圖，必然之勢也。罷轉運鹽鐵使而省職廢；命黜陟使巡天下，而洪經綸激田悦之軍，使之痛哭；任文臣以分治，而薛邕以文雅舊臣，盜隱官物巨萬，張涉以舊學師友，坐贓放黜。所欲行者齟齬，所相信者二三，猶豫於善敗臧否之無據，姦佞起而熒之，無惑乎窮年猜忌，内蠱而外離也。

嚮令德宗於踐阼之始，曲體事幾之得失，而權其利害之重輕；深察天人之情才，而别其名實之同異；析理於心，窮心於理，鄭重研精，不務皎皎之美名，以需效於歲月。則一事之失，不以沮衆事；一人之過，不以疑衆人。其失也，正其所以得也；其可疑也，正以無不可信也。堯不以共、驩而防舜、禹，周公不以管、蔡而廢親親；三折肱爲良醫，唯身喻之而已。躁人浮慕令名，奚足以及此哉？故於德宗之初政，可以决其不克有終也。

二

法爲賢者設乎？誠賢矣，雖不授之以法而可矣。故先王之制法，所以沮不肖者之姦私，而賢者亦循之以寡過。唐既於牧守之外置諸道諸使，使自擇任寮吏，於是其未亂也，人樹黨以營私，其亂也，聚徒以抗命。沈既濟上選舉議，猶欲令州府辟用僚佐，而不任宰相吏部兵部之銓除，且曰：「今諸道諸使自判官副將以下，皆使自擇辟吏之法。」何其不恤當時之大害至此極也！自天寶兵興以後，迄於宋初，天下浮薄之士，置身私門，背公死黨，以逆命謀篡、割據分争者誰邪？既濟以爲善政，而論者奬之爲三代之遺法，甚矣！其貽禍之無窮矣。

夫環天下之賢不肖，待銓除於吏部，不足以辨不齊之材品，此誠有未允者，而亦事理之不得不然者也。操黜陟之權於一人者，天子憲天以立極，猶萬彙之榮枯統於真宰也。分進退之衡，使宰相部臣司其進，牧守使臣糾其退者，各有所司而不相侵，猶春夏之司生，秋冬之司殺，互成歲功也。牧守既臨下以考功罪矣，又使兼爵人禄人之權焉，則誣上行私、政散人流而不可止。唐之以判官副將聽諸使之自擇，其威福下移之害，既可睹矣。激安禄山以反者，幽、燕部曲也；黨劉展以反者，江、淮親舊也；勸李寶臣以抗命者，王武俊也；導李惟岳以自立者，畢華也；説朱滔以首亂者，王侑也；奉四叛以稱王者，李子千也。自非端士，必懷禄以爲恩。足不涉天子之都，目不睹朝廷之法，知我用我，生死以之，而遑問忠孝哉？故自田承嗣、薛嵩、李正己、李希烈以洎乎李克用、朱温、王建、楊行密，皆有盡心推戴之士以相煽而起。朝廷孤立，無與爲謀，唐之亡，亡於人之散，明矣。抑令天下無釁，牧守無妄動之心，而互相輔倚，以貪縱虐民、蕩佚法制，亦孰與禁之？而國民之交病，不可詰矣。既濟倡爲邪説，以破一王之法制，意者其爲藩鎮之内援，以禁天子不得有一士之用乎？不然，何大綱已失，必取其細目而裂之也？

其曰「辟吏之法，已試於今」，不軌之情，已不可揜矣。

三

不欲以其死累天下者，君子之義也；不忍於送死之大事，而不以天下故儉其親者，人子之心也；兩者並行而各盡。故尸子曰：「夫已多乎道。」豈必唯父命之是從哉？況乎有固吝之心，而託之遺命以自飾也！秦殫天下之力以役驪山，窮奢殃民，洵無道矣。乃欲之者，嬴政之自縱其惡，非胡亥之矯父命以崇侈虐民也。且秦之毒民而以自亡，豈但驪山之役哉？

檀弓出於漢儒之雜記，有非聖人之言者矣。其曰：「葬也者，藏也，欲人之弗見之也，封樹云乎哉？」夫人不媿於天，不怨於人。死，天下知其死；葬，天下知其葬。懷其恩者，過墓而欷歔；聞其風者，望阡而愾想。即其不然，亦相忘於林巒之下。何所抱恨，何所含羞，而託鼠穴以深匿，欲人之弗知之邪？如其負大惡、施大怨，死而人且甘心焉，則不封不樹，裒然平土，而操斸以椓之，猶易易也。故以知檀弓之言，非夫子之言也。

曾子曰：「人未有自致者，必也親喪乎！」士庶人有財而得爲，皆可致而無弗致也；況四海兆民之元后，父終母亡㊀，終古止此一事，而爲天下吝乎？喪禮之見於士喪者，且如彼其慎以周矣，遣車抗木，茵翣明器，空中人之産，士貧且賤，猶且必供；以此推而上之，至於天子，率萬國以送其親，而迪民

㊀　校記「父終母亡」作「父母終生」。

以歸厚，不可過也，而矧可不及邪？遺命雖嚴，在先君以自章其儉德，惟不朘削斯民、致之死亡，而已善承先志矣。若挾此爲辭，吝財力以違可致之心，薄道取法於墨者，充塞仁義，其視委壑而聽狐蠅之嘬食也無幾，非不仁者，孰忍此哉？

唐德宗葬代宗於元陵，詔從優厚，而令狐峘曰：「遺詔務從儉薄，不當失顧命之意。」不仁哉其言之乎！爲人子者，當親存之日，無言不順，無志不養，没而無遺訓之不奉，姑置此言焉可也。他不具遵，而唯薄葬之言爲必從，將誰欺也？邪説誣民，若此類者，殆仁人之所必誅勿赦者與！

四

政莫善於簡，簡則易從。抑唯上不憚其詳，而後下可簡也。始之立法者，悉取上下相需、大小常變之條緒而詳之，乃以定爲畫一，而示民以簡，則允易從矣。若其後法敝而上令無恆，民以大困，乃苟且以救一時之弊，舍其本，而即其末流之弊政，約略而簡之，苟且之政，上與民亦暫便之矣。上利其取給之能捷，下利其期會之有定，稍以戢墨吏、猾胥、豪民之假借，民雖殫力以應，而亦幸免於紛擾。於是天下翕然奉之，而挪法者遂自謂立法之善，又惡知後之汎濫而愈趨於苛刻哉！

蓋後世賦役虐民之禍，楊炎兩税實爲之作俑矣。夫炎亦思唐初租、庸、調之成法，亦豈繁苛以困民於旬輸月送乎？自天寶喪亂以後，兵興不已，地割民凋，乃取僅存之田土户口，於租、庸、調之外，横加賦斂，因事取辦而無恆，乃至升斗錙銖皆洒派於民，而暴吏乘之以科斂，實皆國計軍需，在租、庸、調立法之初，已詳計而無不可給者也。舉天下之田畝户口，以應軍國之用，而積餘者尚不可以數計。量其入以爲出，固不待因出而求入也。因出以求入，吏之姦，民之困，遂浸淫而無所止。然一時喪亂之權計，有司亦乘時以破法，而不敢以爲一定之規。民雖勞，且引領以望事之漸平，而輸正供者猶止於其數也。兩税之法，乃取暫時法外之法，收入於法之中。於是而權以應迫者，皆以爲經。當其時，吏不能日進猾胥豪民而蹤指之，猾胥豪民不能日取下户樸民而苛責之，膏血耗而夢寢粗安，故民亦甚便也。非時非法之箕斂併於上，而操全數以待用，官亦甚利也。乃業已爲定制矣，則兵息事已，國用已清，而已成之規不可復改。人但知兩税之爲正供，而不復知租、庸、調之中自餘經費，而此爲法外之征矣。既有盈餘，又止以供暴君之侈、汙吏之貪，更不能留以待非常之用。他日者，變故興，國用迫，則又曰：「此兩税者正供也，非以應非常之需者也。」而横征又起矣。以此思之，則又何如因事加科，旬輸月送之無恆，上猶曰此一時不獲已之圖，不可久者也；民猶知租、庸、調之爲正供，而外之苛征，事已用饒，可以疾苦上聞，邀求蠲貸者也。唯據亂法以爲法，則其亂不已。嗚呼！苟且以圖一時之便利，則其禍生民亦至此哉！

兩税之法行之數百年，至宋而於庸外加役焉，役既重派於民，而作輟猶無定也。至成化中，而朱都御史英者，又爲一條鞭之法，於夏秋税糧之外，取濫派之雜徭，編於正供，箕斂益精，而漏卮愈潰。迨乎兵興用棘，則就條鞭之中，裁減以輸京邊，而地方之經費不給，又取之民，而莫能禁制。英且以法簡易從，居德於天下，夫孰知其爲楊炎之續以貽害於無窮乎！

夫立法之簡者，唯明君哲相察民力之所堪，與國計之必畜，早有以會其總於上；而瓜分縷别，舉有司之所待用者，統受於司農；以天下之富，自足以給天下之需，而不使羣司分索於郡縣，則簡之道得矣。政已敝，民已疲，乃取非常之法，不恤其本，而横亙以立制。其定也，乃以亂也；其簡也，乃以繁也；民咸死於苟且便利之一心，奚取於簡哉？楊炎以病民而利國，朱英以利民而害民，後之效之者，則以戕民蠹國而自專其利，簡其可易言乎？炎不足誅，君子甚爲英惜焉。

五

言治道者諱言財利，斥劉晏爲小人。晏之不得爲君子也自有在，以理財而斥之，則倨驕浮薄之言，非君子之正論也。夫所惡於聚財者，以其殃民也。使國無恆畜，而事起倉卒，危亡待命，不能坐受其斃，抑必横取無藝以迫民於死，其殃民又孰甚焉？故所惡於聚財之臣者，唯其殃民也，如不殃民而能應變以濟國用，民無横取無藝之苦，詎非爲功於天下哉？

晏之理財於兵興之日，非宇文融、王鉷、元載之額外苛求以困農也，察諸道之豐凶，豐則貴糴，凶則賤糶，使自有餘息以供國，而又以蠲免救助濟民之餒瘠，其所取盈者，姦商豪民之居贏，與墨吏之妄濫而已。仁民也，非以殃民也。榷鹽之利，得之姦商，非得之食鹽之民也；漕運之羨，得之徒勞之費，非得之輸輓之民也。上不在官，下不在民，晏乃居中而使租、庸不加，軍食以足。晏死兩年，而括富商、增税錢、減陌錢、税閒架，重剥餘民之政興，晏爲小人，則彼且爲君子乎？

抑考當日户口虚盈之數，而晏體國安民之心，不可没矣。兵興以來，户不過二百萬，晏任財賦之季年，增户百萬，非晏所統者不增，夫豈晏有術以餌之，使鄰民以歸己邪？户口之耗，非果盡死亡也。貪汙之吏，舉百費而一責之農民，猾胥持權，以私利爲登耗，民不任其誅求，賄吏而自詭於逃亡死絶，猾胥鬻天子之民以充囊橐，偷窳之守令，亦以户少易徵，免於催科不足之罰，而善匿者長子孫，據阡陌，徭徵不及，以爲法外之民，其著籍而重受荼毒，皆窮鄉愿樸者爾。户日耗，賦必日增，僅存之土著，日斃於杖箠囚繫之下，此其所以增者百一、而減者十三也。晏唯通有無、收鹽利、清輓兑、以給軍用，而常賦有經以不濫；且所任以理租、庸者，一皆官箴在念之文士，而吏不得以持權。則彼民也，既優游於奉公之不擾，自不樂受猾胥之脅索，抑安居晏寢，無漏逃受戮之隱憂，有田而租，有口而庸、調，何憚而不爲版籍之良民，以康乃身心邪？然則非晏所統而户不增者，非不增也，增於吏而不增於國也。晏得其樂於附籍之本情，以杜姦胥之詭，使樂輸者無中侵之傷，故民心得而户口實，仁人君子所以體民而生聚者，亦此而已。豈乞靈於造物而使無夭札，遥呼於胡、越而使受戎索哉？然則晏之於財賦，君子之用心也，不可以他行之瑕責之也。

六

無利於國，無補於民，聽姦人之挾持，爲立法禁，以驅役天下而桎梏之，是謂稗政。能知此者，可與定國家之大計矣。

劉晏庀軍國之用，未嘗有搜求苛斂於民，而以榷鹽爲主。鹽之爲利，其來舊矣。而法愈繁則財愈絀，民愈苦於淡食，私販者遂爲亂階，無他，聽姦商之邪説，以擅利於己，而衆害叢集矣。官榷之，不能官賣之也；官賣之，而有抑配、有比較、有增價、有解耗，殃民已亟，則私販雖死而不懲。必也，官於出鹽之鄉，收積以鬻於商，而商之姦不讎矣。統此食鹽之地，統此歲辦之鹽，期於官無留鹽、商無守支、民無缺乏，踊貴而止耳。官總而計之，自竈丁牢盆薪芻糧值之外，計所得者若干，足以裕國用而止耳。一入商人之舟車，其之東之西，或貴或賤，可勿問也。而姦商乃脅官以限地界。地界限，則姦商可以唯意低昂，居盈待乏，而過索於民。民苦其貴，而破界以市於他境，官抑受商之餌，爲之禁制，徽纆日纍於廷，掠奪日喧於野，民乃激而走挺，於是結旅操兵，相抗相殺，而盜賊以起。元末泰州之禍，亦孔烈矣。若此者，於國無錙銖之利，君與有司受姦商之羈豢，以毒民而激之亂，制法之愚，莫甚於此，而相沿不革，何也？朝廷欲鹽之速讎，不得其術，而墨吏貪姦商之賄，爲施綱罟，以恣其射利之壟斷，民窮國亂，皆所弗恤也。

晏知之矣，省官以省掣查支放之煩，則商既不病；一委之商，而任其所往，商亦未嘗無利也。相所缺而趨之，捷者獲焉，鈍者自咎其拙，莫能怨也。而私販之刑不設，争盜抑無緣以起。其在民也，此方挾乏以增價，而彼已至，又唯恐其讎之不先，則踊貴之害亦除。守此以行，雖百王不能易也。晏決策行之，而後世猶限地界以徇姦商，不亦愚乎？

持其大綱，疏其節目，爲政之上術也。統此一王之天下，官有責海之饒，民獲流通之利，片言而決耳，善持大計者，豈有不測之術哉？得其要而姦不能欺，千載莫察焉，亦可歎已！

七

德宗不許李惟岳之嗣位而亂起，延及數年，身幾危，國幾亡，天下鼎沸，是豈可謂德宗之宜聽其嗣，使假我之爵位，據我之土地甲兵以抗我哉？而不許之，則又兵連禍結而不解。論者至此而議已窮，謂不先其本，而急圖其末，是已。顧處此迫不及待之勢，許不許兩言而判，徒追咎於既往，而無以應倉卒，是亦塵羹土飰之言耳。

粵自田承嗣等勢窮而降，罪可誅，功無可録，授以土地甲兵者，僕固懷恩姦矯上命而擅予之也。起家無賴之健兒，爲賊已蹙，偷竊土壤，乃欲效古諸侯之世及，延其福祚，其愚而狂以自取滅亡也，本可折箠以收之者也。寶臣先死，惟岳首爲難端，闇弱無能，而張孝忠、王武俊又與離心而伏戈相擬，則首抑之以懲李正己、田悦、梁崇義於未發也，誠不可不決之一旦者矣。不許，而四凶表裏以佐亂，癰之必潰，養之奚可哉？曾未逾年，而田悦大衄，李納勢蹙，惟岳之首縣於北闕，天下亦且定矣。悦與納株守一軍，無難坐待其斃。然則惟岳之叛，不足以爲唐社稷病，而德宗之不許，事雖勞而固有功矣。天下復亂，固非不許惟岳之所致也。

謂殺劉晏而羣叛懷疑以競起者，非也；晏自不當殺耳，不殺晏，而河北能戢志以聽命乎，誰其信之？不殺來瑱而僕固懷恩固反，不殺劉晏而河北固叛，賊指爲名以激衆怨耳，實則了不相及之勢也。抑欲天子不敢殺一人，以媚天下而取容乎？惟岳既誅，成德已平，而處置朱滔、王武俊者乖方以致亂，則誠過已。雖然，滔、武俊之志，猶之乎承嗣、寶臣也，平一賊而進一賊，又豈易言哉？嗚呼！蓋至是而所以處此者誠難，論者設身處此，又將何以處之與？

且德宗之初政，猶勵精以求治，盧杞初升，其姦未逞，固本治内，即不逮漢光武、唐太宗之威德，亦可無咎於天下。以此言之，癰久必潰，河壅必決，代宗以來，養成大患，授之德宗，誠有無可如何者。固非天數之必然，亦人事漸漬之下游成乎難挽，豈一事之失宜所猝致哉？

乃若德宗之不能定亂而反益亂者，則有在焉。當時所冒昧狂逞以思亂者數人耳，又皆紈袴子弟與夫偏裨小將無能爲者也。若環海内外，戴九葉天子以不忘，且英明之譽，早播於遠近，賊之宗黨，如田庭玠、邵真、谷從政、李洧、田昂、劉怦，下至幽、燕數萬之衆，無欲叛者。德宗誠知天下之不足深憂，則羣逆之黨，固可静待其消。而德宗不能也，周視天下，自朝廷以至於四方，無一非可疑者。樹欲静而撼之，波欲澄而扫之，疥癬在四末，而鍼石施於膏肓，可談笑以收功，必震驚以召侮，愈疑愈起，愈起愈疑，乃至空腹心之衛，以争勝於東方。憂已深，慮已亟，禍愈速而敗愈烈。梁州之奔，斯致之有繇，而非无妄之災矣。

蓋河北之勢不能不亂者，代宗積壞之下游也，而於德宗則爲偶起之波濤。事窮而變，變則有通之幾焉。田承嗣、李寶臣、李正己、朱希彩之毒，大潰而且竭矣，其潰也，正其所以痊也。嗚呼！能知苟安之必爲後患，禍發之可待消亡，守順逆之經，居高乘權，因窮變通久之時，無震動讋悚之惑，而後天下静於一人之心。一發不效，惴惴焉迫爲改圖，載鬼一車，而弧張不説，庸人之識量，所爲自貽伊慼者，唯此而已矣。

八

劉盆子請降，光武曰：「待以不死耳。」大哉言乎！理正而法明，量弘而志定，無苟且求安之情，則威信伸而亂賊之膽已戢，天下之寧也必矣。詩云：「我徂惟求定。」定者，非一旦之定也。志惟求定，未定而不以爲憂，將定而不以爲喜，所以求之者，持之心者定也。

史朝義窮蹙東走，官軍追敗之於衛州，而薛嵩、李寶臣降；再敗於莫州，窮蹙無歸，而田承嗣降；獨與數百騎北奔塞外，而李懷僊殺之以降；馬燧、李抱真、李晟大敗田悅於臨洺，梁崇義俘斬於襄陽，李惟岳援孤將潰，而張孝忠降；馬燧等大破田悅於洹水，朱滔、張孝忠攻拔束鹿，惟岳燒營以遁，而王武俊殺惟岳以降。凡此皆梟雄狡獪、爲賊爪牙、以成其亂者，火熸水平，則賣主以圖僥倖，使即不降，而欲燼之灰，欲澄之浪，終不足以復興。且其反面無親，旦君夕虜，憯焉絶其不忍之心者，允爲亂人，非一挫可消其狂猘。以視赤眉、盆子，其惡尤甚；而既俯首待命，則制之也尤便。待以不死，而薄給以散秩微禄，置之四裔，則禍於此而訖矣。官軍將士，血戰以摧彊寇，功未及録，而窮乃投懷之鷙獸，寵以節鉞，授以土疆，義士心灰，狂徒得志，無惑乎效忠者鮮而犯順者日滋也。

語有之曰：「受降難於受敵」。而非此之謂也。兩國相距，勢埒力均，乍然投分，誠僞難知，則信難矣。以天下之全力，奉天子之威，討逆臣而蹙之死地，得生爲幸，雖僞何爲？操生死榮辱之權於吾腕掌，夫何難哉？夫光武初定雒陽，寇盜林立，統孤軍以遏歸寇之衝，則誠難耳；而一言折盆子之覬覦，易且如彼。況朝義、惟岳焚林之浮燄已滅，天下更無餘熸乎？

惡已滔天而戮其身，固非不仁也。且使以不死待之，而劉盆子終老於漢，固可貸其生命，則其爲恩也亦厚矣，非若白起、項羽坑殺之慘也。乃唐之君臣，迫於亂之苟定，一聞瓦解，驚喜失措，納蠭蠆於懷中，其愚也足以亡國，不亡者幸爾。朱温叛黃巢以歸，而終篡唐；郭藥師叛契丹以來，而終滅宋。代、德之世，唐猶彊盛，是以得免於亡；然其浸以亂而終亡於降賊，於此始之矣。寵薛嵩等以分土者，僕固懷恩之姦也；君與大臣聽之者，其偷也。孝忠、武俊，則德宗自假之威，而又猜忌以裁抑之，馬燧等不能與賊争功，尚何能奪其寵命哉？

九

君闇相佞，天下有亂人而無姦雄，則亂必起，民受其毒，而國固可不亡；君闇相姦，有姦雄以芟夷亂人，而後國之亡也，不可復支。漢、唐之亡，皆姦相移政，而姦雄假名義以中立，伺天下之亂，不輕動而持其後，是以其亡決矣。

田悦、李納、李惟岳、朱滔，皆狂騃躁妄，自取誅夷者也，雖相煽以起，其能如唐何邪？又況李希烈、朱泚之狂愚已甚者乎？希烈之鎮淮寧，獵得旌節，非能如河北之久從安、史，豢養梟雄，修城繕備之已夙；梁崇義脆弱無難平者，幸而有功，固不足以予雄；淮寧處四戰之地，東有曹王皋，西有哥舒曜，北有馬燧、李抱真、張孝忠、李懷光雲屯之旅，希烈憯無所畏，據彈丸之地，横骾其中而稱帝，擬之袁術，而又非其時也。朱泚兵權已解，與朱滔縣絶一方，旁無可恃之黨，乘無主之亂兵，一旦而遽登天位，保長安片土，爲燕雀之堂，以視桓玄，百不及一也。此二豎者，白晝而攫市金，直不足以當姦雄之一笑。自非李元平、源休、張光晟輩之愍不畏死，誰則從之？盧杞邪矣，而挾偏私以自怙，然未嘗如郗慮、崔胤之與賊交謀也。以此言之，德宗能持以鄭重，而不括民財、空扈衛，以争旦夕之功於外，此豎子者，惡足以逞哉？

夫羣賊之中，狡黠而知忖者，王武俊耳。擒惟岳，反朱滔，皆其籌利害之已夙而能留餘地以自處者也。天子不恃以爲依，宰相不結以爲黨，抑有李晟、馬燧，力敵勢均，而懷忠正以扼之，故其技止此，而不足以逞其邪心。不然，進而倚之以立功，則桓玄平而劉裕篡，黄巢馘而朱温逆，不知武俊之所止矣。夫戡亂之主，拯危之將相，慮患不可不密也；尤不可無鎮定之量，以謹持其所不必防。李抱真得武俊之要領而示之以誠；李晟蔑視懷光之反，而安據渭橋，不爲妄動；皆能忍暴集之奔湍，堅以俟其歸壑者也。有臣如此，賊不足平矣。德宗之召亂也，視希烈之惡已重，而捐社稷之衛爲孤注以與争也。田悦、李納、武俊皆降，而希烈稱帝，奄奄日就於斃，何足以煩空國之師乎？可以知已亂之大略矣。

一〇

人而不仁，所最惡聞者忠孝之言，而孝爲甚。君子率其性之誠然而與言，則必逢其怒；加之以欷歔垂涕行道酸心之語，而怒愈不可攖矣。陳天彝之言於至不仁者之前，勿論其怒與否也，不可與言而與言，先失言矣。

顔魯公謂盧杞曰：「先中丞傳首至平原，真卿以舌舐其面血，公忍不相容乎？」近世高邑趙冢宰以魏廣微叔事逆奄，而歎曰：「崑溟無子。」魯公陷死於賊中，冢宰没身於遠戍，取禍之繇，皆君子之過也。

雖爲小人，而猶知有父，猶知其父之忠清，而恥貽之辱。則與父所同志者，雖異趣殊情，而必不忍相忮害，此不待人言而自動於心。蓋牿亡之餘，夜氣猶存，不能泯没者也。既不自知矣，知之而且以其父爲戒矣，則忠臣孝子，固其不必有怨，而挾蠆以唯恐不傷者也。蔡京小人耳，使京而爲君子，蔡攸豈但執手診視、迫其病免已乎？故夫子之責宰予，待其出而斥其不仁，弗與盡言也。使以三年之懷，面折其逆心，震喪其貝，而彼且躋於高陵，與於不仁之甚矣。君子於此，知其人理之已盡，置之而勿與言也。漠然若蠭蠆之過前，不問其誰氏之子也。權在則誅殛之，權不在，則遠引以避之，如二胡之於秦檜，斯得矣。盧奕、魏允成之生豺虺，腹悲焉可也。

二

樊系受朱泚之僞命，爲譔册文，乃仰藥而死。其愚甚，其汙不可浣，自度必死，而死於名節已虧之後，人所怪也。嗚呼！人之能不爲系者，蓋亦鮮矣。以爲從賊譔册，法所不赦，光復之後，必罹刑戮，懼而死者，未盡然也。待至光復議法之日，止於死耳，螻蛄之春秋，且苟延以姑待，亦庸人所必不能引決者，則系之死，實以自顧懷慚，天彝之未盡忘者也。

乃既慚而有死之心矣，而必自玷以兩虧者，其故有三，苟非持志秉義以作其氣，三者之情，中人以下之所恆有，而何怪於系焉。懷疑而有所待，一也；氣不勝而受熏灼以不自持，二也；妻子相縈而不能制，三也。泚之僭逆，出於倉卒，所與爲黨者，姚令言一軍耳；在廷之臣，固有勸泚迎駕者，不徒段司農也。系於此，不慮泚之必逆，而姑俟之，一旦僞命見加，册文見委，驚惶而迫無以應，退而後念名義之已虧，而憤以死也。此無他，其立朝之日，茫然於貞邪之辨，故識不早而造次多疑也。

迨乎僞命及身，册文相責，斯時也，令言之威已張，源休、蔣鎮、張光晟、李忠臣實繁有徒，出入烜赫於系左右，誇之以榮，怖之以禍，揮霍談笑，天日爲迷。系於此時，心知其逆而氣爲所奪，口呿目眩，不能與之争勝，雜遝憑陵，弗能拒也，魂搖神蕩，四顧而無可避之方，伸紙濡毫，亦不復知爲己作矣。此無他，立義無素，狎小人而爲其所侮，乍欲奮志以抗凶鋒，直足當凶人之一笑；義非一旦之可襲，鋒稜不樹者，欲振起而不能，有含羞以死而已矣。

當德宗出奔之際，姜公輔諸人皆宵馳隨蹕，李晟在北，家固居於長安，弗能恤也，系徒留而不能去。既而陷身賊中矣，段司農、劉海賓擊賊而死，一時百僚震慴，固可想見；而婦人孺子牽裾垂涕，相勸以瓦全，固有不忍見聞者。系濡遲顧恤，以譔册保全其家，以一死自謝其咎，蓋無如此呴呴囁囁者何也。

嗚呼！至於此而中人以下之能引決者，百不得一矣。捐身以全家，有時焉或可也，郭汾陽之斥郭晞，而自入回紇軍中是也。捐名義以全妻子，則無有可焉者也。身全節全，而妻子勿恤，顧其所全之大小以爲擇義之精，而要不失爲志士；身死節喪，而唯妻子之是徇，則生人之理亡矣。此亦有故，素所表正於家者無本，則狎昵嚅唲、敗亂人之志氣以相牽曳也。夫若是，豈易言哉？怪系之所爲者，吾且恐其不能爲系；即偷免於他日，亦幸而爲王維、鄭虔以貽辱於萬世已耳。段司農自結髮從軍以來，其光昭之大節，在軍中而軍中重，在朝廷而朝廷重，夫豈一旦一夕之能然哉！

一二

姦佞之惑人主也，類以聲色狗馬嬉遊相導，而掣曳之以從其所欲；不則結宫闈之寵、宦寺之援爲内主，以移君之志。唯盧杞不然，蠱惑之具，一無所進；婦寺之交，一無所附；孤恃其機巧辯言以與物相枝距，而德宗眷倚如此其篤。至於保朱泚以百口，而泚旋反；命靈武、鹽夏、渭北援兵勿出乾陵，而諸軍潰敗；拒李懷光之入見，而懷光速叛；言發禍隨，捷如桴鼓，而事愈敗，德宗之聽之也愈堅。及乎公論不容，弗獲已以謫之，而猶依依然其不忍舍，杞何以得此於德宗邪？德宗謂「人言杞姦邪，朕殊不覺」者，亦以其無勸淫導侈之事，無宦官宮妾之援也。夫杞豈不欲爲此哉？德宗之於嗜欲也輕，而宮中無韋后、楊妃之寵，禁門無元振、朝恩之權也。

德宗之所以求治而反亂，求親賢而反保姦者，無他，好與人相違而已。樂違人者，決於從人。一有所從，雷霆不能震，魁斗不能移矣。杞知此而言無不與人相違也。其保朱泚也，非與泚有香火而爲賊閒也，衆言泚反，則曰不反而已矣；其令援軍勿出乾陵也，非於諸將有隙而陷之死地也，渾瑊言漠谷之危，則曰不危而已矣。故顏魯公涕泣言情而益其怒；李揆以天子所恤，而必驅之行。人所謂然，則必否之；人所謂非，則必是之。於是德宗周爰四顧，求一力矯衆論如杞者而不可得。志相孚也，氣相協也，孰有能閒之者？蓋德宗亦猶杞而已。己偏任之，衆力攻之；衆愈攻之，己益任之。其終不以杞爲姦邪者，抑豈別有所私於杞哉？嚮令舉朝譽杞，而杞不足以容矣。故姦邪必有黨，而杞無黨也。挾持以固寵於上者，正以孤立無援，信爲忠貞之敻絶耳。

夫人之惡，未有甚於力與人相拂者也。王安石學博思深，持己之清，尤非杞所可望其肩背；乃可人之否，否人之可，上不畏天，下不畏人，取全盛之天下而毀裂之，可畏哉！孤行己意者之惡滔天而不戢也。鯀以婞直而必殛，夫豈有貪惏婞婟之爲乎？

一三

德宗之初，天下鼎沸，河北連兵以叛，李希烈横亙於中，朱泚内逼，天子匿於褒、漢，李楚琳復斷其右臂，韓滉收拾江東以觀成敗，其有必亡之勢者十九矣。李晟、馬燧以孤軍援之，非能操全勝之勢。而罪己之詔一下，天下翕然想望清謐，陸敬輿之移主心以作士氣、存國脈者，功固偉矣。然所以言出而效隨者，繇來有二，不然，則漢之將亡，亦有忠靖之臣，宋之將亡，亦下哀痛之詔，而何以訖於不救邪？

其一，則德宗之爲君也，躁愎猜忌，以離臣工之心，而固無奢淫慘虐之暴行以失其民，故亂者自亂，德宗固居然四海之瞻依也。倉皇北出，而段司農追韓旻以返，得安驅以入奉天；趙昇鸞劫駕之謀尤亟矣，渾瑊一洩其謀，復得徐行以入梁州。天下知吾君之尚在，故罪己詔下，咸翹首以望蕩平。河北羣逆，亦知唐室之必興，而有所歸命。皆乘輿無恙，足以維繫之也。嚮令帝之出也不速，或爲逆賊所害，則如梁氏父子死於侯景之手，而梁速熸；或爲逆賊所劫，則如漢獻困於董卓，辱於李傕、郭汜，而漢遂夷。唐於是時，無宗藩之可倚，如琅邪之在江東；無儲貳之可扶，如肅宗之在靈武；敬輿將何託以效忠？天下無主可依，則戴賊以安，亦必然之勢矣。唯唐之君臣，不倡死社稷之邪説，沮捲土重來之計；故維繫人心者，亦不僅在慷慨淋漓之一詔也。

其一，則惑德宗以致亂者盧杞也，敬輿與杞忠佞不兩立，而其奔赴行在也，與杞同至。當是時，敬輿所欲除帝根本之蠹以滌舊惡者，莫杞若也。杞所深知，危言切論雖未斥訟其姦，而必將逐己者，唯敬輿也。顔真卿、李揆、崔寧，杞皆先發而制之矣，唯敬輿以患難同奔之侶，迫不及排，而氣餤丰采、直辭正色，非杞之可投閒以相攻。乃猶不僅此也，凡姦臣知不容於正士而反噬無已，雖見迸逐，猶將僨起者，唯其有黨也。故蔡京誤國已有明徵，而靖康之初，小人猶沮抑君子以不得伸其忠悃。杞則執拗專横之性不與人相親，而唯與人相忮；恃君之寵如山嶽，而視百僚如培塿；雖引裴延齡、白志貞以與同汚，而未嘗以天子之爵禄市恩餌衆。故敬輿一受上知，杞旋放黜，而在廷在外，舉倚敬輿以求安，無有暗護杞以沮撓敬輿者。德宗偏聽之性一移，而中外翕然。不然，宋室垂亡，而王爚、陳宜中之黨猶沮文信國之謀，吾未見敬輿之得行其志，以歷數德宗之失，暢言之而無所撓也。

是故天下無君，則後立之君必不固；小人有黨，則君子之志必不行。非此二者，則人心不摇，廷議不亂，内靖而外不離；叛寇之起縱如亂絲，亦有緒而無難理矣。人臣而知，則勿爲李綱之詖辭，陷其主以寒天下之心；人君而知，則勿任結黨之小人，塞君子以效忠之路。存亡之樞，決於毫髮，葢可忽乎哉！

一四

詩云：「辭之輯矣，民之洽矣。辭之懌矣，民之莫矣。」輯云者，合集事理之始終，序次應違之本末，無有偏伸，無有偏屈，詳析而得其要歸也。如是，則物無不以類辨，事無不以緒成，而智愚賢不肖之情，皆沁入而相感，故曰民之洽也。懌云者，推於其心之所以然，極於其事之所必至，宛轉以赴其曲，開朗以啓其迷，雖錮蔽之已深，而善入其中則自悦，雖危言以相戒，而令其易改則自從。如是，則君與臣不相抗，智與愚不相拒，意消氣静，樂受以無疑，故曰民之莫也。如是者，無他道焉，辭不以意興，意不以氣激，盡其心以達人之心，誠而已矣。故易曰：「修辭立其誠。」誠立而後辭可修，抑必辭修而後誠乃立。不然，積忠悃於咽膈，輪囷猝發，浮動而不本於心，甚則反激以召禍而不莫，不然，亦悠悠聽之而固不洽也。辭之爲用大矣哉！

今有説於此，其爲理之必然，明矣。見爲是而毅然決之曰是，其所以是者未之詳也，其疑於非而必是者未之辨也，則人亦挾其所是者以相抗矣；見爲非而憤然斥之曰非，其所以非者未能摘也，其疑於是而固非者莫能詰也，則人亦報我以非而相折矣。是與非立於未事之先，未有定也，觀於已事之後，而非者非，是者亦難全其是也。恃氣以言之，一言以斷之，無體驗成熟之實，而出之也厲，父不能得之於子，師不能得之於弟子，而況君臣之際乎？故修辭而足以感人之誠者，古今不易得也。非陸敬輿其能與於斯哉！今取其上言於德宗者而熟繹之。推之使遠，引之使近，達之以其情，導之以其緒，曲折以盡其波瀾，而徑捷以御之坦道，攄其所憂，暢其所鬱，排宕之以盡其變，翕合之以歸於一，合乎往古之經，而於今允協，究極於中藏之密，而於事皆徵，其於辭也，無閒然矣。貞元以後，棼亂之宇宙，孤危之社稷，涣散之人心，彊悍之戾氣，消融蕩滌，而唐室爲之再安，皆敬輿悟主之功也。故曰辭之爲用大矣哉！

前乎此者，董仲舒正而浮，賈誼奇而偏，魏徵切而俗，莫能匹也。後乎此者，蘇軾辯而詭，真德秀詳而迂，莫能及也。不主故常而不流，不修藻采而不鄙，六經邈矣，巵言日進，欲以辭立誠，而匡主安民，撥亂反正，三代以下，一人而已矣。

一五

亂與治相承，恆百餘年而始定，而樞機之發，繫於一言，曰利而已。盜賊之與夷狄，亦何以異於人哉？志於利，而以動人者唯利也。

唐自安、史以後，稱亂者相繼而起，至於德宗之世，而人亦厭之矣。故田悅、李惟岳、朱滔、李懷光之叛，將吏士卒皆有不願從逆之情，抗凶豎而思受王命；然而卒爲所驅使者，以利啗之而衆暫食其餌也。田緒殺田悅，慮將士之不容，乃登城大呼，許緡錢千萬，而三軍屏息以聽；李懷光欲奔據河東，衆皆不順，而許以東方諸縣聽其俘掠，於是席捲渡河。嗣是以後，凡據軍府、結衆心以擅命者，皆用此術而蠱衆以逞志。嗚呼！此以利貿片時之歡者，豈足以窺非望而成乎割據哉？以此爲藏身之固，利盡人離，旋以自滅，蓋亦盜賊之算而已矣。

老子曰：「樂與餌，過客止。」夫君子豈不知人情之且然哉？乃得天下而不爲，身可死，國可亡，而必不以此訢合於愚賤之心者，則所以定天下之志而安其位也。以利動天下而天下動，動而不可復止，有涯之金粟，不足以填無涯之谿壑，故唐之亂也無已期。利在此而此爲主矣，利在彼而彼爲主矣，鬻權賣爵之柄，天子操之，且足以亂，庶人操之，則立乎其上者之岌岌何如也？天子聽命於藩鎮，藩鎮聽命於將士，迄於五代，天子且以賄得，延及宋而未息，郊祀無名之賞，幾空帑藏，舉天下以出沒生死於錢刀。嗚呼！利之亡國敗家也，盜賊一倡其術，而無不效之尤也，則亂何繇已也，而其愚已甚矣！

盜賊散利以餌人，夷狄聚利以制人，皆利乘權以制生人之命也。誰生厲階，意者其天乎！抑亦宇文融、王鉷、楊慎矜、楊炎之徒導其源邪？是故先王賤利以納民於名義，節其情，正其性，非計近功者所能測。而孟子三斥梁王，杜篡弑奪攘之萌，其功信不在禹下也。

一六

漢有推恩之詔，則賜民爵，不知當時天下何以位置此盈廷盈野之有爵者也。或者承三代之餘，方五十里之小國，卿、大夫、士亦林立於比閭之中，民之無爵者，遂不得比數於人類，漢亦聊以此謝其觖望邪？無祿之爵，無位之官，浮寄於君子野人之閒，而天下不亂者，未之有也。

德宗蒙塵梁、漢，國儲已空，賞無可行，以爵代賞，陸敬輿曰：「所謂假虛名以佐實利者也。」夫爵而僅以佐利之窮，名而詭於虛以誘人之悅，天子尚誰與守官，而民志亦奚以定乎？且夫唐之所以自喪其柄而亂生不已者何邪？輕虛名以召實禍也。一降賊而平章矣，御史大夫矣，其去天子直尋丈之閒耳。李惟岳之求節鉞，德宗固曰：「賊本無資，假我位號以聚衆耳。」是明知爵命之適以長亂矣。時蹙勢窮，不得已而又用之，則人主之能操魁柄以制四方者，誠難矣哉！

獻瓜果之民，賜以試官，敬輿以爲不可，誠不可矣。要其實，豈但獻瓜果者乎？奏小功小效於軍中，而驟予以崇階，使與功臣能吏相齒以進，下傲上，賤妨貴，以一日之微勞，掩生平之大節，甚則伶人廝養陵乘清流積閥之閒，又惡足以勸忠而鼓士氣哉？敬輿此論，猶爭於其末而遺其本也。賊以利啗，我以名餌，術相若矣；利實名虛，勢不敵矣。夫亦恃唐祚未窮，而朱滔、李懷光皆猥陋，人無固志耳；不然，是術也，允足以亡矣。

慎重其賞，則一縑亦足以明恩，一級固足以昭貴；如其氾濫無紀，人亦何用此告身以博酒食邪？故當多事之秋，倍重名器之予，非吝也；禄以隨爵，位以隨官，則效節戮力以拔自寒微、登於顯秩者，無近功而有大利，固無患人之不勸也。德宗始於吝而終於濫，中無主而一發遂不能收，敬輿欲挽之而不能邪？抑其謀之未足以及此邪？爵冗名賤，欲望天下之安，必不可得之數也。

一七

奚以知其爲大智哉？爲人所欺者是已。奚以知其能大治哉？不憂人之亂我者是已。故堯任伯鯀，而聖不可知；子産信校人，而智不可及。蓋其審乎理亂安危得失之大綱，求成吾事，求濟吾功，求全吾德焉而止。其他是非利害、百説雜進於前，且姑聽之。必不可者，我既不爲之移矣。彼小人之情，有愚而不知者焉，有躁而不審者焉，有隨時傾動而無適守者焉，有規小利而覬幸得之者焉，凡此皆不足以撓我之大猷，傷我之經德。無論其得與不得，情識有涯而善敗亦小，欣然笑聽，以徐俟其所終，即令其姦私讎而事有妨，要亦於我無傷，而惡用窮之哉？所欺者小，竊吾之霑濡而止，校人之詐，僅食一魚也；所欺者大，自有法以議其後，禹不能爲鯀庇也。持大法，捐小利，以聽小人之或徼薄福而或即大刑，志不撓，神不驚，吾之所以敕幾於理亂安危得失者，如日月之中天，不驅雲以自照也。智者知此，而其智大矣，以治天下，罔不治矣。

德宗言自山北來者，張皇賊勢，頗似窺覘。陸敬輿曰：「役智彌精，失道彌遠。」智哉言乎！夫張皇者之情，大要可見矣，愚而驚，躁而懼，隨時傾動，而道聽塗説，其言不足信，其情可矜也。吾之彊弱，在人耳目之閒，何必窺覘而始悉。吾所欲爲者，大義在討賊而無所隱，進止之機在俄頃，而必不輕示初至之人。即使其爲窺覘邪，亦何足以爲吾之大患；且將情窮迹露，自趣於死，而奚容早爲防制哉？敬輿之説，非徒爲闊略之語以誇識量也，取天下之情僞而極之，誠無所用其彌縫之精核矣。

一八

名者，實之所自薄也，故好名爲士之大戒。抑聞之曰：「三代以下，唯恐不好名。」斯亦非無謂之言，蓋爲人君取士、勸獎天下於君子之途而言也。士以誠自盡而遠乎名，則念深而義固；上以誠責下而忌其名，則情睽而恥刓；故名者，亦人治之大者也。因義而立，謂之名義；有節而不可踰，謂之名節；人君之求於士者，節義而已。

名固有相因而起者矣，皋、夔、逢、比，皆名之可慕者也。惟所好在名，則非必皋、夔，而必爲皋、夔之言；彼固不足爲皋、夔，而君可與於堯、舜矣。非必逢、比，而必爲逢、比之言；彼固不足爲逢、比，而君可免於桀、紂矣。夫導君以侈，引君以貪，長君之暴，增君之淫，讎害君子而固結小人，取怨兆民而邀歡戚宦，亦何求而不得，所不得者名耳；則好名者，所畏忌而不欲以身試者也。於名而不好，則好必有所移。榮寵，其好矣；利禄，其好矣；全身保妻子，其好矣。人君而惡好名，將謂此佌佌有屋、蔌蔌有穀、享厚實之小人，爲誠樸無飾而登進之乎？

夫所言非道，不足以爲名；君未有過，不足以爲名；時未有危，不足以爲名。取善言而效之，乘君瑕而攻之，知時危而先言之；既而其言驗矣，天下相與傳誦之，然後忠直先識之名歸焉。夫士苟非自好之有素，憂國之有誠，但以名之所在，不恤惡怒，不避罪罟，而力争於廷，誠爲臣之末節，而君子之所恥爲。然其益於人主也，則亦大矣。忠信誠慤，端静和平，格心非而略人政，以遠名而崇實者，閒世而一遇。如有其人，固宅揆亮工、託孤寄命之選也。諫省部寺以降，有官守言職者，豈必盡得此而庸之乎？則汲汲焉求好名之士，唯恐不得；而加之罪名曰「沽直好名」，安得此亡國之語哉！

德宗惡姜公輔之諫，謂其指朕過以求名。誠指過以求名，何惜不予之名，而因自懲其過乎？陸敬輿曰：「掩己過而過彌著，損彼名而名益彰。」所以平愎諫者之浮氣也，實不盡然也。予士以名，則上收其實也。

一九

德宗之闇也，舍李晟、渾瑊不信而信吐蕃也。吐蕃歸國，陸敬輿以爲慶快，其識卓矣。借兵於夷以平寇，賊闌入而掠我人民，乘閒而窺我社稷，二者之害易知也。愚者且爲之辭曰：掠奪雖弗能禁，然忍小害以除大患，亦一時之權計也。若夫乘閒吞滅之害，則或輕信其不然，而究亦未必盡然，愚暗者且以香火要之矣。故二者之害易知，而愚者猶有辭以争。若夫其徒勞而衹以弛我三軍之氣，驕我將帥之心，旋以僨敗，則情勢之必然；不必其滅我掠我，而禍在眉睫，猶弗見也。古今之以此致覆軍、殺將、失地之害者不一矣，豈難知哉？

夫我有危亡之憂，而借人之力以相援，邢、衛且不能得之於齊桓，而況夷乎？兩軍相當，鋒矢相及，一死一生，以力相敵，以智相距，以氣相淩，將不能自保，兵不能求全，天下之至凶至危者也。豈有人焉，唯他人之是恤，而君忘其敗，將忘其死，以致命於原野哉？孫臏之爲趙敗魏，自欲報魏也；項羽之爲趙破秦，自欲滅秦也。不然，則君欲之而將不欲，將即欲之，三軍之士必嗤其強以肝腦殉人而固不聽也。故吴結蜀以爲援，蜀待吴以交起，而俱滅於魏；諸葛誕、王淩、毋丘儉倚吴而斃於孤城；竇建德不揣以奔赴王世充之難，軍心不固而身爲俘虜；恃人與爲人所恃者之成敗，概可見矣。

兩軍相距，乞援於外，而外亟應之者，大抵師鄧析教訟之智，兩敵恆輕，而己居其重，其所援者特未定也。此以情告，彼亦以情告，此以利餌，彼亦以利餌，兩情俱可得，兩利俱可收，相其勝者而畸與之，夫豈有抑彼伸此之情哉？斂兵旁睨，於勝者居功，於敗者亦可無怨，翺翔於其閒，得厚實以旋歸，弱者之敗自不瘳也。藉令無爲之援者，無所恃以生玩敵之心，而量力以自奮，亦何至狂起無擇，以覆師失地於一朝哉？

故凡待援於人者，類爲人所持以自斃。況夷狄之唯利是趨，不可以理感情合者乎？宇文、高氏之用突厥也，交受其制，而不得其一矢之力，其明驗已。回紇之爲唐討安、史也，安慶緒、史懷義之愚不能反用回紇以敝唐也。德宗乃欲效之以用吐蕃，朱泚狡而據充盈之府庫，我能與争媚狡夷、使必親我乎？吐蕃去，軍心固，將任專，大功必成，敬輿知之審矣。古人成敗之已迹，著於史册，愚若王化貞[一]者，尚弗之省，而以爲秘計，天奪妄人之魄以禍人國，亦至此哉！

[一]「化貞」二字刻本闕，據校記補。

二〇

德宗以進取規畫謀之陸敬輿，而敬輿無所條奏，唯戒德宗之中制，俾將帥之智勇得伸，以集大功。其言曰：「鋒鏑交於原野，而決策於九重之中；機會變於斯須，而定計於千里之外；上掣其肘，下不死綏。」至哉言乎！要非敬輿之剏説也。古者命將推轂之言曰：「閫以外，將軍制之。」非帝王制勝之定法乎？而後世人主遥制進止之機以取覆敗，則唯其中無持守，而辯言亂政之妄人惑之斯惑也。

惑之者多端，而莫甚於宦寺。宦寺者，膽劣而氣浮，以肥甘紈繡與輕佻之武人臭味相得，故輒敢以知兵自命。其欲進也如游魚，其欲退也如驚鹿，大言炎炎，危言惻惻，足以動人主之聽。人主習聞之，因以自詑曰：「吾亦知兵矣。」此禍本也。既已於韜鈐之猥説略有所聞矣，又以孤立於上，兵授於人，而生其猜防。弗能自決也，進喋喋佐佐之士，屑屑以商之，慎重而樸誠者弗能合也。於是有甫離帖括，乍讀孫、吴者，即以其章句聲韻之小慧，爲尊俎折衝之奇謀。見荷戈者而即信爲兵也；見一呼一號一跳一擊者，而即詡爲勇也；圖畫之山川，管窺之玄象，古人偶一試用之機巧，而寶爲神秘。以其雕蟲之才，炙轂之口，言之而成章，推之而成理，乃以誚元戎宿將之怯而寡謀也，競起攘袂而争之。猜闇之君一入其彀中，遂以非斥名帥，而亟用其説以遥相迫責。軍已覆，國已危，彼瑣瑣云云之子，功罪不及，悠然事外，彼固以人國爲嬉者，而柰何授之以嬉也？庸主陋相以寡識而多疑者，古今相襲而不悟，嗚呼！亦可爲大哀也已。

一彼一此者，死生之命也；一進一退者，反覆之機也；一屈一伸者，相乘之氣也。運以心，警以目，度以勢，乘以時。矢石雹集、金鼓震耳之下，蹀血以趨而無容出諸口者，此豈揮箑擁罏於高軒邃室者所得與哉？以敬輿之博識鴻才，豈不可出片語以贊李晟、渾瑊之不逮，而杜口忘言，唯教其君以專任。而白面書生，不及敬輿之百一，乃敢以談兵惑主聽，勿誅焉足矣，而可令操三軍之生死、宗社之存亡哉？宦寺居中，辯言日進，亡國之左券，未有幸免者也。

二一

西域之在漢，爲贅疣也，於唐，則指之護臂也，時勢異而一概之論不可執，有如此夫！匈奴之大勢在雲中以北，使其南撓瓜、沙，則有河、湟之隔，非其所便。而西域各有君長，聚徒無幾，僅保城郭，貪賂畏威，兩袒胡、漢，皆不足爲重輕，故曰贅疣也。至唐，爲安西，爲北庭，則已入中國之版；置重兵，修守禦，營田牧，屹爲重鎮。安、史之亂，從朔方以收兩京，於唐重矣。代、德之際，河、隴陷没，李元忠、郭昕閉境拒守，而吐蕃之勢不張，其東侵也，有所掣而不敢深入，是吐蕃必争之地也，於唐爲重矣。惟二鎮屹立，扼吐蕃之背以護蕭關，故吐蕃不得於北，轉而南嚮，松、維、黎、雅時受其衝突。乃河、洮平衍，馳騦易而防禦難。蜀西叢山沓嶂，騎隊不舒，扼其從入之路，以因之於山，甚易易也，故嚴武、韋皋捍之而有餘。使割安西、北庭以畀吐蕃，則戎馬安驅於原、洮，而又得東方懷歸怨棄之士卒爲鄉導以深入，禍豈小哉？

拓土，非道也；棄土，亦非道也；棄土而授之勁敵，尤非道也。鄴侯決策，而吐蕃不能爲中國之大患，且無轉輸、戍守、争戰之勞，胡爲其棄之邪？永樂謀國之臣，無有如鄴侯者，以小信小惠、割版圖以貽覆亡之禍，觀於此而可爲痛哭也。

一二

陸敬輿自奉天得主以來，事無有不言，言無有不盡，而德宗之不從者十不一二也。興元元年，車駕還京，徵鄴侯自杭赴闕，受散騎之命，日直西省，迄乎登庸，逮貞元五年，凡六載，而敬輿寂無建白；唯鄴侯出使陝、虢，敬輿一謀罷淮西之兵；及鄴侯卒，敬輿相，舉屬吏，減運米，廣和糴，止密封，卻饋贈，定宣武，敬輿復娓娓長言之。李進而陸默，李退而陸語，是必有故焉，參觀求之，可以知世，可以知人，可以知治理與臣道矣。

夫鄴侯豈妨賢而窒言路者哉？敬輿之所陳，又豈鄴侯之所非，而疑不見庸以中止者哉？蓋敬輿所欲言者，鄴侯早已言之，而鄴侯或不得於君者，敬輿終不能得也。德宗之倚敬輿也重，而猜忮自賢之情，暫伏而終不可遏，勢蹙身危，無容不聽耳。而敬輿盡其所欲言，一如魏徵之於太宗者以争之，德宗不平之隱，特折抑而未著，故一歸闕而急召鄴侯者，固不欲以相位授敬輿也。鄴侯以三世元老，定危亡而調護元良，德望既重，其識量弘遠，達於世變，審於君心之偏蔽，有微言，有大義，有曲中之權，若此者皆敬輿之所未逮也。小人以氣相制，君子以心相服，使敬輿於鄴侯當國之日而嘖嘖多言，非敬輿矣。故昔之犯顔危諫以與德宗相矯拂者，時無鄴侯也。夫豈樂以狂直自炫，而必與世相違哉？

論者或加鄴侯以詭秘之譏。處人天倫戮敍之介，謀國於傾危不定之時，而奮激盡言於猜主之前，以博人之一快，大臣坐論格心之道，固不然也。使鄴侯而果挾詭秘之術，則敬輿何爲心折以忘言邪？

鄴侯卒，而敬輿又不容已於廷爭，其勢既然，其性情才學抑然。無有居中之元老、主持而靜鎮之，如冬日乍暄，草木有怒生之芽，雖冰雪摧殘，所弗恤也，則又敬輿之窮也。

二三

天子禁衛之兵，得其人而任之，以處多虞之世，四末雖敗，可以不亡。唐自肅、代以來，倚神策一軍以彊其幹。及德宗亟討河、汴，李晟將之而北，白志貞募市井之人以冒名而無實，於是姚令言一呼，天子單騎而走，中先痿也。及李懷光平，李晟移鎮鳳翔，神策一軍仍歸禁衛。於斯時也，任之得人與不得，安危存亡之大機會也。德宗四顧無所倚任，而任之中官，終唐之世，宦寺挾之以逞其逆節，而迄於亡。當德宗初任中官之日，鄴侯、敬輿無一言及之，何其置大計於緘默也？所以然者，自李晟而外，亦無可託之人也。

禁兵操於宦寺，而天子危於內；禁兵授之帥臣，而天子危於外。外之危，篡奪因之，宋太祖驟起於一旦，而郭、柴之祀忽諸，此李、陸二公所不能保也。晟移鎮而更求一如晟者，不易得也；即有一如晟者，而抑難乎其爲繼。蓋當日所可任者，唯鄴侯耳。鄴侯任之，則且求能爲天子羽翼、終無逆志者以繼之，法制立而忠勤徧喻於吏士，雖有不順者，弗能越也，如是，乃可保之數十年，而居重馭輕之勢以成。然而鄴侯不可以自言也，敬輿亦不能以此爲鄴侯請也。德宗之欲任竇文場、王希遷也，固曰猶之乎吾自操之也。漢靈帝之任蹇碩，亦豈不曰猶吾自將之也乎？君畜疑自用，則忠臣心知其禍而無爲之謀。李、陸二公救其眉睫之失，足矣；惡能取百年之遠猷，爲之辰告哉！

二四

前有讒而不見，後有賊而不知，可謂天下之至愚矣。夫其所以不知者何也？瞻前而欲察見其讒，顧後而欲急知其賊也。可見者既見而知之矣，未可見者惡從而知之？必將樂聞密告之語，以摘發於所未形。此勿論密告者之即爲讒賊也，即非讒而不爲賊，而人之情僞亦灼然易見矣。當反側未安之際，人懷危疑未定之情，苟非昏溺，豈遽安心坦志以盡忘物變之不可測哉？惟其然也，明者持之以靜，乃使迹逆而心順者，憂危而失措者，有過而思改者，爲惡而未定者，皆得以久處徐思而定其妄慮。然而終不悛焉，則其惡必大著，不待摘發而無可隱。如是，則讒賊果讒賊也，在前在後而無不周知也，斯乃謂之大智。

達奚抱暉殺節度使張勸，據陝州，要求旌節，東與李希烈相應，鄴侯單騎入其軍中，於時賓佐有請屏人白事者，鄴侯拒之曰：「易帥之際，軍中煩言，乃其常理，不願聞也。」夫抱暉之逆既著矣，必有與爲死黨者，亦無容疑矣；或有陰謀乘閒以作亂者，亦其恒矣；要可一言以蔽之曰，技止此耳。河東之軍屯於安邑，馬燧以元戎偕行，威足以相制，鄴侯之慮此也周，持此也定，屏人以白者，即使果懷忠以思效，亦不過如此而已，惡用知哉？拒之勿聽，則挾私而謗毁者，道聽而張皇者，淺中而過慮者，言雖未出，其懷來已瞭然於心目之閒。若更汲汲然求取而知之，耳目熒而心志亂，讒賊交進，復奚從而辨之哉？

天下之變多端矣，而無不止於其數。狐，吾知其赤；烏，吾知其黑；虎，吾知其搏；蛇，吾知其螫；蛙，吾知其鳴；鼈，吾知其瘖；涇，吾知其清；渭，吾知其濁；冬，吾知其必霜；夏，吾知其必雷。故程子之答邵堯夫曰：「吾知雷之從起處起也。」天地之變，可坐而定，況區區讒賊之情態乎？獻密言以效小忠者，即非讒賊，亦讒賊之所乘也，況乎不保其不爲讒賊也。知此者，可以全恩，可以立義，可以得衆，可以已亂，夫是之謂大智。

二五

祿山、思明父子旋自相殺，而朝義死於李懷僊，田悅死於田緒，李惟岳死於王武俊，朱泚死於韓旻，李懷光死於牛名俊，李希烈死於陳僊奇，而李懷僊旋死於朱希彩，陳僊奇旋死於吳少誠，惡相師，機相伺，逆相報，所固然也。殺機之動，天下相殺於無已。愍不畏死者，擁兵以自危，莫能自免。習氣之熏蒸，天地之和氣銷爍無餘。推原禍始，其咎將誰歸邪？習氣之所繇成，人君之刑賞爲之也。

安、史之迭爲梟獍，夷狄之天性則然，無足怪者，夫亦自行吾天誅焉可矣。史朝義孤豚受困，有必死之勢，李懷僊與同逆而北面臣之，一旦反面而殺之以爲功，此豈可假以旌節、躋之將相之列者。高帝斬丁公，光武誅彭寵之奴，豈不念於我有功哉？[1]名義之所在，人之所自定，雖均爲賊，而亦有大辨存也。盡天下之兵力以蹙垂亡之寇，豈待於彼之自相吞齕以殺其主而後亂可訖乎？降可受也，殺主以

[1] 劉毓崧校勘記云：光武封彭寵之奴爲「不義侯」，雖以「不義」寓貶詞，然既封爲侯，則不但不誅，而且加重賞，宜權文公議其失也。此言誅者，蓋因竇建德曾誅王軌之奴，誤記爲光武事耳。

降，不可貰也。偏裨不可以殺主帥，則主帥不可以叛天子之義明矣。幸而成，則北面擁戴以爲君，及其敗，則剸其首以博禄位而禄位隨之，韓旻、陳僊奇惡得而不效尤以徼幸乎？朱希彩、吴少誠又何憚而不疾爲反戈邪？一人偷於上，四海淫於下，我不知當此之時，天下之彝倫崩裂，父子、婦姑、兄弟之閒若何也！史特未言之耳。幽、燕則朱滔、朱泚迭爲戎首，淮西則少誠、少陽踵以怙亂，而唐受其敗者數十年而不定。代宗毁坊表於前，而德宗弗能改也，惡積而不可復揜矣。

二六

陸敬輿之籌國，本理原情，度時定法，可謂無遺矣。其有失者，則李懷光既誅之後，慮有請乘勝討淮西者，豫諫德宗罷諸道之兵也。諸道罷兵八閱月，而陳僊奇斬李希烈以降，一如敬輿之算，而何以言失邪？乃參終始以觀之，則淮西十餘年勤天下之兵血戰以争、暴骨如莽者，皆於此失其樞機也。

安危禍福之幾，莫不循理以爲本。李懷光赴援奉天而朱泚遁，盧杞激之而始有叛心，雖叛而引兵歸河東，猶曰「俟明春平賊」。據守一隅，未敢旁掠州縣、僭稱大號也。所惡於懷光者，殺孔巢父而已，抑巢父輕躁之自取也。德宗欲赦之，蓋有自反恕物之心焉，李晟、馬燧、李泌堅持以爲不可，斯亦過矣。若希烈者，勝孤弱狂愚之梁崇義，既無大功於唐室；且當討崇義之日，廷臣争其不可任，而德宗推誠以任之；賊平賞渥，唐無毫髮之負，遽乘危以反，僭大號以與天子競存亡，力弱於禄山，而惡相敵矣。此而可忍，萬世之綱紀裂矣。何居乎敬輿之欲止其討也？乘河中已下之勢，河北三帥斂手歸命，蹙已窮之寇，易於拉朽，乃吝一舉之勞，而曰「不有人禍，必有鬼誅」。爲天下君而坐待鬼誅，則亦惡用天子爲也？俟人禍之加，則陳僊奇因以反戈，而吴少誠踵之，淮西數十年不戢之焚，皆自此啓之矣。

原情定罪，而罪有等差；飭法明倫，而法有輕重。委之鬼誅，則神所弗佑；待之人禍，則衆難方興。懷光可赦，希烈必不可容。法之所垂，情之所衷，道之所定，抑即勢之所審；而四海之觀瞻，將來之事變，皆於此焉決也。故敬輿之於此失矣。隨命李晟、渾瑊、馬燧一將臨之，而淮、蔡蕩平，天下清晏，吴少誠三世之禍不足以興，而淄青、平盧、魏博之逆志亦消矣。失之垂成，良可惜哉。

二七

細行不矜，終累大德，三代以下，名臣正士、志不行而道窮者，皆在此也；君以之而不信，民以之而不服，小人以之反持以相抗，而上下交受其詘。歐陽永叔以困於閨帷之議，而陶穀之挫於南唐，尤無足怪也。

張延賞姦佞小人，爚亂天下，吐蕃劫盟之役，幾危社稷，廷臣莫能斥其姦，而李晟抗表以論劾之，正也。晟之告李叔度曰：「晟任兼將相，知朝廷得失而不言，何以爲臣？」推此心也，其力攻延賞之志，皎然可正告於君父；而在廷將繼之以助正抑姦者，不患其孤鳴矣。乃德宗疑其抱夙忿以沮成功，終任延賞，聽之以受欺於吐蕃，晟雖痛哭陳言，莫能救也。平涼既敗，渾瑊幾死，延賞之罪已不可揜，然且保禄位以終，而譴訶不及。無他，成都營妓之事，延賞早有以持晟之長短，而上下皆惑也。晟之論延賞也，且忘其有營妓之事；即不忘，而豈得以纖芥之嫌，置相臣之賢姦與邊疆之安危於不較哉？而君與廷臣既挾此爲成心，以至史官推原釁郄，亦謂自營妓而開，晟之心終不白於天下，唯其始不謹而微不愼也。飲食醉飽、琴書弈博之微，皆有終身臧否、天下應違之辨存焉。故昔人以在官抄書亦爲罪過，而不可不愼。觀於李晟，可以鑒矣。

二八

亂國之財賦，下掊克於民，而上不在官，民乃殄，國乃益貧，民罔不怨；天子聞之，赫然以怒，皆所必然，而無不快其發覺者。然因此而句勘之以盡納於上，則害愈浸淫，而民之死也益劇矣，是所謂「牽牛以蹊人之田而奪之牛」也。

假公科斂者，正以不發覺而猶有所止耳。發覺矣，上顧因之而收其利，既無以大服其心，而唯思巧爲掙飾以自免；上抑謂民之可多取而必應也，據所句勘於墨吏者歲以爲常，則正賦之外，抑有句勘之贏餘，列於正供，名爲句勘，實加無藝之征耳。且上唯利其所獲，而不抵科斂者於法，則句勘之外，又有橫征，而誰能禁之？民之無知，始見墨吏之囊畢輸之内帑，未嘗不慶快焉，孰知昔之剥牀以辨者，後且及膚乎？故用之一時而小利，行之數世，而殃民之酷，殆不忍言。李長源以此足防秋之國用，欲辭聚斂虐民之罪，不可得已。

誠惡墨吏之橫征，恤民困而念國之匱也，句勘得實，以抵來歲之賦，可以紓一時之急，而民亦蘇矣，民知税有定額，而吏亦戢矣，斯則句勘之善政與！

二九

小弁所以爲君子之詩者，太子欲廢未廢之際，其傅陳匡救之術於幽王也。故其所以處父子君臣之際，曲盡調停之理，而奪其迷惑浸淫之幾。鄴侯用之，以全德宗之恩，而奠其宗社。故小弁爲君子之詩，其利溥也。

其詩曰：「君子不惠，不舒究之。」但言究，則聽讒而惑者，固自以爲究矣；乃其彌究而彌惑者，惟其不舒也。淺人之情，動於狂而不可挽，無他，聞言而即喜，聞言而即怒耳。以其躁氣與讒人之深機而相觸，究之迫，則雖有至仁大孝之隱，皆弗能自達。鄴侯曰：「願陛下從容三日，究其端緒」，用此詩也。氣平而讒人之機斂，抱忠欲言者，敢於進矣，故閒一日而德宗果悟也。

其詩又曰：「君子無易繇言，耳屬于垣。」易言者，不必信之於心也。心非必惑，而偶觸於讒言，以有喜怒過情之辭，亦將曰：吾爲君父之尊，言即失而無大過也。乃一出而人信以爲固然矣。匪直懷姦者，幸有閒之可乘；即觀望而無定情者，亦謂君子之喜在此而怒在彼，即此以迎合之，而將得其心。在旁在側者，見爲不足憚，而言之也無擇，惡知一入於其耳以生其心，伏莽之戎，怙此言以爲依據，而旋相搆扇於無已哉！惟慎於口而人不得窺其際，則讒人之氣愈斂，而抱忠欲言者敢於進矣。鄴侯曰：「陛下還宮，當自審思，勿露此衷於左右」。用此詩也。故德宗流涕曰：「太子仁孝，實無他也。」

小弁垂訓於千載之上，而鄴侯以收曲全慈孝、安定國家之至仁大孝於千載之下，故曰：小弁，君子之詩也。自非幽王之喪心失志，循其道而無不可動。詩之爲教至矣哉！知用君子之道者，君子也。鄴侯之爲君子儒，於斯見矣。

三〇

君相可以造命，鄴侯之言大矣！進君相而與天爭權，異乎古之言俟命者矣。乃唯能造命者，而後可以俟命，能受命者，而後可以造命，推致其極，又豈徒君相爲然哉！

天之命，有理而無心者也。有人於此而壽矣，有人於此而夭矣，天何所須其人之久存而壽之？何所患其人之妨己而夭之？其或壽或夭不可知者，所謂命也。而非天必欲壽之，必欲夭之，屑屑然以至高大明之真宰與人爭蟪蛄之春秋也。生有生之理，死有死之理，治有治之理，亂有亂之理，存有存之理，亡有亡之理。天者，理也；其命，理之流行者也。寒而病，暑而病，飢而病，飽而病，違生之理，淺者以病，深者以死，人不自知，而自取之，而自昧之，見爲不可知，信爲莫之致，而束手以待之，曰天之命也。是誠天命之也。理不可違，與天之殺相當，與天之生相背，自然其不可移矣，天何心哉？

夫國家之治亂存亡，亦如此而已矣。而君相之權藉大，故治亂存亡之數亦大，實則與士庶之窮通生死，其量適止於是者，一也。舉而委之於天，若天之有私焉，若天之纖細而爲蟪蛄爭春秋焉。嗚呼！何其不自揣度，而謂天之有意於己也！故鄴侯之言非大也，非與天爭權，自知其藐然不足以當天之喜怒，而天固無喜怒，惟循理以畏天，則命在己矣。

雖然，其言有病，唯君相可以造命，豈非君相而無與於命乎？修身以俟命，慎動以永命，一介之士，莫不有造焉。禍福之大小，則視乎權藉之重輕而已矣。

三一

陸敬輿之在翰林，言無不從，及其爰立，從違相半，其從也，皆有弗獲之色焉，何也？大權者，人主之所慎予，小人之所争忮，君子之所慎處者也。敬輿之忠直明達，允爲社稷之臣，而鄴侯將卒，不急引以自代，蓋鄴侯知此位之不易居，爲德宗謀，爲敬輿謀，固未可遽相敬輿也。

宰相之重，仕宦之止境也。苟資望之可爲，皆垂涎而思得。董晉、竇參、苗晉卿㊀所不敢相排以相奪者，徒鄴侯耳，非能忘情而甘出其下也。鄴侯以三朝元老立翼戴之功，而白衣歸山，屈身參佐，無求登台輔之心，其大服不肖者之心夙矣。肅宗欲相之，而李輔國忌焉則去；代宗欲相之，而元載忌焉則去；君輸忱以延佇，已養重以徘徊，乃以大得志於多猜之主，宵小盈廷，而俛首以聽命，敬輿豈其等倫哉？自扈從以來，無日不在君側，無事不參大議，雖未授白麻，而鄴侯既卒，其必相也無疑矣。嗚呼！欲相未相之際，姦窺邪伺，攢萬矢以射一鵠，亦危矣哉！鄴侯之不薦以自代，全敬輿，即以留德宗法家拂士於他日，而敬輿不知也。

今爲敬輿計，鄴侯在位，國政有託，而敬輿忘言，未可以去乎？董晉、竇參受平章之命，未可以去乎？竇參以貪敗，物望益歸於己，未可以去乎？參死，參黨疑敬輿之譖，未可以去乎？與忮陋之趙憬同

㊀ 劉毓崧校勘記云：晉卿卒於代宗永泰初，不及事德宗。至於鄴侯、宣公之爲相，更不及見。此因宣公曾爲晉卿及其諸子辨明誣謗，遂記爲晉卿猶在也。

升，未可以去乎？沾沾然若留身於巖廊以待枚卜之來，則倒授指摘於人，而敬輿之危益岌岌矣。及既相也，裴延齡判度支，苦諫而不從，吴通玄騰謗書於中外，姜公輔以洩語坐貶，賈耽、盧邁相繼而登三事，及是而引身已晚矣。然且徘徊不決，坐待貶斥，幾以不保其腰領。以自全也，不宜；以靖國也，尤不可矣。何也？已被罪，而忠直之黨危，邪佞之志得，禍必中於國家也。

宰相者，位亞於人主而權重於百僚者也。君子欲盡忠以衛社稷，奚必得此而後道可行乎？至於相，而適人閒政之道詘矣。欲爲繩愆糾謬之臣，則不如以筆簡侍帷帟之可自盡也。鄴侯知之，敬輿弗知也，二賢識量之優劣，於此辨矣。

三二

貞元八年，江、淮水潦，米價加倍，畿輔公儲委積，陸敬輿請減江、淮運米，令京兆邊鎮和糴，酌一時之緩急，權其重輕，信得之矣，然未可爲立國之令圖也。豐凶者，不定之數；田畝所出，則有定之獲也。豐而餘，凶而不足，通十年之算，豐而有餘，凶而猶無不足，則遠方之租米，畢令輕齎，京邊之庸調，悉使納米可也。如其不然，則豐年之所偶餘，留之民閒，以待凶歲，使無頓竭之憂；柰何乍見其豐，遽糴之以空在民之藏乎？

爲國用計者，耕九餘三，恆使有餘以待凶歲。如其饋餫有限，吏禄軍食，豐僅給而凶則乏，又值京邊穀餘而價賤，則抑以錢絹代給，使吏與軍自糴於民，猶之可爾。何也？自糴則食有節而支不糜，民尚不至虚廩困以自匱。若官與和糴，就令無抑買捐民之弊，而必求如額以供坐食者之狼戾與窖藏之紅朽，不復念此粟者，他日小民炊煙屢絶，求粒米而無從者邪！况乎立國有經，恒畜有餘以待水旱，則江、淮薦飢，自可取足太倉，捐歲運以蘇民，何事斂民之積以虚根本哉？

敬輿所陳，令江、淮斗米折錢八十，計其所贏餘錢十萬四千緡，一時行之，覺爲公私之兩利，而國無常守之經，官操商販之計，空内地之積，奪凶歲之儲，使牟利之臣，因得營私以殃民，其失也大矣。以要言之，京邊之盈餘，不可聚於上而急食之也。此不易之定論也。

三三

陸敬輿請罷關東諸道防秋戍卒，令供衣糧，募戍卒願留及蕃漢子弟，廣開屯田，官爲收糴，自戰自耕於其所守之地，此亦以明府兵番戍之徒勞而自弱，不如召募之得也。論者於敬輿所陳，則韙其説，而惜德宗之不從；乃於府兵，則贊其得三代之良法而謂不可易。貪爲議論，不審事理，自相齟齬，罔天下後世以伸其無據之談，如此者，亦奚必他爲之辯哉？即其説以破之而足矣。

夫折中至當之理，存其兩是，而後可定其一得；守其一得，而後不惑於兩是。誠不易也，就今日而必法堯、舜也，即有娓娓長言爲委曲因時之論者，不可聽也。誠不容不易也，則三代之所仁，今日之所暴，三代之所利，今日之所害，必因時而取宜於國民，雖有抗古道以相難者，不足聽也。言府兵則府兵善，言折衣糧以召募則召募善，心無衡而聽之耳，耳無準而聽紙上之迹與脣端之辯，受奪於彊辭，而傲岸以持己之是，唯其言而自謂允愜於天下。嗚呼！小言破道，曲説傷理，衆訟於廷，文傳於後，一人之筆舌，旦此夕彼，其以萬世之國計民生戲邪！不然，奚爲此喋喋哉？持其前後彼此之論以相參，則其無目無心，如籬竹得風之鳴，技自窮矣。

三四

自米粟外，民所輸者，本色折色奚便？國之利不宜計也，而必計利民。利民者，非一切之法所可據爲典要，唯其時而已。唐之初制，租出穀，庸出絹，調出繒、纊、布，其後兩稅法行，繒、纊、布改令納錢。陸敬輿上言：「所徵非所業，所業非所徵，請令仍輸本色。」執常理以言之，宜無以易也；揣事理以言之，則有未允者焉。

絹、繒、纊、布之精粗至不齊矣，不求其精，則民俗之偷也，且以行濫之物輸官，而吏以包容受賕。既損國計、導民姦；而取有用之絲枲，爲速敝之絹布，滅裂物産，於民亦病矣。如必求其精且良與？而精粗者，無定之數也，墨吏、猾胥操權以苛責爲索賄之媒，民困不可言矣。錢則緡足而無可挾之辭矣，以絹、布、綿、縷而易錢，愚氓雖受欺於姦賈，而無恐喝之威，則其受抑者無幾，雖勞而無大損也，此折錢之一便也。

樹桑者先王之政，後世益之以麻枲、吉貝今綿花。然而不能所在而皆植也。桑枲之土，取給也易，而不産之鄉，轉買以充供，既以其所産者易錢，復以錢而易絹、繒、纊、布，三變而後得之，又必求中度者，以受姦商之騰踊，愚氓之困，費十而不能得五也。錢則流通於四海而無不可得，此又一利也。

丁田雖有定也，而析户分産，畸零不能齊一，勢之所必然也。絹、繒、纊、布必中度以資用，單丁寡産尺寸銖兩之分，不可以登於府庫，必計值以求附於豪右，不仁之里，不睦之家，挾持以虐孤寒，無所控也。錢則自一錢以上，皆可自輸之官，此又一利也。

絲枲者，皆用其新者也，民儲積以待非時之求，而江鄉雨溼，山谷煙蒸，色黯非鮮，則吏不收，而民苦於重辦；吏既受，而轉輸之役者民也，舟車在道，霧雨之所霑濡，稍不謹而成黦黴，則上重責而又苦於追償。其支給也，非能旋收而旋散之也，有積之數十年而朽於藏者矣；以給吏士，不堪衣被，則怨起於下，是竭小民機杼之勞，委之於糞土矣。錢則在民在官，以收以放，雖百年而不改其恆，此又一利也。

積此數利，民雖一勞而永逸，上有支給而下有實利。金錢流行之世，所不能悉使折輸者，米粟而已，然而民且困焉。況欲使之輸中度之絲麻，累遞運之勞以徒供朽壞乎？

唐初去古未遠，銀未登於用，鑄錢尚少，故悉徵本色可也。敬輿之言，惜舊制之湮，順愚民不可慮始之情耳。金錢大行於上下，固無如折色之利民而無病於國也。故論治者，貴於知通也。

三五

陸敬輿論稅限迫促之言曰：「蠶事方興，已輸縑稅；農功未畢，遽斂穀租。上責既嚴，吏威愈促。急賣而耗其半直，求假而費其倍償。」悲哉！亂世之民；愚哉！亂世之君也。

民之可悲者，聶夷中之詩盡之矣。其甚者，不待二月而始賣新絲，五月而始糶新穀也。君之愚也，促之甚，則民益貧；民益貧，則稅益逋；耕桑之獲，止有此數，促之速盡，後雖死於桁楊，而必無以繼；流亡日苦，起爲盜賊，而後下蠲逋之令，計其所得，減於緩徵者，十之三四矣；何其愚也！迫促之令，君惛而不知計，民惴而不敢違。墨吏得此以張其威燄，猾胥得此以讎其罔毒，積金屯粟之豪民得此以持貧民之生死，而奪其田廬子女。亂世之上下，胥以迫促爲便，而國日蠹、民日死，夫誰念之？

孟子曰：「用其一，緩其二。」緩之爲利溥矣哉！所謂緩者，非竟置之謂也，通數十百年而計之，緩者數月而已。絀邪臣急功之謀，斥帑臣吝發之説，燭計臣卸責之私，姑忍之，少待之，留一春夏之閒，俟之秋冬，而明歲之春夏裕矣，源源相繼，實亦未嘗有緩也。統計之於累歲之餘，初何有濡遲之憂哉？國家當急遽之時，自有不急之費，取此而姑忍之，少待之，可省以應急需者不患乏也，而奈何遽責之千里之遥、轉輸之不逮事者也！緩者，驕帥、姦臣、墨吏、猾胥、豪民之大不便，而人君深長之益也，愚者自不知耳。君愚，而百姓之可悲、無所控告矣。

三六

德宗始召叛臣之亂，中徇藩鎮之惡，終授宦豎之權，樹小人之黨，其不君也足以亡，而不亡者，幸也。乃夷考其行，非有徵聲逐色、沈溺不反之失也，非有淫刑濫殺、暴怒不戢之惡也，抑非有聞善不知、遇事不察之暗也；疑其可進中主而上之，以守成而保其福祚；然而卒爲後世危亡之鑒者，論者以爲好疑之過，是已。雖然，好疑者，其咎之流也，非其源也；窮本探源，則好諛而已矣。故陸敬輿欲釋其疑，而不足以奪其心而使之悛；蓋其厚有所疑者，唯其深有所信也，非無所信而一用其疑也。於盧杞則信，於裴延齡則信，於竇文場、霍仙鳴則信，於韋渠牟則信，敗而不怒，貶而不釋，死而猶追念之，推心置腹，羣言交擊，而愛之益堅。且不僅是也，陸贄之始，李泌之終，亦未嘗不唯言是聽而無有二三也。然則豈好疑爲其不可解之惑哉？

敬輿之在奉天也，有排難之顯功，言無不中，則秉義雖直，處時雖危，而志得神怡，發之於辭氣顏色也，必温和而浹洽，故罪己之詔，雖暴揚其過而不以爲侮。若長源，則宛曲從容之度，足以陶鑄其驕氣，而使其意也消。盧杞諸姦，豈有別術以得當哉？無宮壼之援，無中涓之助，唯面柔口澤，探意旨而不相違拂耳。是故德宗之得失，恆視所信而分，專有所信，則大有所疑。嗚呼！千古庸人膏肓不起之病，非以失所信而致然哉？有大信者，必有厚疑；有厚疑者，必有偏信；或信或疑，賢姦俱不可恃，唯善諛者能取其深信，而天下皆疑矣。

夫人之多所疑也，皆生於不足。智不足，則疑人之己誑；力不足，則疑人之己淩。先自疑而旁皇無據，四顧不知可信之人，於是諛者起而乘之，諒其所易爲，測其所易知，淺爲嘗而輕爲辨，則不足者亦優爲之而揜其所短。固將曰：非與我合者，言我所不知、不能以相欺，彼即亦一道與，固非我之攸行；且惡知其非矯誣以奪人於所不逮，而讎其異志乎？直者之疑愈厚，則諛者之信愈堅，於是偏信而無往不疑，乃以多疑召天下之離叛。故曰疑者其弊之流也，信者其失之源也。

道處於至足者，知從我者之非誠，而違我者之必有道也。故堯無疑於羣臣之薦鯀，而鯀不足以病堯。下此者，皆有不足也。知不足而不欲揜，則諛我者之情窮矣。流俗之言，苟且之計，惡足以進於前哉？此中材救過之善術也。能知此，則天下皆與善之人而奚疑乎？天下皆與善之人而又奚有所偏信乎？故德宗之失，失於信也。好諛而信之，雖聖哲痛哭而不救其敗。紂之惡無他，好諛而信飛廉、惡來者深也。

讀通鑑論卷二十五

順宗

王伾、王叔文以邪名古今，二韓、劉、柳皆一時之選，韋執誼具有清望，一爲所引，不可復列於士類，惡聲一播，史氏極其貶誚，若將與趙高、宇文化及同其凶逆者，平心以考其所爲，亦何至此哉！

自其執政以後，罷進奉、宫市、五坊小兒，貶李實，召陸贄、陽城，以范希朝、韓泰奪宦官之兵柄，革德宗末年之亂政，以快人心、清國紀，亦云善矣。順宗抱篤疾，以不定之國儲嗣立，諸人以意扶持而冀求安定，亦人臣之可爲者也。所未審者，不能自量其非社稷之器，而仕宦之情窮耳，初未有移易天位之姦也。於是宦官乘德宗之危病，方議易儲以危社稷，順宗瘖而不理，非有夾輔之者，則順宗危，而憲宗抑且不免。代王言，頒大政，以止一時之邪謀，而行乎不得已，亦權也。憲宗儲位之定，雖出於鄭絪，而亦俱文珍、劉光琦、薛盈珍等諸内豎修奪兵之怨，以爲誅逐諸人之地。則韋執誼之驚，王叔文之憂色，雖有自私之情，亦未嘗别有推奉，思摇國本，如謝晦、傅亮之爲也。乃史氏指斥其惡，言若不勝，實覈其詞，則不過曰「采聽謀議，汲汲如狂，互相推獎，僴然自得，屏人竊語，莫測所爲」而已。觀其初終，亦何不可測之有哉？所可憎者，器小而易盈，氣浮而不守，事本可共圖，而故出之以密，謀本無他奇，而故居之以險，膠漆以固其類，亢傲以待異己，得志自矜，身危不悟，以要言之，不可大受而已矣。因是而激盈廷之怨，寡不敵衆，謗毁騰於天下，遂若有包藏禍心爲神人所共怒者，要亦何至此哉！

伾、叔文誠小人也，而執誼等不得二人不足以自結於上，伾、叔文不得於牛昭容、李忠言不足以達於篤疾之順宗。嗚呼！漢、唐以後，能無内援而致人主之信從者鮮矣。司馬温公之正，而所資以行志者太后；楊大洪之剛，而所用以衛主者王安；蓋以處積亂之朝廷，欲有所爲，弗獲已而就其可與言者爲納約之牖也。叔文、伾之就誅，八司馬之遠竄，事所自發，亦以宦官俱文珍等怨范希朝、韓泰之奪其兵柄，忿懟急洩而大獄疾興。諸人既蒙不赦之罪，神策監軍，復歸内豎，唐安得有斥姦遠佞之法哉？宦官之争權而迭相勝負耳。杜黄裳、袁滋不任爲主也。故執誼等有可黜之罪，而遽謂爲千古之敗類，則亦誣矣。

繇此以觀，士之欲有爲當世者，可不慎哉！天下之事，昭昭然揭日月而行者，與天下共之。其或幾介危疑，事須密斷者，則緘之於心，而制之以獨。若驟得可（危）〔爲〕㊀之機，震驚相耀，以光大之舉動爲詭秘之聲容，附耳躡足，晝呼夜集，排羣言，斂衆怨，自詡爲憂國如家，乃不知旁觀側目者且加以不可居之大慝。事既祕，言不能詳，欲置辯而末從，身受天下之惡，自戕而已矣。易曰：「不出户庭，无咎。」慎之於心也。不出門庭則凶矣。門内之密謀，門外之所疑爲叵測者也。流俗之所謂深人，君子

㊀ 據校記改。

之所謂淺夫也。讀柳宗元謫後之書，「匪舌是出」，其愚亦可哀也已！

憲宗

一

禮何爲而作也？所以極人情之至而曲盡之也。古禮之佚不傳者多矣，見於三禮者，唯喪禮爲略備，達於古今，無不可繇也。然而猶有闕焉，時之所不然，事之所未有，情之所不生，禮之所未及也。於是而後儒折中論定之道，有可參酌以極得其中，則遭亂失其父母，尋求不得，生死莫能知，而爲之追服，是已。

禮文之未及此也有故：古者分土建侯，好問不絶，偶爲仇敵，而禮之往來不廢，聲問相逮，無有阻也。故諸侯失國而爲寓公，大夫去國而有羈禄，即其爲行人而見執，臨戰伐而見俘，其生其死，必相聞矣。則生而遥告以吉凶，死而得奔喪、還葬，奚有尋求不得而待追服者哉？

王莽之世，盜賊坌起，永嘉而後，胡、漢分割，於是而貴賤均於俘囚，老弱隨其轉徙，千里無人，音問既絶，轉掠不定，踪跡莫稽，乃有父子殊天，終相睽隔，母妻漂散，不審存亡者。嗚呼！生不得聚，死不得知，疏衰者，非人子之可用報親者，而猶不克盡三年之哀慕，亦慘矣哉！晉庾蔚之等始建議尋求三年之外，俟中壽八十而服之，此亦以禮定情之極致，周公復起，不能易也。

德宗母沈太后因亂陷賊，不知所在。德宗即位，尋求數十年不得，迨德宗之葬，禮官乃申蔚之之議，以德宗啓殯日，發沈后之喪，因此而祔廟之禮行焉。夫蔚之限尋求以三年，俟發喪於中壽，而德宗終身不廢尋求者，以德宗已正位臨民爲宗社主，不容因母而廢大政，即位尋求，兩不相礙也。而士大夫既含重哀，必廢婚宦，盡心力爲尋求地，期以三年，則人子之志伸，而生人之理亦無崩壞之憂矣。晉、宋以來，有因此而永絕婚宦者，其志可尚，而其道不可常，殆亦賢者之過。蔚之裁之以中，不亦韙與！不宦則祭祀不修，不婚則繼嗣不立，抑非所以廣孝也。且夫尋求不得，而生死固無據焉，銜恤靡至，一以喪禮居之，萬一親幸而存，豈非之生而致之死乎？即位而尋求，臨朝不廢之典，宜於天子；限求以三年，權停婚宦，宜於士夫。酌中壽之年以服喪，生存之望可絕；以啓殯之日而爲忌，人子之道以終；變而不失其常，補古禮之未有，合先聖之大經，此其選已。

二

杜黃裳之請討劉闢，武元衡之請徵李錡，李絳之策王承宗、田興，不待加兵而自服，皆時爲之也。知時者，可與謀國矣。

自僕固懷恩以河北委降賊而僭亂不可復制者，安、史之誅，非唐師武臣力制其死命而殪之，賊自敗亡而坐收之也。幽、燕、河、濟，賊所糾合之蕃兵、突騎皆生存，而梟雄之心未艾，田承嗣、薛嵩、朱希彩之流，狼子野心，習於戰鬬，狃於反覆，於斯時也，雖李、郭固無如之何，而下此者尤非其敵也。代宗驕之，德宗挑之，俱取敗辱，雖有黄裳、元衡之能斷，李絳之善謀，我知其未易爲籌度也。

至於元和，而天下之勢變矣。鬻所與安、史同逆矯厲自雄者，死亡盡矣，嗣其僭逆者，皆紈袴驕憨、弋色耽酒之豎子也。其偏裨，則習於叛合、心離志怠、各圖富貴之庸夫也；其士卒，則坐糜粟帛、飲博遊宕之罷民也。而狎於兩代之縱弛，不量力而輕於言叛；乃至劉闢以白面書生，李錡以貴游公子，苟得尺寸之土，而妄尋干戈；此其望風而仆、應手而糜者，可坐策之而必於有功。韋丹、李吉甫且知西川之必下以勸興師，況黄裳、元衡之心社稷而有成謀者乎？故德宗奮而啓禍，憲宗斷而有功，事同而效異也。

夫既知其可以討矣，則亦知其可以不戰而屈之矣。姑試其威於西川而西川定，再試其威於鎮海而鎮海平。河北豢養之子弟，固不測朝廷之重輕，而苟求席安以自保，衆心俱弛，羣力不張。於斯時也，唐雖不自信其有必勝之能，而魏博、成德非王武俊、田悦之舊，彼自知之，亦可衆量之矣。吉甫目擊杜、武之成績，欲效之以徼功於河北，是又蹈德宗之覆轍也。李絳之洞若觀火，又豈有絶人之智計哉？故代宗之弛而失御，憲宗之寬而能安，亦事同而效異也。所以異者無他，惟其時也。

時者，方弱而可以彊，方彊而必有弱者也。見其彊之已極，而先自震驚，遂朒縮以絶進取之望；見其勢之方弱，而遽自踸踔，因興不揣之師；此庸人所以屢趨而屢蹟也。焚林之火，達於山椒則將熸，撲之易滅而不敢撲，待之可熄而不能待，亦惡知盈虚之理數以御時變乎？劉淵、石虎、苻堅、耶律德光、完顔亮，天亡之在眉睫矣，不知乘時者，猶以爲莫可如何，而以前日之覆敗爲懲。悲夫！

三

制科取士，唐之得元、白，宋之得二蘇，皆可謂得人之盛矣。稹、居易見知於裴中立，軾、轍見重於司馬君實，皆正人君子所嘉與也。觀其應制之策，與登科以後忼慨陳言，持國是，規君過，述民情，達時變，洋洋乎其爲昌言也。而抑引古昔，稱先王，無悖於往聖之旨，則推重於有道之士而爲世所矜尚，宜矣。推此志也，以登三事，任密勿，匡主而庇民，有餘裕焉。乃此數子者，既獲大用，而卞躁譸張，彙引匪人以與君子相持而害中於國，雖裴、馬秉均以臨之，弗能創艾也。然則制科求士，於言將不足采，而可以辯言亂政之責斥之乎？

夫此數子者，非其言之有過，善觀人者，不待其敗德之已章，而早已信其然矣。奚以明其然也？此數子者，類皆酒肉以溺其志，嬉遊以蕩其情，服飾玩好書畫以喪其守。凡此，非得美官厚利，則不足以厭其所欲。而精魄既搖，廉恥遂泯，方且號於人以爲清流之津逕，而輕薄淫泆之士樂依之，以標榜爲名士。如此，而能自樹立以爲君之心膂、國之楨幹、民之蔭藉者，萬不得一。

文章之用，以顯道義之殊塗，宣生人之情理，簡則難喻，重則增疑。故工文之士，必務推盪宛折，暢快宣通，而後可以上動君聽，下感民悅。於是游逸其心於四維上下，古今巨細，隨觸而引伸，一如其不容已之藏，乃爲當世之所不能舍。則蘇軾所謂「行雲流水、初無定質」者是也。始則覃其心以達其言，既則即其言以生其心，而淫泆浮曼、矜誇傲辟之氣，日引月趨，以入於酒肉嬉遊服飾玩好書畫之中，而必争名競利以求快其欲。此數子者，皆以此爲尚者也。而抑博覽六籍，詭遇先聖之緒説以濟其辯，則規君過、陳民情、策國事，皆其所可沈酣以入、痛快以出，堂堂乎言之，若伊訓、説命、七月、東山之可與頡頏矣。則正人君子安得不斂衽以汲引爲同心，而流傳簡册，淺學之士能勿奉爲師表乎？乃有道者沈潛以推致其隱，則立心之無恆，用情之不正，皆可即其述古昔、稱先王之中察見其詖淫，況其濫於浮屠、侈於游冶者，尤不待終篇，而知其爲羊羶蟻智之妄人哉！

若其淋漓傾倒，答臨軒之問，陳論劾之章，若將忘辱忘死，觸忌諱，犯衆怨，以爲宗社生民計者，固可取爲人主之龜鑑，而不得斥之爲非。則唯上之所以求之者，以直言敢諫設科，則以應知遇、取名位者在此，慧足以及，膽足以勝，固無難伸眉引吭以言之無怍，而可取者不乏也。

是故明主之求言，大臣之廣益，無擇於人也；言而可聽者，樂取其言，以釋吾回而增吾美也。若其用人也，則不以言也；言而可聽，必考其用心之貞淫，躬行之儉侈，而後授以大任也。書曰：「敷奏以言。」言無不盡。若其黜陟，則必「明試以功」而後定。子曰：「君子不以言舉人。」誠千古片言之居要矣。然則策賢良以問政，明王廣聽大智之道也；設制科以取士，唯其言以登用之，則國是亂、佞人進，治道之大蠹也。制科而得才士如元、白、二蘇而止，元、白、二蘇長於策問奏疏而止，不恣其辨以終爲君子傷。節宣之權，人主大臣司之，可弗慎與！

四

廟謨已審，采諍臣之弼正以決行止，其於治也有失焉，鮮矣。廟謨無據，倚羣臣之道謀以相爭辯，其於亂也幸免焉，鮮矣。何也？貿貿然於得失利害之林，一事至而無以自主，天子有耳而無心，大臣辭謗而避罪，新進之士，氣浮而慮短。「彼亦一是非，此亦一是非。」苟可言焉則言之，不能言者亦學語而言之。勿論其挾私也，即其無私，而讀古人數策之書，輒欲引據；憑寤寐偶然之慧，見爲實然；聽曲士末俗之言，妄爲歆動；念生平身受之累，推爲利害。琅琅然挾持以爲口實，理亦近是，情亦近是，以與深謀熟慮相齟齬。言出氣盈，不任受詘。於是而誤國殃民，終無可救也。

以憲宗之時事言之，一藩鎮之逆也。言討者，並欲加兵於歸命之魏博；言撫者，遂欲屈志於窮凶之淮、蔡。彼以爲飭法之王章，此以爲懷柔之文德；彼以此爲養寇而失權，此以彼爲生事而釀禍。河漢無涯之口，窮年靡定，究將誰與適從哉？謀之已煩，傳之將徧，一端未建，四海喧騰。幕士遊人，測衆論之歸以揣摩而希附會；姦胥猾吏，探在廷之蹤指以豫爲避就。左掣右牽，百無一就。迨其論定，而弊已叢生。況乎多事之秋，(彊藩)〔夷狄〕㈠盜賊閒諜伏於輦下，機密播於崇朝，授以倒持之樞，而危亡必矣。

唐制：誥令已下，有不便者，諫官上封事駁正改行。駁之於後以兼聽得中，而不議之於先以喧囂致亂，道斯定矣。元稹甫受拾遺之命，輒欲使諫官各獻其謀，復正牙奏事及庶司巡對，唯欲奪宰相之權，樹己之威福而已。諫官者，諫上之失也。議方未定，天子大臣未有失也，何所諫也？論道者，三公之職；辰告者，卿士之司；糾謬者，諫官之責。各循其分，而上下志通，大猷允定。稹小人，惡足以知此哉？

㈠ 據校記改。

五

樞密之名，自憲宗以任宦官劉光琦始。繹其名，思其義，責以其職，任以其功。軍之生死，國之安危，毫釐千里之差，九地九天之略皆繫焉。三代而後，天子與夷狄盜賊争存亡，非復古者大司馬掌九伐之法，鳴鐘擊鼓馳文告以先之，整步伐以涖之，所能已天下之亂也。則此職之設，有其舉之，不可廢已。所宜致慎而杜旁落之害者，但在得其人耳。惟若憲宗委之宦官，則吐突承璀、王守澄資以擅廢立而血流宮禁，乃因此而謂分宰相之權，奪兵部之職，所宜廢也，豈非因噎廢食而不憂其餒乎？五代分中書、樞密爲二府，雖狃於戰争而歆重戎事，然準漢大將軍丞相之分職，固三代以後保國之善術也。

國之大事，在祀與戎。夫祀既宗伯之所司矣，而禮部之外必設大常，蓋以禮部統邦禮，職既繁委，分心力以事神，則恪恭不摯，專責之大常，而郊廟之事乃虔。以此例戎，其可使宰相方總百揆而兼任之乎？抑可使兵部統銓敍功罪，稽核門廕，制卒伍之踐更，清四海之郵傳，覈屯田之租入，督戎器之造作，百端交集，宵旦不遑，乃欲舉三軍生死之命，使乘暇而謀之，其不以國與寇也，不亦難乎？兵部所掌者，兵籍之常也；樞密所領者，戰守之變也。進止奇正，陰陽互用。存亡之大，決於呼吸；經畫之密，審於始終。文字不得而傳，語言不得而洩。上承人主帷帟之謀，遥領主帥死生之命。大矣哉！專其事而恐不勝，乃以委諸守章程而綜衆務者乎？

樞密一官，必舉而不可廢，審矣。時或宇内方寧，兵戈不試，則縣其職以令宰相兼之可耳。而官屬必備，儲才必夙，一旦有疆場之事，則因可任之人，授以固存之位，與天子定謀於尊俎。至其爲謀之得失，有宰相以參酌於前，有諫官以持議於後，亦不患其擅國柄而誤封疆矣。漢舉朝政盡委之大將軍，而丞相聽命，五代使樞密察宰相，固歆重而貽權姦之禍。唐、宋之失，在任劉光琦、童貫，蓋所任非人，而非其設官之咎。若周官大司馬總戎政，攝祀事，兼任征伐，則唯封建之天下，無夷狄盜賊之防則可耳，後世固不得而效也。

六

牛僧孺、李宗閔、皇甫湜皆以直言極諫而居顯要，當其極陳時政之得失，無所避忌，致觸李吉甫之怒，上累楊於陵、韋貫之以坐貶，而三人不遷，豈不人擬爲屈、賈，代之悲憤，望其大用以濟時艱乎？乃其後竟如之何也！故標直言極諫之名以設科試士，不足以得忠直之效，而登進浮薄，激成朋黨，撓亂國政，皆緣此而興。漢、唐之末造，蔡邕髡鉗，劉蕡絀落，論者深爲憤惋，而邕以黨賊亡身，蕡亦無行誼可見，則使登二子於公輔，固不能救漢之亡、起唐之衰，亦概可覩矣。

人君之待諫以正，猶人之待食以生也。絶食則死，拒諫則亡，固已。然人之於食也，晨而饔，夕而飧，源源相繼，忘其爲食，而安於其所固然；如使衰瘠之夫，求穀與芻豢而驟茹之，實非其所勝受也，則且壅滯於中而益增其病。故明王之求諫也，自師保宰弼百司庶尹下至工瞽庶人，皆可以其見聞心得之語，因事而納誨。以道諫者，不毛舉其事；以事諫者，不淫及於他。漸漬從容，集衆腋以成裘，而受滋培於霢霂。未有驟求之一旦，使傾倒無餘，盡海内之事而纖悉言之，概在廷之人而溥徧刺之，馳騖曼延，藻帨文華，取悅天下，而與大臣争用舍之權者也。非浮薄之士，孰任此爲截截之諞言哉？夫唯言是求，無所擇而但獎其競，抑又委取舍於考官，則憸人辨士揣摩主司之好惡以恣其排擊，若將忘禍福以抒忠，實則迎合希求爲登科之捷徑，端人正士固恥爲之。牛僧孺等之允爲姦邪，不待覆轍折轂，而有識者信之早矣。

夫李吉甫之爲邪佞也，楊於陵、韋貫之身爲大臣，不能以去留争其進退，既與比肩事主，而假手舉人以詆斥之，則其懷諼以持兩端，亦可見矣。於陵、貫之以舉人爲搖擠之媒，僧孺、宗閔以考官爲奧援之託，則使擊去吉甫，而於陵、貫之之爲吉甫可知也。若僧孺、宗閔、湜之並不能爲吉甫，則驗之他日，亦既章章矣。何也？上之所以求諫者，不以其道，則下之應之也，言直而心固曲也。無人不可諫，而何待於所舉之人；何諫不可納，何必問之考官之選。以道格君者，匪搏擊之是快；以理正事者，非泛指而無擇。朝而漸摩，夕而涵濡，何患忠言之不日徹於耳；乃市納諫之名，招如簧之口，以侈多士之美哉！三代之隆無此也，漢、唐之盛無此也。此科設而争辨興，抑揚迭用以激成朋黨。其究也，鬻直者爲枉之魁，徒以氣燄鋒鋩鼓動天下，而成不可撲之勢。僧孺等用，而唐乃大亂，以訖於亡。有識者於其始進決之矣。

七

歲豐穀熟而減其價，則糴者麇集，穀日外出，而無以待荒；歲凶穀乏而減其價，則販者杜足，穀日内竭，而不救其死。乃減價者，小民之所樂聞，而吏可以要民之譽者也，故俗吏樂爲之。夫亦念聞減價而讙呼者何民乎？必其逐末游食、不務稼穡、不知畜聚之民也。若此者，古謂之罷民，罰出夫布而寘之圜土者也。男勤於耕，女勤於織，洿池時修，稯藏必慎者，歲雖凶不致於餒；即爲百工負販以自養，而量腹以食，執勞不倦，無飲博歌咢、晝眠晨坐驕佚之習，歲雖凶不致於餒。即甚乏矣，而采蔌於山澤，賃傭於富室，亦亟自計其八口之飦粥，而必不閧然於河濱路隅，望價之減，以號呼動衆。然若彼者，實繁有徒；一唱百和，猝起哀鳴。冀官之減價，乃不念價即減，而既減之金錢，顧其橐而何有也。如是者，徇其狂妄，而以拒商販於千里之外，居盈之豪民，益挾持人之死命以坐收踴貴之利。罷民既自斃，而官又導之以趨於斃。嗚呼！俗吏得美名，而饑民填溝壑，亦慘矣哉！

盧坦爲宣、歙觀察使，歲饑，穀價日增，或請抑之，坦持不可，而商販輻輳，民賴以生。知治道者之設施，固俗吏之所疑也。俗吏者，知徇罷民而已。故罷士不可徇之以謀道，罷民不可徇之以謀生。罷士憚登天之難，而欲廢繩墨以可企及，則必陷於愚陋；罷民恤斯須之苦，而欲忘長慮以競目前，則必陷於死亡。君子之弗徇之，尸其怨而不恤，誠有其大不忍者矣。

八

憲宗志平僭亂，李絳請釋王承宗於恒、冀，而困吴少誠於申、蔡，韙已。有攻堅而瑕自破者，有攻瑕而堅漸夷者，存乎其時而已矣。當是時，國家積弱，而藩鎮怙彊，河北其輪囷盤錯以折斧斤者也。攻其瑕而國威伸，瑕者破而逆氣折，故西川、江、淮叛而速平，唯其瑕也。然而堅者自若，則以申、蔡逼近東都，中天下而持南北之吭，河北以窺朝廷之能否，故用兵之所宜先者，莫急於淮、蔡。吴少誠處四戰之地，旁無應援，李師道殫力以爲之謀，爲盜而已，弗能出一卒以助其逆，彼瑕易脆，而國威可伸。申、蔡平而河北震驚，不於此而攻瑕，將安攻乎？

若當時之最宜緩而不可急攻者，莫恆、冀若矣。王武俊首聽李抱真之約，發憤討逆，功固可念也。而南有魏博以爲之障，北有幽、燕以爲之援，東有淄青以爲率然之首尾，吐突承璀不揣而加兵，徒以資盧從史之逆，自取之也。自申、蔡而外，所可申討者，唯淄青耳。淄青者，南接淮、海，而西與燕、魏相縣千里，勢不足以相救。故劉裕之滅慕容超也，一入大峴，而直擣其郛，窮海必亡之勢也。李納無尺寸之功，有邱山之惡，而師道繼之，以鼠竊之小醜，力不足以大逞，但恃穿窬之徒，以脅宰相，駭中外，焚帑藏，犯陵廟，宵起晝伏，幸免於天誅，堂堂正正以九伐之法臨之，如山壓卵，莫之能禦矣。舍此不圖，而遽求多於難拔之恆、冀，不亦愚乎？

詩不云乎？「池之竭矣，不云自頻。」池者，無源之水也，故頻竭而中隨之。藩鎮之逆，池水之溢耳。元和之世，溢者將涸，竭其頻而池自無餘。憲宗持疑不決，廟議亂於中涓，故歷年久而後平，賊雖平而國亦憊矣。

九

揣摩情勢、游移捭闔之士，其術得讎，而天下之亂不可止。戰國之分爭，垂數百年而不定，暴骨連野，人之死者十九，皆此等心機所動，持天下而徇己説者成之也。至於唐之季世，而游士之口復騰。河北兵連，宇内騷擾，一言偶中，狂夫捐久長之利害，而一意徇之。險矣哉！若譚忠之爲田季安、劉濟謀者是已。於斯時也，爲季安謀萬全者，豈有他哉？陳王承宗之逆而必敗，淮蔡、淄青之自速其亡。使二鎮合兵，蹙承宗使就縛歸命，改鎮修職，則季安、濟長保其富貴；而承宗既禽，淮蔡不敢窮兵以抗命，淄青不敢仗盜以黨姦，天下亦蒙其安平之福矣。其後田弘正一逼鄆州，而李師道旋授首於劉悟，其明效矣。而譚忠持兩端之策，揣朝廷之舉動，姑順天子之命，實保承宗之姦，以上免朝廷之怒，下結叛逆之心。自謂謀之已工，而昧於久長之計者，驚其揣度之中，無定之衷，固不勝其如簧之舌。於是取堂邑以市交，收饒陽、束鹿以謝咎。二鎮固可處堂而嬉也，而天下之禍，乃以此而深。使微忠也，則二鎮順而歸命，一言而決耳；逆而助賊，亦一言而決耳；癰已潰，收之而固無難也。故曰忠之爲謀險矣哉！

故士之傾危而禍及天下者，莫甚於善揣中外之情形而持之不失，李巨川之亡唐，張元、吴昊之亂宋，皆此也。杜荀鶴、韋莊之流，始於容身，終於倖利，然技止於雕蟲，猶不尸爲戎首。而兀朮欲走，一書生揣岳、秦之釁，言如持券，以終陷東京而不復。當國者之御此曹也難矣，獎之則羣起而撓國是，抑之則反面而事寇讎。惟當禍亂繁興之日，庠序仍修，貢舉不輟，使有坦道之可遵，而旁蹊庶其可塞乎！將帥不得薦幕士，督府不得用參謀，亦拔本塞源之一道也。

一〇

李吉甫之專恣，憲宗覺之，而拜李絳同平章事以相參酌，自謂得馭之之道矣。乃使交相持以啓朋黨之争，則上失綱而下生亂，其必然也。絳貞而吉甫邪，弗待辨也。雖然，謂絳爲得大臣之道，又豈能勝其任哉？秦誓曰：「唯截截善諞言。」言者，小人之所長也，非君子之所可競也。小人者，不畏咎於人，不懷慚於己，君以爲是，滔滔日進而益騁，君以爲非，詆訶面承而更端以進，無媿咎之容。若君子，則言既不聽，恥於申説，奚瑣瑣尚口之窮乎？君子而以言與小人角長短，未有貞勝者也。易曰：「咸其輔頰舌。」應非不以正也，然相激而愈支，於以感上下之心，難矣。

夫大臣者，衷之以心，裁之以道，持之以權，邦之榮懷與其杌隉繫焉者也。不得已而有言，言出而小人無所施其脣舌，乃可定衆論之歸，而扶危定傾於未兆。若其一再言之，君已見庸而衆囂莫止者，必君志之未定，而終且受詘，則所謂「不可則止」者矣。夫吉甫豈安於受挫不思變計者乎？言出而絳必折之，憲宗且伸絳而抑之矣。然而屢進不已，蹻蹻争鳴者，何也？彼誠有所恃也。恃憲宗之好諛在心，乍咈而終俞；絳之相尚以口，言多而必躓也。如是而可以辯論之長與争消長哉？「彼亦一是非，此亦一是非。」各得其朋以相牴牾，而黨禍成矣。此大臣之道，所不欲以身任天下之紛紜者也。

絳而知此，則當命相之日，審吉甫之植根深固，不可卒拔，辭平章不受，使人主知貞邪之不可並立，而反求其故，吉甫可逐也。即受之而姑舍他務，專力昌言，斥吉甫之姦，必不與同謀國事，聽則留，否則去，不但無自辱之憾，且正邪區分，可俟小人之僨輈折軸，而徐伸其正論，於國亦非小補也。不此之務，屈身以與同居論道之席，一盈一虚，待下風者隨之而草偃，朋黨交持，禍延宗社，絳能辭遇雨之濡哉？

嗚呼！言固未有方也，論固未有定也，失其大正，則正邪之遷流未有據也。吉甫、絳，君子小人之辨分矣。他日德裕欲揜父之惡以修怨，而牛僧孺、李宗閔、李逢吉、元稹之徒，愈趨以與德裕争勝，則君子之名實又歸於李氏。一波而萬波隨，不知所届，要皆口舌文字之争勝負於天下，而國之安危，俗之貞淫，淌滉而無據，言之得失，可爲善惡之衡乎？盡臣道者不可不知，正君道者尤不可不知也。

一一

魏博田季安死，其子擅立，李吉甫請討之，而李絳請俟其變。籌之堂上而遥制千里，度之未事而驗之果然，不兩月而田興果請命奉貢，效其忠貞，一如絳言，不差毫髮。古今謀臣策士，徵驗疾速，未有如此之不爽者也。

河朔自薛嵩、田承嗣以來，世怙其逆，非但其帥之稔惡相仍也，下而偏裨，又下而士卒，皆利於負固阻兵，甘心以攜貳於天子。故帥死兵亂，殺奪其子，擁戴偏裨者不一，而終無有恃朝廷爲奥援者。絳即知田懷諫之必見奪於人，亦惡知其不若朱希彩、吴少陽之相踵以抗王命哉？而堅持坐待之説，不畏事機之變，咎將歸己，無所顧畏者，豈果有前知不爽之神智，抑徼天幸而適如其謀邪？言而允中，固有繇來，絳秘不言，而無從致詰耳。

田興之得軍心，爲季安所忌久矣。與季安不兩立，而特詘於季安，待其死以蹶起，奄有魏博，謀之夙矣。欲定交於鄰鎮，以成其竊據，乃四顧而無有可託之彊援，念唯歸命朝廷爲足以自固。乃欲自達於天子，而盈廷道謀，將機洩而禍且至。知唯李絳之可因效悃也，信使密通以俟時相應，舉國不知，而絳之要言已定，非一日矣。絳言諸將怨怒，必有所歸，而不斥言興者，爲興秘之耳。逐懷諫而有魏博，絳與有謀焉；請命修貢，皆絳之成謀也。絳自策之，自言之，何憂乎事之不然哉？能致之者，絳之忠也；能持之者，絳之斷也；能密之者，絳之深也；要非以智揣度、幸獲如神之驗也。

故大臣之以身任國事也，必熟識天下之情形，接納邊臣之心腹，與四方有肺腑之交，密計潛輸，盡獲其肝膽，乃可以招攜服遠，或撫或勦而罔不如意。夫以一人之憂爲憂，以天下之安危爲安危者，豈孤立廷端，讀已往之書，聽築室之謀，恃其忠智而無僨事之虞哉？

大臣之謀國也，既如此矣，則天子命相，倚之以決大疑、定大事，亦必有道矣。殿閣之文臣，既清孤遠物，而與天下素不相接；部寺之能臣，錢穀刑名雜宂，而於機事有所未遑；危疑無定之衷，竭智以謀，愈詳而愈左。故人主之命相，必使入參坐議，出接四方，如陸贄、李絳之任學士也，早有以延攬方鎮而得其要領；天下亦知主眷之歸，物望之集，可與爲因依，而聽其頤指；無患乎事機之多變，而周章以失據矣。不能知人而厚防之，嚴宰執招權之罰，禁邊臣近侍之交，以漠不相知之介士，馭萬里之情形，日削日離，待盡而已矣。

一二

唐置神策軍於京西京北，雖以備禦吐蕃，然曾倚此軍削平叛寇，則資以建國威、捍非常，實天子之爪牙也。德、憲以來，權歸中涓與西北節鎮，虜至莫能奔命。李絳所爲，欲據所在之地，割隸本鎮，使聽號召以擊。虜之猝至，不致待請中尉，遲延莫救也。憲宗聞絳之言，欣然欲從，而終於不果，識者固知其必不果也。

唐於是時，吐蕃之禍緩矣，所甚患者，內地諸節度分擁彊兵，畫地自怙，而天子無一爪牙之士；於此而欲奪之中涓之手，授之節鎮，中涓激天子以孤危，辭直而天子信之，又將何以折之邪？是軍也，昔嘗以授之白志貞矣。朱泚之亂，瓦解而散，外臣之無功而不足倚，有明驗也，故付之於宦官，亦無可委任，而姑使其聽命宫廷耳。如復分割隸於節鎭，則徒爲藩鎭益兵，而天子仍無一卒之可使。有若朱泚者，猝起於肘腋，勿論其能相抗制也，即欲出奔，而踉蹌道路，將一車匹馬而行乎？絳不慮此，欲削中涓之兵柄，而強人主以孤立，操必不可行之策，徒令增疑，何其疏也！

絳誠慮之深，策之審，則當抗言中涓攬兵之非宜，取神策一軍隸之兵部，簡選而練習之，猝有邊警，馳遣文武大臣將之以策應，外有寇則疾應外，内有亂則疾應内，與節鎭相爲呼應，而功罪均之。如此，則天子有軍，應援有責，而中涓之權亦奪矣。柰之何舍内廷之憂而顧外鎭之患乎？如曰待邊將之奏報而後遣救，無以防虜寇之馳突。則偵探不密，奏報不夙，邊鎭之罪也，非神策之需遲而不及事也。唐室之患，不在吐蕃而在藩鎭，已昭然矣，如之何其弗思？

一三

人臣以社稷爲己任，而引賢才以共事，不避親戚，不避知舊，不避門生故吏，唯其才而薦，身任疑謗而不恤，忠臣之之效也。周公遭二叔之流言，既出居東，而所汲引在位者，皆摧殘不安於位，公身之不恤，而爲之哀吟曰：「既取我子，勿毁我室。」小人動摇君子，取其爲國所樹之人，指之以朋黨，毁之以私親，誠可爲蘁然傷心者矣。雖然，公以叔父受託孤之任，撫新造之國，收初定之人心，以衛社稷，故必近取休戚相倚者以自輔，固未可概爲人臣法也。

立賢而先親知，非無説以處此矣。狎習已夙，則其性情易見而賢否易知，非遥采聲聞者之比也。且吾權藉既尊，風尚既正，屬在肺腑者，苟非甚不肖，若李虞、李仲言之於李紳，亦將習見正人，習聞正論，順風而偃，樂出於清忠之塗；則就親知而拔用之，非無得也。然而有大患者，苟其端亮忠直、憂國如家也，則其議論風旨恆毅然外見，而人得測其喜怒從違之所嚮。於是所與親知者，熟嘗其肯綮以相迎合，亦習爲亢爽之容、高深之説，以自旌而求讎。如牛僧孺、元稹、李宗閔、劉栖楚之流，危言碎首，亦何遽出賈誼、朱雲之下；杜欽、谷永，徒觀其表見，且可以欺後世而有餘；蘇舜欽、石延年、黄庭堅、秦觀游大人之門，固宜受特達之知遇；杜祁公、司馬温公所不能卻也，而後竟如之何也？未遇則飾貌以相依，已讎則操戈以入室。凶終之禍，成乎比匪，不亦傷乎！

憲宗詰宰相「當爲朕惜官，勿用之私親」。此必有先入之言，誣絳以受私者。絳曰：「非親非故，不諳其才。」言之誠是，憲宗弗能奪也。而李吉甫因之指斥善類爲朋黨，以利攻擊者，即在於此。非盡吉甫之誣也，使牛僧孺、李宗閔、元稹、劉栖楚之徒，早爲絳之親故，而備聞其忼慨之論，絳能勿引與同升乎？而傾危煽亂之禍始，將誰歸邪？自非周公以至聖有知人之哲，以叔父居攝政之尊，則未可亟引親知，開小人姻亞膴仕之端；況乎人主方疑，同官方忌，爲嫌疑之引避者乎？進以樹特立之操，退以養和平之福，大臣之常度也。絳雖忠，未講於此，上不能靖國，而下以危身，抑有以致之矣。

一四

吴元濟一狂騃豎子耳，中立於淮、泗之閒，僅擁三州不協之衆，延晨露之命，所恃者王承宗，既不能出一步以躡官軍之後，李師道獨以狗盜之姦，刺宰相，焚陵邑，脅朝廷以招撫，而莫救元濟之危，非能如嚮者河北連衡之不易撲也。而唐舉十六道之兵，四面攻之，四年而後克，何其憊邪？論者責分兵如連雞，參差不齊，以致師老而無功，似矣；然使專任一將，四鄰諸道，旁觀坐聽其成敗，則勢益孤，而覆敗尤速，則專任固不如分任，審矣。

乃詳取其始末而究之，元濟豈有滔天之逆志如安、史哉？待赦而得有其旌節耳。王承宗、李師道亦猶是也。兵力不足以抗衡，唯恃要結閒貳以求得其欲，師道遣三數匹夫入京邸，殺宰相，燬陵寢，焚屯聚，挾火懷刃，而大索不獲者，爲之淵藪者誰也？非大臣受三寇之金錢以相阿庇，而詎能爾邪？則其行賂諸鎮，觀望不前，示難攻以脅天子之受降，概可知已。外則韓弘之阻李光顔，內則韋貫之、錢徽、蕭俛、李逢吉等之阻裴度，皆醉飽於三寇之苞苴，而爲之脣舌者也。故蔡州一空城，元濟一獨夫，李愬一夕而縛之如雞鶩，其易也如此，而環攻四年，其難也如彼，唐安得有將相哉？皆元濟豢飼之鷹犬而已。僅裴、武兩相立於百僚之上，爲疑謗之招，弗能勝也。其遲久而後克，不亦宜乎？

故國家當寇難相臨之日，才臣有不足任之才，勇將有不可鼓之勇，（邊外）〔夷狄〕㊀盜賊所以蠱天下者，皆豆區之惠，而人爲之風靡。非有清貞之大臣，前不屑千金，後不恤猛虎，則天子終無可寄之心膂。諸葛公曰：「唯澹泊可以明志。」人君尚知所託國哉！

一五

德宗令廷臣相過從者，金吾伺察以聞，愚矣哉！夫苟納賄營私，則公庭可以密語，暮夜可以叩户，

㊀ 據校記改。

姻族游客可以居閒，乃至黄冠緇流、優俳僕隸、一言片紙而可通，奚必過從哉？裴晉公同平章事，以平寇須參衆議，請罷其禁，於私第見客，憲宗許之。則豈徒收集思之益，以周知閫外之情形？而洞開重門，陰慝無所容其詭秘。杜私門、絶倖竇之善術，莫尚於此也。

然而處此也亦難矣。懲猜防之失，則以延訪爲公；戒築室之謀，則又以慎交爲正；兩者因其時而已。李太初羣言雜陳，而漠然不應，寧蒙天下之譏怨，自以不用游談之士爲報國。蓋截截諞言，非執中有權者，未易使之日進於前也。嘗覽元、白諸人之詩，莫不依附晉公以自矜善類；乃至歸休緑野，猶假風韻以相激揚。然則當日私第之所接納，其能益於公以益於國者，蓋亦尠矣。

以要言之，人君不可禁大臣之交游，而大臣固當自重其嚬笑。論辨也，文章也，韻度也，下至於琴尊書畫山川玩好鑒賞之長也，皆勞視聽、玩時日、以妨遠略，而僉人可託以求讎者也。若夫一邑一鄉之利害，此長彼短之策略，危言之而欲亟行之，祇以病國殃民，而開無窮之害。延訪者可務好士樂善之虚名，爲宵人讎利達乎？周公下士至矣，而七月、東山惟與農夫戍卒咏室家田廬之憂樂，何有於指天畫地之韜鈐，月露風雲之情態哉？故延訪之公必以慎聽之、正持之，勿徒矜虚名而損實事也。

一六

憲宗之用裴公也深，而信之也淺，所倚以謀社稷之大計，協心合德而不貳者，獨淮蔡一役而已。然當其時，已與李逢吉、王涯旅進而無别。及乎淮蔡既平，公居首輔，而宦官承寵爲館驛使，賜六軍辟仗使印，公不能以一言規正；皇甫鎛、程异以聚斂與公分論道之席，公力争，而以朋黨見疑；浚龍首池，起承暉殿，張奉國、李文悦白公諫止，而二人坐貶。凡此數者，有一焉即宜拂衣以去；乃層纍相違，公終栖遲於朝右，夫豈貪榮寵以苟容哉？蓋亦有其故矣。

公開閤以延士，而一時抱負之士，皆依公以利見，公去則不足以留，必羣起而爲公謀曰：公不可去也，委任重而受知深，志雖不伸，自可因事納忠，以大造於家國，公姑隱忍以鎮朝廷，使吾黨得竭股肱之力，以持危而争勝。此言日進，公且不能違，而偃仰以息其浩然之志，所必然矣。故公俛仰中外，歷事暗主，狎邇宵人，乍屈乍伸，終留不去，皆附公之末光者相從臾以羈遲也。公之浮沈前卻，不謂無補於昏亂，則從臾者之言亦未爲無當矣。乃通數代之治亂而計之，則所補者小，所傷者大，起水火之争，釀國家之禍，公未及謀也。爲公謀者，其志、其量、其識皆不足以及此，而公大臣之道以詘矣。

國家之患，莫大乎君子以若進若退之身與小人迭爲衰王，而祇以堅小人之惡。何也？君子之道，不可則去耳。小人乃不以君子爲憂，而聚族以謀攻擊，則忌媢之惡，所逞者即自起於其朋儔，而同歸於消滅。鄴侯一歸衡山，而張良娣、李輔國之首交隕於白刃。唯君子終留於位，附君子者，猶森森嶽嶽持清議於廷閒，且動暗主之心，而有所匡正；小人乃自危，而益固其黨以争死命，抑且結宫禁、挾外援以制人主，而其勢乃成乎不可拔。泰之拔茅以彙也，否亦拔茅以彙也，而君子之彙，終詘於羣策羣力之險毒。故劉向不去，而王氏益張；李膺再起，而宦官益肆；司馬温公入相，而熙豐之黨益猖。

大臣之道，不可則止，非徒以保身爲哲也，實以静制天下之動，而使小人之自敝也。彼附末光者，躍冶争鳴，恃爲宗主，以立一切之功名，而足聽哉？是晉公之不去，公之褻也，唐之病也，朋黨之禍，所以迄於唐亡而後止也。惟澹泊可以明志，惟愛身乃以體國，惟獨立不受人之推戴，乃可爲衆正之依歸。惜乎公之未曙於此也。而後知鄴侯之不可及矣。

一七

韓愈之諫佛骨，古今以爲闢異端之昌言，豈其然哉？衛道者，衛道而止。衛道而止者，道之所在，言之所及，道之所否，言之所慎也。道之所在，義而已矣；道之所否，利而已矣。是非者，義之衡也；禍福者，利之歸也。君子之衛道，莫大乎衛其不謀禍福以明義之貞也。今夫佛氏之説，浩漫無涯，纖微曲盡，而惑焉者非能盡其説也；精於其説者，歸於適意自逸，所謂「大自在」者是也。則固偷窳而樂放其心者之自以爲福者也。其愚者，或徼壽禄子孫於弋獲，或覬富貴利樂於他生，唯挾貪求幸免之心，淫泆坌起以望不然之得。夫若是者，豈可復以禍福之説與之争衡，而思以易天下哉？

愈之言曰：「漢明以後，亂亡相繼，運祚不長，梁武捨身，逼賊餓死。」若以推究人心貞邪之致，世教隆替之源，固未嘗非無父無君之教流禍所及。然前有暴秦之速滅，哀、平之早折，則盡舉而歸罪於浮屠，又何以服嘵嘵之口哉？愚者方沈酣於禍福，而又以禍福之説鼓動以啓争，一彼一此，莫非貪生畏死、違害就利之情，競相求勝。是惡人之焚林而使之縱火於室也，適以自焚而已矣。

夫君子之道，所以合天德、順人心、而非異端之所可與者，森森鼎鼎，卓立於禍福之外。比干之死，不信文王之壽考；陳、蔡之厄，不慕甥館之牛羊；故曰「無求生以害仁」。於是帝王奉之以敷教於天下，合智愚賢不肖納之於軌物，唯曰義所當然，不得不然也。飢寒可矣，勞役可矣，褫放可矣，囚繫可矣，刀鋸可矣。而食仁義之澤，以奠國裕民於樂利者，一俟其自然而無所期必。若愚者之不悟，亦君子之無可如何。而道立於己，感通自神，俟之從容，不憂暗主庸臣、曲士罷民之不潛消其妄。

愈奚足以知此哉？所奉者義也，所志者利也，所言者不出其貪生求福之心量，口辨筆鋒，順此以遷流，使琅琅足動庸人之欣賞，愈之技止此耳，惡足以衛道哉？若曰深言之而憲宗不察，且姑以此怖之，是譎也、欺也，謂吾君之不能也，爲賊而已矣。

一八

憲宗之崩，見弒已明，而史氏以疑傳之，莫能申畫一之法。謂內侍陳弘志爲戎首者，非無據矣。而流觀終始，則弘志特推刃之賊，而汚瀦之首辟，不僅在弘志也。

繇前事而觀之，郭氏受册先皇，爲廣陵王妃，伉儷已定；憲宗立，羣臣屢請正位中宮，而憲宗不從；已而與吐突承璀謀廢穆宗，立澧王惲，事雖未行，而郭妃母子亦岌岌矣。穆宗憂而謀於郭釗，釗曰俟之，則「今將」之志，藏之久矣。

繇後事而觀之，陳弘志者，非能執中外之權，如吐突承璀、王守澄之殺生在握也。憲宗雖服藥躁怒，而固爲英主，不至如敬宗之狂蕩昏虐也。承璀倚憲宗以執大命，而志在澧王，弘志以幺麼乍起而行弑，正承璀執言討賊擁立澧王一機會，而柰何聽其凶逆，莫爲防制？如謂承璀力所不逮，則王守澄當因之以誅弘志，而分罪於承璀，以夷滅之，其辭尤順。今皆不然，在宮在官，相率以隱，俯首結舌，任弘志之優游，則豈弘志之能得此於盈廷乎？

帝弑未幾，而郭氏皇太后之命行矣。穆宗非能孝者，而奉之極其尊養。郭氏雖飾賢聲以自暴，而侈靡遊佚，固一不軌之婦人，其去武、韋無幾也。憲宗未殯，承璀殺矣，澧王亦相繼而含冤以死矣。穆宗母子擁帝后之尊，恬然而不復問；舉朝卿士，默塞而不敢言；裴度雖出鎮河東，固尸元老之望，韓愈、柳公權、崔羣皆有清直之譽，而談笑以視先君之受刃。區區一埽除之弘志，安能得此於天下，則上下保姦之情形，又不可揜矣。

考諸稗官之傳記，宣宗既立，追憲宗之讎，郭氏迫欲墜樓。弑逆之蹟，暴露於論定之後，則憲宗之賊，非郭氏、穆宗而誰哉？釁之所自生，則惟承璀惑主以易儲，故激而生變，郭釗所云俟之者，正俟此一日也。穆宗以適長嗣統，逆出秘密，故大臣不敢言，史臣不敢述，而苟且塗飾；不唯郭氏逭韋后之誅，穆宗逃劉劭之戮，陳弘志抑以逸罰爲千秋之疑案。嗚呼！唐至是猶謂國之有人乎？而裴度、張弘靖、柳公權、韓愈之爲人臣，亦可知矣。

讀通鑑論卷二十六

穆宗

一

元和十四年，李師道授首，平盧平；其明年，王承宗死，承元歸命，請別除帥，成德平；又明年，劉總盡納其土地士馬，送遣部將於京師，爲僧以去，盧龍平；田弘正徙鎮成德，張弘靖出帥盧龍，自肅、代以來，河北割據跋扈之風，消盡無餘，唐於斯時，可謂曠世澄清之會矣。乃未三載，而朱克融囚張弘靖以起，王庭湊殺田弘正以據成德，亂更酷於前代，終唐之世，訖不能平。穆宗荒宴以忘天下，而君非君；崔植、杜元穎闒茸不知遠略，而相非相；張弘靖驕貴不接政事，而帥非帥；求以敉寧天下也，誠不可得。雖然，亦何至如此之亟哉？

田弘正之輸忱於王室，非忠貞之果摯也，畏衆之不服，而倚朝廷以自固也。劉悟之殺李師道，師道欲殺悟，而悟先發制之也。王承元之斬李寂等而移鎮義成，懲師道之死而懼也。劉總之棄官以去，見淄青、魏博之瓦解，黨援既孤，而抱弑父與兄之巨慝不自保也。是憲宗之世，河北之漸嚮於平者，皆其帥之私心違衆，以逃内叛外孤之害，而非其偏裨士卒之所願欲，則暫見爲定，而實則陻滔天之水以數尺之堤耳。王遂一入沂州，而王弁即反；王承元欲去趙，而諸將號哭。撫斯勢也，雖英君哲相，不可以旦暮戢其凶頑，豈徒駕馭之非人，以激成倉卒之禍乎？嗚呼！天地有遷流之運，風俗有難反之機，非大有爲者化行海寓，若舜之分北三苗，而洞庭、彭蠡之狂波永息，則必待天地之有悔心，而正人之氣倍勝於邪慝，以力争其勝，豈易言哉？

河北者，自黄帝誅蚩尤以來，堯、舜、禹敷文教以薰陶之，遂爲諸夏之冠冕，垂之數千年而遺風泯矣。永嘉之亂，司馬氏不能撫有，委之羯胡者百餘年，至唐而稍戢。乃未久而玄宗失御，進軋犖山之凶狡，使爲牧帥，淫威以脅之，私恩以啗之，披堅執鋭，競彊争勝以習之，怒馬重裘、割生飲湩以改易其嗜欲，而熒眩其耳目，於是乎人之不獸也無幾。故田承嗣、薛嵩、李寶臣之流，非有雄武機巧之足以抗天下，而唐之君臣，目睨之而不能動摇其毫髮。非諸叛臣之能也，河北之驕兵悍民，氣燄已成，而不可撲也。師道死，惡足以懲之？弘正、承元之順命，惡足以化之？其復起而樂爲盗賊，必然之勢也。垂及於石敬瑭，而引契丹以入，欣奉之爲君親。金、元相襲，凶悍相師，日月不耀，凡數百年。而數千里之區，士民無清醒之氣，凡背君父、戴夷盗、結宫闈、事奄宦、争權利、誇武虓者，皆其相尚以雄，恬不知恥之習也。天氣昌，則可以移人；人氣盛，亦可以熏天。胎之乳之，食其食，衣其衣，少與之嬉，長與之伍，雖有和粹文雅之姿，亦久而與化。未甫釋而即尋戈，經方横而遽躍馬，欲滌除以更新，使知有君親以效順也，難矣。

自開元以後，河北人材如李太初、劉器之、司馬君實者，蓋晨星之一見爾。而類皆遊宦四方，不思矜式其鄉里。邵康節猶以南人爲相爲亂階，其亦誣矣。雖然，無往不復之幾，必將變也。薛河東、趙高邑、魏南樂三數君子者，以清剛啓正學，其有開必先之兆乎？非章志貞教之大儒一振起之，洗滌其居食衣履、嚬笑動止之故態，而欲格其心，未有勝焉者也。論世者屬目而俟之久矣。

二

貢舉者，議論之叢也。小人欲排異己，求可攻之瑕而不得，則必於此焉摘之，以激天下之公怒，而脅人主以必不能容。李德裕修其父之夙怨，元稹佐之，以擊李宗閔、楊汝士。長慶元年進士榜發，而攻訐以逞，於是朋黨争衡，國是大亂，迄於唐亡而後已。近者温體仁之逐錢謙益，奪其枚卜，廷訟日争，邊疆不恤，以底於淪胥，蓋一轍也。

貢舉之於天下，羣人士而趨之者也。其不讎者，皆能多其口説以動衆者也。抑他日之可在位以持彈射之權，公卿貪勢位、暱子孫、私姻亞，莫此著明，而其犯羣怒也爲烈。故張居正之子首臚傳，王錫爵之子冠省試，摇羣心，起議論，國以不靖，禍亦劇矣。李德裕自以門廕起家，遠嫌疑而名位亦伸，既有以謝薦紳之怨怒；其知貢舉，榜發而有「相將白日上青天」之譽；迨其貶竄，而有「八百孤寒齊下淚」之思㊀；持此以摘發姦私而快其誅鉏，何求而不克乎？幸而德裕之於唐，功過相半也。使德裕而爲温

㊀ 劉毓崧校勘記云：據新、舊唐書及唐摭言等書，杜悰曾勸李宗閔以德裕知貢舉而未果。其所以致八百孤寒之感者，則因當國數年，頗爲孤寒開登進之路耳。至於「相將白日上青天」之詩，作於李逢吉知貢舉之時，與德裕無涉。

體仁之姦，唐亡於其手而衆且欣戴焉，又孰懲哉？

夫翹舉曖昧以報夙怨者，誠小人之術矣。然所以致此者，其情固私，其事固鄙，苟知義之所不許，亦何爲而授人以口實乎？夫以賄相援者勿論已。以知交言，知其人之才，而有薦賢之任，揚之王庭，固無吝也。如其不能，則亦相愛以道，使知命而待時耳。如行能心迹他無足取，僅以文筆之長，乍然相賞，不保衆論之諧，又奚足汲汲爲之謀利達哉？以子弟言，其才足用也，門廕有可進之資，而何須貢舉？既以文就有司之試，則才而見抑，自有司之過，而於己何尤？然而相承不舍，關節公行，雖才望之大臣，他端不枉，而於此荏苒無慚，士習不端，成千餘年之惡俗，伊可歎也。

内不勝婦人孺子之嚅呪，外不勝姻亞門生之洽比，恤暮年之炎冷，念身後之榮枯，一中其隱微而情不能禁，賢者不免，勿問壟斷之賤丈夫矣。宗閔之於壻蘇巢，汝士之於弟殷士，固也；鄭覃行誼無大疵而庇其弟朗，李紳以賢見忌而有所請託，乃至裴中立以耆德元勳，何患其子不與清華之選？而使其子譔膺冒昧之榮，尤可惜也。習尚之移人，特立不染者，伊何人邪？有之，則允爲豪傑之士矣。

三

朱克融首亂，因張弘靖，而授以盧龍；史憲誠脅忠孝之田布以死，而授以魏博；王庭湊殺推誠平賊之田弘正，而授以成德；唐之不足以興而迤邐以亡，在此矣。河北之亂，始於僕固懷恩之割地以授降賊，成於崔植、杜元穎、王播之因亂以獎叛人。懷恩之姦，植、播、元穎之陋，固無足責者；郭汾陽位兼中外，裴中立身任安危，而坐視失圖，莫能匡救，抑又何也？

夫汾陽固有不可力争者矣。前乎河北之降，汾陽以朔方孤旅崛起勤王，威望未能大著也。清渠之敗，相州之潰，亦稍挫矣。宦官忌公，奪其兵柄以授其偏裨，一出而復東京、馘朝義，方且揶揄公以功不若人；使公於此持異議，以與懷恩相牴牾，吝予降賊以節鉞，既嫌於忌懷恩而毁其方略，且使懷恩蠱朔方之將士，謂公壓己以絀三軍之勞績；他日者懷恩叛，而朔方之衆，惡能戴公如父母以效於國乎！公戢意以静持之，知不可挽，則姑聽之，而有餘地以圖他日之蕩平；公之慮深而志謹，國危君竄而社稷終賴以安，非淺衷之所易測也。

若中立以元臣受專征之命，而元稹、魏弘簡居中掣之，中立抗辨以争而不能奪其寵任；其受三叛之歸，錫以方鎮，非徒庇三叛也，不欲公復收前日淮蔡之功名而解其兵柄也，則中立豈容伸其遠慮哉？三叛受封，而公罷爲東京留守，不恤唐室之安危，唯(裴)〔抑〕㈠公之是圖，稹之志也。植、元穎輩且無能爲異同，况中立可自與争得失乎？用兵危事也，内有攜貳之宰執，而危乃滋甚。使中立力争弗與，決志以進討，敗者十九矣；徒殺士卒、虚帑藏，討之不克，而復封之，身爲戮而國愈蹙，此一往自任之淺圖，而中立其肯身執其咎乎？

雖然，君如此其昏也，相如此其劣也，聾者不可使聽，狺者不可使馴。如中立者，可以去乎，而豈其未也？中立之兼將相也，與汾陽異。汾陽將而相者也，其相，寵之也，去就不關其名節，留身於浮沈之

㈠ 據校記改。

閒，以爲他日社稷之寄，將臣之道也。中立相而將者也，其將，假以秉鉞爲三軍之重，而固非將也，留身於浮沈之閒，則道以身輕，而不足爲宗社生民之衛；李逢吉、元稹乃至無賴之鄭注，皆可頡頏以爲伍，身即留而固不足建他日補天鎮海之功，多言數窮，以激小人而堅護其惡，豈徒無補，而害且因之益滋矣。元稹、魏弘簡用而三叛罷征，三叛割據而元稹復相，沃膏救火，火乃愈熾，斯君子所重爲中立惜也。汾陽默而唐安，中立屈而唐亂，時各有權，道各有分，人各有司，故二公者，地異而不可並論者也。

四

君子小人忽屈忽伸，迭相衰王，其亂也，更甚於小人之盤據而不可摇，何也？君子體國，固自有其規模；小人持權，亦自有其技術。小人驟進，深忌君子，固樂翹小過而盡反其道；君子復升，深惡小人，抑疾惡已甚，而概絀其謀。夫既執國政而行其所欲爲矣，疆埸之或戰或守，寇盜之或勦或撫，征徭之或罷或興，禮制銓除之或隆或替，邊臣受而行之將士，部寺受而行之庶司，郡邑受而行之百姓，其善者固樂從之矣，小人之稗政，亦既不得已而奉行之，財已費，力已勞，習之已成，因之免害。乃忽於此焉，忽於彼焉，將無定略，官無定守，士無定習，民無定從，姦人緣之以持兩端，愿民因之而無準則，豈特小人之病國殃民已亟矣哉？君子之以摇蕩天下之視聽，而俾蹙蹙靡騁者亦不保其不導以亂也。機事之洩，姦弊之興，窮民之左右救過而不遑，士大夫之疑殆而交相囂訟，然而政不亂、民不窮、封疆不僨、國不危亡者，未之有也。

夫小人之能固君寵、結衆心、幸成勞以侈功績者，亦嘗取天下之大略而籌之。有鉗制之術，而下不敢違；有從欲之餌，而或享其利；有揣摩之機，而（邊外）〔夷狄〕㊀盜賊亦可相持以苟安。未幾而盡易之，汲汲焉唯恐其復進，不循其序，而操之已蹙，乃易之未久，而小人果復起矣，取已洩之機、已亂之緒而再用之，外之必訌，內之必困，君子小人交受其咎，非但小人之亂之也。

穆宗在位四年耳，以君子，則裴度也，李紳也，韓愈也；欲爲君子而不馴者，李德裕也；以小人，則李逢吉也，元稹也，牛僧孺也，王播也，李宗閔也；庸靡不能自固而居其閒以浮沈尸大位者，崔植也，杜元穎也；雖無大過而不克有爲者，蕭俛也，鄭覃也。或正或邪，或才或窳，無所擇而皆執國政，俄而此庸矣，俄而又黜矣，俄而此退矣，俄而又進矣，一言之忤合，一事之得失，摇摇靡定，而宦豎與人主爭權，諫官與將相爭勢，任賢貳，去邪疑，害不可言也。並其任小人者，亦使小人無自固之地，一謀不遂，一語未終，早已退而憂危，求閃爍自全之術。嗚呼！晴雨無恆，而稻麥腐於隴首；葠連雜進，而血氣耗於膻中。不知其時之人心國事旦改夕更，以快一彼一此之志欲，吏乘之以藏姦，民且疲於奔命，（邊遠）〔夷狄〕㊁盜賊得閒而乘之者奚若也！唐之不即傾覆也，亦幸矣哉！

李林甫之姦也，非楊國忠大反之而猶可不亂。靖康賢姦爭勝，而國以速亡。極亂之國有治人，有治人而益亂。靖亂者自有道焉，非相反之謂也。

㊀ 據校記改。　㊁ 據校記改。

敬宗

一

君父之志未定，姦邪之機方張。嗣子幼沖，或掖之以踐阼，不以戴己者爲恩、搖己者爲怨，而過用其刑賞，非德若舜、禹有天下而不與者不能。一飯之德，猶求報之，貢舉之知，猶終事之，中人之情，君子不禁，可謂之私，亦可謂之厚也。反此者，廓然大公，天下一人而已。叔孫昭子不賞私勞，夐絶之行也；抑豎牛讒賊，公憤所歸，雖欲賞之，而衆必争。故以此而責人主合同異、泯恩怨於參大議之大臣也誠難。乃以此而醲賞重罰，失政理而亂國是，則大臣之受之者實任其咎。循天理、飭王章以靖衆志，非翼戴大臣之責而誰責哉？

翼戴者可以居功矣，則異議者惡得而無罪！知異議之必按是非爲功罪，而非異議之即罪，則翼戴者之不可以援立爲功，審矣。今夫薦賢才以在位，拔寒素而躋榮，意甚盛也。然茍爲靖共之君子，則必曰吾以事君也，而不敢尸其報以牟利。況夫天子者，天之所命也，天下臣民所欲得以爲父母者也；竊天之權，斂臣民之志欲，而曰我自立之，我可以受翼戴之賞，自以爲功，而求天子之弗我功也，不可得也。自以爲功，天子功之，則不與其議而疑於異己者，惡得而免於罪乎？始之者，大臣也，迨其濫觴，而宦官宫妾進矣。援一人而立爲天子，小人之奇貨也。於是孫程、王守澄、仇士良乘隙而徼之，於是而賈充、傅亮因而專之，於是而華歆、郗慮、王謐、柳璨不難移人之宗社以貿己之寵榮。篡奪相仍，皆貪功者之一念爲之也，而徒以咎人主之賞私勞無大公之德哉？

穆宗保王守澄之逆而厚賜神策軍士，敬宗聽李逢吉之譖而竄李紳，其相襲以亂刑賞，非一日之故矣。於是而知金日磾之不以託孤受爵，卓哉其不可及已。周勃居功相漢，而致袁盎驕主之譖；楊廷和居功受爵，而貽門生天子之譏。英主覺之於事後，而不能慎之於當時，勃與廷和自任已堅，氣餤上奪其君，有不能遽抑者在也。識卑器小，忠貞不篤，以天子爲墨莊，自貽凶危而害流後世，三代以下無大臣，究其情實一鄙夫而已矣。居密勿之地，與促膝之謀，國本不定，竭忠貞以立正議，事定國安，引身而去，以杜絕私勞之賞，則傾危之禍，其尚息乎！

二

小人之情，愈趨而下；小人之僞，愈變而升。故徵事考言以知人於早，未易易也。讀遺文，觀已迹，以論昔人之賢姦，亦未易易也。古今所謂小人者，導君以徵聲逐色、黷貨淫刑，其恆也；持祿容身，希旨獻諛，而不敢觸犯人主、乖忤宦妾，其恆也；生事徼功，掊克興利，以召天下之怨，其恆也。乃自元和以來，至穆、敬之世，所爲小人者術益進，而竊忠貞正大之迹以制天下，而不得以爲非，後世誦其奏議，且將有味乎其言，而想望其風采。嗚呼！至此而小人之姦可勝詰哉？

李吉甫之始執政也，以推薦賢才致天下之譽，上國計簿，以人主知財用之難而思節省，尤大臣之要術也。其他則媢疾導諛，心違其言，不可勝道矣。元稹、李宗閔起而對策，詰吉甫之姦，推奧援之託，堂堂侃侃，罷黜不以爲憂，充斯志也，何有於崔潭峻、魏弘簡、王守澄之刑餘？又何有於李逢吉、王播之貪鄙？言之也不怍，尤不懼也。一旦改面而事佞倖以徬趨，有倍蓰於吉甫諸人之爲者。觀其始進，覽其遺文，亦惡知其滅裂之至於此哉？

若夫劉栖楚者，則尤異矣。敬宗晏朝，百官幾至僵仆，栖楚危言以諫，至於以首觸地，流血被面而不退，迹其風采，均等朱雲，固李渤之所不逮也；王播賂王守澄求領鹽鐵，復與獨孤朗等延英抗論，尤不畏彊禦、鉏姦衛國之丰標也；而栖楚之爲栖楚何如邪？姦諂之尤，而冒剛方之迹，有如此夫！然其所建白，猶一時一事以氣矜勝耳。至於牛僧孺而所託愈難測矣。韓弘薦賄，中外咸食其餌，而僧孺拒之，其律己也，君子之守也；悉怛謀據地以降，李德裕力請受納，而僧孺堅持信義，其持議也，君子之正也；則且許以果爲君子，而與於帝王之文德，以無忝於大臣，固無多讓。而僧孺之爲僧孺又何如邪？結李宗閔爲死黨，傾異己，壞國事，姑自成削以建門庭，而讎其險毒，又如此。

夫穆、敬二帝雖曰淫昏，而是非之心未能全泯，故此諸姦者，亢厲自飾，而揣無誅殛之憂，唯是冒忠直正大之迹，欺天下以自容於公論。蓋自唐中葉以後，韓愈氏依傍六經之説以建立標幟，則非假聖賢之形似，不足以鼓吹後起之人才爲之羽翼。因時所尚，憑其浮動之氣、小辨之才，而栖楚且爲忠讜之領袖，僧孺且爲道義之儀型。小人之竊也，至於此而窮工極變，上欺人主，下欺士民，延及後世，猶使儒者史臣以周公不享越裳、春秋不登叛人之義濫許僧孺，而栖楚叩頭流血之姦，無有能摘發之者。嗚呼！小人之惡滔天，尚誰與懲之哉？孔子曰：「未有小人而仁者也。」小人之仁，正其不仁之甚者，辨者不可不審也。

文宗

一

唐自元和以後，國之無人久矣。王守澄、陳弘志推刃天子，無有敢斥言之者，縱橫兩代，至文宗之季年，而後以他罪誅之，則劉克明何憚而不滅燭以弒少年之天子邪？克明滔天之罪，發之者，王守澄等四宦豎也；斬之者，神策飛龍宦豎所將之兵也。路隋以學士而爲逆賊草制，韋處厚俛仰而推討賊之功於江王，如是，尚可謂唐之有人乎？

孫明復之治春秋曰：「稱國以弒者，國之人皆不赦也。」胡氏譏其已酷，非也；所謂國之人者，非下逮於庶人，亦其當國之臣、允膺在宮在官之辟者也。然則憲、敬二君之弒，唐之大臣所可逭不赦之誅者誰也？韓弘、張弘靖、李逢吉、王播、皇甫鎛、韋處厚，賢不肖無得而免焉。而李絳、裴度，忠貞爲衆望所歸，亦何面目立新主之廷焉？當其時，宦豎之勢張矣。然未至如漢末諸奄，斬艾忠良，空天下之羣而無遺也；且未如肅、代之世，程元振、魚朝恩殺來瑱如圈豚，奪郭子儀之權位如奪嬰兒之弄具也；劉蕡一攄其忠憤，抗言不忌，雖不擢第，而抑無蔡邕髡鉗、張儉亡命之禍。則唐室諸臣，亦何憚而不孤鳴其公憤？嗚呼！國之無人至於此極，而抑何以致此哉？

國家之大患，人臣之巨慝，莫甚於自相朋比，操進退升沈於同類之盈虛，而天子特爲其酬恩報怨、假手以快志之人。所謂正人者，唯以異己相傾之徒爲雌雄不並立之敵；其邪者，則以持法相抑之士爲生死不戴天之讎。而非天子莫能代之以行其志，非左右持權之宦豎莫能助己以快其欲。藉令當憲宗之弑，而建討賊之旌，則豈徒弘志哉？守澄其渠帥也；匪徒守澄，郭后其内賊也；匪徒郭后，穆宗其戎首也。推究至極，不容中已。而守澄尸威福之柄，兩立於邪正之交，以持衡而顛倒之；郭后挾國母之尊，穆宗固世適之重。天位既登，動摇不可。則發義問者此黨之人，而彼黨即乘瑕而進。功隳名敗，身不保而禍延同類。於是素有忠直之望者，亦惴惴然惜門户以圖伸；而依附之士，咸齧指捫舌以相勸止。低回一起，慷慨全消，方且尊太后，肆大赦，以揜其惡而飾之，因循安位，以求遂其汲引同彙、拒絶異己之情。爲君子者，固曰吾以是爲善類地也，而況匪人之比哉？宦豎乃以知外庭之情志，視君父之死如越人之肥瘠，閉户自保，而以不與爲安。敬宗雖無劉子業、蕭寶卷之凶淫，一失其意，而刃剚其胸，何不可使路隋、韋處厚泚筆弄舌以文其大惡乎？嗚呼！盈廷若是，而按孫氏春秋之法，非誣也。李絳、裴度雖云賢者，其能逃於法外哉？

李長源歸臥衡山，而李輔國不敢竟其惡；郭汾陽罷兵閒處，而魚朝恩不敢肆其毒；君子不浮沈於爵禄權勢之中，亂臣賊子自有所畏忌而思戢。元和以降，所號爲大臣者，皆荏苒於不進不退之交，而白刃兩加於天子之脰。唐之無人，厥有繇矣。文宗進李訓、鄭注而謀誅内賊，非盡不明也。人皆知有門户，而不知有天子，無可託也。

朋黨興，而人心國是如亂絲之不可理，將孰從而正之哉？邪正無定從，離合無恆勢，欲爲伸其是、詘其非，畫一是非以正人之趨嚮，智弗能知，勇弗能斷。故文宗曰：「除河北賊易，去朝廷朋黨難。」亦非盡暗弱之說也。

二

李宗閔、牛僧孺攻李吉甫，正也；李德裕修其父之怨而與相排擯，私也。乃宗閔與元稹落拓江湖，而投附宦官以進，則邪移於宗閔、稹；而德裕晚節，功施赫然，視二子者有薰蕕之異矣。李逢吉之惡，夫人而惡之，德裕不與協比，正也；而忽引所深惡之牛僧孺於端揆，以抑逢吉，而睦於僧孺，無定情矣㊀。德裕惡宗閔，訐貢舉之私以抑之，累及裴度，度不以爲嫌，而力薦德裕入相，度之公也；李宗閔與度均爲被訐之人，乃背度而相傾陷，其端不可詰矣。宗閔與稹始皆以直言進，既皆與正人忤，而一争進取，則稹合於德裕以沮宗閔，兩俱邪而情固不可測矣。楊汝士之汙濁，固已；德裕以私怨蔓延而訐之使貶，俾與裴度、李紳同條受謗，汝士之爲貞邪不決矣。白居易故爲度客，而以浮華與元稹爲膠漆之交，稹之傾度，居易不免焉，而德裕亟引其從弟敏中，抑又何也？李訓、鄭注欲逐德裕，而薦宗閔以復相，乃未幾陷楊虞卿而竄宗閔於明州，何其速也！聚散生於俄頃，褒貶變於睚眦，是或合或離、或正

㊀ 劉毓崧校勘記云：歐陽曉岑曰：李德裕無引牛僧孺於端揆事，篇内疑有誤。（劉）按：通鑑云：時僧孺與李德裕皆有入相之望，德裕出爲浙西觀察使，八年不遷，以爲李逢吉排己，引僧孺爲相，由是牛、李之怨愈深。此言逢吉引僧孺於端揆，非言德裕引僧孺於端揆。船山誤會其意，故移逢吉之事於德裕。此檢閱之疏也。

或邪，亦惡從而辨之哉？上無折中之宸斷，下無臧否之定評，顛倒天下以胥迷亂，智者不能知，果者不能決也。揆厥所繇，則自李絳恃其忠直而不知大臣之體，與小人比肩事主，而相角以言。口給之士，聞風争起，弄其輔頰，議論興而毛舉起，權勢移而嚮背乖，貿貿焉馳逐於一起一伏之中，驚波反濺，罔知所届。國家至此，其將何以立綱紀而保宗祏哉？

唐、宋以還，敗亡一軌，人君尸居太息而末可如何。嗚呼！亂之初生，自所謂君子者開之，不但在噂沓之小人也。吕吉甫、章惇之害未去，而首擊伊川者，司馬公之門人蘇軾、蘇轍也；奄黨之禍未除，而特引阮大鋮以傾衆正者，温體仁所擊之錢謙益也。當王介甫惡二蘇之日，體仁陷謙益之時，豈料其速變之如斯哉？烈火焚原而東西不知所極，公忠體國之大臣慮之已早，鎮静慎默以贊天子之獨斷，而人心戢、風俗醇。苟非其人，弗能與於斯也。

三

文宗恥爲弑君之宦豎所立，惡其專横而畏其害己也，旦夕思討之，四顧而求託其腹心，乃擢宋申錫爲相，謀之不克，申錫以死，禍及懿親，而更倚李訓、鄭注、王涯、舒元輿以致甘露之變。申錫之淺躁，物望不歸；訓、注則無賴小人，繇宦豎以進，傾危顯著，可畏而不可狎；涯、元輿又貪濁之鄙夫也。文宗即不足與於知人之哲，亦何顛越乃爾哉？於其時，非無勛望赫奕之元臣如裴中立、英果能斷之偉人如李文饒，而清謹自持如韋處厚、鄭覃者，猶不致危身以僨國。文宗俱未進與密謀以籌善敗，獨決意以託匪人，夫亦有故存焉。

唐之諸臣，皆知有門户而不知有天子者也。寵以崇階，付以大政，方且自詫曰：此吾黨之争勝有力，而移上意以從己。其心固漠然不與天子相親，恃其朋類争衡之戰勝耳。故以裴中立之譽望崇隆，爲四朝之元老，而陳弘志之弑，杜口包羞；若李文饒，則假宦豎王踐言以内召；而李宗閔、元稹、牛僧孺之恃陰腐爲奥援者，又勿論也。

外有不相下之仇敵，則内不可更有相忤之中人；争衡於一進一退之閒，則不能復問大貞大邪之辨；文宗蓋流覽躊躇，知其無可與謀也。而宋申錫以輕狷不審去就之庶尹，爲兩黨所不推；舒元輿、王涯、賈餗，則首鼠兩端，持禄免咎者也；訓、注之邪，上知之矣，乃其不擇而擊之力，一試之德裕，再試之宗閔，兩黨皆其所搏噬，庶謂其無所固執而可借爲爪牙者耳。

悲夫！自長慶以來，所敢以一言觸宦豎者，獨一劉從諫而已，而固防其且爲董卓也。則文宗不以委之申錫、訓、注而誰倚乎？藉令謀之中立，而中立未必應也；謀之文饒，而文饒固不從也；謀之處厚、覃，而處厚、覃且戰栗以退也；謀之宗閔、僧孺，而比於宦官以反噬也。故文宗交不敢信，而託之匪人。無他，環唐之廷，大小臣工賢不肖者，皆知有門户，而忘其上之有天子者也。弑兩君，殺三相，裴中立且自逍遥於緑野，而況他人乎？

四

牛、李維州之辨，伸牛以詘李者，始於司馬温公。公之爲此説也，懲熙豐之執政用兵生事，敝中國而啓邊釁，故崇奬處錞之説，以戒時君。夫古今異時，彊弱異勢，戰守異宜，利害異趣，據一時之可否，定千秋之是非，此立言之大病，而温公以之矣。

乃所取於牛僧孺之言抑德裕者，曰誠信也。誠揭誠信以爲標幟，則謀臣不能折，貞士不能違，可以懾服天下之口而莫能辯。雖然，豈其然哉？夫誠信者，中國邦交之守也。夷狄既踰防而爲中夏㊀之禍矣，殄之而不爲不仁，奪之而不爲不義，掩之而不爲不信。使恤彼相欺之香火，而養患以危我社稷、殺掠我人民、毀裂我冠裳㊁也，則太王當終北面於獯鬻，文王可永奉幣於昆夷，而石敬瑭、桑維翰、湯思退、史彌遠允爲君子矣。

突厥、回紇，唐曲意以下之者，皆有功於唐，舍其暫時之惡，而以信綏之，猶之可也。然而且有不必然者，其順逆無恆，馭之有制，終不可以邦交之道信其感孚也。況乎吐蕃者，爲唐之封豕長蛇，無尺寸之效，有邱山之怨，偶一修好，約罷戍兵，而於此言誠信乎？僧孺曰：「徒棄誠信，匹夫之所不爲。」其所謂誠信者，蓋亦匹夫之諒而已矣。其以利害言之，而曰：「彼若來責，養馬蔚茹川，上平涼坂，萬騎綴回中，不三日至咸陽橋。」是其張皇虜勢以相恐喝也，與張儀誇秦以脅韓、楚之游辭，同爲千秋所切齒。而言之不忌，小人之橫，亦至此哉！

夫吐蕃自憲宗以後，非復昔之吐蕃久矣。元和十四年，率十五萬衆圍鹽州，刺史李文悅拒守而不能下，杜叔良以二千五百人擊之，大敗而退；其明年，復寇涇州，李光顔鼓厲神策一軍往救，懼而速

㊀「夷狄」「中夏」四字刻本闕，據校記補。

㊁「冠裳」二字刻本闕，據校記補。

退：長慶元年，特遣論訥羅以來求盟，非慕義也，弱喪失魄，畏唐而求安也。其主彝泰多病而偷安，不數年，繼以荒淫殘虐之達磨，天變於上，人叛於下，寖衰寖微，而論恐熱、婢婢交相攻以迄於亡。安得如僧孺之言，扣咸陽僑、深入送死而無擇哉？斂手頫顏，取悉怛謀獻之，使磔於境上，以寒嚮化之心。幸吐蕃之弱也，浸使其彊，目無唐，而鏃刃之下豈復有唐乎？

僧孺又曰：「吐蕃四面萬里，失一維州，未損其勢。」則其欺彌甚矣。吐蕃之彊，以其盡有北境也。於憲宗之世，全力南徙，以西番重山深谷，地險而腴，據爲狐兔之窟，於是而始衰，沙陀、黠戛斯、回紇侵有其故疆矣。故韋皋一振於西川，而隴右之患以息。其南則南詔方與爲難，而碉門、黎、雅之閒，乃其扼要之墟，得之以制其咽吭，則潰散臣服，不勞而奏功。西可以收岷、洮，南可以制南詔，北可以捍黠戛斯、回紇之東侵，而唐無西顧之憂。其在吐蕃，則大害之所逼也。而豈無關於損益哉？

夫夷狄聚則逆而散則順，事理之必然者也。拒歸順者以堅其黨，故婢婢曰：「我國無主，則歸大唐。」然與論恐熱百戰而終不歸者，懲悉怛謀之慘，知唐之不足與也。以是爲誠信，將誰欺乎？夫僧孺豈果崇信以服遠、審勢以圖寧乎？事成於德裕而欲敗之耳。小人必快其私怨，而國家之大利、夷夏之大防，皆不勝其恫疑之邪說。文宗弗悟而從之，他日追悔而弗及。溫公抑遽許之曰：「僧孺所言者義也。」使然，則周公之兼夷狄，孔子之作春秋，必非義而後可矣。

五

李宗閔欲逐鄭覃，而李德裕亟薦之，文宗自內宣出，除覃爲御史大夫。宗閔曰：「事皆宣出，安用中書？」其妨賢之情，固不可揜。然以官守言，則職之所宜爭；以國事言，則內降斜封之弊，所宜早杜其漸也。崔潭峻以「八年天子聽其行事」折之，詎足以服宗閔哉？鄭覃經術議論果勝大任，人主進一善士，昭昭然揭日月而行之，制下中書，孰敢違者？假令宗閔抗命而中沮，即可按蔽賢之辟，施以斥逐。乃若有所重畏而偷發於其所不及覺，以與宰相爭勝負之機，其陋有如此者。宗閔得持國憲官常以忿懟於下，以此而求折朋黨之危機，宜其難矣。故司馬溫公曰：「明不能燭，彊不能斷，使朝廷有黨，人主當以自咎。」其説韙矣。乃又曰：「不當以罪羣臣。」則於君子立身事上、正己勿求之道，未協於理；而獎輕儇、啓怨尤、激紛爭之害，不可復弭。元祐、紹聖之際，狺狺如也，卒以滅裂國事，取全盛之宋而亡之。一言之失，差以千里，可不慎哉！

黜陟之權，人主之所以靖國也；格心之道，大臣之所以自靖也；進退之節，語默之宜，君子之所以立身也。居其位，安其職，盡其誠而不踰其度。故人主不審於賢姦之辨，而用舍不決，使小人與君子交持於廷，誠宰相之所深憂。然小人者，豈能矯君心之必不然者，而脅上以從己哉？則格心者本也，適人者末也。但令崇奢佞鬼、耽酒漁色、牟利殃民、狎宦豎、通女謁之害，一一檃括於宫庭之嗜好，則事之可否、理之得失、人之貞邪，無所蔽窒，而小人自不足以羣聚而爭勝。若其格心之道已盡，而君惛不知，容小人之相牴牾，則引身以退，杜口忘言，用養國家之福，而禍不自我而興。故孔子去魯，不爭季孫之權；孟子去齊，不折王驩之佞。在國則忘身，去國則忘世，身之安也，天下之福也。

如或不得於君，不容於小人，乞身事外，猶且紛紜接納，進人士而與結他日之援。爲憂國計與？適以激國事之非，爲進賢計與？適以貽賢者之傷。氣盈技癢，憤懣欲舒，且與浮薄之士，流連於山川詩酒之中，播歌謡以洩悁疾，抑或生而有再用之情，没而有子孫之計，樹人自輔，悦己者容，乃使詭躁之夫，依附以希他日之進，黨禍乃成，交争並峙，立身之不慎也，事上之不誠也，素位不安，害延於國，爲人臣而若此，咎亦奚辭？乃曰「不當以罪羣臣」，不已過與？

即其在位之日，道在匡君，而人才之進退，國有常典，官有定司，固非好惡欲伸，唯己所任。一大臣進，而望風飾行以求當於端揆者，千百其羣也。言論相符、行止相應者，不使退就銜勒，奚必利民而衛國，特以競勝於異己耳。苟可以取盈，然且破法而爲非常之舉，汲引而懷取必之心，則唯以所好者之升沈爲憂喜，而君父生民或忘之矣。質之夙夜，詎可云精白乃心乎？

夫德裕之視宗閔，其得失迥矣。而内不能卻崔潭峻、王踐言之奥援，外不能忘牛僧孺、楊虞卿之私怨，則使文宗推心德裕，使汲引其所好者置於要地，而宗閔不敢或違也，終不可得。其後武宗亦既獨任之矣，未久而白敏中、令狐綯復起，以盡反其局。豈非德裕乘權之日，恃主知之深厚，聚朋好以充廷，而不得志者如伏火石中，得水而爆烈哉？

夫元祐亦猶是也，皆爲君子者，進則呴呴，退猶躍躍，導人心於囂訟而不可遏也。以宰相之進退歸人主，以卿尹之黜陟歸所司，正己盡誠，可則行，否則止，絶新進之攀附，聽天命之廢興，雖有小人，何所乘以自立爲黨？其不然也，而曰「不可以責羣臣」也，無惑乎温公之門有蘇軾諸人之尋戈矛於不已也。

六

杜牧憤河朔三鎮之跋扈，傷府兵之廢敗，而建議欲追復之，徒爲卮言，貽後世以聽熒耳。牧知藩鎮之彊在府兵既廢之後，而不知惟府兵之積弱，是以蕃兵重，邊將驕，欺唐之無兵，以馴致於桀驁而不可復詰也。且當太和之世，豈獨河北之抗命哉？澤潞、山南無非擁彊兵以傲岸者。而欲取區區聽命之州郡，勞其農而兵之，散其兵而農之，則國愈無兵、民愈困、亂將愈起。甚矣！空言無實，徒以熒慕古者之聽，而流禍於來今，未有已也。

府兵之害，反激而爲藩鎮，勢所必然，禍所必趨，已論之詳矣。乃若杜牧所言有可取，而唐之初制尚可支百年者，則十六衛是已。十六衛，以畜養戎臣、儲將帥之用者也。天下之兵各分屬焉，而環王都之左右，各有守駐以待命，蓋分合之勢，兩得之矣。分之爲十六，則其權不專，不致如晉、宋以後方州擁領擁兵而篡逆莫制也。統之以十六，則其綱不弛，不致如宋之廂軍解散弱靡以成乎積衰也。

夫邊不能無兵，邊兵不可以更戍而無固心，必矣。兵之爲用，有戰兵焉，有守兵焉。守兵者，欲其久住，而衛家即以衛國者也；而守之數不欲其多，千人乘城，十萬之師不能卒拔，而少則無糧薪不給之憂。戰兵者，欲其遄往而用其新氣者也；一戰之勇，功賞速效，虜退歸休，抑可無長征怨望之情。然則十六衛之與邊兵，互設以相濟，寇小入，則邊兵守而有餘；寇大入，則邊兵可固守以待。而十六衛之帥，唯天子使，以帥其屬而戰焉。若夫寇盜有竊發之心，逆臣萌不軌之志，則十六衛中天下以林立，而誰敢恣意以逞狂圖乎？

唯是十六衛之兵，必召募挑選，歸營訓練，而不可散之田畝，則三代以下必然之理勢，不可以寓兵於農之陳言，坐受其弊者也。就其地食其食，無千里飛輓之勞；就其近屬其衛，無居中遥制之病。衛率巡之，所司練之，有司供億之，皆甚便也。此則唐初之善制，不必府兵而可行之後世者也。以杜牧之時，尤可決行於一朝，非若府兵之久敝而不可再興者，何也？河朔之叛臣不可遽奪，而内地猶可爲也。且自憲宗以來，淄青、淮蔡、西川、淮南賊平之日，兵不可散，固可移矣；成德、盧龍、魏博歸命之日，兵不能罷，亦可調矣。以恩恤之，以威臨之，仍使爲兵，而稍移易之，固皆不安南畝習於戎行者，又何難於措置之有哉？朝無人焉，慮不及此，而後天下終不可得而平。牧固不足以及此，而漫無憂國之心者，又勿論已。

七

甘露之變，殺生除拜皆決於中尉，文宗不得與知，而李石、鄭覃於其時受宰相之命，二子病矣！君子之進退，必以其正；其以身任國家之大政也，必以其可爲之時。血濺於獨柳之下，而麻宣於殿陛之閒。二子者，譽望素隆，而何爲其然邪？曰：此未可以爲二子病也。夫二子於此，雖欲辭相而義之所不許也。

梅福之棄官，申屠蟠之辭召，位未高，君未知有我，且時已敝極而無可爲也。留正出國門而宋幾危，陳宜中奔占城而宋遂亡，偷免於危殆，以倡人心之離散，無生人之氣矣。夫二子者，唐之大臣，而爲文宗所矜重者也。天子不勝於宦豎，兵刃交加於黼扆，掠奪縱横於内省，三相囚繫以磔徇，天子之僅保其首領者一閧耳。二李之黨，分析以去；裴中立以四朝元老，俯首含羞；二子不出而薄收其潰敗之局，以全天子、安社稷，將付之誰氏而可哉？幸而二李之黨與宦豎之未相結納，而訓、注始事宦官而中叛之，故仇士良輩無心腹之大臣引與同惡，特循資望而授政柄於二子，是以匪人不進，誅殺止於數人而不濫及。使二子者畏避而引去，宵人乘隙投中尉之門，以驟起而執政，其禍更當何如邪？

夫二子之受相位而不辭，非乘閒以希榮，蓋誅夷在指顧之閒而有所不避也。六巡邊使疾驅入京，聲言盡殺朝士以恐喝搢紳，李石安坐省署以弭其暴横。於斯時也，石固以腰領妻孥爲社稷争存亡，爲衣冠争生死，可不謂忠誠篤棐、居易俟命之君子乎？江西、湖南欲爲宰相召募衛卒，而石不許，刺客横行，刃及馬尾，固石所豫知而聽之者也。薛元賞之能行法於神策軍將，恃有石也；宋申錫之枉得以復伸，覃爲之也。止滔天之水者，因其潰濫而徐理之，卒之仇士良之威不敢逞，文宗得以令終，而武宗能弭其亂，自二子始基之矣。皎皎硜硜之節，惡足爲二子責邪？唐無静正誠篤之大臣，李石其庶幾乎！覃其次矣。

八

聽言以用人，不惑於小人，而能散朋黨以靖國，蓋亦難矣。雖然，無難也。有人於此，而或爲之言曰：是能陳善道、糾過失以匡君德者也；是能決大疑、定大計以固國本者也；是能禁姦邪、裁佞倖以清國紀者也；是能紓民力、節浮費以裕國用者也；是能建國威、思遠略以靖邊疆者也。如此，則聽之而試之察之，驗其前之所已效，審其才之所可至，而任之也可以不疑。假不如其言，而覆按之，遠斥之，未晚也。有人於此，而或爲之言曰：是久抑而宜伸者也；是資望已及、當獲大用、而或沮之者也；是其應得之位禄與某某等、而獨未簡拔者也；是嘗蒙恩知遇，而落拓不偶、爲人所重惜者也。如此，則挾進退以爲恩怨，視榮寵爲己應得，以與物競，而相獎於富貴利達，以恤私而不知有君父者矣，不待辨而知其爲朋黨之姦、小人之要結矣。

楊嗣復託宦官諷文宗以召用李宗閔，而文宗欲量移之。計其爲辭，不過曰：是固陛下宰輔，流落可矜而已矣；抑不過曰：是蓋李德裕之以朋黨相抑，李訓、鄭注之以邪佞相陷而已矣。夫德裕之所逐，固無可辭於小人；而訓、注之所排，豈必定爲君子？抑問其昔居輔弼之任，所建立者奚若耳。若夫無益於國，而徒尸顯秩，則已概可知矣，其黨固不能爲之辭。而但以曾充宰相，遂不可使失寵禄，將天子以天位任賢才使修天職而止於屈者伸之、邑鬱欲得者憐而授之，是三公論道之尊，僅如黃葉以止兒啼矣。

嗣復曰：「事貴得中。」洵如其言，亦以平二李之不平，使無偏重而已；其以平其不平者，各厭其富貴利達之欲而已。天子無進賢退不肖之權，但爲羣臣謀爵禄之去留以消怨忌，是尚得謂天下之有天子乎？況其所謂得中者，祇以漸引小人而撓善類邪！宋徽宗標建中之號，而姦邪遂逞。無他，其所謂中者，夫人欲富貴利達，兩相敵而中分之謂也。上無綱，下無恥，習以成風。爲君子者，亦曰是久處田間，宜爲汲引者也。朋黨惡得而禁？士習惡得而端？國是惡得而定乎？

武宗

一

嗚呼！士生無道之世，而欲自拔於流俗，蓋亦難矣。文宗憑几之際，李玨等扳敬宗子成美而立之，仇士良廢成美，立武宗。武宗立，玨與楊嗣復以是竄逐，於是而李宗閔之黨不容於朝，政柄之歸必於李德裕，此屈伸之勢所必然者也。德裕即無内援，而舍我其誰？固非一樞密楊欽義之能引己也。然德裕終以淮南賂遺騰交通之名於天下後世，而黨人且據以爲口實，雖欲辭託身宦豎之醜而不可得。前此者，崔潭峻、王踐言皆能白德裕之直，然則德裕之於中人，不能自立坊表以不受磷緇，亦已久矣。

夷考德裕之相也，首請政事皆出中書，仇士良挾定策之功，而不能不引身謝病以去。唐自肅宗以來，内豎之不得專政者，僅見於會昌。德裕之翼贊密勿、曲施銜勒者，不爲無力，夫豈樂以其身受中人之援引者乎？然而唐之積敝，已成乎極重難反之勢。在内則中書與樞密相表裏也；在外則節使與監軍相呼吸也；拒之而常在其左側，小不忍而旋受其大屈。踐言與於維州之謀，潭峻藉宣鄭覃之命，德裕固曰吾不爲宦者用而我用宦者也。楊欽義之内召，無所屈節，而以賓玩厭其欲，德裕固曰此以待小人而使忘機，非辱也。吾行吾志，何恤於磽磽皎皎之嫌疑乎？然而以視君子立身之大防，則終玷矣。

生斯世也，士君子之防，君且毁之，不可急挽也，則抱有爲之志欲抒於國者誠難矣。然則如之何而可哉？潔己無可羨之貲，謀國無偏私之黨，以君命而接之以禮，秉素志而持之以正，進不觸其深忌，退不取其歡心，俟時以得君，而無求成求可之躁願，庶其免乎！乃德裕功名之士也，固不足以及此也。以德裕之材，當德裕之世，勿容深責焉，可矣。

二

老氏曰：「天下之至柔，馳騁天下之至剛。」此女子小人滔天之惡，所挾以爲藏身之固者也。唐之宦官，其勢十倍於漢、宋。李輔國驅四十年御世之天子如逸豚而苙之。其後憲宗死焉，敬宗死焉，太子永死焉，絳王悟、安王溶、陳王成美死焉，三宰相、一節度、合九族而死焉。庖人之於雞鶩，唯其操鸞刀而割之也。文宗垂涕而歎，自比於周赧、漢獻而以爲不如，鬱鬱飲醇酒以成疢而崩，其凶悍之鋒，不可嚮邇也如此。以爲神策六軍在其指掌，故莫之能制，是已，而未盡然也。當其時，節鎮林立，大臣分閫，合天下之全力，以視六軍豢養之罷民，豈不相敵，而奚惴惴焉？及觀仇士良之教其黨曰：「天子不可令閒，日以奢靡娛其耳目，無暇更及他事。」然後知其所以毆中材之主入於其阱而不得出者，唯以至柔之道縻縶之，因而馳騁之，蔑不勝矣。

夫耳目之欲，筋骸之逸，狎而安之，順而受之，亦曰此人主之所應得，近侍之所宜供者耳。於國無損，於事非專，即不以爲彼功，而抑非可爲彼罪也。乃當其驕橫著見，人主亦含忿不堪而思翦滌。俄而退息於深宮，則娛樂迭進，而氣不覺其漸平矣；稍定焉，而姁姁嫗嫗、百出以相靡，竟不知夙忿之何以遽蠲也。氣一往而衰，安望其復振哉？

凡孌童稚女、清歌妙舞、捐煩解憤者，皆其戈矛鴆毒之機也。正人端士沮喪而不得以時進獻其忱，則皆廢然返曰：出而與吾謀屏除者，入而且與之歡笑，吾惡能勝彼哉？徒自誅夷貶竄而弗能摇動之也。未有不緘口息機，聽其孤危而莫恤者也。則臣非其臣，兵非其兵，狎媚旦進，而白刃夕張，莫能測焉。至柔之馳騁至剛，綽乎其有餘矣。

然則羣奄之勢重邱山而弑逆相尋也，豈恃神策之孤軍哉？恃此而已矣。漢、宋之闇主受制於家奴者皆此；而唐之立國，家法不修，淫聲曼色，自太宗以來，漫焉進御而無防閑之教，故其禍爲尤酷焉。口鼻非藉之不安臭味；肢體非藉之不宜清瞑；煩勞菀結非藉之不能穆耳而愉心。林池魚鳥、書畫琴弈、張弧怒馬，各有所嗜，而皆能爲奪情息怒之媒。機械之張，烈於彊秦，密於曹操，彼以剛爭，此以柔制，雖欲如周赧、漢獻而不能，果不如矣。人主而能知此，則勿曰宦官之惡不可撲也。以一念之無欲，塞滔天之横流，有餘裕矣。然而知之者鮮，能之者尤百不得一也，是以難也。

三

河北三鎮之不戢也，豈其富彊足以抗天下不可制哉？唐無以制之耳。盧龍之亂，陳行泰、張絳相繼擁兵以脅節鉞，張仲武起而討之，問其所有士卒幾何，合軍士土團千餘人而已；問其兵食所出，則仰給於嬀州以北而已。卒如仲武之料，幽州下，叛人得。然則唐果制勝得理，以天下之力，舉三鎮如拾芥耳。而終困於不能者，廟謨不定，諸帥離心，且逆黨私人奔走京國，賄賂行於廷臣，皆爲張皇賊勢以勸姑息，囂張不輯，亂其成謀也。君暗臣偷，視蕞爾之叛臣，莫之能勝，而曰河朔習亂已久，人心難化。

惡！是何言也！

劉稹阻兵擅立，李德裕決策討之，是已；而復曰：「但得鎮魏不與之同，則稹無能爲，」何其視鎮魏之太重也！張仲武既以盧龍歸命，掎鎮魏之背矣；何弘敬、王元逵非有田承嗣、王武俊之梟桀，即令納稹賂以陰相脣齒，而朝廷宣昭義問以臨之，又豈敢北不畏盧龍之乘其後，南不畏宣武之逼其前，西不畏河中之制其腋，顯相抗拒，以黨逆而蹶興哉？戰即不力，亦持兩端以視勢所趨耳。然則劉稹既滅，移弘敬、元逵於他鎮，不敢違也；召弘敬、元逵以赴闕，不敢拒也。彼雖驕蹇而惛瞀，抑且念昔之負固以長子孫者，不死於天誅，則死於帳下；何如束身歸闕，席富貴而保後昆。部曲雖或囂張，帥心弛而氣亦頹矣。威可服也，恩可懷也，張仲武之令圖可羨，劉稹之狂謀可鑒也。區區數州之土，兩豎子尸居其上，而曰終難化也，德裕之於此懵矣。乃遣重臣輸悃於二鎮曰：「河朔自艱難以來，列聖許其傳襲，已成故事。」則既明輸左券，授以不拔之勢，儼若敵國，此言出，後其可追哉？

澤潞，王土也；其人，王人也；鎮魏亦非北胡南蠻自爲君長之國也。鎮魏可，澤潞奚其不可？又何以折劉稹而服澤潞之人心乎？夫鎮魏西扼壺關、東連曹、鄆，南一涉河而即汴宋，中原之堂奧也。橫骨頤中，而欲食之下咽也，必不可得。唐之所以一亂而不可再興，皆此等成之也。德裕苟且以成一時之功，曾不恤禍結兵連之無日，習之難化，豈在河朔哉？在朝廷耳。武宗聽之，詔二鎮曰：「澤潞一鎮，與卿事體不同。」言不順，事不成，嗚呼！唐終不可爲矣。

四

楊弁稱亂河東，逐李石，結劉稹，而其所恃者，納賄於中使馬元實。元實歸，大言於廷曰「弁有十五里光明甲」，以恐喝朝廷，徼求節鉞。李德裕折之而後沮。以此推之，凡唐之藩鎮，類以數州之土，一旅之衆，抗天下之威，而朝廷僶俛以從其欲，非兵力之果彊也，皆賄也。非李德裕折元實之姦，則弁之納賄亦揜而不著，史氏亦無從記之矣。

賄行於中涓，而天子懾；賄行於宰相，而百官不能争；賄行於省寺臺諫，而天子宰相亦不能勝。前此之討淮蔡、討平盧，廷議紛然，唯恐兵之不罷者，此也；德宗窺見其情，厚疑羣臣，孤憤興兵，而中外坐視其敗者，亦此也。唐之亂，賄賂充塞於天下爲之耳。凡三百餘年，自盧懷慎、張九齡、裴休而外，唐之能飾簠簋以自立於金帛之外者無有。雖賢者固不能保其潔清，特以未敗露而不章，實固不可問也。藩鎮之叛，峙若敵國，相惎若仇讎，且唯以金錢貿中外之心，而天子不能自固，況州郡羣有司之廢置哉？

蓋唐自立國以來，競爲奢侈，以衣裘僕馬、亭榭歌舞相尚，而形之歌詩論記者，誇大言之，而不以爲怍。韓愈氏自詡以知堯、舜、孔、孟之傳者，而戚戚送窮，淫詞不忌，則人心士氣概可知矣。迨及白馬之禍，凡錦衣珂馬、傳觴挾妓之習，熸焉銷盡。繼以五代之凋殘，延及有宋，羶風已息。故雖有病國之臣，不但王介甫之清介自矜，務遠金銀之氣，即如王欽若、丁謂、吕夷甫、章惇、邢恕之姦，亦終不若李林甫、元載、王涯之狼藉，且不若姚崇、張説、韋皋、李德裕之豪華。其或毒民而病國者，又但以名位争衡，而非寵賂官邪之害。此風氣之一變也。

乃唐之率天下以奔欲崇貨而遲久不亡者，何也？朝士以賄而容姦，逆臣亦以賄而自固，志氣俱偷，其欲易厭，故稱兵犯順者，皆護其金穴以自封，而無問鼎登天之志。其尤幸者，回紇、吐蕃唯以侵掠爲志，浸淫久而自斂，亦無劉淵、石勒之雄心。斯以幸存而已矣。使如宋也，三虜迭乘以壓境，豈能待一遷再遷三遷而後亡哉？賄賂之敗人國家，如鴆之必死，未有能生之者也。

五

殺降者不仁，受其降而殺之不信，古有其言，誠仁人君子之言也。雖然，言各有所指，道各有所宜，不揆其時，不察其故，不審諸順逆之大義，不度諸好惡之公心，而唯格言之是據，則仁人君子之言，皆成乎蔽。仁蔽而愚，信蔽而賊，不可不辨也。

所謂殺降不仁而無信者，爲兩國交爭，戰敗而倒戈，與夫夷狄盜賊之脅從而自拔者言也。或黨惡之志固不堅，或求生之外無餘志，則亦生全之，或且録用之，而蠲忿怒以予維新，斯允爲敦仁而崇信矣。劉稹之叛，郭誼爲之謀主，及夫四面合圍，三州已下，稹守孤城而日蹙，誼與王協説稹束身歸朝，稹既從之欲降矣，誼乘其懈殺之以自爲功，武宗與李德裕決計誅之，夫豈非允愜人心之公惡者以行大法？而司馬温公譏其失信。其信也，非其所以蔽而愚且賊者乎？

亂人者不殄絶之，則亂終不已者也。懷以仁，而即乘吾仁以相犯；結以信，而即怙吾信以相欺者也。而唐藩鎮之亂，率因此而滋。自禄山爲逆以來，擁戴之者，豈果僥倖其主之成大業，而已爲鄧禹之效尺寸哉？人挾好亂之心，而嗾其主帥以爲逆魁，以弋利於己。故李寶臣、薛嵩、田承嗣首自反噬，而果獲分土擁尊之厚利。蓋當勸亂之日，已挾自私之計。上脅朝廷，下睨其主，流血千里，主族亦赤，無非可罔利之左券。而朝廷果以姑息而厚酬之，位兼將相，澤及子孫，人亦何憚而不日導人以叛逆哉？賣主之腰領以求榮，主族夷而已詫元功。計當日之爲藩鎮者，側目而寒心，自非狂騃如劉稹者，未有不以殺王協、郭誼爲大快者。頻年身膏原野之鬼，與痛哭郊原之寡妻孤子，固且不怨稹而怨協、誼。故二賊伏誅，而後武、宣之世，藩鎮無叛者。既有以大服其心，而裨將幕僚，知無他日幸免僥功之轉計，則意亦戢，而不敢導其主以狂狺。殺一二人而全天下，仁也；殺無恆之人以行法，信也。高帝斬丁公，而今古稱其義，況躬爲逆首者乎？

且劉稹既從誼、協之謀以欲降矣，誼可容，稹獨不可降乎？殺降者，誼也；殺誼者，所以殺殺降者也，而何尤焉？唯項羽施之於敵國之赤子，李廣施之於解辮之（荒服）〔夷狄〕㊀，則誠惡矣。未可以爲反覆傾危之亂人引以求曲宥也。施大仁，惇大信，各有其時，各有其情，各有其理。以一言蔽千古不齊之事變，適以自蔽而已，君子所弗尚也。

六

宦者監軍政於外而封疆危，宦者統禁兵於内而天子危。監軍之危封疆，李德裕言之至悉矣。乃天

㊀ 據校記改。

子之危，非宦者之統禁兵遽能脅之而死生廢立之也。天子之兵，散布於天下，將皆其臣，卒皆其民也。其在内而爲禁兵，如唐神策軍者，但百之一耳，又非百戰立功能爲天下雄者也。宦者雖握固之以爲己有，而勢不能與天下争衡。脅君自恣，乃至弑刃横加，豈能無畏於四方之問罪乎？其無所憚而血濺宫庭，居功定策者，實恃有在外監軍之使，深結將帥而制其榮辱生死之命，指麾吏士而市以呴嘔宴犒之恩也。故王守澄、陳弘志、楊承和躬行大逆，不畏天下有問罪之師；乃至四朝元老分符持節之裴中立，亦視君父之死噤口而不敢誰何；獨一劉從諫執言相加，而懷來又不可問。無他，諸帥之兵，皆宦者之爪牙，舉天下而在其掣肘，雖仗義欲鳴，而力窮於寡助也。於是而知德裕之爲社稷謀，至深遠矣。其以出征屢敗爲言者，指其著見之害以折之，使不敢争耳。顯糾其沮撓軍事之失，而不揭其攬權得衆之禍，使無所激以相牴牾，則潛伏之大慝，暗消於忘言矣，此德裕之所以善於安主而防姦也。

然抑豈徒其立言之善哉？仇士良忌之而不能傷，乃乞身以去；敕監軍不得預軍務、選牙隊，而楊欽義、劉行深欣然唯命而不敢争。極重之弊，反之一朝，如此其易者，蓋實有以制之也。唐之相臣能大有爲者，狄仁傑而外，德裕而已。武宗不夭，德裕不竄，唐其可以復興乎！

七

後世有天下者，欲禁浮屠之教以除世蠹也良難。會昌五年，詔毁寺及招提蘭若四萬餘區，歸俗僧尼二十六萬五百人，可謂令之必行矣。然不數年而浮屠轉盛，於是所謂黄檗者出，而教外别傳之邪説充塞於天下，禁之乃以激之而使興，故曰難也。

武宗聽道士趙歸真之説而闢佛，以邪止邪，非貞勝之道，固也；未幾而武宗崩，李德裕逐，宣宗忌武宗君相而悉反其政，浮屠因緣以復進，其勢爲之也。雖然，假令武宗永世，德裕安位而行志，又豈可以舉千年之積害，一旦去之而消滅無餘哉？何也？以一日矯千年之弊，以一君一相敵羣天下狂惑氾濫之情，而欲剷除之無遺，是鯀之陻洪水以止其横流，卒不能勝者也。

夫羣天下積千年而奔趨如鶩，自有原委，亦自有消歸。故天下之僧寺蘭若，欲毁之則一旦毁之，此其無難者也；勒二十餘萬僧尼使之歸俗，將奚歸哉？人之爲僧尼者，類皆孤露惰游無賴之罷民也，如使有俗之可歸，而晏然爲匹夫匹婦，以田爾田、廬爾廬，尚寧幹止也，則固十九而不爲僧尼矣。一旦壓之使無所往而得措其身，則合數十萬伏莽之戎，黠者很者陰聚於宵旦，憤懣圖惟，謀歧塗以旁出，若河之決也，得螘穴以通，而奔流千里，安可復遏哉？故浮屠之教，至大中以後，乃益爲幽眇閃爍之論、弔詭險畸之行以聳動生人，而莫測其首尾。以相詫而翕從之，皆其擯逐無聊之日，潛身幽谷，思以争勝而求伸者也。

夫欲禁浮屠氏者，亦何用深治之哉？自有生民以來，有四民則有巫，巫之爲術不一，要皆巫也，先王不能使無也。浮屠之以扇動天下者，生死禍福之報應而已，則亦巫之幻出者而已。若其黠者，雜莊、列之説，竊心性之旨，以與君子之道相競，而見道未審者惑之，然亦千不得一也。故取浮屠之説與君子之道較黑白，而衰王固不能保於末俗；取浮屠與巫者等而以巫道處之，則天下固多信巫而不信浮屠者，其勝負相敵也。浮屠而既巫矣，人之信之也猶巫，則萬室之邑，其爲巫者凡幾？而人無愛戴巫如父母者，且猶然編户征徭之民也。如此，則浮屠熸矣。

故寺院不容不亟毁也；笵金冶銅之像，不容不亟銷也；田園之稅，丁口之徭，不容不視齊民也。無廣廈長寮以容之，無不稅之田以豢之，無不徭之政以逸之，無金碧丹漆以豔其目，無鐘磬鈴鐸以淫其耳，黯淡蕭條，而又驗其老幼，使供役於郡邑，則不待勒以歸俗，而僧猶巫也，巫猶人也。進無所安，退思自便，必將自求田廬，自畜妻子，以偕於良民。數十年之中，不見其消而自無幾矣；即有存者，亦猶巫之雜處，弗能爲民大病者也。禁其爲僧尼，則傲岸而不聽，含怨以圖興。弗禁其僧，而僧視耕夫之賦役；弗禁其尼，而尼視織女之縷征。無所利而徒苦其身，以茹草而獨宿，未有不翻然思悔者。徒衆不依，而爲幽眇之説、弔詭之行者，亦自顧而少味。先王之不禁天下之巫，而不殊於四民之外，以此而已。然則有天下而欲禁浮屠以一道德、同風俗者，亦何難之有哉？特未之思耳。

宣宗

一

宣宗初識李德裕於奉册之頃，即曰：「每顧我，使我毛髮洒淅。」夫宣宗非孱主，德裕非有跋扈之氣發於聲色，如周勃之起家戎伍、梁冀之世習驕倨者，豈果見之而怵然哉？有先入之言使之猜忌者在也。武宗疾篤，旬日不能言，而詔從中出，廢皇子而立宣宗，宣宗以非次拔起，忽受大位，豈旦夕之謀哉？宦官貪其有不慧之迹而豫與定謀，竊竊然相嚅呪於祕密之地，必將曰太尉若知，事必不成。故其立也，惴惴乎唯恐德裕之異己，如小兒之竊餌，見廚婦而不寧也。語曰：「盜憎主人。」其得志而欲誅逐之，必矣。

此抑有故。德裕當武宗之日，得君而行志，裁損内豎之權，自監軍始。監軍失權，而中尉不保神策之軍，於時宦官與德裕有不兩立之勢。德裕爲之有序，無可執以相撓，而上得武宗之信任，下有楊欽義、劉行深之内應，故含怨毒也深而不敢發。迨乎武宗疾篤不能言之日，正其河決癰潰、可乘以快志之時也。不廢皇子立宣宗，則德裕不可去；不詸宣宗以德裕威棱之可畏，則宣宗之去德裕也不決。其君惴惴然如捍大敵之不能姑待，而後德裕必不能容。蓋德裕之所能控御以從己者，楊欽義、劉行深而已，二人者，其能敵宫中無算之貂璫乎？皇太叔之詔一下，德裕無可措其手足，待放而已矣。唐之亡，亡於宦官，自此決矣。

或者謂德裕事英斷之君，相得甚歡，而不能於彌留之際，請憑玉几、受顧命以定冢嗣，使姦人得擅廢立之權，非大臣衛國之誼，是已。然有説焉。武宗春秋方富，雖有疾而非必不可起之危候，方將大有所爲，而不得遽謀身後；迨及疾之已篤，昏不能言，雖欲扣閤請見，而誰與傳宣以求必得哉？所可惜者，先君之骨未寒，太尉之逐已亟，環唐之廷，無有一人焉昌言以伸其忠動者。豈徒無爲之援哉？白敏中之徒且攘臂而奪相位，崔、楊、牛、李抑引領以望内遷，而鄭肅、李回莫能禦也。意者德裕之自矜已甚，孤傲而不廣引賢者以共協匡贊邪？抑自朋黨興，唐之士風披靡於榮辱進退之閒，而無賢可薦邪？

二者皆國家危亂之券也，必居一於此，宜乎唐之不復興矣。

二

宣宗初立，以旱故，命大臣疏理繫囚，而馬植亟以刻覈之言進，請官典犯贓及殺人者不聽疏理。夫二者之不可遽釋，是已；而並不聽其疏理，唯法吏之文置之辟而莫辯，宣宗用申、韓之術，束濕天下以失人心，植實首導之矣。

唐自高宗以後，非弑械起於宮闈，則叛臣訌於肘腋，自開元二十餘年粗安而外，皆亂日也，而不足以亡者，人心固依戀而不忍離，雖役繁賦重，死亡相接，抑且戴奕葉之天子於不忘。無他，自太宗以寬容撫士庶，吞舟漏網，則游鱗各呴沫於浦嶼，即有弱肉彊食之害，而民不怨其上也。羅希奭、吉溫以至窮凶如侯、索、周、來，抑但施慘毒於朝士，而以反叛爲名，未嘗取吏民瑣細之愆，苛求而矜其聰斷；馬植之徒，導主以淵魚之察，而後太宗之遺澤斬矣。

植之言曰：「貪吏無所懲畏，死者銜冤無告。」亦近乎情理之説也。乃上方下寬恤之政，用答天災，而遽以綜覈虔矯之令參之，則有司相勸以武健，持法律以核吏民，廣逮繫以成鍛鍊，有故入而無矜疑，士怨於官，民愁於野，胥史操生死以取貨賄，可勝言哉？

夫申、韓之以其術破壞先王之道者，豈不以爲情理之宜，誅有罪以恤無辜乎？而一倚於法，天下皆重足而立。君子之惡其賊天下而殄人國脈者，正以其近於情理，易以惑人也。

以贓吏論，古今無道之世，人士相習於貪叨，而其得免於逮問者，蓋亦鮮矣。夫苟舍廉恥以縱朵頤，則白晝攫金而不見人，豈罪罟之所能禁乎？無道以止之於未淫，則察之愈密，誅之愈亟，夤緣附託行賄以祈免之塗愈開，賄不給而虐取於民者愈劇。究其抵法而無爲矜宥者，一皆拙於交游、吝於薦賄、谿壑易厭之細人而已。以法懲貪，貪乃益滋，而上徒以召百官之怨讟，下益以甚窮民之朘削，法之不可恃也明矣。

以殺人論，人即不伏歐刀於市，亦未有樂於殺人者也；已論如法，而苟全於疏理之下，雖不死而生理亦無幾矣。若其忿懟發於睚眦，則當揮拳操刃之下，惡氣薰心，固且自忘其死，抑豈暇念他日之抵法而知懲？若云死者含冤，則天地之生，業已殺一人矣，而又殺一人以益之，奚補哉？且一人抵坐，而證佐之株連，寡妻孤子之流離於寺署者凡幾也！

故貪吏伏法，殺人者死，法也。法立於畫一，而張弛之機，操於君與大臣之心。君子之道，所爲迥異於申、韓之刻薄者，不欲求快於一時之心也。心苟快，而天地和平之氣已不足以存，俗吏惡知此哉？綜覈行，而上下相督，還相蔽也。炫明者瞀，炫聰者聾。唐室容保之福澤，宣宗君臣銷鑠之而無餘，馬植實首導之。苛刻一行，而莫之知止，天下粗定，而卒召吏民之叛以亡，固不如鄙者之姑息，亂而可存也。

三

知人之難久矣，而抑有其可知者，君子持之以爲衡，而失亦鮮矣。人之爲不肖也，其貪惏賊害、淫溺憒亂，得之氣質者，什不得一；類皆與不善者習，而隨之以流，因以氾濫而不可止。故君子之觀人於早也，持其所習者以爲衡，視其師友，視其交游，視其習尚，未嘗無失，而失者終鮮。拔騂角於犂牛之中，非聖哲弗能也。

李德裕引白敏中入翰林，既爲學士，遂乘武、宣改政之初，奪德裕之相，竭力排之，盡反其政，以陷德裕於貶死，而亂唐室。夫敏中之不可引而使在君側，豈待再計而決者哉？德裕之初引敏中也，以武宗聞白居易之名，欲召用之，居易老而德裕以敏中進。然則知敏中者以居易，用敏中猶其用居易也。居易以文章小技而爲嬉遊放蕩、徵聲逐色之倡，當時則裴中立悦其浮華而樂與之嬉；至宋，則蘇氏之徒喜其縱逸於閑撿之外而推尚之；居易之名，遂喧騰於天下後世。乃覈其人，則元稹之死友也。稹聞謫九江而垂死驚坐，胡爲其然哉？以蕩閑踰撿相暱於聲色，而爲輕浮俗豔之詞以蠱人於淫縱。當其時如杜牧者，已深惡而欲按以法矣。稹鬻身奄宦，排抑正人，以使河北終叛，而爲唐之戎首；居易護爲死黨，不得，則託於醉吟以洩其青衫之淚。敏中爲其從弟，與居與遊，因之而受君相之知，夢寢之所席而安者居易耳。若此而欲引爲同心，以匡君而衛社稷，所謂放虎自衛者也，而德裕胡弗之知也！

使武宗欲用居易之日，正色而對曰：此浮薄儇巧之小人，耽酒嗜色，以淫詞壞風教者，陛下惡用此爲？則國是定矣。李沆、劉健之所以允爲大臣也。而德裕不能，其尚有兩端之私與？不然，則己習未端，心無定衡之可持而易以亂也。先儒謂蘇軾得用，引秦觀之徒以居要地，其害更甚於王安石，唯其習尚之淫也。舍是而欲鑒別人才，以靖國家、培善類，未有能免於咎者也。

四

周墀爲相，韋澳謂之曰：「願相公無權。」傷哉斯言！所以懲李相、朱崖之禍，而歎宣宗之不可與有爲也。宰相無權，則天下無綱，天下無綱而不亂者，未之或有。權者，天子之大用也。而提權以爲天下重輕，則唯慎於論相而進退之。相得其人，則宰相之權，即天子之權，挈大綱以振天下，易矣。宰相無權，人才不繇以進，國事不適爲主，奚用宰相哉？奉行條例，畫敕以行，莫違其式而已。宰相以條例行之部寺，部寺以條例行之鎮道，鎮道以條例行之郡邑，郡邑以條例行之編氓，苟且塗飾以應條例，而封疆之安危，羣有司之賢不肖，百姓之生死利病，交相委也，抑互相容以雠其姦也。於是兵窳於邊，政弛於廷，姦匿於側，民困於野，莫任其咎，咎亦弗及焉。宰相不得以治百官，百官不得以治其屬，民之愁苦者無與伸，驕悖者無與禁，而天子方自以爲聰明，偏察細大，咸受成焉。夫天子亦惡能及此哉？摘語言文字之失，按故事從違之迹而已矣。不則寄耳目於宵小，以摘發杯酒尺帛之愆而已矣。天下惡能不亂哉！

上攬權則下避權，而權歸於宵小。天子爲宵小行喜怒，而臣民率無以自容。其後令狐綯用一刺史，而宣宗曰：「宰相可謂有權。」其奪天下之權，使散寄而無歸，固不可與有爲也。韋澳見之審矣。無權則焉用相哉？弗問賢不肖也，但可奉行條例，皆可相也，其視府史胥徒也又奚以異？周墀又何用相爲？生斯世也，遇斯主也，不能褰裳以去，而猶貪白麻之榮，墀亦不可謂有恥矣。

五

德、宣二宗，皆懷疑以御下者也，而有異，故其致禍亦有殊焉。德宗疑其大而略其小，故於安危大計，不信忠諒之言，姦邪得乘之，而亂遂起；然略於細小之過，忘人於偶然之失，則人尚得以自容。於盧杞之姦傾聽之，於陸贄之忠亦傾聽之，故其臣無塗飾耳目、坐釀禍原之習，其敗亂終可拯也。宣宗則恃機警之耳目，聞一言而即挾爲成心，見一動而即生其轉念，賢與姦俱岌岌不能自保，唯蔽以所不見不聞，而上蠹國、下殃民，徼幸免於譏誅，則無所復忌。雖有若陸贄之忠者在其左右，一節稍疏，羣疑交起，莫敢自獻其悃忱。其以召亂也緩，而一敗則不可復救矣。

馬植之貶，以服中涓之帶也；蕭鄴之命相，旨已宣而中止，以王歸長之覆奏也；崔慎繇之罷，以微露建儲之請也；李燧之鎮嶺南，旌節及門而返，以蕭倣之一言也；李遠之不用，以長日碁局之一詩也。李行言以樵夫片語而典州，李君奭以佛祠數老而遽擢。舉進退刑賞之大權，唯視人謦欬笑語、流目舉踵之閒，而好惡旋移，是非交亂。荆棘生於方寸，忮害集於俄頃。自非白敏中、令狐綯之戀寵喜榮，誰敢以身試其喜怒而爲之用乎？天下師師，交相飾以避過，則朝廷列土偶之衣冠，州郡恣穿窬之長吏，養姦匿慝，窮民其奚恃以存哉？嗚呼！懷疑以察纖芥之短長，上下離心而國不亡者，未之有也。其待懿宗而禍始發，猶幸也，又惡足以比德宗哉？

雷，至動也；火，至明也。以灼灼之明，爲非常之動，其象爲豐。「豐其蔀，日中見斗。」以星之明亂日之明，則窺其户而無人。易之垂訓顯矣哉！

六

古今之亡國者，有二軌焉，姦臣篡之，夷狄奪之也。而禍各有所自生。夷狄之奪，晋、宋是已。君昏、將懦、兵弱而無紀，則民雖帖然圖安，乃至忠憤思起爲之效命，而外逼已危，不能支也。姦臣之篡，則不能猝起而遽攘之也，必編民積怨，盜賊繁興，而後姦臣挾平寇之功，以鉗服天下而奉己爲主，漢、唐是也。張角起而漢裂，黄巢起而唐傾。而漢則有公孫舉、張嬰以先之，唐則有鷄山妖賊、浙東裘甫以先之。一動而戢，再動而囂，三動而如火之燎原，不可撲矣。

唐之立國，至宣宗二百餘年，天下之亂屢矣，而民無有起而爲盜者。大中六年，鷄山賊乃掠蓬、果、三川，言辭悖慢，民心之離，於是始矣。崔鉉之言曰：「此皆陛下赤子，迫於饑寒。」當是時也，外無吐蕃、回紇之侵陵，内無河北、淮蔡、澤潞之叛亂，民無供億軍儲、括兵遠戍之苦，宣宗抑無宫室游觀、縱欲斂怨之失，天下亦無水旱蝝螟、千里赤地之災，則問民之何以迫於饑寒而遽走險以自求斬艾乎？然則所以致之者，非有司之虐害而誰耶？李行言、李君奭以得民而優擢，宜足以風厲廉隅而坊止貪濁矣，然而固不能也。君愈疑，臣愈詐，治象愈飾，姦蔽愈滋，小節愈嚴，大貪愈縱，天子以綜覈御大臣，大臣以綜覈御有司，有司以綜覈御百姓，而弄法飾非者驕以玩，樸愿自保者罹於凶，民安得不饑寒而攘臂以起哉！

小説載宣宗之政，琅琅乎其言之，皆治象也。温公亟取之登之於策，若有餘美焉。自知治者觀之，則皆亡國之符也。小昭而大聾，官欺而民敝，智攫而愚危，含怨不能言，而蹶興不可制。一寇初起，翦滅之，一寇踵起，又翦滅之，至再至三而不可勝滅，亂人轉徙於四方，消歸無地，雖微懿宗之淫昏，天下波摇而必不能定。宣宗役耳目，懷戈矛，入黠吏之囮，驅民以凍餒，其已久矣。至是而唐立國之元氣已盡，人垂死而六脈齊張，此其候矣。

七

韋澳者，以藏身自固爲道者也，異於貪進病國、徼幸危身之鄙夫遠矣，而不足以謀國。宣宗屏左右與商處置宦官之法，而澳曰：「與外廷議之，恐有太和之變，不若擇其中有識者與之謀。」此其爲術也甚陋，澳之識豈不足以知此之非策？而云爾者，不敢身任其事以自全而已矣。

太和之變，所以主辱而臣死者，李訓、鄭注本無藉小人，舒元輿、賈餗皆貪庸爲朝野所側目，與宦官以機械相傾而不勝，其宜也，而豈宦官之終不可受治於外廷哉？舍外廷而以宦官治宦官，程元振嘗誅李輔國矣，王守澄嘗誅陳弘志矣，是以毒攻毒之説，前毒去而後毒更烈也。蓋宦官之亂國而脅君也，與外廷之小人異。小人誅則其黨亦離，能誅小人者，即不必爲君子，而亦懲小人之禍以反其爲者也。若宦官則自爲一類，而與外廷争盈虚衰王之數，其自爲黨也，一而已矣。勿論進而與謀，謀之必洩，祇以成乎禍亂；即令抒心盡力爲我驅除，而誅彼者即欲行彼之事，天子恃之，外廷拱手而聽之，後起之禍，倍溢於前，又將何所藉以芟夷之哉？故曰其術陋矣。

夫天子而果欲斷以行法，誅不順之奄孽，正綱維以自振也，豈患無其術哉？外廷非盡無人也，即如李文饒者，優游諷議而解諸道監軍之兵柄，則使制此刑餘也，優有餘裕，而摧抑之以嚮於死。充位之大臣，則爲白敏中、爲令狐綯，懷禄固寵之鄙夫，既陰結内援，而不敢任誅鋤之事；使其任之，又舒元輿、王涯、賈餗之續耳。蓋其炫小明而矜小斷，以纖芥之嫌疑，爲轉眄之刑賞。其以爲慎名器者，匹夫之吝也；其以爲察吏治者，老婦之聰也。佞人亟進而端士離心，故僅一守正之韋澳，而唯計全身於事外。

如使推誠待下，拔功業已著、才望可委之大臣，修法紀以飭中外。乃下明詔，申太宗之禁制，廢中尉之官；以神策之軍授司馬，革樞密之職；以機要之務歸中書，奪其所本無，而授以埽除之常職。是天子大臣所可昭昭然揭日月以行者，廷臣莫敢異議，百姓莫不欣悦，藩鎮莫不欽仰，一二懷姦之奄豎，何所挾以相抗？亦奚用屏人私語，若大敵之對壘，力不能支，思乘瑕而攻劫之乎！

或曰：習已成，則其黨已固；奪之遽，則其怨必深。環左右者皆其徒也，伏弑械以求逞，宣宗所重慮者，未爲過也。夫惡，唯隱而益深，故孔子成春秋而亂賊懼，發其所匿而正名之，則惡沮而不能再興矣。夫憲宗、敬宗之不保其軀命，豈嘗斥而奪之使激而成之乎？憲宗之弑，陳弘志雖伏辜而未正其惡；敬宗之弑，劉克明雖授首而未誅其黨；内外交相匿，而後伏莽之戎有所怙以相脅。宣宗於此，正告中外，詰先君之賊，申汚瀦之討，宣發其惡，顯然於天下之耳目，則使有「今將」之心，抑知其無所匿藏而逃不赦之辟，又孰敢睥睨君父以逞其狂圖哉？太和君臣唯不知此，是以伏兵殿幄，反受大逆之名，三相駢死於獨柳，非外廷與謀而事機必敗也。乃宣宗之爲君也，以非次爲宦官所扳立，反以貽怨於社稷之臣，故懷私恩、忍重辱，隱而不能發露耳。是以韋澳遷延自免，而不能爲之謀，知其荏苒者之有所繫也。

八

國無可用之人則必亡。國之無人，非但其君不欲用之，抑欲用之而固無人也。錚錚表見者，非迂不適用，則小有才而不足任大，如是者不得謂之有人。夫其時豈天地之吝於生才以亡人之國乎？秉道行義，德足以回天者，閒世而一出，亦安能必其有？或賢智之士，宅心無邪，而樂爲君用，則亦足以匡亂救亡，功成事定，而可卓然爲命世之英，此則存乎風尚之所移耳。故國之無人，惟賢智之士不爲國用，恬然退處以爲高，以倡天下，置君父於罔恤，於是乎國乃終以無人。

夫一二賢智之士不爲國用，而無損於當世，似未足以空人之國，使忘君父也。乃唯賢智之士，立身無瑕，爲謀多臧，天下且屬望之，而以不爲國用爲道。其究也，置其身於是非休咎之外，天下具服其卓識，而推以爲高；於是知有其身以求免於履凶蹈危者，皆慕其風，以爲藏身之固，則宗社安危生死一付之迂愚巧黠之人；而自好者智止於自全，賢止於不辱，志不廣，學不博，氣不昌，乃使數十年内，盡士類皆成乎痿痺泮渙之習；自非懷禄徼幸、依附亂賊而不慚者，皆不可與有言、不可與有爲之人也。於是乎天下果於無人。而狐狸晝嗥，沐猴衣錦，尚誰與治之哉？

宣宗之世，上方津津然自以爲治也。而韋澳謂其甥柳玭曰：「爾知時事浸不佳乎？皆吾曹貪名位所致耳。」是其爲言，夫非賢智者之言乎？於是上欲以澳判户部，且將相之，而浩然乞出鎮以引去。蓋澳之不爲唐用，非一日矣。周墀入相，問以所可爲，則曰：「願相公無權。」宣宗屏人語以將除宦官，則曰：「外廷不可與謀。」其視國家之治亂，如越人之肥瘠，而以自保其身者，始終一術也。蓋於時賢智之士，周覽而俯計焉，擇術以自處焉，視朝廷如燎原之火，不可嚮邇，非令狐綯之流、容容以徼厚福者，無不戒心於謀國矣。此習一倡，故唯張道古、孟昭圖之愚忠以自危，魏謩、馬植之名高而實詘，姑試其身於險而罔濟；其不爾者，率以全身遠害爲風軌。故鄭遨、司空圖營林泉以自逸；而梁震、孫光憲、羅隱、周庠、韋莊之流，寄身偏霸以謀安。其於憂世愛君之道，夢寐不及而談笑不涉，天下惡得有人哉？

宣宗之世，唐事猶可爲也，而何以人心之遽爾也？宣宗甫踐阼，而功著封疆、謀匡宮府之李文饒，貶死於萬里之外；其所進而與圖政者，又於一言一笑、一衣一履之閒，苛責其應違。士即忘身以殉國，亦何樂乎受不令之名以褫辱哉？人君一念之煩苛，而四海之心瓦解，則求如李長源、陸敬輿履艱危、受讒謗以自靖者，必不可得。非唯不得，賢智之士，固且以爲戒也，不亡何待焉！

九

安、史作逆以後，河北亂、淄青亂、朔方亂、汴宋亂、山南亂、涇原亂、淮西亂、河東亂、澤潞亂，而唐終不傾者，東南爲之根本也。唐立國於西北，而植根本於東南，第五琦、劉晏、韓滉，皆藉是以紓天子之憂，以撫西北之士馬而定其傾。東南之民，自六代以來，習尚柔和，而人能勸於耕織，勤儉足以自給而給公，故不輕萌猖狂之志。永王璘、劉展一妄動而即平，無與助之者也。劉展既誅，席安已久，竭力以供西北而不敢告勞。至於宣宗之季年而後亂作。大中九年，浙東軍亂，逐李訥，越三年而嶺南亂矣，湖南逐韓悰矣，江西逐鄭憲矣，宣州逐鄭薰矣，不謀而合，並起於一時。其稱亂者，皆游惰之兵，非兩河健戰之雄；所逐者皆觀察使，奉朝命以牧軍民，非割據擅命之雄，倚牙兵以自立，倡偏裨以犯上，非所據而人思奪之者也。蓋於是而唐之所以致此者可知矣。在昔之日，軍興旁午，供億繁難而不叛；大中之世，四海粗安，賦役有經而速反；豈宣宗之刑民而無醉飽者使然哉？觀察使慢上殘下，迫民於死地，民乃視之如仇讎，不問而知李訥輩之自取之也。

雖然，又豈非宣宗之縱蟊賊以害良稼哉？觀乎張潛之言曰：「藩府財賦，所出有常，苟非賦斂過差及減削衣糧，則羨餘奏於代移之際者，何從而致？」蓋進奉者，兵民之所繇困，而即其所繇叛也。及懿宗之初，始禁州縣稅外科率。而薛調上言：「所在羣盜，半是逃户。」故軍亂方興，民亦相尋而爲盜。裘甫之聚衆，旬日而得三萬，皆當年晝耕夜織、供縣官之箕斂者也。貨積於上而怨流於下，民之瓦解，非一日矣。王仙芝、黄巢一呼，而天下鼎沸，有司之敗人國家，不已酷乎！

夫宣宗之於吏治，亦勤用其心矣，徒厚疑其臣，而教貪自己。令狐綯父子黷貨於上，省寺相師而流及郡縣，塗飾耳目者愈密，破法以殃民也愈無所忌。唐之亡，宣宗亡之，豈待狡童繼起，始沈溺而莫挽哉？於是藩鎮之禍，且將息矣，河北諸帥皆庸豎爾，是弗難羈靮馭者。彼昏不知，惴惴然防之，而視東南爲噬膚不知痛、瀝血不知號之圈豚池鶩也。「人莫躓於山，而躓於垤」，豈不信夫？民者，兵之命也；安者，危之府也；察者，昏之積也；弱者，彊之徒也。可不慎哉！可不慎哉！

讀通鑑論卷二十七

懿宗

一

王式之平裘甫，康承訓之平龐勛，史據私家之文，張大其功，詳著其略。嗚呼！是亦吹劍首者之一吷而已矣。但以一時苟且收拾之近效言之，則童貫之勦方臘，且非無可紀之績也；至於朱儁、皇甫嵩之平黃巾，則尤赫然矣。乃皆不旋踵而大亂作，國隨以亡，爝火之温，不能禦冰雪，久矣！飢寒之民，猝起弄兵，志不固，力不堅，大舉天下之兵以臨之，其必克者，勢也。所難者，盡取而斬艾之，則降不可殺，即盡取而斬艾之，而其潰逃以免者猶衆也。既不得爲良民，而抑習於掠奪，則狂心不可卒戢，夫何能使之洗心浣慮以服勤於田畝哉！況有司之暴虐不革，復起而擾之，則乍息之火，得風而燎原，未可以賊首既俘，信煙波之永息也。

靖康之世，京東之賊亦蠭起矣，宗汝霖收之而帖然者，使自效於行伍，而拔用其梟雄，俾仍合其部曲也。汝霖卒，賊且復潰矣，重起而收之者韓、岳也，咸有所歸，而不復雜之耕桑市肆之中，使鞅掌而思浮動，故宋以寧。王式乃於裘甫之既擒，不復問數萬之頑民消歸何處，爪牙乍斂，而睥睨於人間，則後日之從龐勛以亂徐州，隨王仙芝、黄巢以起曹、濮者，皆脱網之魚，游沙汀而鼓浪。式曰非吾事也。甫一擒而策勳飲至，可以鳴豫於當時，書功於竹帛矣。

夫亂軍叛民與藩鎮異。藩鎮之反，雖舉軍同逆，而必倚節度使以起伏，渠帥既誅，新帥撫之，三軍仍安其故籍而不失其舊。故裴中立曰：「蔡人亦吾人也，綏之則靖矣。」亂〔軍叛〕㊀民者，雖有渠帥，而非其夙奉之君長，人自爲亂，渠帥自誅，衆志自競，非有以統攝之，而必更端以起。當斯時也，非分別其彊弱之異質，或使之歸耕，或使之充伍，又得良將吏以安存之，則愈散而禍愈滋。以式爲將，以白敏中之徒爲相，居中而御之，何功之足紀哉！徒以長亂而已矣。又況康承訓之進沙陀以亡唐邪？

二

古之稱民者曰「民碞」。上與民相依以立，同氣同倫而共此區夏者也，乃畏之如碞也哉？言此者，以責上之善調其情而平其險阻也。唐至懿宗之世，民果碞矣。裘甫方馘，而懷州之民攘袂張拳以逐其刺史；陝州繼起，逐觀察使崔蕘；光州繼起，逐刺史李弱翁。狂起而犯上者，皆即其民也。觀察刺史而見逐於民，其爲不肖，固無可解者。雖然，貪暴之吏，何代蔑有？一膀違其情，而遽起逐之，上且無如之何，天下惡得而不亡！夫民既如此矣，欲執民而治其逐上之罪，是不矜其窮迫而激之亂也；欲誅

㊀ 據校記增。

觀察刺史以撫民，而民之不道又惡可長哉？小失豪民之意，狺狺而起，脅天子以爲之快志，抑不大亂不已。然則反此而欲靖之也無術，則抑追詰其所繇來，而知畏民之嚚者，調制其性情於早，不可唯意以亂法也。

人君所恃以飭吏治、恤民隱者，法而已矣。法者，天子操之，持憲大臣裁之，分理之牧帥奉若而守之。牧帥聽於大臣，大臣聽於天子，綱也；天子咨之大臣，大臣任之牧帥，紀也。天子之職，唯慎選大臣而與之簡擇牧帥。既得其人而任以郡邑之治矣，則刑賞予奪一聽大臣。所訪於牧帥者，實考其淑慝功罪而決行之。於是乎民有受墨吏之荼毒者，昂首以待當宁之斧鉞。即其疏脱而怨忿未舒，亦俯首以俟後吏之矜蘇。而大臣牧帥既得其人，天子又推心而任之，則墨吏之能疏脱以使民含怨者，蓋亦鮮矣。

而宣宗之爲君也不然。其用大臣也，取其飾貌以求容者而已；其任牧帥也，取其拔擢自我無所推引者而已。至於州縣之長，皆自我用焉，而抑不能周知其人，則微行竊聽，以里巷之謡詠爲朝章。李行言、李君奭之得遷，惡知非賄姦民以爲之媒介哉？乃決於信，而謂廷臣之公論舉不如塗人之片唾也。於是刑賞予奪之權，一聽之里巷之民，而大臣牧帥皆尸位於中，無所獻替。民乃曰此褎然而爲吾之長吏者，榮辱生死皆操之我，天子而既許我矣。其黠者，得自達於天子，則訐奏而忿以洩，姦亦以讎；其很者，不能自達，則聚衆號呼，逐之而已。曰天子而既許我以予奪長吏矣，孰能禁我哉？不曰天子固愛我，即稱兵犯上而不忍加罰於我；則曰天子固畏我，即稱兵犯上而不敢加刑於我。長是不懲，又何有於天子哉？耰鉏棘矜以攻城掠野，無不可者。民非本嚚，上使之嚚；既嚚，孰能反之蕩平哉？裘甫方平，龐勛旋起，皆自然不可中止之勢也。山崩河決，周道荆榛，豈但如碞哉？宣宗導之横流，非一朝一夕之故矣。懿宗又以昏頑濟之，禍發遲久而愈不可息。民氣之不可使不静，非法而無以静之。非知治道者，且以快一時之人心爲美談，是古今之大惑也。

三

龐勛之亂，崔彦曾以軍帑空虚不能發兵留戍而起，蓋至是而唐之所以立國者，根本盡矣。夫財上不在國，下不在民，爲有國者之大蠹，而唐養天下之力以固國者，正善於用此。其賦入之富有，自軍府以至於州縣，皆有豐厚之積，存於其帑，而節度、觀察、刺史、縣令，皆得司其出納之權。故一有意外之變，有司得以旋給，而聚人以固其封守。乃至内而朝廷亂作，外而寇盗充斥，則隨所取道因便以輸者，舟車銜尾而相繼。而不但此也，官用所資，不責以妄支之罪，則公私酬贈宴犒、輿服傔從，沛然一取之公帑，軍吏不待削軍饟以致軍懟，守令不致剥農民以召民怨。故唐無孤清之介吏，而抑無婪縱之貪人。官箴不玷，官秩不鐫，則大利存焉。雖貪鄙之夫，亦以久於敭歷爲嗜欲之谿壑，而白晝攫金、褫奪不恤之情不起。觀於李蕁所稱清河一郡之富，及劉晏、韓滉咄嗟而辦大兵大役之需者可知已。

自德宗以還，代有進奉，而州郡之積始虧。然但佞臣逢欲以邀歡天子，爲宫中之侈費，未嘗據以爲法，斂積内帑，恃以富國也。宣宗非有奢侈之欲，而操綜覈之術，欲盡攬天下之利權以歸於己。白敏中、令狐綯之徒，以斗筲之器，逢君之欲，交贊之曰：業已徵之於民，而不歸之於上，非陳朽於四方，則侵漁於下吏，盡輦而輸於天府者，其宜也。於是搜括無餘，州郡皆如懸罄，而自詡爲得策，曰：吾不加斂於民，而財已充盈於內帑矣。亂乃起而不可遏矣。唯其積之已盈也，故以流黷懿宗之耳目，而長其侈心。一女子子之死，而費軍興數十萬人之資。帛腐於笥，粟陳於廩，錢苔於砌。狡童何知，媚子因而自潤，狂蕩之情，泰然自得，復安知天下之空虛哉？一旦變起，徵發繁難，有司據空帑而無可如何，請之於上，而主暗臣姦，固不應也。號呼已亟，而或應之，奏報彌旬矣，廷議又彌旬矣，支放轉輸又彌旬矣。兵枵羸而不振，賊乘敝以急攻，輦運未集，孤城已潰，徒遲回道路，爲賊掠奪，即捐鉅萬，何當一錢之用哉！

且當官而徒守空橐也，公私之費，未能免也；貪欲之情，未可責中人之能窒也。必將減額以剋其軍，溢額以奪其民。此防一潰，泛濫無涯，田野之雞豚，不給追胥之酒食，寡妻弱子，痛哭郊原，而貪人之谿壑，固未厭也。揭竿而起，且以延旦夕之生命，而以敝襦敗甲、茹艸啜飦之疲卒禦之，有不倒戈而同逆者乎？官貧而民益貧，兵亂而民胥亂。徒聚天下之財於京邸，一朝失守，祇爲盜資。綜覈之政，攬利權以歸一，敗亡合轍，今古同悲。然後知唐初之積富於軍府州縣者，誠官天府地四海爲家之至術也。

故曰「財散則民聚」。散者，非但百姓之各有之也，抑使郡邑之各有之也。「財聚則民散」。聚者，既不使之在民，又不使之給用，積之於一帑，而以有用者爲無用也。散則以天下之財供天下之用，聚則廢萬事之用而任天下之危。貪吝之說，一中於君相之心，委生人之大計，爲腐艸塊石以侈富，傳及子孫，而驕淫奢溢，爲天下僇，不亦傷乎！故有家者，惡其察雞豚也；有國者，惡其畜聚斂也。庶人盡力以畜財，囤粟而朽蠹之，則殃必及身；窖金而土壤之，則子孫必絕。以有用爲無用，人怨之府，天之所怒也，況有天下者乎？

四

唐之亡不可救，五代之亂不可止，自康承訓奏使朱邪赤心率沙陀三部落討龐勛始。滅唐者，朱温也，而非温之能滅唐也。温自起爲賊，迄於背黄巢而降之日，未嘗有窺天之志也。僖、昭以爲之君，時溥、高駢以爲之將，張濬、崔胤爲奧援於内，而李克用、李茂貞、王行瑜各挾逐鹿之心，温乃内動於惡而無所忌。若沙陀者，介吐蕃、回紇之衰，自雄於塞上，固將繼二虜而與中國爲敵者也。羽翼未成，而陽受羈縻，與劉淵之在河西也無以異。因其未叛，聊使僦居沙徼，絶其窺覦，目不知中國之廣狹，心不喻唐室之彊弱，則自以爲僅可奡立於邊陲，而忘情於中夏。則唐之不振，雖有朱温輩之梟逆，且將與朱泚同其銷歸。唐即不足以自存，尚可苟延以俟命世之英以代興，而中原之禍不極。承訓乃揖而進之，使馳騁於河、淮、江、海之閒，與中國之兵相參而較勇怯，平賊之功，獨居最焉，禍其有能戢之者乎？

龐勛擁數萬之衆横行，殫天下之師武臣力，莫能挫抑，而沙陀以千騎馳突其閒，如薙靡艸，固將睥睨而笑曰：是區區者而唐且無如之何，吾介馬奔之而遽成齏粉，則唐之爲唐可知矣。舉江、淮、沂、泗千里之郊，堅城深池，曾不足以禦藐爾之龐勛，而待命於我，則唐之唯我所爲而弗難下也，又可知矣。澤潞、淄青，所稱東西之藩屏也，坐擁旌旄，據千里之疆，統甲兵以自固，坐視逆寇之披猖，曾莫肯以一矢相加，而徒仰待於我，則中國之衆叛孤立、弗爲捍衛也，又可知矣。振旅而歸，分茅朔野，吾亦何求而不得哉？國昌老而克用興，目已無唐，固將奮袂而起曰：是可取而代也。沙陀可以主中國，則契丹、女直、蒙古之疆倍於沙陀者，愈無不可也，而禍延於無極㊀矣。乃論者曰：「克用父子盡忠於唐，以賜姓而收爲宗支，又何陋邪？」然則承訓召寇以入，爲滅唐之戎首，罪其可逭乎？朱温甫滅，沙陀旋竊，石敬瑭、劉知遠皆其部落，延至於郭威，而中國始有得主㊁之望，禍亦烈矣哉！

夫承訓之力，即不足以敵龐勛，而河北諸帥，自張仲武、王元逵、何敬弘歸命以來，皆有效順之成勞，無抗衡之異志。則胡不請移鎮魏、淄青之兵，下兗南，出曹、宋，拊勛之背，承訓從汝、亳以擣其膺，少需日月，游魚之釜，可坐待其焦也。而承訓貪功亟進，當國大臣又茸鄙無謀以聽之，爝火入積薪之下，沃之以膏，待其燄發而始悔，莫能及也。故唐之滅，非朱温滅之，沙陀滅之也；非沙陀之能滅之也，唐自滅也。而承訓其禍原矣。

五

穆宗、敬宗之無道也，諫之者極言其失，雖不能行，未嘗不以爲允而矜全之也。至於懿宗，私路巖而流陳蟠叟于愛州；同昌公主死，欲族醫官，而貶温璋爲振州司馬，使仰藥以死，且寄恨於劉瞻而再貶之；傳及僖宗，侯昌業、孟昭圖、張道古皆死焉㊂。温璋臨仰藥而歎曰：「生不逢時，死何足惜。」嗚呼！生不逢時，而林泉可以養志，上有耽欲無人理之君，下有黷貨無人心之相，以項領試之，憤不自惜，

㊀「禍」字「極」字刻本闕，據校記補。　㊁「中國」「主」三字刻本闕，據校記補。　㊂劉毓崧校勘記云：據史鑑，張道古在昭宗時官左拾遺，乾寧四年上疏，稱國家有五危二亂，貶施州司户。據北夢瑣言，道古後入蜀，爲王建所害，非死於僖宗時也。周夢漁曰：僖宗殺三諫臣，侯昌業、孟昭圖、常濬也，張道古乃常濬之誤。

將弗過乎？故傳春秋者，以泄冶不去而諫死，爲不合於默語死生之道。則此數子者，其不免於譏矣。抑考春秋書殺大夫泄冶於前，而記陳平國身弑國亡於後。比事以觀，則聖人以大泄冶之死，爲陳存亡之本，固未嘗以責備賢者之例責冶也。

夫人臣之諫君，有愛君無已而諫者，有自伸其道、自不忍違其心而諫者。君而可諫與？或有所不審而違於圖存之理，或不戒而心佚於道以成乎非僻；爲臣者，不忍其誤入於邪，而必檠括之以歸於正。則（微）〔危〕㈠言亟進，不避惡怒而必争。君爲重也，而身輕矣。君而不可諫矣，乃吾性之清，不能受物之濁，吾學之正，不能同世之邪。生而爲士，仕其義矣，出而事君，忠其節矣，立於人之廷，與鄙夫旅進，視其淫昏而固若汙濊之加於其身，有言不可隱也，有心不可昧也，所學不可忘也。以畏禍爲情而有懷不吐，笑當世之迷而全身以去，則七尺之軀，無以答上天，生我之恩，無以酬父母；內顧此心，無可容其汶沕者，憤盈以出而不能緘。等死耳，何必三日不汗之可忍，而此不可忍也？則危言切論之，死而無憾者。心爲重也，而身尤輕矣。

韓偓、司空圖處無可救藥之時也，君即唯我之是聽，而我固無如之何也，去之可也。蟠叟諸人，君聽我而亂猶可治也，亡猶可存也，望望然而去之，匪君是愛，固不可以爲心矣。

夫泄冶當春秋之世，大夫於諸侯不純乎爲臣，故禮有不用而去之，去猶可也。四海一王，寰宇士大

㈠ 據校記改。

夫共戴一主，不能南走粵、北走胡，而即其宇内之林泉以偷生，而坐視其敗，斯亦不成其丈夫矣。傳春秋者，謂非貴戚之卿則去，亦據侯國之有世臣者言耳。後世同姓之支庶，食禄而不與國政，天子所倚爲心膂股肱者，皆艸茅之士也，將誰諉而可哉？故諸君子之或竄或死而不去以全身也，不繫乎君之可諫與否也。

僖宗

一

君暴而天下尚有生也，君貪而天下尚有財也，有司違詔令以横征蠲免之税，而後民乃無可免之死。國家重斂以毒民，而民知毒矣。乃且畏督責，避箠楚，食淡茹艸，暑而披裘以負薪，寒而衣葛以履霜，薄昏葬之情，竭耕織之力，以冀免於罪罟，猶可逃也。既頒明詔予之蠲免矣，於是而心乃釋然，謂有僅存之力，可以飽一食而營一衣，而不知有司積累以督責其後者之尤迫也，夫乃無可以應，而伐木撤屋、鬻妻賣子，終不給而死於徽纆之下，是蠲免之令驅民於死之阱也。

僖宗元年，關東旱饑，有司徵已蠲之税倍急，盧攜痛哭陳之，敕已允停重徵，而有司之追呼自如，是縱千百暴君貪主於天下，而一邑之長皆天子也，民其能不死，國其能不亂乎？

夫以天子而制有司甚易也，乃一墨敕下，吏敢於上方王命以下賊民而不忌者，何恃而然也？上崇侈而天下相習以奢，郡邑之長，所入凡幾，而食窮水陸，衣盡錦綺，馬飾錢珂，妾被珠翠，食客盈門，外姻廱倚，若一有不備，而憔悴不足以生。上吏經過之饔餼、賓客之贈賄促之於外，豔妻逆子、驕僕汰妾謫之於內。出門入室，無往非脅之以剽奪，中人以下，且視死易而無以應此之尤難，尚何知有天子之詔？而小民之怨讟勿論已。懿、僖之世，相習於淫靡，上行之，下師師以效之，率土之有司胥然，誅不勝誅，而無可如何者一也。

盡天下之吏，咸習於侈以貪矣，前者覆車，後者知戒，抑豈無自艾以奉法而生不忍斯民之心者？乃自令狐綯、路巖、韋保衡執政以來，唯貨是崇，而假刑殺以立威，莫之敢抗，宰相索之諸道，諸道索之州縣，州縣不索之窮民而誰索哉？執此以塞上官之口，而仰違詔旨，不得不爲之護蔽，下虐窮民，不得不爲之鉗服，天子孤鳴，徒勞筆舌而已，此其竟不能行者二也。

即以情理而論，出身事主，寓家於千里內外，耕桑之計已輟，仰事俯畜，冠昏喪祭姻亞歲時之酬酢，亦猶夫人也，又加以不時經過之貴顯，晨夕相偕之上官，巵酒篕飱，一縑一箑，無可絶之人理，既不可傲岸自矜，而大遠乎人情，又況學校橋梁舟車廨舍之修建，愈不可置之罔聞，馹遞戍屯轉漕之需，且相迫而固其官守，夫豈能捐家以代用哉？恃朝廷之制，儲有餘以待之耳。乃自宣、懿以來，括羨餘以充進奉，銖算尺量，盡輂而歸之內府，需者仍前而給之無策，唯取已蠲之稅以償之，而貪人因求盈以自潤，雖下蠲除之令，竟無處置之方，姑以虛文塞言路之口，而天子固有偷心，終不能禁之懲之，俾民受其實者三也。

懿、僖之世，三者備矣。盧攜雖痛哭流涕以言之，抑孰令聽之哉？天子不爲有司坊，而有司無坊；天子不爲有司計，而有司自爲天子。害之積也，亂之有源也，非一天子暴且貪之故也。是以唐民迫於必死而揭竿以起也。

二

秦銷天下之兵而盜起，唐令天下鄉村各置弓刀鼓板而盜益横，故古王者之訓曰「觀文匿武」。明著其迹曰觀，善藏其用曰匿。其觀之也，非能取五禮之精微大喻於天下也，宣昭其迹，勒爲可興而不可廢之典，以徐引之而動其心。其匿之也，非能取五兵之爲人用者遽使銷亡也，聽民置之可用不可用之閒以自爲之，而知非上之所亟也。夫銷之則無可藏也，無可藏非匿也；令民置之，則觀之矣，雖觀之而固不爲我用也。非上能匿，亦非上能觀也，是以其速亂以亡，均也。

秦併天下於一己，而信爲無用武之日；唐見裘甫、龐勛、王仙芝之接跡以起，而遽驚爲不可戢之亂。庸人無舒徐之識，有所見而暴喜，有所見而暴懼，事異情同，其速以亂亡，均也。秦銷兵而民操耰鉏棘矜以起，後世知鑒之笑之，而效之者鮮。唐令天下鄉村各置刀兵以導人於亂，其爲亂政，有著見之禍矣；而後世言禦盜之術，以鄉團保甲爲善策，相師於不已，匪徒庸主具臣恃爲不得已之計，述古昔、稱先王者亦津津焉。嗚呼！無識而言政理，盈於古今，亦至是乎！

馴良之民，授之兵而不敢持以嚮人，使之置兵，徒苦之而已。有司督之，猾胥里魁督之，小則罰，大則刑，輟衣食之資，棄耕耘之日，以求免於誅責，究則閉目摇手，雖有盜入其室，劫其父，縛其子，而莫敢誰何，鄉鄰又勿問也。其爲彊悍勝兵之民與？則藉之以弄兵而爭習技擊，以相尋於私鬭，豪右之長，又爲之渠帥以號召，奪樸民，抗官吏，大盜至，則統衆以應之。鄧茂七之首亂於閩者，其明驗已。

受命於天以爲之君，弗能綏民使弗盜也；奉命於君以爲之長，弗能衛民使盜戢也；資民之食以爲將爲兵，盜起殃民，弗能捕馘使民安也；乃取廛居井牧之編氓，操凶器以與不逞之徒爭生死，民何利乎有君，君何取於有吏，國何務於有兵哉？君不君，吏不吏，兵不衛民，瓦解競彊，不羣起而逐中原之鹿，尚奚待哉？故言鄉團保甲者，皆唐僖宗、韋保衡之徒也㊀。

三

陰符經，術人之書也，然其測物理之幾，以明吉凶之故，使知思患豫防之道，則君子有取焉。其言曰：「火生於木，禍發必尅。」謂夫禍發於有本，資之起者，還以自賊而不可復撲也。盈天地之閒皆火也，而必得木以爲其所生之本，故發而相害者果也。

古今亡國之禍，唯秦暴殄六國而天下怨，蒙古入主中原而民不從。則艸澤之崛起者，足以相代而不必有所資。自非然也，亡漢者黃巾，而黃巾不能有漢；亡隋者羣盜，而羣盜不能有隋；亡唐者黃巢，而黃巢不能有唐。其爲火也，非不烈也，而爲雷龍之光、火井之燄，乍爾熺然而固易熸也。唯沙陀則能

㊀劉毓崧校勘記云：此即上文所言天下鄉村各置弓刀鼓板也。事在僖宗乾符三年正月，其時宰相乃鄭畋、盧攜、李蔚、崔彥昭等人。若韋保衡已於懿宗咸通十四年十月賜自盡。是歲七月，僖宗即位，其時保衡攝冢宰，至九月即罷相貶官，下距置弓刀鼓板之事二載有餘。此記憶之誤。

亡唐而有之者也，禍發之必尅也。發而尅矣，不可復撲，垂之數傳而餘燄猶存。朱邪亡矣，邈佶烈、石敬瑭、劉知遠皆其部落也。垂及於宋太宗之世，而後劉鈞之餘燄熄焉。禍之必尅，豈不信夫！

如黄巢者，何足爲深慮哉？裘甫馘矣，龐勛斬矣，王仙芝死於曾元裕之刃，黄巢亦終懸首於闕下矣。浮動之害，氣已洩而還自燼，奚能必尅也！沙陀據雲中、鴈塞之險，名爲唐之外臣，薄效爪牙之力，而畜衆繕備，秣馬練士，收餘蓄，結韃靼，聚謀臣，糾猛將，以伺中國之閒，爲日久矣。介黄巢之亂，聚族而謀，李盡忠、康君立、薛志勤、程懷信、李存璋所共商擁戴者，與劉宣等之推戴劉淵也若出一轍。於是而奪唐之志，或伏或興，或挫或揚，或姑爲順，或明爲逆，三世一心，羣力並聚，盤踞雲中，南據太原以爲根本，雖欲拔之而必不勝矣。劉淵之在離石、西河也，爾朱榮之在六鎮、秀容也，唐高祖之在晉陽、汾陽也，皆此地也。外有北狄之援，内有士馬之資，而處於中國邊鄙之鄉，當國者置之度外，而不問其彊弱逆順之情勢。歲而積之，月而漸之，狎而親之，進而用之，虚吾藏以實之，偶一爲功，而無識之士大夫稱説而震矜之。使之睥睨四顧，熟嘗吾之肯綮，幸一旦之有變，人方競逐於四戰之地，而已徐徐以起，是正所謂「厝火積薪之下」者也。然且合中外之早作夜思，竭四海、疲九州之力，以與無根之寇爭生死而亟求其安，夫惡知拊吾背、乘吾危以起者，火已得風而薪必盡也！木資火以生，而旋以自焚，豈有爽哉？李克用殺段文楚以據大同，唐不知戒，他日寇急，又延之以入，而沙陀之禍，幾百年而始滅，悲夫！

四

無忘家爲國、忘死爲君之忠，無敦信及豚魚、執義格鬼神之節，而揮霍踴躍、任慧力以收效於一時者，皆所謂小有才也。小有才者，匹夫之智勇而已。小效著聞，而授之以大任於危亂之日，古今之以此亡其國者不一，而高駢其著也。唐自宣宗以後，委任非人，以啟亂而致亡也亦不一，而任高駢於淮南，兼領鹽鐵轉運，加諸道行營都統，其尤也。

使駢而無才可試，無功可録，則雖暗主庸相，偶一任之而不堅。而駢在天平，以威名著矣；在嶺南，破安南矣；在西川，拒羣蠻矣。計當日受命專征之將相，如曾元裕、王鐸者，聲望皆不能與之相伉，以迹求之，鄭畋且弗若也。而唐之分崩滅裂以趨於灰燼者，實駢爲之。

何以明其然也？王仙芝、黄巢雖横行天下，流寇之雄耳。北自濮、曹，南迄嶺海，屠戮數千里，而無尺地一民爲其所據；即至入關犯闕，走天子、僭大號，而自關以東，自邠、岐以西北，自劍閣以南，皆非巢有；將西收秦、隴，而縱酒漁色於孤城，誠所謂游釜之魚也。使駢收拾江、淮，趨河、雒，扼其東奔之路，巢且困死於駢之掌上，而何藉乎逆蹷懷姦之朱温，畜志窺天之李克用乎？唐可不亡矣。即不然，而若劉宏之在荆州；又不然，而若韓滉之在江東；息民訓士，峙芻粟以供匱乏。則温與克用且仰哺於駢，而可制其生死。二凶亦不敢遽逞其欲，唐亦可不亡矣。而一矢不加於汴、蔡，粒粟不出於河、淮。夫駢固非有温與克用乘時擅竊之成謀也，貴已極，富已淫，匹夫之情欲已得，情欲得而才亦窮矣。

駢之所統，天下之便勢也。有三吴之財賦，有淮、徐之勁卒，而繇後以觀，若錢鏐、楊行密、王潮者，皆可與共功名者也。駢忠貞不足以動人，淡泊不足以明志，偃蹇無聊，化爲妖幻，閉於閫中，邑邑以死，回視昔之懸軍渡海、深入蠻中者，今安在哉？受制妖人，門無噍類，一旦而爲天下嗤笑，繇是觀之，才之不足任也審矣。

但言才，則與志浮沈，與情張弛，一匹夫而已矣。童貫亦有平方臘之功，而使當女直；熊文燦亦有定海寇之效，而使撫流賊；乃至朱儁、皇甫嵩之蕩除黄巾而束縛於董卓。亂國之朝廷所倚賴，亂世之人心所屬望，皆其不可與有爲者也。然後知狄公之能存唐，唯有保全流人、焚毁淫祠之大節；汾陽之靖亂，唯其有聞亂即起、被謗不貳之精忠。大人君子，德牣於中而後才以不窮。富貴不淫，衰老不怯。偶然奮起之小績，遽委以大猷，「鼎折足，覆公餗，其形渥」，此之謂已。

五

劉巨容大破黄巢於荆門，追而殲之也無難；即不能殲，亟躡其後，巢亦不敢輕入兩都。而巨容曰：「國家喜負人，有急則撫存將士，不愛官賞，事寧則棄之。」遂逸賊而任其馳突，使陸梁於江外。此古今武人養寇以脅上之通弊也。國亡而身家亦隕，皆所弗恤，武人之愚，武人之悍，不可瘳已！

乃考唐之於功臣也，未嘗有醢菹之禍，而酬之也厚，列土封王，澤及子孫，汾陽、臨淮、西平赫然於朝右，懿、僖無道，抑未嘗輕加罪於效績之臣，康承訓之貶，固有逗撓之實，非厚誣之也，朱邪赤心、辛讜皆褎然節鉞矣。巨容所云負人者，姦人之游辭耳，豈果負之哉？則巨容負國之罪，無可逃於天憲矣。

雖然，抑豈非爲之君者弗能持正以正人，有以致之乎？人君操刑賞以御下，非但其權也，所以昭大義於天下而使奉若天理也。天下莫喻乎義，則上以勸賞刑威、悚動其心，而使行其不容已。故曰：「上好義，則民莫敢不服。」巨容曰：「有急則撫存將士，不愛官賞。」是以官賞誘將士於未有勳勞之日，使喻於利而歆動之。寇賊方起，爵賞先行，君臣之義，上先自替以市下。唯天下有亂，不必有功，而可以徼非分之寵榮，賊一日未平，則可脅一日之富貴，惡望其知有君臣之義，手足頭目之相衛者乎？巨容之情，非以防他日之見薄也，實以要此日之見重也。

如使寇難方興之日，進武臣而責以職分之所當爲，假之事權，而不輕進其爵位。大正於上，以正人心，奬之以善，制之以理，而官賞之行，必待有功之日。則義立於上，皎如日星，膏血塗於荒郊，而亦知爲義命之不容已。及其策勳拜命，則居之也安而受之也榮。雖桀驁之武人，其敢有越志哉？宋太祖以河東未平，不行使相之賞，而曹彬不曰國家負人，誠有以服之者也。

六

取亡唐之賊加之李克用，非深文也。克用父子潰敗奔韃靼，語韃靼曰：「黃巢北來，必爲中原患，一旦天子赦吾罪，與公輩南鄉共立大功，誰能老死沙漠。」論者謂以此慰安韃靼而自全者，非也。克用之持天下也固，而知必入其掌中，揣之深、謀之定、而言之決也。故其後所言皆驗，而卒以此陵唐室，終爲己有，夫豈姑以此慰韃靼之心哉？

當李琢、李可舉討之之日，國昌已老，克用之力未固，黃巢尚在江、淮之閒，唐室尚寧，合西北之全力以攻新造之一隅，不敵也。克用知所可用者，從未挫於中國之韃靼也，故不難舍兩鎮以去，而北收韃靼以爲己資；又遣李友金僞背己以降而爲之內謀；其布腹心之黨於忻、代、雲中以結人心者，秘密而周悉。可舉、琢一勝而幸其逃，弗能問也，赫連鐸乃欲賂韃靼以取之，爲其所笑而已。及巢已陷京，李友金募雜胡三萬，睥睨偃蹇，陽不聽命，而曰：「若奏天子赦吾兄罪，召以爲帥，則代北之人，一麾響應。」既得召命，克用果以韃靼萬人疾驅而入，士卒皆爲用命。則内外合謀，玩唐於股掌，卒如其意，豈一朝一夕之能得此哉？外有韃靼，内有友金，雖逃奔，愈於固守以抗争也多矣。此克用之險狡，人莫能測其藏者也。

嗚呼！使當日者，唐室文武將吏能合困黄巢於長安而殲夷之，則克用之謀奪矣，唐以存，而沙陀之禍息矣。然而克用料之而必中、圖之而必成者，何也？沙陀自隨康承訓立功於徐、泗之日，已目空中國之無人，不能如黄巢何，而必資於己也。姦人持天下之短長，以玩而收之，至克用而極，非劉淵、石勒之能及也。所據者一隅，而睨九州如橐中之果餌，視盈廷之將吏如痿痹之病夫，黄巢、朱温皆其借以驅人歸己之鸇獺，是之謂狼子野心，封豕之方伏、長蛇之方蟄者也。

七

黄巢之亂，唐中外諸臣勠力以效節者，唯鄭畋一人而已。畋以將佐不聽拒賊，悶絶仆地，刺血書表，誓死以斬賊使，不可謂非忠之至；以文吏率數千人拒尚讓五萬之衆，敗之於龍尾陂，傳檄天下，諸道争應，貢獻蜀中者不絶，不可謂非勇之甚，抑不可謂非智之尤；然而一嚮長安，旋即潰敗，鳳翔内亂，孤城不保，諸鎮寒心，賊益鞏固，卒使王鐸假手於反覆横逆之朱温、包藏異志之李克用，交起滅賊，因以亡唐，而畋忠勳之成效亦毁，則唯不明於用兵之略也。

郭汾陽之收西京、李西平之擒朱泚也，奮臂以前，氣可吞賊，而遲回鄭重，合兵四集，旁收其枝蔓，乃進而拔其根本，夫豈怯懦而忘君父之急、虛士民之望乎？賊之初終彊弱，洞然於心目之閒，如果之在枝，待其熟而撲之，易落而有餘甘，斯以定紛亂而措宗社於磐石，所謂用兵之略也。

善制勝者，審之明，持之固，智無所矜，勇無所恃，靜如山而後動如水，不可禦矣。而畋異是。唐弘夫龍尾陂之捷，尚讓恃勝而驕，故弘夫得施其智，惡足恃爲常勝哉？賊之據長安也方五月，其獷悍之氣未衰，其剽掠之毒未徧，其荒淫之欲未逞，其暌離之心未生，畋收新集之孤旅，王處存、王重榮之衆方鳩，高駢擁兵而觀望，王鐸遲鈍而不前，乃欲遽入長安，搏爪牙方張之鷙獸，宜其難矣。

且黄巢之易使坐斃也，非祿山、朱泚之比也。祿山植根於幽、燕者已固，將士皆其部曲，結之深、謀之協矣。而自燕徂秦，收地二千餘里，逐在皆布置軍糧以相給，祿山且在東都，爲長安之外援，而不自試於羅網。朔方孤起，東北無援，以寡敵衆，以五圍十，猶似乎宜急攻而不宜圍守以待其困。朱泚雖乍起爲逆，而朱滔在盧龍以爲之外援，李納、王武俊與爲脣齒，李希烈又梗汴、蔡以斷東南之策應，泚雖孤守一城，固未困也。則李西平以一旅孤懸，疑持久而生意外之變。若黄巢，則陷廣州旋棄之矣，蹂湖、湘旋棄之矣，渡江、淮旋棄之矣，申、蔡、汴、宋無尺地爲其土，無一民爲其人，無粒粟爲其饋餉，所倚爲爪牙者朱温、尚讓，皆非素所統御，同爲羣盜，偶相推奉爾。而以官軍計之，王鐸擁全師於山南，未嘗挫衄，固可以遏賊之逸突。藉令畋戢其怒張之氣，按兵而逼其西，處存、重榮增兵以壓其北，檄鐸自商、雒扼同、華以絶其歸路，縈之維之，蹙之淩之，思唐之民，守壁塢以絶其芻粟。夫黄巢者，走天子，據宮闕，僭大號，有府庫，褎然南面，而賊之量已盈矣。淫縱之餘，加以震疊，衆叛羣離，求爲脱鉤之魚，萬不得矣。朱温即降，而魄落情窮，但祈免死，貸其命而授以散秩，且弭耳而聽命。沙陀後至，知中國之有人，亦得赦前愆、復徼邊鎮之爲厚幸，何敢目營四海，竊賜姓以覬代興乎？斯時也，誠唐室存亡之大樞，而畋未能及此也，深可惜也。

古今文臣授鉞而墮功者，有通病焉，非怯懦也。怯懦者，固藏身於紳笏，而不在疆埸之事矣。其憂國之心切，而憤將士之不效死也，爲懷已夙，一旦握符奮起，矜小勝而驚喜逾量，不度彼己而目無勍敵，聽慷慨之言而輕用其人，冒昧以進，一潰而志氣以頹，外侮方興，内叛將作，士民失望而離心，姦雄乘入而鬬捷，乃以自悼其失圖，而歎持重者之不可及，則志氣愈沮而無能爲矣。易折者武士之雄心，難降者文人之躁志。志節可矜，尚不免於僨敗，況其忠貞果毅之不如畋者乎？用兵之略，存亡之介也，豈易言哉！豈易言哉！

八

朱温夜襲李克用，其凶狡固不待論，雖然，克用、温之曲直，亦奚足論哉！蓋克用、温自決雌雄以逐唐已失之鹿而不兩立，猶之乎袁紹、曹操之爭奪漢，沈攸之、蕭道成之爭奪宋也。故曰其曲直不足論也。

當是時，黃巢雖敗，而僖宗之不能復興，王鐸輩之不能存唐也，已全墮温與克用心目之中。温目無唐之君臣，克用之目更無温，又豈復有唐之君臣乎？使克用不得脱於温之鋒刃，則温之篡也必速。然而篡之速，則其敗也可立待也。爲賊初降，無功可紀，未得一見天子、受朝廷之命，但仰濡沫於王鐸，一旦而襲殺援己之功臣，早已負不直於天下而爲衆所指攻，即逼天子而奪之，亦黄巢之續，不旋踵而亡，唐尚可存也。且沙陀之衆爲克用效命也久矣，存勗、嗣源俱年少而有雄才，温亦奚足以逞哉？藉此以正温之罪，奮起而誅權藉未成之姦，而唐亡一賊矣；克用死，而唐固亡一賊矣。唯其襲殺之不克也，遲温之篡以養其姦，挫克用之逆而歸謀自固，是以唐再世而後亡，一亡而不可復。若夫二人之曲直，亦惡足論哉！

無克用而温之篡也不必成；成温之篡者，僖宗之昏，昭宗之躁，自延而進之，張濬、崔胤之徒，又多方以搆成之。抑且指沙陀以爲兵端，而唐君臣不慊於沙陀者，假手於温以成其惡。不然，則温且不能爲董卓，而其乞降之初志，固望爲田承嗣、李寶臣而志已得矣。

無温而克用之爲劉淵，必也。首發難於大同，其志不吞唐而不已，從韃靼以來歸，一矢未加於賊，早已矯僞詔，脅帥臣，掠太原，陷忻、代，自立根本。及其歸鎮也，乘孟方立之内亂，奪取潞州，歲出兵爭山東，而三州皆爲俘掠，野絶稼穡。使不忌朱温之險悍，則回戈内嚮，僖宗之青衣行酒於其庭，旦暮事也。

温賊耳，狡詐而無定情，吕布之儔也。克用以小忠小信布私恩，市虚名，而養叵測之威，卒使其部落四姓代興，以異族㊀而主中夏，流毒數世，豈易制哉！豈易制哉！要此二賊之狂噬，皆王鐸無討賊之

㊀「異」字刻本闕，據校記補。「族」字校記作「類」字。

力，委身而假借之，及其相攻，坐視而不能制，則鐸延寇之罪，又出康承訓之上。使二賊者，視唐爲虛懸之器，相競以奪，其曲其直，又孰從而辨之乎？

九

「作善，降之百祥；作不善，降之百殃。」善不善之分歧不一矣，而彝倫爲其綱。彝倫攸敘，雖有不善者寡矣；彝倫攸斁，其於善也絕矣。君臣者，彝倫之大者也。「君非民，罔與立；民非君，罔克胥匡以生。」名與義相維，利與害相因，情自相依於不容已，而如之何其斁之！君惟縱欲，則忘其民；民惟趨利，則忘其君。欲不可遏，私利之情不自禁，於是乎君忘其民而艸芥之，民忘其君而寇讎之。夫乃殃不知其所自生，而若有鬼神焉趨之而使赴於禍。君之身弑國亡、子孫爲戮，非必民之戕之也，自有戕之者矣；民之血膏原野、骴暴風日者，非必君之勦絕之也，自有勦絕之者矣。故曰百殃。百云者，天下皆能戕之、勦絕之，而靡所止也。

唐自宣宗以小察而忘天下之大恤，懿、僖以淫虐繼之，民怨盜起，而亡唐者非叛民也，逆臣也。奔竄幽辱，未酬其怨，而昭宗死於朱全忠之手，十六院之宗子，駢首而受彊臣之刃，高祖、太宗之血食，一旦而斬。君不仁以召百殃，既已酷矣，而豈徒其君之酷哉？李克用自潞州爭山東，而三州之民俘掠殆盡，稼穡絕於南畝；秦宗權寇掠焚殺，北至滑、衛，西及關輔，東盡青、齊，南屆江、淮，極目千里，無復煙火，車載鹽屍以供餱糧；孫儒攻陷東都，環城寂無雞犬；楊行密攻秦彥、畢師鐸於揚州，人以堇泥爲餅充食，掠人殺其肉而賣之，流血滿市；李罕之領河陽節度，以寇鈔爲事，懷、孟、晉、絳數百里閒，田無麥禾、邑無煙火者，殆將十年，孫儒引兵去揚州，悉焚廬舍，驅丁壯及婦女渡江，殺老弱以充食，朱温攻時溥，徐、泗、濠三州之民不得耕穫，死者十六七。若此者凡數十年，殃之及乎百姓者，極乎不忍見、不忍言之慘。夫豈僅君之不善，受罰於天哉？不善在君而殃集於君，殺其身，赤其族，滅其宗祀，足相報也。天豈無道而移禍於民哉？則民之不善自貽以至於此極，而非直君之罪矣。

天子失道以來，民之苦其上者，進奉也，復追蠲税也，額外科率也，榷鹽税茶也。民輒疾首以呼、延頸以望，曰："惡得天誅奄至，易吾共主，殺此有司，以舒吾怨也！"及乎喪亂已酷，屠割如雞豚，野死如蛙蚓，驚竄如麏鹿，餒瘠如鳩鵠，子視父之剖胸裂肺而不敢哭，夫視妻之彊摟去室而不敢顧，千里無一粟之藏，十年無一薦之寢，使追念昔者税斂取盈、桁楊乍繫之苦，其甘苦何如邪？則將視暗君墨吏之世，如唐、虞、三代而不可復得矣。乃一觸其私利之心，遽以不能畜厚居盈爲大怨，詛君上之速亡，競戴賊而爲主。舉天下狺狺嚚嚚而相怨一方，忘乎上之有君也；忘乎先世以來，延吾生以至今者，君也；忘乎偷一日之安，而尚田爾田、廬爾廬者，君也。其天性中之分誼，泯滅無餘，而成乎至不仁之習也，久矣！積不善而殃自集之，天理周流，以類應者不測，達人洞若觀火，而怙惡者不能知，一旦沓至，如山之隕，如水之决，欲避而無門，故曰百殃也。

夫民之愚夙矣，移之以使作善者君也，則君固不得辭其咎矣。而匡維世教以救君之失，存人理於天下者，非士大夫之責乎？從君於昏以虐民者，勿論已；翹然自好者，以訐訐爲直，以歌謡諷刺爲文章之樂事，言出而遞相流傳，蠱斯民之忿懟以詛呪其君父，於是乎乖戾之氣充塞乎兩閒，以干天和而獎逆叛，曾不知莠言自口而彝倫攸斁，橫尸流血百年而不息，固其所必然乎！古之君子，遇無道之君，去國出奔，不説人以無罪，故三代立國千年，而無屠割赤地之慘。作善之祥，豈徒在一人哉！

孟子曰：「民爲貴，社稷次之，君爲輕。」因時之論也。當其時，文、武之澤已斬，天下忘周而不以爲君，周亦忘天下而不自任爲君，則君子雖欲自我君之而不能。若夫六王者，非篡逆之臣，則介在戎狄，無異於酋帥，殺人盈野，以求君天下而建社稷，君非君而社稷亦非社稷矣，故輕也。君與社稷輕，而天所生之人，不可以無與立命，則苟有知貴重其民者，君子不得復以君臣之義責之，而許之以爲民主可也。

黄巢既滅之後，僖宗樂禍以逞志，首挑釁於河東。朱温，賊也；李克用，狄也；起而交争。高駢、時溥、陳敬瑄各極用其虐；秦宗權、孫儒、李罕之、畢師鐸、秦彦之流，殺人如將不及。當是時，人各自以爲君，而天下無君。民之屠剥橫尸者，動逾千里，馴樸孤弱之民，僅延兩閒之生氣也無幾。而王潮約軍於閩海，秋毫無犯；王建從綦毋諫之説，養士愛民於西蜀；張全義招懷流散於東都，躬勸農桑；楊行密定揚州，輦米賑饑；成汭撫集凋殘於荆南，通商勸農。此數子者，君子酌天地之心，順民物之欲，予之焉可矣。存其美，略其慝，不得以拘致主帥之罪罪王潮，不得以黨賊之罪罪全義，不得以僭號之罪罪王建，不得以争奪之罪罪行密，不得以逐帥自立之罪罪成汭。而其忘唐之尚有天子，莫之恤而擅地自專者，概可勿論也。

非王潮不能全閩海之一隅，非王建不能保兩川於已亂，非全義不能救孫儒刃下之餘民，非行密不能甦高駢虐用之孑黎。且其各守一方而不妄覬中原，以糜爛其民，與暴人争衰王。以視朱温、李克用之竭民肝腦，以自爲君而建社稷，仁不仁之相去，豈不遠哉？嗚呼！至是而民爲重矣。非倚之以安君而衛社稷之謂也，視其血染溪流、膏塗原艸者，雖欲不重之，而有人心者固不忍也。君怙惡以殃民，賊乘時而行其殘忍，民自不靖而旋以自戕，三者皆禍之府也，而民爲可矜也。何也？屠刈流離之民，固非盡怨上行私、延首待亂之民也。天且啓數子之心，救十一於千百，而亦可以爲民之主矣。

昭宗

一

「國家將亡，必有妖孽。」妖孽者，非但艸木禽蟲之怪也，亡國之臣，允當之矣。唐之亂以亡也，宰執大臣，實爲禍本。大中以來，白敏中、令狐綯始禍者也，繼之以路巖、韋保衡之貪叨無厭而已極；然其爲人，鄙夫耳，未足以爲妖孽也。艸木之妖，亦炫其華；禽蟲之孽，亦矜其異；未嘗一出而即害於人。及其後也，艸木之妖，還以自萎；禽蟲之孽，還以自斃；無救於己，而徒以亂天下。人而如斯，其中不可測，其得失不可致詰，竭慧盡力，冒險忘身，薨薨熒熒，唯以亡國敗家爲見長之地，身爲戮，族爲夷，皆其所弗慮也，斯則爲妖孽而已矣。張濬、崔昭緯、崔胤、孔緯、李谿是已。而蕭遘、杜讓能心知不可，僶勉而從之波靡，亦妖風所襲，失其精魄者也。

華歆、郗慮之亡漢以建魏也，劉穆之、傅亮之亡晋以建宋也，皆有爲爲之也。而此數人者，未嘗有夾輔朱温以篡唐之定計。當張濬勸州牧以輸糧，孔緯捐病妻而赴闕，不謂有效忠於國之勞而不得；其激昭宗以挑釁於晋、召禍於汴也，抑非有亡唐以成他人篡奪之心。不知其何所挾持，而唯恐兵之不起、亂之不滋、宗社之不危、生民之不死。宗社危，生民死，則身戮族夷，亦其所甘心而快志者，非妖孽而何爲狂迷之如此哉？進而詳覈其心，有小慧而欲試耳，有小才而思讎耳，貪一日宰輔之權，使克用、温之或畏己或親己以聳動天下而已耳。桃李不蘂而乍榮於冬，麏麚無擇而遊於市，使天下知己之能爲禍福於亂世，則死固不憂。嗚呼！人之如斯，晋而與謀國，國欲不亡，必不可得矣。

僖宗未自蜀歸之日，天下尚可爲也。鄭畋即未能定亂，而慷慨忠憤，爲天下人望之歸，受將相而不辭，誠有弗容辭者，非技癢熱中而貪高位也，僖、昭之際，豈復得爲朝廷哉？河東叛，朱邪攘臂而仍之，岐、邠搆難於肘腋，關以東，朱温、時溥、孫儒、高駢、李罕之、朱瑾戰壘相望，天子孤守一城，不能當一縣令，即爲宰相，如鄙夫之志欲安富尊榮者，何有於是，稍有知者，非誓以一死報宗廟，則必視爲荆棘犴狴而不能一朝居，豈忍效濬、昭緯、胤、緯、谿之奔鶩如狂哉？蕭遘、杜讓能且以端人自命，夫亦念何忠之可效，何功之可成，而營營汲汲於平章之虚號，何爲者也？非愚也，狂也，是亦桃李之榮於冬，麏麚之遊於市也。妖風方熺，盪之扇之，相逐而流，自好者不免焉，亦可悲矣！

生斯時也，鄭遨尚矣；陳摶託遊僊以自逸，其亦可矣；司空圖、韓偓進不能自靖，而退以免於汙辱，其尚瘥乎！又其下者，梁震、羅隱、孫光憲之寓食於偏方，而不爲亂首；更不能然，則周庠、嚴可求、韋莊小效於割據之主，猶知延禍之非，而苟免於天人之怨怒。若張濬之流，竊衛主之名，貪晨霜之勢，含毒起穢以速君之死亡，而血流於天下。嗚呼！至此極矣！故曰妖也。

二

劉巨容能燒藥爲黃金，田令孜求方不與而見殺，非巨容之吝於與也，其術甚陋，不可以告人也。術之甚陋者，蓋即今市井小人以汞與銅爲贋金銀，欺不識者以售其姦而已矣。天下豈有能燒藥爲金者哉？土之可爲甓也，木之可爲炭也，米之可釀爲酒、鉛之可煉爲粉也，天下別無甓、炭、酒、粉，而待人以成之。若夫金，則既有之矣。生於礦中者，自有其質；煉於火、汰於沙者，自有其方；成乎形質者，自有其物。煮桔梗以甘香之味，似蔘而固非蔘；煉硝石爲輕白之狀，似硇而固非硇。市井小人之術，欲以欺人，則必秘之而不告人以方；告人以方，則姦窮不售，而有識者且唾其面矣。是以方士秘之，以死護之，繇其秘可以知其姦，可以知其陋矣。

夫其姦以藏陋者，爲術甚易，而理固無難辨也。自漢武帝惑於方士，而天下惑之，劉子政以儒者而淫焉。施及後世，天子以服食喪身，匹夫以燒丹破產，畏死而得夭，貪富而得貧，則何如市井小人公然爲僞，雖伏罪而不至於死亡哉？

且夫金銀之貴，非固然之貴也。求其實，則與銅、鉛、鐵、錫也無以異；以爲器而利用則均，而尤劣也；故古者統謂之五金。後世以其約而易齎也，遂以與百物爲子母，而持以求償，流俗尚之，王者因之，成一時之利用，惡知千百世而下，無代之以流通而夷於塊石者乎？本不足貴，而豈有神異之術化他物以成之者。然則銅、鉛、鐵、錫逮於塊石，抑將有藥術焉可化而成哉？甚矣！貪而愚者之不可瘳也。劉巨容可自致於高位，而能奮勇以破黄巢，然且身死而族滅，蓋爲僞金以欺天下，鬼神之所弗赦也。要其術，則市井小人爲鍛工者之陋技而已矣。

三

曹操、袁紹，皆漢賊也；朱温、李克用，皆唐賊也；其争欲篡奪之心，兩不相下之勢，一轍也。乃曹操挾天子爲名以攻袁紹而勝，張濬奉天子倚朱温攻克用而敗。蓋獻帝之在許也，四方無一旅之可指使，一唯操之是聽，故操無所掣而得行其意。昭宗猶有河朔三鎮及昭義之軍與韓建之衆，濬持兩端，忌温而撓之，且恐昭義爲温所得，争先輕進，是以温志不決而獨受敵以潰。繇此言之，則漢處必不能存之勢，而唐猶可存，謀國非人，以致傾覆，所謂「匪降自天」也。

藉令得賢主良相，懷輯未叛之藩鎮，收拾禁旅，居關中以静持之，斥汴、晋之姦交，絶其奏訐，聽其自相搏噬，乘其敝而折之，二寇之氣，僨張而必竭，不難制也。而昭宗君臣非其人也，是以速亡。

乃繇温、克用而言之，温豈能爲曹操乎？操假名義以行，而務植根於深固；温則賊耳，凶狡以逞，利人之鬭，乘之以竊利，力不足以勝天下，而挑天下以敝，乃以自雄。

其與張濬合謀而攻克用也，朝廷方倚河朔以搗晋陽之東北，而温攻魏博以幸其疲而收利。蓋其許昭宗以討克用，有兩利之術焉，不必其亡克用也。克用而敗邪？是張濬爲我滅一巨敵也；克用既亡，己乃服羅弘信於魏博，收張全義於東都，扼唐而困之關中，北無晋陽之難，專力以起亡唐，此一利也。

克用而勝邪？克用且負抗拒王師之辜於天下，而己可因之以餌唐而折入於己；且克用勝，唐已殘而不復能振，是克用爲我效驅除之力也。

曹操務定天下之亂，而居功於己以收之；温則務搆天下之亂，而己乘其紛以制之。利天下之亂者，未有能成者也；是以温能滅唐，僅有中原之一綫，而速亡於李存勗之手。藉令温乘張濬之謀，舉全力以攻克用，克用平，而河北三鎮固不能與争，持定難之大功，以挾天子、令諸侯，同、華、西川孰能與競？徐起而收曹操、劉裕之成局，温之於天下，可八九得也。夫温於時不臣之惡未著，所負不義之名於天下者，獨悖援己之惠於克用耳。克用於温有恩，而於唐則固賊也。凶狡不知名義，抑無尺寸定亂之功，霸業終以不成，徒逞梟獍之心以食君父，故曰温賊也，非曹操所屑與後先者也。

國雖將亡，猶有圖存之道；臣雖甚逆，猶有居勝之術；兩俱不能，而後使沙陀四姓交亂中國者數十年，而契丹乘之，意者其天乎！

四

所謂智士者，非乘人而鬬其捷以倖勝之謂也。周知於得失成敗之理，而避人之所競，棄人之所取，以立本而徐收安定之功也。李左車欲扼韓信於險，一戰之克耳，非必能全趙也，未足稱智也；而説韓信以不戰而收河北，民以寧，軍以全，保勝而服未平之寇，則真大智之用也，信能聽之以成功，功歸信矣。於西川、淮南得兩智士焉。王先成説王宗侃以招安而下彭州；高勗説楊行密通商鄰道，選守令，課農桑，而保淮南。智矣哉！非祇以成王建割據之資，贊行密定霸之業也，而救民於鋒刃之下，以還定而安集之，仁亦溥矣。

蓋所謂智者，非挾機取捷之術，而是是非非之準也。挾機取捷以讎術於亂世，一言而死者積矣，害且伏於利之中矣。是是非非者，所以推行其惻隱之大用，平英雄之氣，順衆庶之欲，功不速、利不小，而益无方者也。此兩者固相妨矣，小智之所争，大智之所不屑也。天下方紜紜以起，利害生於俄頃，雖有英傑之姿，目眩心熒，貪逐於利害之小數而忘其大。智者立於事外，以統舉而周知之，辨仁暴之大司，悉嚮背之殊致，見穴中之角逐，皆鶉鬬蠻争之末技，乃以游於象外，而得其圜中。苟非其人，則且笑以爲迂拙之圖，而孰令聽之？王建、楊行密之決從二子也，亦不可謂非智也。何也？智者之言，愚者之所笑也。

五

據地以拒敵，畫疆以自守，閉米粟絲枲布帛鹽茶於境不令外鬻者，自困之術也，而抑有害機伏焉。夫可以出市於人者，必其餘於己者也。此之有餘，則彼固有所不足矣；而彼抑有其有餘，又此之所不足也。天下交相灌輸而後生人之用全，立國之備裕。金錢者，尤百貨之母，國之貧富所司也。物滯於内，則金錢拒於外，國用不贍，而耕桑織紝採山煮海之成勞，委積於無用，民日以貧；民貧而賦税不給，盜賊内起，雖有有餘者，不適於用，其困也必也。

如其曰閉關以扼敵於枵乏，言之似是，而適足爲笑耳。凡諸物産之爲人所待命以必求其相通者，莫米粟若矣。閉糴則敵可餒，此尤説之可據者，而抑豈其然哉？苟迫於饑饉而金錢可支也，則踰絕險以至者，重利存焉，豈至懷金以坐斃哉？即有餒而道殣者，抑其老弱耳，國固未嘗乏可用之丁壯也。夫差許越糴而越滅之，夫差之驕悖，宰嚭之姦邪，自足以亡國，而豈許糴之故乎？晉惠公背秦施而閉糴，兵敗身俘，國幾以亡。勦絶生人之命以幸災而徼勝，天之所怒，人之所怨，三軍萬姓皆致死於我，而吾國之民，抑以徒朽其耕穫之資，不獲贏餘之利，怨亦歸焉。欲不敗亡，不可得已。米粟者，彼己死生之命，勝敗之司也。其閉之也，而害且若此，又況其他餘於己而待讎之貨，得以轉易衣被器械養生送死之具者，爲立國之資，而金錢去彼即此，尤百爲之所必需，以裕國而富民，舉在是乎？

且不徒此也，禁之者，法之可及者也；不可禁者，法之所不可及者也。禁之於關渡之閒，則其讎之也愈利，皇皇求利之民，四出而趨荒險之徑以私相貿，雖日殺人而固不可止。彊豪貴要，於此府利焉。則環吾之封域，無非敵人來往之衝；舉吾之人民，無非敵人結納之黨。闌入已成乎熟徑，姦民外告以腹心，閒諜交午於國中而莫之能禦，夫且曰吾禁之已嚴，可無慮也。不亦愚哉？

夫唯通市以無所隱，而視敵國之民猶吾民也，敵國之財皆吾財也，既得其歡心，抑濟吾之匱乏，金錢内集，民給而賦税以充，耕者勸耕，織者勸織，山海藪澤之産，皆金粟也，本固邦寧，洞然以虚實示人，而姦宄之徑亦塞。利於國，惠於民，擇術之智，仁亦存焉，善謀國者，何憚而不爲也？

高勗勸楊行密悉我所有、鄰道所無者，相與貿易以給軍用，選守令，課農桑，數年之閒，倉廩自實。行密從之，垂至於李氏有國，而江、淮之民，富庶甲天下，文教興焉。田頵稱之曰：「賢者之言其利溥。」不洵然與？

六

藩鎮交横於外，則任親軍以制之，乃李茂貞以親軍跋扈尤甚於藩鎮，昭宗凝目四注，無可任之人，乃出曹誠等於外，而令諸王統兵以宿衛，蓋不得已之極思耳，然亦未嘗非計也。南陽諸劉，卒滅王莽矣；琅邪渡江，晋以延矣；康王南避，宋以支矣；劉焉、劉表不救漢亡，而高帝之祀後曹氏而斬者，猶豫州也。故詩曰：「宗子維城。」豈虚也哉？

乃昭宗聚羣宗子使領親兵而任之，卒以陷之死地，至於哭呼宅家而莫之能救，宗子盡而身隨以弑，國隨以亡，豈天厭李氏而不足以動天下之心乎？朱邪、存勗以異類，徐知誥以不知誰氏之子孫，冒宗支而號召以興；然則李氏之裔僅有存者，人心未盡忘唐也。而騈死凶刃，至於卒斬，則昭宗實使之然，而非宗子之不可任也。任之已晚，而抑非其地也。

樹宗子於四方，各有所據以立基，而即用其人，人皆爲用也，則成敗不可知，抑此仆而彼起。劉虞死於燕，劉琮降於楚，而先主可興於蜀；南陽王敗死於隴右，而元帝可興於吴。昭宗不早圖此，而待分崩孤立之日，合聚諸王於孤城，擁烏合之罷民，號令不出於國門，以與封豕長蛇争生死，一敗而殲焉，李氏安得有餘燼哉？蓋至是而欲衆建之方隅，以與王室相維繫也，難矣。

僖宗之自蜀返也，天下雖已割裂，而山南、劍南、河西、嶺南猶王土也；西川雖爲逆奄之黨，而車駕甫旋，人猶知有天子。於斯時也，擇諸王之賢者分領節鎮，收士民、練甲兵以爲屏翰，尚莫之能禦也。至於昭宗之世，王建據西川矣，王潮據劍南矣，劉隱據嶺南矣，成汭、周岳、鄧處訥先後分有荆南及湖南矣，河西爲邠、岐所阻，不能達矣。即欲散置諸王爲牧守，以留李氏子孫不絶之系，不可得矣。不予之以兵，則落拓民閒而降於編氓；予之以兵，則召禍不敵而闔室芟夷。時非可爲，地無足恃，其不如賜姓之夷族、冒宗之庶姓，猶堪以虛號詫天潢而自帝自王也，必矣。讀史者所爲覽存勗、知誥之稱唐，而重爲李氏悲也。

七

兩國相距，而介其閒者輸敵情以相告，唯智者爲能拒之；闇於計者，倚之爲耳目，則大害伏於左側而不知。夫於我無大德，於彼無大讎，而蹈危機以與人勝敗安危之大故，不慮其洩而禍必及己也，此則何心，不待再計，知其動於利而已矣。利者，無往而不得者也。姦人窺之而知其微，因而持之而得其妙，利在此，則輸彼之情以與此，利在彼，則輸此之情以與彼，反掌之閒而已。而不但然也，方其輸彼情於我，即可得我情而輸於彼。必其輸我之情於彼，而後得彼之情以輸於我。操之縱之，陽之陰之，可以立小信，可以詫先幾，浮弋而獲以僥功，誇大其辭、容易其談以誘引，微示以利，而導敵以實其言，於彼無怨，於此無罪，悠然於凶危之地而無所忌畏。如是者，得利於我，而即得利於彼。一挑一引，迷亂人之大計，以迄於危敗。乃其利則已兩得之矣。此不待再計而知者也。

言兵者曰「知彼知己」，恃吾之知而已。其大勢如此，其要歸如此耳，惡用此囁嚅耳語、乍驚乍喜者哉？是以智者堅拒之，而不使亂我之耳目。自非懷忠感德、得當而爲内應者，與夫猝至不期問而答者，勿容聽也。此兩敵相距、勿貳爾心之樞要也。而中國之用夷也，爲尤甚焉。與爲難者一夷也，介於其側、伏而未動者又一夷也，則且兩持其命而蠱我以效順之忱。實欲傾我而姑與我通以市利於彼，閒輸彼浮薄之情以堅吾之信。我進則老之，我守則誘之，我大敗而不能責彼之相誤。至愚者詑爲秘密之機而自矜外助，卒之小以殘我邊疆，大則害及宗社。古今之庸主闇臣、墮其阱中者，敗亡相積，而傾覆之後，徒增追論之痛哭。使能早卻其游詞而絶之，豈至是哉？

於是而王建之識，不可及矣。黎、雅三部淺蠻歲賜繒帛，使覘南詔蠻，反取賂南詔，詗我虛實。建絶其賜而斬部將之與蠻交通者，自此羣蠻戢服。而終五代以迄宋，南詔不入寇擾，皆建之善謀善斷以窒亂源也。

嗚呼！豈徒守邊禦夷、阻關拒敵者之宜然哉？君有不聽令之臣，父有不若訓之子，上有交相搆之友，順則綏之，逆則折之，存乎情與理而已。宵小居中，乘吾惡怒以居閒，而發其隱慝以相告者，皆樂人之禍以取利者也。旦此暮彼，遞相詗扇，固無恆也。以此而賊恩釀禍，如陳侯溺之於公子招、隋文帝之於楊素，身死其手，而猶以爲忠者，古今相積，不可勝道。則拒塞游説以一軍心，豈徒將兵者之宜然？而瑱纊以塞耳目，又豈徒爲君父者之當慎哉！

八

挾天子以令諸侯而威服天下，自桓、文始。曹操襲其迹，因以篡漢，二袁、呂布、劉表不能與之争，此姦雄已試之成效，後起者所必襲也。乃克用連兵入寇，朱温方搆難徐、鄆而不問；王行瑜、韓建、李茂貞劫逐天子，朱温坐視而不恤；李克用既討平之，乃聽蓋寓之言，不入見而還鎮；李茂貞犯順，昭宗如華州，困於韓建，全忠在汴，扣關以奔駕也甚易，而方南與楊行密爭，不一問也；及劉季述以無援之宦豎廢天子幽之，崔胤召温以入，而尚遲回不進，讓復辟之功於孫德昭；克用則方治城自保，而念不及此。何此二凶者，置天子於三數叛人之手，不居之以爲奇貨；而善謀如蓋寓，亦不能師荀彧之智，以成其主之篡奪；豈其智之未逮而力之不能也與？

天下之理，順逆而已。順者，理之經也；逆者雖逆，而亦有逆之理焉。泝危灘而上者，楫折牽絶而可濟，以其所沿之流，猶是順流之津也。夫桓、文之津，豈温與克用之所可問哉？桓、文定王嗣，反王駕，北討戎，南服楚，通諸侯之貢於周京，故召王受錫而諸侯斂衽，誠有以服天下之心，固非温、克用之所可企及已。

即若曹操，奮起以討董卓，幾捐生於滎陽，袁紹、韓馥欲帝劉虞，而堅於西嚮，退居許下，未嘗敢以一言忤天子也。獻帝爲李、郭諸賊所逼，露處曹陽，煢然一夫耳，漢室羣臣救死不遑，而奚問天子？董承、楊奉微弱，而徒然驕蹇，操以禮奉迎，使即一日之安；雖心懷逆節，而所循之迹，固臣主之名義，是逆而依理之順以行，以其初未有逆也。

李克用以異類而懷野心，父子承恩，分受節鉞，忽動劉淵之逆志，起而據雲中以反。既敗而走，結韃靼以窺中國，幸黄巢之亂以闌入，寸效未展，先掠河東。黄巢困蹙已極，薄收收復之績，結王重榮以拊長安之背，流矢及於御座，公爲國賊而莫之忌。其偶勝岐、邠斬行瑜也，天下固知其非爲國討賊而祇以自雄也。乃欲襲義以奉天子、制雄藩，立敗之術耳。蓋寓知而止之，克用亦自知其非曹操矣。

朱温則盜耳，王鐸無識，而假之以權，掠擊自擅，無絲髮之功於唐室。若令遽起乘危，握天子於股掌，天下羣起而攻之，曾王行瑜、韓建之不若也。故温自知其不可，而李振、敬翔亦不以此爲之謀。假義者，必有在己之義可託；身爲叛賊之魁，負大不義於海内，而奚託哉？故唯坐待人之亡唐而後奪之，其志決也。

以勢言之，温與克用所亟争者，河北也。河北歸汴，則扼晋之吭；河北歸晋，則壓汴之脊。劉仁恭、王鎔、羅弘信、李罕之、朱瑄、朱瑾横亙於其閒，温屢敗矣，克用則危矣。藉令竭全力以入關中而空其巢穴，温入長安，則克用會河東以牽河北，渡河以擣汴，而温坐斃。克用入長安，則温率雒、蔡、山南以扣關，而燕、趙、魏、潞擣太原以拔其本根，而克用立亡。義不可假，名無可尸，而抑失形勢以自傾，故皆知其不可。且畜力以求功於河北，置孤危之天子於狡豎奄人之手，使促之以亡而後收之。是以劉季述之逆，温且遲回不進，朱温之篡弑，李克用不興縞素之師。温利克用之逆，克用亦利温之弑，其情皆穿窬也。豈徒不能託迹桓、文哉？曹操之所爲，抑其不能以身任之者也。故崔胤已爲内主，李振諫使入討，温尚聊遣蔣玄暉因胤以謀，而自引兵嚮河中，置長安於緩圖，如此其不遽也。然且篡唐而僅得天下八九之一，不十年而遽亡。不能如曹操，則固不能如其雄峙三分而傳之數世也。

至仁大義者起，則假仁假義者不足以動天下，商、奄之所以速滅也。無至仁大義之主，則假仁義者猶足以鉗制天下，袁紹之所以不能勝曹氏也。至於欲假仁義而必不得，然後允爲賊而不足與於雄傑之數，視其所自起與其所已爲者而已。以曹操擬桓、文，杜衡之於細辛也；以朱温李克用擬曹操，瓦礫之於碔砆也；此其不可強而同者也。

九

李克用按兵自保，大治晉陽城塹，劉延業諫其不當損威望而啓寇心，克用賞以金帛，而修城之役不爲之輟。夫自處於不亡之勢，以待天下之變，克用之處心擇術，以此爲謀久矣。其明年，朱溫果陷澤、沁、潞、遼，直抵晉陽城下，攻不能克而返。克用知溫之志，固思滅己而後篡唐，抑知溫之所急者在篡唐，固不能持久以敝我也，城堅不可拔，而溫且折矣。

李茂貞之劫駕，溫篡之資也；溫挾主以東而篡之，克用之資也。幸之以爲資，而克用之爲謀也尤固。身既數爲叛逆，不能假存唐之名以利於篡；威望未張，又不能尸篡唐之名以召天下之兵；遲回斂翼，置天下於不問，以聽其陸沈，而可謝咎以持溫之短長，克用之狡也。然至是而克用爲稍循於理矣。修守備、休士卒以自彊，而納李襲吉之言，訓兵勸農，以立開國建家之本，則不但李茂貞、韓建輩之所弗逮，朱溫亦遠出其下矣。訓兵務農者，圖王之資也；修城治塹者，保國之本也；劉延業惡足以知之？而曰「宜揚兵以嚴四境」，枵於內而張於外，亡而已矣。

然而克用之賞延業者，何也？其自保以觀變之心，不可令部曲知之；知之則衆志偷矣。延業能爲誇大之言，以作將士之氣，故賞之以勸厲士心，此克用之所以狡也。己不然，而怒之；己所然，而喜之；則庸人之所以危亡也。

一〇

王摶之爲相也，以明達有度量見稱於時。觀其進言於昭宗者，亦正大明愷而有條理，似有陸敬輿之風焉。嗚呼！唐於是時，敬輿在，亦必不欲居密勿以任安危，不能也，故不欲也，而況於摶乎？

德宗多猜而信讒矣，然遇事能思，不至如昭宗之輕躁以無恆也。德宗之廷，姦佞充斥矣，然心存固寵如盧杞、裴延齡耳，不至如張濬、崔昭緯、崔胤之外結彊藩以鬻國也。德宗之側，宦豎持權矣，然惡正導欲如霍仙鳴、竇文瑒耳，不至如劉季述、韓全誨之握人主死生於其掌也。德宗之叛臣，交起縱横矣，然蹶起無根如朱泚、李希烈耳，不至如朱温、李克用之植根深固必於篡奪也。而德宗抑有李晟、渾瑊、馬燧之赤心爲用，故李懷光雖叛，不敢逼上而屏跡於河中；而昭宗則無人不起而劫之，曾無一旅之可依也。夫時異而勢殊，既如此矣。然則敬輿而處昭宗之世，君篤信之，且不能救唐之亡，況摶之於敬輿，其賢愚之相去，本非等倫，不可以言之近似而許之也乎！

敬輿之爲學士筦中制也，一言出，一策行，中外翕然以聽。盧杞之姦，莫之掣曳，豈徒其言之得哉？有以大服其心者在也。摶之筮仕不知幾何時，而一旦躋公輔之列，天下初不知有其人，則素所樹立者可知；德不如也，則威不如矣。敬輿於扶危定傾之計，規畫萬全，上自君心，下達民隱，錢穀兵刑、用人行法，皆委悉其條理，取德宗之天下巨細表裏，一一分析而經理之。而摶則唯一計之得耳，其曰「宜俟多難漸平，以道消息」，是已。顧問多難何恃以漸平，則道㊀亦窮矣；才不如也，則權不如矣。

㊀ 校記「道」字作「摶」字。

敬輿之得君也至矣，然逐盧杞、吴通玄而敬輿仍守學士之職，匪直讓鄴侯於首揆已也，並竇參、董晋而不欲躐居其上。摶德威不立，才望不著，一旦而立於百僚之上，於時天子雖弱，而宰相猶持天下之權，逆臣且仰其進止，固有恩怨交加、安危繫命之鉅責焉；不揣而遽任之，與頑鄙無藉之李谿、朱朴旅進而不慚，是亦冒昧榮名、不恤死辱者耳。以視敬輿之栖遲内制、不易爰立者何如？節不如也。節不如，而以任扶危定傾之大計。「負且乘，致寇至，盜思奪之。」凶，其可免乎？

人臣當危亂之日，欲捐軀以報主，援亡國而存之，抑必謹其進退之節，不苟於名位。而後其得也，可以厭服姦邪之心；即其不然，身死國亡，而皎然暴其志行於天下。今置身其列，凝目而視之，居此位者，非崔胤之逆，則朱朴輩之蠅營狗苟者，而屑與之並立於台座哉？且即其言而論之，以止昭宗之躁率，置宦寺於緩圖，昭宗弗聽，惑於崔胤以召禍，摶乃伸其先見之明耳。然令如摶之言，養宦官之姦，姑任其惡，又將何所底止邪？激李克用之反者，田令孜也；成韓建之惡、肆囚主之凶者，劉季述也；通李茂貞以劫駕者，韓全誨也。至此時，而宦官與外鎮逆臣合而相尋於禍亂，唐不亡，宦官不自趨於殺盡而不止，安得有外難平而以道消息之日乎？其言似也，而又驗。雖然，抑豈有可採之實哉？

一一

唐之將亡，無一以身殉國之士，其韓偓乎！

偓之貶也，昭宗垂涕而遣之，偓對曰：「臣得貶死爲幸，不忍見篡弒之辱。」斯聞者酸心、見者裂肝之日也。而偓不仰藥絶吭以死於君側，則偓疑不得爲捐生取義之忠矣。然而未可以責偓也，君尚在，國尚未亡，無死之地；而時方貶竄，於此而死焉，則是以貶故死也，匹夫匹婦之婞婞者矣。

偓去國而君弒，未幾而國亡，偓之存亡無所考見，而不聞絶粒赴淵以與國俱逝，此則可以死矣，建文諸臣，所以争光日月也，而偓不逮。乃以義審之，偓抑可以無死也。僞命不及，非龔勝不食之時，而謝枋得賣卜之日也。湮没鬱抑以終身，則較家鉉翁之談經河上爲尤遂志耳。紂亡而箕子且存，是亦一道也。

人臣當危亡之日，介生死之交，有死之道焉，有死之機焉。蹈死之道而死者，正也；蹈死之道而或不死者，時之不偶也；蹈死之機而死者，下愚而已矣。

昭宗反辟，劉季述伏誅之謀，偓與贊焉，蹈死之道一也。王摶請勿聽崔胤之謀，殺宦官以賈禍，胤怒而誣殺之；偓爲昭宗謀，亦云「帝王之道，當以重厚鎮之，此曹不可盡誅以起禍」，其忤胤也與摶同，蹈死之道二也。韋貽範求宦官與李茂貞，起復入相，命偓艸制，偓堅持不艸，中使曰：「學士勿以死爲戲。」茂貞曰：「學士不肯艸制，與反何異？」蹈死之道三也。從昭宗於播遷幽辱之中，白刃之不加頸者一綫耳，而守正不撓，季述不能殺，崔胤不能殺，茂貞不能殺，非偓可取必於凶人之見免也，偶然而得之也。乃偓之終不蹈死之機，則愛其生以愛其死，固有超然於禍福之表者也。

姚洎之將入相也，謀於偓，而偓告以不就。爲人謀者如是，則自爲之堅貞可知矣。蘇撿欲引爲相，而怒曰：「君柰何以此相汚！」昭宗欲相之，則薦趙崇、王贊以自代。其時之宰相，皆汴、晋、邠、岐之私人，樹以爲内主者也。權雖倒持於逆藩，而唐室一即一離之機猶操於宰相，尸其位，則已入其彀中，而姦貪之小人趨入於阱中，猶見榮焉，此所謂死之機也。偓惟堅持必不爲相之節，抑知雖相而無救唐亡，祇以自危之理；且知雖不爲相而可以盡忠，唯不爲相而後可盡忠於主之勢。故晉人不疑其黨汴，汴人不疑其黨岐，宦官不疑其附崔胤，胤不疑其附宦官。立於四虛無倚之地，以衛孤弱之天子而盡其所可爲，疑忌淺，怨毒不生，雖茂貞且媿曰：「我實不知書生禮數。」而惡亦息矣。此其可生、可死、可抗羣凶而終不蹈死之機者也。

無死之機，是以不死；履死之道，是以不辱。若偓者，其以處危亡之世，誠可以自靖焉矣。其告昭宗曰：「萬國皆屬耳目，不可以機數欺之，推誠直致，日計不足，歲計有餘。」其奉以立身也，亦此道也夫！

一二

宰相數易，則人皆可相，人皆可相，則人皆可爲天子之漸也。宰相之於天子，廉陛相躡者也，下廉夷而上陛亦陵。唐高宗用此術也，以輕於命相，故一婦人談笑而滅其宗祀，替其冢嗣，裴炎、傅遊藝夷之，武三思、承嗣因而陵之，相因之勢也。高宗承全盛之宇，戴太宗之澤而不保其子，況昭宗當僖宗喪敗之餘，彊臣逆奄交起相乘之世乎？

自龍紀元年至唐亡天祐三年，凡十九歲，而張濬、孔緯、劉崇望、崔昭緯、徐彥若、鄭延昌、杜讓能、韋昭度、崔胤、鄭綮、李谿、陸希聲、王摶、孫偓、陸扆、朱朴、崔遠、裴贄、王溥、裴樞、盧光啓、韋貽範、蘇撿、獨孤損、柳璨、張文蔚、楊涉，或起或廢者二十七人，彊臣脅之，奄人制之，而朝廷不能操黜陟之權，固矣；抑昭宗輕率無恆，任情以爲喜怒，聞一言之得，而肝膽旋傾，幸一事之成，而營魂不定，乃至登進可驚可愕之人，爲天下所姍笑，猶自矜特達之知，餗覆無餘，而猶不知悔，其識闇而自用，以一往之情爲愛憎，自取滅亡，固千古必然之債軌也。

抑就諸人言之，人之樂居尊位者，上之以行其道，次之以成其名，其下則榮利之饜足耳。當高宗之世，天下方寧，而宰相尊。名之所歸，利之所擅，貿貿然羣起而相淩奪以覬得，鄙夫之情類然，無足怪者。自僖宗以來，天子屢披荆榛，兩都鞠爲茂艸。國門之外，號令不行。雖有三台之號，曾無一席之安。計其恫喝塗人而招納賄賂者，曾不足當李林甫、令狐綯之傔從。不安而危，不富而貧。其尊也，藩鎮視之如衙官；其榮也，奄宦得加以呵詈。一旦有變，則天子以其頸血而謝人，或殺或族，或斥遠方而斃於道路。此諸人者，稍有識焉，何樂以身試沸膏之鼎而思霑其滴瀝乎？故蘇撿欲經營韓偓入相，而偓怒曰「以此相汚」，誠哉其汚也！而一時風會所淫，如飲莨菪之酒，奔馳恐後，而莫之能止。前者殊死，後者彈冠，人之無良，亦至是哉！

嗚呼！士貴有以自立耳。無以自立，而寄身於炎寒之世局，當塾教之始，則以利名爲鵠矣；當賓興之日，則以仕宦爲津矣；一涉仕宦之塗，進而不知所終，退而無以自處，則紫閣黄扉，火城堂食，人擬爲生人之止境；而自此以外，前有往古，後有來今，上有高天，下有厚地，仰有君父，俯有黎民，明有名教，幽有鬼神，凡民有口，妻子有顔，平旦雞鳴，有不可自昧之惻隱羞惡，皆學所不及，心所不辨，耳聞之而但爲聲響，目見之而但爲文章，漠不相關，若海外三山之不我即也。嗚呼！士若此，而猶不以宰相爲人生不易得之境，鼎烹且俟之崇朝，鼎食且僥於此日，其能戒心戢志如韓偓者，凡幾人也？世亂君昏，正其逞志之日，又何怪焉？世教衰，民不興行，天下如狂，而國以亡、君以屠、生民以殄。是以先王敦廉恥、尚忠孝、後利先義，以養士於難進易退之中，誠慮周而道定也。

一三

昭宗爲朱温所劫遷，流離道左，發閒使求救於李克用、王建、楊行密，是垂死之哀鳴，不擇而發，惟足悲悼而已。夫三鎮者，其可以抗朱温遏其篡弑之惡而責以君臣之大義者乎？使三鎮猶然唐之臣子，而兵力足以勝温也，則温亦不敢遽圖凶逆；王行瑜、李茂貞、韓建之無成，温稔知之，故遲回而待之今日，則熟審彼己之形勢，目中已無三鎮，知唯予志而莫違矣。

克用而可抗温邪，豈一日忘温者？昭宗嘗和解之而不聽，而況有言之可執，卷甲疾趨，豈待閒詔之求援乎？克用於時方修城塹，保太原、澤、潞、邢、洺之不遑恤，其必不能踰太行以嚮汴、雒，明矣。王建北倚劍閣，東扼瞿唐，乘人之所不爭，據險以自存，身未習百戰之勞，而所用者兩川之土著，不能出穴以鬬者，如之何其能與彊暴之朱温爭生死也？楊行密雖嘗挫温矣，而舟楫之利，失水則困，故僅可以保江、淮，而不能與騎步爭逐於平野；新得朱瑾兗、鄆之餘衆，騎兵稍振，而瑾又温所魚肉之殘耳；且使出汝、亳而西討，錢鏐乘其東陲，馬殷乘其南界，田頵之徒又從中而訌，進不利而退失守，爲温之擒而已。是三鎮之力不足以進取爲昭宗而興師也，明矣。

抑以君臣之義責望三鎮，夫三鎮又何足以言哉？克用之思奪唐，其與朱温先後之閒耳，委唐之亡於温，以嫁不道之辜，而已徐起以收之，克用之懷挾久矣；浸令其力可任，假密詔以興師，勝温而挾天子，亦温之於茂貞也，況乎其處心積慮之固不然也。王建得蜀，而早有公孫述、劉備、李特之全局在其意中，羈縻於唐，不敢先發以招天下之彈射耳；其逼顧彥暉逐韋昭度而走之，逆節已著，昔固嘗託勤王之名而陽出兵以掠地，非李茂貞阻之，則乘長安之虛而收洮、鞏，臨秦、鳳以稱西帝，豈復於唐有源本之思，以效桓、文之勳乎？

克用，狄也；王建，奄宦之私人也。不足援名教以望之，所固然矣。然昭宗妄億而號呼，猶有説也。沙陀承恩三世，李國昌起騎將而分節鉞，克用逋逃朔漠，赦其族誅之辜，而賜以國姓；王建隨駕奔蜀，負璽以從，艱難與共之君臣，親若父子；則克用、建自逆，而唐固篤恩義以爲之君，當危急之秋，迫而呼之，非過望也。

若夫楊行密者，於昭宗何有哉？高駢據千里之腴壤，一矢不加於賊，而坐擁富貴，土芥其人民，使無所控告，畢師鐸、秦彥、孫儒競起争奪，血流盈壑，彌望蒿萊，唐弗能問也。行密足未嘗履王都，目未嘗見宫闕，起於卒伍，無尺寸之詔可銜，削平之而撫僅存之生齒，是艸澤崛起，無異於陳勝、項梁之於秦也。霸局已成，唐不能禁，授以爵命而姑爲維縶，其君臣之義，蓋已淺矣。天下已非唐有，而人民必有恃以存，力捍凶鋒，保江、淮之片土，抗志崛立，獨能不附逆賊，甘奉正朔，如王師範、羅紹威、韓建之所爲，亦可謂之丈夫矣。唐一日未亡，行密一日不稱王，而帝制賞罰之事，聽命於朝，循分自揣，安於其位，而特不屑臣服於逆賊之廷，亦可謂之不妄矣。唐何德以及行密，而望其爲郭子儀、李晟之精忠，以抵觸凶人爭一綫之存亡哉？

如曰溥天率土，義不可逃也，湯、武且有慚德矣。項羽不弒懷王，漢高豈終北面？行密保境息民以待時變，唐可再興，則爲竇融；唐不可興，則爲尉佗；而但不爲梟獍之爪牙，斯已足矣。既不可以君臣之義苛求其效死，而昭宗又奚望其援己哉？

故三鎮者，無一可倚者也。昭宗先無自固之道，禍至而周章。「謂他人昆，亦莫我聞」，勢之所必然者也。屠門之悲號，不如其瘖矣。

昭宣帝

一

嬴政坑儒，未坑儒也，所坑者皆非儒也；朱温殺清流，沈之河，未殺清流也，所殺者非清流也。信爲儒，則嬴政固不能坑之矣；信爲清流，則朱温固不能殺之矣。

温誠誅鋤善類不遺餘力，而士大夫無可逃之彀中邪？乃於韓偓弗能殺也，於司空圖弗能殺也，於鄭綮亦弗能殺也；又下而爲梁震、羅隱之流，且弗能殺也。凡此見殺者，豈以身殉國而與唐偕亡者乎？抑求生於暴人之手而不得其術者耳。天下不知其誰氏之士，天子不知有幾日之生；情逆而恣咆烋者，腥臊之臭味逼人；無賴而充班行者，醉夢之眉目疑鬼；猶且施施然我冠子佩，旦聯綴以充庭，夕從容而退食。若此之流，謂之清也，則誰復爲濁流邪？

朱温爲之主，李振爲之輔，必殺矣；明天子在上，賢執法在列，亦未可貰而弗誅也。游於濁而自炫其清，斯所謂「静言庸違」者，四裔之投，其可宥乎？而歐陽永叔謂裴樞等惜一太常卿不與伶人，使其不死，必不以國與人，過矣。

晋、宋、齊、梁之護門第，唐人之護流品，其席榮據要之習氣耳。門第流品横亙其肺腸，而怙衆以喧呶，仰不知有君父，俯不知有廉隅，皆此念爲之也。王謐解璽紱以授桓玄，不欲自失其華族耳。樞等不死，勸進朱温者，豈待張文蔚、楊涉哉？但使不失其清流之品序，則人人可奉之爲天子矣。忠孝之存去，名位之重輕，則清濁之大界也，非永叔之所知也。

二

彊國非安天下之道，而取天下之彊摧殘之、芟夷之，以使之弱，則天下之亂益無已。故養天下之力於不試，不見其彊而自不可弱者，王道也；國方弱而張之，相獎以武健而制之以其方，使聽命者，霸功也；因其彊而彊之，莫之能戢而啓其驕，亂之所自生也；畏其民之彊而摧之夷之，乃至殄滅之以使弱，則既以自弱而還以召亂。無彊無弱，人皆可亂，則天下瓦解而蠭起以相殘，禍之最烈者也。

戰國之彊也，天下以亂。嬴政惡其彊而思弱之，既弱六國之衆，並弱其關内之民，銷其兵刃，疲以力役，彊者虔劉殆盡，而耰鉏棘矜之徒以起，椎埋黥配之夫，尸王號而長吏民，天下一無可畏而皆可畏矣，民乃争趨於死而莫之救矣。

唐之亂，藩鎮之彊爲之也。藩鎮之彊，始於河北，而魏博爲尤，魏博者，天下彊悍之區也。自光武用河北之兵以平寇亂，遂屯兵黎陽，定爲永制，而東漢以彊。故其民習於彊而以弱爲恥，天下資之以備患。垂及於唐，上未加以訓練，而驍桀之習，未嘗替也。然亦何嘗爲天下患哉？安、史之平，代宗不能撫有，田承嗣起而收之以自雄，爲藩鎮之戎首。幽、燕、滄、冀、兗、鄆、淄、青之不逞，皆恃魏博之彊，扼大河以互塞河南而障蔽之，田興一受命，而河北瓦解，其爲天下重久矣。廣明以後，黄巢横行天下，而不敢側目河朔，恃此也；汴、晉交呑以窺唐室，而王鎔、劉仁恭既不敢南嚮以争天下，抑不至屈於汴、晉而爲其僕隸，恃此也。羅紹威以狂騃豎子聽朱温之蠱，一夕而坑殺牙兵八千家，於是而魏博爲天下弱，天下蔑不弱也。

嗚呼！豈徒紹威之自貽幽辱危亡也哉？天下之一治一亂也，其亂則上激下之怒而下以驕，驕氣僨張，無問彊弱也。彊者力足以逞而怨憤淺，弱者怨毒深，藻聚萍散，不慮死亡，以姑嘗試其譸張，而蠭起以不可遏。詩云：「無拳無勇，職爲亂階。」唯無拳勇者之亂，亂不可弭也。有彊者以制其左右，則猶有憚焉。天下胥弱，而驕固不可戢也。無藉以興，旋滅而旋起，既無所憚，何人不可踔躍以爲難哉？

故自魏博牙兵之殲也，而朱温之計得。於是一時割據之雄，相獎以爲得計，日取天下智計勇猛之將吏軍卒而殺之，唯恐彊者之不盡也。故迨乎温、存勗交争之世，而天下皆弱。蹶然而起者，猝然而仆，不能一朝自固也。胥天下而皆弱矣，勿待彊者之驕，而弱者無不驕也。於是而割天下而裂之，苟有十姓百家可持白梃、張空拳者，皆棄耒耜以讙呼。高季興、孟知祥、王延政、董昌、劉龑、鍾傳、馬希萼、雷滿、張文表、危全諷之瑣瑣者，翦婦人之衣繻以爲旂旝，伐空山之曲木以爲戈矛，或以自帝，或以自王，或以自霸。而石敬瑭羸病之懦夫，劉知遠單寒之孤雛，且褎然宅土中以稱元后。嗚呼！勿論其不足以君也，抑勿論其不足以霸也，即與羣盜齒，曾不足與張角、齊萬年、方臘争雄長，皆無憚而自詭爲劉、項、孫、曹也。風淫艸靡，乃進契丹而爲君父，弱天下者之召亂於無已，固如是夫！「赳赳武夫，公侯干城。」文王之仁也，且求武夫於中林中逵之下，曾是撫有果毅彊禦之衆，而可屠割俾盡，以啓不量力者之驕悖乎？紹威之愚，朱温之慘，不足誅也。天有大亂之數，彊者先殲焉，匪寇匪讎，殺之若將不及，亦衰氣之使然與！

三

昭宗雖暗不足以圖存，而無淫虐之慝足以亡國。朱温起於羣盜，凶狡如蛇虺，無尺寸之功於唐，而奪其三百年磐石之社稷。乃盈天下世胄之子，薦紳之士，建牙分閫之帥，無有一人感愴悲憤、不忍戴賊以爲君者，而獨得之丁會。會之帥澤潞也，温脅昭宗授之旌節，則固温之私人，而於昭宗無恩禮之孚，倚爲腹心者也。帥昭義者六年，温拔潞州而授之，乃聞昭宗凶問，帥將吏縞素流涕，幸李嗣昭之來攻，而降河東，曰：「雖受梁王舉拔之恩，誠不忍見其所爲。」蓋漢、宋之亡，忠節不勝書，而唐之亡也，唯此一士耳。

或曰：克用亦唐賊也，去温而即克用，奚愈焉？

曰：會於此時無可歸矣。以獨力而思討賊，昭宣帝刀俎之餘肉，無能輔矣。保境以自固，汴、晋夾焉，而必不可以終日，則兵民且殲於凶人之刃。乃在温篡弒未成之日，則克用之去温也無幾，在温弒主之後，則克用猶未有此滔天之逆，而相依以自全焉可矣。不北面以推戴弒君之賊、爲佐命之勳臣，而身亦可以無辱矣。項羽殺韓王，而張良歸漢。韓王不死於項羽，漢抑豈能分天下以王韓者？歸其爲我報君父之讎者，則雖不能存我故國，而志亦可以伸。況乎篡弒之賊，覆載不容之大憝，雖有其心，未有其事，君子可許其改而弗亟絶之，則克用可歸，會亦舍此而奚歸乎？知有君而爲之哀，知其賊而不爲之臣，天下無君，而聊以謝黨逆之罪，志士忠臣之處此，亦如是而已。唐之亡，盈天下而唯一士也，會奚讓焉？

讀通鑑論卷二十八

五代上

合稱五代者，其所建之國號，皆不足稱也。朱温，盜也，與安禄山等，李存勗、石敬瑭、劉知遠，沙陀三部之小夷，郭威攘竊無名，故稱名。周主榮，始不與謀篡逆，受命爲嗣，而有平一天下之志，故稱周主，愈於夷㊀盜之流，要之皆不足以爲天子。

一

稱五代者，宋人之辭也。夫何足以稱代哉？代者，相承而相易之謂。統相承，道相繼，創制顯庸相易，故湯、武革命，統一天下，因其禮而損益之，謂之三代。朱温、李存勗、石敬瑭、劉知遠、郭威之瑣瑣，竊據唐之京邑，而遂謂之代乎？郭威非夷非盜，差近正矣，而以黥卒乍起，功業無聞，乘人孤寡，奪其穴以篡立，以視陳霸先之能平寇亂，猶奴隸耳。若夫朱温，盜也；李存勗、石敬瑭、劉知遠，則沙陀犬羊之長也。温可代唐，則侯景可代梁、李全可代宋也；沙陀三族可代中華之主，則劉聰、石虎可代晉也。

且此五人者，何嘗得有天下哉？當朱温之時，李克用既與敵立，李茂貞、劉仁恭、王鎔、羅紹威亦擁

㊀「夷」字刻本闕，據校記補。

土而不相下，其他楊行密、徐知誥、王建、孟知祥、錢鏐、馬殷、劉隱、王潮、高季興，先後並峙，帝制自爲，分土而守，雖或用其正朔，究未嘗奉冠帶、祠春秋、一日奔走於汴、雒也。若云汴、雒爲王者宅中出治之正，則舜、禹受禪，不仍陶唐之室，湯、武革命，不履夏、商之都，而苻健、姚興、拓拔宏奄有漢、晉之故宮，將以何者爲正乎？倘據張文蔚等所撰之玉册，而即許朱温以代唐，則尤獎天下之逆而蔑神器矣。

且夫相代而王天下者，必其能君天下而天下君之，即以盡君道也未能，而志亦存焉。秦、隋之不道也，抑嘗立法創制，思以督天下而從其法令，悖亂雖多，而因時救弊者，亦有取焉。下至王莽之狂愚，然且取海宇而區畫之，早作夜思，汲汲於生民之故。今石敬瑭、劉知遠苟竊一時之尊，偷延旦夕之命者，固不足論；李克用父子歸韃靼以後，朱温帥宣武以來，覬覦天步，已非一日，而君臣抵掌促膝、密謀不輟者，曾有一念及於生民之利害、立國之規模否也？所竭智盡力以圖度者，唯相搏相噬、毒民爭地以逞其志欲。其臣若敬翔、李振、周德威、張憲之流，亦唯是含毒奮爪以相攫。故温一篡唐，存勗一滅温，而淫虐猥賤，不復有生人之理，迫脅臣民，止供其無厭之求。制度設施，因唐末之稗政，而益以藩鎮之狂爲。則與劉守光、孟知祥、劉龑、王延政、馬希萼、董昌志相若也，惡相均也，紜紜者皆帝皆王，而何取於五人，私之以稱代邪？初無君天下之志，天下亦無君之之心，燎原之火，旋起旋灰，代也云乎哉？

必不得已，於斯時也，而欲推一人以爲之主，其楊行密、徐温、王建、李昪、錢鏐、王潮之猶愈乎！尚有長人之心，而人或依之以偷安也。

周自威烈王以後，七國交争，十二侯畫地以待盡，赧王納土朝秦，天下後世固不以秦代周，而名之曰戰國。然則天祐以後，建隆以前，謂之戰國焉允矣，何取於偏據速亡之盜夷，而推崇爲共主乎？中國㊀不可無君，猶人不可無父也。孤子未能克家，固無父矣，不得晋悍僕彊鄰而名之曰父。是以有無父之子，有無君之臣民。人之彝倫，天之顯道，不可誣也。

宋之得天下也不正，推柴氏以爲所自受，因而溯之，許朱温以代唐，而五代之名立焉。名不可以假人，天下裂而不可合，夷盜竊而不可縱，奪其國號，該之以五代，聊以著宋人之濫焉云爾。

二

夷狄以劫殺爲長技，中國之御之也以信義。雖然，豈易言哉？獲天之祐，得人之助，爲天下君，道周仁至，萬方保之，建不試之威，足以服遠，於是奮赫然之怒，俘繫而殄滅之，弗能拒也，乃可修信義以綏之，任其來去而與相忘，弗能背也。李克用之在河東，奚足以及此哉！

沙陀之與契丹，猶麞之於鹿也，捷足者先耳。阿保機背七部更代之約而踞漢城，克用父子受大同之命而窺唐室，其以變詐凶狡相尚，又相若也。素所懷挾者無以相踰，而克用爲李可舉所挫，投命韃靼，素爲殊族所輕，威固不足以相制。阿保機帥三十萬之衆以來寇，目中已無克用，克用與之連和，力屈而求安耳。克用短長之命，阿保機操之，而東有劉仁恭與爲父子，南有朱温遥相結納，三雄角立，阿保機持左右手之權，以收其壟斷之利，以其狡毒，不難滅同類世好之七部，而何有於沙陀之杯酒？當是

㊀「中國」兩字刻本闕，據校記補。

時，朱溫彊而克用弱，助溫以夾攻克用，滅之也易，助克用以遠攻溫，勝之也難，克用乃欲以信結之，約與滅溫，直一哂而已。契丹於時未可得志於河東，姑許之而弗難旋背之，克用乃曰：「失信夷狄，自亡之道。」拒謀臣之策，不擒之於酣飲之下，何其愚也！

阿保機初併七部，衆心未固，德光孤雛耳，突欲闇弱而莫能爲主，阿保機死，則七部各懷其故主，分析以去，而契丹之勢衰，李從珂、石重貴之敗亡不速，趙宋無窮之禍亦以早捐，豈非中華之一大幸與？以克用之機變雄桀，而持老生之常談，假帝王之大義，以成乎三百餘年中原之毒螫，意者其天邪？不然，何其愚也！

以帝王之惇信義也，三苗來格矣，舜必分北之；昆夷可事矣，文王必拒駾之；東夷既服矣，周公必兼并之；未嘗恃硜硜以姑縱也。晋文公棄楚之小惠，敗之於城濮，而春秋大之，宗周以安，宋、鄭以全，所繇異於宋襄遠矣。故曰：夷狄㈠者，欺之而不爲不信，殺之而不爲不仁，奪之而不爲不義者也。以一夫擒之而有餘，舉天下之全力經營二百餘年而終不克，無可歸咎，而不容已於重惜，故曰：意者其天也。不然，克用之狡，豈守老生之談、附帝王之義者哉？

三

士之不幸，生亂世之末流，依於非所據之地，以保其身，直道不可伸也，而固有不可屈者存。不可

㈠「夷狄」二字刻本闕，據校記補。

伸者，出而謀人之得失也；必不可屈者，退而自循其所守也。於唐之亡，得三士焉。羅隱之於錢鏐，梁震之於高季昌，馮涓之於王建，皆幾於道矣。胥唐士也，則皆唐之愛養而矜重者也。故國舊君熸滅而無可致其忠孝，乃置身於割據之雄，亦惡能不小屈哉？意其俯仰從容於幕帟者，色笑語言，必有爲修士所不屑者矣！以此全身安土，求不食賊粟而踐其穢朝已耳。至於爲唐士以閱唐亡，則幽貞之志無不可伸者，鏐、建、季昌亦且媿服而不以爲侮，士苟有志，亦孰能奪之哉？

馮涓尚矣！爲建參佐，抗建稱帝之妄曰：「朝興則未爽臣節，賊在則不同爲惡。」迪建以正，而以自守其正也。建不從，而杜門不出，建弗能屈焉，則其素所樹立有以服建者深矣！

梁震無能規正季昌使拒賊而自立，非震之計不及此也，季昌介羣雄之閒，形勢不便，而寡弱固無能爲也。震居其國，自全焉足矣。以前進士終老於土洲，季昌屈而己自伸，祇恤其躬，而不暇及人，是亦一道也。

羅隱之說錢鏐討朱温也，曰：「縱無成功，退保杭、越，可自爲東帝。」隱非欲帝鏐也，動鏐以可歆，冀雪昭、哀之怨，而正君臣之義也。其曰「柰何交臂事賊，爲終古羞」，偉哉其言乎！正名温之爲賊，不已賢於後世史官之以梁代唐，而名之曰帝、曰上乎？隱固詼諧之士，而危言正色，千古爲昭；鏐雖不用，隱已伸矣。

唐之重進士也，貴於宰輔。李巨川、李振之流，皆以不第而生其怨毒。涓既起家幕佐，隱與震皆以不第無聊，依身藩鎮，而皎皎之節，炎炎之言，下視天祐末年自詫清流之姦輔，猶豚鶩然。一列爲士，名義屬焉，受祿與否何較哉？天秩之倫，性植之正，周旋曲折，隱忍以全生，而耿耿清宵者不昧也。唐之亡，三士而已，公卿大夫惡足齒乎？司馬子長有言：「伯夷雖賢，得孔子而名益著。」三子者，降志辱身，非可望伯夷之清塵者也，而能自標舉於濁亂之世，不易得也。後世無稱焉。宋人責人無已而幽光揜，可勝歎哉！

四

極乎凶頑不逞之徒，皆可守吾正而御之以不迫。然則孔北海抗曹操而不勝，亦其恢廓不拘之有以致之，況裴樞、趙崇輩之以輕薄犯朱溫哉？張顥、徐溫公遣牙兵攻其主而殺之，庭列白刃，集將吏而脅以奉己，其暴横不在曹操、朱溫下也。嚴可求以幕僚文筆之士，從容而進，折張顥吼怒之氣，使之柔以悅從；顥之凶威，不知何以遽若春冰之消釋，唯其覊靮而莫之能違。勿謂淮南小國也，楊渥非天子也，張顥無董卓、蕭道成之位尊權重也，白刃當前，一叱而腰領已絕，奚必卓、道成而後能殺人哉？可求所秉者正，所忘者死，夷然委命，而不見有可懼者，即不見有可争，其視顥猶蜂蠆耳，不觸之，不避之，徐用其割制而怒張之氣自消。朱瑾曰：「瑾横戈衝犯大敵，今乃知匹夫之勇不及公遠矣。」無他，瑾雖勇於殺人，而不能無畏死之心，憤然一往，理不及而莫持其終也。

嗚呼！亂世豈乏人傑哉？可求當之矣。神閒則智不窮，志正則神不迫，卒使楊隆演不喪其世家，乃至感刺客而斂刃以退。漢、唐之將亡，而得若人焉，郗慮、柳璨無所施其蠚螫，操、溫之燄亦將撲矣。唐不能用可求，可求不爲唐用，而小試之淮南，僅爲覇府之砥柱，則何也？朝廷多噂沓浮薄之士，沮賢才而不達，而割據偏安之小國無之也。

五

高郁説馬殷置「回圖務」，運茶於河南北，賣之于梁，易繒纊戰馬，而國以富，此後世茶馬之始也。古無茶税，有之自唐德宗始。文宗時，王涯敗，矯改其政而罷之。然則茶税非古，宜罷之乎？非也。古之所無，後不得而增，增則病民者，謂古所可有而不有者也。古不可以有，而今可有之，則通古人之意而推以立法，奚病哉？

茶者，古所無也，無茶而何税也？周禮僅有六飲之制。孟子亦曰「冬則飲湯，夏則飲水」而已。至漢王褒僮約，始有武都買茶之文，亦僅産於蜀，唯蜀飲之也。六代始行於江南，而河北猶斥之曰「酪奴」。唐乃徧天下以爲濟渴之用，而不能隨地而有，唯蜀、楚、閩、粵依山之民，畦種而厚得其利。其利也，有十倍於耕桑之所獲者矣。古之取民也，耕者十一，漆林之税則二十而五，以漆林者，非飢寒待命之需也。均爲王民，不耕不桑，而逸獲不貲之利，則天下將舍耕桑而競於場圃，故厚征之，以抑末務、濟國用，而寬吾南畝之氓。則使古而有茶，其必厚征之以視漆林，明矣。

府其利於僅有之鄉，而天下日輦金錢絲粟以歸之不稼不穡之家，其豪者籠山包阜而享封君之奉。乃天下固無茶，而民無凍餒之傷，非有大利於民，而何恤其病？誠病矣，廢茶畦而不采，弗能税也；雖税之，而種者不休，采者不輟，何病之有哉？即其病也，亦病夫射利之黠民，而非病吾旦耕夕織、救死不贍之民也。則推漆林之法，重税而以易繒馬於不産之鄉，使三代王者生飲茶之世，未有於此而沾沾以市恩也。

故善法三代者，法所有者，問其所以有，而或可革也；法所無者，問其何以無，而或可興也。跬遵而步效之，黠民乃驕，樸民乃困，治之者適以亂之。寬其所不可寬者，不恤其所可恤，惡足以與於先王之道乎？

六

汴、晉雌雄之勢，決於河北，故李克用坐視朱温之吞唐而莫之能問，以河北未收，畏其乘己也。朱温下兗、鄆以西臨趙、魏，勢亦便矣。乃河北者，自天寶以後，倔彊自立，不可以勇力機謀猝起而收之者也。魏博爲河北彊悍之最，羅紹威愚騃而内猜，欲自戕其心膂。温於斯時，撫魏博而綏之，發紹威之狂謀，順衆志而逐之，擇軍中所悦服者授以節鉞，則帥與兵交感以樂爲用。以此北臨鎮定，乘劉仁恭父子之亂，蕩平幽、燕，則克用坐困於河東，即得不亡，爲盧芳而已矣。而温固賊也，殘殺之心，聞屠戮而心喜，烏合之衆，忌勝己而唯恐其不亡，八千家數萬人之命，黄口不免，於是而鎮定、幽、燕，人憂駢死，而怨温徹骨矣。石公立曰：「三尺童子，知其爲人。」王鎔雖愚，通國之人，無有不争死命者，羅紹威且悔而離心，王處直不待謀而自合，西迎克用，下井陘以撫趙、魏，而僞梁之亡必矣。

弱魏博以失輔者，温自取之也；激鎮定以離心者，温自取之也；魏博弱而鎮定無所憚者，温自取之也；隔劉守光於冀北，使驕悖而折入於晉者，温自取之也。禍莫大於樂殺人，危莫甚於殺彊以自弱，而盗以此爲術，惡足以容身於天地之閒哉？温之亡，不待羣雛之還相翦滅也。惜乎無命世之英起而收之也。

七

不仁者不可與言，非徒謂其無益也，言之無益，國亡家敗，而吾之辯説自伸於天下後世，雖弗能救，禍亦不因我而烈，則君子固有不忍緘默者。而不仁者不但然也，心之至不仁也，如膏之沸於鑊也，噀之以水，而燄乃益騰。唯天下之至愚者，聞古人敢諫之風，挾在己偶然之得，起而強與之争，試身於沸鑊，焚及其躬，而燄延於室，則亦可哀也已。若孫鶴之諫劉守光是已。守光囚父殺兄，據彈丸之地，而欲折李存勗，南面稱帝，與朱温争長，不仁而至此極也，尚可與言哉？孫鶴懷小惠而犯其必斬之令，屢進危言，寸斬而死，鶴斬而守光之改元受册也愈堅，鶴之愚實釀之矣。

羅隱之諫錢鏐，鏐雖不從，而益重隱，惟其爲鏐也；馮涓之諫王建，建雖不從，而涓可引去，惟其爲建也。鏐與建猶可與言，言之無益，而二子之義自伸，鏐與建猶足以保疆土而貽子孫，夫亦視其心之仁尚有存焉者否耳。至不仁者，置之不論之科，尚懷疑畏；觸其怒張之氣，必至横流戈矛，乘一旦之可施，死亡在眉睫而不恤。是以箕子佯狂，伯夷遠避，不欲自我而益紂之惡也。況鶴與守光無君臣之大義，而以腰領試暴人之白刃乎？

且夫羅隱、馮涓之説，以義言之也；鶴之説，以勢言之也。以義言，言雖不聽，而義不可屈，且生其内媿之心；以勢言，則彼暴人者，方與天下争勢，而折之曰汝不如也，則暴人益憤矣。匹夫搏拳相控，告以不敵，而必忘其死。守光有土可據，有兵可恃，旦爲天子而夕死，鶴惡能諒以不能哉？鶴，小人也，不知義而偷安以徼幸之智也，徒殺其身，激守光而族滅之，與不仁者相暱，投以肺腸，則亦不仁而已矣。故曰：「不仁者不可與言。」戒君子之夙遠之，以勿助其惡也。

八

張承業請李存勗遣使賀劉守光之稱帝以驕之，唐高祖驕李密之故智也。密終降而授首，守光終虜而伏誅，所謂獸之搏也必蹲其足，禽之擊也必戢其翼，權謀之險術，王者所弗尚也。存勗聞守光之自尊，欲伐之矣。然則伐之爲正乎？可伐之罪在彼已極，執言申討，師則有名矣。而徒恃其名以責人之逆，反之於己，既無天與人歸之實，亦無撥亂安民之志，且於固本自彊之術未有得也，憑氣而争，奚必勝之在己哉？

王者以義興師，而四方攸服，非徒以其名也。唐高初定長安，殘隋未翦，怒李密之妄而挑之，密且扼關以困己，而内受劉武周、薛舉之逼，則唐高之事敗矣。李存勗孤處河東，鎮定之交未固，朱温之勢方張，空國以與狂騃之豎子争虚名於幽、薊，鎮定疑而河中起擣其虚，則存勗之亡必矣。

繇是言之，推尊以驕之，非義之所許；憤怒而攻之，抑爲謀之不臧；使王者而處此，將如之何哉？王者正己而不求於人者也。彼枵然自大者，何足比數乎？脆弱者必折，暴興者必萎，冥行者必蹟，天人怨者必見絶於天人，知之既審，視之如蝡動之蟲，無待吾之争而抑無容驕之也。其來也，以非禮加我而未甚也，姑應之以禮，而告之以正可也；其以非禮加我而不可忍也，閉關以絶其使命而已。欲犯我而我無啓釁之端，欲狎我而我居是非之外，秉義以自彊，固本以待時，飭邊陲之守，杜小利之争，凝静不撓，而飄風疾雨坐視其消散，或人亡之而爲我驅除，或惡已窮而徐申吾天討，則兩者之失亡，而貞勝之理得矣。天下莫敢不服，後世無得而訕矣。張承業何足以及此哉？克用父子之終以詐力窮而不能混一區宇，國祚不延，與假義挑兵者均之失也。

莊生曰：「人莫鑒於流水，而鑒於止水。」勇而悖怒，智而詐諼，皆流水之波也。稍靜以止，而得失昭然，豈難知哉？唐高姑以一紙報李密，差賢於存勗之往賀，雖非王者之道，而猶足以興。毫釐之差，亦相懸絶矣。

九

李存勗據河東與朱温爭天下，亦已久矣。所任者皆搏擊之雄，無有人焉贊其大計爲立國之規者也。其略用士人參帷幕者，自馮道始，沙陀之不永，四易姓而天下終裂，於此可知已。

劉守光之凶虐，觸之必死，其攻易、定，犯彊晋，道諫之而繫獄，然免於刀鋸，逸出而西奔者，何也？孫鶴之流，力爭得失，是以滅身；道之諫之也，其辭必遜，且脂韋之性，素爲守光所狎，而左右宵人固與無猜，是以全也。守光囚父殺兄而道不言，其有言也，皆舍大以規小，留餘地以自全，而聊以避緘默之咎者也。

豈徒於守光爲然哉？其更事數姓也，李存勗之滅梁而驕，狎倡優、吝糧賜也，而道不言；忌郭崇韜，激蜀兵以復反，而道不言；李從珂挑石敬瑭以速禍，而道不言；石重貴不量力固本以亟與虜爭，而道不言；劉承祐狎羣小、殺大臣，而道不言；數十年民之憔悴於虐政，流離死亡以瀕盡，而道不言；其或言也，則摘小疵以示直，聽則居功，不聽而終免於斥逐，視人國之存亡，若浮雲之聚散，真所謂讒諂面諛之臣也。劉守光不能殺，而誰能殺之邪？克用父子經營天下數十年，僅得一士焉，則道也，其所議之帷帟而施之天下者，概可知矣。

嗚呼！人知道之墮節以臣人，不知其挾小慧以媚主，國未亡而道已讎其賣主之術，非一日矣。此數主者，顛倒背亂於黼扆，道且尸位而待焉，不知其何以導諛也？然而不傳者，摘小過以炫直，自飾而藏姦，世固未易察也。

一〇

篡弑以叨天位，操、懿以下，亦多有之，若夫惡極於無可加，而勢亦易於勦絶，無有如朱温者，時無人焉，亟起而伸天討，誠可歎也。

其弑兩君也，公然爲之而無所揜飾；其篡大位也，咆哮急得而並廢虚文；其禽獸行徧諸子婦也，而以此爲予奪；其嗜殺也，一言一笑而流血成渠；爾朱榮、高洋、安禄山之所不爲者，温皆爲之而無忌。乃以勢言之，而抑不足以雄也。西挫於李茂貞，東折於楊行密，王建在蜀，視之蔑如也；羅紹威、馬殷、錢鏐、高季昌，雖暫爾屈從，而一兵尺土粒米寸絲不爲之用。其地，則西不至邠、岐，東不逾許、蔡，南不過宛、鄧，北不越宋、衛，自長安達兗、鄆，横亙一綫，界破天中，而四旁夾之者，皆擁堅城、率勁卒以相臨。其將帥，則楊師厚、劉鄩、王彦章之流，皆血勇小慧，而不知用兵之略。其輔佐，則李振、敬翔，出賊殺，入諂諛，而不知建國之方；乃至以口腹而任段凝爲心膂，授之兵柄，使抗大敵而不恤敗亡。

取其君臣而統論之，貪食、漁色、樂殺、蔑倫，一盜而已矣。而既篡以後，日老以昏，亦祿山在東都、黃巢踞長安之勢也。於是時也，矯起而撲滅之，不再舉而功已就矣。所難者，猶未有內釁之可乘耳。未幾，而朱友珪梟獍之刃，已剸元惡之腹。兄弟尋兵，國內大亂，則乘而薄之，尤易於反掌。然而終無其人焉，故曰誠可歎也。

李存勗方有事於幽、燕，而不遑速進，天討之稽，有自來矣。蓋存勗一將帥之才耳，平一海寓之略，討逆誅暴之義，非其所可勝任也。使能滅朱溫父子，定汴、雒，劉守光瑣瑣狂夫，坐窮於絕塞，將焉往哉？困吾力以與守光爭勝負，朱友貞乃復以寬緩收離散之衆，相持於河上，梁雖滅而存勗之精華已竭矣。

嗚呼！楊行密不死於朱溫淫昏之前，可與有爲者，其在淮南乎？乘彼自亡之機，掩孤雛於宛、雒，存勗弗能抗也。行密死，楊渥弑，隆演寄立人上，徐溫挾內奪之心，不能出睢、亳以行天討，尚誰望哉？行密者，尚知安民固本、任將録賢，非存勗之僅以斬將搴旗爲能者也。故天祐以後，天下無君。必欲與之，淮南而已。然而終弗能焉，故曰誠可歎也。

二

夫人無一可恃者也，己恃之，人亦以名歸之，名之所歸，人之防之也深，禦之也力，而能終有其所恃者，無有。以勇名者，人以勇禦之，而死於勇；以謀名者，人以謀禦之，而死於謀。二者俱自亡之道也，而謀爲甚。何也？勇者，一與一相當者也，萬刃林立，而所當者一二人，其他皆疏隔而不相及者也，故抑必以謀勝之，而不易以勇相禦。謀則退而揣之者，盡人可測也；合千萬人一得之慮，晝忖而夕度之，制之一朝，而非一朝之積也；一人有涯之機智，應無涯之事變，而欲以勝千萬人之忖度乎？夫惟明於大計者，其所熟審而見爲然之理勢，皆可與人共知之而無所匿。持之甚堅，處之甚靜；小利不争，小害不避。時或乘人之瑕，而因機以發。其謀雖奇，人且玩之而不覺。事竟功成，而人乃知其不可測也。此之謂善謀。若夫機變捷巧，自恃其智而以善謀名矣，目一瞬而人疑之，手一指而人猜之，知其靜者非靜而動者非動也，於是此謀方起，人之測之也已先，既已測之，無難相迎而相距，猶且自神其術曰：「吾謀不可測也。」其不敗也鮮矣。

劉鄩與晉兵相距於魏，鄩乘虚潛去以襲晉，奇謀也。然使鄩素以持重行師，御堂堂正正之衆，無譎詐出没之智名，則晉人抑且與相忘，偶一用謀，而晉陽且入其彀中矣。乃鄩固以謀自恃，而人以善謀之名歸之也。存勗曰：「吾聞劉鄩一步百計。」嗚呼！斯名也，而詎可當哉！語亦人窺之，默亦人窺之，進亦人窺之，退亦人窺之，無所不用其窺，雖有九地九天之變計，無不在人心目中矣。無不見制於人，而遑足以制人乎？

是以小勇者，大勇之所不用；小智者，大智之所不事。固吾本，養吾氣，立於不可勝之地，彼且自授我以勝，而我不勞，王者之用兵，無敵於天下，唯此也。故牧誓之戒衆也，唯申以步伐之法，作其赳桓之氣，而謀不與焉。夫豈但用兵爲然哉？兵，險道也，而猶然，況乎君子之守身涉世，以出門而交天下，其可使人稱之曰此智士也乎？

夷狄之彊也，以其法制之疏略，居處衣食之粗獷，養其駤悍之氣，弗改其俗，而大利存焉。然而中國亦因之以免於害。一旦革而以中國之道參之，則彼之利害相半矣。其利者，可漸以雄長於中國；而其害也，彼亦自此而弱矣。

一二

故曰：「魚相忘於江湖，人相忘於道術。」彼自安其逐水艸、習射獵、忘君臣、略昏宦、馳突無恆之素，而中國莫能制之。乃不知有城郭之可守，墟市之可利，田土之可耕，賦稅之可納，昏姻仕進之可榮，則且視中國爲不可安之叢棘；而中國之人被掠以役於彼者，亦怨苦而不爲之用。兩相忘也，交相利也，此順天之紀，因人之情，各安其所之道也。

中行衍説匈奴不貴漢之繒帛，而匈奴益彊，然其入寇之害，亦自此殺矣。單于雖有不逞之志，而中國之玉帛子女，既爲其俗之所不貴，城郭宮室，既爲其居之所不安，則其名王大人至於部衆，咸無所歆羨，而必不效死以爲單于用。匈奴自彊，而漢亦以安，此相忘之利也。

曹操遷匈奴餘衆於河西，婚宦寢食居處變其俗，而雜用中國之法，於是乎啓懷、愍之禍；然而劉、石、慕容、苻、姚、赫連之族，亦如朝菌之榮，未久而萎。其俗易，其利失，其本先弱也。

韓延徽爲劉守光所遣，入契丹，拘留不返，因教以建牙、築城、立市、墾田、分族類、辨昏姻、稱帝改元，契丹以是威服小夷，而契丹之俗變矣；阿保機之悍，亦自此而柔矣。非石敬瑭延而進之，莫能如中國何也。雜華夷而兩用之，其害天下也乃烈。中國有明君良將，則夷以之衰；無人焉，則導之以中國之可欲，而人思掠奪，則中國以亡。延徽雖曰：「我在此，契丹不南牧。」然其以貽毒中國者，不如中行衍之彊匈奴即以安漢也。

女直之陷汴，張穀、郭藥師之使之也；蒙古之滅宋，吕文焕、劉整之使之也㊀。阿骨打、鐵木真，彊悍可息也，宋之叛臣以朝章國憲之輝煌赫奕者使之健羡，則彼且忘其所恃，奔欲以交靡。亂人之害，亦酷矣哉！又況許衡、虞集以聖人之道爲沐猴之冠，而道喪於天下，尤可哀也夫！尤可哀也夫！

一三

劉巖曰：「中國紛紛，孰爲天子！」此唐亡以後五十餘年之定案也。巖既已知之矣，而又擁海隅一曲之地，自號爲帝。趙光裔、楊洞潛、李殷衡之瑣瑣者，冒宰輔之榮名。鄭綮曰：「歇後鄭五爲宰相，時事可知矣。」而終就之，然後乞身而去，則亦歸田之相矣。自知之，自哂之，復自蹈之，苟徼一日之浮榮，爲天下僇、爲天下笑而已矣。

嗚呼！人可不自念也哉？於人則智，自知則愚，事先則明，臨事而暗，隨世以遷流，則必與世而同其敗，人可不自念也哉！勿論世也，且先問諸己；勿徒問之己也，必有以異乎世。桀、紂方繼世以守禹、湯之明祀，而湯、武之革命不疑；周敬王方正位於成周，齊、晉且資其號令，而孔子作春秋，操南面

㊀劉毓崧校勘記云：張穀雖反覆於遼、金之間，然降宋之後，因金人索取，宋人斬首送金，至陷汴之時，穀死已久，其末路與郭藥師、吕文焕、劉整判然不同。此誤紀趙良嗣之事爲穀事也。

命討之權；夫豈問世哉？若其不可，則孫權勸進，而曹操猶知笑之；唐高祖推戴李密，而爲光禄卿以死；皆夫人之炯鑒也。

無德而欲爲君，無道而欲爲師，無勇而欲爲將帥，無學而欲爲文人，曰：天下紛紛，皆已然矣，吾亦爲之，詎不可哉？始而慚，繼而疑，未幾而且自信，無患乎無人之相誘以相推也。鑒於流水者，固無定影也。童子見伎人之上竿而效之，或悲之，或笑之，雖有愛之者，莫能禁也。悲夫！

一四

湯纘禹服，武反商政，王道以相師而底於成。夫湯豈但師禹，武豈但師湯哉？必師禹者其祗台，必師湯者其聖敬也，德不可降也。若夫立法創制之善者，夏、殷之嗣王，不必其賢於我，而可師者皆師也。故曰「君子不以人廢言」。尚書録秦穆之誓，春秋序齊桓之績，以爲一得之賢，可以爲萬世法也。必規規然守一先生之言，步之趨之，外此者皆曰不足法也，何其好善之量不弘，擇善之情不篤也。

唐始置樞密使以司戎事，而以宦官爲之，遂覆天下。夫以軍政任刑人，誠足以喪邦；而樞密之官有專司，固法之不可廢者也。王建割據西川，卑卑不足與於王霸之列。而因唐之制，置樞密使以授士人，則兵權有所統，軍機有所裁，人主大臣折衝於尊俎，酌唐之得失以歸於正，王者復起，不能易也。於是一時僭僞之主多效之，而宋因之，建其允爲王者師矣。

兵戎者，國之大事，汎然而寄之六卿一官之長，執其常，不恤其變，變已極，猶恐不守其常，文書期會，煩苛瑣屑，以決呼吸之安危，兵無異於無兵，掌征伐者無異於未嘗掌矣。屬吏各持異議，胥史亦握樞機，奏報會議喧騰於廷，閒諜已輸於寇，於是天子有所欲爲而不敢洩者，不得不寄之奄人。故曰無異於無兵，無異於無掌征伐者也。

宋設樞密使而不救其弱喪者，童貫等擅之耳。高宗以後，懲貫之失，官雖設而權不歸。藉令建炎之世，有專任恢復之事者，爲韓、岳之宗主，而張俊、劉光世之儔，莫敢不聽命焉，秦檜、湯思退惡得持異議以沮之哉？

宋季之虚設，猶不設也。自是以還，竟廢之，而以委之次登八座、株守其職之尚書，與新進無識之職方。將無曰此唐之敝政，王建之陋術，不足取法，而吾所師者，周官之王道也。以之箝天下言治者之口則足矣，弱中國，孤天子，皆所弗恤。石敬瑭廢之，而速亡於契丹，庸徒愈乎？

一五

宋齊邱請徐知誥除輸錢代折之法，令丁税悉輸穀、帛，繇是江、淮曠土益闢，國民兩富，其故何也？楊氏之有國也，西北不踰淮，東不過常州，南不過宣州，皆水國也。時無冬夏，日無晝夜，舟楫可通，無浹旬在道之久，無越山閘水之難，則所輸粟、帛，無黦敝紅朽之患，民固無推轂經時之費，無耗蠹賠償之害，惡得而不利也？地無幾，稅亦有涯，上之受而藏之也，亦不致歷年未放、淹滯陳腐之傷，上亦惡得而不利也？且於時天下割裂，封疆各守，戰爭日尋，商賈不通，民有有餘之粟、帛，無可貿遷以易金錢，江、淮之閒，無銅、鉛之産以供鼓鑄，而必待錢於異國，粟、帛滯而錢窮，取其有餘，不責其不足，耕夫紅女，得粒米寸絲而可應追呼，非四海一家，商賈通而金錢易得之比也。是以齊邱言之，知誥行之，因其時，就其地，以撫其人民，而國民交利，豈虛也哉？

惟然，而不可以爲古今天下之通法，亦較然矣。轉輸於數千里之外，越崇山，踰絶險，堰涸水，犯狂濤，一石之費，動踰數倍，漂流溼壞，重責追償，山積藪藏，不堪衣食，謂齊邸、知誥爲良法而師之，民以死，國以貧，豈有爽乎？舟行而汲者以盂斞水，林居而樵者以手折薪，市廛而欲效之，其愚也，不待哂也。十畝之農，計粒而炊乃不餒；鬻蔬之子，以囊貯錢乃不失。陶、猗而欲師之，其窮也，可立待也。聞古人一得之長，據陳言而信爲良法，若此類者衆矣！困天下以自困，不足與有言，久矣。

一六

徐温大破錢鏐，知誥請乘勝東取蘇州，温念離亂久而民困，因鏐之懼，戢兵息民，使兩地各安其業，而曰「豈不樂哉」，藹然仁者之言乎！自廣明喪亂以來，能念此者誰邪？而不謂温以武人之能爾也。

均與人爲倫，則不忍人之死，人之同心也，而習氣能奪之。天方降割於民，於是數不仁之人倡之，而鼓動天下，以胥流於殘忍，非必有利存焉，害且隨之如影響。而汶汶逐逐，唯殺是甘，羣起以相爲流轉。乃習氣者，無根株者也。有一人焉，一念之明，一言之中，一事之順，幸而有其成效，則相因以動，而惻隱羞惡之天良復伸於天下，隨其力之大小、心之醇疵，以爲其感動之遠近。苟被其澤，無不見功於當時，延及於數世，則楊行密是已。

當行密之時，朱温、秦宗權、李罕之、高駢之流，凶風交扇於海内。乘權者既忘民之死，民亦自忘其死；乘權者既以殺人爲樂，民亦以相殺爲樂。剽奪争劫，有不自知其所以然而若不容已者，莫能解也。

行密起於卒伍，亦力戰以有江、淮，乃忽退而自念，爲固本保邦之謀，屢勝朱温，顧且畫地自全，而不急與虎狼争食。於是江、淮之寡妻弱子幸保其腰領，以授之徐温。温乃以知全民之爲利，而歆動以生其不忍昧之心。蓋自是江、淮之謀臣戰士，乘暴興之氣，河決火延，以塗人肝腦於原野者，皆廢然返矣。故撫有江、淮，至於李煜而幾爲樂土。温之所謂樂者，人咸喻焉而保其樂，温且幾於仁者，要皆行密息浮情、斂狂氣、於習氣熾然之中所培植而生起者也。則行密之爲功於亂世，亦大矣哉！

嗚呼！習氣之動也，得意則驕以益盈，失勢則激而妄逞，仰不見有天，俯不見有地，外不知有人，内不知有己。易曰：「迷復，凶。」唯其迷，是以不復，有能復者，然後知其迷也。「十年不克」，「七日而反」，存乎一人一念而已矣。當乾坤流血之日，而温有是言，以留東南千里之生命於二十餘年，雖一隅也，其所施及者廣矣！極亂之世，獨立以導天下於惻隱羞惡之中，勿憂其孤也，將有繼起而成之者，故行密之後，必有徐温。此天地之心也，不可息焉者也。

一七

嚴下吏之貪，而不問上官，法益峻，貪益甚，政益亂，民益死，國乃以亡。羣有司衆矣，人望以廉，必不可得者也。中人可以自全，不肖有所憚而不敢，皆視上官而已。上官之虐取也，不即施於百姓，必假手下吏以爲之漁獵，下吏因之以讎其箕斂，然其所得於上奉之餘者亦僅矣。而百姓之怨毒詛呪，乃至叩閽號愬者，唯知有下吏，而不知賊害之所自生。下吏既與上官爲鷹犬，復代上官受縲紲，法之不均，情之不忍矣。

將責上官以嚴糾下吏之貪，可使無所容其私乎？此尤必不可者也。胥爲貪，而狡者得上官之心，其虐取也尤劇，其餽獻也彌豐；唯瑣瑣簞豆之闒吏，吝纖芥以封殖，參劾在前而不恤，顧其爲蠹於民者，亦無幾也。且有慎守官廉，偶一不撿而無從置辯者矣。故下吏之貪，非人主所得而治也，且非居中秉憲者之所容糾也，唯嚴之於上官而已矣。嚴之於上官，而貪息於守令，下逮於簿尉胥隸，皆喙息而不敢逞。君無苛核之過，民無訟上之愆，豈必炫明察以照窮簷哉？吏安職業，民無怨尤，而天下已平矣。

下吏散於郡邑，如彼其遼闊也，此受誅而彼固不戢，巧者逃焉，幸者免焉。上官則九州之大，十數人而已，司憲者弗難知也；居中司憲者，二三人而已，天子弗難知也。顧佐潔身於臺端，而天下無貪吏。握風紀之樞，以移易清濁之風者，止在一人。慎之於選任之日，獎之以君子之道，奚必察於偏方下邑而待小民之訐訟其長上乎？楊廷式按縣令之受賕，請先械繫張崇，而曰「崇取民財，轉獻都統」，歸責於徐知誥也，可謂知治本矣。

一八

張承業之忠，忠於沙陀耳。或曰「唐之遺忠」，豈定論哉？李存勗得傳國寶，將稱帝，承業亟諫止之，欲其滅朱氏，求唐後復立之，削平吳、蜀，則天下自歸，雖高祖、太宗復生，不敢復居其上，以立萬世之基。此其以曹操、劉裕處存勗，而使長有天下也明甚，豈果有存唐復辟之心乎？使能求唐後以立邪？則朱温篡奪之日，可早立以收人心。承業噤不一語，而必待朱氏既滅之後，此則何心？

惡莫大於弒君，而篡國次之。篡者，北面稱臣而又攘奪之之謂也。若夫故主已亡，乘天下無君以自立，則抑可從末滅矣。使沙陀滅逆賊，定天下，而退守臣服，洵忠臣之效也。沙陀即不能然，而承業以此爲志，功雖不就，自不損其孤忠。乃承業不然，陽奉李氏，爲沙陀欺天下之囮。藉令果如其言，朱氏滅，吳、蜀平，建不世之功，擁震主之威，然後脅贅疣之君，奉神器以歸己；爲之君者，柔懦而安於亡，則如晉恭帝之欣然執筆而終不免於鴆，如其挾不平以圖存，則成濟之刃且剚其胸，存勗之果成乎篡弒，而李氏之子，以頸血易一日之衮冕，不已慘乎？

躁人之意計，偷求一旦之尊榮；姦人之權謀，敢竊欺天之名義。承業奄人耳，盡心於沙陀，而欲欺天下，無足怪者，君子固不可罔也。存勗不從其策，猶得免於篡弒之元惡，而李氏之苗裔，不致如元魏、宇文之赤族，飾虛名以伏隱慝，猶且謂承業之忠於唐也。導天下以僞而賊仁義，必斯言也夫！

一九

朱溫滅後，五姓之主中土者，皆旋奪於握兵之臣。即不能奪，而稱兵以思奪者，此撲而彼興，無他，唯無相而已。無相者，非必其時之無人也，抑非偏任武人，而相不能操國柄也。藉令有其人，欲授之國柄，固將不能。何也？崛起之日，初不與聞大計，一旦稱帝，姑且求一二人以具員而置之百僚之上，如仗象然，誰從而聽之哉？

李存勗之欲爲帝久矣，日率將士以與朱氏争存亡，而内所任者故奄張承業，外則姑以馮道司筆墨而已。未嘗一日運目遊心於天下士，求一可任者，與定大謀、經畫天下之治理。至於梁勢將傾、衆争勸進之日，乃就四鎮判官求一二人以爲相。大謀非所與聞，大任非所夙擬，其主雖聞名而非所矜式，其將相雖覿面而不與周旋，一旦加以枚卜之虛名，使處百僚之上，彼挾百戰之功匡扶以起者，固曰：何從有此忽起在位之人居吾上邪？彼固藉我以取富貴，而惡能不唯我是從乎？漢高相蕭何，乃至叱諸將之功爲狗而不怒者，實有大服其心者，非一朝一夕之故也。豆盧革、盧程依戎幕以起家，惡足勝其任哉？名之曰相，實均於無相。樞密得操其行止，藩鎮直視爲衙官。天子孤立，心膂無託，奪之也如吹槁，弗復有難焉者矣。

天下可無相也，則亦可無君也。相輕於鴻毛，則君不能重於泰山也。故胡氏曰：「人主之職，在論相而已。」大有爲者，求之夙，任之重，得一二人，而子孫黎民世食其福矣。

二〇

君臣、父子，人之大倫也。世衰道喪之日，有無君臣而猶有父子者，未有無父子而得有君臣者也。自朱温以至柴氏，七姓十五人，據中土而稱帝，天下後世因而帝之。乃當時之臣民，固不傾心奉之以爲君，劫於其威而姑號之曰天子，君臣之倫，至此而滅裂盡矣。尤可憫者，併其父子而亂之。漫取一人而子之，遂謂之子；漫推一鬼而祖考之，遂謂之祖考。於是神怒於上，人迷於下，父子之恩，以名相假，以利相蒙，其與禽獸之聚散也奚別？如是而猶望天下之有君臣也，必不可得之數矣。

沙陀夷酋耳，唐蔑天逆理而賜之姓，遂假以競於朱温曰：吾李氏子也。存勗稱帝，仍號曰唐，以高祖、太宗、懿宗、昭宗雜朱邪執宜、朱邪赤心之中而祖之，唐之祖宗，能不恫怨於幽乎？嗣是而徐知誥者，不知爲誰氏之子，乃自撰五世名諱，選吳王恪而祖之。嗚呼！蔑論隴西之苗裔猶散處於人閒，天之弗祐，亡則亡耳，絶則絶耳，何忍取夷狄盜賊之子而以爲子孫哉？所謂辱甚於死亡也。後世史官猶從而奬之，曰：此唐也，可以紹李氏之統者也。天理無餘，人心盡椓，至此而人不足以存矣。詩不云乎？「謂他人父，終莫我顧。」逆風所煽，號爲天子者且然，又何怪乎賈謐、秦熺之爚亂天常也。

二

李存勗不可以爲天子，然固將帥之才也，知用兵之略矣，得英主而御之，與韓信齒。奚以明其然邪？麏之走也捷於虎，卒爲虎獲者，數反顧也。規規恃其穴以爲所據，其偶敗也，急奔而護其穴，其勝也，復慮人之乘己而内熒，於是内未潰而外失可乘之機，敵且蹙之使自斃於穴中，未有不敗者也。存勗知此矣。

自克用以來，太原其根本也，則澤潞其喉吭也。太行之險一失，則井陘之道且危。存勗殫全力以圖東方，澶、鄆懸隔千里之外，閒以趙、魏，潞州叛，澤州陷，太原内蹙，而東出之師，若脊斷而不能舉。於斯時也，不知兵者，必且舍澶、鄆以旋師而西顧，乃一受其掣，而踉蹌以返，王彦章之流，躡其跡而乘之，太原其委命之墟矣。而存勗之計此決矣，李繼韜之内叛，視若疥癬；澤州之失，唯惜裴約，而棄若贅疣；急攻楊劉，疾趨汴、雒，一戰而朱氏以亡，其神矣哉！太原自克用修繕城隍以來，非旦夕可拔者，大兵集於東方，繼韜雖狡，梁人雖鷙，必不敢遽爾合圍，不憂歸師之夾逼。敵見吾視澤、潞之亂若罔聞，則益不測吾之所爲，膽先自破，沮其乘虚之計，而河上之師終恃此以爲撓我之令圖，則慮我之情緩，而相防之計疏。此一舉而襲梁都，夷友貞，平河南，規恢之大略也。微韓信，孰足以及此？謂存勗爲將帥之才，非虛加之矣。

納其身於内，而外日陵乘而不能禦；投其身於外，則内雖未固而自可無虞。大略可以不傾，則姑置之，而縱横游衍，無不可以自得。此處身之善地，即安心之妙術也。嗚呼！知此者鮮矣。項羽急返西楚，而漢追之；唐置太原，聽劉武周、梁師都之侵犯，以亟攻東都，而三寇皆夷；得失之機，決於此耳。庸人怙其所已得，志士忘其所已能，志量之不齊，善敗之所自殊也。知此者，可與立功，可與定亂，可與進善，可與廣業。明此者哲，昧此者愚，豈徒用兵爲然哉？

二二

成而不傾，敗而不亡，存乎其量之所持而已，智非所及也。量者心之體，智者心之用。用者用其體，體不定，則用不足以行；體不定而用或有所當，惟其機也。機者發而可中，而不足以持久，雖成必敗，苟敗必亡。故曰非智所及也。項羽、李存勗戰而必勝，犯大敵而不撓，非徒其勇也，知機之捷亦智矣，然而卒以傾亡者，豈智之遽窮乎？智則未有不窮者也。

項羽不足以持敗，一摧於垓下，遂憤恚失守而自剄，量不足以勝之也。藉令戢悻悻之怒，渡江東以爲後圖，韓、彭、英布非不可移易而必忠於漢者，收餘衆，閒羣雄，更起而角死力，漢亦疲矣。而羽不能者，量止於一勝之威，敗出於意外而弗能自固也。羽可以居勝而不可以持敗，故敗則必亡，存勗可以忍敗，而不足以處勝，故勝則必傾，一也。李嗣源定入汴之策，既滅朱友貞，一入汴而以頭觸嗣源曰：「天下與爾共之。」卒爲嗣源所迫，身死國亡，量不足以受之也。藉令忍沾沾之喜，以從容論功而行賞，人且喻於君臣之義，雖有大勳，亦分誼所當盡，嗣源雖挾不軌之心，無有爲之效命者，自歛雄心以俯聽。而存勗不能者，量盡於争戰之中，勝出於意外而弗能自抑也。

漢高一敗於彭城，再敗於滎陽，跳身孤走，而神不爲怵，故項羽終屈其難折之鋒；宋祖端居汴京，曹彬爲下江南，收六十餘年割據不服、數千里之疆土，而不輕授以使相，故功臣終安臣節而天下定。成大業者，在量而不在智，明矣。量者，定體於恒者也。體定於百年之長慮，而後機不失於俄頃之利鈍。憂喜變遷，須臾不制，轉念知非，而勢已成乎莫挽，唯定體之不立故也。敗則唯死而已，勝則驕淫侈靡，無所汔止，羽、存勗之以傾敗終也，決於此耳。

生之與死，成之與敗，皆理勢之必有，相爲圜轉而不可測者也。既以身任天下，則死之與敗，非意外之凶危；生之與成，抑固然之籌畫。生而知其或死，則死而知其固可以生；敗而知有可成，則成而抑思其且可以敗。生死死生，成敗敗成，流轉於時勢，而皆有量以受之，如丸善走，不能踰越於盤中。其不動也如山，其決機也如水，此所謂守氣也。氣守而心不動，乃以得百里之地而覲諸侯、有天下，傳世長久而不危。豈徒介然之勇，再鼓而衰，不足恃哉？智足以制勝，而俄頃之閒，大憂大喜之所乘，聲音笑貌傳其摇蕩無主之衷，傾敗即成乎莫挽。豪傑之與凡民，其大辨也在此夫！

讀通鑑論卷二十九

五代中

一

伐蜀之役，郭崇韜諫止段凝爲帥，議正而事允矣；其復止李嗣源之行，則崇韜之自滅與滅唐也，皆在於此。

崇韜請遣繼岌，固知繼岌之不可獨任，而必需已副之，名爲繼岌，實自將也。崇韜之辭鎮汴州也，曰：「臣富貴已極。」至此而又貪平蜀之功利，豈冒昧不止哉？蓋以伐蜀爲自全之計。而反以此自滅者，何也？位尊權重，其主已疑，内有豔妻，外多宵小，稍稍裁正，衆方側目，故憂内之不可久居，而欲息肩於閫外，上挾冢嗣，下結衆將，相倚以安，冀可遠讒人之怨以自立於不拔之地，可謂謀之已工矣。乃不知讒佞交加之日，顧離人主左右，握重兵，據腴土，成大功，媢忌益深，在廷者又以睽離不親，心皆解散，固將益附姦邪而聽其嗾噬；況乎奄有王建畜積之藏，多受降將邀歡之賄，躡鍾會之已迹而益以貪，則必罹衛瓘之網羅而弗能辯，誅死在眉睫而不悟。其工也，正其愚矣。

李嗣源有河上先歸之釁，載入汴決策之功，假之以兵，資之以蜀，則且爲王建，而爲朱邪氏樹一勁敵於西方；故崇韜身任之以抑嗣源，損其威望，而使易制，俾存勗無西鄉之憂，其爲存勗謀也，亦可謂工矣。而不知蠶叢一隅，以叛易，以守難，若欲窺秦、隴出劍閣以争衡於中國，則諸葛且不能得志，故曹丕曰：「囚亮于山。」嗣源即懷異志，惡能度越重險以犯順，何似擅河朔之富彊，拊汴、雒之項背，建瓴南下，勢無與遏邪？畏虎豹之在山林，乃驅之以居園垣之右，便其噬攫，而崇韜不知也。

朱邪氏之寇，深於腹心矣。繼岌，欲使立功以定儲者也，而殺崇韜者繼岌；董璋、孟知祥，所倚以鎮撫諸將而定蜀者也，而亂蜀者璋與知祥；抒忠而逢怒，推信而召逆，自後觀之，其愚甚矣。乃一皆崇韜之夜思早作，自謂十全之遠慮也。繇此思之，退而全身，進而已亂，豈智計之能勝任哉？抑彊止逆、弭妬消嫌之術，豈有他焉？勿尸功，勿府利，靖諸己以立於危亂之中，則猜主佞臣與震主之權，皆翕伏於鎮定之下。崇韜固不足以與於斯也，禍不㊀速於反掌，足爲永鑒已！

二

受命專征，伐人之國而滅之，大功之所歸，尤大利之所集也。既已據土而有國，其畜積必饒；既已有國而又亡之，其黷貨而寶珠玉也，必多藏以召奪；且其權貴納款，欲免誅夷而徼新寵，其薦賄也，必輦載以湊大帥之門；其爲大利之所集也，必矣。大功不可居，而非不可居也。曹彬與平西蜀，獨下江

㊀ 校記「不」字作「敗」字。

南，而任兼將相，世享榮名，大功灼然在己，而豈容遜避？所以自免於危者，利耳。

且夫功成而上爲主忌、下召人疑者，唯恐其得衆而足以興也。十夫之聚，必以豚酒；蠱民歸己，必以私恩；籠絡智謀勇力之夫，必以餽贈；兵甲芻糧之費，必以家藏。藉令功成歸第之日，車還甲散，行橐蕭然，遊士無所覬而不躡其門，百姓與相忘而不歆其惠，應門皆樸樕之人，宴會無珠璣之客，則雖猜主忮臣，亦諒其不足有爲而坦然信之；左右佞幸，亦知其無可求索而恩怨兩消；雖有震主之功名，亦何不逌然於曠夷之宇哉？

諸葛公曰：「淡泊可以明志。」故薄田株桑，所以踐其言而允保忠勳之譽，豈虛也哉！夫郭崇韜者，惡足以知此乎？其主既已忌之矣，哲婦壬人又争變黑白以將置之死，而滅蜀之日，貨寶妓樂充牣其庭，以此而欲求免於死也，必不可得之數也。

嗚呼！豈徒爲人臣者受命專征以亡國之貨寶喪其身哉？人主之不以此而貽子孫黎民之害者，蓋亦鮮矣。漢高帝之入關也，秦併六國，舉九州數百年之貨寶，填委於咸陽，古今之大利，亦古今之至危，不可居者也。樊噲一武夫耳，知其不可據而斥之如糞土，帝聽其言，爲封府庫，非但當時消項羽之惡怒、遠害於鴻門也，且自羽焚宫以後，秦之所積，蕩然四散，而關中無鈞金尺帛之留，然而既有天下，古今稱富者，莫漢若也。唐起太原，而東都之藏，已糜於李密、王世充之手；江都之積，又盡於宇文化及之徒。蕩然一虛枵之天下，唐得之而海内之富上埒於漢。宋則坐擁郭氏世積之資，獲孟昶、李煜、劉鋹之積，受錢俶空國之獻，其所得非漢、唐之比也。乃不數傳而子孫汲汲以憂貧，進王安石、吕惠卿以奪民之錙銖，而不救其亡。合而觀之，則貧者富而富者貧，審矣。

所以然者何也？天子以天下爲藏者也。知天下之皆其藏，則無待於盈餘而不憂其不足，從容調劑於上下虛盈之中，恆見有餘，而用以舒而自裕。開創之主，既挾勝國之財爲其私橐，愚昧之子孫，規規然曰：此吾之所世守也。以天子而僅有此，則天下皆非其天下，而任之貪冞之臣，貪者竊而冞者廢，國乃果貧，則虐取於民，而民乃不免於死。侈者既輕於縱欲，吝者益競於厚藏；侈猶可言也，至於吝而極矣。朽敝於泥土之中，乾没於戚宦之手，猶且羡前人之富而思附益之。卒有水旱，民填溝壑，或遇寇亂，勢窮輸輓，乃更竊竊然唯恐所司望吾私積，而蔽護益堅。若田野多藏之鄙夫，畏人之求貸而蹙額以告匱，惡知有天下之爲天子哉！守其先世之寶藏以爲保家之懦夫而已。匹夫而懷是心，且足以亡家而喪其軀命，況天子乎？

漢、唐之富，富以其無也；宋之貧，貧以其有也。國亡身戮，更留此以爲後起敗亡之媒，哀哉！武王散鹿臺、鉅橋之積，非徒以仁民也，不使腐穢之藏教子孫以侈吝也。李存勗之爲君，郭崇韜之爲將，斗筲耳，以利相怨，而交鬭以亡，又何足算哉！

三

有一言可以致福，有一言可以召禍，聽其言知其所以言，吉凶之幾決矣。言固有飾爲之者焉，從容擬議而撰之以言，行固不踐，心固不存；又有甚者，假義以讎利，假仁以讎忍，是非不生於心，吉凶固不應也。至於危困交於身，衆論摇於外，生死存亡、取舍趨避閒不容髮之際，於此而有言，則其心無他，而言非僞飾，此則吉凶之幾所自決也。李嗣源當郭崇韜、李存乂、李繼麟駢首夷族之日，朱守殷戒以震主之勳，勸爲遠禍之策，而嗣源曰：「吾心不負天地，禍福之來無可避，委之於命耳。」斯言也，可以全身，可以致福，終以奄有朱邪氏之國，不亦宜乎？

奚以知其言之從心，而非中懷毒螫姑爲委命之説以欺世邪？李存勗耽樂昏昧，伶人操生死之柄，功臣之危，旦不保夕。於斯時也，嗣源非闇於術者，而思惟之路已絶，曠然遠念，惟有委命之一道可以自安。郭崇韜任氣於先而營私於後，禍已見矣，固有以知其無可柰何之下，唯宅心鎮定以不紛也。

奚以知其行之能踐也？委身昏亂之廷，死亡在旦夕，終不求脱身歸鎮擁兵而待亂，受命討鄴，乃從容以去。唯無求去之心，故廷臣得以推轂，存勗釋其猜疑，而晏然以行也。則當其正告守殷之日，嗣源之心，無疑無隱，昭然揭以示人，消无妄之災，獲隕天之福，皆非以意計幸得。而終始所守者，委命之一言也。充斯言也，即許以知道焉可矣。故其得國以後，舉動多中於理。而焚香告天，求中國之生聖人，蓋亦知天之所佑，必不在乘虛據位之異類㊀，廓然曙於天命之常，而目睫之紛紜，不爲目眩而心熒也。

君子於僭僞之主有取焉者，唯嗣源乎！苻堅、拓拔宏僞飾以誣天而罔人，其善也，皆其惡也，何足論哉！夫不知命而飾爲之説曰「吾知命也」，有之矣；不信有命而飾爲之説曰「吾委命也」，未之有也。若嗣源者，信之真，故言之決也。

㊀「異類」二字刻本闕，據校記補。

四

李嗣源之不欲犯順以攘國，非僞也。朱守殷勸其歸鎮而不從，趙在禮帥諸將迎奉而泣辭之，皆死生之際也。乃置身於宵小之中而不懼，跳出以集兵雪恥而不遑，固可信其立志之無他矣。然而終不免於逼君篡國之逆者，爲諸將所迫，而石敬瑭其魁也。敬瑭曰：「安有上將與叛卒入賊城而他日能免者？」此言出而嗣源窮矣。既不能保其腰領與妻子，而抑受從逆之罪以伏法，名實交喪，取生平而盡棄之，天高地厚，嗣源無餘地以自容。敬瑭所爲持其肯綮要以必從者，機深而言厲，嗣源惡得而不從邪？惟其然，而嗣源之昧於事幾以失斷，亦愚矣！

敬瑭之強使舉兵也，豈果盡忠效死戴主帥以定大業哉？自唐亡以來，天下之稱帝稱王者，如春雨之蒸菌，不擇地而發，雖名天子，實亦唐之節度使焉耳。李存勗滅梁而奄有之，地差大於羣雄，而視劉巖、錢鏐、王延翰也，亦無以異。主無恆尊，臣無恆卑，民亦初無恆嚮，可奪也，則無不可奪也。以存勗之百戰成功如此其炎炎也，不數年而已熸，則嗣源一旦捲甲犯主以橫有其國，又豈有長存之理？其旋起而可旋滅，人皆知之，而敬瑭料之熟矣。嗣源不反，存勗雖亡，烏必止於他人之屋。敬瑭輩部曲偏裨，望淺力微，安能遽爲弋獲乎？康義誠、李紹虔、王建立、李紹英咸有此心，而敬瑭以子壻之親，握牙之重，固將曰嗣源之後，舍我其誰邪？蓋亦如史憲誠、朱希彩、朱滔之相因以奪節鉞耳。嗣源亦微測之，故祝天求生聖主以絕此淩奪之逆，自知其國不可永，而敬瑭決策犯順之邪心，必不能保之身後，顧低回顧眄無以自主，荏苒而從之，識者固憐其柔以愚也。

夫嗣源之處此，一言而決耳。斬石敬瑭以息浮議，悉力以攻趙在禮而平之，待繼岌之歸而定其儲位，則亂亦自此而息。若存勗忌深而猶不免，則嗣源固曰「無負於天地，委之於命」，又何憂懼之有哉？

唐之亂甚而必亡也，朱温竭其姦謀十餘年而後簒。朱温之虐也，存勗血戰幾死幾生而後滅之。乍然蹶興，不折一矢，不需旬月，而即帝於中土，自嗣源始。敬瑭、知遠、郭威皆旦北面而夕黼扆，如優俳之冠冕，以成昏霾之日月，嗣源首受其惡，以成敬瑭之姦。嗚呼！惟其愚也，辭大惡而不得矣。

五

李嗣源即位之初，詔諸使貢奉毋得斂於百姓，禁刺史以下不得貢奉。然則自此以前，諸使立貢奉之名以虐取於民，下至守令，亦可以財賄交於人主，久矣。

進奉始自唐德宗，至宣宗以後而愈濫。其始官有餘財，小人不知散於州府之固爲天子有，而以之獻諛。庸主懲於播遷之貧，而恃爲非常之備，因而不拒，日加甚焉。及乎官不給而索之民，貢有涯而取無藝。龐勛之亂，起於軍府之虛；黄巢之亂，起於掊斂之急。垂至唐亡，天下裂，民力盡，而不能反。則其俛首剜肉以充獻納，蓋不知其流禍之何若矣。乃其率天下以無忌憚，蔑上下之等，視天子若亭長三老之待食於雞豚，則置之廢之、奪之奪之、易於反掌者，亦緣此爲致禍之源。何也？天子者，以絶乎臣民而尊者也，故曰「天險不可升也」。刺史以下微賤之吏，得以錙銖上交於殿陛，則所謂天子者，亦下吏交遊之儕伍耳。置之廢之，奪之奪之，又何忌乎？

或曰：三代之王天下也，方五十里之小國，亦得以幣玉上享於王。四海交媚於一人，一人未嘗輕也，進奉何病哉？曰：即此而推之，三代之法，不可挾以爲名，治後世之天下，非一端而止矣。古之諸侯，雖至小弱，然皆上古以來世有其土，不以天子之革命爲廢興，非大無道，弗能滅也。新王受命，雖有特建之國，亦必視此而不容獨異。故天子者，亦諸侯之長耳。列國取民之制，各從其舊，而不盡奉新王之法。其與諸侯以兄弟甥舅相往來，頡頏上下，法不能伸，故唯恃禮以綏之，使其賓服，大要視今安南、緬甸之稱臣奉貢而已。使享使聘，以財相接，亦王者因時服遠之權宜，非可必行於萬世者也。天下而既一王矣，上以祿養下而下弗能養上，揆之於理，亦法天之顯道也。天養萬物，而物莫能致其養，以道相臨而交以絕，交絕而後法伸，法伸而後道建，清虛在上，萬彙咸受其裁成。使三代王者處後世之天下，憲天出治，亦如此而已，何事齪齪然受下邑小臣之壺觴簞笥哉？

且天下之賦稅，皆天子之有矣，不欲私之，而以祿賜均之於百官。既已予之，則不可奪之以歸己。於是而廉隅飭焉，風教行焉。推此而定上下之章，以內臨外，以尊臨卑，以長臨屬。司憲者，秉法以糾百職，百職弗敢褻也；奉使巡宣者，銜命以行郡邑，郡邑弗敢黷也。君子之廉以獎，而小民之生以遂。故爲之禁制以厚其坊，督撫監察郡守，不敢奉其壺飧；方面監司邑令，不敢呈其竿牘。以法相裁，以義相制，以廉相帥，自天子始而天下咸受裁焉。君子正而小人安，有王者起，莫能易此矣，而何得藉口三代之貢享上交以訓貪而啓漁民之禍哉？

且三代之衰也，天子求金車，而中肩之難作；大國索裘馬，而鞭尸之怨深。禹、湯、文、武承上古之流，不能遽革，其流弊亦可見矣。繼此而興者，塞源唯恐不嚴耳。通古之窮，乃可以御今；酌道之宜，乃可以制禮，故曰「所損益可知也」。使古有之，今遂行之，因流濫而莫之止，則唐、宋之進奉，何以遽召敗亡？而嗣源之禁，其上下不交之否道乎？

六

李嗣源召術者周玄豹，趙鳳諫止之，曰：「術者妄言，殺人滅族多矣。」偉哉！不易之論也。殺人滅族者，就謀逆不成者而言，鳳有所諱而偏舉之耳。謀而成，則李存勗斃於一矢、焚於樂器以亡國矣。謀而成，至於亡人之國；不成，則以自滅其族，固多有之。然天下之欲圖神器者無幾，而時之可乘、力之可亂者，尤不數有。則術者之害，疑於未烈，若不必嚴斥而厚禁之也。

雖然，奚必如玄豹之許嗣源以貴不可言，導以反逆，而後爲天下禍哉？舉古今，盡天下，通士庶，苟信術者，無不受其陷溺；而蔑天理，裂人倫，趨利而得害，圖安而得危，無有不然者也。故王制曰：「假於時日卜筮以疑衆，殺。」夫術者志盡於衣食，非有大慝焉，而使服上刑，不已過與？乃觀其惑民之流害所極，而後知先王之法，以正人心、維風教，齊民以禮而全其恩義，誠至矣哉！

星相也，葬法也，壬遁時日也，火珠林、觀梅、河雒之數兆也，鬻之以受愚人之濡沫，乃使婚者失其配偶，居者去其樂土，死者暴其骴骼，兄弟相疑以相害，鄰里相軋以相吞，獄訟繁興，殺傷相踵，生人之禍，至此而極，非殺之何足以當其辜哉？然則殺人滅族之禍，非徒圖謀不軌者爲然，身以之殺、族以之滅而不知者多矣！身幸不殺，族幸不滅，而冒昧以趨於禽行，則盡古今天下之愚者胥然也。善推趙鳳之言，以極其情事之必然，術者之可畏，有如是哉！

解縉庖西封事，請廢大統曆建除宜忌之文，以絶術者之源，誠卓論也。鳳與縉非能知道者，而秉正以拒邪，守先王之典訓，賢於蔡西山遠矣。

七

王環爲馬殷攻高季興，大敗之，薄江陵城，斂兵而退。謂荆南爲四戰之地，宜存季興以爲楚扞蔽，策之善者也。季興雖存，不能復爲殷患，而委靡以苟存於吴、蜀、汴、雒之交，以閒隔長沙而不受兵，故殷得以保其疆土。雖然，藉此而圖固本自彊之術，息民訓兵以待天下之變，則雖大有爲焉可矣。無以善其後，而徒幸兵之不我及，以安旦夕，則所謂「無敵國外患者國恆亡」也。殷之陋也，非環之失計也。

天下當戰争不定之世，所甚患者，受天下之衝以犯天下之難，力未完，業不及遠，驟得勝而扼吭揿脊以召敵之攻，其敗也可立而待，而愚者幸之以居功。越之與楚，不相及也，句踐滅吴，而後越受楚兵以亡。契丹滅而女直之禍中於汴，女直滅而蒙古之禍中於杭，皆弱不自量，撤藩籬而欣幸以召攻者。夫豈但弱者爲然哉？齊桓公而知要衝之地不可争也，姑置江、黄爲不侵不叛之國以隔楚，則陳、蔡、鄭、許可以安於北嚮。急收江、黄，授楚以兵端，而二國滅。於是楚一伸臂而旋及於泗上，無所礙矣。

彊弱之積，非一旦之復；偶然之勝，非持久之術。故曰「地有所不争」，非散地之謂也。散地者，敵視之如贅疣，而我收其實利，得之也可以厚吾力，而不犯敵之全力以相逼。唯夫南北之襟喉，東西之腰領，忽爲我有而天下震驚，得則可興，失則必危，興者百一，而危者十九，竭吾財、殫吾力以保之，一仆而瓦解。策士無識，乃曰：此要地也，所必争者也。不揣而聽之，致死以争之，可爲寒心矣。善用王環之謀，以養吾全力，使彊敵相忘而可大得志於天下。惜乎馬殷之不足以及此也，爲怯而已矣。雖然，猶可以不亡，待之再世也。

八

唐亡以後，不知始於何日，禁民造麴，官造賣之以收息。既自號爲帝王，而所行若此，陋無以加矣。又其甚者，禁民鑄鐵，官鑄農器，强市於民，則尤不仁之甚者也。雖然，猶未甚也。李嗣源天成三年，聽民造麴，而於秋税畝收五錢，又三年，聽民鑄農器，於夏秋税二畝收農具三錢，自謂寬政，而不知其賊民之益甚也。造麴者非必有田，有田者方待麴於人而不知造，無端而代鬻麴者以輸税，其税之也何名？至於鑄農器者，不耕而獲農人之粟，哀此貧農，輟餐褫衣以博一器，而又爲冶人代税。二者横征，而後農民之苦日積而月深矣。

作此俑者，其情易知也。居於上而號爲帝王，則民皆惟吾所取而無不可得也。而工賈善爲規避，則取之也，勞心力而不能必得。唯農民者，越陌度阡而不知所往，舍稼穡而無以爲生，人雖逃而田不移，田即蕪而額固存，宗族里井苟在籍者，皆可責以代輸而無可避，奚暇問名之所宜、實之所允哉？簡易便捷，懸桁楊以擬其項背，取盈焉而已矣。

造麴鑄器者，居贏以宴處；而經年不見麴、稱貸以買器者，俯首而唯其箕斂。嗚呼！是尚有所控告乎？乃爲之説曰：畝五錢耳，二畝三錢耳，無大損於民，而合以成多。哀哉！日益之，歲增之，不見多而已積矣。至不仁者，自矜其得利之易，合併以責之田畝。此法一立，相仍者纍積而不已，明主弗能察也，惠主弗能蠲也，延及數百年，而户口鹽鈔桑絲錢息車船木竹之税，一洒散之於田畝。瘖不能言，蹇不能去，坐受工賈山澤之征，習焉而莫測其所以，皆自嗣源始之。孰謂嗣源爲有仁心而幾於小康乎？

九

不能謀身而與之謀國，其愚不可瘳；不能謀國而許之以安民，則論史者之耳食而塗説者也。李嗣源，胡人之錚錚者耳。其篡奪也，年已老矣，驕奢淫泆之事，以血氣衰而且息，於是或一言焉有恤民之辭，閒一念焉有蘇民之志，乃其所託國者則安重誨也。夫重誨之姦與忠勿論，而舉生殺予奪一任其喜怒，脅持其主以鉗制羣僚，激董璋、孟知祥而唯恐不爲禍先，其主厭之而不戢，上下胥切齒怨之而不憂，碎首横尸而不知禍之所自發，其謀身之愚也如此，而嗣源所與託國者，則重誨也。流血濺於宫庭，攘奪懸於眉睫，如是而欲求斯民一日之安，其可得乎？

當其時，天地閉，龍蛇爭，固乏賢矣。然文臣則如任圜之盡力以憂公，張文寶之秉禮以重國，趙遠之見禍於幾先；武臣則如康福之外還而宣力，姚洪之抗節以致命。善用之皆可以任大，而重誨娼疾以閒之，嗣源弗能用也。孫晟、韓熙載且南走吴以思反噬。夫豈無人哉？以權謀與同起者親之，以矗獷與相叶者狎之，故久知重誨之惡，而復與相持泣下。詹詹之智，得國而已窮；呴呴之仁，昵愛而難割。乃至從燦血重誨之刃，爲從珂乞命於重誨，而幽辱無聊，血胤之不保，尚能推惻隱之心以施於邦國乎？

且非徒重誨也。重誨誅，而范延光、趙延壽踵之而進，姦頑且出重誨右矣，而後國以必亡。民之死者，不知其幾千萬矣，尚曰可以安民也哉？

嗚呼！民之有生也，恃上之不絕其生也。上能保民之生也，必先知自保其生也。忘其身之死亡，則無復念人宗社之存亡。任一往之氣，乘須臾之權，何不可爲也？愚者日與之居，臭味相移，則念偶動於慈柔而輒爲中沮，己在陷溺之中，何暇援人之溺也？風愆稍艾，虐政稍蘇，暫覺其有小康之德，而身死國亂，孽子悍壻狺争於中，而契丹㊀乘之以入，皆自重誨啓之，嗣源召之。一言一事之惠澤，杯水之於車薪，孰能許之以仁邪？

一〇

仁者，有生之類所必函也；生者，上天之仁所自榮也。故曰「本立而道生」。仁動於天，厚植於心，以保其天性之親，於是而仁民愛物之德，流行於天下，人道之生也；於是而傳世永久之福，垂及於百世，天道之生也。於吴越錢氏有足深取者。

錢鏐與董昌爲流匹，起羣盜之中，其毆人争戰，戕民逞志，屈志逆賊，受其僞册，與高季興、馬殷、劉巖、王延政、孟知祥互有長短，而無以大異。則爝火之光，宜其速熸耳。而延及宋世，受爵王廷，保世滋永，垂及於今，猶爲華族，子姓蕃衍，徧於江東，夫亦何道而致然哉？

㊀ 校記「契丹」作「犬羊」。

仁莫大於親親，非其私之之謂也。平夷其心，視天下之生，皆與同條共貫，亦奚必我父兄子弟之必爲加厚哉？此固不可深求於物理，而但還驗其心之所存、與所必發者而已。均之爲人，而必親其親者，誰使之然也？謂之天，而天未嘗詔之；謂之道，而道亦待聞於講習辯説之餘矣。若其倏然而興、怵然而覺、惻然而不能忘者，非他，所謂仁也。人之所自生，生於此念，而習焉不察耳。釋氏斥之爲貪愛之根，乃以賊人而絶其類。韓愈氏曰：「博愛之謂仁。」言博也，則亦逐流而失其源也，博則其愛也弛矣。

有人於此，可生也，亦可殺也，見爲可生，而生之也快，見爲可殺，而殺之也亦快，即見爲不可殺，而卒不能不殺也，則亦置之矣。至於父子兄弟，即不容已於殺，而必戚然以終身，如其見爲可生，則必不如他人之唯力是視，盡吾道而付之無可柰何者。以此思之，仁天下也有窮，而父子兄弟之仁，則不以窮而妨其愛也。唯不仁者，舍其約以務於博。即有愛焉，亦散漫以施，而自矜其惠之溥；如其窮矣，則視父子兄弟亦博愛中之一二人而已，置之可也，殺之又奚不可哉？故與人爭名，名不兩歸而殺心起；與人爭利，利不兩得而殺心起；乃至與人爭國、爭天下，勢不兩立而殺心愈熺。

嗚呼！漢文帝之賢也，且以尺布斗粟致不容之怨，況下此者！於是而曹丕、劉彧、高湛、陳蒨，自不欲全其本支，而本支亦如其意焉以斬。天道之不忒，仁不仁一念之報焉耳。朱友珪、李從珂僭主中國，爲不仁之倡，而徐知誥、馬殷之子孫相效以自殄其族。夫此數不仁者，抑豈無愛以及人哉？愛之無擇而窮矣。視其屬毛離裏者，皆與天下之人物無以異，無妨於己則生之，有礙於己則殺之。墨、釋之邪，韓愈氏之陋，實中於不肖者之心，以爲天理之賊，不可瘥也。

而錢元瓘獨全友愛以待兄弟。錢鏐初喪，位方未定，而元瓘與兄弟同幄行喪，無所猜忌，陸仁章以禮法裁之，乃不得已而獨居一幄。其於元璙也，相讓以誠，相對而泣，蓋有澹忘富貴、專致惻怛者焉。故仁風扇而天性行。施及弘俶，羣臣廢兄立己，衆將不利於其兄，而弘俶以死保之，優游得以令終。自古被廢之主，昌邑而後，未有能如是者。孝友傳家，延於奕世，亦盛矣哉！推其源流，皆元瓘一念之仁爲之也。此一念者，愛之所凝，至約而無所窮也，非墨、釋之所與知也。

二

天人之際難言矣！讖緯譌言、日月震電、百川山冢之變，詩詳舉而深憂之；日食、地震、雪雹、星孛、石隕、鷁飛之異，春秋備紀而不遺，皆以納人君於憂懼也。乃其弊也，或失之誣，或失之鬼。其誣也，則如劉子政父子分析五行以配五事，區分而鑿證之，變復不惟其德而唯其占，有所倚而多所貸，寬猛徇其臆説，而政愈淫。其鬼也，依附經義以亂祀典，如董仲舒土龍祈雨之術，徒以褻天而導淫祀，長巫風，敗風教，則懼以增迷，人事廢而天固不可格也。夫爲誣爲鬼，既以資有識者之非笑，於是如康澄者，乃爲之説曰：陰陽不調，三辰失行，小人譌言，山崩川涸，蟊賊傷稼，不足懼也。王安石之禍天下而得罪於名教，亦此而已矣。

夫人主立臣民之上，生殺在己，取與在己，興革在己。而或益之以慧力，則才益其驕；或相習於昏虐，則淫蕩其性；所資以息其敖辟而納於檠括者，唯懼之一念耳。故明主之於天下，無不懼也。況災異有凋傷之實，譌言乃播亂之媒，饑饉繫生民之命，而可云不足懼乎？民情何以定而譌言永息？餓殍何以甦而饑饉不傷？三辰失軌，川決山崩，當其下者，沴氣足以戕生，凶徵足以召亂，何以鎮撫而不逢其害，豈徒懼而已哉？又豈如五行志之隨徵修復，自詡以調燮而安其心？春秋繁露之媟用術法，苟求營禱而亡其實哉？

夫仲舒、子政惟不知懼而已。謂天地鬼神之可以意爲迎合，而懼心忘矣。誠知懼者，即澄所謂「畏賢人之隱，畏民業之荒，畏上下之相蒙，畏廉恥隳而毀譽亂，忠言不進，諂諛日聞」者也。唯其懼之在彼，而後畏之在此。天人之應，非一與一相符，而可以意計揣度者也。一懼而天在人之中，萬理皆繇此順矣。澄何足以與於此哉？王安石之學，外申、韓而內佛、老，亦宜其懵焉而爲此無忌憚之言也。孔子曰：「畏天命。」詩、春秋見諸行事，非意計之能量，久矣！

一二

銀、夏之亂，終宋之世，勤天下之力，困於一隅，而女直乘之以入，其禍自李彝超之拒命始。彝超之地無幾，亦未能有戰勝攻取之威力也，而負嵎以抗天下，挾何術以自固而能然乎？

天下而已裂矣，苟非有道之主，德威足以服遠，則有無可如何之人，操甚卑甚陋之術，而智勇交受其制。高季興以無賴名，而孤立羣雄之中，處四戰之地，據土不亡者兩世；彝超亦用此也，而地在絕徼，爲中國之所不爭，士馬尤彊焉。欲殄滅之，其可得乎？中國之亂也，十餘年而八姓十三君，倏興倏廢，彝超父子無所歸命，亦無所抗衡，東與契丹爲鄰，又委順以爲之閒諜。不但此也，中國有反叛之臣，無論其成與不成，皆挾可左可右之勢，而利其賂遺；薄侵邊鄙而不深入以犯難，討之則城守堅而不下，撫之則陽受命而不來。如是者，雖大定之世，未易治也，而況中國無君之天下，尤得以日積月累而滋大乎？是與荆南高氏彷彿略同而情勢異，中國之雄桀，鄙夷而姍笑之，乃不知其竊笑羣雄者之尤甚也。

夫其爲術，抑有可以自立之道焉。季興以盜掠諸國之貢享而得貨，彝超以兩取叛臣之賄賂而收利，其以繕城郭、修甲兵、養士卒者，皆取給於他國無名之餽遺，而不盡苦剥其民，則民得以有其生而兵不匱。君子以大義裁之，則曰此盜術也。然當生民流亡憔悴之日，僭竊以主中國者，方日括民財以養驕卒，以媚黠虜，用逞其不戢之凶威，至於釜甑皆彊奪以充賞。而季興、彝超奪彼不道之餘，以蘇境内之民，則亦苟焉自全之便術也，惡亦淺矣。

季興所處，必争之地耳，不然，與彝超均漸漬以歲月，雖宋全盛之天下，得韓、范以爲將相，亦冡立而不可下矣。彝超斂兵聚利，爲謀已深，李嗣源位未固，勢未張，遽欲挑之，其將能乎？徒以益其彊固，而爲百餘年之大患已耳。制無賴者，非大有爲之君，未易易也。

一三

李從珂之入篡也，馮道遽命速具勸進文書，盧導欲俟太后命，而道曰：「事當務實。」此一語也，道終身覆載不容之惡盡之矣。

實者，何也？禽心獸行之所據也。甘食悦色，生人之情，生人之利用，皆實也。無食而紾兄臂，無妻而摟處子，務實而不爲虚名所礙耳。故義者，人心之制，而曰名義；節者，天理之閑，而曰名節；教者，聖人率性以盡人之性，而曰名教。名之爲用大矣哉！宰我以心安而食稻衣錦，則允爲不仁；子路以正名爲迂，而陷於不義。夫二子者，亦務實而以名爲緩者也。一言之失，見絶於聖人。推至其極，曾元務實以復進養親，而不可與事親。賢者一務實，而固陋偷薄，賊天理，滅風教。況當此國危君困之際，邀榮畏死，不恤君父之死亡，而曰此實也，無事更爲之名也。其惡豈有所艾哉？

夫所謂實者，理之不容已，内外交盡而無餘憾之謂也。有其實，斯有其名矣。若盧導者，心搖而無所執，理不順而無能守，然幸有此一念之羞惡，不敢以人臣司天子之廢立，故欲調停掩飾以稍蓋其惡，而示天下以君之不可自我而予奪，則亦實之僅存者耳。道乃併此而去之，不滅盡其實而不止。

嗚呼！豈徒道之終身迷而不復哉？此言出，而天下顧錙銖之利，求俄頃之安，蒙面喪心，上不知有君，内不知有親，公然以其貪猥亡賴、趨利耽欲之情，正告天下而不泚其顙，顧欣然自得曰：吾不爲虚名所誤也。親死而委之大壑，曰吾本無葬親之實心，勿冒孝名也；穴牆而盜鄰粟，曰吾本有得粟之實情，勿冒廉名也。則人類胥爲禽獸，尚何嫌乎？但務實而不知有名者，犬豕之食穢以得飽也，麇鹿之聚麀以得子也。道之惡浮於紂、禍烈於跖矣。

道死而擿之者起，顧未有窮其立念之差於務實之一言者，於是李贇之徒，推奬以大臣之名，而世教愈亂，亦憯矣哉！

一四

節之初九曰：「不出户庭，无咎。」而夫子贊之曰：「幾事不密則害成。」乃所謂密者，難言之矣。緘之於心，杜之於口，籌慮既審，擇老成能斷之士而決之，一言而定矣。不審於此，囁囁嚅嚅，兩三促膝，屏人竊語，夜以繼日，而但不令人知其所言者何事，則戈矛叢於牆陰，猜防徧於宇内，何成之有哉？速敗而已矣。

宋文帝以君臣私語徹旦不休，而逆子推刃；李從珂屏侍臣於便殿，與馮贇、盧文紀等密談，而敬瑭速反㊀，皆自謂密而以召禍者也。夫子固曰：「亂之所繇生，則言語以爲階。」竊竊然密談盡日而不已者，非言語乎？使其言之於大廷而衆聞之也，其機亦止此而已。終日言而人不知其何所云也，然後雖一欬一笑，人皆見爲深機。是以兩人閉户下帷，婦姑附耳之智，敵羣策羣力之交加，其不相敵，久矣。今日言之，他日更言之，所圖度者未見之施行，則姦雄抑窺其言愈多而心愈惑，無能爲也，必矣。故密者，緘之於心，杜之於口，審慮而決以一言，必不以竊竊之談相縈聒者也。

石敬瑭之必反也，可撫而服之，一言而畢耳；可討而定之，一言而畢耳。以廓達無猜撫敬瑭，而敬瑭無辭以起釁；以秉順攻逆討敬瑭，而敬瑭亦無挾以争。若疑若信，若勇若怯，計其所密謀者，皆迂疏纖曲，以茅縛虎、以油試火之術耳，而後從珂之死亡終不可救。宋昌拒周勃之請閒，而中外帖然，斯則善於用密者與！

㊀ 劉毓崧校勘記云：馮贇係離間從珂之人，閔帝時爲安從進所殺，未及見從珂即位。通鑑敍便殿召對宰相之事，在清泰二年七月，彼時與盧文紀同相者有姚顗、張延朗，無馮贇也。

一五

劉知遠之智，過於石敬瑭也遠甚，拒段希堯、趙瑩移鎮之謀而亟勸敬瑭以反，其情可知也。當其時，所謂天子者，苟有萬人之衆、萬金之畜，一旦蹶起，而即褎然南面，一李希烈、朱泚之幸成者而已。范延光、趙延壽、張敬達之流，智力皆出知遠下，而知遠方爲敬瑭之偏裨，勢不足以特興，敬瑭反，而後知遠以開國元功居諸帥之右，睨敬瑭之篡而即睨其必亡，中州不歸己而奚歸邪？嗚呼！人之以機相制，陰陽取與伏於促膝之中，效死宣力，皆以自居勝地，而愚者不悟，偷得一日之尊榮以亡其族，亦可愍矣哉！

知遠之於敬瑭，楊邠、郭威之於知遠，一也。楊邠貪居於內，自速其禍耳。敬瑭不知倚知遠爲腹心，愚已甚也。知遠知邠與威之將效己，而不早爲之防，事勢已然，未可急圖也。知遠早殂，不及施菹醢之謀耳，使天假以年，邠、威之誅，豈待郭允明哉？然而樹劉崇於晉陽以延其血食，則知遠之智，果遠過於敬瑭矣。稱臣納土於契丹，知遠固争不可，亦自爲計也。故繕城治兵，屹立晉陽以觀變，而徐收之。李存勗之後，其能圖度大謀以自立者，唯知遠耳。而終不能永其祚者，雖割據叨幸之天子，亦不可以智力取也。

一六

謀國而貽天下之大患，斯爲天下之罪人，而有差等焉。禍在一時之天下，則一時之罪人，盧杞是也；禍及一代，則一代之罪人，李林甫是也；禍及萬世，則萬世之罪人，自生民以來，唯桑維翰當之。

劉知遠決策以勸石敬瑭之反，倚河山之險，恃士馬之彊，而知李從珂之淺軟無難摧拉，其計定矣；而維翰急請屈節以事契丹，敬瑭智劣膽虛，遽從其策，稱臣割地，授予奪之權於夷狄。知遠爭之而不勝，於是而生民之肝腦，五帝三王之衣冠㊀禮樂，驅以入於狂流。契丹弱而女直乘之，女直弱而蒙古乘之，貽禍無窮㊁，人胥爲夷，非敬瑭之始念也，維翰尸之也。

夫維翰起家文墨，爲敬瑭書記，固唐教養之士人也，何讎於李氏，而必欲滅之？何德於敬瑭，而必欲戴之爲天子？敬瑭而死於從珂之手，維翰自有餘地以居。敬瑭之篡已成，己抑不能爲知遠而相因以起。其爲喜禍之姦人，姑不足責；即使必欲石氏之成乎，抑可委之劉知遠輩而徐收必得之功。乃力拒羣言，決意以戴犬（族）〔羊〕㊂爲君父也，吾不知其何心！終始重貴之廷，唯以曲媚契丹爲一定不遷之策，使重貴糜天下以奉契丹。民財竭，民心解。帝昺厓山之禍，習爲固然；毀夷夏之大防，爲萬世㊃患。不僅重貴縲繫客死穹廬而已也。論者乃以亡國之罪歸景延廣，不亦誣乎？

延廣之不勝，特不幸耳。即其智小謀彊，可用爲咎，亦僅傾臬捩雞徼幸之宗社，非有損於堯封禹甸之中原也。義問已昭，雖敗猶榮，石氏之存亡，惡足論哉？正名義於中夏㊄者，延廣也；事雖逆而名正者，安重榮也；存中國㊅以授於宋者，劉知遠也；於當日之儔輩而有取焉，則此三人可録也。自有生

㊀「衣冠」兩字刻本闕，據校記補。 ㊁「貽」字「窮」字刻本闕，據校記補。 ㊂「犬」字刻本闕，據校記補。「族」字校記作「羊」字。 ㊃「夷夏」「防」「萬世」五字刻本闕，據校記補。 ㊄「中夏」兩字刻本闕，據校記補。 ㊅「中國」兩字刻本闕，據校記補。

民以來，覆載不容之罪，維翰當之。胡文定傳春秋，而亟稱其功，殆爲秦檜之嚆矢與！

一七

貴奚有定哉？當世之所不能有而有之者，安富尊榮則貴也。太上以行其道，其次以席其安，其下以遂其欲，至於遂欲而已賤矣。然利在其身，施及其子孫，猶得以有其榮利，猶流俗之貴也。無此數者，當時恥與爲徒，後世相傳爲笑，身危而如臥於棘叢，子孫轉眄求爲庶人而不可得，則亦無可欲之甚者，然且耽耽逐逐以求得之，其狂愚不可藥已。

至貴者，天子也；其次，則宰相也。朱友貞、李從珂、石敬瑭、劉知遠皆自曰吾天子也。悲夫！一日立乎其位，而萬矢交集於夢寐。十年之内，幸鬼禍之先及者，速病以死，全其腰領，而子姓畢血他人之刃；其未即死者，非焚則馘，一如犴狴之戮民，待秋冬而伏法耳。刑賞不得以自主，聲色不得以自娛，血胤不得以相保，賤莫賤於此焉。而設深機、冒鋒刃，以求一日之高居稱朕。襲優俳之衮冕，抑無其纏頭酒食之利賴，夫亦何樂乎此邪？於是既號爲天子矣，因而有宰相焉。其宰相者，其天子之宰相也。利禄在須臾，辱戮在眉睫，亦優俳之台輔而已矣，馮道、盧文紀、姚顗、李愚、劉昫、趙瑩、和凝、馮玉之流皆是也。尸禄已久，磐固自如，其君見爲舊臣而不能廢，其僚友方畏時艱而不與争。庸人忘死忘辱，乘氣運之偶及，遂亦欣然自任曰「吾宰相也」，無不可供人姍笑也。

雖然，猶未甚也。桑維翰一節度使之掌書記耳，其去公輔之崇既懸絶矣，必不可得，而倒行逆施者無所不至：力勸石敬瑭割地稱臣，受契丹之册命，迫故主以焚死，鬭遺民使暴骨，導胡騎打草穀，城野爲墟，收被殺之遺骸至二十餘萬，皆維翰一念之惡，而滔天至此，無他，求爲相而已。耶律德光果告敬瑭曰：「維翰效忠於汝，宜以爲相。」而居然相矣。人惘於明，鬼哭於幽，後世有識者推禍始而懷餘怒；即在當日者，劉知遠、杜重威、景延廣亦交詆其非，楊光遠且欲甘心焉。荼毒已盈，卒縊殺於張彥澤之半組。計其徼契丹之寵，自號爲相之日，求一日之甘食、一夕之安寢也而不可得，而徒以殘劉數十萬之生靈，毀裂數千年之冠冕㈠，以博德光之一語。旦書記而夕平章，何爲者邪？

夫維翰以文翰起家成進士，即不能如梁震、羅隱之保身而不辱；自可持祿容身，坐待遷除，如和凝、李崧之幸致三事。乃魂馳而不收，氣盈而忘死，以驟獵不可據之浮榮，其實不如盛世之令錄參佐也。而塗炭九州、陸沈㈡千載，如此其酷焉。悲夫！天之生維翰也，使其狂猘之至於斯，千秋之戾氣，集於一人，將誰怨而可哉？乞者乞人之播，非是而不能飽；盜者穴人之室，非是而不能獲。維翰不相，自可圖温飽以終身；維翰即相，亦不敵李林甫、盧杞之掾史；即以流俗言之，亦甚可賤而不足貴，明矣。處大亂之世，君非君，相非相，攬鏡自窺，夢回自念，乞邪盜邪？君邪相邪？貴邪賤邪？徒以殃萬民、禍百世，胡迷而不覺邪？

㈠「冠冕」兩字刻本闕，據校記補。

㈡「陸沈」兩字刻本闕，據校記補。

讀通鑑論卷三十

五代下　自石敬瑭稱號之年起

一

契丹之於石敬瑭，爲勞亦僅矣。解晉陽之圍敗張敬達者，敬達師老，而無能如晉陽何也。敬瑭南嚮，而耶律德光歸，河南内潰，張彦澤迎敬瑭以入，初未嘗資契丹之力，戰勝以滅李氏而有之。且德光幾舍敬瑭而立趙德鈞，其待敬瑭之情，亦不固矣，曾不如突厥之於唐也。乃敬瑭堅拒衆議，唯桑維翰之是聽，以君父戴之，而爲之辭曰信義也。嗚呼！敬瑭豈知人閒之有信義者哉？

古今逆臣攘奪人國者，類有偉伐以立威，而後人畏以服從而不敢動。無大功而篡者，唯蕭道成、蕭衍與敬瑭而已。然道成、衍遇淫昏之主，臣民不保其死，於是因衆怨以興，而爲節儉寬容之飾行以結納中外之心，天下且屬心焉。李從珂無劉子業、蕭寶卷之淫虐，敬瑭一庸駑之武人，杳不知治理爲何物，資婦勢以得節鉞，其據一隅以反也，自唐季以來，如梁崇義、劉稹之徒，無成而縣首闕下者非一矣，敬瑭幸得不伏其辜耳。在位八年，固無一言之幾道、一政之宜民。其識量之不足以服人，自知之，桑維翰亦稔知之，即與之四海一王之天下，亦不能一朝居，而況此岌岌搖搖、不寧不令之宇，僅守國門以垂旒乘輅哉！故甫篡位而范延光、張從賓、符彥饒、李金全、安從進、安重榮蠭起以爭，楊光遠、張彥澤殺人於前而不能詰，劉知遠且挾密謀以俟時而動，敬瑭蓋惴惴焉臥叢棘之上，不能自信爲天子也。

德不可恃，恃其功；功不可恃，恃其權；權不可恃，恃其力；俱無可恃，所恃以偷立乎汴邑而自謂爲天子者，唯契丹之虛聲以恐喝臣民而已。故三鎮繼起，張皇欲竄，而劉知遠曰：「外結彊虜，鼠輩何能爲？」則契丹以外，敬瑭無可依以立命也可知矣。張從賓將逼汴州，從官洶懼，而桑維翰神色自若，夫豈有謝傅圍碁之雅量哉？心目之閒，有一契丹隱護其脰領耳。而藉口曰信義，將誰欺乎？惟其無以自主而一倚於契丹，故人即持其長短以制之。趙延壽、杜重威皆效之，而國以亡，血胤以斬，則維翰之謀，適以促其絕滅而已矣。敬瑭之竊位號也，與張邦昌、劉豫也正等，又出於安禄山、黄巢之下，宋人奬之以紹正統，無惑乎秦檜之稱臣構而不怍也。

二

禮曰：「刑不上大夫。」古之大夫，方五十里之國，有三人焉，次國倍之，大國四之。周千八百國，計爲大夫者萬人以上，蓋視漢之亭長，今之倉巡驛遞耳。而不以刑辱之，則所以養廉隅而厚君子小人之別至矣。天下惡得而不勸於善邪？

刑者，非大辟之謂也，罪在可殺，則三公不貸其死，而況大夫？唯是宫、刖、劓、墨之刑，不使夷於小人，褫衣而殘肢體耳。漢以杖代肉刑，則杖之爲刑亦重矣哉！僨伏之，肉袒之，隸卒之賤淩蹴而箠之。

於斯時也，煩冤汙辱之下，豈復有君子哉？王昶之僭號於閩也，淫虐不擬於人類，其臣黄諷訣妻子以進諫，不恤死也。至於昶欲杖之，則毅然曰：「直諫被杖，臣不受也。」昶不能屈，黜之爲民。充諷之志，豈黜是恤哉？觸暴人而死，則死而已矣，而必不受者辱也。於此而知後世北寺之獄，殘掠狼藉，廷杖之辱，號呼市朝，非徒三代以下虐政相沿，爲人君者毁裂綱常之大惡。而其臣惜一死以俯受，或且以自旌忠直，他日復列清班爲冠冕之望者，亦惡得而謝其咎與？

「士可殺不可辱」，非直爲君言，抑爲士言也。高忠憲公於緹騎之逮，投池而死，曰：「辱大臣即以辱國。」韙矣。立坊表以正君臣之義，慎遺體以順生死之常，蔑以尚矣。其次則屏居山谷，終身不復立於人之廷可也。士大夫而能然，有王者起，必革此弊政，而明盤水加劍之禮，人道尚足以存乎！

三

劉知遠之圖度深密也，石敬瑭其几俎閒物耳，惡足以測之哉！始而決勸敬瑭以反，爲己先驅也。三鎮兵起，敬瑭問計，而曰：「陛下撫將相以恩，臣戢士卒以威。」蓋子罕專宋之故智也。

自唐以來，人主之速趨於亡者，皆以姑息養彊臣而倒授之生殺之柄，非其主剛覈過甚而激之使叛也。今欲使敬瑭以呴沫之仁假借將相，則當時所宜推心信任、恣其淩轢而不問者，莫知遠若矣。恩偏加於將相，而可獨致猜防於知遠乎？柔而召侮，躁人先淩之，以亂其心志。故安重榮之流，急起以疲敬瑭之力，知遠乃乘其後席卷而收之已耳。威移於己，則三軍所畏服者，知有知遠而忘有敬瑭；戢兵以衛民，則百姓所仰戴者，不感敬瑭而唯感知遠。兵從令而民歸心，故可以安坐晉陽，而俟契丹之倦歸，以受人之推戴。此知遠之成算，使敬瑭入其中而不覺者也。藉令石重貴而不爲契丹之俘虜邪？亦拱手而授之知遠爾。

傲岸不受平章之命，重爲其主之疑怒，而趙瑩爲之拜請，感其恩撫大臣之言也。敬瑭忍怒而使和凝就第勸諭，假借之恩寵者已素，而威不足以張也。范延光、楊光遠、張彦澤驕横以速石氏之亡，知遠收之也不待勞矣。契丹中起而亂之，故知遠之得之也難。當桑維翰獻割地稱臣之計，知遠已早慮之矣，慮己之難乎其奪之豎子之手也。而卒能自保，以逐夷而少息其民。故自朱温以來，許其有志略而幾於豪傑者，唯知遠近之矣。

四

石氏之世，君非君，將非將，内叛數起，外夷日逼，地蹙民窮，其可拚取之也，八九得也。江南李氏之臣，争勸李昪出兵以收中原，而昪曰：「兵之爲民害深矣！不忍復言。彼民安，吾民亦安。」其言，仁者之言；其心，量力度德保國之心也。蓋楊行密、徐温息兵固國之圖，昪能守之矣。興衰之數，不前則卻。進而不能乘人者，退且爲人所乘。圖安退處，相習於偷，則弱之所自積也。李氏惟不能因石氏之亂而收中原，江、淮之氣日弛，故宋興而國遂亡，此蓋理勢之固然者。而揆之以道，則固不然。若使天下而爲李氏所固有，則先祖所授，中葉而失之，因可收復之機，乘之以完故土，雖勞民以求得，弗能恤也，世守重也。非然，則争天下而殄瘁其民，仁人之所惡矣。徐知誥自誣爲吴王恪之裔，雖蒙李姓，未知爲誰氏之子，因徐温而有江、淮，割據立國，義在長民而已。長民者，固以保民爲道者也。社稷輕而民爲重，域外之爭奪，尤非其所亟矣。以匹夫奄有數千里之疆，居臣民之上，揣分自全，不亦量極於此乎？苟爲善，後世子孫以大有爲於天下者，天也；如其弱不足立而浸以亡者，亦天也，非可以力爭者也。李昪於是而幾於道矣。當其時，石敬瑭雖不競，而李氏諸臣求可爲劉知遠、安重榮之敵者，亦無其人。陳慶之乘拓拔之亂以入雒陽，而髡髮以逃；吳明徹乘高齊之亡以拔淮北，而隻輪不返，皆前事之師也。即令幸勝石氏，而北受契丹之勍敵，東啓吳越之乘虛，南召馬氏之爭起㊀，外成無已之爭，内有空虛之害，江、淮亘立於中以攖衆怒，危亡在旦夕之閒，而誇功生事者誰執其咎乎？故曰量力度德，自保之令圖也。

其仁民也，雖不保其果有根心之惻悱，而民受其賜以延生理，待宋之興，全父老、長子孫、受昇平之樂，不可謂非仁者之澤矣。詩不云乎？「民亦勞止，汔可小康。」人之情也，勞不可堪也，死愈不忍言也。楊行密、徐溫、李昪予民以小康，可不謂賢哉？高季興之猥也，天下笑其無賴，而視王曦、劉龑之賊殺其民以自尊愈矣，況江南之奠殘黎，使安枕於大亂之世，數十年民不知兵也乎！

五

江南李氏按行民田之肥瘠以定稅，凡調兵興役、非常事而猝求於民者，皆以稅錢爲率。宋平江

㊀從「李昪於是而幾於道矣」句起至「南召馬氏之爭起」句止，劉毓崧校勘記云：此係論南唐不伐石晉之事，彼時吳越王爲錢元瓘，楚王爲馬希範。鏐與殷皆已没矣。

南，承用其法，延及於今，一用此式，故南方之賦役所以獨重，此春秋所謂用田賦也。

古者以九賦作民奉國，農一而已，其他皆以人爲率。夫家之征，無職事者不得而逸。馬牛車器，一取之商賈。役，則非士及在官者，無不役也。是先王大公至正、重本足民之大法，萬世不可易者也。是故民樂有其恆産而勸於耕。苟非力不任耕、世習工賈者，皆悉安於南畝。無棄土，無游民，不俾黠巧惰淫者，舍其先疇以避征徭，而坐食耕夫之粟。民食足而習馴，無或凍餒流離而起爲巨寇。財足用，器足修，兵足使，而夷狄不能爲患。其爲天下利亦溥矣哉！今變法而一以田稅爲率，已稅矣，又從而賦之。是非時不可測度之勞，皆積墮於農。而計田之肥瘠以爲輕重，則有田不如無田，而良田不如瘠土也。是勸民以棄恆産而利其萊蕪也。民惡得而不貧，惡得而不墮，惡得而不姦，國惡得而不弱，盜賊惡得而不起，戎狄惡得而不侵哉？故自宋以後，即其全盛，不能當漢、唐之十一，本計失而天下瘠也。

夫有民不役，而役以田，則等於無民。據按行之肥磽，爲不易之輕重，則肥其田者禍之所集，而肥者必磽。有稅有役，則加於無已，而無稅則坐食游閒之福，民何樂而爲奉上急公之民？悖道拂經之政，且有甚於商鞅者。乃相承六百年而不革，無他，君偷吏窳，據地圖稅籍而易於考索。若以人爲登耗，則必時加清理以調其損益，非盡心於國計民生者不能也。簡便之法，易以取給，而苟且以自恣。不知天子之允爲元后父母、命官分職、以共天職，將何爲邪？王者起而釐正之，莫急於此矣！

六

景延廣抗不稱臣，挑契丹之怒，而石晉以亡，古今歸罪焉。流俗之論無當於是非，若此類者衆矣。

石氏之亡不亡，奚足爲有無哉？即以石氏論，稱臣稱男，責賂無厭，醜詬相仍，名爲天子，賤同僕隸，雖得不亡也奚益？重斂中國之所有，以邀一日之歡。軍儲不給而軍怨於伍，流離載道而民怨於郊。將吏灰心，莫爲捍衛，更延之數年，不南走吳、楚以息肩，則北走契丹以幸利，一夫揭竿而四方瓦解，石氏又惡保其不亡乎？石氏之亡，桑維翰實亡之，而柰何使延廣代任其咎也！

稱臣、割地、輸幣之議，維翰主之，敬瑭從之。二人以往，唯依阿苟容之馮道、安彥威而已。劉知遠已異議於早，吳巒、王權或死或貶而不甘爲之屈，安重榮則不難剸敬瑭之首、刲心瀝血以謝萬世者也。延廣與知遠對掌馬步，爲親軍之帥，知遠懷異心以幸其敗而不力爭，延廣扶孱主以恥其亡而獨奮起。延廣之忠憤，雖敗猶榮，而可重咎之以折中國[一]生人之氣邪？

夫契丹豈真不可敵而以鴻毛試爐火哉？敬瑭所倚以滅李氏者，徒晉陽解圍一戰耳。又張敬達已老之師也，遇險而懼，不敢渡河而返。從珂自潰，非胡騎之果能馳突也。楊光遠誘之，趙延壽導之，而中國水旱非常，上下疲於歲帑，乃敢舉兵南嚮。然且偉王敗而太原之兵遁；石重貴自將以救戚城，而溺殺過半，慟哭而逃；高行周拒之於澶州，而一戰不勝，收軍北去；安審琦救皇甫遇、慕容彥超於榆林店，而自驚以潰；陽城之戰，符彥卿一呼以起，傾國之衆，潰如山崩，棄其奚車，乘駝亟走。當是時也，中國之勢亦張矣；述律有蹉跌何及之懼，氣亦熸矣。而延廣罷去，留守西京，悲憤無聊，唯自縱酒。桑

[一]「中國」二字刻本闕，據校記補。

維翰固争於重貴，復奉表稱臣以示弱，然後孫方簡一叛，大舉入寇，而重貴爲俘。繇此觀之，契丹何遽不可拒？延廣何咎？而維翰之貽害於中國，促亡於石氏，其可以一時苟且之人情，頌其須臾之安，而貰其滔天之罪哉？

韓侂胄挾鷹犬之功，殺忠貞，逐善類，惡誠大矣，而北伐非其罪也。成敗，天也；得失，人也；或成而敗，或敗而成，視其志力而已。宋即北伐而小挫，自可更圖後效，乃以挑釁渝盟爲侂胄之罪，然後人心靡，國勢頹，至於亡而不復振。故延廣逐而石氏之亡決，侂胄誅而趙宋之衰成。身爲大帥，知有戰而不知有降，其官守也。延廣蒙譏，則岳鵬舉之殺，其秦檜再造之功乎？

七

石敬瑭起而爲天子，於是人皆可爲，而人思爲之。石敬瑭受契丹之册命爲天子，於是人皆以天子爲唯契丹之命，而求立於契丹，趙延壽、楊光遠、杜重威，皆敬瑭之教也。欲爲天子，而思反敬瑭之爲，拒契丹以滅石氏者，安重榮耳。雖兵敗身死，蒙叛臣之號，而以視延壽輩之腥汙，猶有生人之氣矣。

劉知遠持重以待變，尤非可與敬瑭輩等倫者也。今且責知遠之擁兵晉陽，不以一矢救重貴之危，而知遠無辭。雖然，豈盡然哉？李守貞、杜重威、張彦澤，兵力之彊，與不相上下，而交懷忮害之心；桑維翰居中持柄，怙契丹以制藩帥；石重貴輕躁以畜厚疑，前郤無恆，力趨於敗。天之所壞，不可支也，徒以身殉，俱碎而已。

若夫君臣之義，固有不必深求以責知遠者。當日之君臣，非君臣也。知遠之器識，愈於敬瑭遠矣。爲其偏裨，以權勢而屈居其下，相與爲賊，以奪李從珂之宗社，一彼一此，衰王相乘，豈嘗受顧命輔重貴以保固石氏之邦家乎？敬瑭不推心以託，知遠亦不引以自任也，久矣。則護河東片土，休兵息民，免於打草穀之掠殺，而待契丹之退，收拾殘疆，慰安殺戮之餘民，知遠之於天下也，不可謂無功。杜重威、李守貞、張彥澤之惡已播而不可揜，桑維翰媚虜以虔劉天下而自殺其軀，於是人喻於從夷之凶危。而重貴已俘，國中無主，始徐起而撫之，知遠之成謀決矣。擯契丹以全中夏㊀而授之郭氏，契丹弗敢陵也。蓋自朱温以來，差可許以長人者，唯知遠耳。嗣子雖失，而猶延河東數十年之祀，亦其宜矣。然而不足以延者，知遠亦沙陀也。於時天維地紀未全坼㊁也，固不可以爲中國㊂主也。

八

兵聚而散之，平天下者之難也。漢光武撫千餘萬之降賊，使各安於井牧，遐哉！自武王戢干櫜矢之後，未有能然者矣。無仁慈之吏以撫之，無寬緩之政以綏之，無文教之興以移之，則夫習於憍悍、狃於坐食者，使之耕耘，不耐耰鉏之勞，使之工賈，不屑錙銖之獲；朶頤肥甘、流連飲博之性，夢寐寄於行閒；小有騷動，觸其雄心，即如螽蝗之蔽日，無有能禦之者矣。

河北自天寶以來，民怙亂而不安於田廬久矣。魏博之牙兵已殲，不能懲也。石晉置天威軍而不可用，遂罷之。乃雖不可用，而躍冶之情，仍其土習，則一動而復興。罷之，亦問其何所消歸邪，而抑不

㊀「中夏」二字刻本闕，據校記補。
㊁「天」「地」「坼」三字刻本闕，據校記補。
㊂「中國」二字刻本闕，據校記補。

爲之處置。無賴子弟，業已衿褶自雄於鄉里，無有餘地可置此身，能合而不能離，爲盜而已矣。梁暉起於相，王瓊起於澶。其起也，契丹掠殺之虐激之。即無契丹之掠殺，亦安保其爲井牧之馴民乎？敬瑭父子之爲君，虛中國以媚虜，縱驕帥以稱兵，而草澤之姦，能朝耕而暮織乎？

民不富，不足以容游惰之民；國無教，不足以化獷戾之俗。自非光武，則姑聽其著伍以待其氣之漸馴，而後使自厭戎行以思返，乃可得而徐爲之所。劉知遠安集民之保山谷者，定其志氣以漸思本計，自是以後，盜乃漸息。集之也，故賢於散之也。

九

得國而速亡，未有如沙陀劉氏者也。反者一起，兵未血刃，衆即潰，君即死，國即亡，易如吹槁，亦未有如沙陀劉氏者也。其後宋奪柴氏而尤易，亦迹此而爲之耳。

劉氏之代石晋也，以視陳霸先而尤正。二蕭、石、郭皆懷篡奪之謀，興叛主之甲。知遠雖不救重貴之亡，而不臣之迹未著。重貴已見俘於契丹，石氏無三尺之苗裔可以輔立者，中原無主，兆人樂推，而始稱大號，以收兩都，逐胡騎。然且出兵山左，思奪重貴，不克而始還。若是者，宜其可以代興而永其祚，然而不能者，其故有二：詩曰：「宗子維城，大宗維翰。」先王親親以篤天倫，而枝幹相扶之道即在焉。易曰：「開國承家，小人勿用。」先王尊賢以共天職，而心膂相依之道即在焉。漢、唐之興，其親也，不能如周、召之一心，而分土爲侯王者，固不可拔也；其賢也，不能如伊、吕之一德，而居中爲宰輔者，固不可亂也。

劉氏起於沙陀，以孤族而暴興，承祐之外，僅一劉崇父子，而威望不能與郭威、楊邠、史弘肇相頡頏。舉國之人，知孤雛一禽而其宗熸矣。郭氏亦猶是也。柴氏雖有宗黨，然不能正名爲皇族，亦一夫而已矣。一旦擁他姓以代之，孰相難者，而又何勞再舉乎？

親不可恃，天也，則庶幾恃有賢輔以左右之耳。知遠之命相，竟求之於軍幕執筆之客佐，天下賤之惡之，狎而蔑之，倏起旋滅，無爲太息者，尤無足怪矣。故劉氏之亡，亡於蘇禹珪、蘇逢吉之爲相，王章之爲三司使也。是郭威、楊邠、史弘肇所睥睨叱咤而使濡毫待命如胥史者也。四年而劉氏之廟蕩爲寒灰，尚誰拯哉？

天之下，民所仰者君也；君之下，民所仰者相也。君非君，則天不能息其亂；相非相，則君不能保其國。開國承家，小人亟用，人之所鄙，天之所棄，不能一朝居矣。二蘇從幕中賤士躐輔弼之榮，即求如敬翔、任圜、和凝而不可得，乃欲伸弱主以折彊臣，其待四年而亡猶晚矣。

郭氏之相，雖德不稱位，而范質、李穀之視二蘇，則雲泥也，是以後亡。而承祐既滅，劉崇猶能保一隅之祀者數十年，愈於郭、柴之頓斬，則同姓存亡之故也。親賢之得失，國祚之短長，豈不一如符券與？

一〇

李業、郭允明導其主以殺大臣，而劉氏速亡。人心未固，主勢不張，而輕用不測之威，翦推戴之臣，楊邠、史弘肇、王章雖死，郭威擁重兵，據雄藩，恩結將吏，權操威福，遽欲以一紙殺之，其以國戲也，愚不可詰矣。雖然，劉氏之存亡，惡足繫天下之治亂哉？楊邠等就誅，而天下始有可安之勢，則此舉也，論世者之所快也。

自唐以來，彊臣擅兵以思篡奪者相沿成習，無有寧歲久矣。朱温、李克用先後以得中原，而李嗣源、石敬瑭、劉知遠踵之以興。蓋其閒效之蹶起，或謀而不成，或幾成而敗者，鋒刃相仍，民以荼毒也，不可勝紀。當其使爲偏裨與贊逆謀也，已伏自竊之心。延及於石、劉之代，而無人不思爲天子矣。安重榮、安從進、楊光遠、杜重威、張彦澤、李守貞雖先後授首，而主臣喋血以競雌雄，敗則族，勝則帝，皆徼幸於不可知之數。幸而伏誅，國亦因是而卒斬。流血成川，民財括盡，以僅夷一叛臣，而叛者又起。彼固曰：與我並肩而起者，資我以興，惡能執法以操我生死之柄？況其煢煢孺子，而敢儼然帝制，秉鈇鉞以臨我乎？

自楊邠等以羽翼劉氏之宿將，威振朝廷，權行疆内，而一旦伏尸闕下，如圈豚之就烹。於是而所謂功臣者，始知人主自有其魁柄，不待戰争，而可刈權姦若當門之草。故郭氏之興，王峻、侯益之流，不敢復萌跋扈之心；而李穀、范質、魏仁浦乃得以文臣銜天憲制閫帥之榮辱生死。柴氏承之，樊愛能等疾趨赴市，伏死歐刀，而人不驚爲刱舉，邠、章、弘肇之誅，實倡其始也。有邠、章、弘肇之誅，而後樊愛能等之辟，伸於俄傾，而衆心允服；有愛能等之戮，而後石守信輩以得釋兵保禄位爲幸，宋之中外載寧者三百載。嗚呼！業、允明之不量而亟殺權臣也，殆天牖之以靖百年飛揚盤踞之惡習乎！抑事會已極，無往不復，自然之數也。

郭威以一頭子黜王守恩，用白文珂，而盈廷不敢致詰。楊邠、史弘肇斥其主以禁聲，而曰「有臣等在」。此而不誅，劉氏其足以存乎？劉氏即存，天下之分崩狂競以日尋鋒刃也，寧可小息乎？邠、章、弘肇死，於是風氣以移，內難不生，而國有餘力，然後吴、蜀、楚、粤可次第而平。故此舉也，天下漸寧之始也。劉承祐之死生，國之存亡，不足論也。

二

耳目口體之各有所適而求得之者，所謂欲也。君子節之，衆人任之。任之而不知節，足以累德而損於物。雖然，其有所適而求得之量以任之而取足，則亦屬厭而止，而德不至於凶，物不蒙其害。君子節情正性之功，未可概責之夫人也。況乎崇高富貴者，可以適其耳目口體之需，不待損於物而給，且以是別尊卑之等，而承天之祐，則如其量而適焉，於德亦未有瑕也。

天下有大惡焉，舉世貿貿然趨之，古今相狃而不知其所以然，則溢乎耳目口體所適之量，而隨流俗以貴重之，所謂寶器者是已。耳目口體不相爲代者也，羣趨於目，而口失其味，體失其安，愚矣。羣趨於耳，而目亦不能爲政，則其愚愈不可言也。寶之爲寶，口何所甘、體何所便哉？即以悦目，而非固悦之也。唯天下之不多有，偶一有之，而或詫爲奇，於是騰之天下，傳之後世，而曰此寶也。因而有細人者出，摘其奇瑰以爲之名，愚者歆其名，任耳役目口四體以徇傳聞之説，震驚而豔稱之曰此寶也，是舉五官百骸心腎肺腸一任之耳，而不自知其所以貴之重之、思得而藏之之故。嗚呼！其愚甚矣。

傳曰：「匹夫無罪，懷璧其罪。」孟子曰：「寶珠玉者殃必及身。」何也？愚已甚，耳目口四肢不足以持權，則匹夫糜可衣可食之腴產以求易之，或且競之於人，而戕天倫、凌孤寡，皆其所不恤；崇高富貴者，則虛府庫、急稅斂、奪軍儲以資采覓，流連把玩，危亡不繫其心。「殃必及身」，非虛語也。乃試思之，聲音可以穆耳乎？采色可以娛目乎？味可適口，而把玩之下，四體以安乎？于闐之玉，馳人於萬里；合浦之珠，殺人於重淵；商、周之鼎彝，毀人之邱墓，豈徒累德以黷淫哉？其貽害於人也，亦已酷矣！從吠聲之口，蕩亡藉之心，以禍天下，而旋殃其身。愚者之不可致詰，至此而極矣。郭氏始建國，取宮中寶器悉毀之，盡萬億之值，碎之爲泥沙，不知者且惜之，抑知其本與泥沙也無以異。不留之於兩間以啓天下之愚，亦快矣哉！

夫豈徒寶器爲然乎？書取其合六書之法，形聲不舛而已；畫取其盡山川動植之形，宮室器服之制，知所考倣而已；典籍取其無闕無譌，俾讀者不疑其解而已。晋人之字，宋、元之畫，澄心堂之典籍，盡取而焚之，亦正人心、端好尚之良法也。

一二

閉糴以殺鄰國之民，至不仁也；徒殺鄰民而朽吾民之粟以趨於貧，至不智也。李氏淮南飢，周通糴以濟之，二者之惡去矣。其後復大旱，民度淮争糴，李氏遂築倉多糴以供軍，周乃詔舟車運載者勿予。夫禁舟車而但通負擔，則所及者近，而力弱不任負者死相積矣。郭氏方有吞併江、淮之計，不欲資敵糧以困之，自謂得算，而不知此斗筲之智，徒損吾仁而無益也。

旱飢即至於縣罄，豈有餒死之兵哉？所餒死者，民耳。立國則必有積儲矣，即不給，而民之僅存者嚴刑迫之，無求不得也。又不給，而坐食於民，或縱之掠奪而不禁也。則使其主多糴以爲軍食，亦以紓民之死爾。禁舟車之運，勿使糴充軍食者，亦適以重困其民也，豈果於救民者之所忍爲乎？

即以制勝之策言之：兩敵相壓，豐凶各異，所隔者一衣帶水耳。淮南之民，強欲糴者，轉鬬而北，不可禁禦。飢瘠瀕死，睨飽食之鄉，欲與争一旦之命，死且不恤，弱瘠無制之民且如此矣。如使兵食不繼，彼且令於衆曰：誓死一戰，則禾粟被野者唯吾是飽。而兵之奮臂以呼，争先而進，以自救死亡，復何易捍哉？

無德於民，不足以興；積怨於兵，則足以亡。晉惠公閉糴而秦師致死，身爲俘囚。大有爲者，不與人争一飢一飽之利鈍也。故唯深研於人情物理之數者，而後可與盡智之用、全仁之施。郭氏固不足以及此，爲德不永，而功亦不集。唯保天下者可以有天下，區區之算奚當哉！

一三

法不可以治天下者也，而至於無法，則民無以有其生，而上無以有其民。故天下之將治也，則先有制法之主，以使民知上有天子、下有吏，而己亦有守以謀其生。其始制法也，不能皆善，後世仍之，且以病民而啓亂。然亦當草創之際，或矯枉太甚，或因陋就簡，粗立之以俟後起者之裁成。故秦法之毒民不一矣，而乘六國紛然不定之餘，爲之開先，以使民知有法，然後漢人寬大之政可因之以除繁去苛而整齊宇内。五胡蕩然蔑紀，宇文氏始立法，繼以蘇綽之緣飾，唐乃因之爲損益，亦猶是也。

自唐宣宗以後，懿、僖之無道也，逆臣盜賊，紛紜割據，天子救死不遑，大臣立身不固。天下之無法，至於郭氏稱周，幾百年矣。唐之善政，無一存者，其下流之蠹政，則相沿而日以增。蓋所謂天子者，彊則得之，弱則失之；所謂宰相者，治亂非所任，存亡非所恤。其令於民也，桎梏之以從令，漁獵之以供軍。如此，則安望其有暇心以問法紀哉？叛臣而天子矣，武人而平章矣，幕客而宰相矣，則其所爲庶司百尹、郡邑長吏者，舉可知也。其薄涉文墨者，則亦如和凝之以淫詞小藻、取譽花閒而已。及郭氏之有國也，始有制法之令焉。然後爲之君者可曰：吾以治民爲司者也；爲之民者亦曰：上有以治我，非徒竭我之財、輕我之生以爲之争天下者也。

夫郭氏之法，固不可以與於治者多矣。其寬盜一錢以上之死也，罷營田賦賦民而使均於民賦也，除朱温所給民牛之租也，皆除民之大蠹而蘇之，亦救時之善術矣。若其給省耗於運夫，則運者甦而輸者之苦未蠲也；禁民之越訴，而弗能簡良守令以牧民，則姦民乍戢，而州縣之墨吏逞，民弗能控告也；訟牒不能自書，必書所倩代書者姓名，以懲教訟，而訟魁持利害以脅人取賄，姦民益恣，而弱民無能控告也；其除賣牛皮者之税，令田十頃税一皮，徒寬屠賈，而移害於農、加無名之征也。凡此皆以利民而病之，圖治而亂之，法之所立，弊之所生矣。

蓋其爲救時之善術者，去苛虐之政，而未別立一法，故善也。其因陋就簡而生弊者，則皆制一法以飾前法，故弊也。法之不足以治天下，不徒在此，而若此者爲尤。雖然，以視蕩然無法之天下，則已異矣。君猶知有民而思治之，則雖不中而不遠；民猶知有法而遵之，則雖蒙其害而相習以安。蓋郭氏懲武人幕客之樵蘇其民而任其荒蕪，標掊克之成格以虐用之於無涯，於是范質、李穀、王溥諸人進，而王峻以翼戴之元功，不能安於相位，故有革故取新之機焉。樞密不能操宰相之進止，宰相不復倚藩鎮以從違，君爲民之君，相爲君之相，庶幾乎天職之共焉。嗣是而王朴、竇儼得以修其文教，而宋乃因之以定一代之規。故曰：天下將治，先有制法之主，雖不善，賢於無法也。

漢承秦之法而損益之，故不能師三代；唐承拓拔、宇文之法而損益之，故不能及兩漢；宋承郭氏、柴氏之法而損益之，故不能踰盛唐。不善之法立，民之習之已久，亦弗獲已，壹志以從之矣。損其惡，益之以善，而天下遂寧。唯夫天下方亂而未已，承先代末流之稗政以益趨於下，而盡喪其善者。浸淫相襲，使袴褶刀筆之夫播惡於高位，而無爲之裁革者，於是雖有哲后，而難乎其頓改，害即可除，而利不可卒興，此湯、武之繼桀、紂與高皇帝之繼胡元所以難也。有法以立政，無患其疵，當極重難反之政令，移風俗而整飭之以康兆民，豈易言哉！上無其主，則必下有其學。至正之末，劉、宋諸公修明於野，以操旋轉之樞，待時而行之，其功豈淺尠乎？

一四

無子而立族子，因昭穆之序爲子以奉宗祀，自天子達於士，一也；而天子因授以天下爲尤重。異姓者不得爲後，大法存焉。春秋莒人後鄫，而書之曰滅，至嚴矣。乃事有至變者焉，則郭氏是已。郭威起於卒伍，旁無支庶，年老無子，更無可立之羣從；柴氏之子，既其内姻，從之鞠養，而抑賢能可以託國，求同姓之支子必不可得，舍郭榮亦將孰託哉？既立宗廟，以天子之禮祀其先，神雖不歆非類，而豈自我餒之乎？故立異姓以爲後，未可爲郭氏責也。

或曰：威無同姓可立之後，知榮之賢，引而置之將相之位，以國禪之而不改其族姓，倣堯、舜之道，不亦美乎？舜宗堯而祖文祖，祀亦可弗絕也。

曰：時則上古，人則聖人，在位者則皋、夔、稷、契，而後舜、禹之受禪，天下歸心焉。乃欲使篡奪之君、擾亂之世，彊藩睥睨以思弋獲之大位，取一大賢以下之少年，遽委以受終，庸詎得哉？舜穆四門，敍百揆，雷雨弗迷，而共、驩猶狺於廷，三苗猶叛於外。若禹平水土，定九州，大勳著於天人，羣后之傾心久矣，舜抑承堯之已蹟而踵行之，而榮惡足以勝之？自朱、李以來，位將相而狂爭者，非一人也。郭氏之興，榮無尺寸之功，環四方而㚅立者，皆履虎咥人之武人，榮雖賢，不知其賢也，孤雛視之而已。俄而將相矣，俄而天子矣，爭奪者攘臂而仍之，不能一朝居也，徒爲子噲、子之，而敢言堯、舜乎？

所難處者，榮既嗣立而無以處柴守禮耳。論者乃欲別爲郭氏立後，而尊守禮爲太上皇，則何其不審而易於言也！郭氏無可立之後明矣，將誰立邪？榮之得國，實以養子受世適之命，郭氏之恩，何遽忍忘。身非漢高自我而有天下，則不得加皇號於私親。禮之所不許者，宋英宗且不得加於濮王，而況守禮乎！然則將如之何？守禮之爲光祿卿，先朝之命也。迎養宮中，正名之曰所生父，其没也，葬以卿，祭以天子，其服，視同姓之爲人後者爲之朞，則庶乎變而不失其常矣。外繼竄宗之法，不可執也。爲天子而旁無可立之支庶，古今僅一郭氏，道窮則變，變乃通也。

一五

與人俱起，血戰以戴己爲君，功成位定，而挾勳勞以相抗，亦武人之恆也。即慮其相仍以攘臂，自可以禮裁之，以道制之，使自戢志以寧居。遽加猜忮而誅夷之，刻薄寡恩，且抱疚於天人，漢高帝之所以不得與於純王之道也。郭氏因羣力以奪劉氏之國，而王殷無罪受誅，王峻貶竄而死，其事與高帝同，而時則異，未可以醢葅韓、彭之慝責郭氏也。

自唐天寶以來，上懷私恩而姑息，下挾私勞以驕横，擁之而興之日，早已伏奪之之心。位樞密、任節鎮者，人無不以天子爲可弋獲之飛蟲，敗者成者，乍成而旋敗者，相踵以興，無歲而兵戈得息。乃至延契丹以蹂中國，綱維㈠裂，生民之血塗草野，極矣。李嗣源之於存勗也，石敬瑭之於嗣源也，郭威之於劉知遠也，皆自以爲功而相師以起者也。究不能安於其位以貽後昆，而徒辱中原之神皋天闕，爲旦此夕彼之羶場。其他速敗而自滅其族者，更僕而不勝數。至於郭氏有國，幸而存者鮮矣。高行周卒，慕容彦超滅，王峻輩擅國之兵，奪民之財，其以亂天下也無疑。郭氏雖不可以行天誅，而天誅不容緩矣。亂人之未絶，其亂不衰，決意行法於廷而不勞爭戰，事會已及，變極而復，尚奚容其遲疑乎！

殷、峻誅，而後樊愛能、何徽可伏法於牙門，武行德、李繼勳可就貶於國法；乃以施於有宋，而石守信、高懷德之流，斂手以就臣服。天誅也，王章也，國之所以立、民之所藉以生也。故曰不可以醢葅韓、彭之罪罪之也。百年以來，飛揚跋扈之氣習爲之漸息，一人死，則萬人得以保其生，王殷、王峻俛首受誅，不亦快與！

㈠「綱維」二字刻本闕，據校記補。

一六

國家有利國便民之政，而遣專使以行，使非其人，則國與民交受其病，弗如其已之也。使者難其人而不容已，則弗如即責之所司，而飭以違令之大法，固愈於專使之病國與民遠矣。

夫國家之置守令，何爲者也？豈徒以催科迫民而箕斂之乎？豈徒以守因陋就簡之陳格，而聽其日即於廢弛乎？豈徒以聽民之訟，斂鈞金束矢之入以爲訟府，而啓民於争乎？下有疾苦而不能達，則爲達之，以不沮於上聞；上有德意而不能宣，則爲宣之，以不窮於下逮。於是有上言便宜以拯民而益國者，參廷議而決其可行矣，即以屬之守令，使進其邑之士大夫與其耆老，按行閲視，條奏其方略，而即責之以行。苟其玩上旨以違民心，專改革而違國憲，則有誅殛貶褫之法以隨其後。賢者勸，不肖者懲，蔑不可舉也。

夫既有悉治理以上言者，娓娓而盡其利病，貪猾暴虐之吏，固無可容其欺蔽。即有老病疲茸、怠而坐弛之守令，監司得持課程以督其不逮；監司朋比飾説以罔上，司憲之臣，得持公議以糾其不若。廷臣清，監司無枉，守令不敢失墜，有言者必有行者，取之建官分職之司而已足，夫何阻隔不宣之足慮哉！若夫言利病者，徒取給於筆舌而固不可行，則守令得詳悉以上請，而仍享無事之清晏，奚用專使督行而有不得其人之憂哉！

明君之治，擇守令而已；守令不易知，擇司銓司憲者而已。司銓司憲者，日在天子之左右，其賢易辨也。而抑得賢宰相以持衡於上，指臂相使，綱維相挈，守令之得失，無不可通於密勿，則天子有德意而疾通於海内，何扞格之有乎！此之不謹，而恃專使以行上意，是臂不能使指，而強以繩曳之也。一委之專使，則守令監司皆卸其利國利民之責，行之不順，國病民勞而不任其咎。即有賢者，亦以掣曳而廢其職，況不肖者之徒張威福，迫促煩苛，以苟且報奉行之績乎！

江南李氏聽刺史田敬洙之請，修水利於楚州，溉田以實邊，而馮延巳使李德明任其事，因緣侵擾，興力役，奪民田，而塘竟不成；巡撫諸州以問民疾苦，而使馮延魯以淺劣輕狂任之，反爲民害；徐鉉、徐鍇論列其委任之失，顧得貶竄。夫豈特二馮之邪佞不可任哉！使守令牧民，而別遣使以興事，未有可爲者也。

一七

周主威疾篤，遺命鑒唐十八陵發掘之禍，令嗣主以紙衣瓦棺斂己，自謂達於厚葬之非而善全其遺體矣。其得國也不以正，既無以求福於天；其在位也，雖賢於亂君，而固無德於天下，以大服於人；惴惴然朽骨之是憂，而教其臣子使不能盡一日之心力以效於君親，其智也，正其愚也。尤可哂者，令刻石陵前，以紙衣瓦棺正告天下後世，吾惡知其非厚葬而故以欺天下邪？則亂兵盜賊欲發掘者，抑必疑其欺己，愈疑而愈思發之。漢文令薄葬，而霸陵之發，寶玉充焉。言其可信，人其以言相信邪？

陵墓之發，自嬴政始。驪山之藏，非直厚葬已也，金銀寶玉，鼎彝鏡劍，玉以爲匣，汞以爲池，皆非生平待養之資，而藏之百年，愈爲珍貴者，是以招寇。若夫古之慎終厚葬，以盡人子之心者，斂襚之衣無算，遣車明器祭器柳衣茵罌贈帛，見於士喪禮者，如彼其備。等而上之，至於天子，所以用其材而極孝養必具之物者，禮雖無考，而萃萬國之力以葬一人，其厚可知也。然皆先骨而朽，出於藏而不適於用。則人子之忱以舒，而終鮮發掘之患。先王之慮之也周，取義也正，而廣仁孝以盡臣子之情也至。不可過也，抑不可不及也。周主威不學無術，奚足以知此哉！墨氏無父，夷人道於禽獸，唯薄葬爲其惡之大者。藉口安親而以濟其吝物寡恩之惡，禽道也。爲君父者，以遺命倡之，亦不仁矣。

一八

高平之戰，決志親行，羣臣皆欲止之，馮道持之尤堅，乃至面折之曰：「未審陛下能爲唐太宗否？」夫謂其君爲不能爲堯、舜者，賊其君者也。唐太宗一躬帥六師之能，而大聲疾呼，絕其君以攀躋之路，小人之無忌憚也，一至此哉！道之心，路人知之矣，周主之責樊愛能等曰：「欲賣朕與劉崇。」道之心，亦此而已。習於朱友貞、李從珂之朒縮困潰而亡，已不難袖勸進之表以迎新君，而已愈重，賣之而得利，又何恤焉？周主憚於其虛名而不能即斬道以徇，然不旋踵而道死矣。道不死，恐不能免於英君之竄逐也。

若夫高平之戰，則治亂之樞機，豈但劉、郭之興亡乎？郭氏奪人之國，失之而非其固有；劉氏興報讎之師，得之而非其不義。乃其繫天下治亂之樞機者，何也？朱友貞、李存勗、李從珂、石重貴、劉承祐之亡，皆非外寇之亡之也。驕帥挾不定之心，利人之亡，而因讎其不軌之志。其戰不力，一敗而潰，反戈內嚮，殪故主以迎仇讎，因以居功，擅兵擁土，尸位將相，立不拔之基以圖度非分，樊愛能等猶是心也，馮道亦猶是心也。況周主者，尤非郭氏之苗裔，未有大功於國，王峻輩忌而思奪之夙矣。峻雖死，其懷峻之邪心者實繁有徒。使此一役也，不以身先而坐守汴都，仰諸軍以禦患，小戰不勝，崩潰而南，郭從謙、朱守殷之於李存勗，康義誠之於李從厚，趙德鈞之於李從珂，杜重威、張彥澤之於石重貴，侯益、劉銖之於劉承祐，皆秉鉞而出，倒戈而反，寇未入而孤立之君殪，周主亦如是而已矣。

且不徒長逆臣之惡，以習亂於不已也，劉崇方挾契丹以入，周師潰，周國亡，草穀之毒再試，而黎民無孑遺，德光且留不去㊀，而中國無天子，劉崇者，又豈能保其不爲劉豫？而靖康汴梁、祥興海上之禍，在此役矣。夫馮道亦逆知有此而固不以動其心，不失其爲瀛王者，而抑又何求哉？唯周主決志親征，而後已潰之右軍，不足以搖衆志；潰掠之逃將，不足以劫宮闕。身立血戰之功，而樊愛能等七十人之伏辜，無敢爲之請命。於是主乃成乎其爲主，臣乃成乎其爲臣，契丹不戰而奔，中國乃成乎其爲中國。周主之爲天子，非郭氏授之，自以死生爲生民請命而得焉者也，何遽不能爲唐太宗？而豈馮道之老姦所可測哉？

一九

盜非可一時猝捕而弭者也，故漢武帝分遣繡衣持節逐捕而盜愈甚。盍亦思盜之所以能爲盜者乎？以爲倏聚倏散、出鬼入魅者，從其爲盜之頃，見其如此耳。其必有居也，必與民而雜處；其劫奪而衣食之也，必有所資於市易；其日遊行而無忌也，必與其鄉之人而相往來；其不能以盜自居、必有託

㊀劉毓崧校勘記云：北漢王劉崇挾契丹與周戰於高平之時，德光久歿；契丹主乃兀欲也。

以自名也，必附於農工商賈技術之流，而曰所業在是。故鄉之人知其盜也，郡邑之胥吏，莫不知其盜也；所不知者，朝廷猝遣之使，行芒芒原野之中，閱穰穰羣居之衆，盡智殫威，只以累疑似之民，而終不知盜之所在耳。使臣逐捕之，則守令坐委之曰：天子之使如此其嚴威，無可如何，而何易責之我邪？則盜益游行自得而罔所忌畏。以秦皇、漢武之威，大索天下，而一夫不可獲，況使臣哉！

盜者，天子之所不能治，而守令任治之；守令之所不能知，而胥役知之；胥役之所不盡知，而鄉里知之。鄉里有所畏而不與爲難，胥役有所利而爲之藏姦。乃鄉里者，守令之教化可行；而胥役者，守令之法紀可飭者也。盜亦其民，胥役亦其胥役，舍此勿責，而欲使使者以偶見之旌旄、馳虚聲而早使之規避，則徒爲民擾而盜不戢，其自貽之矣。周主知其然，罷巡檢使臣，專委節鎮州縣，誠治盜之要術也。

二〇

王朴畫平一天下之策，先下江南，收嶺南，次巴蜀，次幽、燕，而後及於河東。其後宋平諸國，次第略同，而先蜀後江南，晚收河東，而置幽、燕於不復，與朴説異。折中理勢以爲定論，互有得失，而朴之失小，宋之失大也。

以勢言之，先江南而後蜀，非策也。江南雖下，巫峽、夔門之險，水陸兩困，仰而攻之，雖克而兵之死傷也必甚。故秦滅楚、晋滅吴、隋滅陳，必先舉巴蜀，順流以擊吴之腰膂，兵不勞而迅若疾風之埽葉，得勢故也。

以道言之，江南雖云割據，而自楊氏、徐氏以來，以休兵息民保其國土，不隨羣雄力競以争中夏。李璟父子未有善政，而無殃兆民、絶彝倫、淫虐之巨慝；嚴可求、李建勳皆賢者也，先後輔相之；馮延巳輩雖佞，而惡不大播於百姓，生聚完，文教興，猶然彼都人士之餘風也。孟知祥據土以叛君，阻兵而無保民之志；至於昶，驕淫侈肆，縱嬖倖以虐民也，殆無人理。則興問罪之師以拯民於水火，固不容旦夕緩也。嶺南劉氏積惡三世，民怨已盈，殆倍於孟昶，而縣隔嶺嶠，江南未平，姑俟諸其後，則勢之弗容迫圖者耳。

先吴後蜀，理勢之兩詘者也。此宋之用兵，賢於王朴之策也。若夫河東之與幽、燕，則朴之策善矣。

劉知遠之自立也，在契丹横行之日，中土無君而爲之主，以拒悍夷，於華夏不爲無功。劉崇父子量力自守，苟延血食，志既可矜；郭氏既奪其國，而又欲殄滅其宗祀，則天理之絶已盡；撫心自問，不可以遽加之兵，固矣。雖在宋世，猶有可憫者存也。契丹乘石敬瑭之逆，闌入塞内，據十六州以滅裂我冠裳㊀，天下之大防，義之所不容隳者，莫此爲甚。驅之以復吾禹甸，乃可以爲天下君。以理言之，急幽、燕而緩河東，必矣。

即以勢言，契丹之據幽、燕也未久，其主固居朔漠，以廬帳爲便安，視幽、燕爲贅土，未嘗厚食其利

㊀「冠裳」二字刻本闕，據校記補。

而歆之也。而唐之遺民猶有存者，思華風，厭羶俗，如吴巒、王權之不忍陷身汙蔑者，固吞聲翹首以望王師，則取之也易。遲之又久，而契丹已戀爲膏腴，據爲世守，故老已亡，人習於夷，且不知身爲誰氏之餘民，畫地以爲契丹效死，是急攻則易而緩圖則難也。幽、燕舉，則河東失左臂之援，入飛狐、天井而夾攻之，師無俟於再舉，又勢之所必然者。王朴之謀，理勢均得，平一天下之大略，斯其允矣。

宋祖有志焉，而不能追惟王朴之偉論，遂紐曹翰之成謀，以力敝於河東，置幽、燕於膜外，則趙普之邪説蠱之也。普，薊人也，有鄉人爲之居閒，以受契丹之餌，而偷爲其姻亞鄉鄰免兵戈之警，席犬豕㊀以齁睡，姦謀進而貽禍無窮。惜哉！其不遇周主，使不得試樊愛能之歐刀也。

二

一日而欲挽數千年之波流，一人而欲拯羣天下之陷溺，難矣哉！楊、墨之賊道也，興於春秋之世，至孟子而僅及百年，且爲之徒者，唯彊力慧辨之士，能習之者亦寡矣，士或淫而民固無有信從之者。韓愈氏曰：「孟子辭而闢之，廓如也。」抑亦易爲廓如矣。浮屠之入中國，至唐、宋之際，幾千年矣。信從之者，自天子達於比户，貧寡之民、老稚婦女，皆翕然焉。拓拔氏、宇文氏、唐武宗凡三禁之，威令已迫，天下顧爲之怨憤，不旋踵而復張，無惑乎愚者之言曰：是聖教之不可蔑者也。周主榮廢無額寺院，禁私度僧尼，而存寺尚二千有奇，僧尼猶六萬。説者或病其不力爲剷除，乃不知周主之漸而殺其滔

㊀「犬豕」二字刻本闕，據校記補。

天之勢也，爲得其理。使有繼起者踵而行之，數十年而其邪必衰止。固非嚴刑酷令，憑一朝之怒所可勝者也。

浮屠之惑天下也有三：士之慧而失教者，聞有性命之説，心儀其必有可以測知而不知所從，浮屠以浮動乍静之冏光示之，遂若有所依據。而名利之勞役已疲，從之以乍息其心旌，若勞極而蔭於林，因謂爲吾宅也，熟寐而不知其倚於荆棘也。然而如此者，十不得一。其次則畏死患貧、負疚逃刑之頑夫，或覬其即得，或望之身後，自無道以致福，無力以求安，而徼幸於不然之域，遂竭心力資財以販貿之。又其下則目炫於塔廟形像之煇煌，耳淫於鐘磬鼓鈸之鞺鞳，心侈於千人之聚、百人之集、焚香稽首之殷勤，貿貿然而樂爲其徒者，盡天下而皆然。非知有所謂浮屠之法也，知寺院僧尼而已。而避役之罷民，逃伍之潰卒，叛逸之臧獲，營生不給，求偶不得，無藉之惰氓，利其徒衆之繁有，可以抗句索、匿姓名、仰食而偷生。若此者，其勢殺，其額有限，其爲之師者，遼戾寒涼而不振，則翕然夸燿之情移，蕭散以幾於衰滅。然後寬徭省罰以安小人，明道正誼以教君子，百年之内，可使萍散而冰消也。急誅之而激以興，緩圖之而餤以熸，此制勝之善術，禹之所以抑洪水者，唯其漸而已矣。

拓拔、宇文固不足以及此，唐武之後，繼以宣宗，抑流急必逆之勢然也。周主行裁損之法，得之矣，而宗社旋移；宋太宗天倫既斁，懷疚不寧，冀獲庇覆於心忘罪滅之邪説，是以法立未久，旋復囂張。嗚呼！道喪不復，抑生人之不幸與！而導以猖狂者，李遵勗、楊億之爲世教蟊賊，亦不可勝誅也。趙抃、張九成皆清節之士也，而以身導其狂流，於是而終不可遏，豈周主除邪不盡之過乎？

二二

周主立二税徵限，夏税以六月，秋税以八月，兩税既行，無有便於此矣。急於此則民病，易知也；緩於此則民亦病，未易知也。

夫惟富人之求而無不給也，則急之與緩勿擇也。貧民者，歲之所獲，僅此而已矣，急之則稱貸而倍償，固也；獲之有量，而須用者無方，乘其方有之日，使以其應輸者輸官，則所餘爲私家之養者，或足或乏，皆可經度以節一歲之用。六月而蠶織成矣，十月而禾黍登矣，而上無期以限之，愚民忘他日之催科，婦子鬻絲粟之有羨，游食之工賈，鄉鄰之醵會，相與糜其贏餘。室已如縣而徵求始迫，於是移來歲未審之豐歉，倍息以（代）〔貸〕㊀而求免於桁楊。上且曰：吾已緩之，而猶不我應，民之頑也。乃不知緩之正所以迫之也哉！

情不可不諒也，時不可不知也。役車其休之後，予以從容謀生之計，而暇豫以圖，方春於耜之勞，民不能自度，上爲度之。而當其緩也不容急，當其急也不容緩，憂民之憂者，不可不察也。以六月徵者，期成於八月；以十月徵者，期盡於一冬。力可供，則必之以速完；貧不可支，則蠲除於限末。嚴豪民玩上之罰，開貧寡自全之路，一歲畢一歲之徵，民習而安焉。王者復起，不能易也。

㊀ 據校記改。

二三

文信公奉使不屈，從容就死，推忠貞者，莫之能踰也。求其先信國而興者，顏魯公而外，孫晟其無媿焉。

信國以儒臣起義，事中國之共主，敗而不撓，亡而不屈。而晟捐其故國，自北徂南，投身危邦，事割據之主，則出身次第不若信公之大正。江南非四海兆人之元后，而爲之效死，蓋亦褊矣，而未可以此短晟也。晟雖非江南之人士，然其南奔也，石、劉二氏以沙陀部落而僭大號，且進契丹以入踐中原，君劣臣離，上下蕩然無紀，雖云故土，固志節之士所不忍一日居也。江南承天下無君之乏，保境息民，頗知文教，士不幸生於其世，無可致身之地，則擇地而蹈，能用我者，爲盡臣節，委誠以舍命，初非叛故主、附新君，僅酬國士之知者，此[一]亦奚足以此病晟哉！

乃若晟之奉表於周，請奉正朔，與信公之祈請於蒙古也，其事略同；而折中於義，則晟愈焉。江南之與周齒也，小役大，弱役強，役焉而可保其宗社，則宗社重矣。宋之於蒙古，人禽[二]之大辨也，屈志以祈請，雖幸而存，爲犬豕[三]之附庸，生不如其死，存不如其亡，而宗社抑輕矣。然則信公之爲趙氏宗社謀也則忠，而爲自謀其所以效忠者則失也。海上扁舟，猶存中華之一綫，等死耳，擇死所而死之，固

[一] 編者按：「此」疑當作「比」，與上句「僅酬國士之知者」連讀。

[二] 「人禽」二字刻本闕，據校記補。

[三] 「犬豕」二字刻本闕，據校記補。

不如張、陸之徑行以自遂矣。晟之屈己以請命，志士之所弗堪，固勞臣之所必效。幸得當而延李氏一日之宗祊，屈不足以爲辱；但不以其私屈焉，而志已光昭矣。此晟之死，視信公爲尤正焉。若其堅貞之操，從容之度，前有魯公，後有信公，鴈行而翔於天步，均也，又何多讓與！

二四

竇儼論相之説，非也。天子之職，擇相而已矣。百爲之得失，百尹之貞邪，莫不以擇相爲之本。爲天下之元后父母，僅此二三密勿之大臣，爲宗社生民效其敬慎，不知自擇，而委之前在此位者，以舉所知而任之，不知天之與以天下、而天下戴之以爲大君，何爲者邪？既云令宰相舉所知矣，是信其有知人之明、靖國之忠也；又責以保任，而舉非其人，責其舉者，是何其辱朝廷而羞當世之士邪？保任之法，用之於庶官，且徒滋比阿覆蔽之姦，況舉天下以授之調燮，而但恃緣坐舉主之峻法乎？又況人不易知，不保其往，乃以追責耆舊歸田之故老，借使王安石蒙壞法之譴，文潞公且被褫奪，秦檜正誤國之刑，胡文定與坐戮尸乎？

儼又云：「姑試以本官權知政事，察其職業之堪否而後實授。」則尤謬甚。以此法試始進之士，使宰一邑、司一職者，子產猶曰「美錦不以學製」。與天子坐而論道、爲天下臣民所倚賴之一二人，乃使循職業以課能否而用舍之，知有恥者，亦不願立於其廷；況其以道事君，進退在己，而不以天子之喜怒爲進退者哉？此法行，則惟兢兢患失之鄙夫，忍隱以守章程、充於廉陛而已。

夫人臣出身事主而至於相，非一日之遽得之也；人君登進草萊之士而至於相，非一日驟予之也。

或自牧守，或自卿貳，或自詞臣，業已爲羣情所歆厭，而數蒙人主之顧問。兵農禮樂，皆足以見其才；出處取與，皆足以徵其守；議論設施，皆足以測其量；薦拔論劾，皆足以試其交。而待諸已入綸扉、將宣麻敕之日，始以職業考其優劣而進退之乎？甚矣！儼之罔於君人之道也。苟細以褻天職，猜疑以解士心，長君之偷，勸臣之黨，而能尊主庇民，未之有也。漠然不相信之人，一人譽之，即引而置之百僚之上，與謀宗社生民之大，使其歆實授而飾迹以求榮，天下其得有心膂之臣乎？

蓋自唐昭宗處傾危之世，廉恥道喪，楨幹已虧，而昭宗躁競，獎浮薄之風，故張濬、朱朴之流，卒然拔起以尸政府，而所謂宰相者賤矣。儼習於陋俗之氾濫，固將曰：此朝廷執筆以守典章之掾史耳，姑試之而以程限黜陟之，奚不可哉？洵如其言，天下惡得而定邪！

二五

周主南伐江南，勞師三載，躬親三駕，履行陣，冒矢石，數十戰以極兵力，必得江北而後止。江北既獻，無難席捲以渡江，而修好休兵，饋鹽還俘，置之若忘。嗚呼！此其所以明於定紛亂之天下而得用兵之略也。蓋周主之志，不在江南而在契丹也。

當時中原之所急者，莫有大於契丹也。石敬瑭割地以使爲主於塞内，南向而俯臨中夏，有建瓴之勢焉。叛臣降將，導以竊中國之政令，而民且奉之爲主。德光死，兀欲、述律交相戕賊，至是而其勢亦衰矣，是可乘之機也。然其控弦馳馬、獷悍之力，猶未易折箠以驅之出塞。且自朱温以來，所號爲中國主者，僅横亙一綫於雍、豫、兖、青之中，地狹力微，不足以逞志。而立國之形，犬牙互入，未能截然有其四封，以保其內而應乎外。則不收淮南、江北之地，中國不成其中國。守不固，兵不彊，食不裕，強起而問燕雲之故壤，石重貴之覆軌，念之而寒心矣。

然而契丹不北走，十六州不南歸，天下終不可得而寧。而欲勤外略，必靖內訌。乃孟氏之在蜀，劉氏之在粵，淫虐已甚，下之也易，而要不足以厚吾力、張吾威也。唯江南之立國也固矣，楊、徐、李閱三姓，而保境息民之謀不改。李璟雖庸，人心尚固，求以勝之也較難。唯其難也，是以勝其兵而足以取威，得其衆而足以效用，有其土而足以阜財，受其降而足以息亂。且使兵習於戰，以屢勝而張其勢；將試於敵，以功罪而擇其才。割地畫江，無南顧之憂，粵人且遥爲效順。於是踰年而自將以伐契丹，其志乃大白於天下。而中國之威，因以大振。其有疾而竟不克者天也，其略則實足以一天下而紹漢、唐者也。王朴先蜀、粵而後幽、燕之策非也，屢試而驕以疲矣。威方張而未竭，周主亟用之，天假之年，中原其底定乎！

二六

古樂之亡，自暴秦始。其後大亂相尋，王莽、赤眉、五胡、安、史、黃巢之亂，遺器焚毁，不可復見者多矣。至於柴氏之世，僅有存者，又皆漢以後之各以意彷彿效爲者。於是周主榮鋭意修復，以屬之王朴。朴之説非必合於古也，而指歸之要，庶幾得之矣。至宋而胡安定、范蜀公、司馬温公之聚訟又興，蔡西山掇拾而著之篇，持之確，析之精。雖然，未見其見諸行事者可以用之也。

孔子曰：「大樂必簡。」律呂之制，所以括兩間繁有之聲而歸之於簡也。朴之言曰：「十二律旋相爲宫，以生七調，爲一均；凡十二均、八十四調而大備。」朴之所謂八十四調者，其歸十二調而已。計其鴻細、長短、高下、清濁之數，從長九寸徑三分之律，就中而損之，旋相生以相益，而已極乎繁密。九九之數，盡於八十一，過此則目不能察，手不能循，耳不能審，心不能知，虚立至密至賾之差等，亦將焉用之也？蔡氏黄鐘之數，十七萬七千一百四十七，推而施之大鐘大鎛，且有不能以度量權衡分析之者，而小者勿論矣。盡其數於九九八十一而止，升降損益，其精極矣。取其能合之調爲十二均足矣。故王朴律準從九寸而下，次第施柱，以備十二律，未爲疏也。然自唐以降，能用此者猶鮮。過此以推之於十七萬七千一百四十七之密，夫誰能用之哉？大樂必簡，繁則必亂，况乎其徒繁而無實邪？

夫兩閒之聲，而欲極其至賾之變，則抑豈但十七萬七千一百四十七而已乎？今以人聲驗之，舉一時四海之人，其脣、舌、齶、喉、齒、鼻，舉相似也；引氣發聲，其用均也；乃其人之衆，爲十七萬七千一百四十七者，不知凡幾也。雖甚肖者，隔垣而可别，乍相逼以相聆，似矣，而父母妻子則辨之也無有同者。是知天下之聲，無涯無算，以十七萬七千一百四十七該之，謂之至密，而固不能盡其萬一，則其爲法也，抑隘甚矣。

天地之生，聲也、色也、臭也、味也、質也、性也、才也，若有定也，實至無定也；若有涯也，實至無涯也。唯夫人之所爲，以範圍天地之化而用之者，則雖至聖至神、研幾精義之極至，而皆如其量。聖者之作，明者之述，就其量之大端，約而略之，使相叶以成用，則大中、至和、厚生、利用、正德之道全矣。其有殘缺不修，紛雜相閒，以成乎亂者，皆即此至簡之法不能盡合耳。故古之作樂者，以人聲之無涯也，則以八音節之，而使合於有限之音。抑以八音之無準也，則以十二律節之，而合於有限之律。朴之衍爲七調，合爲十二均，數可循，度可測，響可別，目得而見之，耳得而審之，心得而知之，物可使從心以製，音可使大概而分。其不細也，乃以不淫人之心志也；過此以往，奚所用哉？

嗚呼！王朴極其思慮，裁以大綱，樂可自是而興矣。至靖康之變，法器復亡，淫聲胡樂，爚亂天下之耳，且不知古樂之爲何等也。有制作之聖、建中和之極者出焉，將奚所取正哉？如朴之説，固可采也。九寸之黄鐘，以纍黍得其度數，有一定之則矣。而上下損益，盡之十二變而止。而用黄鐘以成衆樂也，不限於九寸，因而高之，因而下之，皆可叶乎黄鐘之律。則九其九而黄鐘之繁變皆在焉，則十一律、七調、十二均之繁變皆在焉。巧足以制其器，明足以察其微，聰足以清其紀，心足以窮其理，約舉之而義自弘，古樂亦豈終不可復哉？若苛細煩密之説，有名有數，而不能有實，祇以熒人之心志，而使不敢言樂，京房以下之所以爲樂之贅疣也。折中以成必簡之元聲，尚以俟之來哲。

讀通鑑論卷末

敘論一

論之不及正統者，何也？曰：正統之説，不知其所自昉也。自漢之亡，曹氏、司馬氏乘之以竊天下，而爲之名曰禪。於是爲之説曰：「必有所承以爲統，而後可以爲天子。」義不相授受，而強相綴繫以揜篡奪之迹，抑假鄒衍五德之邪説與劉歆曆家之緒論，文其詖辭，要豈事理之實然哉？

統之爲言，合而併之之謂也，因而續之之謂也。而天下之不合與不續也多矣！蓋嘗上推數千年中國之治亂以迄於今，凡三變矣。當其未變，固不知後之變也奚若，雖聖人弗能知也。商、周以上，有不可考者。而據三代以言之，其時萬國各有其君，而天子特爲之長，王畿之外，刑賞不聽命，賦税不上供，天下雖合而固未合也。王者以義正名而合之。此一變也。而湯之代夏，武之代殷，未嘗一日無共主焉。及乎春秋之世，齊、晉、秦、楚各據所屬之從諸侯以分裂天下；至戰國而彊秦、六國交相爲從衡，赧王朝秦，而天下並無共主之號，豈復有所謂統哉？此一合一離之始也。漢亡，而蜀漢、魏、吴三分；晉東渡，而十六國與拓拔、高氏、宇文裂土以自帝；唐亡，而汴、晉、江南、吴越、蜀、粤、楚、閩、荆南、河東各帝制以自崇。土其土，民其民，或迹示臣屬而終不相維繫也，無所統也。六國離，而秦苟合以及漢；三國離，而晉乍合之，非固合也。五胡起，南北離，而隋苟合之以及唐；五代離，而宋乃合之。此一合一離之局一變也。至於宋亡以迄於今，則當其治也，則中國有共主；當其亂也，中國並無一隅分據之主㊀。蓋所謂統者絶而不續，此又一變也。夫統者，合而不離、續而不絶之謂也。離矣，而惡乎統之？絶矣，而固不相承以爲統。崛起以一中夏者，奚用承彼不連之系乎？

天下之生，一治一亂。當其治，無不正者以相干，而何有於正？當其亂，既不正矣，而又孰爲正？有離有絶，固無統也，而又何正不正邪？以天下論者，必循天下之公，天下〔非夷狄盜逆之所可尸，而抑〕㊁非一姓之私也。惟爲其臣子者，必私其君父，則宗社已亡，而必不忍戴異姓異族以爲君。若夫立乎百世以後，持百世以上大公之論，則五帝、三王之大德，天命已改，不能強繫之以存。故杞不足以延夏，宋不足以延商。夫豈忘禹、湯之大澤哉？非五子不能爲夏而歌雒汭，非箕子不能爲商而吟麥秀也。故昭烈亦自君其國於蜀，可爲漢之餘裔；而擬諸光武，爲九州兆姓之大君，不亦誣乎？充其義類，將欲使漢至今存而後快，則又何以處三王之明德，降苗裔於編氓邪？

蜀漢正矣，已亡而統在晉。晉自篡魏，豈承漢而興者？唐承隋，而隋抑何承？承之陳，則隋不因滅陳而始爲君；承之宇文氏，則天下之大防已亂㊂，何統之足云乎？無所承，無所統，正不正，存乎其人而已矣。正不正，人也；一治一亂，天也。猶日之有晝夜，月之有朔、弦、望、晦也。非其臣子

㊀ 校記此句作「中國無君而並無一隅分據之土」。

㊁ 據校記增。

㊂ 「大防」「亂」三字刻本闕，據校記補。

以德之順逆定天命之去留，而詹詹然爲已亡無道之國延消謝之運，何爲者邪？宋亡而天下無統，又奚説焉？

近世有李槃者，以宇文氏所臣屬之蕭巋，爲篡弑之蕭衍延苟全之祀，而使之統陳。沙陀夷族之朱邪存勗，不知所出之徐知誥，冒李唐之宗，而使之統分據之天下。父子君臣之倫大紊，而自矜爲義，有識者一吷而已。若鄒衍五德之説，尤妖妄而不經，君子闢之，斷斷如也。

敍論二

天下有大公至正之是非焉，匹夫匹婦之與知，聖人莫能違也。然而君子之是非，終不與匹夫匹婦争鳴，以口説爲名教，故其是非一出而天下莫敢不服。流俗之相沿也，習非爲是，雖覆載不容之惡而視之若常，非秉明赫之威以正之，則惡不知懲。善亦猶是也。流俗之所非，而大美存焉；事迹之所閡，而天良在焉。非秉日月之明以顯之，則善不加勸。故春秋之作，游、夏不能贊一辭，而豈灌灌諄諄，取匹夫匹婦已有定論之褒貶，曼衍長言，以求快俗流之心目哉？莊生曰：「春秋經世之書，聖人議而不辯。」若華督、宋萬、楚商臣、蔡般，當春秋之世，習爲故常而不討，乃大書曰「弑其君」。然止此而已，弗俟辯也。以此義推之，若王莽、曹操、朱温輩之爲大惡也，昭然見於史策，匹夫匹婦得以詬厲之於千載之下，而又何俟論史者之喋喋哉？

今有人於此，殺人而既服刑於司寇矣，而旁觀者又大聲疾呼以號於人曰：此宜殺者。非匹夫匹婦之褊躁，孰暇而爲此？孟子曰：「春秋成而亂臣賊子懼。」惟其片言而折，不待繁言，而彼詐遁之游辭不能復逞。使聖人取中肩之逆、稱王之僭，申明不已，而自謂窮亂賊之姦，彼姦逆者且笑曰：是匹夫匹婦之巷議也，而又奚畏焉。

蕭、曹、房、杜之治也；劉向、朱雲、李固、杜喬、張九齡、陸贄之貞也；孔融、王經、段秀實之烈也。反此而爲權姦、爲宦寺、爲外戚、爲佞倖、爲掊克之惡以敗亡人國家也。漢文、景、光武、唐太宗之安定天下也，其後世之驕奢淫泆自貽敗亡也。漢高之興，項羽之亡，八王之亂，李、郭之功，史已詳紀之，匹夫匹婦聞而與知之。極詞以贊而不爲加益，聞者不足以興；極詞以貶而不爲加損，聞者不足以戒。唯匹夫匹婦悻悻之怒、沾沾之喜，繁詞累説，自鳴其達於古者，樂得而稱述之。曾君子誘掖人之善而示以從入之津，弭止人之惡而窮其陷溺之實，屑侈一時之快論，與道聽塗説者同其紛呶乎？故編中於大美大惡、昭然耳目、前有定論者，皆略而不贅。推其所以然之繇，辨其不盡然之實，均於善而醇疵分，均於惡而輕重別，因其時，度其勢，察其心，窮其效，所繇與胡致堂諸子之有以異也。

敍論三

論史者有二弊焉：放於道而非道之中，依於法而非法之審，褒其所不待褒，而君子不以爲榮；貶其所不勝貶，而姦邪顧以爲笑。此既淺中無當之失矣。乃其爲弊，尚無傷於教、無賊於民也。抑有纖曲嵬瑣之説出焉，謀尚其詐，諫尚其譎，徼功而行險，干譽而違道，獎詭隨爲中庸，誇偷生爲明哲，以挑達搖人之精爽而使浮，以機巧裂人之名義而使枉。此其於世教與民生也，災愈於洪水，惡烈於猛獸矣。

蓋嘗論之：史之爲書，見諸行事之徵也，則必推之而可行。戰而克，守而固，行法而民以爲便，進諫而君聽以從，無取於似仁似義之浮談，祇以致悔吝而無成者也。則智有所尚，謀有所詳，人情有所必近，時勢有所必因，以成與得爲期，而敗與失爲戒，所固然矣。然因是而卑汚之説進焉，以其纖曲之小慧，樂與跳盪游移、陰匿鉤距之術而相取；以其躁動之客氣，迫與輕挑忮忿、武健馳突之能而相依；以其婦姑之小慈，易與狐媚猫馴、淟涊柔巽之情而相昵。聞其説者，震其奇詭，歆其纖利，驚其決裂，利其呴嘔，而人心以蠱，風俗以淫，彝倫以斁，廉恥以墮。若近世李贄、鍾惺之流，導天下於邪淫，以釀中夏衣冠之禍㊀，豈非逾於洪水、烈於猛獸者乎？

溯其所繇，則司馬遷、班固喜爲恢奇震耀之言，實有以導之矣。讀項羽之破王離，則鬚眉皆奮而殺機動；覽田延年之責霍光，則膽魄皆張而戾氣生。與市儈里魁同慕汲黯、包拯之絞急，則和平之道喪；與詞人游客共歎蘇軾、蘇轍之浮夸，則惇篤之心離。諫而尚譎，則俳優且賢於伊訓；謀而尚詐，則甘誓不齒於孫、吴。高允、翟黑子之言，祇以獎老姦之小信；李克用三垂岡之歎，抑以侈盜賊之雄心。甚至推胡廣之貪庸以抑忠直，而愜鄙夫之志；伸馮道之逆竊以進夷盜，而順無賴之欲。輕薄之夫，妄

㊀「中夏衣冠」「禍」五字刻本闕，據校記補。

以爲慷慨悲歌之助；雕蟲之子，喜以爲放言飾説之資。若此之流，允爲殘賊，此編所述，不敢姑容。刻志兢兢，求安於心，求順於理，求適於用。顧惟不逮，用自慚恧，而志則已嚴，竊有以異於彼也。

敍論四

一

治道之極致，上稽尚書，折以孔子之言，而蔑以尚矣。其樞，則君心之敬肆也；其戒，則怠荒刻覈，不及者倦，過者欲速也；其大用，用賢而興教也；其施及於民，仁愛而錫以極也。以治唐、虞，以治三代，以治秦、漢而下，迄至於今，無不可以此理推而行也；以理銓選，以均賦役，以詰戎兵，以飭刑罰，以定典式，無不待此以得其宜也。至於設爲規畫，措之科條，尚書不言，孔子不言，豈遺其實而弗求詳哉？以古之制，治古之天下，而未可概之今日者，君子不以立事；以今之宜，治今之天下，而非可必之後日者，君子不以垂法。故封建、井田、朝會、征伐、建官、頒禄之制，尚書不言，孔子不言，豈德不如舜、禹、孔子者，而敢以記誦所得者斷萬世之大經乎？

夏書之有禹貢，實也，而系之以禹，則夏后一代之法，固不行於商、周；周書之有周官，實也，而系之以周，則成周一代之規，初不上因於商、夏。孔子曰：「足食，足兵，民信之矣。」何以足，何以信，豈靳言哉？言所以足，而即啓不足之階；言所以信，而且致不信之咎也。

孟子之言異是，何也？戰國者，古今一大變革之會也。侯王分土，各自爲政，而皆以放恣漁獵之情，聽耕戰刑名殃民之説，與尚書、孔子之言，背道而馳。勿暇論其存主之敬怠仁暴，而所行者，一令出而生民即趨入於死亡。三王之遺澤，存十一於千百，而可以稍蘇，則抑不能預謀漢、唐已後之天下，勢異局遷，而通變以使民不倦者奚若。蓋救焚拯溺，一時之所迫，於是有「徒善不足爲政」之説，而未成乎郡縣之天下，猶有可遵先王之理勢，所繇與尚書、孔子之言異也。要非以參萬世而咸可率繇也。

編中所論，推本得失之原，勉自竭以求合於聖治之本。而就事論法，因其時而酌其宜，即一代而各有弛張，均一事而互有伸詘，寧爲無定之言，不敢執一以賊道。有自相蹠盭者矣，無強天下以必從其獨見者也。若井田、封建、鄉舉、里選、寓兵於農、舍笞杖而行肉刑諸法，先儒有欲必行之者矣。襲周官之名迹，而適以成乎狄道者，宇文氏也；據禹貢以導河，而適以益其潰決者，李仲昌也。盡破天下之成規，駭萬物而從其記誦之所得，浸使爲之，吾惡知其所終哉！

二

旨深哉！司馬氏之名是編也。曰「資治」者，非知治知亂而已也，所以爲力行求治之資也。覽往代之治而快然，覽往代之亂而愀然。知其有以致治而治，則稱説其美；知其有以召亂而亂，則詬厲其惡。言已終，卷已掩，好惡之情已竭，頹然若忘，臨事而仍用其故心，聞見雖多，辨證雖詳，亦程子所謂「玩物喪志」也。

夫治之所資，法之所著㊀也。善於彼者，未必其善於此也。君以柔嘉爲則，而漢元帝失制以釀亂；臣以戇直爲忠，而劉栖楚碎首以藏姦。攘夷復中原，大義也，而梁武以敗；含怒殺將帥，危道也，而周主以興。無不可爲治之資者，無不可爲亂之媒。然則治之所資者，一心而已矣。以心馭政，則凡政皆可以宜民，莫匪治之資。而善取資者，變通以成乎可久。設身於古之時勢，爲己之所躬逢；研慮於古之謀爲，爲己之所身任。取古人宗社之安危，代爲之憂患，而己之去危以即安者在矣；取古昔民情之利病，代爲之斟酌，而今之興利以除害者在矣。得可資，失亦可資也；同可資，異亦可資也。故治之所資，惟在一心，而史特其鑑也。

「鑑」者，能別人之妍媸，而整衣冠、尊瞻視者，可就正焉。顧衣冠之整，瞻視之尊，鑑豈能爲功於我哉！故論鑑者，於其得也，而必推其所以得；於其失也，而必推其所以失。其得也，必思易其迹而何以亦得；其失也，必思就其偏而何以救失。乃可爲治之資，而不僅如鑑之徒縣於室、無與炤之者也。

其曰「通」者，何也？君道在焉，國是在焉，民情在焉，邊防在焉，臣誼在焉，臣節在焉，士之行己以無辱者在焉，學之守正而不陂者在焉。雖扼窮獨處，而可以自淑，可以誨人，可以知道而樂，故曰「通」也。

㊀ 校記「著」字作「善者」二字。

引而伸之，是以有論；浚而求之，是以有論；博而證之，是以有論；協而一之，是以有論；心得而可以資人之通，是以有論。道無方，以位物於有方；道無體，以成事之有體。鑑之者明，通之也廣，資之也深，人自取之，而治身治世、肆應而不窮。抑豈曰此所論者立一成之侀，而終古不易也哉！